J. RONDISSONI

CULINARIA

Sexta edición

Prólogo de Manuel Vázquez Montalbán

BON
TON

Publicado por Bon Ton
Manuel Girona, 61 – 08034 Barcelona
Tel. (34) 93 206 07 30 – Fax (34) 93 206 07 31
E-mail: info@antonibosch.com
http://www.antonibosch.com

© Antonio Bosch, editor, S.A.,

ISBN: 84-930516-2-4
Depósito legal: Z-3467-99

Diseño de la cubierta: Compañía de Diseño
Fotografía de la cubierta: F.D. Fotografía Digital
Impresión: INO Reproducciones, S.A.

Sexta edición

Impreso en España – *Printed in Spain*

CONTENIDO

PREFACIO DE LA PRIMERA EDICIÓN

El lector que recorra las páginas de este libro y haga uso de las recetas que contiene podrá observar que, apartándome del trillado camino que suelen seguir los que componen esta clase de manuales, soy sobrio y he procurado, esencialmente, dar a conocer tan sólo aquellas fórmulas y prescripciones que mi propia experiencia ha acreditado en el crisol de la práctica, más bien que ir acumulando cantidades de recetas sin tino ni concierto, que hubieran dado lugar a llenar papel y dar a luz un voluminoso tomo.

Los que examinen con detenimiento CULINARIA redactado con toda claridad y sencillez, se persuadirán de que sus secciones de economía doméstica han sido comprobadas y que por primera vez aparece en España esta obra de completa utilidad, con redacción de menús, calendario gastronómico y cantidad exacta de manjares e ingredientes que en cada caso han de emplearse.

Persuadido de haber puesto de mi parte todos los medios que se hallaban a mi alcance, someto al juicio público mi modesto trabajo, con la plena esperanza de que cuantas personas se ocupen de quehaceres domésticos podrán apreciar que las advertencias, noticias y fórmulas contenidas en este libro no son ociosas, habiendo querido, al divulgarlas, prestar un servicio a mis lectores.

CULINARIA no es un libro más de cocina; es el producto de muchos años de trabajo consecutivo como "jefe de cocina" en varios hoteles de España y del extranjero, donde conocen al gran maestro Escoffier, para quien he sentido siempre gran afecto y admiración, tanto personal como por su arte. Inspirándome en él he seguido sus mismas teorías durante cinco años como redactor de la revista *Ménage* y durante veinticinco como profesor de Cocina en el Instituto de Cultura de la Mujer, de Barcelona, verdadera Universidad femenina, cuyas aulas frecuentaron muchos miles de señoras y señoritas. He puesto siempre el mayor cuidado e interés en coleccionar las recetas más selectas y prácticas, muchas de las cuales son de mi propia creación. Las cantidades de los ingredientes son exactas, lo que constituye, sin duda, la base principal para la buena preparación de los manjares.

Mi vivo deseo es que estas fórmulas resulten del agrado y provecho de quien las ejecute.

Dedico especialmente este modesto libro a testimoniar mi apasionada admiración por el arte culinario, así como el buen deseo de servir que me inspira.

El autor

Al publicar la cuarta edición de esta obra, ampliada con nuevas recetas, reitero a mis asiduas lectoras el agradecimiento por el favor que han venido dispensando a mi Culinaria.

J. Rondissoni

PRÓLOGO

CULINARIA: A LA MEDIDA DE LA GENTE INTELIGENTE

La historia de la más reciente recuperación gastronómica y restauradora de Barcelona y Catalunya ha pasado por distintas fases desde aquel tocar fondo que significó el cierre del *Glacier* en los años sesenta. Recuerdo que a comienzos de los setenta ya se advirtieron síntomas de una recuperación gastronómica y que en uno de ellos, por mis tareas periodísticas, fui a topar con el propietario de un restaurante que trataba de activar la buena memoria del mejor paladar barcelonés. La conversación fue conmovedora. Pocas veces me he hallado en presencia de un yerno tan agradecido a su suegra y no necesariamente porque fuera, a todos los efectos, la madre de su mujer. Era tanta la confianza que el buen señor tenía en su madre política que la había colocado al frente de la cocina del restaurante: "Es que mi suegra se formó en los cursos de Rondissoni".

Años después los de Ediciones La Magrana se pusieron en contacto conmigo para que opinase sobre su voluntad de editar un recetario bajo el título *La cuina de l'àvia* (La cocina de la abuela). La abuela resultó ser la de Miquel Horta, uno de los pocos empresarios progresistas que he tenido el gusto de conocer desde que era un joven estudiante fugitivo del terror franquista. En cuanto a la cocina que practicaba la abuela de Horta era la de Rondissoni, porque también la abuela de Miquel se había formado en los cursillos de tan providencial personaje.

Si cualquier día van hacia la Cerdanya y se suben a Meranges en busca de Can Borrell se enfrentarán a un excelente vendedor de la cocina que realiza su mujer. El vendedor se llama Jaume Guillén y para avalar la buena cocina de su esposa, la señora Lola, advierte: "Es que mi mujer fue alumna de Rondissoni". Demasiado Rondissoni ya para el cuerpo si no aclaramos quién fue este personaje y por qué tuvo tanta influencia sobre el paladar catalán.

Cocinero y pedagogo, Rondissoni fue un suizo que dio clases de cocina en el Institut de Cultura de la Dona Catalana en el periodo de entreguerras.

Dispongo de una edición de las clases de cocina que impartió en el curso 1930-1931 y una somera investigación de su contenido y de la metodología de la enseñanza, traduce la filosofía de un educador de cocineras que a la vez fueran amas de casa.

Rondissoni no sólo enseñaba a cocinar desde un gusto sintético de cocina francesa y española, sino que además enseñaba a armonizar menús desde el punto de vista del paladar, la dietética y el presupuesto. También inculcaba el respeto que la buena cocina debe a los productos temporales, o a guisar lo más adecuado según las épocas del año.

Formó parte pues Rondissoni del esfuerzo premoderno de educar a las muchachas de la burguesía barcelonesa para que mantuvieran el optimismo de una clase social que había refinado progresivamente sus sentidos. Como quien dice recién llegada del campo en el siglo XIX, la burguesía barcelonesa alcanzó su mayor cota de refinamiento en los años veinte, antes de perderse por el sumidero de la guerra civil, para salir de él con lo mejor de su memoria un tanto perdido o envilecido. La misma burguesía que hizo posible el modernismo, se preocupó por ir más allá de las judías con butifarra o del conejo con alioli, sin que el que abajo suscribe tenga contra ambos platos otra cosa que la irritación a que le mueve la dictadura que han ejercido, como muestras casi exclusivas de una cocina popular. Tal vez esta visión de la muchacha preparada en los años veinte o treinta para ser una espléndida ama de casa en los años cuarenta o cincuenta ya no se correspondía con los horizontes vanguardistas que le eran contemporáneos, porque todas las revoluciones aplazadas o no ahora y aquí, ya estaban escritas en los años veinte o treinta. Pero lo cierto es que los cursos de Rondissoni imprimieron carácter y aún hoy dan patente de un saber que forma parte del patrimonio culinario. Con los años, la cultura deja de alinearse con las causas perdidas o ganadas y se convierte en simple patrimonio humano y propongo esta reflexión no para sacar el tema culinario de sus casillas, sino para que las mujeres de hoy, educadas para la emancipación, acojan este libro con el respeto que merece su saber culinario y no con la prevención que puedan despertar las intenciones domesticadoras que lo hicieron posible.

Todavía en una edición de 1967 de CULINARIA, el manual que mejor resume el saber de Rondissoni, aparecía al frente una curiosa cita de Juan Luis Vives que ya en 1967 debía ser empleada con segunda intención irónica. Supongo. Y lo supongo porque la cita se las trae: "Aprenderá nuestra doncella del arte de la cocina, no de la cocina tabernaria, sórdida, de manjares inmoderados para el consumo de mucho, como hacen los cocineros públicos, ni para el placer refinado, ni para la gula, sino aquel arte de cocina sobria, limpia, templada y frugal con que aderece la comida a sus padres y hermanos mientras permanece en su doncellez y una vez estuviere casada, a su marido y a sus hijos, porque así granjeará no poca estima de los unos y de los otros... Nadie haga ascos del nombre de cocina, que es una oficina imprescindible sin la cual no convalecemos, estando enfermos, ni vivimos estando sanos". Procede el aserto de *La mujer cristiana*, Libro I Cap. III y a pesar de su intención moralizante sobre el arte de comer y de educar a las mujeres en la recta conducta de hijas, hermanas, esposas o madres no puede evitar una emoción contenida ante los placeres de la mesa, sin los cuales no hay convalecencia para los enfermos ni salud para los sanos. La intención de L'Institut Català de la Dona de formar mujeres que fueran ante todo amas de casa, podrá ser discutida cincuenta años después desde nuevas perspectivas ideológicas o de simple constatación social, pero lo positivo de aquel esfuerzo es que reclutara a un Rondissoni para que elevara un nivel medio de cultura culinaria.

La literatura gastronómica se activa notablemente en España desde comienzos de siglo hasta la guerra civil. Luego y con la lógica que imponía una economía de racionamiento, el país se dividió entre los que comían poco y mal y los que comían mucho e igualmente mal. La reconstrucción de una curiosidad cultural por el tema culinario fue lenta durante un largo periodo y vertiginosa en los últimos diez años. Se ha reeditado todo lo reeditable, desde las recetas de la Pardo Bazán hasta el ya clásico tratado de Ángel Muro y se han incorporado a nuestro saber tratadistas tan clásicos como Grimond de la Reyniere o nuevos sabios que han metido la antropología en las cocinas sin estropear ni la ciencia ni el paladar, aunque quedando aún a cierta distancia de una posible ciencia del paladar. Pues bien, a pesar de esta variopinta propuesta de literatura culinaria, el público ha seguido fiel a los libros que le servían para una asesoría previa y a la vez cotidiana, libros que enseñaran el *Cómo se hace* y que brindaran un recetario posibilista y fácilmente asimilable. De ahí la supervivencia del papel de libros como *Sabores, Carmencita o la buena cocinera* o las dos mil recetas largas de la señora Simone Ortega publicadas por Alianza Editorial. También esta necesidad explica que aún juegue un papel importante en las cocinas la abundante bibliografía práctica de Ignasi Doménech, el autor de *La Teca* o *La Manduca*. Son libros que enseñan a cocinar y que ayudan a cocinar.

5

Éste es el caso de Culinaria de Rondissoni, libro de un maestro en el doble sentido de la palabra: el que sabe mucho y sabe transmitirlo a los demás. Rondissoni había aprendido de Escoffier el arte de ligar la cocina con la vida real, al margen de la cocina exhibicionista de los aristócratas o de los ilustres glotones del xix. Fiel pues a la didáctica de una cocina al alcance del burgués medio llevaba en la sangre de su pluma estilográfica el sentido de la inculcación.

Empieza Culinaria con una serie de apreciaciones y consejos útiles: Calendario gastronómico que fija las fechas óptimas para las distintas viandas, calendario que sigue teniendo valor aunque los mercados de hoy estén abastecidos de productos a destiempo, como resultado del milagro de las cámaras frigoríficas y los invernaderos, a continuación una serie de explicaciones elementales que sacarán de dudas previas y cotidianas a cualquiera que se mueva entre fogones: desde cómo sacar los filetes de pescado, hasta cómo se obtiene la nata, pasando por el procedimiento de mechar un filete o coser un pollo con bramante. Incluso ofrece el orden lógico en la presentación de alimentos que sería el siguiente: ostras o caviar, consomés, sopas o cremas, entremeses o platos fríos, primeros platos, pescados o mariscos, entrantes calientes, platos de caza, legumbres, asados de ave, ensaladas, dulces de cocina o helados o pastelería. También codifica Rondissoni el orden de los vinos y sus afinidades según las viandas, así como su temperatura ideal.

Luego pasa el maestro al recetario propiamente dicho, imaginado para una comida de seis comensales y sabiamente desglosado según los tres tiempos clásicos: enumeración de ingredientes, proceso descriptivo de la elaboración y consejo sobre la temperatura ideal que debe tener el plato en el momento de servirse. El recetario de Rondissoni es sincrético. Parte de la cocina francesa más sensata y adaptable y la enriquece con la cocina internacional presente en cualquier gran ciudad europea y con la cocina española más variada, adaptada igualmente a un público sensato pero no por ello menos imaginativo. Rondissoni enseña cómo se hacen las acelgas a la Derblay o los Crepinettes de perdiz a la Compiegne, pero no desdeña la asadura de cordero al ajoarriero o el pato relleno a la tolosana, incluso arriesgándose con dulces tan hispánicos como los "panellets" catalanes o los polvorones a la andaluza. Rondissoni sabe cómo se hacen las pastitas inglesas para tomar el té o las galletas a la bretona, pero también conoce el secreto de los almendrados a la mallorquina o del Bizcocho de Vic.

No resisto la tentación de glosar una receta sintomática del arte de Rondissoni. Sintomática en estos tiempos en los que nos invade una ola de hamburguesería y catsup dispuesta a contaminarnos por dentro en un mundo ya excesivamente contaminado por fuera. En una muestra de garbo culinario y de voluntad ahorradora, Rondissoni propone unos *bistecs a la hamburguesa* que poco tienen que ver con esos tumores entre lo sebáceo y lo cárnico que sirven en las hamburgueserías cósmicas. Propone Rondissoni mezclar 300 gramos de carne de ternera picada con cien de cerdo, igualmente picada; a esta base se le añade tocino, un huevo crudo, 50 gramos de harina, cebolla rallada, perejil, sal, pimienta, nuez moscada. Se trabaja la mezcla y se forma con ella distintos medallones que se pasan por harina y se fríen en mantequilla o aceite. Rondissoni añade a las hamburguesas así obtenidas una salsa, pero ya llegarán a la receta en concreto. De momento quédense en esos medallones excelsos de carne así obtenidos y compárenlos con las hamburguesas hoy en uso tanto comercial como industrial.

Que nadie se equivoque a propósito de lo que este libro ofrece. Ante todo es un muestrario inteligentísimo de la mejor cocina posible, reunida con un criterio a la vez cosmopolita y enraizado en el gusto o los gustos dominantes en España. Es un libro que sirve para urdir espléndidos y económicos menús cotidianos y para lucirse con recetas de "quedar bien", ampliando el sentido del *quedar bien* hasta sus límites menos bastardos, es decir, quedar bien dando bien de comer sin caer en la grosería de dar ostras de entrante, langosta de segundo y civet de jabalí de tercero. Que Rondissoni dedicara buena parte de su vida a educar el gusto de la burguesía no quiere decir que sus criterios culinarios puedan ser aprovechados por los nuevos ricos. CULINARIA es un recetario generoso e inteligente hecho a la medida de gente inteligente.

M. VÁZQUEZ MONTALBÁN

CULINARIA

Nota. Todas las cantidades son para seis personas a menos que se indique de otro modo.

CALENDARIO GASTRONÓMICO

ENERO

Carnes: Carnero. Cerdo fresco. Buey. Vaca. (El embutido en este mes es excelente.)

Aves de corral: Ganso. Pavo. Pollo. Ánade. Poularde.

Caza: Corzo. Ánade. Liebre. Conejo. Faisán. Alondras. Perdices. Becadas y Becacinas.

Pescados: Pescadilla. Rodaballo. Lenguado. Ostras. Sargo. Salmonetes. Dorada. Lubina. Salmón. Truchas.

Legumbres: Cardos. Espinacas. Apio. Nabos. Col de Bruselas. Coliflor. Rábanos. Col valenciana. Escorzonera. Zanahorias.

Ensaladas: Lechuga. Escarola. Achicoria. Berros.

Frutas: Peras. Manzanas. Uvas. Naranjas. Nueces. Castañas. Avellanas.

Quesos: Roquefort. Brie. Gruyère. Holanda. Manchego seco y todos los quesos blancos.

FEBRERO

Carnes: Cerdo fresco. Carnero. Buey. Vaca. Ternera.

Aves: Pollo. Pato. Pavo. Poularde. Capones. Pintadas.

Caza: Becada. Ortega. Pato salvaje. Cerceta. Becacina. Pavo.

Pescados: Rodaballo. Lenguado. Caballa. Dorada. Lubina. Salmonetes. Salmón. Truchas. Ostras. Barbo.

Crustáceos: Langosta. Camarones. Cangrejos.

Legumbres: Coles valencianas. Patatas tempranas. Alcachofas. Rábanos. Espinacas. Apios. Acelgas. Col de Bruselas.

Ensaladas: Escarola rizada. Lechuga. Achicoria. Berros.

Frutas: Peras. Manzanas. Plátanos. Naranjas.

Quesos: Brie. Camembert. Goulom. Reinosa. Gruyère. Roquefort. Chester. Holanda y todos los quesos blancos.

MARZO

Carnes: Cerdo fresco. Vaca. Carnero. Buey. Cordero. Ternera.
Aves: Gallinas. Pollas. Pavipollos. Ánades. Pavos. Capones. Poulardes. Pichones.
Caza: Ánade salvaje. Cerceta. Becada. Andario. Becacinas.
Pescados: Salmón. Trucha. Rodaballo. Lubina. Lenguado. Salmonete. Sardina. Pescadilla. Dorada. Caballa. Cangrejos.
Legumbres: Guisantes. Alcachofa. Patatas tempranas. Col de Bruselas. Coliflor. Col valenciana. Espinacas.
Ensaladas: Berros. Escarola. Lechuga.
Frutas: Manzanas. Peras. Plátanos. Naranjas. Mandarinas.
Quesos: Brie. Boudon. Camembert. Roquefort.

ABRIL

Carnes: Cordero. Cabrito. Carnero. Buey. Cerdo. Ternera.
Aves: Pavipollos. Gallina. Capón. Pichones. Patos. Ánades jóvenes. Poulardes.
Pescados: Salmón. Besugo. Merluza. Pajeles. Raya. Sardina. Barbo. Carpa. Trucha. Rodaballo. Mero. Lubina. Lenguado. Salmonetes. Caballa. Pescadilla.
Crustáceos: Langosta. Almejas. Cangrejos. Cangrejos de río. Ostras. Mejillones.
Legumbres: Guisantes. Zanahorias. Nabos. Cebolletas nuevas. Habas. Rábanos. Alcachofas. Acederas. Espinacas. Berza rizada. Apio. Coles. Patatas. Tomates del Mediodía. Espárragos.
Ensaladas: Escarola romana. Lechuga. Berros.
Frutas: Manzanas. Peras. Plátanos. Naranjas. Mandarinas. Fresas.
Quesos: Holanda. Roquefort. Reinosa. Gruyère. Chester. Camembert. Brie. Port-Salud.

MAYO

Carnes: Cordero. Carnero. Cabrito. Ternera. Buey. Cerdo.
Aves: Ánades pequeños. Pollos. Pavipollos. Pichones. Patos.
Pescados: Trucha. Salmón. Lenguado. Rodaballo. Pescadilla. Mero. Caballa. Raya. Lubina. Sardina. Dorada.
Crustáceos: Langosta. Camarones. Cangrejos. Langostinos. Centollo.
Legumbres: Guisantes. Zanahorias. Nabos. Cebolletas. Habas. Acelgas. Espinacas. Alcachofas. Patatas. Espárragos. Tomates.

Ensaladas: Escarola romana. Lechuga.
Frutas: Fresas. Nísperos. Cerezas. Naranjas. Fresones. Plátanos. Almendras.
Quesos: Gruyère. Roquefort. Chester. Holanda. Brie. Quesos de crema y Manchego fresco.

JUNIO

Carnes: Cordero. Ternera. Cabrito. Buey. Carnero.
Aves: Pollo tierno. Pichón, Pavipollo.
Pescados: Lenguado. Caballa. Pescadilla. Trucha. Rodaballo. Carpa. Anguila. Atún. Lubina.
Mariscos: Dátiles de mar.
Crustáceos: Cangrejos. Langosta. Cangrejos de mar. Langostinos.
Legumbres: Guisantes. Alubias. Nabos. Alcachofas. Acederas. Espinacas. Cebolletas. Zanahorias. Habas. Tomates. Pepinillos. Espárragos.
Ensaladas: Lechuga romana. Escarola rizada.
Frutas: Fresas. Grosella. Cerezas. Frambuesas. Melones. Almendras. Albaricoques. Melocotones. Plátanos.
Quesos: Roquefort. Gruyère. Chester. Holanda. A la crema Camembert. Gervais y todos los quesos blancos.

JULIO

Carnes: Buey. Ternera. Cordero. Carnero.
Aves: Ánade. Pollo tierno. Pichones. Gallina.
Pescados: Dorada. Carpa. Sollo. Salmonete. Lenguado. Trucha. Fritura. Atún.
Crustáceos: Langosta. Cangrejos de mar y río. Centollo. Langostinos.
Legumbres: Berenjenas. Tomates. Acederas. Alcachofas. Zanahorias. Pepinos. Alubias verdes. Pimientos.
Ensaladas: Lechuga romana. Escarola. Verdolaga. Berros. Rábanos.
Frutas: Melocotones. Albaricoques. Uvas. Grosella. Melones. Sandías. Ciruelas.
Quesos: Queso a la crema. Roquefort. Holanda. Gruyère. Chester. Gervais y todos los quesos frescos.

AGOSTO

Carnes: Ternera. Carnero. Cordero. Buey. Vaca.
Aves: Gallina. Pavo. Pavipollo. Pintadas. Patos. Pollos.
Pescados: Anguila. Gobio. Perca. Trucha. Sardina. Lenguado. Lubina. Atún.
Mariscos: Langostinos. Langosta.
Legumbres: Judías. Fréjoles. Tomates. Pepino. Pimientos. Berenjenas.
Ensaladas: Lechuga. Escarola.
Frutas: Melocotones. Ciruelas. Uvas. Melón. Higos. Peras. Manzanas. Sandías.
Quesos: Roquefort fresco. Brie. Manchego.

SEPTIEMBRE

Carnes: Cordero. Ternera. Vaca. Buey. Carnero.
Aves: Pollos. Gansos. Pavos. Patos. Pintadas. Pavipollo. Pichones.
Caza: Faisán. Codornices. Perdices. Liebre. Conejo de monte. Hortolanos. Tordos.
Pescados: Lenguado. Rodaballo. Barbo. Sardina. Arenques. Anchoas. Atún. Bonito. Merluza. Lubina.
Mariscos: Ostras. Almejas. Percebes.
Crustáceos: Langosta. Langostinos.
Legumbres: Guisantes. Judías. Nabos. Setas. Espinacas. Berenjenas. Zanahorias. Pepinos. Pimientos. Tomates.
Ensaladas: Lechuga. Escarola rizada. Escarola romana. Berros.
Frutas: Ciruelas. Higos. Uvas. Peras. Manzanas. Melón. Melocotón. Sandías.
Quesos: Gruyère. Roquefort. Chester. Manchego y todos los de crema.

OCTUBRE

Carnes: Cordero. Carnero. Vaca. Buey. Cerdo. Ternera.
Aves: Pavo. Ganso. Pollo. Pichón. Pintada.
Caza: Perdices. Codornices. Alondras. Conejo. Liebre. Faisán. Corzo. Jabalí.
Pescados: Lenguado. Rodaballo. Merluza. Salmonete. Atún. Arenques. Pescadilla.
Mariscos: Almejas. Ostras. Percebes.

Crustáceos: Langosta. Centollo. Camarones.
Legumbres: Puerros. Alcachofas. Judías verdes. Col de Bruselas. Lombarda. Rábanos. Salsifis. Remolacha. Col. Setas.
Ensaladas: Lechuga. Escarola romana y rizada.
Frutas: Peras. Manzanas. Melón. Uvas. Plátanos.
Quesos: Gruyère. Roquefort. Nata imperial. Brie. Holanda y todos los quesos de crema.

NOVIEMBRE

Carnes: Carnero. Vaca. Buey. Cordero.
Aves: Pavo. Ganso. Pato. Pollo. Gallina. Poularde.
Caza: Perdices. Codornices. Faisán. Liebre. Conejo. Becasinas. Chochas. Pajaritos.
Pescados: Mero. Besugo. Lenguado. Merluza. Rodaballo. Bacalao fresco. Anchoas. Anguilas. Tencas. Salmonetes. Trucha.
Mariscos: Ostras. Almejas. Mejillones. Percebes. Dátiles de mar.
Crustáceos: Langosta. Langostinos. Centollos. Camarones. Cangrejos.
Legumbres: Judías verdes. Coliflor. Apio. Cardos. Remolacha. Setas. Nabos. Alcachofas. Cebolletas. Espinacas.
Ensaladas: Lechuga. Lechuga rizada. Escarola romana.
Frutas: Peras. Manzanas. Castañas. Dátiles. Granadas. Uvas. Melón.
Quesos: Brie. Coulommiers. Camembert. Roquefort. Gruyère. Holanda y todos los quesos frescos.

DICIEMBRE

Carnes: Carnero. Cordero. Vaca. Buey. Cerdo. Ternera.
Aves: Ganso. Pavo. Pato. Pollo. Gallina. Capones. Poulardes. Pichones.
Caza: Becasinas. Perdiz. Alondras. Liebres. Conejo. Faisán. Ganso. Venado. Jabalí. Becadas.
Pescados: Salmonetes. Salmón. Trucha. Lubina. Besugo. Merluza. Mero. Rodaballo. Dorada. Lenguado.
Mariscos: Ostras. Almejas. Ostrones. Percebes. Mejillones. Dátiles de mar. Almejones.
Crustáceos: Langosta. Langostinos. Cangrejos.
Legumbres: Judías. Apios. Cardos. Guisantes. Puerros. Remolacha. Col. Coliflor. Berza. Lombarda. Setas. Espinacas.
Ensaladas: Lechuga. Escarola. Puerros. Berros.

Frutas: Castañas. Manzanas. Peras. Melones. Uvas. Granadas.
Quesos: Brie. Camembert. Coulommiers. Gruyère. Roquefort. Port-Salud. Manchego seco y todos los de crema.

PROCEDIMIENTO PARA SACAR LOS FILETES DE PESCADO. *Filetes de remo*. Elíjase un remo pequeño, y después de limpio, cortadas las aletas y quitada la piel, sirviéndose de un cuchillo, se le hace una incisión en la parte central en toda su longitud, llegando a tocar la espina; luego se inclina horizontalmente el cuchillo y, pasándolo por encima de la espina, se sigue hasta extraer el filete y así se continúa la misma operación.

Filetes de pescadilla. Limpia la pescadilla, se le hace con un cuchillo un corte, tocando la cabeza; entonces se inclina el cuchillo y, siguiendo el curso de la espina dorsal, se saca un filete; luego se saca el otro filete, practicándolo del mismo modo.

CÓMO SE PELAN Y SE SACAN LOS FILETES DE LOS LENGUADOS. Se cortan con unas tijeras las aletas del pescado y se coloca con la piel oscura hacia abajo; se le separa la cabeza, dejándola sujeta a la piel antedicha, y estírase hasta desprenderla. Se hace un pequeño corte en la parte de la cola, desprendiendo con el cuchillo un poco la otra piel blanca, y luego con el auxilio de un paño se termina de sacar, haciéndolo en dirección contraria de la primera.

Para sacar los filetes se hace un pequeño corte o incisión en el centro del lenguado y en todo su largo de la espina dorsal, siguiendo con la hoja del cuchillo la dirección lateral, y así continuando la misma operación hasta que queden desprendidos los cuatro filetes, o sea dos de cada lado.

Para su empleo, si los filetes son grandes se parten por la mitad y en diagonal, se aplanan ligeramente y se dejan cinco minutos en agua.

MODO DE PREPARAR Y MECHAR EL SOLOMILLO. Se limpia de grasa y se saca la telilla que cubre las fibras superiores del filete, para lo cual se opera introduciendo la hoja de un cuchillo entre la carne y membranas, para separarla de todos los puntos.

La operacion exige precaución y destreza para evitar que no resulten surcos en la carne por llevar la hoja del cuchillo bruscamente.

Una vez mondado el filete se mecha por su parte superior. Para esta preparación se cortan unas tiras de tocino graso y con una aguja de mechar se van introduciendo en el solomillo; estos puntos se sujetan con bramante, haciendo unas lazadas de 2 cm de distancia de unas a otras. Se sazona con sal y se pone a asar al horno.

De este modo se prepara el renombrado filete a la broche, como también se sirve asado y adornado con diferentes guarniciones.

MODO DE ESCAMAR Y LIMPIAR LOS PESCADOS. Entre los más usuales peces de escamas solamente la sardina se deja de escamar, porque su membrana córnea es sumamente delgada.

Los lenguados, cuando hay que arrancar la piel para hacer filetes con la carne, tampoco es necesario escamarlos.

Para limpiar los pescados se quitan primeramente las escamas que imbricadas unas con otras suelen cubrir la piel. La operación es muy sencilla y se lleva a efecto simplemente con un cuchillo, arrancando en sentido contrario del nacimiento de aquéllas; después se arrancan las agallas, se practica a continuación una abertura en el vientre todo lo más estrecha posible, se extraen las entrañas y, por último, se limpia bien con agua fría.

El pescado de mar es preferible limpiarlo con la misma agua.

EQUIVALENCIA DE PESOS Y MEDIDAS. Para mayor facilidad y comodidad de nuestros lectores, y especialmente para todas las personas que ejecutan nuestras recetas culinarias, a continuación tenemos el gusto de hacer las equivalencias casi exactas de pesos y medidas en los ingredientes más usuales.

Ingredientes	Peso	Medida
Harina	25 gr	Una cucharada llena de las de sopa
Azúcar	25 gr	” ” ” ” ” ”
Chocolate en polvo	20 gr	” ” ” ” ” ”
Cacao	20 gr	” ” ” ” ” ”
Purés	25 gr	” ” ” ” ” ”
Café	15 gr	” ”muy llena de las de sopa
Sal	25 gr	” ” regular de las de sopa
Sal	10 gr	” ” llena de las de café

NORMAS PARA LA CANTIDAD DE SAL. Para hervir verduras que después tienen que pasarse por agua fría se emplearán 15 gr por cada litro de agua.

Para la cocción de arroces, patatas, fideos, macarrones y otras clases de pastas para sopa se sazonarán con 15 gr por cada litro de agua.

Los caldos se sazonarán aproximadamente con la mitad de la cantidad precedentemente indicada, teniendo en cuenta la reducción del líquido en su ebullición y como guía, pues al substanciarse con sal u otras especias siempre hay tiempo para corregir el aumento necesario, mientras que si se ha sazonado un poco abundantemente la rectificación admisible únicamente sería añadiendo agua y esto perjudicaría a los condimentos, porque los desabora.

MODO DE CORTAR Y PRESENTAR LAS AVES EN LA MESA. Después de asada el ave, se deja unos minutos para que se enfríe un poco. Luego se presenta de costado encima de un trinchero de madera ex profeso, se hinca el tenedor en uno de sus muslos por la parte superior, pasando el cuchillo entre éste y la pechuga para cortar la piel y separar así las dos partes. Después se estira el tenedor, sujetando el ave con el cuchillo y de este modo queda separado el muslo, que se coloca al lado, sobre el trinchero. A continuación se sujeta la pechuga con el tenedor, se corta, desprendiendo la juntura de ésta pasando el cuchillo por encima del hueso, y, estirando suavemente, queda separado.

Se repite la misma operación del otro costado.

Presentación. En una fuente se colocan los muslos y las pechugas, procurando reconstruir el ave, lo que se consigue poniendo el pecho en el centro de la fuente y los muslos y pechugas en sus respectivos lugares, adornándose con berros y limones.

Se sirve el jugo, previamente desgrasado, en una salsera aparte.

MODO DE PREPARAR LAS AVES. *Chamuscar.* Desprovistas de toda la pluma se chamuscarán para destruir con el fuego el filamento sutil que existe entre los poros de la piel, empleando a este efecto como combustible el papel, gas, harina, azúcar o alcohol, siendo preferible el gas, alcohol o azucar, porque no ahúman las aves. Listas se sujetarán por el cuello y las patas con ambas manos y así se presentarán cómodamente a la llama en toda su superficie.

Si se hace uso del alcohol se pondrá en un plato metálico destinado exclusivamente a este fin, y si se emplease la harina o el azúcar se echará encima de unas brasas bien encendidas, pudiendo servirse de la cocina económica, cerrando previamente la llave de tiraje.

Limpiar y coser. Se cortarán las patas y con toda minuciosidad se procurará quitar !os cañones que hubiesen quedado. Se seca el volátil con un paño, se coloca con la pechuga hacia abajo y con un cuchillo pequeño se abre la piel del cuello, empezando por la cabeza en

18

dirección a la espina dorsal; se despelleja el referido cuello, se extrae el buche o tráquea, se introduce el dedo índice en el agujero que conduce a la concavidad del pecho y se le despegarán los intestinos. En el otro extremo, parte inferior del cuerpo del ave, se abre un pequeño orificio y se sacan las tripas con todo lo anterior. Córtase a raíz el cuello, se lava todo el cuerpo, se seca con un paño, se cruzan los alones sobre el dorso y con una aguja enhebrada con un hilo resistente, puesto el animal sobre una mesa descansando por la espalda y apretando los muslos contra el cuerpo con una mano para mantenerlos a la misma altura, se atraviesa con la aguja y, vuelta el ave, se sujetan las alas y la piel del cuello, formando con los cabos del hilo una lazada que se anudará fuertemente. A continuación se sujetarán también los extremos de los muslos, y así ya completamente preparada, su manejo es perfecto, bien sea para cocerla o asarla, con arreglo a la receta culinaria que se lleve a la práctica.

Si el ave se desea asar se cubren las pechugas con una o dos lonjas delgadas de tocino y al momento de acoplarlas se han de sujetar con un hilo.

Condimentos que es necesario tener siempre a mano para sazonar. Agua de azahar, apio, ajos, almendras, avellanas, azúcar blanco, almidón para crema y azafrán. Canela en rama, canela en polvo, clavo y cebollas. Harina de flor y harina de arroz. Fécula de patata. Limón y laurel. Mostaza. Nuez moscada y nabos. Orégano. Pimienta blanca molida y pimienta en grano. Romero. Sal blanca y sal morena. Tomillo. Vainilla, vinagre de yema y vinagre de estragón. Zanahoria.

Modo de hacer la nata. Póngase en un recipiente de cristal o porcelana medio litro de crema de leche; se coloca encima de hielo picado, se bate con un batidor hasta que resulte una nata espesa y entonces se le mezclan 75 gr de azúcar de lustre previamente pasado por un tamiz.

Sírvase en platos, agregando unas cuantas fresas.

Para obtener la crema de leche. Después de ordeñada la leche se deja en sitio frío durante cuatro o cinco horas y con una cuchara se va sacando la tela que se forma en la superficie, haciéndolo con cuidado para que no se mezcle con la leche.

Se echa en el recipiente indicado y se bate.

También se puede obtener nata sacada la tela de la leche una vez hervida y fría.

Fórmula para hacer la mantequilla. Póngase medio litro de crema de leche en una mantequera, rodéese ésta con hielo picado y se da vueltas a la manivela hasta que desprenda la leche. Entonces se quita ésta y se pone la mantequilla en un plato, dándole la forma que se desee.

Guárdese en sitio fresco.

Modo de obtener los puntos del azúcar. Para obtener un almíbar de 10° a 12° se pone en una cacerola un cuarto de litro de agua y 125 gr de azúcar y se hierve durante cinco minutos.

Sirve para el biscuit glacé, pudiendo perfumarse a voluntad con vainilla, kirsch, limón, etc., etc.

Punto de hebra o hilo. Se pone en una cacerola un decilitro de agua y 200 gramos de azúcar y se cuece hasta que empiezan a formarse unas perlitas transparentes en la superficie del líquido. Se introduce una cuchara y se unta ligeramente la yema del dedo anular, que se juntará con el dedo pulgar; se separan ambos y aparecerá un hilo sin romperse. Si no estuviese en su punto se cuece algo más y se repite la misma operación.

El punto debe ser 32° a 33° y para conocerlo puede emplearse el pesajarabes.

Este almíbar sirve para preparar la crema de manteca, tocinillos de cielo, etc., etc.

Punto de perla. Se echa en una cacerola la misma cantidad de azúcar e igual preparación que para la fórmula anterior y se cuece hasta que aparezcan las perlitas un poco gruesas. Se vierten unas gotas de agua fría y se forman con los dedos unas bolitas blandas.

Este almíbar pesa de 45° a 48°.

Punto de bola. Para obtener este punto se deja cocer algo más tiempo que el empleado en el punto de perla.

No se puede pesar por estar el almíbar espeso y únicamente se prueba echando unas gotas en agua fría y si se forman unas bolitas parecidas al cristal da a conocer que se ha conseguido el punto de bola.

Punto escarchado. Cuécese algo más el almíbar.

Se ponen unas gotas de agua fría y si al apretarlas con los dedos se rompiesen fácilmente, es demostración de que está bien.

Punto de caramelo. Se cuece hasta que tenga un bonito color dorado, agregando unas gotas de zumo de limón.

Sirve para forrar moldes, para flanes, pudin, etc., etc.

Modo de preparar el azúcar quemado. Póngase en una cacerola al fuego 50 gr de azúcar y cuando esté bien negro o quemado se agrega un cuarto de litro de agua, dejándolo cocer durante diez minutos. Se retira del fuego y se deja enfriar, se pasa por un colador y se echa en una botellita.

Sirve para dar color a los caldos, salsas, etc., etc.

MODO DE PREPARAR LAS CHULETAS. Para mayor facilidad de los que tienen que dedicarse a las operaciones culinarias damos a conocer el método que ha de adoptarse para preparar convenientemente las chuletas de ternera, cordero o carnero.

Aunque lo mismo pueden servirse las chuletas sin corregirlas en su forma, porque el hueso y sebo no perjudican a la calidad del alimento, dicho método es indispensable para la buena presentación porque una chuleta bien dispuesta estimula el apetito mayormente que una chuleta presentada en forma burda.

Para preparar las chuletas se toma la carne indicada que tenga hueso de costilla, se les quita el hueso de la espina dorsal, se sacan los nervios y el sebo, se hace un corte en el extremo del hueso o mango, dejándolo de 5 o 6 cm al descubierto, y con una paleta de hierro o cuchillo grande, ancho, se aplanan. Una vez así dispuestas, sírvanse para el uso que se indiquen.

MODO DE PREPARAR LAS QUENEFAS DE TERNERA, DE AVE O PESCADO. *300 gr de cadera de ternera bien blanca y magra, 100 gr de harina, 2 huevos, 2 yemas de huevo y 125 gr de mantequilla.*

Pónganse en una cacerola al fuego 2 decilitros de agua (dos tacitas pequeñas), 40 gr de mantequilla, sal, pimienta y nuez moscada, y cuando arranque el hervor se añade la harina y se mezcla con una espátula de madera hasta obtener una pasta compacta o dura. Entonces se aparta la cacerola del fuego.

La carne de ternera se trincha fina, se machaca al mortero y se adiciona la pasta preparada de antemano; se sigue machacando y se incorporan poco a poco 75 gr de mantequilla, 2 huevos y 2 yemas de huevo todo bien mezclado de modo que resulte una pasta finísima.

Entonces se pasa por un tamiz de tela metálica, se recoge la pasta, se echa en una vasija y se trabaja.

Si las quenefas han de ser de ave o pescado se tiene que calcular la misma cantidad de carne una vez desprovista de piel y huesos.

MODO DE MOLDEAR LAS QUENEFAS. Una vez explicada la receta de la forma de preparar la pasta de las quenefas pasamos a dar la idea del moldeado y forma de cocción.

Unas se preparan en la siguiente forma:

Póngase la pasta en una manga con boquilla rizada o lisa y sobre una tartera untada de mantequilla. Se marcan unas quenefas del grueso de una almendra sin cáscara. Si son para sopas, cremas o consomés, debe dárseles la misma forma, pero de tamaño más pequeño.

Otras se preparan poniendo la pasta encima de un mármol espolvoreado con harina y formando un cilindro del grueso del dedo meñique; se cortan a trozos de 2 cm de largo y se moldean un poco con las manos para que adquieran una forma algo ovalada.

Después de preparadas se ponen a hervir con caldo o consomé, hirviendo de modo que apenas las cubra. La cocción tiene que ser lenta y su duración de ocho a diez minutos, según tamaño.

Antes de preparar las quenefas es necesario hacer una prueba cociendo dos bolitas de éstas y si se observa que se deshacen algo se les mezcla una yema de huevo.

MODO DE COCER LAS VERDURAS. Procedimiento que debe emplearse en las verduras (judías tiernas, guisantes, espinacas, coles de Bruselas, alcachofas, etc., etc.) para que al cocerlas queden verdes: Para un kg de verdura pónganse en una olla al fuego 3 litros de agua y 40 gr de sal. Cuando hierve a borbotones se agrega la verdura, después de limpia, dejándola hervir hasta que alcance el punto de cocción deseado. Entonces se pasa por el agua fría y se escurre.

MODO DE PREPARAR EL VINAGRE DE ESTRAGÓN. Para obtener un litro de vinagre de estragón se echan 50 gr de estragón fresco en una botella, con un litro de vinagre corriente de lo mejor, y se deja en maceración bien tapado durante ocho días.

Sirve para el consumo diario y al servirse de él se pasará por un colador.

LAS CEBOLLAS. Para evitar que escuezan los ojos cuando se tienen que pelar cebollas o cebollitas se han de poner en una vasija y rociarlas bien con vinagre, dejándolas de este modo unos cinco minutos.

LAS PASTAS. Para cocer las sémolas, tapiocas y las diferentes pastas finas, siempre se tienen que echar en el líquido cuando hierva y dejarlas caer en forma de lluvia, revolviéndola con un batidor, pues de este modo se evitará que se agrupen.

LAS LANGOSTAS. Para hervir una langosta hay que sumergirla en abundante agua sazonada con sal y aromatizada con laurel tomillo, cebolla y zanahoria, y echarla cuando el agua hierva a borbotones (contando por una langosta de un kg treinta minutos de cocción), teniendo la precaución al adquirirla que no tenga ninguna pata rota. Si no se cociese seguidamente de haberla adquirido, se deja en sitio oscuro y sin tocarla hasta el momento de poderla cocer.

CÓMO SE SIRVEN LAS OSTRAS. Se abren las ostras, se colocan en una bandeja donde se tendrá un poco de hielo picado, se rodean con trozos de limón y se espolvorean con un poco de pimienta molida.

En una fuente cubierta con servilleta se sirven unas rebanaditas de pan negro untado con una capa de mantequilla ligeramente salada.

ALGUNAS RECETAS PARA SERVIR EL CAVIAR. Se pone el caviar en un recipiente de porcelana o cristal y se rodea de hielo picado. Aparte se sirven unas rebanaditas de pan negro cubiertas de una ligera capa de mantequilla; se colocan en una fuente cubierta con servilleta y se adorna con hojas de perejil.

También se sirven una especie de tortillas delgaditas llamadas blinis.

Modo de preparar estas tortillitas. En una vasija se echan 150 gramos de harina de avena, 25 gramos de mantequilla derretida, 2 yemas de huevo, un decilitro de cerveza y otro de leche, o sea una tacita de cada líquido; se sazona con sal, pimienta y nuez moscada, obteniendo una pasta líquida que se pasará por un colador y se dejará reposar durante cuatro o cinco horas. Transcurrido este tiempo se le añade una clara de huevo batida. Entonces se forman los blinis, poniendo al fuego una sartén untada de mantequilla y cuando esté caliente se echan 4 cucharadas llenas del liquido preparado de antemano, se mueve la sartén de modo que quede el fondo cubierto de una capa de pasta y cuando se haya cuajado se le da la vuelta sirviéndose de un tenedor; luego se dobla en cuatro dobleces, dándole la forma de un pañuelo de bolsillo, y se sirve en una fuente cubierta con una servilleta.

Tostadas de caviar para servir muy frío. Se extiende mantequilla sobre delgadas tostadas de pan inglés y se recubren luego de una capa de caviar. Sírvase con pedazos de limón y un poco de cebolla finamente cortada.

Caviar. Se llena con hielo hasta la mitad un vaso de cristal y se coloca dentro del mismo un frasco también de cristal conteniendo unos 250 gr de caviar adornado con unos berros. Se sirve con pan tostado, pedazos de limón y cebolla cortada.

Caviar sobre blinis. El caviar se sirve como el de las tostadas, pero sobre blinis, es decir que se sirve con una gruesa capa de yogur. (Blinis con caviar y yogur es un plato ruso de mucho éxito.)

Huevos a la rusa. Los huevos a la rusa son un plato delicioso y nada caro. Se cortan en dos mitades huevos duros ya fríos y sobre cada mitad se coloca un poco de caviar. Debe servirse sobre un fondo de ensalada rusa con mayonesa.

Crema de caviar. Pásense por un tamiz 25 gr de caviar fresco junto con 100 gr de buena mantequilla. El empleo de la crema de caviar mejora muchos platos calientes o fríos, así como muchas salsas.

CÓMO SE DEBE COMER EL MELÓN. El melón juega un gran papel en la historia de la gastronomía.

Este fruto de carne olorosa, dulce, blanda y aguanosa está considerado como el rey de las frutas.

Los italianos y los orientales, que consumen cantidades extraordinarias de melones, los emplean como postre al natural o salpicados de azúcar.

En Francia el melón se come como entrante.

En nuestra nación a veces se sazona con un poco de sal, comiéndolo como postre.

PARA COCER JUDÍAS BLANCAS. Pónganse en un puchero al fuego las judías con agua que las cubra. Se les da un hervor y se escurren; se vuelven a poner al fuego con agua fría, una cebolla y una zanahoria, se sazonan con sal y se cuecen lentamente hasta que estén bien blandas, conservando la olla tapada.

PARA COCER GARBANZOS. *Elíjanse 400 gr. de esta legumbre de buena clase, 2 cucharadas de aceite, una cebolla y una zanahoria.* Pónganse los garbanzos en remojo durante veinticuatro horas con 2 litros de agua y un poco de sal. Se escurren y se echan en una olla con 2 litros de agua, 10 gr de sal, la zanahoria, la cebolla y el aceite, y se dejan cocer a fuego lento, tapados, hasta que estén bien tiernos.

ORDEN POR EL CUAL DEBEN PRESENTARSE LOS PLATOS
Las ostras o caviar.
Los consomés o sopas crema, etc.
Los entremeses o platos volantes fríos.
Los primeros platos: huevos, arroz, pastas, etc.
Los pescados o mariscos.
Las entradas calientes.

Los platos fríos.
Los platos de caza.
Las legumbres.
Los asados de ave o caza.
Las ensaladas.
Los dulces de cocina o helado, pastelería.

ORDEN POR EL CUAL DEBEN SERVIRSE LOS VINOS. Son infinitas las consultas que se hacen sobre la manera de servir los vinos y qué vinos se requieren para los diferentes platos en las comidas.

Estas preguntas son muy fáciles de contestar hoy día, dada la evolución que ha sufrido la cocina y, por ende, la gastronomía, en pocos años; actualmente no existen aquellas minutas interminables, sobre todo en banquetes, ni aquella lista de vinos en que era necesario poner una serie de copas en cada cubierto.

Hoy todo está más simplificado, la cocina lo mismo que la mesa, y por esta causa todo lo que se ha perdido por un lado se ha ganado en refinamiento y, por lo tanto, en economia.

España es la tierra privilegiada de los vinos. Por algo, según dicen los eruditos, Noé plantó su primera viña en Tarragona. Esto quiere decir que en nuestra adorable España tenemos vinos para todos los gustos y para regalo nuestro.

No vamos a relatar todos los vinos que se cosechan en España, pues en todas las provincias se cosechan, sobresaliendo, como es natural, los de Jerez, únicos en el mundo.

Tampoco les van mucho a la zaga los de Rioja, manchegos, Alicante, etc., ni hay que olvidar los de la región catalana: Priorato, Alella, Perelada, etc.

Ciñéndonos al asunto, y con la autoridad que nos dan los años de experiencia, aconsejamos, en los servicios, el vino que se debe servir a cada plato:

Con las ostras es preferible la manzanilla (fría).

Con los caldos, consomés, sopas, etc., el jerez (temperatura natural).

Con los entremeses, blanco tipo Rin (frío).

Con los platos de huevos, o pastas, tinto (temperatura natural).

Con los pescados, blanco tipos Sauterne (frío).

Con los mariscos y crustáceos, blanco tipos chablis (frío).

Con los entrantes de carne, tinto Rioja, tipos Burdeos o Alella (temperatura natural).

Con los platos fríos blanco tipo Rin (frío).

Con los platos de caza, tinto tipo Borgoña o Burdeos (algo templado).

Con los asados, champaña (frío).

Con los dulces o postres, vinos generosos (temperatura natural).

LAS MINUTAS SENCILLAS. *Almuerzo*. Entremeses. Arroz a la Milanesa. Salmonetes a la Mayordomo. Lomo de cerdo a la San Denis. Tartaletas de melocotones.

Almuerzo. Sopa a la Marinera. Berenjenas rellenas. Granadinas de buey. Manzanas a la Mari Garden.

Almuerzo. Entremeses. Huevos a la Domini. Judías verdes a la Dogaresa. Pierna de cordero a la Lamberty. Crêpes Suzette.

Almuerzo. Entremeses. Macarrones a la moderna. Filetes de verdura a la Fedora. Entrecotte a la Bordolesa.

Almuerzo. Huevos al plato a la Turca. Calamares a la Romana. Chuletas de cordero a la Vilaroy. Lionesas a la crema.

Almuerzo. Sopa a la Marsellesa. Bacalao a la Pil Pil. Cabrito a la Campesina. Buñuelos de manzana.

Comida. Sopa juliana. Medallones de ave a la Florentina. Filetes de pescadilla a la Condal. Fruta.

Comida. Sopa a la Cartuja. Calabacines rellenos. Merluza a la Pompadour. Buñuelos de viento.

Comida. Sopa de caldo. Flan de espinacas. Salmonetes a la Provenzal. Crêpes a la Aurora.

Comida. Sopa puré Carolina. Bacalao a la Vizcaína. Crestas de ave y trufa. Fruta.

Comida. Sopa a la Griega. Espinacas sorpresa. Chuletas de cordero a la Vendome. Orejuelas.

Comida. Sopa de fideos. Surtido de verdura. Pequeños soufflés Rossini. Tortilla al ron.

MINUTAS PARA BANQUETES. *Almuerzo*. Consomé a la Madrileña. Huevos escalfados a la Manón. Langostinos a la Cardenal. Capón a la Barón Bry. Copas a la Damita. Pastelería. Macedonia de fruta al kirsch. Café triple. Vinos y licores.

Comida. Sopa crema de langostinos. Filete de lenguado Pompadour. Espárragos con salsa holandesa. Poularde a la fine champaña. Molde de helado a la Metropol. Pastelería. Fresones al Curaçao. Café triple. Vinos y licores.

Almuerzo. Consomé a la Magenta. Espuma de jamón a la Vendome. Salmón a la parrilla con salsa holandesa. Pavita a la Manchester. Molde de helado Palmira. Pastelería. Fruta del tiempo. Café triple. Vinos y licores.

Comida. Sopa crema Princesa. Rodaballo a la Embajadora. Surtido de verdura. Pavita rellena a la Damita. Bizcocho helado a la vainilla. Pastelería. Piña al Marasquino. Café triple. Vinos y licores.

CALDOS, CONSOMÉS, CREMAS, PURÉS Y SOPAS

Todas las sopas, como igualmente los consomés y los caldos, son excelentes aperitivos que dan vigor al organismo, por cuya razón suelen servirse como primer plato en una comida. Toda clase de sopa debe servirse bien caliente, especialmente si se trata de un consomé y máxime cuando ha sido precedida de variados entremeses fríos, pues, además de disimular el sabor insistente de aquéllos, prepara el apetito para los sucesivos platos.

En efecto, la sopa en caliente predispone admirablemente el estómago, activando sus funciones, porque, como dijo con singular acierto el poeta:

> *Ya la sopa presentan en la mesa,*
> *de excelente comida anuncio cierto,*
> *dorada, sustanciosa...*
> *cuyo objeto*
> *es mover suavemente los sentidos*
> *y abrir el apetito casi muerto.*

CONSOMÉ (Caldo francés)

300 gr de morcillo de buey, 2 zanahorias, un nabo, 2 puerros, 2 claras de huevo, 300 gr de despojos de gallina o pollo (cuellos, mollejas, etc.), una copita de jerez, perifollo, un trozo de apio y una hoja de papel de barba.

Se pone en una cacerola la carne y los despojos de gallina cortados a trocitos pequeños; añádanse los puerros, zanahorias, nabo y apio, todo a pedacitos; luego se agregan las claras de huevo, el perifollo y el jerez. Se mezcla bien, se moja con 3 1/2 litros de agua, se sazona con sal y se pone al fuego, removiéndolo de vez en cuando con una espátula o cuchara de madera.

Cuando empieza el hervor se rocía con dos cucharadas de agua fría y se deja cocer lentamente durante dos horas. Seguidamente se pasa por una servilleta previamente mojada con agua fría.

Se parte el papel de barba a trozos, se pasa por encima del consomé para sacar bien los ojos de grasa y se colorea con azúcar quemado.

Sírvase en plato o taza, caliente o frío.

CONSOMÉ A LA DUQUE

400 gr de morcillo de buey, una becada o una perdiz, 2 zanahorias, 6 bonitas ostras, 2 puerros, una copita de jerez, perifollo, 200 gr de tomate, un ramito de apio, 2 claras de huevo, una hoja de papel de barba.

Se corta a trocitos la carne de buey, se pone en una cacerola y se le adicionan las claras de huevo, el jerez y el perifollo trinchado; se añaden los puerros, las zanahorias y el apio, todo mondado y cortado a trocitos. Se mezcla bien y se adicionan 3 litros de agua y la becada previamente limpia y chamuscada, se sazona ligeramente con sal y se agregan los tomates pinchados con un tenedor; se arrima al fuego y se remueve de vez en cuando con una espátula de madera. Cuando arranca el hervor se rocía con agua fría y se hierve lentamente durante tres horas, obteniendo un litro y medio de buen consomé. Transcurrido este tiempo se pasa por un paño mojado con agua fría, pasándole asimismo por la superficie unos trozos de papel de barba para que resulte bien desgrasado.

Se sirve el consomé en tazas, adicionando a una de éstas una ostra y la carne de becada cortada a cuadritos.

CONSOMÉ A LA MADRILEÑA

600 gr de jarrete de buey, una hoja de papel de barba, 800 gr de manos de ternera, 400 gr de tomate, una copita de jerez, 2 zanahorias, 4 puerros, un ramito de apio, claras de huevo, una cebolla, medio kg de huesos de rodilla de buey y perifollo.

Se corta la carne de buey a trocitos y se pone en una cacerola adicionándole el jerez y las claras de huevo; se añaden las zanahorias, los puerros y el apio, todo mondado y cortado a trocitos. Mézclase bien y se moja con 4 litros de agua. Se agrega el perifollo trinchado y la mitad de los tomates, partidos por el medio, se sazona ligeramente con sal y se añade la cebolla partida por la mitad y puesta en el horno para que tome un color algo oscuro.

A los huesos y la carne de ternera se les da un hervor; se escurre y se echa en la cacerola; se arrima al fuego y se remueve de vez en cuando con una espátula de madera y cuando hierve se aparta ligeramente de la lumbre, se rocía con un poco de agua fría y se hierve lentamente durante cuatro horas, obteniendo aproximadamente un litro y medio de consomé. Se pasa éste por un paño mojado con agua fría y se desgrasa pasándole por la superficie unos trozos de papel de barba. Se deja enfriar, se echa en una taza, se añaden a cada taza unos trocitos de tomate escaldados y pelados y se rodean con hielo para que el contenido se cuaje ligeramente. Se sirve con las mismas tazas colocadas en una bandeja cubierta con una blonda o servilleta.

Nota. En lugar de ponerlas en hielo pueden ponerse en nevera.

CONSOMÉ A LA DUBOIS

400 gr de morcillo de buey, una pechuga de gallina, 2 puerros, 200 gr de tomates, 25 gr de mantequilla, una zanahoria, 3 huevos, 300 gr de guisantes, 2 claras de huevo, una copita de jerez, perifollo, una hoja de papel de barba y 2 decilitros de leche.

Póngase en una cacerola la carne de buey picada, las claras de huevo, el jerez, los tomates y un poco de perifollo trinchado; se agregan los puerros y las zanahorias, todo hecho a trocitos; se mezcla bien y se adiciona la pechuga de gallina y 3 ½ litros de agua. Se pone al fuego y se remueve con una espátula de madera hasta que arranca el hervor; se aparta ligeramente de la lumbre y se hierve lentamente durante tres horas, obteniendo un litro y medio de buen consomé. Se pasa por un paño mojado con agua fría y se desgrasa pasándole por la superficie unos trocitos de papel de barba.

FLAN DE GALLINA. Desprovista la pechuga de gallina de piel y huesos se machaca al mortero, obteniendo una pasta fina; se le adicionan dos huevos y la mitad de la leche, se sazona con sal, se mezcla bien y se echa en un pequeño molde flanera que tendremos untado con mantequilla.

Hervidos los guisantes se pasan por un tamiz, se agrega un huevo y lo restante de la leche, se sazona con sal y se pone en un pequeño molde flanera que tendremos untado con mantequilla. Se cuecen ambos moldes en baño María al horno durante media hora. Una vez fríos se sacan del molde y se cortan a cuadritos.

Sírvase el consomé en tazas, agregándole los flanes de ambas clases.

CONSOMÉ A LA MAGENTA

400 gr de morcillo de buey, 2 cuellos de gallina, 2 puerros, 2 zanahorias, una copita de jerez, 6 huevos bien frescos, 50 gr de queso de Parma rallado, 2 claras de huevo, perifollo, 200 gramos de tomates y una hoja de papel de barba.

Se corta a trocitos la carne y se pone en una olla con el jerez, el perifollo y las claras de huevo, añadiéndole las zanahorias y los puerros, todo limpio y cortado a trozos. Se mezcla bien y se adicionan 3 litros de agua. Sazónase ligeramente con sal, se remueve de vez en cuando con una espátula de madera para evitar que se pegue al fondo de la olla y cuando arranca el hervor se añaden los tomates; se aparta ligeramente la olla de la lumbre y se hierve lentamente durante tres horas. Transcurrido este tiempo se pasa el líquido por un paño mojado con agua fría y se desgrasa pasándole por la superficie unos trozos de papel de barba.

Se sirve bien caliente en tazas, echándose en cada una de éstas una yema de huevo y una cucharadita de queso rallado.

CONSOMÉ A LA DURÁN

400 gr de morcillo de buey, una copita de jerez, 2 zanahorias, un nabo, un ramito de apio, 2 huevos, una cucharada de puré de tomate, un decilitro de leche, 2 claras de huevo, 15 gr de mantequilla, perifollo, un manojo de espárragos y una hoja de papel de barba.

CONSOMÉ. Se pone en una cacerola la carne de buey a trocitos, las dos claras de huevo, el jerez y un poco de perifollo picado; se agrega el nabo, la zanahoria y el apio, todo hecho a trocitos, se mezcla bien y se moja con 3 litros de agua. Se sazona ligeramente con sal, se arrima al fuego y se remueve de vez en cuando con una espátula de madera; una vez que arranca el hervor se aparta ligeramente de la lumbre y se hierve lentamente durante tres horas, obteniendo un litro y medio de consomé bien claro. Seguidamente se pasa por un paño mojado con agua fría y se desgrasa pasándole por la superficie unos trozos de papel de barba.

FLAN DE TOMATE. Se mezclan los dos huevos con la leche y el tomate, se sazona con sal y pimienta, se pasa por un colador y se echa en el molde pequeño de forma de flanera que tendremos previamente untado con la mantequilla y colocado en su fondo un disco de papel de barba. Se cuece en baño María al horno por espacio de treinta minutos y una vez frío se saca del molde y se corta a cuadritos.

Se sirve el consomé en taza. Se le adiciona el flan y las puntas de los espárragos cortadas a 2 cm de largo, hervidos con agua sazonada con sal y escurridas.

CONSOMÉ A LA ESPAÑOLA

400 gr de morcillo de buey, 10 gr de mantequilla, 2 mollejas de pollo, 3 cuellos de gallina o pollo, una copita de jerez, 4 huevos, una cucharada de puré de tomate, 2 zanahorias, 2 puerros, un nabo, una hoja de apio y una hoja de papel de barba.

Se pone en una cacerola la carne de buey, los cuellos y las mollejas de gallina, todo trinchado pequeño; el nabo, zanahoria y puerros cortado a trocitos, y el perifollo, 2 claras de huevo y el jerez. Mézclase bien y se incorporan 2 ½ litros de agua. Se sazona con sal, se pone al fuego, se revuelve de cuando en cuando con una espátula o cuchara de madera y al arrancar el hervor se rocía con unas gotas de agua fría, dejándolo cocer a fuego lento durante tres horas para obtener un litro y medio de buen consomé. Luego se pasa por un paño o servilleta previamente mojada con agua fría y el papel de barba partido en varios trozos se pasa por encima del consomé para dejarlo desprovisto de los ojos de grasa.

FLANES PARA SOPA. Mézclanse un huevo, el puré de tomate y 6 cucharadas de consomé. Se sazona con sal y pimienta, se cuela y se echa en un molde flanera untado con mantequilla.

En una cacerola se pone un huevo, 2 yemas de huevo y 5 cucharadas de consomé. Se sazona con sal, se mezcla bien y se pasa por un colador, vertiendo el líquido en un molde flanera untado con mantequilla.

Los dos moldes se introducen en baño María y se cuecen a fuego lento durante una hora con precaución que no hierva el agua, para cuyo fin se va agregando fría si aquélla parece que va a hervir. Una vez en su punto se quitan los moldes del agua y se dejan enfriar. Entonces se vierten encima de un mármol y los flanes se cortan a cuadritos de un centímetro.

Sírvase el consomé en tazas o platos y se añaden unas cucharadas de cuadritos de flanes, mezclando los dos colores.

300 gr de langostinos, 75 gr de harina de arroz, 400 gr de cola de merluza, 50 gr de tapioca, 150 gr de mantequilla, 3 huevos, 2 zanahorias, 2 cebollas, un cuarto de litro de leche, una copita de coñac, una hoja de apio, un kilo de hielo y unas gotas de carmín vegetal.

Se pone la merluza en una cacerola con 2 litros de agua, sal, una cebolla y una zanahoria, y se deja cocer durante veinte minutos. El caldo se pasará por un colador.

MANTECA DE LANGOSTINOS. Móndase la zanahoria, córtase a trocitos en unión de la cebolla y apio, se pone en una cacerola con 50 gr de manteca, rehógase y cuando empieza a tomar el color se agregan los langostinos y el coñac, y seguidamente se enciende. Cuando el coñac comienza a apagarse se tapa la cacerola y se deja cocer lentamente durante diez minutos. Se sacan los langostinos, se separan las colas, las cáscaras se machacan bien al mortero y se vuelve a poner en la misma cacerola, adicionándole el resto de la manteca. Se pone al baño María y se mete en el horno hasta que la manteca está clarificada.

Póngase en una vasija el hielo y un cuarto de litro de agua, pásese la manteca por un paño fuerte, déjese escurrir encima del hielo exprimiendo bien para extraer todo el líquido, y cuando esté cuajado se saca del hielo.

El caldo del pescado se echa en una cacerola al fuego, se agrega la harina diluida con la mitad de la leche y se deja cocer veinte minutos. En una olla se ponen las yemas de los huevos y un poco de leche, se mezcla bien y a continuación se incorpora poco a poco la sopa, la manteca de langostinos y la tapioca previamente hervida con agua y sal. Para que resulte un color rosado se añaden unas gotas de carmín vegetal.

Se adicionan los langostinos, cortados a trocitos.

CREMA A LA MANÓN

500 gr huesos de ternera, una pechuga de gallina, 75 gr harina de arroz, 3 huevos, 50 gr mantequilla, medio litro de leche, una cebolla, un nabo, una zanahoria, 400 gr guisantes, y 6 cucharadas de puré de tomate.

Póngase al fuego una olla con los huesos, la pechuga, tres litros de agua, la cebolla, la zanahoria y el nabo, se hierve durante dos horas obteniendo un litro y medio de caldo. Luego se pasa por un colador fino, se adiciona la harina de arroz diluida en un cuarto litro de leche, se hierve unos quince minutos agregándole a media cocción los guisantes previamente hervidos y pasados por un tamiz, se sazona con sal. Terminada la cocción, se le mezcla fuera del fuego, la mantequilla y una yema de huevo mezclada con un poco de leche.

Mézclase el tomate con dos huevos, se agrega un decilitro de leche, se sazona con sal, se pasa por un colador y se llenan unos moldes que tendremos previamente untados con mantequilla. Se cuecen en baño María al horno y a continuación se pone en cada plato, un flan, luego se pone la sopa y la pechuga cortada a trocitos.

CREMA A LA PORTUGUESA

Una bonita pechuga de gallina, 75 gr de harina de arroz, un cuarto de litro de leche, 75 gr de mantequilla, medio kilo de huesos de ternera, 400 gr de tomates, una lechuga, 3 zanahorias, un nabo, 2 puerros y 2 huevos.

CALDO. Se pone al fuego una olla con 3 litros de agua, los huesos, la pechuga, la zanahoria, el nabo, los puerros y los tomates, sazonándose con sal. Cuando hierve se espuma y se cuece lentamente durante tres horas para obtener un litro y medio de buen caldo. Seguidamente se pasa por un paño mojado con agua fría y se desgrasa. Limpia la lechuga y desprovista de las hojas más verdes se corta en forma de juliana, se pone en una cacerola con 25 gr de mantequilla y un decilitro de caldo, se tapa la cacerola, y se cuece lentamente por espacio de media hora.

CREMA. En una olla se pone al fuego el caldo obtenido de antemano. Cuando empieza a hervir se le adiciona la harina de arroz mezclada con las dos terceras partes de la leche y se cuece lentamente durante veinte minutos.

En un cazo se echan 2 yemas de huevo, se mezcla el resto de la leche y la mantequilla y se agrega la crema de arroz; seguidamente se pasa por un colador y se añade la pechuga de gallina desprovista de piel y huesos y cortada en forma de juliana.

Sírvase en sopera.

CREMA A LA ARANJUEZ

600 gr de huesos de ternera, 2 manojos de espárragos blancos, 75 gr de harina de arroz, 75 gr de mantequilla, 3 yemas de huevo, una cebolla, una zanahoria, un nabo, un ramito de apio y 250 gr de morcillo de buey.

Se ponen en un puchero los huevos y el morcillo, el nabo, la zanahoria, el apio y la cebolla, se agregan 3 litros de agua, se sazona con sal y se arrima al fuego. Cuando hierve se espuma y se cuece, lentamente y tapado, por espacio de tres horas, para obtener 2 litros de excelente caldo, que se pasará por un paño mojado con agua fría.

Mondados los espárragos se cortan las puntas a 2 cm de largas y se cuecen con agua y sal; luego se escurren y se rocían con agua fría.

Los troncos de los espárragos también se cuecen con agua y sal; a continuación se escurren y se pasan por un tamiz, extrayendo bien toda la sustancia.

Crema. Póngase en una olla al fuego el caldo. Cuando hierve se adiciona la harina de arroz mezclada con dos terceras partes de la leche, se cuece unos veinte minutos, removiéndolo de vez en cuando con un batidor, y al faltar cinco minutos para terminar la cocción se le agrega la sustancia de los espárragos.

Las yemas de los huevos se echan en un cazo, se les mezcla la leche restante y se adiciona a la sopa. Se añade la mantequilla hecha a trocitos y se pasa por un colador, agregándole las puntas de los espárragos. También se incorporan las perlas del Japón hervidas con abundante agua sazonada con sal, refrescadas y escurridas.

Sírvase en una sopera.

CREMA PRINCESA

2 manojos de espárragos, 600 gr de huesos de ternera, una bonita pechuga de gallina, 75 gr de crema de arroz, un nabo, una zanahoria, una cebolla, un cuarto de litro de leche, 50 gr de mantequilla, 2 huevos y 200 gr de crema de leche.

Caldo. Se pone al fuego una olla con 3 ½ litros de agua, los huesos de ternera y la pechuga de gallina. Cuando arranque el hervor se espuma, se sazona con sal y se agrega la cebolla, el nabo y la zanahoria, todo mondado. Se hierve, tapado, a fuego lento, por espacio de tres horas. Transcurrido este tiempo se pasa el caldo por un paño mojado con agua fría y se pone en una cacerola al fuego.

Seguidamente se le adiciona la harina de arroz diluida con la leche y se cuece unos veinticinco minutos.

Se limpian y se pelan los espárragos, se cortan las puntas a 2 cm de largas y se cuecen con agua y sal, luego se escurren y se rocían con agua fría.

Los troncos de dichos espárragos también se cuecen con agua; a continuación se escurren y se pasan por un tamiz, echando el líquido extraído en la sopa, separándola del fuego.

Se deslíen las yemas con la crema de leche y se adiciona a la sopa, obteniendo una crema finísima. Se le agrega la mantequilla, se pasa por un colador y se añaden las puntas de los espárragos y la pechuga de la gallina desprovista de piel y huesos y cortada a trocitos.

CREMA DE VOLAILLE A LA MARCONI

Media gallina, 100 gr de harina de arroz, 300 gr de tomates, una cebolla, un nabo, una zanahoria, 2 decilitros de crema de leche, 2 huevos, 75 gr de mantequilla, 100 gr de tapioca, un cuarto de litro de leche y un ramito de apio.

Se pone al fuego una olla con 3 1/2 litros de agua, la gallina, la cebolla, el nabo, zanahoria y apio, y se sazona con sal. Cuando hierve se espuma y se cuece lentamente y tapado por espacio de tres horas, obteniendo 2 litros de buen caldo que se pasa por un paño mojado con agua fría. Se pone al fuego, se le agrega la harina de arroz diluida con la leche fría, se añaden los tomates previamente hervidos, escurridos y pasados por un tamiz, se le adicionan, fuera del fuego, las yemas de los huevos mezclados con la crema de leche y se pasa por un colador.

Se sirve en sopera, agregándole la tapioca previamente hervida, refrescada y escurrida, y la gallina desprovista de piel y huesos y cortada a trocitos.

CREMA A LA OSTENDE

24 ostras, 400 gr de cola de merluza, una cebolla, una zanahoria, 100 gr de harina, 150 gr de mantequilla, 3 huevos, 50 gr de tapioca, un ramito de apio, 2 decilitros de crema de leche y puerros.

Se pone al fuego una olla con 2 1/2 litros de agua, el pescado previamente limpio, una cebolla, la zanahoria y el apio, y se sazona con sal. Cuando arranca el hervor se espuma y se hierve lentamente durante media hora.

Con 100 gr de mantequilla se rehogan los puerros trinchados. Cuando empieza a tomar color se añade la harina, se le da unas vueltas y se cuece durante media hora.

Se limpian las ostras, se les da un hervor adicionando el agua que desprenden a la cacerola que tenemos al fuego, y se aparta de la lumbre.

Se diluyen las yemas de los huevos con la crema y el resto de la mantequilla y se añade a la sopa, pasado por un colador. Se sirve en sopera, agregándole las ostras sacadas de la cáscara y la tapioca hervida con abundante agua, sazonada con sal, refrescada y escurrida.

Sírvase bien caliente.

CREMA A LO CAZADOR

Una becada, 200 gr de morcillo de buey, 3 zanahorias, 6 puerros, 2 nabos, unos ramitos de apio, 75 gr de harina de arroz, un cuarto de litro de leche, media hoja de laurel, un ramito de tomillo, 2 huevos, 125 gr de mantequilla y una copita de jerez.

Se limpia la becada y después de chamuscada se pone en una cacerola al fuego con la carne de buey y 75 gr de mantequilla; se añaden los puerros, una zanahoria, el nabo y un ramito de apio, todo mondado y cortado a trocitos, y se rehoga hasta que todo haya tomado un color dorado. Seguidamente, se le adiciona el jerez y 3 litros de agua, se sazona con sal y se hierve lentamente durante tres horas, obteniendo 2 litros de caldo. Se pasa éste por un paño, se vuelve al fuego, adicionándole la harina de arroz diluida con las dos terceras partes de la leche, se quita la carne y la piel de la becada y se machacan los huesos al mortero, pasándolos por un tamiz. Se adiciona a la sopa que tendremos a la lumbre, se hierve por espacio de veinte minutos y se aparta del fuego.

Se mondan los puerros y zanahoria, nabo y apio, y se corta en forma de juliana fina; se pone en un cazo con la mantequilla y un decilitro de caldo, se tapa y se cuece suavemente durante una hora.

Se deslíen las yemas de huevo con el resto de la leche, se adiciona a la sopa y se pasa ésta por un colador, mezclándole la juliana preparada de antemano y la carne de la becada cortada a tiras finas. Sírvase bien caliente.

CREMA A LA WEBER

600 gr de huesos de ternera, 4 huevos, una pechuga de gallina, un manojo de espárragos, 75 gr de harina de arroz, 75 gr de mantequilla, 400 gr de guisantes, un cuarto de litro de leche, un decilitro de crema de leche, un nabo, una zanahoria, una cebolla y un ramito de apio.

CALDO. Se ponen en una olla al fuego los huesos de ternera, 3 litros de agua, la pechuga de gallina, el nabo, zanahoria, cebolla y apio. Se sazona con sal y cuando empieza a hervir se espuma y se cuece a fuego lento por espacio de tres horas para obtener 2 litros de buen caldo.

CREMA. Se pasa por un paño mojado con agua fría y se vuelve a arrimar al fuego, agregándole, al empezar la ebullición, la harina de arroz diluida con la mitad de la leche. Se hierve por espacio de veinte minutos y al terminar la cocción se le añaden los guisantes hervidos y pasados por un tamiz, 65 gr de mantequilla y 2 yemas de huevo mezcladas con la crema de leche, obteniendo de este modo una crema finísima.

FLAN DE GALLINA. Se mezclan los huevos y el resto de la leche hervida; se le añade la pechuga de gallina desprovista de piel y huesos y trinchada fina, se sazona con sal, pimienta y nuez moscada, y se echa en un molde bien untado con manteca. Se pone en baño María y se cuece al horno por espacio de treinta minutos.

Limpios los espárragos se cortan las puntas a 2 cm de largas y se cuecen cuidadosamente con agua y sal; luego se pasan por agua fría y se escurren.

Sírvase la crema en una sopera, pasándola por un colador. Se añade el flan de gallina, cortado a cuadritos, y las puntas de los espárragos.

CREMA DE CHAMPIÑONES

2 pechugas de gallina, medio kilo de huesos de ternera, 300 gr de champiñones frescos, 75 gr de harina de trigo, 2 huevos, un nabo, una zanahoria, 2 puerros, 100 gr de crema de leche, 50 gr de mantequilla, un cuarto de litro de leche y un limón.

Se ponen al fuego los huesos de ternera con 3 ½ litros de agua y las pechugas de gallina; se agrega el nabo, la zanahoria y los puerros, todo mondado y cortado a trozos, y cuando hierve se espuma, se sazona con sal y se cuece lentamente y tapado por espacio de tres horas, obteniendo 2 litros de buen caldo.

Limpios los champiñones se ponen en un cazo con la mantequilla, unas gotas de zumo de limón y un poco de sal y se cuecen unos diez minutos.

Se pasa el caldo por un paño mojado con agua fría, se pone al fuego, se le adiciona la harina diluida con la leche y se cuece unos veinticinco minutos; luego se pasa por un colador y se adicionan los champiñones, cortados a trocitos, y las yemas de los huevos mezcladas con la crema de leche.

Se sirve en sopera, adicionándole las pechugas de gallina hechas a trocitos.

CREMA SAINT GERMAIN

600 gr de huesos de ternera, 400 gr de guisantes, un nabo, una zanahoria, una cebolla, medio litro de leche, 4 huevos, 50 gr de tapioca y 35 gr de mantequilla.

Se ponen en una olla al fuego los huesos de ternera, el nabo, zanahoria y cebolla; se agregan 3 litros de agua y un poco de sal, y cuando empieza el hervor se espuma y se deja hervir a fuego lento por espacio de dos horas para obtener un litro y medio de caldo. A continuación se pasa éste por un colador y se vierte en una cacerola, se arrima al fuego y cuando empieza a hervir se le añade el puré de guisantes previamente diluido con las tres cuartas partes de leche fría y se cuece a fuego lento durante un cuarto de hora.

FLAN PARA SOPA. Se baten 2 huevos y se mezclan con el resto de la leche; se sazona con sal, pimienta y nuez moscada, se echa en un molde flanera que tendremos untado con mantequilla y se mete en baño María al horno por espacio de treinta minutos.

Se vierte la sopa en una sopera, se agrega la mantequilla y 2 yemas de huevo, se mezcla y se añade el puré, pasándolo por un colador. Se añade la tapioca hervida con agua y sal y escurrida, y el flan partido a cuadritos.

VELOUTINA A LA MONTPENSIER

2 pechugas de gallina, 600 gr de huesos de ternera, una lata de champiñones, 3 puerros, 75 gr de harina de arroz, un decilitro de crema de leche, una lechuga, 3 huevos, un nabo, 2 zanahorias, 75 gr de mantequllla, 300 gr de tomates, un cuarto de litro de leche y un limón.

CALDO. Se ponen en una olla los huesos, las pechugas de gallina, las zanahorias, el nabo y los puerros; se añaden 3 litros de agua, se sazona ligeramente con sal, se arrima al fuego y cuando empieza a hervir se espuma y se cuece lentamente por espacio de tres horas para obtener un litro y medio de buen caldo, que se pasará por un paño mojado en agua fría. Se pone en una cacerola al fuego y al arrancar el hervor se agrega la harina de arroz diluida con la leche. Seguidamente se le adicionan los tomates hervidos, escurridos y pasados por un colador, los champiñones trinchados finos, y se cuece lentamente durante media hora. Al terminar la cocción se aparta del fuego y se mezclan las yemas de los huevos mezcladas con la crema de leche y 50 gr de mantequilla.

Se sirve en una sopera, pasándolo por un colador y adicionándole las pechugas de gallina desprovistas de piel y huesos y hechas a tiras delgaditas, o sea en forma de juliana. También se le incorporan las hojas más tiernas de la lechuga cortadas en juliana, cocidas por espacio de cinco minutos con un poco de caldo y el resto de la mantequilla y escurridas antes de echarlas a la sopera.

Sírvase bien caliente.

PURÉ A LA SAINT HUBERT

Una pierna de liebre, 2 zanahorias, 400 gr de patatas, 100 gr. de lentejas, 2 cebollas, 100 gr de tocino magro, 50 gr de manteca de cerdo y 50 gr de mantequilla.

Se pone al fuego una cacerola con la manteca de cerdo, el tocino y las zanahorias hechas a trocitos; se añade la cebolla trinchada y se rehoga hasta que empieza a tomar color dorado; se agregan las patatas, mondadas y hechas a trozos, y las lentejas, se moja con 3 litros de agua, se sazona con sal y se cuece lentamente durante tres horas, adicionándole al empezar el hervor la pierna de liebre.

Terminada la cocción se saca la carne y se pasa todo el contenido de la cacerola por un tamiz, se le da un hervor y se espuma. Se le adiciona la mantequilla, la carne de liebre desprovista del hueso y hecha a pedacitos y un poco de perifollo picado.

PURÉ CAROLINA

700 gr de guisantes, 600 gr de patatas, 2 cebollas, un cuarto de litro de leche, 50 gr de manteca de cerdo, 50 gr de mantequilla, 100 gr de arroz y un manojo de acederas.

Póngase en una cacerola al fuego la manteca de cerdo, se rehoga la cebolla cortada a trocitos y cuando empieza a tomar color se añaden las patatas partidas a pedazos; se moja con 2 litros de agua, se sazona con sal y al arrancar el hervor se añaden los guisantes y se deja cocer a fuego lento durante dos horas. A continuación se pasa todo por un tamiz, se vuelve al fuego, se hace nuevamente arrancar el hervor, se espuma y se añade el arroz previamente hervido y escurrido.

Las acederas, después de limpias, se cortan en forma de juliana fina, o sea a tiras delgaditas, se ponen en una cacerola con 10 gr de mantequilla y 2 cucharadas de agua y se cuece a fuego lento por espacio de veinte minutos.

Sírvase el puré en una sopera. Se agrega la mantequilla restante y las acederas.

PURÉ A LA MILANESA

800 gr de guisantes, 600 gr de patatas, 75 gr de tocino, 50 gr de mantequilla, 50 gr de manteca de cerdo, una zanahoria, una cebolla y 100 gr de arroz.

Rehógase con la manteca de cerdo el tocino y la cebolla trinchada fina, y cuando empieza a tomar color se le agregan las patatas, la zanahoria y 3 litros de agua o caldo. Se sazona con sal y cuando arranca el hervor se le incorporan los guisantes desgranados. Déjese cocer durante dos horas a fuego lento y pásese por un tamiz o colador, agregándole la mantequilla. Se echa en una sopera, añadiéndole el arroz hervido y escurrido.

PURÉ A LA CARTUJA

4 ensaladas lechugas, un litro de leche, 600 gr de patatas, 100 gr de fideos finos, 2 cebollas, 50 gr de mantequilla.

Se pone al fuego una olla con las cebollas mondadas y hechas a trocitos, se agrega la mantequilla y se rehoga para que tome un color dorado. Seguidamente se adicionan las patatas cortadas a trozos, la leche y 2 litros de agua, se sazona con sal y se añaden las lechugas desprovistas del tronco, bien limpias y cortadas a trozos. Se hierve lentamente por espacio de una hora y media, luego se pasa por un tamiz y se vuelve al fuego, agregándole los fideos. Se cuece unos cinco minutos, se adicionan los cubitos de caldo diluidos con el mismo líquido y se sirve en una sopera.

PURÉ A LA DARBLEY

500 gr de cebollas, 600 gr de patatas, perifollo, 50 gr de mantequilla, 75 gr de harina, 200 gr de pan y un decilitro de aceite.

Se ponen en una olla las cebollas hechas a trocitos y la mantequilla. Se rehoga poco a poco durante veinte minutos, se añade la harina y las patatas, se moja con 2 ½ litros de agua y se hierve lentamente por espacio de dos horas, agregándole, veinte minutos antes de sacarlo del fuego, los cubitos de caldo y un poco de perifollo picado. Luego se pasa por un tamiz, se le da un hervor y se sirve en una sopera, adicionándole el pan cortado a cuadritos, frito con el aceite y escurrido.

PURÉ A LA SOLFERINO

8 puerros, 500 gr de patatas, 5 zanahorias, 2 cebollas, 600 gr de tomates, 150 gr de judías verdes, 50 gr de mantequilla, 50 gr de manteca de cerdo y perifollo.

Se mondan los puerros y las cebollas y se cortan a trocitos; se pone todo en una cacerola con la manteca de cerdo y se rehoga hasta que empieza a colorearse, añadiéndole seguidamente 2 ½ litros de agua y sazonándolo con sal.

Móndanse las patatas y las zanahorias. Una vez mondadas se coge una patata y una zanahoria, se cortan en forma de cuadritos y se cuecen con agua y sal. El resto de las patatas y zanahorias se pondrá en la cacerola, agregándole también el tomate y cociéndolo todo junto a fuego lento durante dos horas. Seguidamente se pasa por un tamiz y después por un colador, y se añade la mantequilla, los cuadritos de patatas y de zanahorias y las judías cortadas a un cm de longitud, hervidas con agua y sal y luego escurridas, añadiéndose un poco de perifollo picado.

PURÉ COMPIEGNE

200 gr de judías blancas, 600 gr de patatas, una cebolla, 50 gr de mantequilla, un manojo de acederas, una zanahoria, 100 gr de miga de pan y 2 decilitros de aceite.

Se ponen las judías en una olla al fuego con 3 litros de agua, la cebolla, la zanahoria y un poco de sal; se cuece a fuego lento durante tres horas y a media cocción se le adicionan las patatas mondadas y cortadas a trozos. Luego se pasa todo por un tamiz fino o por un colador y a continuación se les hace arrancar el hervor.

Limpias las acederas se cortan en forma de juliana, se ponen en una cacerolita con 25 gr de mantequilla y 4 cucharadas de agua y se cuecen, tapadas, por espacio de veinte minutos.

Se corta el pan a cuadritos, se fríe con el aceite y se escurre.

Sírvase la sopa en sopera. Se le añade la mantequilla restante, las acederas y el pan frito.

CALDO USUAL

Medio kilo de huesos de buey o ternera de la parte de la juntura, 200 gr de morcillo de buey, 300 gr de hueso de caña con tuétano de buey, una cebolla, una zanahoria, un nabo, 3 puerros, un trozo de apio, un trozo de hueso de jamón y un poco de perejil.

Pónganse en una olla al fuego con 3 ½ litros de agua todos los ingredientes y sazónese ligeramente con sal. Cuando empieza a hervir se espuma, se cuece lentamente durante tres horas y luego se pasa por un paño mojado con agua fría.

CALDO PARA ENFERMOS

Una pechuga de gallina, 200 gr de morcillo de buey, 400 gr de huesos de rodilla de ternera, 2 puerros, una cebolla, perejil, nabo y una zanahoria.

Pónganse todos los ingredientes en una olla al fuego con 3 litros de agua. Cuando hierve se espuma, se sazona ligeramente con sal y se deja hervir, lentamente y tapado, durante tres horas. Luego se pasa por un colador fino y se desgrasa. Este caldo es especial para personas delicadas. Se puede hacer servir para preparar tapioca, sémola, fideos, pasta fina, etc.

CALDO VEGETAL

300 gr de guisantes, 100 gr de judías verdes, 100 gr de nabos, 150 gr de zanahorias, 200 gr de patatas, 100 gr de cebollas, 50 gr de guisantes, 50 gr de judías secas, 2 puerros, un trozo de hoja de apio, 50 gr de garbanzos y 2 hojas de col.

Póngase una olla al fuego con 3 litros de agua. Se añaden todos los ingredientes de este componente, previamente limpios, y 10 gr de sal. Al arrancar el hervor se espuma bien, se tapa y se pasa el líquido por un colador fino y se sirve en taza.

También puede hacerse servir este caldo para cocer sémola, tapioca, fideos, etc., etc.

COCIDO A LA CASTELLANA (Puchero clásico)

300 gr de carne de vaca, buey o carnero; 150 gr de garbanzos, 400 gr de patatas, 100 gr de jamón, 150 gr de tocino, 150 gr de fideos y pasta fina, 100 gr de chorizo de la Rioja, un hueso de tuétano y 200 gr de oreja de cerdo.

Pónganse los garbanzos en remojo con agua y unos granos de sal por espacio de doce horas.

En una olla de barro se ponen 3 litros de agua y en el momento que arranca el hervor se echan los garbanzos. Una hora después se agrega la carne, la oreja, el chorizo, el jamón, el hueso y el tocino, y cuando vuelve a hervir se rebaja el fuego para que siga la cocción muy lentamente. Se sazona con sal, se tapa y se sostiene la cocción en la forma indicada durante tres o cuatro horas. Unos veinte minutos antes de retirar la olla del fuego se añaden las patatas cortadas a trozos regulares.

Se cuela el caldo en una cacerola, se echan los fideos o pasta fina y se deja hervir hasta que estén en su punto.

La sopa se sirve en una sopera y el cocido en una fuente.

MUTTON BROTH/CALDO DE CORDERO (Cocina inglesa)

400 gr de pierna de cordero sin hueso, 100 gr de cebada perlada, 600 gr de huesos de ternera, 100 gr de manteca de vaca, 4 zanahorias, 4 nabos, 6 puerros, una cebolla, una hoja de apio blanco, una copita de coñac y 50 gr de jamón en dulce.

CALDO. Se ponen al fuego los huesos de ternera, la carne de cordero, un nabo, una zanahoria, la cebolla y 3 litros de agua. Se sazona con sal y cuando arranca el hervor se espuma, se tapa y se deja cocer a fuego lento durante dos horas para obtener dos litros de buen caldo.

BRUNOISE. Las zanahorias y nabos restantes una vez mondados se cortan a cuadritos muy pequeños e igualmente se cortan los puerros y el apio. Se coloca en una cacerola con manteca, se sazona con sal y se rehoga a fuego lento hasta que empieza a tomar color. Una vez en este punto se moja con un cuarto de litro de caldo y se deja cocer por espacio de una hora, pasándose luego por un colador. Agrégase la Brunoise, la carne de cordero desprovista de hueso y piel y cortada a cuadritos, la cebada perlada hervida de antemano con agua y sal, y, bien escurrido todo, se cuece junto unos veinte minutos.

Sírvase en una sopera, agregándole unas gotas de salsa y el jamón cortado en juliana.

CHICKEN BROTH/CALDO DE POLLO (Cocina inglesa)

Medio pollo gordo, 4 zanahorias, 4 nabos, una cebolla, 150 gr de arroz, una col pequeña, 6 puerros, 2 clavos, 2 hojas de apio, 50 gr de mantequilla y perejil.

Póngase al fuego en una olla el pollo cortado a trozos con 3 litros de agua, 2 zanahorias, 2 nabos, 2 puerros, un poco de perejil, una hoja de apio y la cebolla con los 2 clavos trinchados. Se sazona con sal y cuando arranca el hervor se espuma y se deja cocer, tapado y a fuego lento, por espacio de tres horas, o sea hasta que queden 2 litros de caldo.

Limpios los restantes nabos, zanahorias, puerros, apio y la col, se corta en forma de Brunoise (cuadritos muy pequeños), se echa en una cacerola con la mantequilla y 2 decilitros de caldo y se cuece, tapado, durante una hora.

En una sopera se ponen los trozos de pollo, el caldo pasado por un colador, la Brunoise y el arroz previamente hervido con agua y sal, refrescado y escurrido.

LEBER SUPPE/SOPA A LA AUSTRÍACA

200 gr de cebollas, 5 zanahorias, 4 escaloñas, 125 gr de tocino magro, 300 gr de hígado de ternera bien rosado, un decilitro de vino blanco, 200 gr de tomates, 200 gr de pan, 100 gr de mantequilla, una hoja de apio, 400 gr de huesos de buey, un nabo, una hoja de laurel, un ramito de tomillo y 50 gr de manteca de cerdo.

En una olla se ponen al fuego los huesos, un nabo, una zanahoria, una cebolla y 3 litros de agua y sal. Cuando arranca el hervor se espuma y se hierve a fuego lento por espacio de dos horas para obtener 2 litros de caldo. Luego se pasa por un colador.

Póngase el tocino, cortado, en una cacerola al fuego. Cuando haya tomado color se añaden las cebollas, las zanahorias, las escaloñas y el apio, todo mondado y cortado a pedacitos, y se rehoga durante cinco minutos. A continuación se le incorpora el vino, el laurel, el tomillo, el tomate partido a trozos y el caldo preparado de antemano, y se sazona con pimienta y nuez moscada.

En una sartén se ponen 50 gr de mantequilla. Cuando está caliente se agrega el hígado de ternera cortado a pedazos y se saltea hasta que empieza a colorearse. Seguidamente se machaca al mortero, se echa en la cacerola donde se tienen los demás ingredientes, se cuece todo junto unos treinta minutos y se pasa por un tamiz.

Sírvase en una sopera, agregándole 50 gr de mantequilla y el pan cortado a cuadritos, frito con la manteca y escurrido.

SOPA MILLE FANTI (Cocina italiana)

600 gr de huesos de ternera, 150 gr de miga de pan blanco rallada, 50 gr de queso de Parma rallado, 3 huevos, 2 nabos, 2 zanahorias, una cebolla, un ramito de apio, 50 gr de mantequilla, 200 gr de tomates, y perifollo.

CALDO. En una olla se ponen los huesos de ternera y los tomates, añadiéndose las zanahorias, el nabo, la cebolla y el apio, todo mondado. Se moja con 3 litros de agua, se sazona ligeramente con sal, se arrima al fuego y cuando hierve se espuma y se cuece lentamente durante tres horas, obteniendo 2 litros de caldo, que se pasará por un paño mojado en agua fría.

Póngase en una olla la miga de pan, el queso, la mantequilla, los huevos y el perifollo trinchado. Se mezcla bien, se le adiciona el caldo obtenido de antemano, se arrima al fuego y, removiéndolo de vez en cuando con un batidor, se hierve durante cinco minutos, sirviéndolo inmediatamente en una sopera.

SOPA A LA GRIEGA

150 gr de guisantes secos, 400 gr de patatas, 300 gr de espalda de carnero, sin huesos, 2 zanahorias, 2 nabos, 6 puerros, perifollo y una cebolla.

En una olla se ponen al fuego 2 ½ litros de agua, los guisantes y la carne, cortada a trocitos, y se agregan las patatas, la cebolla, los puerros, los nabos y las zanahorias, todo cortado a pedacitos muy pequeños. Se sazona con sal, se cuece, bien tapado y a fuego regular, por espacio de dos horas, y veinte minutos antes de terminar la cocción se le adiciona un poco de perifollo trinchado.

Sírvase en una sopera.

GIBLET A LA ALEMANA

250 gr de morcillo de buey, 6 hígados de gallina, 75 gr de harina, 75 gr de mantequilla, una cebolla, 75 gr de manteca de cerdo, un nabo, una zanahoria, 2 puerros, 50 gr de cebada perlada y perifollo.

Con la manteca de cerdo puesta en una olla se rehoga la carne cortada a cuadritos y la cebolla picada fina. Cuando haya tomado color se añade la harina, zanahorias, nabos y puerros, cortado todo a trocitos pequeños. Se moja con 3 litros de agua, se sazona con sal y pimienta y se cuece, tapado, a fuego lento durante dos horas.

Se fríen los hígados con la mitad de la mantequilla, luego se machacan al mortero y se agrega a la olla unos diez minutos antes de retirarla del fuego.

Al servirlo se le incorpora la cebada perlada (que se tendrá hervida con agua y sal y escurrida), perifollo picado y el resto de la mantequilla.

SOPA DE TORTUGA

800 gr de pata de tortuga, 5 zanahorias, 200 gr de morcillo de buey, 400 gr de manos de ternera, 5 puerros, 400 gr de tomates, 100 gr de manteca de cerdo, una copita de vino de Madeira, 2 hojas de laurel, un ramito de albahaca, un ramito de tomillo, perejil, un ramito de romero, 5 gr de fécula de patata, 2 cebollas, un ramito de apio y un nabo.

Póngase al fuego una olla con la manteca; se añade la carne de buey, la mano de ternera, las cebollas y 2 zanahorias, todo hecho a trocitos, y se rehoga hasta que haya tomado un color bien dorado. Seguidamente se le incorporan los tomates partidos por la mitad, 3 litros de agua, el apio, laurel, albahaca, romero y perejil. Se sazona con sal, pimienta y 6 clavillos especias, y se le agrega la tortuga escaldada y rascada.

Cuando empieza el hervor se espuma y se cuece lentamente durante tres horas, conservando la olla tapada.

Las zanahorias, el nabo y los puerros una vez mondados se pican finos, formando una Brunoise, y se cuece con un poco del mismo caldo. Se pasa éste por un paño mojado con agua fría, se desgrasa y se pone al fuego, incorporándole la tortuga desprovista de los huesos y hecha a trocitos, el morcillo cortado, la fécula diluida con el vino de Madeira y la Brunoise preparada de antemano. Se le da un hervor y se sirve.

SOPA DE AJOS A LA MADRILEÑA

250 gr de pan, 2 decilitros de aceite, 6 huevos, 8 dientes de ajo y un poco de pimentón.

Se pone el aceite y los ajos en una cazuela de barro y cuando esté bien caliente y los ajos hayan tomado un color dorado se agrega el pimentón. Seguidamente se añade el pan cortado a rajitas delgadas y se le da unas vueltas para que se fría. Luego se echan 2 litros de agua, se sazona con sal y pimienta, se cuece a fuego lento una hora y antes de servirlo se agregan los huevos, dejándolos cuajar ligeramente.

Sírvase en la misma cazuela.

SOPA A LA MARINELA

Medio kilo de huesos de ternera, 2 nabos, 2 zanahorias, 2 puerros, 50 gr de almendras tostadas, 200 gr de pan, 35 gr de queso de Parma rallado, 2 huevos, 50 gr de mantequilla y un decilitro de leche.

En una olla al fuego se ponen los huesos de ternera y 3 ½ litros de agua, se sazona ligeramente con sal y se adicionan los nabos, zanahorias y puerros, todo mondado. Cuando arranca el hervor se espuma y se hierve lentamente por espacio de dos horas, obteniendo 2 litros de caldo, que se pasará por un colador fino.

El pan, del día anterior, se corta a rebanadas delgadas y se pone en una cacerola; se le agrega el caldo, se cuece unos diez minutos y se bate con un batidor de modo que dicho pan resulte bien deshecho. Se añade el queso, los cubitos, la mantequilla y las zanahorias, mondadas, machacadas al mortero, mezcladas con un poco de caldo y pasadas por un colador. Se hierve unos cinco minutos a fuego vivo y al sacarlo de la lumbre se le adicionan las yemas de los huevos mezcladas con leche.

Se sirve en una sopera.

SOPA DE LECHE DE ALMENDRAS ESTILO CASTILLA

350 gr de almendras crudas, un limón, una hoja de laurel, 250 gr de pan, un poco de canela en rama y 75 gr de mantequilla.

Se mondan las almendras y se pasan por una máquina de rallar, rociándolas con un poco de agua fría. Luego se echan en un recipiente de porcelana, se añade un litro y medio de agua y se deja por espacio de una hora. A continuación se pasa el líquido por un paño, exprimiendo bien para extraer toda la sustancia. Se agrega el laurel, un trozo de corteza de limón, la canela y la mantequilla, se sazona con sal, se arrima al fuego y se le da un hervor.

Se corta el pan a rebanaditas muy delgadas y se ponen éstas unos minutos en el horno para que tomen un color ligeramente dorado. Se coloca en una sopera, y en el momento que se tiene que servir a la mesa se le adiciona la leche de almendras, pasándola por un colador.

SOPA AL RABO DE BUEY

6 puerros, 800 gr de rabo de buey cortado a trozos, 2 ramitos de apio, 800 gr de huesos de ternera, 2 zanahorias, 2 cebollas, un nabo, 2 dientes de ajo, 200 gr de tomates, 100 gr de manteca de cerdo, una hoja de laurel, un ramito de tomillo, 75 gr de perlas del Japón y una copita de jerez.

Pónganse en una cacerola al fuego los trozos del rabo de buey, las zanahorias, el nabo, las cebollas, el ajo y apio, todo mondado y cortado a trocitos. Se le adiciona la manteca, se arrima la cacerola al fuego y se rehoga hasta que todo haya tomado color bien dorado. Seguidamente se le incorporan los huesos de ternera, los tomates partidos por la mitad, el laurel, el tomillo y el jerez. A continuación se moja con 3 litros de agua, se desgrasa, se espuma y se deja cocer lentamente por espacio de tres horas para obtener un litro y medio de buen caldo, que se pasará por un paño.

Se echa en una sopera, adicionándole el rabo de buey desprovisto de hueso y grasa y cortado a trocitos, y las perlas, previamente hervidas con agua y sal, refrescadas y escurridas.

Se sirve caliente.

SOPA BULLABESA A LA PASCAL

200 gr de rape, 250 gr de polla de mar, 250 gr de lluverna, 200 gr de araña de mar, 200 gr de rata de mar, una langosta de 400 gr, una buena pizca de azafrán, 2 cucharadas de puré de tomate, 50 gr de harina, 2 cebollas, una hoja de laurel, un ramito de tomillo, un manojo de hinojo fresco o seco, 2 barritas de pan, un cuarto de litro de aceite, perejil, 4 dientes de ajo y un trocito de corteza de naranja seca.

Límpiase el pescado y, desprovisto de la cabeza, se corta a trozos.

Póngase en una cacerola la mitad del aceite, la cebolla trinchada fina, la harina, el azafrán tostado y triturado con los dedos, el tomate, el laurel, el tomillo y el hinojo. Se mezcla bien y se le adicionan 2 ½ litros de agua y perejil picado, se sazona con sal y pimienta y luego se le agregan las cabezas, las espinas del pescado y los ajos machacados al mortero. Se arrima al fuego y cuando arranque el hervor se añade la langosta y se cuece por espacio de veinte minutos. A continuación se saca la langosta y se sigue la cocción unos diez minutos más. Luego se pasa el contenido de la cacerola por un colador, exprimiéndolo bien para extraer la sustancia, y a continuación se vuelve a arrimar al fuego, añadiéndole un poco de aceite. Cuando empieza a hervir se le incorpora el pescado y la langosta partida en seis pedazos y se cuece vivamente durante quince minutos.

Se corta el pan a rebanadas de un cm de grueso, se colocan éstas en una tartera, se rocían con lo restante del aceite y se meten en el horno para que tomen un color dorado.

Sírvase en una sopera el caldo y en una fuente el pescado.

El pan se pone en una fuente cubierta con servilleta y también se puede servir puesto en la sopera junto con el caldo.

BULLABESA A LA MARSELLESA

*3 langostas de 200 gr cada una, 250 gr de rape, 250 gr de llu-
verna, 250 gr de gallina de mar, 250 gr de congrio, 200 gr de araña
de mar, 200 gr de pan de barra, 300 gr de tomates, 25 gr de harina,
200 gr de cebollas, 2 decilitros de aceite, 2 dientes de ajo, azafrán,
laurel, tomillo, perejil, una copita de absenta y 12 mejillones.*

Limpio el pescado y desprovisto de la cabeza se corta a pedazos
regulares.

Póngase en una cacerola al fuego el aceite y la cebolla picada. Se rehoga hasta que tenga un bonito color dorado y se agrega la harina, el tomate mondado y picado, el laurel, el tomillo,
un poco de perejil, 2 ^{1}/2 litros de agua y las cabezas del pescado,
dejándolo cocer una media hora para obtener un litro y medio
de caldo de pescado. A continuación se le adiciona el pescado,
las langostas partidas por la mitad, los mejillones, previamente
hervidos y desprovistos de las cáscaras vacías, y la absenta y
perejil picado, hirviéndose a borbotones durante unos quince
minutos.

El pan desprovisto de la corteza se corta a rebanadas de un cm
de grueso por 4 o 5 en cuadro, se rocía con aceite y se tuesta al
horno para que adquiera un color algo dorado.

Sírvase el pescado en una fuente y el caldo en una sopera junto
con el pan. También puede servirse el pan por separado.

SOPA DE ALBÓNDIGAS

*100 gr de carne magra de cerdo, 50 gr de miga de pan, 200 gr
de macarrones, 50 gr de harina, una cebolla, 50 gr de queso de
Parma rallado, un huevo, 2 hojas de apio, un diente de ajo, azafrán, perejil, 500 gr de huesos de ternera, un nabo, una zanahoria
y 50 gr de manteca de cerdo.*

Se pica fina la carne, se añade un huevo, perejil, el ajo picado, sal, pimienta, canela y la miga de pan rallado; se mezcla y
se forman las albóndigas, pequeñas bolitas del tamaño de una
avellana.

Los huesos, el nabo, la zanahoria y la cebolla se ponen en
una olla, y con 3 litros de agua y sal se cuece a fuego lento
durante dos horas para obtener 2 litros de caldo. A continuación se echa éste en un puchero, pasándolo por un colador y
añadiéndosele las albóndigas previamente fritas con la manteca

de cerdo, los macarrones cortados a trocitos, el perejil y el azafrán (tostado y machacado al mortero). Se cuece a fuego lento
durante media hora y cinco minutos antes de terminar la cocción se le incorpora el queso.

SOPA DE RAPE

*400 gr de rape, 200 gr, de pan, 150 gr de cebollas 200 gr de
tomates, un decilitro de aceite, 10 gr de almendras tostadas y piñones, 2 dientes de ajo y azafrán.*

Se limpia el rape y se corta a trocitos pequeños. Con el aceite se rehoga la cebolla picada fina y cuando empieza a tomar
color se agrega el rape, los tomates pelados y picados y 2 litros
de agua. Se sazona con sal y pimienta, añadiéndose las almendras y piñones, el ajo y azafrán, todo machacado al mortero. Se
pone a hervir unos cuarenta minutos y al faltar diez para terminar la cocción se le incorpora el pan, cortado a rajitas y tostado,
y perejil picado, revolviéndose con un batidor para mezclar y tri-
turar el pan.

SOPA JULIANA

*100 gr de mantequilla, 150 gr de pan, 4 zanahorias, 200 gr de
cebollas, 3 nabos, un repollo, una lechuga, 2 ramitos de apio, medio
kilo de huesos de ternera, perifollo.*

Límpianse bien las verduras, se cortan a tiras finas, se ponen en
un puchero con la manteca y se rehogan durante veinticinco minutos. Se añaden 2 1/2 litros de caldo preparado con los huesos y se
sazona con sal, dejándolo cocer durante hora y media y procurando quitar la espuma.

Se sirve en una sopera con una tira de pan tostado y el perifollo trinchado fino.

SOPA A LA SAINT HUBERT

*Un pequeño conejo de bosque, 3 cebollas, 2 zanahorias, 200 gr
de tomates, 75 gr de mantequilla, una hoja de apio, 2 nabos, 150 gr
de cebada perlada y una copita de coñac.*

Limpio el conejo se corta a trozos y se pone en una cacerola, añadiéndose las zanahorias, los nabos, las cebollas y el apio, todo mondado y cortado a trocitos. Se le adiciona la mantequilla, se arrima al fuego y se rehoga hasta que haya tomado un color bien dorado. Seguidamente se agregan los tomates y el coñac, se moja con 3 litros de agua, se sazona con sal y se cuece lentamente durante dos horas, obteniendo 2 litros de líquido. A continuación se sacan los trozos de conejo, se les quitan los huesos, se machacan éstos al mortero y se vuelven a juntar con el caldo. Se hierve unos cinco minutos y se pasa todo por un tamiz.

La cebada perlada se cuece con abundante agua y sal, se escurre y se adiciona a la sopa. Se le da un hervor; se espuma y se sirve en una sopera, adicionándole la carne de conejo hecha a trocitos.

SOPA AL GRATÍN PROVENZALA

300 gr de congrio, 200 gr de cebollas, 200 gr de tomates, 2 decilitros de aceite, 200 gr de pan, 50 gr de queso rallado, 2 dientes de ajo, laurel, tomillo, hinojo, perejil y 35 gr de mantequilla.

En una cacerola se pone al fuego el aceite con la cebolla picada y el ajo trinchado. Cuando haya adquirido un color dorado se agrega el congrio, el tomate pelado, el laurel, el tomillo, el perejil, el hinojo y 2 ½ litros de agua. Se sazona con sal y pimienta, se hierve durante cuarenta y cinco minutos y se pasa por un tamiz, aprovechando lo más posible.

En una cazuela de barro se coloca el pan, cortado a rebanaditas; encima se vierte el caldo, se espolvorea con el queso, se pone en el horno a gratinar y se rocía con la mantequilla derretida.

SOPA A LA ASTURIANA

300 gr de judías blancas, 100 gr de jamón, 100 gr de tocino magro, 100 gr de chorizo, un cuarto de litro de aceite, 200 gr de pan, 100 gr de cebollas y un diente de ajo.

Con la mitad del aceite se rehoga la cebolla picada, el jamón, el tocino y el chorizo, todo cortado a trocitos. Cuando haya tomado color se agregan las judías, previamente remojadas en agua tibia durante dos horas, se escurren, se mojan con 2 ½ litros de agua, se sazona con sal y pimienta y se deja cocer a fuego lento unas tres horas. Terminada la cocción se le adiciona el pan, desprovisto de la corteza y cortado a trocitos, frito con el aceite restante y escurrido.

SOPA DE PESCADO A LA COSTA BRAVA

600 gr de cabeza de rape o merluza, 2 cebollas, una hoja de laurel, un ramito de tomillo, 4 dientes de ajo, perejil, 150 gr de arroz, 18 mejillones, 200 gr de tomates, un decilitro de aceite, un manojito de hinojo, azafrán, 10 gr de piñones y almendras tostadas y un borrego (mollete).

Limpio el pescado se pone en una olla. Se agregan las cebollas trinchadas y fritas en el aceite, los tomates partidos por la mitad, 2 ½ litros de agua, el hinojo, el laurel, el tomillo y las cabezas de pescado bien limpias, sazonándose con sal y pimienta y cociéndose lentamente por espacio de una hora. Diez minutos antes de sacarlo del fuego se le adiciona una picada compuesta de los ajos, el azafrán ligeramente tostado, los piñones, las almendras y el mollete, todo machacado al mortero.

Terminada la cocción se pasa por un colador, exprimiendo bien para extraer todo el líquido. Se pone el caldo al fuego y se le incorpora el arroz, un poco de perejil trinchado y los mejillones hervidos y sacados de la cáscara. Se hierve vivamente durante unos dieciséis minutos y se sirve en una sopera.

SOPA A LA MARSELLESA

300 gr de congrio, 200 gr de tomates, 150 gr de fideos, 2 decilitros de aceite, 25 gr de queso de Parma rallado, 200 gr de cebollas, 4 dientes de ajo, azafrán, laurel, tomillo, perejil, 12 mejillones y 35 gr de mantequilla.

Con el aceite se rehoga la cebolla. Se agregan los tomates, los ajos, el congrio, el perejil, el laurel, el tomillo y 2 ½ litros de agua, se sazona con sal y pimienta y se cuece a fuego lento durante cuarenta minutos.

Se pasa todo por un tamiz. Se añaden los fideos, la mantequilla, el azafrán machacado al mortero, los mejillones hervidos y sacados de la concha, y el queso, y se deja cocer por espacio de veinte minutos.

SOPA A LA PROVENZAL

6 puerros, una cebolla, 2 decilitros de aceite, 300 gr de tomates, 4 dientes de ajo, una hoja de laurel, un ramito de tomillo, un ramito de hinojo, una pizca de azafrán, 200 gr de patatas, 200 gr de pan, perejil, 6 huevos, 25 gr de queso rallado y media cabeza de rape.

Póngase el aceite al fuego en una olla. Se agrega la cebolla y los puerros hechos a trocitos y se rehoga hasta que haya tomado un color dorado. Se le añaden los ajos trinchados, la cabeza de rape, los tomates partidos por la mitad, el laurel, el tomillo, el hinojo y un poco de perejil trinchado, mojándose con 2 1/2 litros de agua. Seguidamente se agregan las patatas y el azafrán tostado, se sazona con sal y pimienta y se cuece lentamente por espacio de una hora. A continuación se pasa por un tamiz y se echa el líquido en una fuente honda que resista al fuego; se le incorpora el pan desprovisto de la corteza, cortado a lonjas finas y secado al horno, y encima se cascan los huevos, con igual separación de uno a otro, se espolvorean con el queso y se meten unos minutos en el horno, teniendo la precaución de que no se endurezcan las yemas.

Sírvase inmediatamente al sacarlo del horno.

SOPA A LA MILANESA

Medio kilo de huesos de ternera, 150 gr de espaguetis, 400 gr de tomates, una cebolla, una zanahoria, 100 gr de cadera de ternera, 3 hígados de gallina, 50 gr de queso de Parma rallado, un ramito de apio, 50 gr de mantequilla y 400 gramos de guisantes.

En una olla se ponen al fuego 3 litros de agua, los huesos de ternera, los tomates, la cebolla, la zanahoria y el ramito de apio, sazonándose con sal. Cuando empieza a hervir se espuma y se cuece, lentamente y tapado, durante tres horas, obteniendo 2 litros de caldo. Éste se pasa por un paño y se pone al fuego, añadiéndosele la carne de ternera hecha a trocitos, los hígados previamente hervidos y cortados a pedacitos, y los guisantes desgranados. Se hierve durante cuarenta minutos, adicionándole, dieciséis minutos antes de terminar la cocción, los espaguetis, el queso y la mantequilla.

Sírvase en una sopera.

MENESTRA A LA LOMBARDA

600 gr de patatas, 400 gr de guisantes, 6 puerros, un cuarto de litro de leche, 50 gr de mantequilla, 50 gr de queso de Parma rallado, 2 hojas de apio, 50 gr de jamón y 100 gr de tallarines.

Se cortan a trozos las patatas, los puerros, el jamón y los apios y se ponen en una olla al fuego con un litro de agua, la leche y los guisantes. Se sazona con sal, se cuece durante dos horas y al faltar veinticinco minutos para terminar la cocción se añaden los tallarines, el queso y la manteca.

PURÉ DE LENTEJAS

200 gr de lentejas, 600 gr de patatas, una cebolla, 75 gr de tocino, 50 gr de mantequilla, 50 gr de manteca de cerdo, una zanahoria,, 200 gr de pan y un decilitro de aceite.

Con la manteca se rehoga la cebolla trinchada fina y el tocino cortado a cuadritos. Se añade la zanahoria, las patatas cortadas a pedazos y las lentejas previamente lavadas, se moja con 3 litros de agua, se sazona con sal y se cuece a fuego lento durante dos horas, pasándose luego por un tamiz. Se vuelve a hervir, se espuma, añadiéndole la manteca y el arroz, que se habrá cocido con agua y sal y escurrido.

ESCUDELLA A LA CATALANA

75 gr de fideos, 75 gr de arroz, 400 gr de patatas, 100 gr de tocino, 2 nabos, 2 zanahorias, un ramito de apio, un repollo de col pequeña, una cebolla y medio kilo de huesos de ternera.

Con los huesos de ternera, una cebolla, una zanahoria, un nabo y 3 litros de agua se preparan 2 litros de caldo.

Límpianse todas las verduras, se cortan a cuadritos pequeños y se echan en una olla con 2 litros de caldo. Se deja hervir durante una hora, se añade el tocino trinchado fino, los fideos, el arroz y el azafrán, y se deja cocer por espacio de quince minutos.

Se sirve en una sopera, rectificándolo de sal en caso necesario.

SOPA DE HUEVOS TANTE MARIE

200 gr de pasta fina, 2 huevos, 50 gr de mantequilla, 50 gr de queso de Parma rallado.

Se ponen en un puchero al fuego 2 litros de agua. Al hervir se echa la pasta y cuando esté en su punto se retira.

En una sopera se pondrá la manteca, los huevos y el queso; se bate con un batidor y se hierve la sopa.

Antes de servirla, pruébese y, en caso necesario, rectifíquese de sal.

SOPA BLINIS

600 gr de huesos de ternera, 500 gr de guisantes, 50 gr de tapioca, 75 gr de harina de arroz, 75 gr de mantequilla, una pechuga de gallina, un nabo, una zanahoria, una cebolla, 4 huevos, y medio litro de leche.

Se ponen en una olla al fuego los huesos de ternera, la pechuga de gallina, el nabo, la zanahoria y la cebolla. Se añade sal y 3 litros de agua, y al arrancar el hervor se espuma y se cuece a fuego lento por espacio de dos horas para obtener un litro y medio de caldo. Se pasa por un tamiz fino, se vuelve a poner al fuego y cuando empieza a hervir se le agrega la harina de arroz, mezclada con la mitad de leche, y los guisantes previamente hervidos y pasados por un colador o machacados al mortero. Déjese cocer unos veinte minutos a fuego lento.

FLAN. En una cacerola se rompen 2 huevos, se mezclan con un decilitro de leche y se sazona con sal, pimienta y nuez moscada. Se pasa por un colador echando el líquido en un molde de flanera que se tendrá untado de mantequilla y se cuece en baño María al horno durante veinticinco minutos.

Mézclense 2 yemas de huevo con el resto de la leche y la mantequilla y júntese con la sopa, pasándola seguidamente por un colador.

Sírvase en una sopera. Se le añade la pechuga de gallina desprovista de piel y hueso y cortada en forma de juliana, la tapioca hervida de antemano con agua y sal, pasada por agua fría y escurrida, y el flan cortado a cuadritos.

SOPA A LA PAVESE

*Dos rebanadas de pan de un cm de grueso, 20 gr de mantequi-
lla, 15 gr de queso de Parma rallado, 2 huevos y un cuarto de decilitro de caldo o consomé.*

Sácase la corteza del pan, dejando las dos rebanadas rectas de un
lado y redondeadas del otro. Se colocan en un plato de los de huevo,
se rocían con la mantequilla y se meten en el horno para que tomen
un color dorado. Seguidamente se agrega el caldo, se espolvorea con
el queso y se meten cinco minutos en el horno. A continuación se
casca un huevo sobre cada rebanada de pan y se meten nuevamente
en el horno hasta que la clara resulte ligeramente cocida y haya tomado un color aporcelanado. Sírvase inmediatamente.

SOPA AL QUESO AL GRATÍN

*600 gr de huesos de ternera, 100 gr de queso rallado, 300 gr de
pan, 2 nabos, 2 zanahorias, 2 cebollas, 300 gr de tomates, 100 gr de
mantequilla, laurel y tomillo.*

CALDO. Pónganse en una olla al fuego los huesos con 3 litros de
agua, sal, 2 nabos, 2 zanahorias, laurel, tomillo y los tomates partidos por la mitad. Se sazona con sal, se arrima al fuego y cuando
hierve se espuma y se cuece, lentamente y tapado, durante tres
horas adicionándole a media cocción las cebollas trinchadas y bien
fritas con 50 gr de mantequilla para obtener 2 litros de caldo, que se
pasa por un colador.

Se corta el pan a rebanadas finas que se meten unos minutos
en el horno para que tomen un color dorado, se pone en una sopera que resista al fuego y se le adicionan 75 gr de queso, intercalando una capa de pan y otra de queso. Se espolvorea el caldo con lo
restante del queso, se agrega la mantequilla y se mete unos minutos en el horno a gratinar.

SOPA DE PESCADO

*200 gr de merluza, 200 gr de rape, 35 gr de queso de Parma
rallado, 200 gr de fideos gordos, 200 gr de tomates, 200 gr de
cebollas, 15 gr de almendras tostadas, 18 mejillones, un decilitro
de aceite, 2 dientes de ajo, azafrán, laurel, tomillo y perejil.*

Con el aceite se sofríe la cebolla picada y cuando haya tomado color se adiciona el tomate, laurel, tomillo, los ajos, la merluza, los mejillones, el azafrán tostado y pulverizado, las almendras machacadas al mortero, el perejil y 2 $^1/_2$ litros de agua, dejándolo cocer, tapado, durante cuarenta minutos. A continuación se sacan los mejillones y la merluza y se pasa lo restante por un tamiz para extraer toda la sustancia.

El caldo se echa en una cacerola, se agregan los fideos hechos a trocitos, el rape cortado a cuadritos, los mejillones desprovistos de las cáscaras y la merluza cortada a pedacitos. Se deja hervir unos veinticinco minutos y a media cocción se le añade el queso.

SOPA A LA MARINERA

400 gr de rape, 150 gr de arroz, 300 gr de cebollas, 400 gr de tomates, 150 gr de langostinos pequeños, 50 gr de almendras crudas, 50 gr de mantequilla, 2 decilitros de aceite, y perejil.

Se pone en una cacerola el aceite y la cebolla previamente pasada por una máquina de trinchar, se rehoga hasta que empieza a tomar color, se le añade el tomate pasado por un tamiz y se cuece por espacio de veinte minutos. Seguidamente se le incorporan un litro y medio de agua, el rape desprovisto de piel y espinas y cortado a trocitos y los langostinos sacados de la cáscara, sazonándose con sal y pimienta.

Las almendras, una vez mondadas, se machacan junto con un poco de perejil hasta obtener una pasta, se diluye ésta con 2 cucharadas de aceite y se echa en la cacerola donde tendremos preparada la sopa. Se agrega el arroz y se hierve a borbotones por espacio de quince a veinte minutos.

MINESTRONE A LA MILANESA

100 gr de arroz, 150 gr de tocino magro, 100 gr de judías verdes, 200 gr de tomates, 100 gr de judías blancas frescas, 200 gr de guisantes, 300 gr de patatas, 200 gr de huesos de jamón, 50 gr de queso de Parma rallado, 100 gr de mantequilla, 4 puerros, 4 zanahorias, 2 nabos, 2 calabacines, 2 hojas de apio, una col pequeña, un ramito de albahaca y medio kilo de huesos de ternera.

Limpias y mondadas las verduras se cortan a trocitos, se rehogan con la mantequilla y se agrega el tocino cortado a pedacitos, las judías y guisantes desgranados, el tomate mondado y picado, y el hueso de jamón. Se moja con 2 litros de caldo preparado con los huesos, se sazona con sal y se cuece, bien tapado, a fuego regular durante dos horas. Unos veinte minutos antes de terminar la cocción se añade el arroz, la albahaca trinchada y el queso rallado.

Al momento de servirse se quita el hueso de jamón.

Esta sopa es popularísima en Italia, sobre todo en Milán, donde en el verano se sirve fría.

También se come mucho en el extranjero, principalmente en París, en los restaurantes italianos.

ENTREMESES

MORRO DE BUEY A LA HOLANDESA

300 gr de morro de buey, 4 pepinillos en vinagre, una cebolla, un decilitro de aceite, mostaza, salsa India, perifollo, una remolacha, una cucharada de vinagre y 200 gr de patatas.

Se pone la carne en una olla con agua sazonada con sal y se cuece durante dos horas, dejándolo enfriar. A continuación se corta a cuadritos pequeños y se pone en una vasija. Se le mezclan las patatas hervidas y cortadas igualmente, la cebolla trinchada, el perifollo picado y los pepinillos hechos a trocitos, sazonándose con sal, pimienta, mostaza, salsa India, vinagre y aceite.

Se deja macerar por espacio de cuatro o cinco horas y se sirve en rabanera rodeado con discos de remolacha hervida.

ENSALADILLA A LA PROVENZALA

6 manos de cordero, un huevo, 3 pepinillos en vinagre, 2 cucharadas de vinagre estragón, mostaza francesa, una cebolla, medio decilitro de aceite, y perifollo.

Se cuecen las manos de cordero con agua y sal durante tres horas, se escurren y se les quitan los huesos. Se cortan a trocitos y se añade la cebolla picada, la mostaza, aceite, vinagre, sal y pimienta. Se le incorpora el huevo duro y los pepinillos, todo hecho a trocitos, se espolvorea con perifollo trinchado y se deja macerar por espacio de tres horas.

Sírvase en una rabanera.

PEQUEÑOS CANALONES A LA ESTRASBURGO

150 gr de jamón cocido cortado a lonjas finas, una lata de puré de foie-gras de 200 gr, perejil, una trufa y 50 gr de mantequilla.

Se mezcla el puré de foie-gras con la mantequilla y la trufa trinchada, se sazona con sal y se guarda en sitio fresco.

Córtase el jamón a tiras de 8 cm de largo por 6 de ancho, se cubren con una capa del preparado del foie-gras y se enrollan formando canalón. A continuación se colocan en una fuente pequeña, se rodean con hojas de perejil y se guardan en nevera o en sitio fresco hasta el momento de servirse a la mesa.

MELÓN A LA FRANCESA

6 rajas de melón no muy maduro, un limón, una cucharadita de salsa India, media cucharadita de mostaza francesa, una copita de vino de Porto, un kilo de hielo y 2 cucharadas de crema de leche.

Mondadas las rajas de melón se ponen en una ensaladera, rodeándose con hielo picado.

En una vasija se pone la crema d'Ysigny, el vino de Porto, la mostaza, la salsa India y un poco de zumo de limón. Se sazona con sal y pimienta, se mezcla bien y se echa encima del melón, dejándolo macerar durante una hora

Sírvase en la misma ensaladera, colocada en un plato cubierto de una blonda o servilleta.

BONITO A LA TOLONESA

300 gr de bonito sin espinas ni piel, 2 decilitros de aceite, una zanahoria, un pepinillo en vinagre, salsa India, perejil, un pimiento morrón en conserva y una hoja de laurel.

Se corta el pescado a lonjas de un cm de grueso, se ponen en una cacerola al fuego con agua que las cubra, se sazona con sal y se añade una hoja de laurel. Se cuecen unos diez minutos, se escurren y se colocan en una pequeña fuente o rabanera, dejándolas enfriar.

En una ensaladera se pone una yema de huevo, una cucharadita de salsa India, el vinagre y la sal, y se mezcla bien, agregándose poco a poco el aceite y removiendo con viveza con un batidor hasta obtener una salsa mayonesa espesa como una crema. Ya en este punto se le adiciona el pimiento pasado por un tamiz y un poco de perejil picado.

Se cubre con dicha salsa el pescado, se adorna la superficie con discos de huevo duro, se rodea con rodajas de zanahoria hervida y encima de cada una se coloca un disco de pepinillo.

BARQUITAS DE ATÚN DOGARESA

3 berenjenas medianas, una remolacha, 100 gr de atún en esca-beche, un pimiento morrón en conserva, 50 gr de mantequilla, un decilitro de aceite, 2 cucharadas de vinagre, un poco de perejil, 35 gr de harina y una cucharada de salsa Catsup.

Una vez mondadas las berenjenas se parten por la mitad en toda su longitud, se vacían, se pasan por harina y se fríen con el aceite, dándoles un color dorado.

En un mortero se machaca el atún, el pimiento y la mantequilla, obteniendo una pasta fina. Se sazona con sal, se rellenan las bar-quitas, se colocan en una fuente pequeña con el mismo aceite de freír las berenjenas y se agrega el vinagre. Hágase hervir y, una vez frío, se le añade la salsa Catsup. Pásase por un colador, añadiéndo-se un poco de perejil picado. Se echa este líquido encima de las berenjenas y se adornan con rodajas de remolacha cocida.

Sírvase bien frío.

HUEVOS RELLENOS A LA DINAMARQUESA

6 huevos, 4 sardinas en aceite, 50 gr de mantequilla, 200 gr de tomates verdosos, un pimiento morrón, medio decilitro de aceite, una cucharada de vinagre, perejil y mostaza.

Los huevos, una vez hechos duros y fríos, se mondan, se parten por la mitad a todo lo largo y se les quitan las yemas sin romper las claras.

En un mortero se ponen las sardinas sin espinas, las yemas de los huevos y la mantequilla, machacándose hasta obtener una pasta fina y sazonándose con sal y pimienta. Dicha pasta se pone en una manga con boquilla rizada y se llena con ella el hueco de las claras de los huevos. Se colocan en una fuente pequeña y se adornan con unas lonjas de tomate.

Macháquese al mortero el pimiento, mézclese la mostaza, el aceite y el vinagre, y sazónese con sal. Se revuelve hasta que resul-ta una salsa algo espesa y se echa encima de los huevos, espolvo-reándolos con perejil picado.

DISCOS DE HUEVO A LA DARVEY

100 gr de atún en aceite, 75 gr de mantequilla, 5 huevos, una cucharada de puré de tomate, un decilitro de aceite, un poco de mostaza, un limón, una zanahoria y un pepinillo verde.

Cuécense 4 huevos duros. Una vez quitada la cáscara se cortan ligeramente las puntas y se parten, se hacen de cada huevo 3 discos de un cm de espesor y se ponen encima de un disco de pepino mondado.

Se machaca el atún al mortero y se le mezcla la mantequilla, obteniendo de este modo una pasta fina, y se sazona con sal y pimienta. Se mete dicha pasta en una manga provista de boquilla rizada, se forma encima de cada disco de huevo una pequeña espiral y se colocan en una fuente.

En una vasija se pone una yema de huevo, el tomate, sal, pimienta, mostaza, unas gotas de zumo de limón y se mezcla con un batidor. Se agrega poco a poco el aceite, revolviéndolo con viveza, y así se obtiene una salsa algo espesa.

Cúbrense los huevos con dicha salsa, se espolvorean con los trocitos de claras de huevo trinchado fino y se rodea con unas rodajas de zanahoria.

HUEVOS CHINOS

7 huevos, 2 pimientos morrones, 6 anchoas sin espinas, 12 aceitunas sin hueso, 2 decilitros de aceite, un limón y mostaza.

Póngase en una ensaladera una yema de huevo, sal, zumo de limón y mostaza, añadiendo poco a poco el aceite y removiéndolo con viveza con un batidor para obtener una mayonesa espesa.

Se cuecen 6 huevos y después de fríos y pelados se cortan los extremos, sacando unas lonjitas de medio cm de grueso. Se parten los huevos verticalmente por la mitad, se colocan en una fuente, se cubren con la salsa mayonesa y encima de cada mitad se pone un disco de pimiento del diámetro de una moneda nueva de cinco duros y luego los filetes de anchoa enrollados en forma de turbante, se coloca una aceituna en el interior de cada uno de ellos y se termina colocando las lonjitas de huevo, sujetado todo con unos palillos y adornándose con triángulos de pimiento.

HUEVOS A LA NORUEGA

4 huevos, 3 patatas del tamaño de un huevo gordo, una lata pequeña de puré de foie-gras, 50 gr de mantequilla, un pimiento morrón en conserva, un decilitro de aceite, un limón, 2 zanahorias gordas, mostaza, una cucharada de salsa Catsup y una trufa.

Torneadas y mondadas las patatas en forma de huevo, se parten por la mitad, se vacían ligeramente, dándoles la forma de una barquita, se cuecen delicadamente con agua y sal y se escurren.

Póngase en una ensaladera una yema de huevo, el zumo de medio limón, la mostaza, la salsa Catsup, sal y pimienta. Se mezcla bien y se le incorpora poco a poco el aceite, removiéndolo con viveza con un batidor hasta obtener una salsa algo espesa.

Se preparan 3 huevos duros y una vez mondados y fríos se parten horizontalmente por la mitad, se les quitan las yemas, se pasan éstas por un tamiz y se mezcla con la salsa. Póngase dicha salsa en una fuente, donde se colocarán las barquitas de patatas. Dentro de cada hueco de dichas barquitas se pone una cazuelita de clara de huevo duro, se rellenan los huevos con el foie-gras, mezclado con la mantequilla y sazonado con sal, sirviéndose para dicho objeto de una manga con boquilla rizada, y se rodea cada huevo con una tira de pimiento morrón formando un círculo. Se adorna la fuente con discos de zanahoria cocida y se espolvorea con trufa picada.

ROLL MOPS

6 arenques salados, un cuarto de litro de leche, 2 cebollas, mostaza, salsa India, 6 clavos de olor, un cuarto de litro de vinagre, 12 granos de pimienta, 12 palillos, un decilitro de aceite, una hoja de laurel, un ramito de tomillo, perejil, estragón fresco y 2 dientes de ajo.

Se sacan las espinas y cabezas de los arenques y se les quitan las escamas, obteniendo doce bonitos filetes. Se ponen en un recipiente de porcelana, se mojan con la leche y se dejan durante seis o siete horas. Pasado este tiempo se secan con un paño, cúbrense con una ligera capa de mostaza y se espolvorean con cebolla picada, enrollándose en forma de turbante y sujetándose con los palillos.

Se pone en una cacerola el vinagre, el aceite, una cebolla trinchada, los clavos, laurel, tomillo, perejil, la pimienta, el estragón, el ajo y un decilitro de agua, se hierve unos diez minutos y se deja enfriar.

Colócanse en una vasija los filetes de arenques y se agrega el preparado del vinagre, pasándolo por un colador, se añade la salsa India y se deja en maceración por espacio de tres a cuatro días.

Sírvanse en rabanera, agregándoles un poco de jugo del mismo adobo.

MIGUARDISAS PARISINAS

5 huevos, un cuarto de litro de aceite, una copita de vinagre, 2 patatas gordas, 6 tomates, 100 gr de atún en aceite, 2 pimientos morrones en conserva, mostaza francesa, 100 gr de mantequilla, 35 gr de jamón en dulce y una zanahoria.

Se preparan 4 huevos duros y se les quita la cáscara.

Las patatas, después de mondadas, se cortan en 6 discos de 2 cm de grueso por 5 o 6 de diámetro, se tornea todo el alrededor y se vacían con una cucharita o con un cuchillo pequeño, dándoles la forma de una cazuelita. Seguidamente se cuecen con agua y sal y se escurren.

A los tomates se les hace una pequeña incisión en la parte superior, se vacían ligeramente y se sazonan con sal.

SALSA MAYONESA. En una ensaladera pequeña se pone una yema de huevo, la mostaza, el vinagre y sal; se mezcla bien y se le adiciona poco a poco el aceite, removiéndolo con viveza con un batidor hasta obtener una salsa mayonesa espesa.

Córtense ligeramente las puntas de tres huevos, se parten éstos verticalmente por la mitad y se les saca la yema del interior sin romper las cazuelitas de las claras. Se machacan al mortero dichas yemas y se les mezclan 35 gr de atún, 50 gr de mantequilla y los pimientos morrones. Macháquese todo, obteniendo una pasta fina, y se sazona con sal, pimienta y un poco de mostaza. Introdúcese en una manga con boquilla rizada y se llenan las cazuelitas de patatas, formando pequeñas pirámides.

El resto del atún junto con lo restante de la mantequilla se machaca al mortero y se llenan las cazuelitas de clara de huevo, sirviéndose de la misma manga.

El jamón se corta a trocitos, se mezcla con dos cucharadas de salsa mayonesa y se llenan los tomates.

Se echa la salsa mayonesa en una fuente redonda y en el centro se coloca un huevo, que se tendrá ligeramente cortado de un extremo para que se sostenga derecho. Alrededor de éste se ponen las cazuelitas de huevo, rodeándose éstas con los tomates y luego las patatas, y se termina adornando la fuente con unos discos de zanahoria hervida.

DELICIAS DE PIMIENTOS

2 pimientos encarnados, 100 gr de atún en escabeche, 3 anchoas sin espinas, 50 gr de mantequilla, un decilitro de aceite, una cucha-

rada de vinagre, perejil, mostaza francesa y 50 gr de mortadela cortada a rajas delgadas.

Se untan con aceite los pimientos y se ponen en una tartera a horno suave hasta que estén bien cocidos. Entonces se envuelven en un paño y, una vez fríos, se les quita la piel y semilla y se cortan, haciendo de cada uno tres tiras largas.

Machácase al mortero el atún, se le mezcla la mantequilla y se sazona con sal y pimienta. De esta pasta se pone una cucharada y sobre cada tira de pimiento; se enrollan, dándoles la forma de un canalón, y en el centro se pone una faja con un filete de anchoa. Se colocan en una fuente o rabanera y se adorna todo el alrededor con unos triángulos de mortadela.

Mézclase el aceite restante con el vinagre, la mostaza, sal y perejil picado, y se echa esta salsa encima de los pimientos.

APIO A LA VIRGINIA

Un apio bien blanco, un decilitro de aceite, 2 cucharadas de vinagre, mostaza, salsa India, un huevo y 2 manzanas.

Quítanse las hojas más duras del apio, se parten a trozos de 6 a 8 cm de largo y se cortan en forma de juliana fina, o sea a tiras delgaditas. Se dejan en agua por espacio de veinte minutos, luego se escurren y se ponen en una ensaladera, agregándoles las manzanas cortadas igual que el apio.

El huevo, después de cocido, se corta a trocitos y se mezcla con el apio.

Se pone en una vasija la mostaza, el vinagre, la salsa India y el aceite; se sazona con sal y pimienta, y se mezcla bien. Con dicha salsa se rocía el contenido de la ensaladera y se deja en maceración durante media hora.

COLIFLOR A LA GRIEGA

Una coliflor pequeña, un decilitro de aceite, una copita de vinagre, sal, pimienta, perejil, mostaza y 50 gr de táparas.

Córtanse los cogollos de la coliflor y después de limpios se ponen en una cacerola con el aceite, vinagre, 2 decilitros de agua y las táparas. Se sazona con sal y pimienta, se cuece, bien tapado, a fuego lento durante treinta minutos, se le adiciona un poco de mostaza y al servirse se espolvorea con perejil bien picado.

TOMATES A LA MÓNACO

6 tomates medianos, 100 gr de atún, 50 gr de mantequilla, 25 gr de alcaparras, un huevo, perejil, un decilitro de aceite, 2 cucharadas de vinagre, salsa India, mostaza francesa y un limón.

Pártense los tomates por la mitad, se vacían y se sazonan con sal.

Póngase en un mortero el atún, las alcaparras y una yema de huevo cocida; macháquese hasta obtener una pasta y mézclesele la mantequilla. Se sazona con sal y pimienta y se añade un poco de perejil picado. Se llenan con dicha pasta los tomates, formando unas pirámides, y se espolvorea la superficie con clara de huevo duro picada fina.

Mézclese el aceite, el vinagre, la mostaza y salsa India; se sazona con sal y se remueve, obteniendo una salsa algo espesa. Se echa ésta en una fuente pequeña donde se habrán colocado los tomates y se rodea con unas bonitas lonjas de limón.

TOMATES A LA PARISINA

6 tomates de tamaño mediano, 1 ½ decilitros de aceite, un huevo, 2 zanahorias, un nabo, 200 gr de patatas, 100 gr de guisantes, mostaza inglesa, una cucharadita de vinagre, perejil, salsa India y una trufa.

Elígense los tomates poco maduros y después de limpios se parten por la mitad, se vacían de modo que queden como una cazuelita y se sazonan con sal.

El nabo, zanahorias y patatas se cortan a cuadritos pequeños y se cuecen con agua y sal; luego se refrescan y se escurren bien.

Con una yema de huevo, la salsa India, el aceite, vinagre y mostaza se prepara una salsa mayonesa. A continuación se agregan los tubérculos cocidos de antemano y los guisantes hervidos con agua y sal, se rellenan los tomates y se sirven en una fuente pequeña. Adórnase con hojas de perejil y se espolvorea con trufa picada.

TOMATES A LA DUBOIS

6 tomates gruesos, 100 gr de salmón, 3 huevos, 8 aceitunas, 4 anchoas sin espinas, 2 decilitros de aceite, salsa India, una cucharada de vinagre y un limón.

Córtase una pequeña circunferencia en la parte superior de los tomates, luego se vacían con una cucharita, dándoles la forma de unas cazuelitas, y se sazonan con sal.

SALSA MAYONESA. En una pequeña ensaladera se echa una yema de huevo, una cucharadita de salsa India, el vinagre y la sal y se agrega poco a poco el aceite, removiéndolo con viveza con un batidor hasta obtener una salsa mayonesa espesa. Seguidamente se le mezcla el salmón cortado a trocitos y un poco de perejil picado, obteniendo un picadillo. Rellénanse con éste los tomates, colocando en la superficie un disco de huevo duro, en el centro un turbante de filete de anchoa y dentro de cada uno de éstos una aceituna desprovista del hueso.

Sírvanse en una fuente pequeña o rabanera rodeados con rodajas de limón.

TOMATES A LA DARVEY

6 tomates gruesos, 100 gr de jamón en dulce, 2 decilitros de aceite, un huevo, una cucharada de vinagre, un pimiento morrón en conserva, perejil y salsa India.

Elígense los tomates que no estén muy maduros; se parten horizontalmente por la mitad, se les quita la semilla y se espolvorean con sal.

Con el aceite, una yema de huevo, el vinagre, sal y salsa India se prepara una salsa mayonesa.

Trínchase el jamón muy pequeño, se mezcla con la mitad de la salsa, se rellenan los tomates y se espolvorea con trufa picada fina. Se coloca en una fuente o rabanera el resto de la salsa; encima se ponen los tomates y se adornan con hojas de perejil y tiras de pimiento.

TOMATES A LA MARIANELA

6 tomates del tamaño mediano, 100 gr de jamón en dulce, 2 huevos, un cuarto de litro de aceite, una zanahoria, una cucharada de vinagre, una cucharadita de salsa India, una trufa y 6 pepinillos en vinagre.

Los tomates se parten por la mitad, se vacían, formando pequeñas cazuelitas, y se sazonan con sal.

Salsa mayonesa. Póngase en una ensaladera una yema de huevo, el vinagre, la salsa India, sal y una pizca de pimienta. Se mezcla bien y se agrega poco a poco el aceite, removiendo con viveza con un batidor hasta obtener una salsa mayonesa espesa, a la que se adiciona una cucharada de agua hirviendo para evitar que se corte.

Córtese el jamón a trocitos y un huevo duro a cuadritos. Se mezcla con la mitad de la salsa mayonesa y se rellenan los tomates, se colocan en una fuente pequeña o rabanera y se cubren con el resto de dicha salsa.

Encima de cada tomate se pone un disco de fruta y se rodean con rodajas de zanahoria hervida y los pepinillos cortados en forma de abanicos.

FONDOS DE ALCACHOFAS RELLENOS

6 alcachofas grandes, 2 decilitros de aceite, un huevo, 3 sardinas en conserva, 6 aceitunas gordas sin hueso, una cucharadita de vinagre, un limón, sal, pimienta, mostaza y perejil.

Una vez desprovistas de las hojas más duras se cortan las puntas de las alcachofas, dejando solamente el corazón de unos 2 cm de alto; se vacían en el centro, dándoles la forma de una cazuelita, se rocían con limón y se ponen a cocer durante veinte minutos con un cuarto de litro de agua, sal, 4 cucharadas de aceite y el zumo de medio limón.

Con la yema de huevo, el vinagre, el resto del aceite y la mostaza se prepara la salsa mayonesa.

Al mortero se machacan las sardinas desprovistas de la espina y se agrega una cucharada de salsa mayonesa.

Se rellenan las alcachofas con esta pasta, se cubren con la salsa sobrante y en el centro de cada una se pone una aceituna, adornándose con hojas de perejil.

FONDOS DE ALCACHOFAS A LA FLOREAL

6 alcachofas, 100 gr de atún en conserva, un cuarto de litro de aceite, un huevo, una cucharadita de vinagre, limón, un poco de salsa India, perejil y un pimiento morrón en conserva.

Fondos de alcachofas. Desprovistas de las hojas más duras se tornean los fondos de las alcachofas, se cortan a 2 cm de altas y a medida que se van preparando se frotan con limón y se echan en una cacerolita donde tendremos un cuarto de litro de agua, el zumo del limón y 4 cucharadas de aceite. Se sazonan con sal y se cuecen, tapadas y lentamente, por espacio de veinticinco minutos, y luego se escurren y se colocan en una fuente.

SALSA MAYONESA. Póngase en una vasija una yema de huevo, el vinagre, la salsa India y un poco de sal y pimienta. Se mezcla bien y se agrega poco a poco el aceite, removiendo con viveza con un batidor hasta obtener una salsa mayonesa espesa y agregándose seguidamente una cucharada de agua hirviendo.

Se machaca el atún al mortero y se le mezclan 2 cucharadas de salsa mayonesa. Rellénanse las alcachofas, se cubren con la salsa mayonesa, se espolvorean con huevo duro picado y se rodean con unos triángulos de pimiento.

PATATAS A LA DAMITA

6 patatas ovaladas y del tamaño de un huevo, 6 langostinos, 12 almejas, 2 decilitros de aceite, un huevo, una trufa, una cucharada de salsa India, una cucharada de vinagre, un manojo de berros y una remolacha.

Mondadas las patatas y torneadas se vacían, formando unas cazuelitas, se cuecen cuidadosamente con agua sazonada con sal y se dejan enfriar.

SALSA MAYONESA. Póngase en una ensaladera una yema de huevo, sal, vinagre y salsa India. Se mezcla bien y se le adiciona poco a poco el aceite, removiéndolo con viveza con un batidor hasta obtener una salsa mayonesa espesa.

Limpias las almejas se cuecen unos cinco minutos, se sacan de la cáscara, se colocan dentro de las cazuelitas de patatas previamente bien secas, se adicionan los langostinos hervidos y hechos a trocitos y se cubre con la salsa mayonesa.

Se espolvorean con trufa trinchada fina y se sirven en una fuente, colocándolas en forma de estrella, poniendo en el centro los berros y rodeándose con unas rodajas de remolacha.

ENSALADA DE PATATAS A LA ESCOCESA

400 gr de patatas, 2 huevos, una cebolla, un decilitro de aceite, pere-jil, 2 pimientos en conserva, 3 pepinillos en vinagre, una cucharada de vinagre, un cucharadita de salsa India y 200 gr de bacalao remojado.

Las patatas se cuecen con agua y sal, se mondan y se cortan a cuadritos.

Se pone en una ensaladera el aceite, el vinagre y la salsa India y se sazona con sal y pimienta. Seguidamente se añaden las patatas, el bacalao cortado a trocitos, la cebolla trinchada fina y un poco de perejil picado. Se mezcla bien y se pone en una ensaladera.

A los huevos después de duros y fríos se les quita la cáscara, se parten por la mitad y se colocan alrededor de las patatas, intercalando unos discos de pepinillos y pimientos.

Déjese macerar durante una hora.

PATATAS A LA VIRGINIA

6 patatas inglesas, 100 gr de lengua escarlata, una trufa, un huevo, 2 decilitros de aceite, una cucharadita de vinagre, mostaza francesa, una zanahoria y 2 pepinillos en vinagre.

Escógense las patatas bien iguales y después de mondadas se cortan en todo su largo por la mitad, luego se vacían, dándoles la forma de barquitas, se cuecen con agua y sal y, una vez en su punto, se pasan por agua fría y se escurren.

Con el aceite, vinagre, sal, una yema de huevo y mostaza se prepara una salsa mayonesa.

Córtese la lengua, la trufa y los pepinillos a cuadritos pequeños; se mezcla con la mitad de la salsa y se pone el resto de la mayonesa en una fuente pequeña. Colócanse encima las patatas y se adorna, formando por todo el alrededor un festón con la zanahoria mondada, cortada a rodajas y cocida con agua y sal.

BARQUETAS DE PATATAS A LA DORIA

6 patatas inglesas del tamaño de algo más de un huevo, 100 gr de langostinos, 2 decilitros de aceite, 2 huevos, 2 pepinillos en vinagre, una cucharada de vinagre, mostaza francesa y una zanahoria.

Mondadas las patatas se les da la forma ovalada, pártense horizontalmente por la mitad, se vacían, formando unas barquetas, cuécense con agua y sal a fuego lento, se sacan una a una y se dejan enfriar.

Se cuecen los langostinos con agua y sal y cuando están fríos se mondan y se cortan a trocitos.

SALSA MAYONESA. En una vasija se pone una yema de huevo, el vinagre, mostaza y sal; mézclase bien, se añade el aceite poco a poco y se revuelve con viveza con un batidor hasta obtener una salsa espesa.

Póngase la mitad de esta salsa en una fuente o rabanera.

Al resto de la salsa se agregan los langostinos, se añade un huevo duro cortado a trocitos, se mezcla todo, se llenan las barquetas y se colocan sobre la salsa mayonesa que se tiene preparada en la fuente o rabanera.

Encima de cada barqueta se colocan como adorno unos discos o tiras de pepinillos, y se rodean con unos discos de zanahoria hervida.

POLPETAS DE SARDINAS A LA ASTURIANA

300 gr de sardinas, 100 gr de atún en aceite, un huevo, 25 gr de miga de pan, un decilitro de aceite, 3 cucharadas de vinagre, una cucharada de salsa Catsup, perejil, 15 palillos, un decilitro de vino blanco y una zanahoria.

Límpianse las sardinas y, desprovistas de la cabeza, se les quitan las espinas sin separar los filetes y se extienden encima de un mármol o una mesa.

Se machaca al mortero el atún, agregándole el huevo y la miga de pan rallada; se sazona con sal y pimienta y se trabaja hasta obtener una pasta fina. Extiéndese ésta encima de las sardinas y se enrollan, formando un canalón; se sujeta la extremidad pinchándole un palillo y se colocan en una cacerola. Se agrega el vinagre, la salsa Catsup, el aceite, el vino blanco y un poco de perejil trinchado, se sazona con sal y pimienta y se cuece unos diez minutos.

Sírvense frías en una fuente adornada con rodajas de zanahoria hervida.

FILETES DE SALMONETES A LA MONTECARLO

400 gr de salmonetes, un huevo, 200 gr de aceite, 35 gr de harina, 200 gr de tomates, 2 dientes de ajo, media copita de vinagre, una hoja de laurel, un ramito de tomillo, sal, pimienta y perejil.

Se limpian los salmonetes, se les quita la espina y se cortan a tiras delgaditas. Se pone sal, se pasan por la harina, fríense con el aceite, se colocan en una fuente y encima se echa el huevo cocido picado a trocitos. En el mismo aceite se fríen los 2 dientes de ajo. Seguidamente se agrega el tomate cortado a trozos, laurel, tomillo, vinagre y un decilitro de agua; se sazona con sal y pimienta y se deja cocer durante veinte minutos. La salsa se pasa por un colador y cuando está fría se echa encima del pescado, espolvoreando con perejil picado.

FILETES DE ANCHOAS Y PIMIENTOS A LA VINAGRETA

8 anchoas gordas, 3 pimientos morrones en conserva, 30 gr de alcaparras, medio decilitro de aceite, media cucharadita de salsa India, un poco de perejil, una zanahoria y 2 cucharadas de vinagre.

Se lavan las anchoas y se sacan las espinas, colócanse en una rabanera, intercalando los filetes con unas tiras delgadas de pimiento; se esparcen por la superficie las alcaparras y se rocían con el aceite mezclado con el vinagre y la salsa India. Se espolvorea con perejil y se rodea con unos discos de zanahoria hervida.

FILETES DE SARDINAS DUNKERQUE

300 gr de sardinas gordas, un decilitro de aceite, una cucharada de vinagre, una cucharadita de salsa de tomate, 2 huevos, perejil, salsa India, una mostaza y salsa Catsup.

Se limpian las sardinas, se les quitan las cabezas y las espinas y se obtienen dos bonitos filetes de cada una. Se ponen cuatro o cinco de éstos cada vez en una espumadera y se sumergen delicadamente en agua hirviendo por espacio de dos minutos. A continuación se colocan encima de un mármol y, una vez fríos, se ponen en una fuente.

Póngase en una ensaladera el aceite, vinagre, mostaza, sal, pimienta, el Catsup, la salsa India y un poco de perejil picado. Se bate con un batidor y se cubren con esta salsa los filetes de sardinas, rodeándose luego con unos discos de huevo duro y dejándose en maceración durante una hora.

FILETES DE CABALLA A LA CARIÑANO

400 gr de caballas (3 piezas), 2 decilitros de aceite, 20 gr de alcaparras, un diente de ajo, 25 gr de harina, 2 cucharadas de vinagre, media cucharada de puré de tomate, un limón, laurel y tomillo.

Se limpia el pescado y se le quita la cabeza y las espinas, obteniendo 6 bonitos filetes que se sazonan con sal y unas gotas de zumo de limón, se pasan por la harina y se fríen con el aceite, colocándolos en una fuente. Se saca de la sartén la mitad del aceite y se agrega al restante el ajo trinchado, las alcaparras, el vinagre, una hoja de laurel y un ramito de tomillo. Se sazonan con sal y se sirve en una rabanera, adornándolo con rajas de limón.

FILETES DE ARENQUE A LA PARISINA

4 arenques salados, 50 gr de táparas, medio decilitro de aceite, un pimiento morrón en conserva y perejil.

Se limpian los arenques, se les quita la espina, se dejan en remojo durante siete u ocho horas y se secan con un paño. Luego se cortan a filetes delgaditos, se enrollan en forma de turbante y se colocan en una rabanera, poniéndose encima las táparas y el perejil picado. Se rocían con el aceite, se adornan con tiras de pimiento y se dejan macerar durante dos horas.

DELICIAS A LA MODERNA

150 gr de harina, una lata pequeña de puré de foie-gras, 50 gr de lengua escarlata, 50 gr de queso cremoso, 50 gr de mortadela, 50 gr de jamón en dulce, un huevo, un pimiento morrón en conserva, 6 aceitunas, un pepinillo en vinagre, 100 gr de mantequilla, una trufa, 100 gr de guisantes y una cucharada de puré de tomate.

PASTA QUEBRADA. Póngase la harina encima de un mármol. En el centro se echa un huevo, 50 gr de mantequilla y una cucharada de agua, sazonándose con sal. Se amasa primero con una cuchara de madera y luego con las manos hasta obtener una pasta compacta, dejándose reposar unos cinco minutos. A continuación se espolvorea el mármol y se estira dicha pasta, dándole el grueso de medio cm escaso; se corta con un molde en forma de corazón o bien a discos, se coloca encima de una hojalata o placa que se tendrá untada con mantequilla y se mete en el horno para que tome color.

Una vez frío se cubre con una ligera capa de mantequilla mezclada con sal.

La mortadela, el queso, la lengua y el jamón se corta todo en la misma forma que la pasta, pero dejándolo de un tamaño algo más pequeño, se coloca encima. Se adorna con el resto de la mantequilla y foie-gras, haciendo cordón a todo el alrededor, variando los colores y mezclando en una cuarta parte de la mantequilla los guisantes hervidos pasados por un tamiz y en otro sitio el tomate, terminándose de adornar con el pepinillo, el pimiento, las aceitunas y la trufa.

PEQUEÑAS CRESTAS A LA ROSINI

150 gr de harina, 50 gr de mantequilla, 2 huevos, 200 gr de puré de foie-gras y perejil.

Con la harina, la mantequilla y un huevo se prepara una pasta brisa que una vez en su punto se estira con un rodillo y se moja con un poquito de yema de huevo diluida con agua. Encima se colocan unas bolitas, en línea recta, de foie-gras, del grueso de una avellana y con una separación o espacio de 2 cm de una a otra, que se cubren con una capa de pasta y se cortan con un cortapastas pequeño y rizado, resultando de este modo unas pequeñas crestas. Repítese la misma operación hasta terminar la cantidad, se mojan con yema de huevo diluida con agua y se ponen en el horno hasta que adquieran un bonito color dorado.

Sírvanse frías y en una fuente, adornadas con hojas de perejil.

ALMEJAS A LA SICILIANA

18 almejas, 2 cucharadas de puré de tomate, una cebolla, 4 pepinillos en vinagre, 20 gr de alcaparras, una lata de champiñones, media copa de vino blanco, 15 gr de harina, un decilitro de aceite y un limón.

Limpias las almejas se ponen en una olla con un decilitro de agua, se tapan y se cuecen por espacio de diez minutos, despojándoselas luego de media cáscara vacía.

Con el aceite se rehoga la cebolla picada y cuando empieza a tomar color se agrega la harina, el vino blanco y el tomate; seguidamente se añaden los pepinillos, las alcaparras y los champiñones, todo trinchado fino. Sazónese con sal y pimienta y se cuece a fuego regular por espacio de veinte minutos, obteniendo de este modo un picadillo. Se echa una cucharadita de éste en cada cáscara donde esté la almeja y se pone unos minutos en el horno.

Una vez frías se sirven en una fuente, adornándose con hojas de perejil y lonjas de limón.

MEJILLONES A LA AMBROSIANA

24 mejillones de tamaño grande, 50 gr de mantequilla, 2 pimientos morrones en conserva, 100 gr de atún en conserva, un huevo, 24 aceitunas, un cuarto de litro de aceite, 12 anchoas, mostaza, salsa India, una cucharada de vinagre, perifollo y una cucharada de puré de tomate.

Se limpian los mejillones y se ponen en una cacerola con un poquito de agua; se cuecen, tapados, por espacio de diez minutos y luego se sacan los mejillones del interior y se colocan las cáscaras en una fuente.

Se ponen en un mortero los pimientos, el atún y los mejillones y se machaca hasta obtener una pasta fina; luego se les mezcla la mantequilla y se pasa todo por un tamiz. Se sazona con sal y pimienta, se introduce dicha pasta en una manga con boquilla rizada y se rellenan las cáscaras de los mejillones.

SALSA MAYONESA. En una ensaladera o recipiente de porcelana se echa una yema de huevo, la mostaza, la salsa India y sal, y se mezcla bien. Añádase poco a poco el aceite, removiéndolo con viveza con un batidor hasta obtener una salsa mayonesa espesa, se le adiciona el puré de tomate y un poco de perejil picado y se echa encima de los mejillones.

Una vez desprovistas las anchoas de las espinas y bien lavadas, de cada filete se forma un turbante que se pondrá en el centro de cada molusco, colocándose en el interior de cada turbante una aceituna sin hueso.

MEJILLONES A LA MARSELLESA

36 bonitos mejillones, un decilitro de aceite, una zanahoria, 6 escaloñas, un limón, 10 gr de harina, laurel, tomillo, perejil, 2 cucharadas de salsa Catsup y un decilitro de vino blanco.

Se pone en una cacerola la zanahoria y las escaloñas, todo trinchado fino; se le adiciona el aceite y se rehoga ligeramente. Seguidamente se agrega el vino, los mejillones previamente hervidos y sacados de la cáscara, y unas gotas de zumo de limón, sazonándose con sal y agregándose la salsa Catsup y un manojito atado compuesto de laurel, tomillo y perejil. Sazónanse con sal y pimienta y cuécense unos veinte minutos a fuego lento, conservando la cacerola bien tapada.

Se sirven fríos en rabanera, rodeándolos de lonjas de limón.

ALMEJAS A LA TRIANÓN

36 almejas, un huevo, una cebollita, un pimiento morrón en conserva, una cucharadita de salsa India, perejil, un decilitro de aceite, una cucharadita de vinagre y una zanahoria.

Se limpian las almejas y se hierven lentamente por espacio de 3 minutos, conservando la cacerola bien tapada. Luego se escurren, se dejan enfriar y se sacan de la cáscara, colocándolas en un plato pequeño.

Prepárese un huevo duro y, una vez mondado, se le saca la yema y se echa en un mortero; se agrega el pimiento y se machaca hasta obtener una pasta fina. A continuación se le incorpora un poco de perejil trinchado, la salsa India, el aceite, el vinagre y la cebolla picada, se sazona con sal y pimienta y se echa encima de las almejas. Se rodea con unas rodajas de zanahoria hervida y se espolvorea con la clara del huevo trinchada fina.

MEJILLONES A LA CHARLEROY

24 mejillones, 2 huevos, 45 gr de atún en conserva, un cuarto de litro de aceite, 100 gr de galleta picada, 50 gr de harina, un limón y perejil.

Elígense los mejillones gordos, se hierven con un poco de agua y se les quita la media cáscara.

Machácase al mortero un huevo cocido y el atún, se sazona con sal y pimienta y se rellenan los mejillones. Luego se pasan éstos por la harina y después por el huevo batido y la galleta picada, se fríen con el aceite, se colocan en una fuente y se adornan con limón y perejil frito.

CORNETS DE SALMÓN A LA GRAN FLORIDA

6 lonjas de salmón ahumado, 100 gr de merluza, 200 gr de rape, un huevo, 75 gr de mantequilla, mostaza, perejil y una cebollita.

Limpio el pescado se pone en una cacerola con agua y sal y la cebollita. Se cuece durante quince minutos y se escurre. Una vez desprovisto el pescado de piel y espina, se agrega un huevo duro. Machácase todo al mortero, adicionándole la mantequilla y la mostaza, se sazona con sal y pimienta y se mezcla, obteniendo una pasta fina.

De cada lonja de salmón se forma un embudo (cornet). Rellénanse los cornets con la pasta preparada de antemano, sirviéndose para ello de una manga con boquilla rizada; colócanse luego, formando un círculo, en una fuente redonda cubierta con servilleta y se adorna con bonitas hojas de perejil.

BERENJENAS A LA CAROLINA

2 berenjenas gruesas, 100 gr de atún, un pimiento morrón en conserva, una cebolla, 50 gr de harina, 2 decilitros de aceite, una cucharada de vinagre, salsa India, perejil, una zanahoria y un huevo.

Las berenjenas después de mondadas se cortan a rodajas de 2 cm de grueso, se sazonan con sal, se pasan por la harina y se fríen con la mitad del aceite.

Machácase el atún y el pimiento en un mortero, se mezcla con la cebolla picada y se agrega el resto del aceite, el vinagre, unas gotas de salsa India y un poco de perejil picado.

BARQUITAS DE HUEVOS A LA NANTESA

6 huevos, 100 gr de mantequilla, 6 langostinos pequeños, una ensalada de lechuga, una trufa y una cucharada de pasta de anchoa.

Se cuecen los huevos durante once minutos y, una vez fríos, se les quita la cáscara, se parten por la mitad en todo su largo y se les sacan las yemas. Machácanse éstas al mortero, se agrega la mantequilla y la pasta de anchoas y se obtiene una pasta fina. Se sazona con sal y pimienta, échase dicha pasta en una manga y se rellenan las cazuelitas de las claras de huevo. En cada una de éstas se coloca medio langostino hervido y pelado, formando arco, en cuyo centro se pone un disco de trufa.

Colóquense dichos huevos en una pequeña fuente cubierta con ensalada cortada a tiras finas.

BARQUITAS DE HUEVO A LA DINAR

6 huevos, un decilitro de aceite, una cucharada de vinagre, 6 tomates de tamaño pequeño, 3 sardinas en aceite, 50 gr de mantequilla, 12 aceitunas sin huesos, mostaza y salsa India.

Se preparan los huevos duros y se ponen en agua fría; se les quita la cáscara, se parten por la mitad en todo su largo, se les sacan las yemas, pónense éstas en el mortero y se añaden las sardinas, desprovistas de las espinas, y la mantequilla. Sazónase con sal y macháquese para obtener una pasta fina que se introducirá en una manga con boquilla rizada y se llenarán con ella los huecos de las claras de huevo.

Los tomates se parten por la mitad, se les quita la semilla y dentro de cada uno de ellos se coloca una barquita de huevo y se ponen en una fuente pequeña.

Póngase en una ensaladera la mostaza, el vinagre y la salsa India; se agrega poco a poco el aceite y se remueve con un batidor hasta obtener una salsa algo espesa, que se sazona con sal y se echa encima de los huevos, poniendo en el centro de cada uno de éstos media aceituna sin hueso.

MEDALLONES DE HUEVOS A LA DERBY

6 huevos, una lata pequeña de puré de foie-gras, 50 gr de mantequilla, una trufa y 6 hojas de ensalada.

Elíjense los huevos bien frescos, se cuecen durante doce minutos y, una vez fríos y mondados, se corta ligeramente un extremo de cada uno de ellos y se vacían, sirviéndose del mango de una cucharita, sacando toda la yema sin romper la clara. Pásase la mitad de dicha yema por un tamiz; se le mezcla el foie-gras, la mantequilla y la trufa picada fina, se sazona con sal y pimienta y con este preparado se llenan los huevos, empleando una manga con boquilla lisa; luego se ponen en una nevera durante unas tres horas.

Un poco antes de servirlos se cortan, haciendo de cada uno 3 o 4 discos.

Se sirven en una fuente cubierta con hojas de ensalada fresca.

CAZUELITAS DE HUEVOS A LA NEVA

6 huevos, 75 gr de mantequilla, 2 cucharadas de caviar, una trufa y perejil.

Se cuecen los huevos durante doce minutos, se pasan por agua fría y se les quita la cáscara; seguidamente se les cortan ligeramente las puntas, se parten por la mitad y, sacándoles las yemas, se machacan éstas al mortero, mezclándoles la mantequilla y el caviar. Se sazona con sal y pimienta, se echa en una manga con boquilla rizada y se rellenan las cazuelitas de las claras de huevo, formando unas pequeñas pirámides. Se adorna la superficie con unos discos de trufa, se colocan en una fuente pequeña, rodeándolos con hojas de perejil y se guardan en nevera hasta el momento de servirse.

HUEVOS A LA FÉMINA

5 huevos, 2 patatas gruesas, 2 decilitros de aceite, 4 anchoas sin espina, una cucharada de vinagre, mostaza, una cucharada de puré de tomate, un pimiento morrón, una zanahoria y 8 aceitunas sin hueso.

Se preparan 4 huevos duros, se les quita la cáscara y se parten horizontalmente por la mitad.

Mondadas las patatas se cortan 8 rajas de 2 cm de grueso, se les da una forma ovalada, aproximadamente del tamaño de los huevos, y se cuecen con agua y sal.

SALSA MAYONESA. En una vasija se pone una yema de huevo, el puré de tomate, el vinagre, mostaza, sal y un poco de pimienta; se revuelve con un batidor y se añade poco a poco el aceite, removiéndolo con viveza con el mismo batidor hasta obtener una salsa mayonesa espesa.

Pónganse en una fuente las patatas y encima de cada una de éstas se colocará un huevo. Se cubren con la salsa, en el centro de cada huevo se pone un turbante de anchoa y se llena éste con una aceituna.

Se adorna la fuente con unos triángulos de pimentón y unas rodajas de zanahoria hervida.

CÓCTEL DE GAMBAS

24 gambas bien bonitas, una ensalada de lechuga, medio litro de aceite, 3 huevos, media cucharadita de vinagre, una cucharada de puré de tomate, mostaza, sal, pimienta, una cucharada de salsa Perry, una cucharada de Catsup y unas gotas de tabasco.

Se hierven las gambas y se les quita las cáscaras.

Póngase en una ensaladera las yemas de los huevos, sal, pimienta, mostaza y el vinagre. Se mezcla con un batidor y se agrega el aceite, poco a poco, obteniendo una salsa mayonesa espesa, se adiciona el puré de tomate, la salsa Perry, el Catsup y unas gotas de tabasco.

Limpia la lechuga, se escoge la parte más blanca, se corta fina y se coloca en copas especiales. Se colocan encima tres gambas cortadas a trozos, se cubren con la salsa y se adorna con dos gambas.

LOS CANAPÉS

Para la confección de pequeños canapés, que constituye uno de los capítulos más apreciados en la cocina moderna, se hacen cortando unas rebanadas de pan inglés o brioches de la víspera, del espesor aproximadamente de medio centímetro y en forma cuadrada o rectangular de cinco centímetros de ancho por seis o siete de largo. También se pueden cortar en triángulos o redondos. Muchos de estos canapés se cubren con mantequilla aromatizada de distintas maneras.

CANAPÉS A LA MÓNACO

Se cubre la rebanada con una ligera capa de mayonesa, unas tiras de jamón serrano y unas tiras de tomate y se adornan con unos discos de aceitunas rellenas.

CANAPÉS A LA TROVILLE

Una rebanada de pan cortada en forma de disco cubierta con una capa de mayonesa, se coloca en el centro un langostino partido por la mitad formando un círculo. En el centro, se pone un turbante de anchoas y se adorna todo el alrededor con una franja de huevo duro trinchado fino.

CANAPÉS CON ENSALADA

Una rebanada de pan cuadrada, se cubre con una ligera capa de mayonesa y un poco de ensalada de lechuga cortada en forma de juliana fina y se espolvorea con huevo duro picado fino.

CANAPÉS A LA OSTENDE

Una rebanada de pan cortada en forma de disco, se cubre con una capa de mantequilla mezclada con mostaza. En el centro, se coloca una bonita ostra previamente hervida y sacada de la cáscara, se cubre ésta con mayonesa y se adorna con huevo duro picado fino y una lonja de trufa colocada en el centro.

CANAPÉS A LA MIRABEAU

Una rebanada de pan de forma cuadrada cubierta de un puré de atún mezclado con mantequilla, se adorna la superficie con unos turbantes de anchoas y unos discos de trufa.

CANAPÉS A LA MARINERA

Una rebanada de pan de forma cuadrada se cubre con un puré de sardinas mezclado con un poco de mantequilla, se adorna la superficie con unas tiras finas de pimiento morrón en conserva y unos discos de pepinillos.

CANAPÉS DE CAVIAR

Se cortan unas rebanadas de pan de 6 a 7 centímetros, en forma cuadrada, por medio centímetro de grueso, se revisten de un lado con manteca y sobre ésta se extiende una capa de caviar.

Con el resto de la manteca, se mezcla un poco de sal, se pone en una manga con boquilla pequeña rizada y se adornan los canapés haciendo un pequeño cordón todo el alrededor.

CANAPÉS DE CAVIAR Y ANCHOAS

Un pan moreno de 400 gr, una lata de caviar, 50 gr de mantequilla, una cucharadita de mostaza, 8 anchoas sin espina, un limón, perejil y 2 pepinillos en vinagre.

Desprovisto el pan de la corteza, se corta a rebanaditas de medio centímetro de grueso y se cubren éstas con una ligera capa de mantequilla, que se tendrá mezclada con la mostaza y un poco de sal; luego se cortan dichas rebanaditas a cinco centímetros de largo por cuatro de ancho, se tiende todo alrededor de la superficie un filete de anchoa partido por la mitad, formando una pequeña valla, cuyo interior se llenará con una capa de caviar; se colocan en las cuatro puntas unos pequeños discos de pepinillo y se ponen los canapés en una fuente cubierta con servilleta, la cual se adorna con rodajas de limón y hojas de perejil. Guárdese en sitio fresco hasta el momento de servirlo.

CANAPÉS VIENÉS

Una rebanadita de pan, cubierta con una capa de mantequilla y mezclada con un poco de mostaza, se cubre con una lonja de crema de Gruyère y se termina el adorno con cuatro triángulos de jamón dulce, cuatro discos de pepinillos y unos filetes de mantequilla.

CANAPÉS BARCINO

Una rebanadita de pan, cubierta con una capa de crema de Gruyère, se adorna la superficie con dos lonjas de butifarra catalana, dos triángulos de jamón en dulce y un disco de trufa, y se coloca en cada esquina media aceituna rellena y unos hilitos de mantequilla.

CANAPÉS MODERNISTA

Una rebanadita de pan cubierta con una capa de puré de foie-gras mezclado con un poco de mantequilla, se adorna con un disco de huevo cocido, se rodea éste con una tira de pimiento, se termina el adorno con cinco discos de trufa, cuatro tiras de crema de Gruyère y unos puntitos de mantequilla.

CANAPÉS DE CREMA DE ANCHOAS

Una rebanada de pan inglés, se tuesta un poco en el horno y se cubre con una capa de mantequilla mezclada con crema de anchoas; se termina el adorno con unos filetes delgaditos de anchoa y unas florecitas de yema de huevo cocido, mezclado con un poco de mantequilla, sirviéndose para dicho fin de una manga con boquilla rizada.

CANAPÉS HOLANDESA

Una rebanadita de pan cubierta con una capa de mantequilla, se cubre ésta con una lonja de jamón en dulce, un disco de huevo cocido, cuatro triángulos de pimiento encarnado y un festón de mantequilla a su alrededor.

CANAPÉS SUIZOS

Una rebanadita de pan inglés de medio centímetro de grueso por cinco o seis en cuadro, se cubre con una ligera capa de mantequilla, se adorna la superficie con tiras de filetes de anchoas y tiras de pimiento morrón en conserva, se coloca en cada punta una aceituna rellena partida por la mitad y se adorna todo el alrededor con un pequeño festón de mantequilla.

CANAPÉS DUBARRY

Una rebanadita de pan cubierta con una capa de mantequilla mezclada con un poco de crema de anchoas, se adorna la superficie con tiras de jamón en dulce intercaladas con tiras de crema de Gruyère y se termina el adorno con unos filetes de mantequilla.

CANAPÉS PARISIÉN

Una rebanadita de pan, cubierta con una capa de mantequilla, se cubre con tiras de jamón serrano, intercalando tiras de tomates y se adorna con un festón de mantequilla y unos discos de pepinillos.

CANAPÉS FAVORITA

Una rebanadita de pan cubierta con una capa de puré de foie-gras, se adorna la superficie con triángulos de crema de Gruyère, se coloca en el centro un disco de tomate, un turbante de anchoa, cuatro discos de trufa y alrededor se forma un festón de mantequilla.

CANAPÉS GENOVESA

Una rebanadita de pan, cubierta con una capa de jamón en dulce, picado muy fino y mezclado con mantequilla, se adorna con un disco de huevo cocido y cuatro medios discos de yema de huevo cocido, cuatro discos de trufa y unos filetes de mantequilla.

CANAPÉS LYONESA

Una rebanadita de pan, cubierta con una tapa de mantequilla con un poco de puré de anchoas, se adorna con lonjas de mortadela, discos de huevo cocido, dos discos de trufa y unos filetes de mantequilla.

CANAPÉS MALLORQUINA

Una rebanadita de pan, cubierta con una capa de pasta de sobrasada mezclada con mantequilla, se adorna la superficie con clara de huevo cocido, picada fina y un festón de mantequilla.

EMPAREDADOS VARIOS

Entre dos discos de pan inglés del grueso de medio centímetro, se extiende una capa de foie-gras. Después se adorna la superficie con mortadela trinchada, trufa picada, mayonesa y clara de huevo.

Entre dos rebanadas de pan inglés, se coloca una pasta de anchoas y se adorna la superficie con puré de guisantes mezclados con mucha mantequilla y tiras de sobrasada, machacada en el mortero y también mezclada con mantequilla. Se termina el adorno con discos de clara de huevo y discos de trufa.

Entre dos rebanadas de pan inglés, se deslizan unos filetes de anchoas y se cubre la superficie con pasta de anchoas, mezclada con mayonesa, tiras de pimiento y mayonesa.

Entre dos rebanadas de pan inglés, se coloca una capa de crema de queso y mantequilla. Estos emparedados se adornan con discos de cervelás, pepinillos, mayonesa y pimiento.

Entre dos rebanadas de pan inglés, se pone una capa de queso de crema de Gruyère y se adorna la superficie con un disco de huevo duro, trufa, mayonesa y clara de huevo duro.

Entre dos rebanadas de pan inglés, se extiende una capa de puré de foie-gras y se adorna la superficie con una lonja de jamón en dulce, un disco de huevo duro, pimiento, trufa y mayonesa.

Entre dos rebanadas de pan inglés, se pone una capa de crema de queso de Holanda, se cubre con foie-gras, se adorna con clara de huevo duro, mayonesa, trufa, dos medios huevos duros, a los que se les suprime la yema, rellenos con pasta de anchoas mezclada con mantequilla y se adornan con yema de huevo duro y trufa.

TARTALETAS DE QUESO

200 gr de harina, 100 gr de mantequilla, 100 gr de queso de Parma rallado, 3 huevos, un cuarto litro de leche y una trufa.

PASTA BRISA. Con 150 gr de harina, se forma encima de un mármol un círculo, en cuyo centro se pone un huevo, 50 gr de mantequilla, un poco de sal, y dos cucharadas de agua. Se amasa, primero con las manos y luego con una cuchara hasta obtener una pasta fina; se estira con un rodillo, se corta a discos con los que se forran unos pequeños moldes de tartaletas que tendremos previamente untados con mantequilla. Se pinchan con un tenedor, se llenan con garbanzos secos o judías y se cuecen en el horno dándoles un color dorado. Seguidamente se quitan los garbanzos y se saca la pasta de los moldes.

Póngase a derretir la mantequilla restante adicionándole al mismo tiempo 25 gr de harina y la leche, se sazona con sal, pimienta y nuez moscada, y se cuece a fuego lento durante 10 minutos. A continuación se añade el queso, dos yemas y las claras batidas a punto de nieve fuerte; se mezcla bien y se llenan las tartaletas que introduciremos unos minutos al horno para que tomen un color dorado.

En el centro de cada tartaleta se coloca un disco de trufa y se sirven en bandeja.

TARTALETAS A LA PARISIÉN

175 gr de harina, 4 huevos, un cuarto de litro de aceite, 200 gr de langostinos, 2 pimientos morrón en conserva, 4 pepinillos en vinagre, una cucharada de vinagre, un poco de mostaza, 50 gr de manteca y una cebolla.

PASTA BRISA. Con 150 gr de harina, un huevo, la manteca, 2 cucharadas de agua, y un poco de sal, se prepara una pasta brisa (igual que las tartaletas de queso): se estira con un rodillo y se forran con ella unos pequeños moldes tartaletas, que tendremos ligeramente untados con mantequilla; se llenan con garbanzos o judías secas, se cuecen al horno hasta que tomen un bonito color dorado, se sacan del horno, se dejan enfriar algo y se les quitan los garbanzos.

Pónganse a hervir los langostinos con agua, sal, y una cebolla, se escurren, se pelan y se cortan a trocitos. También se preparan dos huevos cocidos, y una vez fríos se mondan, y se cortan a trozos pequeños.

Con una yema de huevo, el vinagre, la sal, la mostaza y el aceite, se prepara una salsa mayonesa, con la que se mezclan los langostinos y los huevos cocidos. Con este preparado se llenan las tartaletas de pasta brisa y se les adorna la superficie con discos de pepinillos y tiras de pimiento morrón, formando un bonito dibujo.

TARTALETAS DE LANGOSTINOS

275 gr de harina, 2 huevos, 200 gr de langostinos, medio litro de leche, una trufa, una cebolla, 100 gr de mantequilla y una cucharada de puré de tomate.

PASTA BRISA. Con 150 gr de harina, 50 gr de mantequilla, un huevo, un poco de sal y dos cucharadas de agua, se prepara una pasta brisa (véase receta tartaletas de queso). Luego se estira y se forran con ella unos moldes de tartaletas que tendremos previamente untados con mantequilla.

Pónganse a hervir los langostinos con agua, sal y una cebolla; se escurren, se pelan y se cortan a trocitos.

Con la mantequilla restante, 40 gr de harina y la leche, se prepara una salsa bechamel, se sazona con sal, pimienta y nuez moscada, y se cuece a fuego lento durante 10 minutos. Pasado este tiempo —y fuera del fuego— se adiciona el tomate, el huevo, los langostinos cortados a pedazos pequeños y la trufa picada.

A continuación se llenan con todos ellos los moldes de tartalete y se cuecen en el horno durante 20 minutos dándoles un color dorado; una vez fríos se sacan de los moldes y se sirven en bandejas.

TARTALETAS DE FOIE-GRAS

Prepáranse unas tartaletas, igual que las de queso, y una vez frías se llenan con un puré de foie-gras mezclado con un poco de mantequilla. Se adorna la superficie con unos discos de trufa y un festón de mantequilla alrededor de cada tartaleta.

MIGNARDISE A LA MODERNA

CANAPÉS DE CAVIAR. Se extiende sobre el pan una capa de caviar, luego se pone en el centro un pequeño rombo de clara de huevo duro y encima otro, más pequeño, de trufa.

BOCADILLO A LA TIROLESA. Encima del pan se coloca una rajilla de salmón cortada en el mismo molde y se adorna con rajitas de pepinillo y de trufa.

PEQUEÑOS SUIZOS. Córtanse con un cuchillo unos rombos de pan y encima otros iguales de jamón en dulce, adornándose con clara de huevo duro y trufa, todo en pequeños rombos.

ROSSINIS. Una vez extendida una ligera capa de foie-gras sobre el pan póngase encima un redondelito de trufa y en el centro de éste, medio guisante de lata.

DELICIAS DE MALLORCA. Sobre el pan póngase, extendida, una mezcla fría de mantequilla bien amasada con sobrasada y en el centro media aceituna negra.

PARISIÉN. Pásese por el tamiz yema de huevo duro y extiéndase sobre el pan. Adórnese poniendo en el centro medio fresón y unos redondelitos de clara de huevo duro.

MIRABEAU. Con anchoa y mantequilla finamente amasada se hace una crema de anchoa con la que se cubre el pan, poniendo encima un adorno de pepinillo y pimiento.

Todos los canapés se adornan luego con mantequilla, sirviéndose de un mango especial con una boquilla o cornet fino.

ARROCES

Con el arroz, esta planta gramínea que tiene por fruto un grano oval, blanco y harinoso, se efectúan infinidad de platos, acompañándole toda clase de pescados frescos y salados, mariscos, embutidos, legumbres, etc., etc., pues admite una intensísima variedad de mezclas.

Para que resulte apetitoso este fruto tan popular, que seguramente es el de mayor abundamiento en las múltiples maneras de prepararlo y en extremo admisible por su simplificación, requiere del concurso del cocinero ciertos cuidados. Todo esto se consigue con darle una cocción acertada, sazonándolo bien, empleando un buen fuego, un buen punto de sal y un excelente rehogado. Es, además, de imprescindible necesidad que, al mojarlo, bien sea con agua hirviendo o con caldo, el volumen del líquido sea un poco más del doble del volumen del arroz.

Es muy conveniente cocer el arroz en cacerolas poco ondas, y su ebullición al principio debe ser rápida. Si la cocción puede terminarse a horno fuerte el sabor del arroz resulta más agradable. Y, por último, sea cual fuere la manera de prepararlo o condimentarlo, conviene que se sirva en el momento de estar a punto.

PAELLA A LA VALENCIANA

400 gr de arroz, 150 gr de lomo de cerdo, 250 gr de congrio, un pollo pequeño, 150 gr de salchichas, 100 gr de guisantes, 100 gr de judías verdes, 2 decilitros de aceite, 150 gr de langostinos, 12 mejillones, 200 gr de tomates, un pimiento morrón, 200 gr de calamares, 4 dientes de ajo, una cebolla, azafrán y perejil.

Póngase el aceite en una sartén a fuego vivo. Cuando está bien caliente se adiciona el pollo y el lomo, todo hecho a trozos, se sofríe para que tome color y luego se añaden los calamares cortados en forma de anillos, las salchichas, 2 ajos picados, el congrio, los langostinos y la cebolla picada y se sigue rehogando, adicionándose seguidamente los tomates mondados y picados y el pimentón.

A continuación se agrega el arroz, se moja con un litro y cuarto de agua, se sazona con sal y pimienta y se cuece durante veinte minutos. A media cocción se añaden los guisantes, las judías, los mejillones y el pimiento a tiras, se le incorpora el azafrán y los ajos, todo picado al mortero, se espolvorea con perejil picado y se sirve en la misma paella.

ARROZ DE BACALAO A LA VALENCIANA

400 gr de arroz, 250 gr de bacalao seco, 400 gr de habas tiernas, 200 gr de guisantes, 3 alcachofas, 200 gr de judías verdes, 2 cebollas, 3 dientes de ajo, 200 gr de tomates, 2 pimientos verdes, un cuarto de litro de aceite, azafrán y 3 nabos.

Se pone el bacalao sobre una parrilla, se rocía con aceite y se coloca encima del fuego para que se tueste; luego se desmenuza, quitándole las espinas y lavándolo con varias aguas.

Pónganse en una sartén al fuego las dos terceras partes del aceite, los pimientos cortados a trocitos y la cebolla picada, rehogándose para que tome color dorado. A continuación se agregan los ajos trinchados, un poco de pimentón y los tomates mondados y picados, luego los guisantes y las habas, todo desgranado, las judías cortadas a trocitos y los nabos mondados y hechos a cuadritos. Adiciónase un cuarto de litro de agua y el bacalao bien escurrido, se cuece a fuego lento durante quince minutos, luego se le añade un litro de agua, se sazona con sal y pimienta y cuando hierve a borbotones se le incorpora el arroz, el azafrán ligeramente tostado y triturado con los dedos, y las alcachofas, sacadas las hojas más duras, partidas en 4 o 6 trozos y fritas con el resto del aceite. Así todo preparado se espolvorea con perejil picado y se cuece durante veinte minutos.

ARROZ A LA MARILÁN

Medio pollo pequeño y tierno, 600 gr de huesos de ternera, 400 gr de arroz, 200 gr de lomo de cerdo, 150 gr de salchichas, 75 gr de mantequilla, 75 gr de manteca de cerdo, 2 cebollas, una trufa pequeña, 2 zanahorias, 2 nabos, una copita de jerez y una lata de champiñones.

Se ponen los huesos en una olla al fuego con 2 litros de agua, una cebolla, 2 zanahorias, 2 nabos y sal, dejándolo cocer durante tres horas para obtener un litro y cuarto de caldo.

Se cortan a trocitos el pollo y el lomo, se rehoga con la manteca de cerdo y se añade media cebolla picada. Cuando empieza a tomar color se agrega el jerez, el tomate, la trufa cortada a lonjas, los champiñones, un decilitro de caldo y las salchichas partidas a pedacitos, se sazona con sal y pimienta y se cuece, tapado, a fuego lento durante media hora.

Con la mantequilla se rehoga el resto de la cebolla y sin que tome color se le incorpora el arroz y un litro de caldo, después de pasado por un colador, dejándose cocer a fuego lento por espacio de veinte minutos.

Con el arroz se llena un molde corona que estará untado con mantequilla, luego se vierte encima de una fuente redonda y en el centro se coloca el preparado del pollo, lomo y salchichas.

Se sirve bien caliente.

ARROZ A LA CUBANA

400 gr de arroz, 3 plátanos, 6 huevos, un cuarto de litro de aceite, 250 gr de carne magra de cerdo trinchada, 2 cebollas, 3 cucharadas de puré de tomate, 100 gr de manteca de cerdo, un diente de ajo y 25 gr de harina.

PICADILLO. Se rehoga con 50 gr de manteca y una cebolla picada fina. Cuando empieza a tomar color se adiciona el ajo trinchado y la carne magra y se sigue rehogando hasta que tenga un color dorado; luego se añade el tomate, un decilitro de agua o caldo, se sazona con sal, pimienta y nuez moscada y se cuece a fuego lento durante veinte minutos.

Se pone el resto de la manteca en una cacerola, se le adiciona la cebolla picada y cuando está algo frita se añade el arroz, se le da unas vueltas con una cuchara, se moja con un litro de agua hirviendo o caldo, se sazona con sal y pimienta y se cuece a fuego lento por espacio de veinte minutos.

HUEVOS FRITOS. En una sartén pequeña se pone el aceite, se arrima al fuego y cuando está bien caliente se fríen los huevos uno a uno, dejándolos caer delicadamente, procurando con la ayuda de una cuchara poner la clara por encima de la yema a fin de que resulten redondeados y abuñolados, pero con la yema blanda. Se escurren y se espolvorean con sal.

Después de pelados los plátanos se parten por la mitad, se pasan por la harina y se fríen rápidamente en el mismo aceite de freír los huevos.

Póngase el arroz en un molde en forma de corona, se vierte en una fuente redonda, en el centro se pone el picadillo y alrededor los huevos fritos, intercalados con los plátanos.

ARROZ A LA TERMIDOR

400 gr de arroz, 200 gr de carne magra de cerdo, 100 gr de jamón, 50 gr de queso de Parma rallado, 50 gr de manteca de cerdo, 75 gr de mantequilla, 500 gr de huesos de ternera, 6 huevos, una copa de vinagre, una trufa, 2 cebollas, 4 cucharadas de salsa de tomate, una copita de jerez, una zanahoria y un nabo.

Se ponen en una olla al fuego los huesos, el nabo, la zanahoria, la cebolla y 3 litros de agua y se hierve durante dos horas.

Se preparan 6 bonitos triángulos de jamón y el resto se corta a trocitos menudos, así como la carne magra, poniéndose todo en una cacerola con la manteca de cerdo y una cebolla picada muy menuda. Se sazona hasta que esté bien dorado, añadiéndose la mitad del tomate, el arroz y el caldo preparado de antemano, y sazonándose con sal, pimienta y nuez moscada. Cuando está a media cocción se le incorpora el queso y la mitad de la mantequilla y se deja terminar de cocer al horno. Tiene que durar la cocción en total veinte minutos.

SALSA PERIGUEUX. En una cacerola se echa el resto del tomate, 25 gr de mantequilla, el jerez y la trufa picada muy fina y se sazona con sal y pimienta, dejándolo cocer unos diez minutos.

HUEVOS POCHÉS. Se ponen en una olla al fuego 2 litros de agua y sal. Cuando arranca a hervir se añade el vinagre y se van rompiendo los huevos de uno a uno y muy cerca del agua para que las claras no se desparramen. Cuécense a fuego suave durante tres minutos, sacándose a continuación e introduciéndose en agua fría. Luego se colocan encima de un paño para que se escurra el agua y con un cuchillo se cortan las claras del alrededor de modo que resulte una forma bonita y redonda.

Póngase el arroz en un molde flanera untado ligeramente con mantequilla, y se desmolda en el centro de una fuente redonda; alrededor se colocan los huevos y se cubren con la salsa Perigueux, intercalando los triángulos de jamón previamente fritos con manteca y metiéndose seguidamente en el horno unos segundos.

ARROZ CON POLLO Y LOMO

Un pollo mediano, 200 gr de guisantes, 75 gr de manteca de cerdo, una cebolla, 300 gr de tomates, 2 dientes de ajo, azafrán, pimentón, perejil, 400 gr de arroz, 200 gr de lomo de cerdo a lonjas y un pimiento morrón.

Póngase en una cacerola al fuego la manteca. Cuando está bien caliente se le añade el pollo hecho a pedazos y el lomo, se fríe hasta adquirir un hermoso color dorado y se añade la cebolla y el ajo trinchado. Transcurridos tres o cuatro minutos se agrega el pimentón, los tomates mondados y picados y los guisantes, se tapa la cacerola y se cuece durante veinte minutos. Luego se le incorpora el arroz, mojándolo con un litro de agua hirviendo; se sazona con sal, pimienta y el azafrán ligeramente tostado y machacado al mortero, se adiciona el pimiento morrón hecho a trozos y se deja cocer durante unos veinte minutos.

Al servirlo se espolvorea con perejil picado.

ARROZ A LA MILANESA

400 gr de arroz, 250 gr de carne magra de cerdo, 100 gr de jamón, 100 gr de mantequilla, 75 gr de queso de Parma rallado, 3 cucharadas de salsa de tomate, sal, pimienta, un pimiento morrón en conserva y 200 gr de guisantes.

Se corta la mitad del jamón y la carne magra a cuadritos, se coloca en una cacerola con 75 gr de mantequilla y la cebolla picada y cuando tenga un color dorado se añade el tomate y el arroz, dejándolo sofreír unos momentos. Seguidamente se moja con un litro de agua o caldo, se le pone sal, pimienta, la mitad del queso, la mitad de los guisantes hervidos y se deja hervir unos dieciocho minutos.

Con el resto del jamón cortado en triángulos y lo restante de los guisantes hervidos y unos triángulos de pimiento se forma un dibujo en el fondo de un molde flanera previamente untado con mantequilla, se llena con el arroz, se deja reposar unos diez minutos y se vierte en una fuente, poniendo alrededor del molde unos pequeños montoncitos de queso.

ARROZ A LA MARINERA

400 gr de arroz, 150 gr de calamares o sepia, 200 gr de congrio, 200 gr de rape, 6 langostinos, 6 mejillones, una cebolla, 3 dientes de ajo, 200 gr de guisantes, azafrán, 2 cucharadas de puré de tomate, pimentón, 2 decilitros de aceite y 2 pimientos morrones en conserva.

Previamente limpio el pescado se corta a trozos. Se pone en una cacerola la mitad del aceite y la cebolla picada, se sofríe hasta que tenga un color dorado y luego se le agregan 2 dientes de ajo trinchados, un poco de pimentón y el tomate. Seguidamente se le añade el pescado y los langostinos todo previamente algo frito con el aceite restante, y se cuece por espacio de diez minutos. A continuación se le mezcla el arroz y se moja con un litro de agua hirviendo, se sazona con sal y pimienta y se agregan dos terceras partes de los guisantes hervidos, los mejillones cocidos y quitada la media cáscara vacia, y un pimiento cortado a trozos, añadiendo, por último, el azafrán ligeramente tostado machacado al mortero junto con un diente de ajo. Se cuece durante veinte minutos.

Se sirve en una fuente, esparciendo por la superficie el resto de los guisantes, el pimiento hecho a trocitos y un poco de perejil picado.

ARROZ A LA MIRAMAR

400 gr de arroz, 150 gr de lomo de cerdo, 100 gr de salchichas, 100 gr de calamares, 100 gr de conejo, 6 mejillones, una cebolla, 2 decilitros de aceite, 2 alcachofas pequeñas, 2 cucharadas de puré de tomate, 10 gr de almendra y piñones, 2 dientes de ajo, una pizca de azafrán, 2 pimientos morrones, 100 gr de guisantes y un poco de perejil.

Se pone al fuego una cazuela de barro con el aceite, se le adiciona el conejo y el lomo, todo cortado a trocitos, y se rehoga hasta que se colorea. Seguidamente se le agrega la cebolla trinchada, se sigue rehogando para que ésta tome un color dorado y a continuación se le adicionan los calamares cortados a trozos, se rehogan y se les incorpora un poco de pimentón y las salchichas previamente puestas unos minutos en el horno con un poco de agua y partidas por la mitad, se tapa la cazuela y se cuece lentamente unos veinte minutos.

Luego se añade el arroz, se sofríe un poco y se moja con un litro de agua; se sazona con sal, añadiéndose las alcachofas partidas a cuatro trozos y fritas con un poco de aceite, los guisantes hervidos, los mejillones desprovistos de la media cáscara vacía, un poco de perejil trinchado y los pimientos hechos a trozos. A continuación se le adiciona el azafrán tostado, las almendras y los piñones, todo machacado al mortero, y se cuece en conjunto veinte minutos. Cinco minutos antes de terminar la cocción se pone en el horno.

Se sirve en la misma cazuela.

ARROZ A LA REGENCIA

2 pechugas de gallina, 100 gr de mantequilla, 3 trufas, una lata de champiñones, 4 hígados de gallina, 400 gr de arroz, 2 cebollas, 600 gr de huesos de ternera, una zanahoria, un nabo, 2 cucharadas de puré de tomate, una copita de jerez, un huevo y 25 gr de harina.

En una olla al fuego se ponen los huesos, las pechugas, una cebolla, una zanahoria, un nabo y 3 litros de agua, se sazona ligeramente con sal y se cuece a fuego lento por espacio de tres horas para obtener un litro y medio de caldo.

GUARNICIÓN REGENCIA. Se hierven los hígados con agua y sal durante cinco minutos, pasándose luego por agua fría.

Se derriten 35 gr de mantequilla, se le agrega la harina y un cuarto de litro de caldo preparado de antemano, se sazona con pimienta y nuez moscada y se cuece a fuego lento por espacio de quince minutos, revolviéndolo de vez en cuando con un batidor. Pasado este tiempo se saca el batidor y se incorporan los champiñones, una trufa y los hígados, todo cortado a lonjas, se agregan las pechugas, desprovistas de piel y huesos y cortadas a trozos, y medio decilitro de caldo, dándosele cinco minutos más de cocción. Seguidamente se le adiciona fuera del fuego una yema de huevo mezclada con dos cucharadas de caldo frío.

ARROZ BLANCO. Se rehoga la cebolla picada fina con 45 gr de mantequilla. Antes que empiece a tomar color se le añade el arroz y un litro de caldo y se cuece a fuego lento durante veinte minutos.

SALSA PERIGUEUX. En una cacerola se pone el tomate, el jerez, una trufa trinchada fina y un decilitro de caldo, se cuece unos diez minutos y a continuación se le añade el resto de la mantequilla.

PRESENTACIÓN. Con el arroz se llena un molde corona, se deja descansar unos cinco minutos y se vierte en una fuente redonda en cuyo centro se pone la guarnición Regencia y a todo el alrededor del arroz un cordón de salsa a la Perigueux, colocándose encima de dicha guarnición unas bonitas lonjas de trufa.

ARROZ BANDA

150 gr de langostinos, 200 gr de rape, 250 gr de lluverna, 250 gr de congrio, 200 gr de polla de mar, 400 gr de arroz, 2 decilitros de aceite, 150 gr de cebolla, 3 dientes de ajo, 400 gr de tomates, azafrán, tomillo y laurel.

Límpiase el pescado y se corta a trozos.

Rehógase con el aceite la cebolla picada; luego se añade el tomate mondado, perejil, laurel, tomillo, un litro de agua, el pescado, y el ajo y azafrán (machacados al mortero); se sazona con sal y pimienta y se deja hervir a fuego vivo dieciocho minutos. Póngase el arroz en una cazuela, mójese con caldo de pescado y se cuece al horno durante veinte minutos.

Sírvase el arroz en una fuente y el pescado en otra.

RISOTTO A LA MILANESA

400 gr de arroz, 600 gr de huesos de ternera, 125 gr de mantequilla, 125 gr de queso de Parma rallado, 2 zanahorias, 2 nabos, 2 cebollas y azafrán.

Se pone una olla al fuego con los huesos de ternera, 3 litros de agua, una cebolla, las zanahorias y los nabos, y cuando empieza a hervir se espuma, se sazona con sal y se deja cocer a fuego lento unas dos horas para obtener de este modo un litro y cuarto de caldo.

Se rehoga una cebolla picada fina con 100 gr de mantequilla y cuando empieza a tomar color se agrega el arroz, se le da vueltas con una cuchara de madera y seguidamente se moja con el caldo previamente pasado por un colador, se añade el azafrán ligeramente tostado, machacado al mortero y diluido en una cucharada de agua, se sazona con pimienta y se deja cocer a fuego lento unos veinte minutos. A media cocción se incorporan 75 gr de queso y el resto de la mantequilla, y una vez en su punto se sirve en una fuente.

El queso restante se sirve en una ensaladera.

CANELONES, MACARRONES, RAVIOLIS, ESPAGUETIS, TALLARINES, ÑOQUIS, FIDEOS Y SOUFFLÉS

CANELONES A LA BOLOÑESA

24 canelones, 200 gr de carne magra de cerdo, una lata peque-
ña de foie-gras, 4 hígados, 50 gr de manteca de cerdo, una trufa, un
huevo, 50 gr de queso de Parma rallado, medio litro de leche, 75 gr
de mantequilla, una copita de jerez, 50 gr de jamón en dulce, una
cebolla, 2 cucharadas de aceite, 40 gr de harina, un seso de corde-
ro y 2 cucharadas de puré de tomate.

Póngase al fuego una cacerola con 3 litros de agua sazonada
con sal. Cuando hierve se añade el aceite y se van echando de uno
a uno los canelones, dejándolos cocer por espacio de veinte minutos; luego se pasan por agua fría, se escurren y se colocan en un
paño.

RELLENO. Con la manteca de cerdo se rehoga la carne magra
cortada a trocitos. Cuando tenga un color dorado se le agrega una
cebolla picada y los hígados, se sigue rehogando y transcurridos
cinco minutos se le adiciona el jerez, se sazona con sal y se cuece,
lentamente y tapado, durante veinte minutos, agregándole el seso
poco antes de sacarlo del fuego.

Se cortan ocho tiras delgadas de jamón y el restante se junta
con la carne, pasándose todo por una máquina de trinchar y obteniendo un picadillo fino que se sazonará con pimienta y se le mezclará un huevo, la mitad del queso y el foie-gras.

SALSA. Se derriten 50 gr de mantequilla, se le mezcla la harina y
la leche hervida, se sazona con sal, pimienta y nuez moscada y,
removiéndolo de vez en cuando con un batidor, se cuece lentamente unos veinte minutos, agregándole a media cocción el puré de
tomate.

Se pone encima de cada canelón una cucharada de relleno o
picadillo y se enrolla, formando los canelones. Colócanse éstos en
una fuente que resista al fuego y cuyo fondo se tendrá cubierto con
una ligera capa de salsa, se cubren con el resto de ésta, adornán-

dose la superficie con tiras de jamón y discos de trufa, se espolvorean con el queso sobrante, se reparten por la superficie unos trocitos de mantequilla, y se meten en el horno para que tomen un color dorado.

CANELONES A LA VERDI

24 canelones, medio litro de leche, 2 latas de foie-gras, 75 gr de mantequilla, 40 gr de harina, 2 cucharadas de puré de tomate, un decilitro de aceite, 15 gr de queso de Parma rallado y una trufa.

Se pone al fuego una cacerola con 3 litros de agua, se sazona con sal y cuando hierve se adiciona el aceite y los canelones, echándolos uno a uno, cociéndose durante veinticinco minutos y pasándose luego por agua fría.

Derrítense 50 gr de mantequilla, se le mezcla la harina y la leche previamente hervida, se sazona con sal, pimienta y nuez moscada y se cuece lentamente por espacio de veinte minutos, removiéndolo de vez en cuando con un batidor.

Se escurren los canelones, se colocan encima de un paño y en cada uno se pone una cucharada de foie-gras que tendremos previamente sazonado con un poco de sal; luego se enrollan, formando los canelones.

Se cubre ligeramente con una capa de bechamel el fondo de una fuente que resista al fuego y encima se colocan los canelones. Cúbrense con la salsa y en todo el alrededor se hace un cordón de puré de tomate mezclado con 4 cucharadas de caldo, se forma una hilera en el centro con lonjas de trufa, se espolvorea con el queso, se rocía con la mantequilla derretida y se meten en el horno a gratinar.

CANELONES A LA CATALANA

24 canelones, una pechuga de gallina, 25 gr de queso rallado, 200 gr de carne magra de cerdo, medio litro de leche, una copita de jerez, medio seso de ternera, 3 cucharadas de puré de tomate, 50 gr de manteca de cerdo, 75 gr de mantequilla, 40 gr de harina, 50 gr de jamón, 2 cucharadas de aceite, 4 hígados de gallina, una trufa y una cebolla.

Pónganse al fuego en una cacerola 4 litros de agua con aceite y sal. Cuando hierve se echan los canelones uno a uno, dejándolos cocer unos quince o veinte minutos, según la clase; luego se pasan por agua fría y después de bien escurridos se extienden sobre un paño.

Derrítase la manteca de cerdo, échese la carne y la pechuga, todo cortado a trozos, y la cebolla picada, y cuando haya tomado color se añade el jerez, los hígados y el seso previamente limpio. Sazónase con sal y pimienta, se cuece, tapado, a fuego lento durante media hora y se pica, obteniendo un picadillo fino.

BECHAMEL. Con 50 gr de mantequilla, la harina y la leche se prepara una salsa bechamel. En el centro de cada canelón se va dejando una cucharada de picadillo, se enrollan y se colocan en una fuente que resista al fuego previamente cubierta de una ligera capa de salsa bechamel. Cúbrense con el resto de esta salsa y se forma alrededor un cordón de puré de tomate, se adorna con tiras de jamón y lonjas de trufa, se espolvorea con queso y se rocía con el sobrante de la mantequilla derretida, introduciéndose en el horno hasta que tenga un color dorado.

CANELONES A LA NANTESA

24 canelones, medio litro de leche, 150 gr de merluza, 200 gr de rape, una trufa, 6 langostinos o gambas, 40 gr de harina, 75 gr de mantequilla, 25 gr de queso rallado, 100 gr de tomates, una cucharada de aceite, una cebolla y 12 mejillones.

Se pone al fuego una cacerola con 3 litros de agua y sal y cuando hierve se le añade el aceite. Seguidamente se agregan los canalones, echándolos uno a uno, se cuecen lentamente por espacio de veinte minutos, se pasan luego por agua fría y se escurren.

Se limpia la merluza y los langostinos y se hierve unos veinte minutos con medio litro de agua sazonada con sal, agregándole la cebolla. A continuación se saca y una vez frío se le quita la piel y espinas al pescado, picándolo muy fino y adicionándole la mitad de la trufa trinchada.

SALSA BECHAMEL. Se derriten 50 gr de mantequilla, se le incorpora la harina y la leche, se remueve con un batidor y cuando arranque el hervor se aparta ligeramente del fuego, sazonándose con sal, pimienta y nuez moscada, y cociéndose lentamente por espacio de veinte minutos.

Al picadillo de pescado se le incorporan 3 cucharadas de salsa bechamel y se mezcla bien.

A la salsa bechamel restante se le añaden los tomates hervidos, escurridos y pasados por un colador, y si resultase algo espesa se le adicionan 3 o 4 cucharadas de caldo del que se ha hervido el pescado.

Extiéndense los canelones en un paño puesto encima de una mesa, echándose en cada uno una cucharada de picadillo de pescado, y se enrollan formando un cilindro.

En una fuente que resista al fuego se echan 4 cucharadas de salsa y encima se colocan los canelones, que se rodean con los mejillones hervidos y sacados de la cáscara. Cúbrese todo con el resto de la salsa, formando hilera en el centro con los langostinos pelados y colocando alrededor de éstos unas lonjas de trufa, se espolvorea con el queso rallado, se rocía con el resto de la mantequilla y se meten en el horno para que tomen un color dorado.

MACARRONES A LA PAISANA

400 gr de macarrones 75 gr de queso de Gruyère rallado, 50 gr de mantequilla, 50 gr de jamón al natural, 3 hígados de pollo, una cebolla, 400 gr de tomates, 50 gr de manteca de cerdo y pimienta.

Se cuecen los macarrones con agua y sal durante veinticinco minutos y se pasan por agua fría.

Se pone en una cacerola la manteca de cerdo y se rehoga la cebolla trinchada fina, el jamón y los hígados de pollo hervidos y cortados a cuadritos. Transcurridos cinco minutos se añaden los tomates cocidos y pasados por un colador, se sazona con sal y pimienta y se deja cocer durante quince minutos. A continuación se agregan los macarrones bien escurridos, se mezcla la mitad del queso, se revuelve bien y se pone en una fuente a gratinar. Cúbrense con el queso restante, se añade la mantequilla y se meten en el horno para que tomen un color dorado.

MACARRONES A LA RICHELIEU

400 gr de macarrones, 150 gr de champiñones frescos, 4 hígados de gallina, 500 gr de tomates, una cebolla, 150 gr de mantequilla, 50 gr de queso de Parma rallado, una trufa y 75 gr de jamón natural.

Se pone al fuego una olla con 3 litros de agua sazonada con sal y cuando hierve se adicionan los macarrones y se cuecen durante veinticinco minutos, escurriéndose luego y rociándose con agua fría.

Con la mitad de la mantequilla se rehoga la cebolla trinchada y los hígados hechos a trocitos, se adicionan los champiñones previamente limpios y cortados a lonjas delgadas y el jamón hecho a trocitos y se sigue rehogando hasta que todo haya tomado un color dorado. Seguidamente se agregan los tomates hervidos, mondados y picados, se sazona con sal, pimienta y nuez moscada y se cuece lentamente durante veinte minutos, obteniendo un picadillo fino.

En una fuente que resista al fuego se pone una capa de macarrones y otra de picadillo y queso, se espolvorea con el queso restante, se rocía con el resto de la mantequilla derretida y se meten en el horno para que tomen un color dorado.

MACARRONES A LA MÓDENA

400 gr de macarrones, 300 gr de morcillo de buey, 500 gr de tomate, 75 gr de mantequilla, 25 gr de setas secas, 75 gr de queso de Parma rallado, una cebolla, un decilitro de vino blanco, una hoja de laurel, un ramito de tomillo, perejil y 50 gr de manteca de cerdo.

Se parten los macarrones en tres o cuatro trozos y se echan en una cacerola con 3 litros de agua que hierva a borbotones y sazonada con sal, se cuecen de veinticinco a treinta minutos a fuego lento, se escurren y se rocían con agua fría.

En una cacerola al fuego se pone la carne de buey y la manteca de cerdo, se rehoga hasta que tenga un fuerte color dorado, se le adiciona la cebolla trinchada y se sigue rehogando para que ésta se dore. Seguidamente se añade el vino, los tomates mondados y trinchados, las setas bien remojadas y cortadas a trocitos y 2 decilitros de agua. Sazónase con sal, pimienta y nuez moscada, se agrega un manojo atado compuesto de laurel, tomillo y perejil y se cuece lentamente, con la cazuela tapada, por espacio de dos horas. Seguidamente se aparta el manojo, se pica la carne pasándola por una máquina de trinchar y se junta otra vez con la salsa. Añádense los macarrones, la mantequilla y el queso.

Se sirven calientes en una fuente, espolvoreándose con lo restante del queso.

MACARRONES A LA CAMPINI

400 gr de macarrones gordos, 200 gr de cadera de buey, una zanahoria, 50 gr de queso de Parma rallado, 400 gr de tomates, un decilitro de vino blanco, 2 cebollas, media hoja de laurel, un ramito de romero, 75 gr de mantequilla, 50 gr de manteca de cerdo y 25 gr de setas secas.

Póngase en una cazuela de barro la carne, las cebollas, la zanahoria cortada a trozos y la manteca de cerdo y rehóguese hasta que se coloree bien, añadiéndole luego el vino blanco, los tomates escaldados y desprovistos de la piel, los funghi, cortados a trocitos y remojados previamente, y 2 decilitros de agua. Sazónese con sal y pimienta, se agrega el laurel y romero, se tapa la cazuela y se cuece lentamente por espacio de dos horas, pasándose todo a continuación por una máquina de picar y obteniendo una salsa deliciosa.

Se hierven los macarrones con 3 litros de agua y sal y a continuación se escurren, se pasan ligeramente por agua fría y se vuelven a poner en la misma cacerola. Se agrega la salsa preparada de antemano, el queso y la mantequilla, se mezcla bien y se sirve bien caliente.

TIMBALA DE MACARRONES A LA LOMBARDA

400 gr de macarrones, 50 gr de lengua escarlata, 50 gr de jamón en dulce, una lata de champiñones, una trufa, 150 gr de mantequilla, 50 gr de queso de Parma rallado, 3 cucharadas de puré de tomate, 400 gr de harina, 150 gr de manteca de cerdo, 2 huevos y una cebolla.

Elígense los macarrones de un tamaño gordo y de buena clase, se parten de 8 a 10 cm de largo, se cuecen con agua y sal hasta que estén bien blandos y luego se pasan por agua fría y se escurren.

Con la mitad de la mantequilla se rehoga la cebolla picada fina y cuando empieza a tomar color se agrega la trufa, el jamón, la lengua y los champiñones, todo cortado a juliana fina, o sea a tiras delgaditas; se saltea ligeramente y se incorpora el tomate y un decilitro de agua o caldo. Tápase la cacerola, se cuece a fuego lento por espacio de diez minutos y se le mezclan los macarrones, el resto de la mantequilla y el queso.

PASTA QUEBRADA. Póngase la harina encima de una mesa de mármol formando un círculo y en el centro se coloca la manteca, sal, 4 cucharadas de agua y los huevos. Apártese de éstos un poco de yema. Se amasa primero con una cuchara de madera y luego con las manos hasta obtener una pasta fina y compacta, que se estira con un rodillo, dándole un grueso aproximado de un centímetro.

Se forra un molde flanera grande y se juntan las extremidades con la yema de huevo reservada de antemano y diluida con un poco de agua, se llena el molde con garbanzos o judías secas, se coloca en una hojalata y se pone en el horno para que tome color dorado.

El resto de la pasta se vuelve a estirar con el rodillo y se corta un disco algo más grande que la superficie del molde, en cuyo centro se coloca una bolita de pasta, pegándola con yema de huevo; se pinta con el mismo líquido y se pone en el horno para que se coloree.

Una vez en su punto se sacan los garbanzos y se coloca el molde de pasta en una fuente, se llena con los macarrones, se tapa con la tapadera de pasta y se sirve a la mesa.

MACARRONES A LA ITALIANA

400 gr de macarrones de buena clase, 500 gr de tomates bien maduros, 75 gr de queso de Parma rallado, 100 gr de mantequilla, 150 gr de morcillo de buey, una cebolla, una zanahoria, 25 gr de setas secas, un ramito de romero, una hoja de laurel, un ramito de tomillo, 20 gr de harina y 2 dientes de ajo.

En una olla se ponen al fuego 3 litros de agua y sal y cuando hierve se añaden los macarrones partidos por la mitad y se dejan cocer por espacio de media hora a fuego lento.

Salsa de tomate. Se derriten 50 gr de mantequilla. Añádese la carne, la cebolla y la zanahoria, todo cortado a trocitos; se rehoga hasta que tenga un color muy dorado, se agregan los ajos y los tomates hechos a trocitos, se moja con medio litro de agua o caldo y se sazona con sal, pimienta y nuez moscada, adicionándole las setas secas, laurel, tomillo y romero. Se cuece a fuego lento durante una hora y transcurrido este tiempo se pasa el contenido por un colador, obteniendo una salsa de tomate deliciosa.

Al momento de servirlo se escurren los macarrones, se pasan ligeramente por agua caliente, luego se vuelven a la misma cacerola, se les mezcla la mantequilla, el queso y la salsa de tomate y se rectifican de sal y especias.

También pueden presentarse en una legumbrera tapada y la salsa de tomate en una salsera, el queso en un plato con servilleta y la mantequilla en una rabanera o plato, para que los comensales puedan servirse los macarrones aliñándolos cada uno a su gusto.

RAVIOLIS A LA ITALIANA

400 gr de harina, 200 gr de salchichas, 100 gr de espinacas, 200 gr de cadera de ternera, 75 gr de queso de Parma rallado, 100 gr de mantequilla, 3 hígados de pollo, 4 huevos, una copita de jerez, 2 cebollas, 100 gr de manteca de cerdo, 600 gr de tomates, 50 gr de tocino y una zanahoria.

PASTA PARA LOS RAVIOLIS. Pónganse sobre un mármol 350 gr de harina en forma de círculo, en cuyo centro se echan 2 huevos, 25 gr de mantequilla, sal y un decilitro de agua. Se amasa bien hasta obtener una pasta compacta y se deja descansar durante veinte minutos.

RELLENO. Córtese la carne a trozos, se rehoga con la mitad de la manteca de cerdo y cuando empieza a tomar color se añaden los hígados, el jerez y las espinacas previamente hervidas, se sazona con sal, pimienta y nuez moscada y se cuece, tapado, a fuego lento por espacio de cuarenta y cinco minutos. A continuación se pica muy menudo para obtener un relleno muy fino, mezclándose un huevo y la mitad del queso.

SALSA DE TOMATE. Rehóguese con el resto de la manteca de cerdo la cebolla picada y el tocino cortado a trocitos y cuando tenga un color dorado se añaden 15 gr de harina, los tomates partidos a pedazos y 2 decilitros de agua o caldo. Sazónese con sal, se cuece media hora a fuego suave y se pasa por un colador.

Espolvoréase el mármol con harina, se estira la pasta, dándole el grueso más o menos de una moneda nueva de cinco duros, y con la ayuda de un pincel se moja parte de aquélla con huevo batido mezclado con agua. Entonces se forman en línea recta unas bolitas de relleno, separadas unos 2 cm unas de otras y que se cubren con pasta, aplastándolas de cada lado a fin de que se unan bien y quede cerrado en el interior el relleno; luego se cortan con un cuchillo o con un aparatito de forma estrella hecho ex profeso, de modo que queden a unos 4 cm en cuadro.

Pónganse al fuego en una cacerola 4 litros de agua y sal y cuando hierva échense los raviolis; se dejan cocer unos cinco minutos y a continuación se escurren y se ponen en una fuente que resista la cocción del fuego, haciendo una capa de raviolis y una de queso; se cubre con la salsa de tomate, se espolvorea con queso, se añade el resto de la mantequilla y se mete en el horno a gratinar a bonito color.

ESPAGUETIS A LA NANTESA

200 gr de langostinos, 150 gr de salmón, 400 gr de espaguetis, 75 gr de queso de Parma rallado, 100 gr de mantequilla, 35 gr de harina, 2 cucharadas de puré de tomate, una trufa, 8 almejas, una cebolla, una zanahoria y un huevo.

En una cacerola se pone el salmón y los langostinos previamente bien limpios, se agrega un litro de agua, una cebolla partida por la mitad y la zanahoria, se sazona con sal y se cuece a fuego regular durante quince minutos, espumándolo al arrancar el hervor.

SALSA VELOUTE. Se derrite la mitad de la mantequilla, se le mezcla la harina y medio litro de caldo obtenido del pescado, pasándolo por un colador; se añade el tomate, se sazona con pimienta y nuez moscada y se cuece lentamente por espacio de veinte minutos, removiéndolo de vez en cuando con un batidor. Terminada la cocción se le agregan fuera del fuego 25 gr de mantequilla y una yema de huevo, obteniendo una salsa fina.

Póngase una cacerola al fuego con 3 litros de agua sazonada con sal y cuando empieza a hervir se le incorporan los espaguetis, cociéndolos unos veinte minutos. Seguidamente se pasan por agua fría y se escurren, se vuelven a la cacerola, se agrega la salsa preparada previamente y se le mezclan 50 gr de queso y las almejas hervidas y sacadas de la concha. A continuación se incorporan los langostinos pelados y el salmón sin espinas ni piel y hecho a trocitos. Se pone en una fuente que resista al fuego, se espolvorea con el resto del queso, se rocía con la mantequilla derretida y se mete unos minutos en el horno para que tome color.

ESPAGUETIS A LA ROMANELLI

400 gr de espaguetis, 200 gr de morcillo de buey, una cebolla, 75 gr de manteca de cerdo, 500 gr de tomates, 100 gr de mantequilla, 75 gr de queso de Parma rallado, media hoja de laurel, un ramito de tomillo, perejil y 50 gr de jamón.

En una cacerola se pone la manteca de cerdo, añadiéndose la cebolla, la carne de buey y el jamón, todo trinchado fino. Se arrima al fuego y se rehoga hasta que tenga un color bien dorado. Seguidamente se añaden los tomates previamente hervidos, escurridos y pasados por un colador, se sazona con sal y se cuece, lentamente y tapado, por espacio de media hora, adicionándole un manojito atado compuesto de laurel, tomillo y perejil.

Póngase una olla al fuego con 4 litros de agua sazonada con sal. Cuando arranca el hervor se echan los espaguetis y se cuecen durante veinte minutos, luego se escurren, se rocían con agua fría, se mezclan con el picadillo de carne, se quita el manojito atado y se añade el queso y la mantequilla.

Se sazona con sal, pimienta y nuez moscada y se sirve bien caliente en una legumbrera.

TALLARINES A LA PIAMONTESA

400 gr de tallarines frescos, 3 mollejas de gallina, 3 hígados de gallina, 100 gr de cadera de ternera, 600 gr de tomates, una cebolla, 125 gr de mantequilla y 50 gr de queso de Parma rallado.

Se cortan las mollejas de gallina y la carne de ternera a trocitos muy pequeños y se ponen en una cacerola. Agréganse 100 gr de mantequilla y la cebolla trinchada fina, se arrima al fuego y se rehoga hasta que tenga un color dorado. Seguidamente se añaden los tomates, previamente hervidos y pasados por un colador, y se cuece, lentamente y tapado, por espacio de media hora. A continuación se adicionan los hígados cortados a trocitos y sofritos con el resto de la mantequilla, se agregan los tallarines previamente hervidos durante cinco minutos con agua sazonada con sal, pimienta y nuez moscada, se le mezcla el queso y se sirve en una fuente o legumbrera.

TALLARINES A LA MÓNACO

400 gr de tallarines frescos, una lata de puré de foie-gras, medio litro de leche, una trufa, 400 gr de mantequilla, 50 gr de queso de Parma rallado, 50 gr de jamón en dulce, 35 gr de harina y un huevo.

En una olla se ponen al fuego 3 litros de agua sazonada con sal y cuando hierve se echan los tallarines, se cuecen unos cinco minutos, pásanse luego por agua fría y se escurren.

SALSA CREMA. Se derriten 50 gr de mantequilla, se le adiciona la harina y la leche previamente hervida y se sazona con sal, pimienta y nuez moscada. Cuécese unos veinte minutos a fuego lento removiendo de vez en cuando con un batidor y al terminar la cocción se adiciona, fuera del fuego, una yema de huevo.

En una cacerola se colocan los tallarines, el foie-gras, la trufa y el jamón, todo cortado a juliana fina, agregándole la salsa crema, 25 gr de mantequilla y 40 gr de queso. Se mezcla y se echa en una fuente que resista al fuego, se espolvorea con el queso, se rocía con la mantequilla derretida y se mete unos minutos en el horno para que tome un color dorado.

Nota. Pueden servirse sin gratinar.

TALLARINES A LA SOLFERINO

400 gr de tallarines frescos, 500 gr de tomates, 200 gr de morcillo de ternera, 100 gr de tocino magro, 100 gr de mantequilla, 75 gr de queso de Parma rallado, 25 gr de setas secas y una cebolla.

En una olla se ponen 3 litros de agua y sal y cuando hierve a borbotones se echan los tallarines, se cuecen durante 5 minutos, se pasan luego por agua fría y se escurren.

La carne, el tocino y la cebolla pásase todo por una máquina de trinchar y se pone en una cacerola bastante ancha, añadiéndole 50 gramos de mantequilla y rehogándose hasta que tenga un color dorado. Seguidamente se le agregan los tomates previamente hervidos, escurridos y pasados por un colador, exprimiéndolos bien, pues haciéndolo de este modo se quitan las pepitas y las pieles. A continuación se incorpora al contenido de la cacerola un decilitro de agua, las setas previamente remojadas durante una hora con agua tibia, escurridas y cortadas a trocitos, y se cuece todo una media hora, conservando la cacerola tapada. Transcurrido este tiempo se adicionan los tallarines y se mezcla bien, agregándose 50 gr de queso y el resto de la mantequilla.

Sírvase bien caliente y espolvoreado con el aceite restante.

ÑOQUIS A LA CREMA

Tres cuartos de litro de leche, 5 huevos, 225 gr de harina, 150 gr de mantequilla, 100 gr de queso de Parma rallado, una cucharadita de puré de tomate y 50 gr de jamón.

Se pone en una cacerola al fuego un cuarto de litro de leche y 50 gr de mantequilla y se sazona con sal, pimienta y nuez moscada. Cuando arranca el hervor se agregan 150 gr de harina y se mezcla, sin sacarlo del fuego, con una espátula de madera, hasta obtener una pasta espesa y que se despegue de la cacerola. Luego se le adiciona, fuera del fuego, un huevo, se trabaja vivamente con la misma espátula hasta que dicha pasta haya tomado su consistencia primitiva y se repite la misma manipulación hasta incorporar 3 huevos y 50 gr de queso, resultando de este modo una pasta fina y espesa. Esta operación tiene que durar unos veinte minutos. Seguidamente se echa encima de un mármol espolvoreado con harina y se forman unas bolitas del tamaño de una avellana, espolvoreándolas con harina.

Se derriten 50 gr de mantequilla, se les mezclan 30 gr de harina y medio litro de leche hervida. Sazónase con sal, pimienta y nuez moscada, se agrega el tomate y se cuece lentamente durante veinte minutos, removiéndolo de vez en cuando con un batidor. Al terminar la cocción se adiciona una yema de huevo.

Se pone una cacerola al fuego con 3 litros de agua sazonada con sal y cuando hierve se echan las bolitas de pasta, cociéndolas por espacio de cinco minutos; luego se escurren, se rocían con agua fría y se echan en una fuente que resista al fuego, esparciendo por la superficie el jamón trinchado y 25 gr de queso. Cúbranse con la salsa y se espolvorean con el queso restante, se rocían con la mantequilla derretida y se meten unos minutos en el horno para que se gratinen.

ÑOQUIS A LA BOLOÑESA

Un litro de leche, 200 gr de sémola, 150 gr de mantequilla, 2 yemas de huevo, 100 gr de cadera de ternera, 4 hígados de pollo, 100 gr de jamón en dulce, una cebolla, una trufa, una cucharada de puré de tomate, 100 gr de queso de Parma rallado, una copita de jerez y 50 gr de lengua escarlata.

Se pone al fuego la leche, se sazona con sal, pimienta y nuez moscada, se agregan 25 gr de mantequilla y cuando empieza a hervir se le adiciona la sémola, echándola en forma de lluvia. Remuévese de vez en cuando con un batidor y se cuece a fuego lento durante veinte minutos, luego se retira del fuego y se le añaden las yemas de los huevos y 25 gr de queso, mezclándolo bien. A continuación se vierte en una tartera untada con mantequilla, formando una capa de 3 cm de grueso, se aplana la superficie con una cuchara mojada en agua fría y se deja enfriar.

Con 50 gr de mantequilla se rehoga la carne de ternera, el jamón y la cebolla, todo cortado a trocitos, y cuando tenga un color dorado se le adiciona el jerez, el tomate, un decilitro de agua y la lengua hecha a trocitos y se cuece, tapado, por espacio de media hora.

Se corta la parte de la sémola en discos de 5 a 6 cm de diámetro y con un cortapasta pequeño se hace una concavidad en el centro, de 3 cm de circunferencia, dejando un hueco como si fuera un bocadillo y en cuyo fondo se pone un trozo de pasta de sémola. Colóquense dichos discos en una fuente untada con mantequilla y espolvoreada con queso rallado, se llenan los bocadillos con la mescolanza preparada de antemano y se tapan con un trozo de pasta de la que se habrá sacado del interior. Luego se espolvorean con queso rallado y se rocían con la mantequilla derretida, se meten en el horno para que tomen color dorado y se sirven inmediatamente al sacarlos del fuego.

FIDEOS A LA CAZUELA

400 gr de fideos, 250 gr de costilla de cerdo hecha a trozos, 100 gr de salchichas, una cebolla, 250 gr de tomates, 2 dientes de ajo, perejil, 35 gr de queso rallado, 10 gr de avellanas y piñones, una pizca de azafrán, pimentón y 100 gr de tocino magro.

En una cazuela de barro se pone al fuego el tocino hecho a trocitos y los trozos de costilla, se sofríe hasta que toma un color dorado, se añade seguidamente la cebolla y se sigue rehogando para que todo se coloree bien. Luego se agregan los ajos trinchados, el pimentón y los tomates previamente hervidos, escurridos y pasados por un colador, se moja con un litro y medio de agua y se sazona con sal, pimienta y un poco de canela en polvo.

Se ponen las salchichas al fuego en una cacerola con un poco de agua y se cuecen, tapadas, unos cinco minutos. Seguidamente se cortan a trozos, se agrega el contenido de la cacerola y se cuece unos veinticinco minutos, añadiéndose los fideos hechos a trozos y un poco de perejil picado. Luego se adiciona el azafrán tostado y las almejas y piñones, todo machacado al mortero. A continuación se agrega el queso, se cuece lentamente unos veinticinco minutos y se sirve en la misma cazuela.

SOUFFLÉ A LA POLONESA

Medio litro de leche, 2 pechugas de gallina, 50 gr de jamón en dulce, 2 trufas, 4 hígados de gallina, 5 huevos, 75 gr de harina, 100 gr de mantequilla, 10 gr de queso de Parma rallado, una cebolla y una lata de champiñones.

Se cuecen las pechugas de gallina con agua, sal y una cebolla, y los hígados se hierven cinco minutos con sal. El jamón se prepara haciendo discos y el mismo número de triángulos y el resto se corta a trocitos.

Con las trufas se hacen doce pequeñas lonjas y las que quedan se trinchan fino.

Se derriten 75 gr de mantequilla y se le añade la harina y la leche previamente hervida. Sazónase con sal, pimienta y nuez moscada, se remueve de vez en cuando con un batidor y se cuece a fuego lento por espacio de veinte minutos. A continuación se incorpora la trufa picada; los hígados, las pechugas y los champiñones, todo cortado a pedacitos, se agregan las yemas de los huevos, los trocitos de jamón y cuatro claras de huevo batidas a punto de nieve y se echa en un plato a gratín. Adórnase con jamón y trufa, se espolvorea con el queso, se rocía con mantequilla derretida y se pone en baño María a horno suave por espacio de veinticinco a treinta minutos.

SOUFFLÉ AL PARMESÁN

6 huevos, 160 gr de queso de Parma rallado, 100 gr de mantequilla, 85 gr de harina y medio litro de leche.

En una cacerola se derrite la mantequilla, se agrega la harina y la leche, se remueve con un batidor y se cuece a fuego lento durante veinte minutos. Sazónase con sal, pimienta y nuez moscada, y al terminar la cocción se añade el queso y las yemas de los huevos, mezclándose bien. A continuación se incorporan las claras batidas a punto de nieve, se pone en una fuente honda que resista la acción del fuego y que se tendrá previamente untada con manteca y espolvoreada con harina, y se cuece a horno flojo y en baño María por espacio de treinta a treinta y cinco minutos.

Sírvase inmediatamente de ser sacado del horno.

BLINIS A LA REINA

2 pechugas de gallina, una cebolla, un nabo, una zanahoria, 150 gr de mantequilla, 7 huevos, 50 gr de harina, medio decilitro de leche, 50 gr de jamón cocido y un limón.

Se ponen en una vasija 2 huevos, 25 gr de harina, la leche y sal, se mezcla todo y se pasa por un colador, agregando un poco de perifollo picado.

BLINIS. Úntase ligeramente una sartén pequeña con mantequilla y cuando está caliente se incorporan 2 cucharadas del líquido preparado de antemano, se esparce seguidamente para que dicho líquido cubra todo el fondo de la sartén y se da la vuelta con la ayuda de un tenedor, de modo que tenga un color ligeramente dorado de los dos costados, obteniendo doce tortillitas delgadas.

En una olla se ponen las pechugas, la cebolla, nabo, zanahorias y un litro de agua, se sazona con sal y se cuece a fuego lento por espacio de dos horas.

RELLENO. Se derriten 35 gr de mantequilla, se agrega la harina restante y un cuarto de litro de caldo obtenido de las pechugas, se sazona con pimienta y nuez moscada, se cuece unos veinte minutos y a continuación se incorporan las pechugas desprovistas de piel y hueso, y una trufa, todo muy fino. Adiciónase el jamón trinchado y una yema de huevo, se mezcla bien y se extiende una capa de dicho relleno encima de cada tortillita. Se enrollan estas tortillitas, dándoles la forma de canalón, o se doblan como si fueran pañuelos de bolsillo, y se colocan en una fuente.

SALSA HOLANDESA. Se ponen en una cacerola 4 yemas de huevo y 4 cucharadas de agua fría y se coloca en baño María al fuego, removiéndolo con viveza con un batidor hasta obtener una salsa espesa y fina como una crema. A continuación se incorpora, fuera del fuego y poco a poco, la mantequilla restante y derretida, y se sazona con sal y unas gotas de zumo de limón.

Cúbrense con dicha salsa las tortillitas que se tienen colocadas en la fuente, adornándose con unas bonitas lonjas de trufa.

CRÊPES A LA VIENESA

6 huevos, medio litro de leche, 200 gr de mantequilla, 50 gr de jamón en dulce, 4 hígados de gallina, una trufa mediana, un limón, 75 gr de harina y un poco de perifollo.

CRÊPES. Se ponen en un cazo 2 huevos y 50 gr de harina, se mezcla bien y se le adiciona un cuarto de litro escaso de leche. Sazónase con sal y pimienta y se pasa el líquido por un colador, agregándole un poco de perifollo trinchado fino.

Úntase ligeramente con mantequilla una sartén pequeña y, cuando está caliente, se le echan 3 cucharadas del líquido preparado de antemano, esparciéndolo para que cubra todo el fondo de la sartén. Cuando haya tomado un color dorado se le da la vuelta, sirviéndose de un tenedor para levantarlo de un lado y cogiéndolo vivamente con la punta de los dedos se echa en un plato.

RELLENO. Se derriten 40 gr de mantequilla, se le agrega la harina restante y la leche previamente hervida, se sazona con sal, pimienta y nuez moscada y se cuece lentamente durante veinte minutos, removiéndolo de vez en cuando con un batidor. Cinco minutos antes de terminar la cocción se le añade la mitad de la trufa trinchada, el jamón cortado a trocitos pequeños y los hígados hervidos, refrescados y hechos a pedacitos, obteniendo un picadillo fino.

SALSA HOLANDESA. Échanse en un cazo 4 yemas de huevo y 4 cucharadas de agua, se pone en baño María y se bate con viveza con un batidor hasta obtener una salsa espesa como una crema. Seguidamente se le incorpora, poco a poco y fuera del fuego, la mantequilla derretida y se sazona con sal y unas gotas de zumo de limón.

Con el picadillo se cubren las crêpes, se doblan en cuadro en forma de pañuelo de bolsillo, se colocan en una fuente y se cubren con la salsa holandesa, adornándose con discos de trufa.

Sírvase bien caliente.

HUEVOS

Si se hallan en perfecto estado de conservación al comerlos, los huevos tienen un alto valor nutritivo y pueden ser considerados como uno de los alimentos más saludables.

Se sirven, por lo general, al comienzo del almuerzo; estimulan el apetito y representan un plato fuerte.

Son numerosísimas y muy variadas sus aplicaciones y, aparte de constituir la base de diversidad de preparaciones, se emplean constantemente, como complemento del adorno de muchos platos, cocidos y cortados luego a rodajas, o bien formando triángulos, estrellas y otras muchas figuras caprichosas.

El freír los huevos, operación tan general en la cocina y que parece tan fácil e insignificante, requiere, no obstante, sus cuidados y precauciones. Para freírlos bien es conveniente hacerlo de uno en uno y con abundancia de manteca o aceite, con objeto de que la clara cuaje con rapidez, sin dar tiempo a que lo haga la yema.

Aunque llegue a sobrar mucha manteca o aceite después de fritos los huevos, ningún perjuicio se irroga, pues pasándolo por un colador puede emplearse nuevamente para la confección de un nuevo plato sin ningún temor de que le comunique sabor desagradable.

HUEVOS PASADOS POR AGUA

Para obtener bien en su punto los huevos pasados por agua hay que asegurarse de que no estén cascados. Para ello cogeremos un huevo en cada mano y tocándolos delicadamente uno contra otro les daremos vueltas entre los dedos, y si hacen un ruido sordo cambiaremos uno de ellos, repitiendo la misma operación hasta tener la seguridad de que están bien. Entonces se sumergen en agua que hierva a borbotones, siguiendo su cocción de dos a tres minutos, se sacan del agua seguidamente y se sirven en una huevera.

HUEVOS A LA ARLESIANA

6 huevos, 6 berenjenas pequeñas un cuarto, de litro de aceite, 100 gr de mantequilla, 50 gr de jamón cocido, 75 gr de harina, 23 gr de queso de Parma rallado, una trufa y medio litro de leche.

Se mondan las berenjenas, se parten horizontalmente por la mitad y se vacían, dándoles la forma de barquitas; luego se sazonan con sal, se pasan por la harina y se fríen con el aceite hasta que adquieran un color dorado.

Salsa bechamel. Derrítense 50 gr de mantequilla, agregándose 40 gr de harina y medio litro de leche previamente hervida. Sa-zónase con sal, pimienta y nuez moscada, y se cuece a fuego lento durante veinte minutos, removiéndolo de vez en cuando con un batidor.

Se preparan los huevos duros y, una vez pelados, se parten horizontalmente por la mitad y se sacan las yemas, guardando las cazuelitas de las claras. Machácanse dichas yemas al mortero, se añaden 4 cucharadas de salsa bechamel, 25 gr de mantequilla y 25 gr de queso y se obtiene una pasta fina, la cual se pone en una manga provista de boquilla lisa y se rellenan con ella las cazuelitas de las claras de huevo.

Se colocan las berenjenas en una fuente que resista al fuego, se rellenan con el jamón hecho a trocitos y en cada berenjena se coloca medio huevo. Cúbrense con la salsa bechamel, se espolvorean con el queso, se rocían con el resto de la mantequilla derretida y se meten unos minutos en el horno para que tomen un color dorado, colocando encima de cada huevo un disco de trufa.

HUEVOS A LA DOMINI

75 gr de jamón cocido, 75 gr de mantequilla, 40 gr de harina, 25 gr de queso rallado, 8 huevos, medio litro de leche, pimienta y nuez moscada.

Cuécense los huevos con agua durante doce minutos y luego se pasan por agua fría para dejarlos desprovistos de la cáscara.

Se cortan en rodajas, se colocan en una tartera en forma de pirámide y encima se pone el jamón, cortado a tiras delgadas.

Con la leche, la harina, 50 gr de mantequilla, sal, la pimienta y nuez moscada se hace una salsa bechamel.

Cúbrense los huevos con la salsa bechamel, se espolvorean con el queso rallado, se rocían con la mantequilla restante y se meten en el horno hasta que adquieran color dorado.

HUEVOS A LA CLEMENTINA

7 huevos, una lata pequeña de puré de foie-gras, 400 gr de gui-
santes, 100 gr de mantequilla, 40 gr de harina, medio litro de leche,
una trufa y 600 gr de espinacas.

Limpias las espinacas se cuecen con agua y sal, se pasan por
agua fría y se exprimen con las manos para extraer bien el agua. Se
derriten 50 gr de mantequilla, se mezcla la harina y la leche, se
sazona con sal, pimienta y nuez moscada y se cuece a fuego lento
durante veinte minutos, revolviéndolo de cuando en cuando con
un batidor. Al terminar la cocción se incorporan los guisantes desgranados, hervidos, escurridos y pasados por un tamiz, una yema
de huevo y 15 gr de mantequilla, mezclándolo bien.

Pártense horizontalmente por la mitad los huevos cocidos, se
les saca la yema y se guardan las claras sin romperlas.

Mézclanse las yemas con el foie-gras y machácanse al mortero
hasta obtener una pasta fina, que se sazonará con sal, rellenando
con ella las claras con una manga.

Las espinacas se saltean con la mantequilla restante, se colocan
en una fuente que resista al fuego, colocando encima los huevos, y
se mete unos minutos en el horno.

Al servirlo se cubre con la salsa y se espolvorea con trufa picada fina.

HUEVOS A LA BRETONA

6 huevos, 300 gr de judías blancas, 2 cebollas, 2 decilitros de
aceite, 200 gr de tomates, 10 gr de almendras y piñones y 2 dientes
de ajo.

Se ponen las judías al fuego en un puchero de barro con agua
que las cubra y se les da un hervor; escúrrense, se les adiciona un
litro de agua, media cebolla, un poco de sal y una cucharada de
aceite y se cuecen, lentamente y tapadas, durante tres horas.

Con el aceite restante se rehoga la cebolla, trinchada fina, y
cuando haya tomado un color dorado se le adicionan los tomates,
mondados y trinchados. Sazónase con sal, pimienta y nuez moscada y se cuece, lentamente y tapado, por espacio de media hora.
Luego se agregan las judías, escurridas; se añaden las almendras y
piñones (todo machacado al mortero) y los huevos duros partidos
por la mitad, se cuece unos 20 minutos más y se sirve en una fuente, colocando en la superficie los huevos.

HUEVOS A LA NORMANDA

6 huevos, 100 gr de mantequilla, 25 gr de queso de Gruyère rallado, 100 gr de cebollas, 35 gr de harina, medio litro de leche y 400 gr de judías verdes.

Cuécense los huevos durante doce minutos, se ponen en agua fría, se mondan y se parten por la mitad.

Salsa bechamel. Se pone la mitad de la mantequilla en una cacerola y se rehoga la cebolla, picada, hasta que empiece a tomar color. A continuación se agrega la harina y la leche, se sazona con sal, pimienta y nuez moscada y se cuece a fuego lento durante veinte minutos.

Las judías después de cocidas se saltean con 25 gr de mantequilla y se ponen en una fuente, colocando encima los huevos. Cúbrese con la salsa, se espolvorea con el queso, se rocía con la mantequilla restante y se mete en el horno a gratinar.

HUEVOS MOLLETS A LA TEODORA

7 huevos, 400 gr de tomates, 8 langostinos del tamaño mediano, una trufa, 100 gr de mantequilla, una coliflor, medio litro de leche, 300 gr de pan inglés, 15 gr de queso de Parma rallado, 50 gr de harina y 300 gr de guisantes hervidos.

Huevos mollets. Se pone al fuego una cacerola con 2 litros de agua y sal y cuando hierve a borbotones se sumergen 6 huevos que no estén cascados, se hierven vivamente por espacio de cinco minutos, se pasan por agua fría y se les quita la cáscara.

Limpia la coliflor de las hojas y hecha una incisión en el troncho en forma de cruz, se pone en una cacerola con agua que la cubra, se sazona con sal y se cuece lentamente. Seguidamente se saca con una espumadera y se coloca encima de un paño para que se escurra.

Salsa bechamel. Derrítense 50 gr de mantequilla, se adiciona la harina y la leche hervida, se sazona con sal, pimienta y nuez moscada y se cuece lentamente por espacio de veinte minutos, removiéndolo de vez en cuando con un batidor.

Escaldados los tomates y desprovistos de la semilla y piel se trinchan, se ponen en una cacerola con 15 gr de mantequilla, se sazonan con sal y se cuecen hasta obtener una salsa espesa.

Desprovisto el pan de la corteza se forman 6 discos de un cm de grueso por 5 o 6 de diámetro, se untan con 25 gr de mantequilla y se meten en el horno para que tomen un color dorado.

Se coloca la coliflor en el centro de una fuente que resista al fuego y se le da forma de bola; cúbrese con la mitad de la salsa, se espolvorea con el queso, se rocía con la mantequilla restante y se mete en el horno para que se dore. Cuando ha adquirido ya el color dorado se colocan a su alrededor los discos de pan, sobre éstos se ponen los huevos, que se cubren con el resto de la salsa bechamel que se tendrá mezclada con una yema de huevo y los guisantes hervidos, escurridos y pasados por un tamiz, y se adorna con el tomate, discos de trufa y los langostinos hervidos y pelados.

HUEVOS COCOTTE A LA FEDORA

7 huevos, una pechuga de gallina, 75 gr de mantequilla, 20 gr de harina, 15 gr de queso de Parma rallado, 2 trufas, una cucharada de tomate, perejil, una cebolla, un nabo y una zanahoria.

Cuécese la pechuga de gallina con la cebolla, el nabo y la zanahoria, y se corta a tiras delgaditas, como igualmente se cortarán las trufas, reservando 6 lonjas redondas y delgadas.

Pónganse en una sartén 15 gr de mantequilla y cuando está derretida se rehogan las tiras de pechuga. Al empezar a tomar color se agrega el jerez y el tomate, se cuece por espacio de cinco minutos y luego se reparte en 6 cocoteras, se parte un huevo en cada una de ellas, se sazona con sal y se ponen en baño María al horno hasta que empiezan a cuajarse.

En una cacerola se echan 35 gr de mantequilla y al derretirse se añade la harina, un cuarto de litro de caldo de la pechuga, se sazona con sal, pimienta y nuez moscada y se cuece a fuego lento durante veinte minutos, agregándole al terminar la cocción, fuera del fuego, una yema de huevo.

Cúbrense con esta salsa los huevos y en el centro de cada uno de éstos se coloca una lonja de trufa. A continuación se espolvorean con queso rallado y se rocían con mantequilla derretida, se cuecen a horno fuerte y cuando empiezan a tomar color se sirven en una fuente con servilleta, adornándose con hojas de perejil.

HUEVOS COCOTTE A LA VATEL

7 huevos, 100 gr de langostinos, una trufa, 100 gr de merluza, una cucharada de puré de tomate, 10 gr de queso de Parma rallado, 20 gr de harina, 50 gr de mantequilla, una cebolla y perejil.

Se ponen en una cacerola al fuego los langostinos, la merluza, la cebolla y un cuarto de litro de agua, se sazona con sal y se cuece a fuego lento durante doce minutos.

SALSA VELOUTE. Se derriten 35 gr de mantequilla, se le mezcla la harina y se le incorpora el caldo de haber cocido el pescado, previamente pasado por un colador. Seguidamente se agrega el tomate, se sazona con pimienta y nuez moscada y se cuece a fuego lento por espacio de veinte minutos, removiéndolo de vez en cuando con un batidor y adicionándole, al retirarlo del fuego, una yema de huevo.

Limpios los langostinos de la cáscara y la merluza de la piel y espinas, se corta todo a trocitos, se mezcla con la mitad de la salsa preparada de antemano y se obtiene un picadillo que se repartirá en cantidades iguales dentro de 6 cocoteras para huevos. En cada una de éstas se casca un huevo, sazonándose con sal. Se meten en baño María al horno y apenas estén ligeramente cuajados se cubren con una cucharada de la salsa restante, colocando en el centro una lonja de trufa, espolvoreándose con el queso rallado y rociándose con el sobrante de la mantequilla derretida.

Se pone otra vez en el horno para que tome un color dorado y se sirve en una fuente cubierta con servilleta, adornándolo con hojas de perejil.

HUEVOS EN COCOTTE NORMANDA

7 huevos, 150 gr de merluza, 4 langostinos pequeños, una cebolla, 50 gr de mantequilla, una trufa y 20 gr de harina.

Se limpia la merluza y se pone en una cacerola con medio litro de agua, sal, una cebolla y los langostinos, se arrima al fuego y se cuece durante doce minutos.

SALSA VELOUTE. Se derriten 35 gr de mantequilla y se le mezcla la harina y un cuarto de litro del caldo de haber cocido el pescado. Se remueve de vez en cuando con un batidor, se cuece lentamente unos veinte minutos, se sazona con pimienta y nuez moscada y se le agrega, fuera del fuego, una yema de huevo.

Se pelan los langostinos, se saca la piel y espinas de la merluza y se corta todo a trocitos pequeños, así como la mitad de la trufa. Repártese todo en 6 cocoteras que se tendrán untadas con mantequilla, en cada una de éstas se casca un huevo y se sazona con sal. Se ponen en baño María, se cuecen al horno por espacio de ocho a diez minutos y se cubren con salsa preparada de antemano colocándose en el centro una lonja de trufa.

Se sirven en una fuente cubierta con servilleta, adornándose con hojas de perejil.

HUEVOS EN COCOTTE PASTORELA

7 huevos, una pechuga de pollo, 50 gr de jamón en dulce, una trufa, un cuarto de litro de leche, 20 gr de harina, 50 gr de mantequilla y perejil.

Se trincha la pechuga y el jamón, se rehoga con 25 gr de mantequilla y cuando haya tomado un color dorado se le agrega el jerez y un poco de agua, se sazona con sal y pimienta y se cuece lentamente durante treinta minutos.

SALSA CREMA. Derrítese el resto de la mantequilla, se le agrega la harina y la leche y se sazona con sal, pimienta y nuez moscada. Cuécese por espacio de veinte minutos, removiéndolo de vez en cuando con un batidor, y al terminar la cocción se le adiciona de salsa crema con picadillo de pollo.

Se reparte dicho picadillo en 6 cocoteras, en cada una de las cuales se casca un huevo. Se cuecen unos ocho a diez minutos en baño María, se cubren luego con la salsa crema y se adorna la superficie con lonjas de trufa.

Se sirve en una fuente cubierta con servilleta, adornándose con hojas de perejil.

HUEVOS AL NIDO

600 gr de patatas, 5 huevos, una trufa, medio litro de aceite, 25 gr de harina, 50 gr de mantequilla, 4 gambas, 200 gr de merluza y una cebolla.

Mondadas las patatas se cortan en forma de paja, se sazonan con sal y se ponen en un molde ex profeso y se fríen con aceite formando un nido. Cuécense cuatro huevos durante cinco minutos y se pasan por agua fría.

Limpio el pescado y las gambas, se cuece con medio litro de agua con las cebollas. Con la mantequilla, la harina y un cuarto litro de caldo del pescado se prepara una salsa, se cuece durante quince minutos y se adiciona fuera del fuego una yema de huevo.

Colócanse los nidos de patatas en una fuente, en el interior se pone el pescado hecho a trocitos, encima se ponen los huevos, se cubren con la salsa y se termina el adorno con las gambas y la trufa.

HUEVOS ESCALFADOS A LA MANÓN

8 huevos frescos, 800 gr de patatas, 100 gr de mantequilla, 12 mejillones, 100 gr de merluza, una trufa, 6 langostinos pequeños, 20 gr de harina, 2 decilitros de vinagre, una cebolla y 200 gr de guisantes.

HUEVOS ESCALFADOS. Se pone al fuego una cacerola con dos litros de agua sazonada con sal y cuando arranque el hervor se le añade el vinagre. Pasados unos segundos se cascan 6 huevos de uno a uno en un cucharón, se dejan caer cuidadosamente dentro del agua y se cuecen lentamente durante tres minutos. Transcurrido este tiempo se sacan de uno a uno con una espumadera, se sumergen en agua fria y transcurridos unos cinco minutos se sacan y se colocan sobre un paño, cortándoles los trozos de clara que no hayan quedado bien unidos.

Póngase en un cazo la merluza y los langostinos previamente limpios, se añade medio litro de agua, sal y una cebolla, se arrima al fuego y se deja cocer lentamente durante unos quince minutos.

SALSA VELOUTE. Derrítense 50 gr de mantequilla y se le agrega la harina y un cuarto de litro de caldo de haber cocido el pescado, pasándolo por un colador; se remueve de vez en cuando con un batidor, se sazona con pimienta y nuez moscada, se cuece lentamente por espacio de veinte minutos y al terminar la cocción se le adiciona, fuera del fuego, una yema de huevo y 25 gr de mantequilla.

PURÉ DE PATATAS Y GUISANTES. Póngase al fuego una cacerola con un litro de agua sazonada con sal y cuando arranque el hervor se le agregan los guisantes desgranados. Transcurridos diez minutos se le incorporan las patatas mondadas y cortadas a trozos. Se dejan cocer unos veinticinco minutos, se escurren, se ponen unos minutos en el horno, se pasan por un tamiz, obteniendo un puré de color verdoso, y se añade una yema de huevo y el resto de la mantequilla. Se mezcla bien, sazonándolo con un poco de sal, pimienta y nuez moscada, y se introduce en una manga con boquilla rizada. Se forma una capa en una fuente que resista al fuego, luego se va subiendo el borde todo alrededor, dándole la forma como si fuera un nido, y se mete en el horno para que tome ligeramente color. A continuación se esparce dentro del nido la merluza desprovista de piel y espina y hecha a trocitos, y los mejillones hervidos y sacados de la cáscara, encima se colocan los huevos, se mete unos segundos en el horno, se cubre con la salsa veloute, se espolvorea con la trufa trinchada muy fina y ligeramente secada en el horno y se termina el adorno formando una franja por todo el alrededor de los huevos con los langostinos partidos por la mitad.

HUEVOS ESCALFADOS A LA CARDENAL

8 huevos frescos, un cuarto de litro de leche, 6 langostinos pequeños, 150 gr de harina, 25 gr de manteca de cerdo, una trufa, una lata de champiñones, 180 gr de mantequilla, una copita de coñac y 6 escaloñas.

Huevos escalfados. Se pone al fuego una cacerola con dos litros de agua sazonada con sal y cuando hierve se le adiciona el vinagre. Seguidamente se agregan 6 huevos, rompiéndolos de uno a uno en un cucharón y dejándolos caer delicadamente en el agua; se cuecen por espacio de tres minutos, se sacan con una espumadera, se sumergen en agua fría y pasados unos cinco minutos se sacan y se colocan encima de un paño, cortándoles los trocitos de claras que no se hayan unido.

Manteca de langostinos. Con 35 gr de mantequilla se rehogan las escaloñas y las zanahorias, todo cortado a trocitos, y cuando haya tomado un color dorado se añaden los langostinos, se ro-cían con el coñac, se enciende y después de apagada la llama se sazona con sal, se tapa la cacerola y se deja cocer lentamente durante diez minutos. A continuación se sacan de la cacerola y una vez fríos se les quita la cáscara y la cabeza, se machacan éstas al mortero y se vuelve a la cacerola, agregándole 100 gr de mantequilla. Métese en el horno y se cuece hasta que la mantequilla resulte bien clarificada, pasándose luego por un paño fuerte y echando el líquido en una cacerolita.

TARTALETAS DE PASTA QUEBRADA. Con 75 gr de harina se forma un círculo encima de una mesa o mármol y en el centro se pone una yema de huevo y la manteca de cerdo. Se añade una cucharada de agua, sal y se amasa con una cuchara y luego con las manos hasta obtener una pasta compacta y fina. Se espolvorea el mármol con harina, se estira con un rodillo, dando a dicha pasta el grueso de medio cm, se corta en forma de discos y se forran unos moldes de tartaletas, que se tendrán ligeramente untados con mantequilla. Se pinchan con un tenedor, se llenan de garbanzos o judías secas y se meten en el horno para que tomen un color dorado.

SALSA CARDENAL. Derrítense 35 gr de mantequilla y se le mezclan 25 gr de harina y la leche hervida, se remueve con un batidor, se sazona con sal, pimienta y nuez moscada, y se cuece lentamente por espacio de veinte minutos, removiéndolo de vez en cuando. Transcurrido este tiempo se le adiciona, fuera del fuego, una yema de huevo, la mantequilla de langostinos y unas gotas de carmín, de modo que tenga un color rosado. Sácanse las tartaletas de pasta del molde y una vez desprovistas de los garbanzos se colocan en una tartera, en su interior se esparcen los champiñones cortados a lonjas y salteados con un poco de mantequilla y encima se coloca un huevo. Métense unos segundos en el horno, se cubren con la salsa Cardenal y se espolvorean con la trufa trinchada fina. Se introduce unos segundos en el horno y al lado de cada huevo se pone un langostino partido por la mitad, formando asa, sirviéndose en una fuente cubierta con servilleta y adornándose con lonjas de perejil y de limón.

HUEVOS ESCALFADOS A LA ROSSINI

6 huevos frescos, 6 alcachofas gordas, 2 manojos de espárragos, un limón, un cuarto de litro de leche, una lata pequeña de foie-gras, medio decilitro de aceite, 2 decilitros de vinagre, 100 gr de mantequilla, 25 gr de harina, una cucharada de puré de tomate, 15 gr de queso de Parma rallado y una trufa.

HUEVOS ESCALFADOS. Se ponen al fuego en una cacerola 2 litros de agua, se sazona con sal y cuando hierve se le añade el vinagre y se van echando los huevos, cascándolos de uno a uno previamente en un cucharón y dejándolos caer delicadamente en el agua. Se hierven lentamente durante tres minutos, luego se sacan de uno a uno con una espumadera y se sumergen en agua fría. Transcurridos cinco minutos se colocan encima de un paño, cortándoles los trozos de clara que no hayan quedado bien unidos.

FONDOS DE ALCACHOFAS. Desprovistas las alcachofas de las hojas más duras se tornean sus fondos, se cortan a 3 cm de alto, se vacían dándoles la forma de cazuelitas y a medida que se van preparando se frotan con limón y se echan en una cacerola donde se tendrá un cuarto de litro de agua y el zumo de medio limón. Añádese el aceite y los dos medios limones exprimidos, se sazona con sal y se hierve a fuego regular, y tapado, durante veinte minutos.

Mondados los espárragos se cortan las puntas a 7 u 8 cm de largo, se cuecen con agua sazonada con sal por espacio de quince a veinte minutos, y luego se pasan por agua fría, se escurren y se colocan la mitad de ellos en una tartera, formando 6 manojitos y con las puntas bien igualadas. Se espolvorean con queso, se rocían con 25 gr de mantequilla y se meten en el horno para que tomen color.

Pónganse las alcachofas en una fuente que resista al fuego, haciendo un círculo, se llenan los fondos de alcachofas con foiegras y encima de cada uno se pone un huevo, colocando en el hueco central del círculo el resto de las puntas de los espárragos, formando un manojo.

Se derriten 50 gr de mantequilla, se le mezcla la harina, luego se agrega la leche previamente hervida, se remueve con un batidor, se sazona con sal, pimienta y nuez moscada y se cuece lentamente durante veinte minutos, adicionándole a media cocción el tomate y la mitad de la trufa trinchada fina.

Con dicha salsa se cubren los huevos, se espolvorean con el queso, echándolo también sobre los espárragos, se rocía todo con el resto de la mantequilla y se cuece unos minutos a horno vivo para que tome color.

Se rodean con las puntas de los espárragos y se sirven inmediatamente.

HUEVOS ESCALFADOS A LA VALLIERE

9 huevos frescos, 6 alcachofas gordas, 125 gr de mantequilla, 800 gr de patatas, 2 cucharadas de puré de tomate, 3 cucharadas de vinagre estragón, un decilitro de aceite, un limón, 2 decilitros de vinagre, 50 gr de manteca de cerdo, 50 gr de jamón en dulce, una trufa y perifollo.

HUEVOS ESCALFADOS. Se ponen al fuego 2 litros de agua en una cacerola, se adiciona la sal y cuando hierve se le añade el vinagre. Luego se echan 6 huevos, rompiéndolos de uno a uno y dejándolos caer en el agua, se hierven lentamente durante tres minutos, se sacan con una espumadera, se sumergen en agua fría y pasados cinco minutos se sacan con las manos, cortándoles los trocitos de clara que no hayan quedado bien unidos, y se colocan encima de un paño.

FONDOS DE ALCACHOFAS. Se sacan las hojas más duras de las alcachofas, se hace un pequeño corte en la parte inferior para que se queden derechas y luego se cortan, dejándolas 3 cm de altas. Se vacían con la punta de un cuchillo, dándoles forma de una cazuelita, se frotan con limón a medida que se preparan, se ponen en una cacerola con agua que las cubra, agregándole el zumo de limón, el aceite y sal, y se cuecen hasta que estén blandas. A continuación se escurren y se colocan en una tartera, se llenan con el jamón cortado a trocitos, se pone en cada una un poquito de mantequilla y se meten dos minutos en el horno.

SALSA ROYAL. Póngase en una cacerola al fuego el vinagre de estragón, reduciéndolo a la mitad y añadiéndole el tomate. Síguese la cocción durante cinco minutos y una vez algo frío se adicionan 3 yemas de huevo y se vuelve al fuego lento, removiéndolo con viveza con un batidor hasta obtener una salsa espesa como una crema. Se le incorporan poco a poco, fuera del fuego, 100 gr de mantequilla derretida y perifollo picado y se sazona con sal y pimienta.

Mondadas las patatas se preparan en forma de patatitas avellanas, sirviéndose de una cucharita ex profeso, se fríen con la manteca de cerdo, se sazonan con sal y luego se escurren y se saltean con la mantequilla restante.

Colócanse en una fuente las alcachofas y dentro de cada una de éstas se agrega un huevo. Se meten unos segundos en el horno, se cubren con la salsa y se rodean con patatas, colocando encima de cada huevo un disco de trufa.

HUEVOS ESCALFADOS A LA DUBOIS

7 huevos frescos, 125 gr de harina, 6 langostinos pequeños, un cuarto de litro de leche, una trufa, 2 decilitros de vinagre, 100 gr de mantequilla, 25 gr de manteca, una cebolla, una zanahoria y 200 gr de tomates.

Huevos escalfados. Se ponen en un cazo 2 litros de agua y al arrancar el hervor se añade el vinagre y sal. Seguidamente se cascan 6 huevos, de uno a uno, en un cucharón, se dejan caer delicadamente en el agua y se cuecen lentamente durante tres minutos, sacándolos luego con una espumadera y sumergiéndolos en agua fría. A continuación se sacan con las manos, se les cortan los trocitos de clara que no hayan quedado unidos a la yema y se colocan encima de un paño.

Tartaletas de pasta quebrada. Con harina se forma un círculo sobre una mesa de mármol y en el centro se pone un huevo, la manteca y un poco de sal. Se amasa con una cuchara y luego con las manos para obtener una pasta fina y compacta, dejándose descansar cinco minutos. A continuación se espolvorea el mármol con harina y se estira con un rodillo, dando a dicha pasta el grueso de medio cm, y se corta a discos. Se forran unos moldes de tartaletas que se tendrán ligeramente untados con mantequilla, se pincha la pasta con un tenedor, se llenan con garbazos o judías secas y se meten en el horno para que tomen un color dorado.

Derrítense 35 gr de mantequilla, se agrega la cebolla y la zanahoria, todo trinchado fino, se rehoga para que tome un color dorado, añadiéndole los langostinos y los tomates hervidos, escurridos y pasados por un colador, se sazona con sal y se deja cocer unos diez minutos. A continuación se sacan los langostinos y una vez algo fríos se les quita el caparazón, se machacan al mortero, se vuelven a poner en la cacerola y se les da un hervor.

Pónganse al fuego en un cazo 50 gr de mantequilla y cuando está derretida se le agregan 30 gr de harina. Se mezcla, se le incorpora la leche y el residuo de los langostinos, pasándolo por un colador, y se sazona con sal, pimienta y nuez moscada. Se cuece lentamente durante veinte minutos, removiéndolo de vez en cuando con un batidor, y terminada la cocción se añade, fuera del fuego, una yema de huevo.

Una vez desprovistas de los garbanzos y sacadas del molde, las tartaletas se colocan en una fuente y en el interior se reparten los langostinos cortados a trocitos, la mitad de la trufa trinchada y una cucharada de salsa. En cada tartaleta se pone un huevo.

Se cubren con la salsa, se meten unos minutos en el horno y al sacarlos se adorna la superficie con un disco de trufa.

HUEVOS ESCALFADOS A LA GRAN DUQUE

6 huevos frescos, 250 gr de pan, 75 gr de mantequilla, 2 mano-jos de espárragos, 35 gr de harina, medio litro de leche, 2 decilitros de vinagre, 35 gr de queso de Parma rallado, una trufa y un decilitro de aceite.

Huevos escalfados. Se pone una cacerola al fuego con 2 litros de agua sazonada con sal y cuando hierve se agrega el vinagre y los huevos cascándolos de uno a uno y dejándolos caer delicadamente en el agua. Se cuecen lentamente unos tres minutos y a continuación se quitan y se sumergen en agua fría. Pasados cinco minutos se sacan y se cortan los trocitos de claras que no hayan quedado bien unidas y se colocan encima de un paño.

Se pelan los espárragos, se cortan las puntas a 6 cm de largas y se cuecen con agua y sal.

Salsa bechamel. Se derriten 50 gr de mantequilla, se le mezcla la harina y la leche previamente hervida, se sazona con sal, pimienta y nuez moscada y se cuece lentamente por espacio de veinte minutos, removiéndolo de vez en cuando con un batidor y adicionándole, al terminar la cocción, la mitad del queso.

Se saca la corteza del pan y se forman 6 discos de un cm de grueso.

Se colocan dichos discos en una fuente redonda que resista al fuego, formando un círculo, encima de cada uno se pone un huevo y en el centro se ponen la mitad de los espárragos, colocándolos con las puntas hacia arriba. Se cubren los huevos con la salsa bechamel y por todo su alrededor se ponen 6 manojitos de espárragos, colocando en el centro de cada huevo un disco de trufa. Se espolvorea todo con el queso restante, se rocía con la mantequilla derretida y se mete unos minutos en el horno para que tome un color dorado.

Sírvanse inmediatamente.

HUEVOS FRITOS A LA ANDALUZA

6 huevos, 100 gr de chorizo, 600 gr de patatas, un cuarto de litro de aceite y 3 pimientos morrones en conserva.

Se pone el aceite en la sartén al fuego y cuando está bien caliente se fríen los huevos uno a uno, dejándolos caer delicadamente. Remuévase la clara con la ayuda de la paleta, a fin de que resulten redondeados, abuñolados, pero con la yema blanda. Luego se escurren y se espolvorean con sal. En el mismo aceite se fríen las patatas, que se colocarán en una fuente, y alrededor se ponen los huevos, adornándose ésta con lonjas de chorizo ligeramente pasadas por la sartén e intercalando los pimientos, cortados a tiras.

HUEVOS FRITOS A LA FLORENTINA

6 huevos, un kilo de espinacas un cuarto de litro de aceite, 25 gr de harina, 10 gr de queso de Parma rallado, un cuarto de litro de leche, 50 gr de mantequilla y 100 gr de pan.

Se limpian las espinacas, se cuecen con agua y sal, se escurren bien y se trinchan finas.

SALSA BECHAMEL. En una cacerola se pone la mantequilla, la harina y la leche, se sazona con sal, pimienta y nuez moscada, se deja cocer a fuego lento durante veinte minutos y se añade el queso.

Con el aceite se fríen los huevos.

Las espinacas se mezclan con la salsa bechamel y se ponen en una fuente; alrededor se colocan los huevos y se rodean con triángulos de pan frito.

HUEVOS FRITOS A LA AVIÑONESA

6 huevos frescos, 200 gr de pan, 75 gr de jamón, un cuarto de litro de aceite, 200 gr de tomates, una cebolla, 15 gr de harina, un decilitro de vino blanco, perejil, 50 gr de mantequilla, un diente de ajo, 400 gr de patatas y un pimiento.

Con la mantequilla se rehoga el jamón picado y la cebolla trinchada. Cuando tenga un color dorado se le añade el ajo picado, la harina, el vino, los tomates mondados y el pimiento hecho a trocitos. Se adiciona un decilitro de agua, se sazona con sal y pimienta, se añade un poco de perejil trinchado y se cuece lentamente durante veinte minutos.

Córtase el pan en forma de discos de 1 cm de grueso por 5 de circunferencia y se fríen con un poco de aceite.

Póngase al fuego el aceite en una sartén pequeña y cuando esté caliente se fríen uno a uno los huevos, cascándolos primero en un plato y sazonándolos con sal, dejándolos caer delicadamente en el aceite y friéndolos hasta que tengan un color dorado y la forma de un buñuelo, sacándose luego con una espumadera.

En el mismo aceite se fríen las patatas, cortadas en forma de paja, y a continuación se escurren y se sazonan con sal.

Colócanse en una fuente los discos de pan, formando círculo. Encima se ponen los huevos, se cubren con la salsa y en el centro se ponen las patatas pajas.

HUEVOS FRITOS A LA AMERICANA

6 huevos, 100 gr de jamón cortado a lonjas delgadas, 600 gr de patatas, 200 gr de pan, 25 gr de mantequilla, un cuarto de litro de aceite y 6 tomates pequeños.

Con el aceite puesto en una sartén se fríen los huevos de uno a uno de modo que resulten abuñolados y con la yema algo cruda, sazonándolos con sal.

Córtanse las patatas en forma de pajas, se fríen con el mismo aceite y cuando se ha obtenido un bonito color dorado se escurren y se sazonan con sal.

Se vacían los tomates haciéndoles una pequeña abertura en la parte superior, se les pone sal y mantequilla y se cuecen unos minutos al horno.

Desprovisto el pan de la corteza se corta a discos de un cm de grueso y se fríe con el aceite.

Se colocan las patatas en una fuente redonda, haciendo pirámide; alrededor se ponen los huevos, que irán encima de las rebanadas de pan, y se rodea con el jamón ligeramente pasado por la sartén, intercalando los tomates preparados de antemano.

HUEVOS MOLDEADOS A LA MERCEDES

15 huevos, 125 gr de mantequilla, una lata pequeña de trufas, 75 gr de jamón en dulce, dos manojos de espárragos y un limón.

Cortadas las puntas de los espárragos a 2 o 3 cm de largo se cuecen con agua y sal.

Se preparan 12 discos de jamón e igual cantidad de trufa también en discos.

Se untan con mantequilla 12 moldes de tartaletas medianas rizados en el fondo, se colocan en ellos los discos de jamón y alrededor las puntas de los espárragos ligeramente salteados con mantequilla y se termina de poner el resto del jamón y trufa, cortado a trocitos. Cuécese en baño María por espacio de ocho a diez minutos y con precaución para que la yema no se endurezca.

SALSA HOLANDESA. Échense 3 yemas de huevo y 3 cucharadas de agua en una cacerola, revuélvase bien y póngase a fuego lento. Síguese el mismo movimiento con viveza hasta que resulte una salsa espesa y fina como una crema, se aparta de la lumbre, se añade poco a poco la mantequilla derretida, sin parar de revolver, y se sazona con sal y unas gotas de zumo de limón.

Se desmoldan los huevos en una fuente, se cubren de esta salsa y encima se colocan los discos de trufa.

HUEVOS MOLDEADOS A LA BEATRIZ

17 huevos, un limón, una trufa, 100 gr de lengua escarlata, 100 gr de mantequilla, 150 gr de harina y 35 gr de manteca de cerdo.

PASTA QUEBRADA. Se pone la harina encima de un mármol, formando un círculo, y en el centro se echa un huevo, la manteca de cerdo, sal y 2 cucharadas de agua. Se amasa hasta obtener una pasta compacta y fina, se estira con un rodillo y se corta en forma de discos.

Con esta pasta se forran 12 moldes de tartaletas ligeramente untados con mantequilla, se llenan con garbanzos o judías secas, se meten en el horno hasta que la pasta tenga un bonito color dorado y entonces se quitan los garbanzos.

Se unta con mantequilla el interior de 12 moldes flanera, se espolvorean con la lengua escarlata y trufa (todo picado fino), reservando de esta última 12 discos, se rompe un huevo en cada molde, se sazonan con sal y se cuecen en baño María hasta que la clara esté cuajada y la yema ligeramente blanda.

SALSA HOLANDESA. En un cazo se ponen 3 yemas de huevo y 3 cucharadas de agua, se mezcla con un batidor, se arrima al fuego lento, se sigue revolviendo con viveza con el mismo batidor hasta que resulte una salsa fina como una crema y seguidamente, fuera del fuego, se le añade poco a poco la mantequilla derretida y unas gotas de zumo de limón, sazonándose con sal.

Colócanse las tartaletas de pasta en una fuente, en el interior se pone un huevo, sacado del molde, se cubren con salsa holandesa y se adornan con los discos de trufa.

HUEVOS MOLDEADOS A LA PRINCESITA

*12 huevos, 2 manojos de espárragos, 100 gr de mantequilla,
una trufa, 2 decilitros de crema de leche y 15 gr de queso de Parma
rallado.*

En una cacerola se cascan 7 huevos, se baten bien, se les mezcla la crema de leche, se sazona con sal y se pone en baño María al
fuego, removiéndolo con un batidor hasta obtener unos huevos
revueltos. Ya en este punto se aparta del fuego y se le agrega el restante de los huevos, previamente batidos como si fueran para una
tortilla. Se adicionan 65 gr de mantequilla derretida, se sazona con
sal, pimienta y nuez moscada, se pone luego en un molde que se
tendrá bien untado con mantequilla y se cuece en baño María al
horno hasta que quede cuajado como un flan.

Mondados los espárragos se les cortan las puntas a 5 o 6 cm de
largo, se cuecen con agua y sal y se pasan luego por agua fría. Escúrrense, se colocan en una tartera formando una hilera con las puntas bien iguales, se espolvorean con el queso rallado, se rocían con
el resto de la mantequilla derretida y se meten en el horno para que
se coloreen.

El flan se presenta en una fuente redonda, se rodea con las puntas de los espárragos y se adorna la superficie con lonjas de trufa.

HUEVOS AL PLATO A LA CASERA

*2 huevos, una patata pequeña, 20 gr de jamón natural, una
cucharada de guisantes desgranados y hervidos con agua y sal, 15
gr de mantequilla, 50 gr de tomates y una cebolla.*

Se monda la patata, se corta a trocitos, se cuece con agua y sal
y se escurre.

Se pone la mantequilla en una pequeña sartén y se rehoga la
cebollita cortada a trocitos y el jamón partido igualmente, añadiéndose luego la patata y los guisantes. Síguese rehogando y cuando
tenga un color ligeramente dorado se le agrega el tomate hervido y
un poco de perejil picado, pasado por un colador, y se sazona con
sal. Cuécese unos cinco minutos y a continuación se echa el preparado en un plato para huevos, se aplana con una cuchara, haciendo una pequeña concavidad en el centro, donde se cascarán los dos
huevos, se sazona ligeramente con sal y se mete unos minutos en el
horno para que la clara resulte ligeramente cocida y la yema cruda.

Se sirven inmediatamente.

HUEVOS AL PLATO A LA JOCKEY CLUB

2 huevos, 25 gr de tomates, media lata de champiñones, 25 gr de jamón York, una trufa y 20 gr de mantequilla.

Póngase en un plato especial para huevos una bolita de mantequilla del grueso de una avellana y cuando esté caliente se va friendo el jamón, cortado a lonjas delgadas.

Luego se cascan los huevos sin romper las yemas, se sazonan con sal y se cuecen al horno hasta que la clara esté ligeramente cuajada.

El tomate, después de mondado y picado, se pone en una cacerola con la mantequilla restante y los champiñones cortados a lonjas delgadas, se sazona con sal, se cuece durante diez minutos y se pone una cucharada de este preparado al lado de cada yema de huevo.

HUEVOS AL PLATO A LA DOGARESA

2 huevos, un riñón de cordero, 2 cucharadas de picado de tomate y 20 gr de mantequilla.

Se pone en un sartén al fuego la mantequilla y cuando está caliente se agrega el riñón, cortado a trocitos; se sofríe unos minutos, se añade el tomate, se sazona con sal y se cuece unos cinco minutos. Póngase este preparado en un plato de huevo, encima se cascan los huevos, se meten unos minutos en el horno para que la clara se cuaje ligeramente, y se sirven.

HUEVOS A LA TURCA

2 huevos, un hígado de pollo, una trufa pequeña, 15 gr de mantequilla y una cucharada de salsa de tomate.

Se pone en un plato para huevos la mitad de la mantequilla y cuando esté derretida se echan los huevos y se meten en el horno hasta que la clara quede ligeramente cuajada.

Póngase en una sartén la mantequilla restante y cuando está caliente se saltea el hígado, cortado a trocitos, se sazona con sal y luego se coloca en el plato en forma de montoncitos, intercalándolo entre las yemas de los huevos.

En la misma sartén se pone el tomate, la trufa picada fina y 2 cucharadas de caldo o agua, se cuece durante cinco minutos a fuego lento y a continuación se hace un cordón con esta salsa alrededor de los huevos.

HUEVOS A LA WINDSOR

6 huevos, 150 gr de gambas, una cebolla, una zanahoria, 100 gr de mantequilla, una trufa, 25 gr de harina, una copita de jerez, 300 gr de guisantes, 600 gr de patatas, un decilitro de leche, media hoja de papel de barba, y 200 gr de tomates.

Con 50 gr de mantequilla se rehogan la cebolla y la zanahoria todo cortado a trocitos, se agrega la harina, los tomates, el jerez, 2 decilitros de agua o caldo, se sazona con sal y pimienta, se cuece durante veinte minutos, luego se pasa por un colador, se agrega la trufa trinchada y se cuece hasta obtener una salsa espesa. Las gambas se cuecen con agua y sal, luego se quita la cáscara y se cortan a trocitos.

Se untan seis moldes flanera pequeños, en el fondo se pone un disco de papel de barba y se unta con mantequilla, encima del papel se ponen las gambas, dentro del molde se casca un huevo, se sazona con sal y se cuece al baño María hasta que la clara esté cuajada y la yema resulte algo cruda.

Con las patatas, los guisantes, la leche y un poco de mantequilla se prepara un puré.

Se sacan los huevos de los moldes, se ponen en una fuente, se cubren con la salsa y se adornan con el puré.

HUEVOS A LA MAYERBEER

2 huevos, un riñón de cordero, una cucharada de puré de tomate, una trufa pequeña, 10 gr de mantequilla y media copita de jerez.

Se saca la piel del riñón, se corta éste horizontalmente por la mitad, se fríe con la mitad de la mantequilla, añadiéndole el jerez, el tomate y la trufa trinchada fina, se sazona con sal y pimienta, se le incorporan dos cucharadas de caldo o agua y se deja cocer durante cinco minutos a fuego lento.

Se cascan los huevos en un plato ex profeso untado con mantequilla, se colocan dos medios riñones en sentido contrario de las yemas de los huevos, se ponen unos minutos en el horno, se cubren los riñones con la salsa y se sirven.

HUEVOS FRÍOS A LA LEOPOLDO

7 huevos, 2 manojos de espárragos verdes, 200 gr de judías verdes, 2 pepinillos en vinagre, una trufa, un pimiento morrón, un cuarto de litro de aceite, 3 tomates, 100 gr de atún en conserva, 10 gr de cola de pescado, una cucharada de vinagre y un poco de mostaza.

Póngase una cacerola al fuego con un litro de agua y cuando hierve a borbotones se cuecen 6 huevos durante cinco minutos, pasándolos luego por agua fría.

Córtanse las puntas de los espárragos 5 cm de largo, luego se pelan y se cuecen con agua y sal.

Con una yema de huevo, la mostaza, el vinagre y sal se prepara una salsa mayonesa, a la que se mezcla la cola de pescado diluida con un poco de agua tibia.

Pártense los tomates por la mitad, se vacían y se rellenan con el atún picado. Seguidamente se colocan en una fuente y encima se ponen los huevos, se cubren con la salsa mayonesa y se adornan con las puntas de los espárragos, el pimiento, los pepinillos y las judías aliñadas con un poco de vinagre y aceite, terminando el adorno con unas tiras de trufa.

HUEVOS A LA VERDI

6 huevos frescos, 2 claras de huevo, 6 tomates del tamaño mediano, maduros y bien redondos, 100 gr de jamón en dulce, 2 kg de hielo, 150 gr de morcillo de buey, una trufa, 25 gr de cola de pescado, 2 zanahorias, 200 gr de guisantes, una copita de jerez, una copita de vinagre y un manojo de espárragos.

Huevos escalfados. Se pone al fuego una cacerola con 2 litros de agua y cuando hierve se sazona con sal, añadiéndole el vinagre. Seguidamente se le agregan los huevos de uno a uno, rompiéndolos primero en un cucharón y dejándolos caer delicadamente en el agua. A continuación se dejan hervir lentamente unos tres minutos y se sacan con una espumadera, sumergiéndolos en agua fría, donde se tendrán puestos también unos trozos de hielo. Luego se sacan del agua y se les cortan los trocitos de clara que no hayan quedado unidos.

Gelatina. Se corta a trocitos la carne de buey y se le agrega una zanahoria mondada y cortada también a trocitos, un poco de perifollo picado, el jerez y dos claras de huevo. Se mezcla, se moja con agua y se sazona con sal. Luego se arrima al fuego lento, removiéndolo con un batidor, y cuando está bien caliente se le adiciona la cola de pescado previamente remojada con agua fría. Al arrancar el hervor se cuece lentamente por espacio de media hora, pasándose a continuación por un paño mojado en agua fría.

Córtanse los tomates por la mitad y se vacían, sazonándolos con sal.

Prepáranse con el jamón 12 triángulos y el resto se corta a trocitos.

Colócanse los huevos, después de bien fríos, encima de una rejilla, poniendo debajo de ésta un plato.

La gelatina se pone sobre el hielo picado y se remueve con una cuchara de metal hasta que este líquido resulte bien frío y empiece a espesarse. Ya en este punto se echa encima de los huevos, sirviéndose de la misma cuchara. Se recoge la gelatina que haya caído en el plato, se pone a derretir al fuego, luego se vuelve a poner sobre el hielo y se repite la misma operación hasta que dichos huevos resulten cubiertos de una ligera capa de gelatina. Seguidamente se hace un dibujo encima de cada huevo, formando con pequeños discos y rabitos de trufa un trébol u otro adorno a gusto del artista, se cubren delicadamente con una capa de gelatina y se colocan en una nevera o sitio fresco.

Se ponen en el centro de una fuente los medios tomates, llenándose con los trocitos de jamón y colocando encima de éste un huevo. Se rodea la fuente con hielo picado y alrededor de los huevos se colocan los tomates restantes, llenos con los guisantes hervidos, refrescados y escurridos. Por todo el alrededor de la fuente se ponen los triángulos de jamón intercalados con discos de zanahoria hervida y puntas de espárrago hervidos, encima de los huevos se pone la gelatina sobrante líquida y fría y en el contorno de los tomates que contiene los guisantes se esparce un poco de trufa picada.

HUEVOS FRÍOS A LA MAINTENON

8 huevos, un cuarto de litro de aceite, una trufa, 15 gr de cola de pescado, 100 gr de lengua escarlata, 2 pepinillos en vinagre, unas hojas de estragón fresco, una cucharada de vinagre, perifollo, mostaza, salsa India, 15 gr de mantequilla, 200 gr de guisantes, una cucharada de puré de tomate, un pimiento morrón en conserva, perejil, una zanahoria y un kilo de hielo.

Se ponen 6 huevos en una cacerola al fuego y con agua que los cubra, se hierven durante doce minutos, se pasan por agua fría y se les quita la cáscara.

SALSA MAYONESA. En una ensaladera se echa una yema de huevo, el vinagre, mostaza, salsa India y sal; se mezcla bien y pasados unos cinco minutos se le añade poco a poco el aceite, removiéndolo con viveza con un batidor hasta obtener una salsa mayonesa espesa. Seguidamente se le adiciona el puré de tomate y la cola de pescado diluida en una cucharada de agua caliente, añadiéndoles la mitad de los guisantes, la lengua y el pimiento (todo cortado a cuadritos), el perifollo y el estragón picado. A continuación se agregan los huevos hechos a cuadritos, reservando 6 discos.

Con la mantequilla se untan seis moldes o seis tazas grandes y en el centro se coloca un disco de huevo; alrededor de éste se forma un círculo con los guisantes y se espolvorea el interior del molde con trufa picada muy fina, llenándose con la mayonesa; se coloca encima del hielo picado y una vez cuajado se pasa por agua tibia. Se vierten en una fuente cubierta con servilleta y se adorna con hojas de perejil y rodajas de zanahoria hervida.

HUEVOS FRÍOS A LA FEDORA

400 gr de huesos de ternera, 150 gr de pastel de foie-gras cortado a rajas de medio cm, 6 huevos pequeños frescos, 100 gr de cadera de buey, una trufa, un nabo, 2 zanahorias, una cebolla, 35 gr de cola de pescado, 2 decilitros de vinagre, una copita de jerez, 2 claras de huevo, una hoja de apio, un ramito de estragón fresco, perifollo y perejil.

Pónganse en una cacerola al fuego los huesos de ternera, una zanahoria, el nabo, la cebolla, sal y 2 litros de agua, y cuando empieza a hervir se espuma y se deja cocer a fuego lento por espacio de dos horas para obtener tres cuartos de litro de buen caldo. Se pasa por un paño y se desgrasa con unos trozos de papel de barba.

HUEVOS ESCALDADOS. Se ponen en una olla al fuego 2 litros de agua y sal, y cuando arranca el hervor se añade el vinagre; luego se echan los huevos, rompiéndolos uno a uno, se cuecen a fuego lento durante tres minutos y transcurrido este tiempo se sacan del agua y se cortan todas las claras que no estén bien unidas, dándoles forma redonda.

GELATINA. En una cacerola se echan las dos claras de huevo, la carne de buey, una zanahoria cortada a trocitos, el jerez y un poco de perifollo. Se mezcla bien y se añade 1 litro de caldo preparado de antemano. Se pone al fuego, se remueve con un batidor y cuando está bien caliente (sin arrancar el hervor) se incorporan las hojas de cola de pescado, bien remojadas en agua fría; síguese removiendo suavemente para que no se pegue en el fondo de la cacerola y cuando arranca a hervir se cuece a fuego lento durante veinte minutos.

Esta gelatina se pasa por un paño mojado con agua fría, se colorea ligeramente con unas gotas de azúcar quemado y se deja enfriar algo.

Se rodean con hielo picado seis tazas de té, en cada una se echa una cucharada de gelatina y al quedarse cuajada se hace encima un dibujo con la trufa y hojas de estragón, formando un trébol; se fijan estos dibujos con una cucharada de gelatina en cada molde y pasados dos minutos se coloca encima un disco de pastel de foie-gras y los huevos, terminándose de llenar los moldes con gelatina y dejándose cuajar.

Para servirlos se pasan por agua tibia, se vierten en una fuente y se adorna con hojas de perejil.

HUEVOS A LA CONDESITA

7 huevos, 35 gr de jamón cocido, 100 gr de cordero, 100 gr de riñones de cordero, 150 gr de harina, 200 gr de tomates, 25 gr de manteca de cerdo, 100 gr de mantequilla, una zanahoria, una cebolla, una trufa, una copita de jerez, laurel y tomillo.

HUEVOS MOLLETS. Se ponen en una cacerola al fuego 2 litros de agua y cuando hierve a borbotones se sumergen suavemente 6 huevos, dejándolos cocer unos cinco minutos. Luego se sacan, se introducen en agua fría y se pelan.

SALSA PERIGUEUX. Se corta la carne a trocitos y se pone en una cacerola con la mitad de la mantequilla. Agrégase la cebolla y la zanahoria, todo mondado y partido a pedacitos, y rehógase hasta que obtenga un color bien dorado. Se añaden 15 gr de harina, el jerez, el tomate, un poco de laurel y tomillo y 2 decilitros de agua o caldo. Se sazona con sal y pimienta, dejándose cocer a fuego lento una media hora y se pasa luego por un colador, adicionándole la trufa picada y 25 gr de mantequilla.

Con lo restante de la harina se forma un círculo encima de un mármol y en el centro se pone la manteca de cerdo, un huevo, sal y 2 cucharadas de agua. Se amasa hasta obtener una pasta fina, se corta ésta y se forran 6 moldes de tartaletas, que se llenarán con garbanzos secos, dejándose cocer al horno hasta que adquieran un bonito color. A continuación se desprenden del molde, se quitan los garbanzos y las tartaletas de pasta se presentan en una fuente.

Los riñones y el jamón se cortan a cuadritos, se fríen con la mantequilla restante y se reparten dentro de las tartaletas, colocándose encima los huevos y cubriéndose con la salsa.

Sírvase bien caliente.

HUEVOS MOLLETS A LA MARQUESITA

9 huevos, un cuarto de litro de leche, 800 gr de patatas, una trufa, 100 gr de mantequilla, 25 gr de harina, 300 gr de guisantes, 35 gr de jamón, una lata de champiñones y una cucharada de puré de tomate.

HUEVOS MOLLETS. Se pone al fuego una cacerola con 2 litros de agua y cuando hierve a borbotones se sumergen en ella 7 huevos, procurando que no estén rajados; se hierven durante tres minutos, luego se pasan por agua fría y se les quita delicadamente la cáscara.

PURÉ DE PATATAS Y GUISANTES. Se mondan las patatas, se cortan a trozos y se cuecen con agua y sal. Seguidamente se escurren, se meten unos minutos en el horno y a continuación se pasan por un tamiz, pasando también por el mismo los guisantes, hervidos previamente con agua y sal y escurridos. Se echa todo en una cacerola, agregándole un huevo y 25 gr de mantequilla. Se mezcla bien, se coloca en una manga provista de boquilla rizada y en una fuente redonda que resista al fuego se forma una capa en el fondo y se sigue haciendo un cordón alrededor, haciéndolo subir para darle la forma de un nido; encima de éste y por todo el alrededor se hacen unos puntitos simulando unas florecitas y se meten en el horno para que tome un color dorado.

Se derriten 50 gr de mantequilla, se le añade la harina y la leche, se sazona con sal, pimienta y nuez moscada, y, removiéndolo de vez en cuando con un batidor, se cuece lentamente por espacio de veinte minutos. A media cocción se le añade el tomate y una vez en su punto se le agregan, fuera del fuego, 10 gr de mantequilla y una yema de huevo, mezclándose bien fino.

Se corta en juliana el jamón, los champiñones y la mitad de la trufa; se saltea todo con la mantequilla restante y se esparce en el interior del nido, colocándose encima los huevos. Se mete unos segundos en el horno, se cubre con la salsa y se adorna con unos discos de trufa.

HUEVOS MOLLETS A LA NORMANDA

100 gr de merluza, 150 gr de langostinos, una trufa, 7 huevos, 75 gr de mantequilla, una cucharada de puré de tomate, 6 patatas de 150 gr cada una, una cebolla y 25 gr de harina.

HUEVOS MOLLETS. Se ponen en una cacerola al fuego 2 litros de agua y cuando hierve a borbotones se cuecen 6 huevos durante cinco minutos, sumergiéndolos seguidamente en agua fría.

Elígense las patatas bonitas y que tengan forma ovalada; se mondan, se parten horizontalmente por la mitad, se vacían, sirviéndose de una cucharita, se les da la forma de una barqueta y se cuecen delicadamente con agua y sal.

En una cacerola se ponen la merluza y los langostinos con un cuarto de litro de agua, sal y la cebolla, y se deja cocer, tapado, durante diez minutos.

Derrítense en una cacerola 50 gr de mantequilla y se agrega la harina, el caldo de hervir el pescado, pasado por un colador, y el puré de tomate, revolviéndolo con un batidor. Se cuece a fuego lento por espacio de veinte minutos y al separarlo del fuego se agrega la mantequilla restante y una yema de huevo.

Se colocan las barquetas de patatas en una fuente y en el interior se pone el pescado y los langostinos, previamente bien limpios y cortados a trocitos, y encima los huevos. Se cubren con la salsa y se espolvorea con trufa picada fina.

Se mete unos segundos en el horno antes de servirlo.

HUEVOS MOLLETS A LA CELESTINA

6 huevos, 250 gr de arroz, 200 gr de guisantes, 25 gr de queso de Parma rallado, 200 gr de carne de cerdo trinchada, 75 gr de mantequilla, 75 gr de manteca de cerdo, 400 gr de huesos de ternera, 20 gr de harina, un cuarto de litro de leche, 3 cucharadas de puré de tomate, una cebolla, un nabo y una zanahoria.

En una olla al fuego se ponen los huesos con 2 litros de agua y sal. Añádese el nabo, la zanahoria y la cebolla, previamente mondado, y cuando arranca el hervor se espuma y se deja cocer a fuego lento durante dos horas para obtener un litro de caldo, que se pasará por un colador.

Póngase una olla al fuego con 2 litros de agua y cuando hierve a borbotones se sumergen los huevos, dejándolos cocer unos cinco minutos. Luego se sacan, se introducen en agua fría y se pelan.

Los guisantes se cuecen con agua y sal, se escurren y se pasan por un tamiz.

Póngase la carne magra en una cacerola con 25 gr de manteca de cerdo y rehóguese hasta que empiece a tomar color. A continuación se añade una cucharada de puré de tomate y un decilitro de caldo, se sazona con sal y pimienta y se deja cocer por espacio de quince minutos.

SALSA. En una cacerola al fuego se ponen a derretir 50 gr de mantequilla. Agrégase la harina y la leche, se sazona con sal, pimienta y nuez moscada, removiéndolo con un batidor de cuando en cuando, y se cuece a fuego lento unos veinte minutos. Terminada la cocción se adiciona, fuera del fuego, el resto de la mantequilla. A la mitad de esta salsa se le mezcla el puré de guisantes y a la otra mitad el puré de tomate.

Con 50 gr de manteca de cerdo se rehoga media cebolla trinchada fina y cuando empieza a adquirir color se agrega el arroz y tres cuartos de litro de caldo preparado de antemano, se deja cocer por espacio de veinte minutos y a media cocción se adiciona el queso. Una vez en su punto, se llena con el arroz un molde corona previamente untado con manteca y se vierte en una fuente redonda, en cuyo centro se echa el picadillo. Márcanse ligeramente encima del arroz seis concavidades y en cada una de ellas se coloca un huevo, cubriéndose con la salsa e intercalando los dos colores. Momentos antes de servirse colóquese en el centro de cada huevo un disco de trufa.

HUEVOS MOLLETS A LA GRAN HOTEL

10 huevos, una pechuga de gallina, una trufa, 6 tomates medianos, 400 gr de espinacas, 500 gr de patatas, 100 gr de mantequilla, 40 gr de harina, una cebolla, un nabo, una zanahoria y 2 decilitros de leche.

En un puchero se pone la pechuga, el nabo, la zanahoria y la cebolla; se añade un litro de agua, se arrima al fuego y cuando arranca el hervor se espuma y se hierve lentamente durante dos horas, obteniendo medio litro de buen caldo.

HUEVOS MOLLETS. Se ponen en una cacerola al fuego 2 litros de agua y cuando hierve se sumergen en ella 6 huevos que no sean cascados y se hierven cinco minutos. Luego se ponen en agua fría y se les quita la cáscara.

Mondadas las patatas se cortan a trozos y se cuecen con agua sazonada con sal. A continuación se escurren, se pasan por un tamiz y se les mezcla un huevo y 15 gr de mantequilla, obteniendo un puré fino.

FLAN DE ESPINACAS. Cuécense las espinacas con agua sazonada con sal y luego se escurren, se pasan por agua y se exprimen con las manos para extraer ésta. A continuación se trinchan bien pequeñas, obteniendo una pasta; se echan en un cazo y se les agregan 2 huevos y la leche hervida, sazonándose con sal, pimienta y nuez moscada. Se mezcla y se llenan 6 moldecitos de forma flanera que tendremos untados con mantequilla, cociéndose al baño María al horno durante media hora.

SALSA VELOUTE. En un cazo se derriten 40 gr de mantequilla, se agrega la harina, se mezcla, se adiciona el caldo obtenido de la pechuga, pasándolo por un colador, se sazona con pimienta y nuez moscada y se cuece lentamente unos veinte minutos, agregándole, fuera del fuego, 25 gr de mantequilla y una yema de huevo.

Con un pequeño cuchillo se corta una pequeña circunferencia en la parte superior de los tomates, se vacían, se sazonan con sal y se rocían con 20 gr de mantequilla derretida; en su interior se echa la pechuga de gallina, hecha a trocitos, y la mitad de la trufa trinchada, y se meten unos minutos en el horno, teniendo precaución que no pierdan su forma.

En el centro de una fuente redonda se pone el puré de patata, formando una pirámide, sirviéndose de una manga con boquilla rizada. Alrededor de aquélla se ponen los tomates, colocando en cada uno un huevo que se habrá tenido en agua tibia. Se cubren con la salsa y se adornan con la trufa cortada a discos, rodeándose con los flanes de espinacas.

HUEVOS MOLLETS A LA TEODORA

9 huevos, 6 alcachofas gordas, un limón, un manojo de espárragos, una trufa, un decilitro de aceite y 200 gr de mantequilla.

HUEVOS MOLLETS. Se pone al fuego una cacerola con 2 litros de agua y cuando hierve a borbotones se sumergen 6 huevos que no estén rajados, se dejan hervir por espacio de cinco minutos, poniéndolos seguidamente en agua fría, y luego se les quita la cáscara y se dejan en agua tibia.

FONDOS DE ALCACHOFAS. Desprovistas las alcachofas de las hojas más duras y verdes, se tornean sus fondos y se cortan de 2 a 3 cm de alto; se vacían, dándoles la forma de unas cazuelitas y a medida que se van preparando se frotan con limón, se echan en una cacerola donde se tendrá medio litro de agua y el zumo de medio limón, se le añade el aceite, se sazona con sal y se cuecen, tapadas y a fuego lento, por espacio de veinte minutos. A continuación se colocan en una tartera, se rocían con unas gotas de mantequilla derretida y se meten unos minutos en el horno.

Mondados los espárragos se les cortan las puntas a 2 cm de largo, se cuecen con agua y sal, se escurren y se saltean con un poquito de mantequilla.

SALSA HOLANDESA. En un cazo que no sea de aluminio se echan 3 yemas de huevo y 3 cucharadas de agua, se pone en baño María al fuego y se bate con un batidor hasta obtener una salsa espesa como una crema; se le adiciona poco a poco y fuera del fuego el resto de la mantequilla derretida y se sazona con sal y unas gotas de zumo de limón.

Colócanse los fondos de alcachofas en una fuente, se llenan con las puntas de los espárragos y encima se pone un huevo; se cubren con la salsa y se espolvorea con la trufa picada.

HUEVOS MOLLETS A LA MARQUINA

7 huevos, 3 tomates gordos y maduros, 3 hígados de pollo, 300 gr de judías verdes finas, medio litro de leche, 40 gr de harina, 100 gr de mantequilla, 10 gr de queso de Parma rallado, una trufa y medio kilo de patatas.

HUEVOS MOLLETS. En una cacerola se ponen al fuego 2 litros de agua y cuando hierve a borbotones se sumergen en ella 6 huevos, teniendo la precaución de que no sean cascados, se cuecen vivamente por espacio de cinco minutos y luego se ponen en agua fría, quitándoles la cáscara.

PURÉ DE PATATAS. Mondadas las patatas se cortan a trozos, se cuecen con agua y sal, se escurren, se pasan por un tamiz y se les mezcla un huevo.

Las judías se hierven con agua y sal, después se escurren, se rocían con agua fría y se saltean con 20 gr de mantequilla.

Se parten los tomates horizontalmente por la mitad, se vacían, se rocían con 10 gr de mantequilla, se sazonan con sal y se meten unos minutos en el horno, teniendo la precaución de que no pierdan su forma.

A los hígados se les da un hervor, se cortan a trocitos y se sofríen con 10 gr de mantequilla, sazonándolos con sal.

SALSA BECHAMEL. Se derriten 50 gr de mantequilla y se les mezcla la harina y la leche, previamente hervida, sazonándose con sal, pimienta y nuez moscada. Se remueve de vez en cuando con un batidor y se cuece unos veinte minutos a fuego lento.

En una manga con boquilla rizada se pone el puré de patatas y en el centro de una fuente que resista al fuego se forma un nido. Alrededor se colocan los tomates, en el interior de éstos se echan los hígados y encima se coloca una lonja de trufa, se espolvorean con el queso y se rocían con el resto de la mantequilla derretida. Se meten unos minutos en el horno vivo para que se gratinen, se sacan de éste y con las judías se llena dicho nido.

HUEVOS REVUELTOS GRAN FLORIDA

12 huevos, 100 gr de queso de Gruyère, 200 gr de riñones de cordero, 100 gr de mantequilla, una copita de jerez, una cucharada de puré de tomate, un cuarto de litro de leche, 100 gr de pan y un decilitro de aceite.

Se cortan los huevos en una cacerola, se les añade la leche, la mitad de la mantequilla y el queso de Gruyère cortado a trocitos, se sazona con sal y pimienta y se pone en baño María, removiéndolo de vez en cuando con un batidor hasta que resulte una pasta fina.

Los riñones se cortan a cuadritos, se saltean con la mantequilla, se añade el jerez y el tomate, se sazona con sal y se cuece durante cinco minutos.

Los huevos se ponen en una legumbrera o fuente y en el centro se colocan los riñones formando montoncito, rodeándose con triángulos de pan frito con aceite.

HUEVOS REVUELTOS A LA AURORA

12 huevos, 400 gr de tomates, 100 gr de mantequilla, 100 gr de jamón en dulce, 100 gr de pan, una lata de champiñones y un decilitro de leche.

Se corta a trocitos pequeños el jamón, se rehoga con la mitad de la mantequilla y se le añaden los tomates, partidos por la mitad y pasados por un tamiz, y los champiñones, cortados a lonjas delgadas. Se cuece por espacio de diez minutos y se le añaden, fuera del fuego, los huevos batidos y mezclados con la leche. Se sazona con sal, pimienta y nuez moscada, y se deja cocer en baño María, removiéndolo con un batidor hasta obtener una pasta algo espesa. Ya en este punto se sirven en una legumbrera o fuente, colocando por todo el alrededor unos triángulos de pan fritos con el resto de la mantequilla.

HUEVOS REVUELTOS A LA DUQUESITA

12 huevos, 3 trufas, 400 gr de tomates, 6 panecillos de Viena, 2 decilitros de leche, 25 gr de queso de Parma rallado, 100 gr de mantequilla y un cuarto de litro de aceite.

Se parten los panecillos horizontalmente por la mitad, se vacían, formando 12 cazuelitas, se mojan con la leche y transcurridos cinco minutos se pasan por un huevo batido y se fríen con el aceite.

En una cacerolita se ponen los tomates mondados, desprovistos de las semillas y trinchados; se añaden 50 gr de mantequilla, se sazona con sal, se arrima al fuego y se cuece durante veinte minutos, obteniendo una salsa espesa. Se adicionan, fuera del fuego, los huevos batidos y las trufas hechas a cuadritos; se sazona con sal, pimienta y nuez moscada, y se cuece en baño María, removiéndolo de vez en cuando con un batidor hasta obtener una pasta homogénea, con la cual se rellenan las cazuelitas de pan, se espolvorean con el queso, se rocían con el resto de la mantequilla y se meten unos minutos en el horno para que tomen color dorado.

Se sirven en una fuente cubierta con una blonda o servilleta.

HUEVOS REVUELTOS A LA PRIMOROSA

12 huevos, 200 gr de riñones de cordero, 100 gr de mantequilla, 100 gr de pan, 3 cucharadas de puré de tomate, una copita de jerez y un decilitro de leche.

Se ponen los huevos en una cacerola con 50 gr de manteca, se baten con un batidor y se añade el puré de tomate y la leche; se sazona con sal y pimienta, se cuece en baño María, revolviéndolo con el mismo batidor, y cuando está ligeramente cuajado se pone en una fuente.

Se cortan los riñones a cuadritos, se rehogan con la mitad de la mantequilla y cuando están dorados se agrega la copita de jerez; se sazonan con sal, se dejan cocer durante cinco minutos y se colocan en el centro de los huevos, adornándose la fuente con unos triángulos de pan fritos con la mantequilla.

HUEVOS REVUELTOS CON LANGOSTINOS

12 huevos, 350 gr de langostinos, 100 gr de mantequilla, un decilitro de aceite, 100 gr de miga de pan, perejil y un decilitro de aceite.

Se cascan los huevos en una cacerola, se agrega la leche y 50 gr de mantequilla y se sazona con sal, pimienta y nuez moscada; se bate bien, se cuece en baño María, revolviéndolo con un batidor, y cuando está ligeramente cuajado se le adicionan los langostinos pelados, cortados a trocitos y rehogados con 50 gr de mantequilla.

Se sirven espolvoreados con perejil picado y se adornan con unos triángulos de pan fritos.

TORTILLA AL GRATÍN

6 huevos, 300 gr de cebollas, 300 gr de judías verdes, 400 gr de patatas, 2 decilitros de aceite, 3 alcachofas, 25 gr de queso de Parma rallado, 25 gr de mantequilla, y perejil.

Se cortan las judías a trocitos, se cuecen con agua y sal, y se escurren.

Después de quitarles las hojas más duras, las alcachofas se cortan a rajitas delgadas, como igualmente se cortarán las patatas.

Con el aceite puesto en una sartén se sofríe la cebolla picada y cuando empieza a tomar color se agregan las alcachofas, patatas y judías salteándose todo junto por espacio de veinte minutos. Se sazona con sal y pimienta, se añaden los huevos batidos mezclados con perejil picado, se revuelve con un tenedor y cuando el huevo está algo cuajado se le da la vuelta, sirviéndose de un plato, de modo que quede una tortilla bien dorada de ambos lados. Entonces se coloca en una fuente que resista al horno, se espolvorea con queso rallado, se rocía con mantequilla derretida y se introduce en el horno hasta que tenga un bonito color dorado.

TORTILLA HOTELERA

6 huevos, un riñón de cordero y 20 gr de mantequilla.

Desprovisto el riñón de piel y grasa se cortan a cuadritos pequeños, se rehoga con la mitad de la mantequilla y se sazona con sal.

En una pequeña sartén se derrite la mantequilla restante y se vierten en aquélla los huevos batidos y sazonados con un poco de sal; se revuelve con un tenedor y cuando empieza a cuajarse se ponen los riñones en el centro, se recogen los bordes y se enrolla, dándole la forma de una tortilla a la francesa.

TORTILLA CELESTINA

(Cantidades para una persona)

2 huevos, una cucharada de mermelada de albaricoque espesa, una copita de ron, una cucharada de azúcar y 10 gr de mantequilla.

Se baten los huevos en un plato, sazonándolos ligeramente con sal y una pizca de azúcar.

En una pequeña sartén al fuego se pone la mantequilla y cuando está caliente se echan los huevos batidos, removiéndose con un tenedor. Cuando están ligeramente cuajados y bien extendidos por la sartén se pone en el centro la mermelada y se enrolla, formando una tortilla a la francesa. Luego se vierte en una pequeña fuente que resista al fuego, se cubre con el azúcar y con una barrita de hierro candente se quema la superficie, formando una reja. Se agrega el ron y se enciende, sirviéndose inmediatamente.

TORTILLA A LA MONTECARLO
(Cantidades para tres personas)

6 huevos, 3 hígados de gallina, 300 gr de champiñones frescos; 200 gr de tomates y 50 gr de mantequilla.

Se ponen en una cacerolita 25 gr de mantequilla y el hígado cortado a trocitos, y se sofríe vivamente para que tome un color dorado. Seguidamente se agregan los champiñones, previamente bien limpios y cortados a lonjas finas, se sazona con sal y pimienta y se cuece unos quince minutos, adicionándosele a media cocción los tomates hervidos, mondados y picados, obteniendo un picadillo.

En una sartén al fuego se pone el resto de la mantequilla y cuando está caliente se echan los huevos previamente cascados, sazonados con sal y bien batidos en un plato; se remueven con un tenedor, en el centro se ponen las dos terceras partes del picadillo y se enrolla como una tortilla a la francesa. Se coloca en una fuente y con la punta de un cuchillo se le hace una pequeña incisión en el centro en todo lo largo y se rellena con el picadillo restante.

PEQUEÑAS TORTILLAS A LA FLORENTINA

4 huevos, 500 gr de espinacas, medio litro de leche, 60 gr de harina, 125 gr de mantequilla, 25 gr de queso rallado, y perejil.

Se ponen en una vasija 4 huevos, 25 gr de harina, un decilitro de leche (una taza pequeña) y sal, se mezcla bien, se pasa por un colador y se añade un poco de perejil picado.

Se unta de mantequilla una sartén pequeña, se arrima al fuego y cuando está caliente se echan 3 cucharadas del líquido anterior, se esparce por la sartén y con la ayuda de un tenedor se le da la vuelta a la tortilla, de modo que resulte doradita por los dos lados.

Salsa bechamel. Se derriten 50 gr de mantequilla, se añade la harina restante y la leche, se sazona con sal, pimienta y nuez moscada, se revuelve con un batidor y se cuece a fuego lento durante veinte minutos.

Limpias las espinacas se cuecen con agua y sal, se pasan por agua fría, se escurren, exprimiéndolas entre las manos para extraer bien el agua, se trinchan finas, se saltean con 30 gr de mantequilla, se les mezclan 2 cucharadas de salsa bechamel y se sazona con sal. Se rellenan las tortillas, se enrollan, se colocan en una fuente que resista al horno y cuyo fondo se tendrá untado con una ligera capa de salsa bechamel, se cubren con el resto de la salsa, se espolvorean con el queso rallado, se rocían con el sobrante de la mantequilla derretida y se ponen en el horno para que tomen un color dorado.

HUEVOS BELVEDERE

4 huevos, 75 gr de jamón en dulce, una trufa, 300 gr de tomates, 100 gr de mantequilla, 600 gr de patatas, un decilitro de leche, 300 gr de guisantes, 200 gr de pan, una copita de jerez, 100 gr de champiñones, 2 decilitros de aceite, y 15 gr de harina.

Mondadas y limpias las patatas, se cuecen en agua y sal, se cuecen también los guisantes, mondados, luego se pasan por un tamiz, mezclando los dos colores. Se agrega una yema de huevo, mantequilla y leche, se mezcla bien, obteniendo un puré fino.

Se untan con mantequilla cuatro moldes de tarta, en el fondo se coloca un disco de jamón en dulce, encima se casca un huevo, se espolvorea con sal, y se cuecen en baño María al horno, teniendo cuidado de que las yemas no se lleguen a cuajar completamente.

Con el resto de la mantequilla se sofríen los champiñones, y el resto del jamón picado fino, se adiciona la harina y el jerez, los tomates previamente hervidos y pasados por un colador, y la trufa picada fina, se sazona con sal y se cuece hasta obtener una salsa espesa.

Se corta el pan a rodajas, se sofríe con el aceite, luego se coloca en una fuente, encima de cada rebanada de pan se pone un huevo, se cubre con salsa y se rodea con el puré, sirviéndose para ello de una manga con boquilla rizada, formando un cordón alrededor de los huevos.

CRÊPES A LA AURORA

100 gr de harina, 2 pechugas de gallina, una trufa, 40 gr de queso de Parma rallado, 3 huevos, una cebolla, una lata pequeña de foie-gras, 100 gr de mantequilla, 2 decilitros de leche, una zanahoria, un nabo y una cucharada de puré de tomate.

CALDO. En un puchero al fuego se pone un litro y medio de agua, las pechugas de gallina, el nabo, la zanahoria y la cebolla.

Cuando arranca el hervor se espuma, se sazona con sal y se hierve lentamente durante dos horas para obtener medio litro de caldo.

SALSA. Se derriten 40 gr de mantequilla y se le mezclan 40 gramos de harina y medio litro de caldo obtenido de las pechugas pasándolo por un colador. Se sazona con pimienta y nuez moscada y se cuece lentamente durante veinte minutos, removiéndolo de vez en cuando con un batidor. A media cocción se le adiciona el puré de tomate y al terminar ésta se agrega una yema de huevo.

RELLENO. Se pican las pechugas, pasándolas por una máquina de trinchar, y se les mezcla el foie-gras y 3 cucharadas de la salsa dicha, preparada de antemano, formando una pasta o relleno.

CRÊPES. En una vasija se echan 50 gr de harina, 2 huevos, la leche, una cucharada de queso rallado y 20 gr de mantequilla derretida; se sazona con sal y pimienta, se mezcla bien y se pasa por un colador.

Se pone encima de la lumbre, no muy fuerte, una sartén pequeña y con un pincel se unta ligeramente con mantequilla derretida. Seguidamente se echan 2 cucharadas de la mezcla o líquido preparado y se mueve rápidamente la sartén de modo que quede cubierto todo el fondo de la misma. Cuando se ha cuajado y tomado un poco de color, ayudándose con un tenedor se le da la vuelta para que adquiera color también del otro lado. Se deja en un plato y se repite la operación hasta tener 12 crêpes o tortillas muy delgadas.

PREPARACIÓN. Encima de cada crêpe se pone una capa del relleno preparado, se enrollan en forma de canalones y se ponen en una fuente que resista al fuego, previamente untada con mantequilla. Se cubren con la salsa, se espolvorean con la trufa picada y el queso rallado, se rocían con la mantequilla restante derretida y se meten unos minutos en el horno para que se gratinen.

Sírvanse inmediatamente.

PESCADOS Y MARISCOS

El primer requisito exigible en el pescado es que sea muy fresco. Las características de un pescado fresco son: los ojos brillantes, las agallas de un fuerte color rojo y la carne tersa, o sea bien dura.

Todo pescado, y en especial el pescado blanco, es tan nutritivo como la carne y se digiere con mayor facilidad.

El pescado, al igual que la carne, contiene las albúminas indispensables para reparar el desgaste de cuerpo humano, como también sales minerales, entre ellas el fósforo, que es de una extraordinaria importancia para la nutrición de los nervios y el cerebro.

Un pescado blanco, hervido, quitada la piel y condimentado con aceite, es el primer alimento sólido que en la mayoría de los casos suelen prescribir los médicos a los convalecientes, por su digestibilidad y valor nutritivo, siendo, además, muy tonificante para todos los que tengan el estómago delicado y para aquellos que toleren la carne con dificultad.

Otra de las cualidades que posee el pescado blanco es su adecuado empleo durante una dieta, por ser un verdadero tónico para el sistema nervioso, como igualmente en las cenas es muy conveniente sustituir la carne por un plato de pescado, lo que hace que el sueño sea más tranquilo y reparador, por su efecto de aliviar el trabajo del estómago.

FILETES DE LENGUADO A LA NORMANDA

1 kg 200 gr de lenguado, 2 trufas, 12 almejas gruesas, 600 gr de patatas, 200 gr de tomates, 100 gr de galleta picada, 100 gr de crema de leche, una lata de champiñones, 50 gr de harina, 2 decilitros de vino blanco, 200 gr de mantequilla, 2 decilitros de aceite, 4 huevos, media hoja de papel de barba, un limón y 6 langostinos.

Se saca la piel de los lenguados, se quitan los filetes (si éstos son grandes se parten horizontalmente por la mitad) y, apartando dos de ellos, se aplanan los restantes con la hoja de un cuchillo; se doblan, dándoles la forma de corbata, se colocan en una tartera untada con mantequilla y alrededor se ponen los langostinos pelados y los champiñones; se moja con un decilitro de agua y el vino blanco, se sazona con sal, añadiéndosele 25 gr de mantequilla y unas gotas de zumo de limón, se tapa con el papel de barba untado con mantequilla y se mete en el horno durante quince minutos.

SALSA NORMANDA. Se derriten 50 gr de mantequilla, agréganse 20 gr de harina, se añade el fumet, o sea el caldo de cocer el pescado, se cuece a fuego lento durante veinte minutos, removiéndolo de vez en cuando con un batidor, y a media cocción se le adiciona la crema de leche. Ya en su punto se le añaden, fuera del fuego, 2 yemas de huevo y 25 gr de mantequilla; finalmente, se pasa dicha salsa por un colador.

Los dos filetes de lenguado que tenemos apartados de antemano se cortan en tiras delgaditas de 10 cm de largo, formando un nudo, y se rebozan con harina, huevo batido y galleta picada.

Las almejas se cuecen durante cinco minutos con un poco de agua; luego se sacan de la concha, se pasan por la harina, huevo batido y galleta picada, y se fríen con el aceite. También se fríen con el mismo aceite los filetes de lenguado rebozados.

Se mondan las patatas, se cortan a trozos, se cuecen con agua sazonada con sal y seguidamente se escurren, se pasan por un tamiz y se les mezcla una yema de huevo y 15 gr de mantequilla. Se sazona con sal, pimienta y nuez moscada, se introduce en una manga provista con boquilla rizada, formando con ésta un cordón alrededor de una fuente que resista al fuego, y se mete unos minutos en el horno para que tome color.

Escaldados y mondados los tomates se trinchan y se cuecen con el resto de la mantequilla, sazonándose con sal.

Se cubre con un poco de salsa normanda el fondo de la fuente y encima de ésta se colocan los filetes de lenguado, los champiñones y la mitad de la trufa hecha a lonjas. Cúbrese todo con el resto de la salsa y se adorna la superficie con los filetes de lenguado, unos montoncitos de tomate espolvoreado con trufa picada, y las almejas fritas.

FILETES DE LENGUADO A LA WILSON

1 kg 200 gr de lenguado, un decilitro de vino blanco, 800 gr de patatas, una trufa, 6 langostinos, 250 gr de mantequilla, 4 huevos, un limón y media hoja de papel de barba.

Limpios los lenguados de la piel se sacan los filetes, se doblan en forma de corbata y se colocan en una tartera untada con mantequilla; se rocían con el zumo de limón y el vino blanco, se sazonan con sal y se cubren con el papel de barba untado con mantequilla, cociéndose a horno suave durante quince minutos.

SALSA VINO BLANCO. Se pone en una cacerolita al fuego el caldo o fumet de haber cocido los filetes de lenguado, pasándolo antes por un colador, y se hierve hasta reducir el líquido en cuatro cucharadas. Seguidamente se aparta de la lumbre y pasados unos cinco minutos se le adicionan las yemas de los huevos. Luego se pone en baño María al fuego, removiéndolo con viveza con un batidor hasta obtener una salsa espesa y esponjosa como una crema. A continuación se le adicionan, fuera del fuego y poco a poco, 175 gr de mantequilla derretida, siguiendo el mismo movimiento con el batidor, y se sazona con sal y pimienta blanca.

Se mondan las patatas y se preparan en forma de avellanitas sirviéndose para dicho fin de una cucharita; se fríen lentamente con el resto de la mantequilla, dándoles un color dorado, y se sazonan con sal.

Se cuecen los langostinos con agua sazonada con sal, se pasan por agua fría y se les saca el caparazón.

Los filetes de lenguado se colocan en una fuente redonda, formando círculo, se cubren con la salsa vino blanco y encima de cada filete se pone un disco de trufa. En el centro del círculo se colocan las patatas, se rodean los filetes de pescado con los langostinos y se adorna la fuente con discos de limón rallado.

Sírvese bien caliente.

FILETES DE LENGUADO A LA DIEPPAISE

1 kg 200 gr de lenguado, 6 langostinos pequeños, una lata de champiñones, 18 mejillones, un decilitro de vino blanco, 200 gr de mantequilla, un limón, 4 huevos y media hoja de papel de barba.

Limpios los lenguados de la piel se sacan los filetes, se aplanan con la hoja de un cuchillo, se sazonan con sal, se colocan en forma de corbata y se colocan en una tartera untada con mantequilla. Después se rocían con el vino blanco, unas gotas de zumo de limón y 25 gr de mantequilla derretida, adicionándoseles los langostinos desprovistos de la piel, los champiñones y trufa, todo cortado a tiras finas. Luego se cubren con el papel untado con mantequilla, se meten en el horno y se cuecen durante quince minutos.

Salsa vino blanco. Se pone en un cazo al fuego el caldo o fumet de haber cocido el pescado, que se habrá pasado antes por un colador, y se cuece, reduciendo el líquido de 4 a 5 cucharadas. Cuando está algo frío se le añaden 4 yemas de huevo, se arrima al fuego lento o en baño María y, removiendo con viveza con un batidor, se cuece hasta obtener una salsa espesa y fina. Después se le agrega poco a poco y fuera del fuego la mantequilla derretida, y se sazona con sal y una pizca de pimienta blanca.

En una fuente se esparcen 5 cucharadas de dicha salsa, encima se colocan los filetes de lenguado, se rodea con los mejillones hervidos y sacados de la cáscara, intercalando las tiras de trufas y champiñones y rodeándose también con unos discos de limón rallado.

FILETES DE LENGUADO A LA POMPADOUR

1 kg 200 gr de lenguado, 300 gr de mantequilla, 150 gr de miga de pan rallada, un kg de patatas, 3 huevos, 4 cucharadas de puré de tomate, una copita de vinagre estragón, un limón, una trufa, un perifollo y un decilitro de aceite.

Se derriten 100 gr de mantequilla.

Desprovistos los lenguados de la piel se sacan los filetes, se lavan, se aplanan con la hoja de un cuchillo, se sazonan con sal, se pasan por la mantequilla derretida, se rebozan ligeramente con la miga de pan, se enrollan en forma de turbante, se sujetan con un palillo y se colocan en una tartera. Luego se rocían con la mantequilla derretida y se ponen en el horno suave durante quince minutos.

Salsa royal. Se pone el vinagre en una cacerola pequeña y se cuece, reduciéndolo a la mitad; se adiciona el tomate y, una vez hervido (cinco minutos), se deja enfriar algo, mezclándole 3 yemas de huevo, y se vuelve al fuego lento, revolviéndolo con un batidor para que resulte una salsa espesa y fina. Después, fuera de la lumbre y poco a poco se le incorpora la mantequilla derretida, se sazona con sal y se añade un poco de perifollo picado o estragón fresco.

Se mondan las patatas y con la cucharita o molde conocido para este objeto se cortan en forma redonda al tamaño de avellanas y se fríen con el aceite hasta que adquieran un bonito color dorado.

Los filetes de los lenguados se colocan en una fuente y se les quitan los palillos. Luego se les cubre con la salsa, se les rodea con las patatitas y encima de cada uno se pone un disco de trufa.

FILETES DE LENGUADO A LA VENDOME

1 kg 200 gr de lenguado, 8 langostinos, 2 decilitros de vino blanco, una zanahoria, 6 escaloñas, una copita de coñac, 200 gr de mantequilla, 2 cucharadas de puré de tomate, un limón, 2 huevos, 50 gr de harina, media hoja de papel de barba, una trufa, media hoja de laurel y un ramito de tomillo.

Limpios los lenguados de la piel se les sacan los filetes, se aplanan ligeramente con la hoja de un cuchillo, se sazonan con sal, se doblan en forma de corbata y se colocan en una tartera untada con mantequilla. A continuación se rocían con zumo de limón y se añade el vino y un decilitro de agua, sazonándose con sal; se adicionan 25 gr de mantequilla, se tapa con el papel de barba y se cuece al horno durante quince o veinte minutos.

Salsa a la americana. Con 50 gr de mantequilla se rehogan las escaloñas y la zanahoria, todo cortado a trocitos, y cuando haya tomado un color dorado se le adiciona el laurel, tomillo y los langostinos; se rocían con el coñac y se enciende. Una vez apagado se le añade el tomate y un decilitro de agua, se sazona con sal, se cuece unos diez minutos, se sacan los langostinos y una vez algo fríos se les quitan las cáscaras y se machacan al mortero, obteniendo una pasta que se añadirá a la cacerola, agregándole 15 gr de harina y las espinas de los lenguados cortados a trozos, que se cuecen unos veinte minutos, pasándolo luego por un colador y exprimiéndolo bien para extraer la sustancia. Se vuelve al fuego y se sigue la cocción, removiéndolo con un batidor para que resulte una salsa espesa; se sazona con sal y pimienta y se le incorporan, fuera del fuego, 50 gr de mantequilla y una yema de huevo.

Salsa veloute. Se derriten 35 gr de mantequilla y se añaden 25 gr de harina y un cuarto de litro de caldo de haber cocido el pescado, pasándolo antes por un colador; se remueve de vez en cuando con un batidor y se cuece lentamente por espacio de veinte minutos, adicionándole, fuera del fuego y al terminar la cocción, una yema de huevo y 25 gr de mantequilla.

Presentación. Se esparcen 4 cucharadas de salsa americana en una fuente que resista al horno, encima se colocan los filetes de lenguado, se cubren con el resto de la salsa americana y sobre ésta se esparce la salsa Veloute, formando una reja. Se rodea con los langostinos, se adorna la superficie con lonjas de trufa y se mete unos segundos en el horno.

169

TURBANTES DE LENGUADO A LA WINDSOR

1 kg de lenguados, 4 langostinos; 300 gr de harina, 200 gr de manteca de cerdo, 150 gr de mantequilla, una trufa, una zanahoria, 100 gr de champiñones frescos, un limón, una hoja de papel de barba, una copita de coñac y un vaso de vino blanco.

PASTA DE HOJALDRE. Encima de un mármol se pone la harina formando un círculo, en el centro se echa un huevo (guardando un poco de yema), se agregan unas gotas de zumo de limón, 10 gr de manteca, un poco de sal y siete cucharadas de agua. Se mezcla todo bien y se amasa, primero con una cuchara y luego con las manos hasta obtener una pasta fina y compacta. Se estira ésta con un rodillo y se aplana, en el centro se coloca la manteca en forma de bola, se envuelve con la pasta y se aplana, se estira de nuevo y se le dan tres pliegues, se repite la misma operación y a continuación se vuelve a estirar dándole cuatro pliegues y luego otro de tres y finalmente se estira la pasta, se corta en discos y se forman unos pequeños vol-au-vent, se meten al horno cociéndolos hasta tomar un bonito color dorado.

Limpio el pescado y desprovisto de la piel y espinas, se obtienen los filetes, se enrollan en forma de turbantes, se colocan en una tartera, previamente untada con mantequilla y espolvoreada con harina, se aderezan con zumo de limón y se sazonan con sal, se adiciona el vino blanco y un poco de mantequilla derretida. Se cubren con papel de barba untado con mantequilla y se meten al horno dejándolos cocer por espacio de diez minutos.

Con las espinas del pescado, la cebolla y la zanahoria, se prepara un cuarto de litro de caldo de pescado. Derrítanse 50 gr de mantequilla, se le adiciona la cebolla y la zanahoria trinchada fina, se sofríe hasta que tome color dorado y se echan los langostinos, y después el coñac, se enciende éste y se sazona con sal, dejándolo cocer durante diez minutos. Seguidamente se sacan los langostinos, se les quita la cáscara y se machacan al mortero, y se les adiciona el caldo del pescado, se les da un hervor y luego se pasa todo por un colador.

Derrítase la mantequilla, se le adicionan 25 gr de harina y el caldo del pescado, se deja cocer durante quince minutos, y ya fuera del fuego, se le adicionan dos yemas de huevo y unas gotas de carmín vegetal.

En un poco de mantequilla, se saltean los champiñones y se colocan en el centro de los vol-au-vent, encima de éstos se ponen los turbantes de lenguado, se cubren con la salsa y se adicionan los langostinos y la trufa picada.

FILETES DE LENGUADO AL CAVA

1 kg de lenguados, un decilitro de cava seco, 3 huevos, un limón, 150 gr mantequilla, una trufa, 4 langostinos, media hoja papel de barba, 100 gr de champiñones.

Desprovistos los lenguados de piel y espina, se obtienen los filetes, se aplanan con la hoja de un cuchillo y se colocan en una tartera previamente untada con mantequilla, se sazona con sal, se rocían con zumo de limón y el cava, se adicionan los champiñones cortados a lonjas finas, se cubren con el papel de barba untado con mantequilla y se cuece al horno suave durante diez minutos.

Póngase en una cacerola el caldo del pescado pasado por un colador, se hierve unos minutos, se deja enfriar y se adicionan las tres yemas de huevo, se pone en baño María al fuego y se remueve con viveza con un batidor hasta obtener una salsa algo espesa y fina como una crema, adicionándole poco a poco y fuera del fuego la mantequilla derretida y se sazona con un poco de sal.

En una fuente se pone un poco de salsa, encima se colocan los champiñones, los filetes de lenguado, se cubren con la salsa y se adornan con los langostinos, lonjas de trufa y rodajas de limón.

TURBANTE DE LENGUADO A LA ALEXANDRA

1 kg de lenguado, 400 gr de langostinos, 25 gr de harina, 400 gr de merluza, 100 gr de champiñones; 100 gr de mantequilla, 3 huevos, una trufa, 2 cebollas, una zanahoria, una copita de coñac, un poco de aceite, 2 limones y unas gotas de carmín vegetal.

Limpios los lenguados, se sacan los filetes, se aplanan con la hoja de un cuchillo, se sazonan con sal y jugo de limón y se van colocando en un molde corona que tendremos previamente untado con mantequilla.

Se hierve la merluza con medio litro de agua, la cebolla, agregándole la sal necesaria. Luego se le quita la piel y espinas y se mezcla la merluza con los dos huevos y la mitad de la trufa picada, sazonándola con sal pimienta y nuez moscada. Se mezcla bien y se rellena el molde corona. Se cuece al baño María al horno durante media hora.

Con las espinas del lenguado y media cebolla, se prepara un cuarto litro de caldo. Con el aceite se sofríe la cebolla restante y la zanahoria, cortada a trocitos, se agregan los langostinos, se adiciona el coñac, se enciende, se sazona con sal y se dejan cocer a fuego lento durante diez minutos. A continuación se quitan las cáscaras de los langostinos y se machacan al mortero, se juntan con el caldo del pescado, agregándole también el contenido de la cacerola de los langostinos.

Limpios los champiñones, se hierven con un poco de agua, zumo de limón, sal y un poco de mantequilla. Derrítase la mantequilla, se adiciona la harina, el caldo de las espinas de los lenguados y se remueve con un batidor, dejándolo cocer por espacio de quince minutos adicionándole fuera del fuego una yema de huevo, unas gotas de carmín vegetal y el restante de la mantequilla.

Se vierte el molde en una fuente y se llena el hueco central con los champiñones y los langostinos cubriéndolo con la salsa y adornándolo con lonjas de trufa y rodajas de limón.

FILETES DE LENGUADO A LA MARGUERY

1 kg 200 gr de lenguado, 18 mejillones, 6 langostinos medianos, un decilitro de vino blanco, un limón, 200 gr de mantequilla, 3 huevos, una trufa y media hoja de papel de barba.

Desprovistos los lenguados de la piel se les quitan los filetes, se aplanan ligeramente con la hoja de un cuchillo, se sazonan con sal y unas gotas de zumo de limón, se doblan en forma de corbata y se colocan en una tartera untada con mantequilla. Seguidamente se agrega el vino, las espinas del pescado, 25 gr de mantequilla y los langostinos desprovistos de su caparazón, se sazona con sal, se tapa con la hoja de papel untado con mantequilla y se cuece al horno por espacio de quince minutos.

Salsa al vino blanco. Se pone el caldo de cocer el pescado, después de pasado por un colador, en una cacerola pequeña y se cuece hasta reducir el líquido a unas 4 cucharadas; se aparta del fuego, se le añaden las yemas de los huevos, se vuelve a arrimar la cacerola al fuego muy lento, revolviéndolo con viveza con un batidor hasta obtener una salsa espesa como una crema, y ya en este punto se separa de la lumbre, se le incorpora poco a poco la mantequilla derretida y se sazona con sal.

Se ponen los filetes de lenguado en una fuente; colocando a su alrededor los langostinos, intercalados con los mejillones desprovistos de las cáscaras; se cubre con salsa al vino blanco, se mete la fuente en el horno muy vivo, al objeto de que tome algo de color, y para evitar que la salsa hierva se pone debajo de la fuente una cacerola con agua fría.

Al servirlo se adorna la fuente con bonitos discos de trufa y rodajas de limón rallado.

FILETES DE LENGUADO AL GRATÍN ESPAÑOLA

1 kg 200 gr de lenguado, 125 gr de mantequilla, 100 gr de cebollas, 15 gr de queso de Parma rallado, 100 gr de langostinos, 100 gr de pan 2 decilitros de vino blanco, una lata de champiñones, 2 trufas, pepinillos en vinagre, 3 cucharadas de puré de tomate, 12 mejillones grandes y una hoja de papel de barba.

Limpio el lenguado de la piel se sacan los filetes, se aplanan con la hoja de un cuchillo y se rocían con unas gotas de zumo de limón.

Se colocan los filetes, en forma de corbata, en una tartera ligeramente untada con mantequilla, se añaden los langostinos desprovistos de cáscara y se rocía con el vino blanco; se agregan 25 gr de mantequilla, se sazona con sal, se cubre con el papel de barba untado con mantequilla y se cuece al horno durante quince minutos.

Se derriten 50 gr de mantequilla, se rehoga la cebolla picada fina y cuando haya tomado color se agregan los champiñones trinchados, reservando seis cabezas de éstos para el adorno. Luego se le incorpora una trufa y los pepinillos, todo bien picado, se añade el tomate y el líquido de haber cocido el pescado y se cuece a fuego lento unos quince minutos, sazonándolo con pimienta y nuez moscada.

Se colocan los filetes en una fuente, intercalando los langostinos y los mejillones, previamente hervidos y sacados de la cáscara. Después se cubre con la salsa, se adorna por encima con lonjas de trufa y las cabezas de los champiñones, se espolvorea con el queso, se rocía con la mantequilla y se pone en el horno para que tome color dorado.

FILETES DE LENGUADO A LA BAYALDIT

1 kg 200 gr de lenguado, 150 gr de merluza, un decilitro de vino blanco, 8 cangrejos de río, una lata de champiñones, una trufa, un limón, una cebolla, una zanahoria, 25 gr de harina, 250 gr de mantequilla, 3 huevos, una copita de coñac, unas gotas de carmín vegetal, 18 almejas, 1 kg de hielo y media hoja de papel de barba.

Limpios los lenguados de la piel se sacan los filetes, se aplanan con un cuchillo, se sazonan con sal y se rocían con zumo de limón. Se saca la piel y espina de la merluza y, junto con la mitad de la trufa se machaca al mortero. Luego se le añade una yema de huevo, se sazona con sal y pimienta y se pasa por un tamiz, obteniendo una pasta fina que se extenderá formando capa encima de los filetes; se doblan éstos juntando las dos puntas y se colocan en una tartera untada con mantequilla. A continuación se rocían con el vino blanco y 25 gr de mantequilla derretida, se sazonan con sal, se tapan con el papel de barba untado con mantequilla y se meten en el horno durante quince minutos.

Las espinas de los lenguados se ponen en una cacerola con medio litro de agua y media cebolla, dejándose cocer lentamente una media hora para obtener un cuarto de litro de buen caldo de pescado.

MANTEQUILLA DE CANGREJOS. Con 50 gr de mantequilla se rehoga el resto de la cebolla y la zanahoria, todo cortado a trocitos, y cuando haya tomado un color dorado se agregan los cangrejos. Seguidamente se tapa la cacerola, se le adiciona el coñac, se enciende y después de apagado se machaca todo al mortero y se vuelve a la misma cacerola, agregándole 100 gr de mantequilla. Se mete la cacerola en el horno, dejándola hasta que se observe que la mantequilla ha quedado clarificada y de un color dorado, y ya en este punto se tiene preparada una vasija con el hielo picado, agregándole un cuarto de litro de agua.

Encima de la vasija se coloca un paño fuerte, dentro de éste se echa el contenido de la cacerola donde están los cangrejos y se exprime bien para extraer todo el líquido, el cual al caer sobre el hielo quedará cuajado y duro. Entonces se saca con las manos y se pone en una cazuelita a derretir.

SALSA VELOUTE. Se derriten 50 gr de mantequilla y se le mezcla la harina y el caldo de haber cocido las espinas de los lenguados, pasándolo antes por un colador fino o por un paño. Seguidamente se le adiciona también el caldo de haber cocido los filetes de lenguado, pasándolo igualmente por un colador. Se cuece lentamente por espacio de veinte minutos, removiéndolo de vez en cuando con un batidor; se le adicionan, fuera del fuego, 2 yemas de huevo y 25 gr de mantequilla y se pasa asimismo por un colador, obteniendo una salsa finísima y de un color amarillento. A continuación se pone la mitad de dicha salsa en una cacerolita y se le añade la mantequilla de cangrejos y 2 o 3 gotas de carmín, resultando una salsa de color dorado.

Se limpian las almejas, se ponen en una cacerola al fuego con un poco de agua y se cuecen unos diez minutos; luego se sacan de la cáscara y se ponen en el centro de una fuente redonda. Alrededor de dichas almejas se colocan los filetes de lenguado en forma de abanico, se cubren éstos con las dos salsas, intercalando los dos colores, o sea, un filete de color rosa y otro de color amarillo, y se adorna colocando sobre cada filete una cabeza de champiñones y un bonito disco de trufa.

Las almejas se cubren con la salsa amarilla y se espolvorean con un poco de trufa trinchada fina.

TURBANTES DE LENGUADO A LA GRAND PALAIS

1 kg de lenguado, 20 gr de harina, 6 patatas del tamaño de un huevo, 200 gr de pan blanco, una copita de coñac, 12 langostinos, una cebolla, una zanahoria, 4 huevos, 2 calabacines pequeños, 150 gr de mantequilla, un decilitro de vino blanco, 2 trufas, una cucharada de puré de tomate, media hoja de papel de barba, 200 gr de merluza y 12 palillos.

Limpios los lenguados de la piel se sacan los filetes, se aplanan con la hoja de un cuchillo, se sazonan con sal, se rocían con zumo de limón, se espolvorean con una trufa picada muy fina, se enrollan, formando 12 turbantes, sujetándolos con un palillo, y se colocan en una tartera untada con 25 gr de mantequilla. Después se rocían con el vino blanco, se sazonan con sal, se tapan con el papel de barba untado con mantequilla y se meten en el horno durante diez o doce minutos.

Se pone al fuego en una cacerola medio litro de agua con las espinas de los lenguados previamente limpias y la merluza, se sazona con sal y se cuece por espacio de treinta y cinco minutos, obteniendo un caldo de pescado que se pasará por un colador.

Con 35 gr de mantequilla se rehoga la cebolla y las zanahorias, todo cortado a trocitos, y cuando haya tomado un color dorado se agregan los langostinos, se rocía en el coñac, se enciende, luego se adiciona el tomate y un cuarto de litro de caldo de las espinas del lenguado y se deja cocer durante diez minutos. Después se sacan los langostinos y, una vez desprovistos del caparazón, se machacan al mortero, se vuelven a la cacerola, se sigue la cocción y se pasa por un colador.

Salsa grand palais. En una cacerola se ponen al fuego 35 gr de mantequilla, se mezcla la harina y el líquido sacado de los langostinos, se remueve con un batidor, se cuece lentamente durante veinte minutos, se sazona con sal y al terminar la cocción se agregan, fuera del fuego, 25 gr de mantequilla y una yema de huevo.

Mondados los calabacines se cortan 8 discos de 4 cm de grueso, se vacían, formando unas cazuelitas, se cuecen con agua y sal, se escurren, se colocan en una tartera, se rocían con mantequilla y se meten unos minutos en el horno.

Se parten las patatas por la mitad, se forman unas barquitas y se cuecen con agua y sal.

Salsa vino blanco. En una cazuelita se pone el caldo (fumet) obtenido de los filetes de lenguado, que se habrá pasado antes por un colador, y se cuece reduciendo el líquido en 3 o 4 cucharadas. Cuando está algo frío se le adicionan 3 yemas de huevo y se pone en baño María al fuego, removiendo con viveza con un batidor hasta obtener una salsa espesa como una crema agregándole, fuera del fuego y poco a poco, 75 gr de mantequilla derretida. Después se rectifica con sal y con unas gotas de zumo de limón.

Desprovisto el pan de la corteza se cortan 12 discos de 1 cm de grueso, se untan con mantequilla y se meten en el horno para que tomen un color dorado.

Limpia la merluza de piel y espina se machaca al mortero, se le mezclan 3 cucharadas de salsa Gran Palais, se rellenan con dicha salsa las barquitas de patatas y se cubren los discos con una capa de lo mismo.

Se cortan a trocitos 6 langostinos, se mezclan con 2 cucharadas de salsa vino blanco y se rellenan las cazuelitas de los calabacines.

Presentación. Se colocan en una fuente los discos de pan y encima se ponen los turbantes de lenguado, se cubren con la salsa, intercalando los dos colores, se adornan con pequeñas lonjas de trufa y el resto de los langostinos y se rodean con los calabacines espolvoreados con trufa picada fina, intercalando las barquitas de patata.

TURBANTES DE LENGUADO A LA NEWBURG

1 kg de lenguado, 6 langostinos pequeños, 75 gr de arroz, 125 gr de mantequilla, una cebolla, una zanahoria, una copita de coñac, 150 gr de harina, 150 gr de tomates, 2 copitas de vino blanco, 2 tru-

fas, un decilitro de crema de leche, un limón, un huevo, 30 gr de manteca de cerdo, 12 palillos y media hoja de papel de barba.

Limpios los lenguados de la piel se sacan los filetes, se aplanan ligeramente con un cuchillo y se parten diagonalmente por la mitad. Luego se espolvorean con trufa picada fina, se rocían con un poco de zumo de limón y 25 gr de mantequilla y se sazonan con sal. A continuación se enrollan en forma de turbante, se sujetan con los palillos, se colocan en una tartera untada con mantequilla y se rocían con el vino blanco y 4 cucharadas de agua. Seguidamente se cubren con el papel de barba y se cuecen al horno por espacio de quince minutos.

BARQUITAS DE PASTA QUEMADA. Se ponen encima de un mármol 100 gr de harina formando un círculo en cuyo centro se echa la manteca de cerdo, un huevo y sal, mezclándose primero con una cuchara y después con las manos hasta obtener una pasta compacta, que se estira con un rodillo, dándole el grueso de algo menos de medio cm. Seguidamente se corta a trozos y se forran seis moldes de forma de barquitas grandes que se tendrán ligeramente untadas con mantequilla. Luego se pinchan sus fondos con un tenedor y se llenan con garbanzos o judías secas, se colocan sobre una hojalata, se meten en el horno para que tomen un color dorado y se sacan los garbanzos.

SALSA NEWBURG. Se ponen en una cacerola al fuego 50 gr de mantequilla, se agrega una cebolla y una zanahoria, todo mondado y cortado a trocitos, y se rehoga hasta que tenga un color dorado. A continuación se añaden los langostinos y el coñac, se enciende y una vez apagado se agrega el resto del vino blanco y los tomates, hervidos y pasados por un colador; se sazona con sal y se cuece unos diez minutos, se sacan los langostinos y después de pelados se machacan las cáscaras y las cabezas al mortero y se vuelven a la cacerola junto con la salsa. Luego se le incorporan 15 gr de harina y el caldo de haber cocido los lenguados, se cuece durante veinte minutos a fuego lento, se pasa por un colador fino, se vuelve al fuego, agregándole la crema de leche, y se remueve con un batidor hasta obtener una salsa bien espesa, a la que se adicionarán, fuera del fuego, 50 gr de mantequilla.

Se cuece el arroz con agua y sal por espacio de veinte minutos, se pasa por agua fría y se escurre.

PRESENTACIÓN. Las barquitas se colocan en una fuente, se llenan con el arroz salteado con la mantequilla restante y encima de éste se ponen los turbantes de lenguado. Se cubren éstos con la salsa, se adornan poniendo en el centro de cada uno un disco de trufa y se separan, colocando en el centro los langostinos.

FILETES DE LENGUADO A LA AMERICANA

1 kg 200 gr de lenguado, un limón, 2 decilitros de vino blanco, 175 gr de mantequilla, 2 zanahorias, 8 escaloñas, apio, 8 langostinos, una copita de coñac, 400 gr de tomates, una cebolla, 200 gr de arroz, un limón, un poco de curry, pimienta y una hoja de papel de barba.

Se unta con un poco de mantequilla una tartera, se colocan en ella 12 filetes de lenguado de tamaño regular y doblados en forma de corbata y se sazona con sal, un poco de zumo de limón y un decilitro de vino blanco; se agregan unos trocitos de mantequilla, se tapa con un papel de barba y se cuece al horno durante quince minutos.

Salsa americana. Rehóguense en una cacerola con 50 gr de mantequilla 2 zanahorias, 8 escaloñas y un ramito de apio, y cuando adquiera un color dorado se agregan 8 bonitos langostinos; se rehoga unos minutos y se rocía con una copita de coñac, se enciende, luego se adiciona un decilitro de vino blanco y 400 gr de tomates mondados y trinchados, se sazona con sal y pimienta y se cuece durante quince minutos. Seguidamente se sacan los langostinos, se les quitan los caparazones y se machacan al mortero, se agrega a la cacerola, adicionándole el caldo (fumet) de haber cocido los filetes de lenguado, y se cuece a fuego lento por espacio de veinte minutos. A continuación se pasa todo por un colador, exprimiéndolo bien para extraer toda la sustancia, se vuelve a poner al fuego y se cuece hasta que resulte una salsa espesa, a la que se incorporarán, fuera del fuego, 50 gr de mantequilla.

Se cuecen las espinas de los lenguados por espacio de treinta minutos con la cebolla y un litro de agua sazonada con sal, obteniendo un buen caldo de pescado, que se pasará por un colador.

Póngase medio litro de dicho caldo en una cacerola y cuando hierve se agregan 200 gr de arroz y un poco de curry en polvo, cociéndose unos veinte minutos a fuego lento y sin removerlo y obteniendo un arroz seco, con el cual se llenan unos moldecitos. Con el resto del arroz se forma un zócalo en una fuente, encima se colocan los filetes de lenguado y se rodean con los moldecitos de arroz, se cubre el pescado con la salsa americana y se adorna con los langostinos y unas rodajas de limón.

FILETES DE LENGUADO DESLYS

1 kg de lenguado, 150 gr de mantequilla, 20 gr de harina, 400 gr de patatas, 6 langostinos, un limón, 10 gr de queso de Parma rallado, una trufa, un decilitro de vino blanco, media hoja de papel de barba, una cebolla, 200 gr de tomates y una lata de champiñones.

Desprovistos los lenguados de la piel y sacados los filetes se aplanan éstos con la hoja de un cuchillo, se sazonan con sal, se doblan en forma de corbata y se colocan en una tartera untada con mantequilla y cubierto el fondo con los champiñones cortados a lonjas. Seguidamente se rodean con los langostinos pelados y se rocían con unas gotas de zumo de limón, 25 gr de mantequilla derretida y el vino blanco. Luego se sazona con sal y se cuece al horno, con el papel de barba untado con mantequilla, durante diez minutos.

Las espinas del pescado se ponen en una cacerola con medio litro de agua y la cebolla partida por la mitad, y se hierve hasta reducir el líquido a la mitad.

Mondadas las patatas se cortan a trozos, se hierven con agua y sal, luego se escurren, se pasan por un tamiz y se les mezcla una yema de huevo y 25 gr de mantequilla, obteniendo un puré fino.

Salsa veloute. Se ponen a derretir 50 gr de mantequilla y se añade la harina y el caldo obtenido de las espinas, pasándolo por un colador. Después se agrega un cuarto de litro de caldo de haber cocido los filetes de lenguado, se sazona con sal, pimienta y nuez moscada y se cuece lentamente durante veinte minutos, removiéndolo de vez en cuando con un batidor. Terminada la cocción se añade, fuera del fuego, una yema de huevo y 10 gr de mantequilla.

Mondados los tomates se les quita la semilla, se trinchan y se cuecen con 25 gr de mantequilla.

Por todo el alrededor de una fuente que resista al fuego se forma un cordón con el puré de patatas puesto en una manga con boquilla rizada, se cubre el fondo de dicha fuente con una ligera capa de salsa veloute y encima se colocan los filetes de lenguado, intercalándolos con los champiñones. Se cubre el pescado con el resto de la salsa, se adorna la superficie con los langostinos y bonitas lonjas de trufa, se espolvorea con el queso, se rocía con la mantequilla derretida y se mete en el horno para que tome color.

Al momento de servirlo se adorna con unos puntitos de tomate intercalados con los langostinos.

FILETES DE LENGUADO AL GRATÍN

1 kg 200 gr de lenguado, 150 gr de mantequilla, 20 gr de harina, 400 gr de patatas, 2 huevos, 6 langostinos, un limón, 10 gr de queso de Parma rallado, una trufa, un decilitro de vino blanco, media hoja de papel de barba, una cebolla y 12 almejas.

Desprovistos los lenguados de la piel y sacados los filetes se aplanan éstos con la hoja de un cuchillo, se sazonan con sal, se doblan en forma de corbata, se colocan en una tartera untada con mantequilla y se rodean con los langostinos pelados. Seguidamente se rocía con unas gotas de zumo de limón, 25 gr de mantequilla derretida y el vino blanco, se sazona con sal y se cubre con el papel de barba untado con mantequilla cociéndose al horno durante diez minutos.

Mondadas las patatas se cortan a trozos, se hierven con agua y sal, luego se escurren, se pasan por un tamiz y se les mezcla una yema de huevo y 25 gr de mantequilla, obteniendo un puré fino.

SALSA VELOUTE. Se ponen 50 gr de mantequilla en una cacerola al fuego, adicionándosele la harina y medio litro del caldo obtenido de haber cocido los filetes de lenguado. Después se sazona con sal, pimienta y nuez moscada y se cuece lentamente durante veinte minutos, removiéndolo de vez en cuando con un batidor.

Terminada la cocción se añade, fuera del fuego, una yema de huevo y 25 gr de mantequilla. Con el puré de patata puesto en una manga se forma un cordón por todo el alrededor de una fuente que resista al fuego, se cubre el fondo de dicha fuente con una ligera capa de salsa veloute y encima se colocan los filetes de lenguado, intercalándolos con las almejas hervidas y sacadas de la cáscara. A continuación se cubre el pescado con el resto de la salsa, se adorna la superficie con los langostinos y bonitas lonjas de trufa, se espolvorea con el queso, se rocía con la mantequilla derretida y se mete en el horno para que tome color.

LENGUADO A LA MEUNIÈRE

6 lenguados de 150 gr cada uno, 150 gr de mantequilla, 3 limo-nes, 50 gr de harina, un pepinillo en vinagre, perejil, 2 decilitros de aceite y un pimiento morrón.

Limpios los lenguados de la piel oscura y de la cabeza se les hace una pequeña incisión en toda su longitud en la parte central, se sazonan con sal, se rocían con el zumo de medio limón y se pasan por la harina.

Se pone en una sartén al fuego la mitad de la mantequilla y el aceite, y cuando está caliente se fríen lentamente los lenguados de modo que tengan un bonito color dorado de los dos costados. Ya en este punto se colocan en una fuente ovalada, adornándose ésta con discos de limón rallado y pepinillos y unos triángulos de pimiento.

Se saca la piel de un limón y toda la capa blanca de éste se corta a rajas delgadas, colocando dos o tres de éstas encima de cada lenguado.

En la misma sartén de haber frito los lenguados se agrega la mantequilla restante, se arrima al fuego y cuando tenga un color dorado se le adiciona el zumo de limón. Seguidamente se echa sobre los lenguados, espolvoreándolos con perejil frito

LENGUADO A LA COLBERT

6 lenguados de 150 gr cada uno, 2 huevos, 200 gr de galleta picada, 75 gr de harina, medio litro de aceite, 150 gr de mantequi-lla, un limón, perejil y una hoja de papel de barba.

Se sacan las pieles de los lenguados, se les cortan las cabezas y luego con un cuchillo pequeño se abren por el medio en todo su largo hasta tocar la espina central. Después se despegan algo de cada lado los dos filetes, sin terminar de sacarlos, dejándolos abier-tos en forma ovalada y quedando la espina al descubierto. Seguida-mente se sazonan con sal y zumo de limón, se rebozan con harina, huevo batido y galleta picada, se aplanan con la hoja de un cuchillo para sujetar la galleta y a continuación se fríen con el aceite.

MANTEQUILLA A LA MAYORDOMO. Se mezcla con la mantequilla un poco de perejil picado y unas gotas de zumo de limón y sal, se forma un cilindro, se enrolla con el papel de barba y se guarda en sitio fresco. Con la punta de un cuchillo se quita la espina central de los lenguados que están fritos y en el hueco se pone la mantequilla cortada a discos.

Sírvase en una fuente con servilleta adornado con limón y perejil frito.

MEDALLONES DE PESCADO A LA POMPADOUR

300 gr de rape, 200 gr de merluza, una trufa, 125 gr de harina, un cuarto de litro de aceite, 150 gr de mantequilla, 200 gr de galleta picada, 4 huevos, 4 cucharadas de puré de tomate, media copita de vinagre estragón, 2 berenjenas gruesas, una cebolla y un limón.

Se limpia el pescado y a los langostinos se les quitan los caparazones, se pone en una cacerola con un litro de agua, sal y una cebolla, y se hierve unos veinte minutos.

Se derriten 50 gr de mantequilla, se agregan 75 gr de harina y medio litro de caldo del pescado, pasándolo por un colador, se sazona con pimienta y nuez moscada y se cuece lentamente por espacio de veinte minutos. Terminada la cocción, se le mezcla el pescado desprovisto de piel y espinas y hecho a trocitos, se añade la mitad de la trufa y una yema de huevo, se mezcla bien y se deja enfriar.

SALSA ROYAL. En una cacerolita al fuego se pone el vinagre de estragón, se le da un hervor, se agrega el tomate y se cuece unos cinco minutos. Luego se aparta del fuego y se le incorporan 3 yemas de huevo, se vuelve a la lumbre, muy lenta, y se remueve con un batidor hasta obtener una salsa espesa como una crema. Seguidamente se le adiciona, fuera del fuego y poco a poco, el resto de la mantequilla derretida, se sazona con sal y se añade un poco de perifollo trinchado.

Se mondan las berenjenas, se cortan 6 discos de 3 cm de grueso, se sazonan con sal, se pasan por la harina, se fríen con aceite y se colocan en una fuente.

Se espolvorea un mármol con harina, se echa encima el picadillo de pescado y se forman 6 medallones que se pasan por harina, huevo batido y galleta picada, y se fríen con aceite, dándoles un color dorado.

Se colocan los medallones encima de las berenjenas, se cubren con la salsa Royal y se adorna la superficie con los langostinos partidos horizontalmente por la mitad formando un anillo, colocando en el centro de éstos un disco de trufa y rodeándose con rodajas de limón.

FLAN DE PESCADO A LA ROSALÍA

*400 gr de rape, 300 gr de merluza, 4 huevos, 85 gr de mante-
quilla, 20 gr de harina, una trufa, 10 almejas, un manojo de espárragos, 2 cucharadas de puré de tomate, media hoja de papel de
barba, 15 gr de queso de Parma rallado y una cebolla.*

Limpio el pescado de piel y espinas se pica fino, se echa en una
cacerola, agregándole 3 huevos, se sazona con sal, pimienta y nuez
moscada, se llena un molde flanera que tendremos untado con
mantequilla y cubierto su fondo con un disco de papel, y se cuece
en baño María al horno durante una hora.

Se pelan los espárragos, cortándose las puntas a 7 cm de largo,
y se cuecen con agua sazonada con sal. Luego se escurren, se
colocan en una tartera formando hilera con las puntas bien igualadas, se espolvorean con queso, se rocían con un poco de mantequilla derretida y se meten en el horno para que tomen un color
dorado.

Se pone la espina del pescado y la piel en una cacerola con
medio litro de agua y la cebolla se sazona con sal y se cuece lentamente por espacio de media hora.

En un cazo se ponen las almejas con un decilitro de agua, se
arrima al fuego y se cuecen unos cinco minutos.

Se derriten 50 gr de mantequilla, se le mezcla la harina y un
cuarto de litro de caldo obtenido con las espinas del pescado, se
sazona con sal, pimienta y nuez moscada, y se cuece unos veinte
minutos, removiendo de vez en cuando con un batidor. Terminada
la cocción se le adiciona, fuera del fuego, una yema de huevo.

Se preparan 10 discos de trufa y el resto de ésta se trincha y se
mezcla con el tomate, un decilitro de caldo del pescado y un poco
de mantequilla, se cuece unos diez minutos y con este preparado se
cubren las almejas y se meten unos minutos en el horno.

Se vierte el molde del pescado en una fuente redonda, se cubre
con la salsa, se adorna la superficie con discos de trufa y se rodea
con las almejas, intercalando las puntas de los espárragos.

Sírvase bien caliente.

PASTEL DE PESCADO CON SALSA GENOVESA

*300 gr de merluza, 300 gr de rape, 2 trufas, 200 gr de salmón,
4 huevos, 30 gr de fécula de patata, 150 gr de langostinos, 50 gr de
miga de pan, una copita de jerez, una copita de coñac, un decilitro*

de aceite, una cucharada de vinagre, unas gotas de salsa India, un poco de mostaza, un pimiento morrón, 25 gr de alcaparras y 50 gr de atún en conserva.

Se limpia el pescado y, desprovisto de piel y espinas, se corta el rape y la merluza a trozos, pasándose por una máquina de picar. Igualmente se pasará el pan remojado con la leche, colocándose todo en una vasija. Luego se añade el salmón, las trufas y los langostinos hervidos y pelados (todos estos ingredientes hechos a trocitos), la fécula de patata,.2 huevos, el jerez y el coñac, y se sazona con sal, pimienta y nuez moscada; se mezcla bien, se llena un molde cuadrilongo que se tendrá untado con aceite y cubierto el fondo con papel de barba, y se cuece en baño María al horno por espacio de una hora y cuarto. A continuación se retira del fuego, se coloca una madera encima del pescado, que encaje en el molde, y encima de ésta se pone un peso de 3 a 5 kilos, dejándolo en sitio fresco por espacio de seis a ocho horas. Luego se pasa un cuchillo por todo el alrededor, se saca el pastel del molde, se corta a rajas de 1 cm de grueso y se colocan en una fuente cubierta con una servilleta, adornándose con hojas de perejil.

SALSA GENOVESA. Se pone en una ensaladera una yema de huevo, la mostaza, la salsa India y el vinagre y sal; se mezcla bien y se agrega el aceite poco a poco, removiéndolo con viveza con un batidor hasta obtener una mayonesa espesa. Seguidamente se añade un huevo duro, las alcaparras, el pimiento morrón, un poco de perejil (todo machacado al mortero y pasado por un tamiz) y el atún, también pasado por un tamiz.

Se sirve en una salsera y es una salsa exquisita para acompañar toda clase de pescado frito.

CHULETAS DE PESCADO A LA SAN FLORENTINO

250 gr de rape, 250 gr de merluza, 6 langostinos, un cuarto de litro de aceite, 200 gr de galleta, una trufa, 150 gr de harina, 4 huevos, 600 gr de guisantes, 400 gr de patatas, 200 gr de tomates, 100 gr de mantequilla, una cebolla, un limón, 2 zanahorias y una hoja de laurel.

Se pone al fuego una cacerola con el pescado y los langostinos previamente bien limpios, se añade el laurel, media cebolla, una zanahoria y un litro de agua, y cuando empieza a hervir se espuma, se sazona con sal y se cuece lentamente unos veinte minutos.

Luego con una espumadera se saca el pescado, se le quitan las espinas y la piel, y se corta a trocitos; igualmente se cortan los langostinos, guardando las cabezas.

Se derrite la mitad de la mantequilla, se le mezclan 80 gr de harina y medio litro de caldo obtenido del pescado, se sazona con pimienta y nuez moscada, y se cuece unos veinte minutos, removiéndolo de vez en cuando con un batidor. Después se agrega el pescado, los langostinos, la trufa picada y 2 yemas de huevo, obteniendo una pasta espesa que se vierte en un plato, dejándola enfriar. A continuación se forman 6 chuletas que se pasan por harina y huevo batido, se rebozan con la galleta molida, se igualan con la hoja de un cuchillo y se fríen con el aceite.

Se cuecen las patatas y los guisantes con agua y sal, se escurren, se pasan por un tamiz y se añaden 20 gr de mantequilla y una yema de huevo, obteniendo un puré fino

Con la mantequilla restante se rehogan la cebolla y la zanahoria, todo cortado a trocitos, y cuando tenga un color dorado se adicionan 20 gr de harina, un cuarto de litro de caldo del pescado y los tomates partidos por la mitad, se sazona con sal y pimienta, se cuece lentamente por espacio de media hora y se pasa por un colador.

PRESENTACIÓN. En el centro de una fuente se coloca el puré de patatas y guisantes, formando una pirámide, y alrededor se pone el tomate y las chuletas de pescado, colocando en la punta de cada una de éstas una cabeza de langostino formando el mango y adornándose la fuente con rodajas de limón y hojas de perejil.

TRONCO DE PESCADO

6 langostinos, 200 gr de merluza, 200 gr de rape, 100 gr de fécula de patata, una trufa, 85 gr de mantequilla, 35 gr de harina, una cebolla y una hoja de papel de barba.

Se ponen en un perol 4 claras de huevo y se baten a punto de nieve, se agregan las yemas que habremos dejado en las cáscaras y se sazona con sal, se añade la fécula de patata y se mezcla suavemente junto para que ésta desaparezca. Seguidamente se vierte encima de una placa de pastelero que tendremos cubierta con un papel de barba untado con mantequilla y espolvoreado con harina, se forma una capa bien igual que tenga aproximadamente 1 cm de espesor, se mete en el horno, se cuece por espacio de diez a doce minutos y se saca, despegándolo del papel.

Se limpia el pescado y los langostinos, se pone en una cacerola al fuego con medio litro de agua sazonada con sal, se añade la cebolla y se cuece unos veinte minutos. Luego se saca el pescado y los langostinos, se quitan las espinas y la piel, y se corta a trocitos.

SALSA VELOUTE. Se derriten 40 gr de mantequilla, se añaden 20 gr de harina y un cuarto de litro de caldo del pescado, pasándolo por un colador, se sazona con sal, pimienta y nuez moscada, y se cuece unos veinte minutos, removiéndolo de vez en cuando con un batidor. Al terminar la cocción se le incorpora, fuera del fuego, una yema de huevo, la mitad de la trufa trinchada, el pescado y los langostinos, hecho a trocitos, se mezcla suavemente, se echa encima de la plancha de bizcocho, formando el tronco, y se coloca en una fuente, adornándose la superficie con unos discos de huevo duro y pequeños discos de trufa.

MAYONESA DE PESCADO A LA PARISIÉN

300 gr de merluza, 400 gr de rape, 8 langostinos pequeños, 3 huevos, 200 gr de patatas, 200 gr de guisantes, un cuarto de litro de aceite, una cucharada de vinagre, 18 gr de cola de pescado, 2 kilos de hielo, una trufa, 2 zanahorias, 2 nabos, una cebolla, perifollo y mostaza.

Se limpia el pescado y los langostinos, se pone a hervir con medio litro de agua, sal y la cebolla, y se cuece durante veinte minutos.

GELATINA DE PESCADO. Se pone en una cacerola un cuarto de litro de caldo de haber cocido el pescado, un poco de perifollo picado y una clara de huevo, se bate con un batidor, se arrima al fuego y se remueve con el mismo batidor. Cuando esté bien caliente, sin que hierva, se le añaden 3 hojas de cola de pescado y no se para de remover hasta que empieza a hervir; se sigue la cocción a fuego lento por espacio de diez minutos y luego se pasa por un paño mojado con agua fría.

Se mondan las zanahorias, se cortan 12 rodajas delgadas y el resto, junto con los nabos, se corta a cuadritos, se cuece con agua durante veinticinco minutos, a media cocción se le agregan las patatas mondadas y cortadas a cuadritos, y una vez en su punto se escurre y se deja enfriar.

Se hierven 2 huevos duros durante doce minutos y se ponen en agua fría.

SALSA MAYONESA. En una vasija se echa una yema de huevo, el vinagre, la mostaza, sal y pimienta, se mezcla todo y se deja macerar durante cinco minutos; luego se va echando poco a poco el aceite, removiendo con viveza con un batidor, y se sigue la misma operación hasta obtener una salsa mayonesa espesa.

Se rodea con hielo picado un molde, en el interior se echan cinco cucharadas de gelatina, y cuando está cuajado se adorna el fondo con los langostinos pelados, discos de trufas, discos de huevos duros y rodajas de zanahoria, formando un bonito dibujo. Seguidamente se fija éste con 4 cucharadas de gelatina, luego se agrega el pescado, desprovisto de piel y espinas y hecho a trocitos, teniendo la precaución de que no toque las paredes del molde, se termina de echar la gelatina y se deja cuajar.

El resto de la cola de pescado se pone a diluir a fuego lento con una cucharada de agua y se añade a la salsa mayonesa, agregando a la misma los guisantes, las patatas, zanahorias y nabos. Después se mezcla todo, se termina de llenar el molde y se deja hasta que esté cuajado.

Para servirlo se pasa con agua tibia y se vierte en una fuente.

FLAN DE PESCADO A LA HOLANDESA

400 gr de rape, 400 gr de merluza, 150 gr de langostinos, 125 gr de mantequilla, 6 huevos, una trufa, un limón, un decilitro de leche y media hoja de papel de barba.

Se limpia el pescado y, desprovisto de piel y espinas, se pasa por una máquina de picar; se le mezclan 3 huevos, la leche y los langostinos, pelados y cortados a trozos, sazonándose con sal, pimienta y nuez moscada.

Se unta un molde flanera con mantequilla y en el fondo se coloca un disco de papel de barba también untado. Luego se llena el referido molde con el picadillo de pescado y se cuece al horno y en baño María durante cuarenta minutos.

SALSA HOLANDESA. En una cacerola se ponen al fuego 3 yemas de huevo, 3 cucharadas de agua, se coloca aquélla en baño María al fuego y se comienza a revolver con viveza con un batidor hasta que resulte una salsa fina y espesa. Seguidamente se añade, poco a poco y fuera del fuego, la mantequilla derretida, y se sazona con sal y unas gotas de zumo de limón.

Se quita el pescado del molde, se presenta en una fuente redonda, se cubre con la salsa holandesa y se adorna la superficie con unos discos de trufa.

DELICIAS DE PESCADO A LA ROYAL

300 gr de rape, 250 gr de merluza, 6 langostinos, 125 gr de mantequilla, 200 gr de galleta picada, 4 huevos, un cuarto de litro de aceite, 15 gr de harina de trufa, 200 gr de tomates, una cebolla, 600 gr de guisantes y una cucharada de vinagre estragón.

Limpio el pescado se pone al fuego en una cacerola con los langostinos y medio litro de agua, se añade la cebolla, se sazona con sal y se cuece durante quince minutos, espumándolo al arrancar el hervor. Luego se saca el pescado y los langostinos y se ponen en un plato.

Se derriten 50 gr de mantequilla, se agregan 40 gr de harina y se mezcla. Seguidamente se añade un cuarto de litro de caldo de haber hervido el pescado, se remueve de vez en cuando con un batidor y se cuece por espacio de veinte minutos, adicionándole el pescado y los langostinos, todo desprovisto de piel y espinas y hecho a trocitos. Después añádese una yema de huevo y la trufa, conservando 6 bonitos discos (también se guardarán las cabezas de los langostinos), se coloca la mescolanza del pescado en un plato y se deja enfriar. A continuación se pone encima de un mármol espolvoreado con harina y se hacen del pescado preparado seis partes, formando unos discos que se pasan por huevo batido y por galleta picada y se fríen con el aceite.

SALSA ROYAL. En una cacerolita al fuego se pone el vinagre estragón, se le da un hervor, se agregan los tomates previamente hervidos, escurridos y pasados por un colador, y se hierve hasta obtener una salsa espesa y fina, a la que se incorporará poco a poco, al retirarla de la lumbre, la mantequilla derretida. A continuación se sazona con sal y se añade un poco de perifollo y unas hojas de estragón fresco, todo picado fino.

Se ponen los discos de pescado en una fuente figurando una estrella, se cubren con la salsa y se colocan formando el mango una cabeza de langostino. A continuación se pone un disco de trufa en el centro de cada chuleta y en medio de la fuente se colocan los guisantes hervidos y salteados con mantequilla.

GALANTINA DE PESCADO

1 kg de merluza, 150 gr de langostinos, 12 mejillones, 50 gr de fécula de patata, 2 huevos, un decilitro de leche, 50 gr de miga de pan, 2 claras de huevo, 2 copitas de jerez, un nabo, 2 zanahorias, 2 trufas, una cebolla, una hoja de laurel, un ramito de tomillo, 25 gr de cola de pescado, 300 gr de rape, y perifollo.

Se elige la merluza de tamaño mediano y de la parte de la ventrecha, se limpia, se le cortan las aletas, se abre, se le quita la espina dorsal y con la hoja de un cuchillo se va sacando toda la carne que sea posible, teniendo precaución de no romper la piel.

Limpio el rape se hacen 4 filetes y el resto se pasa por una máquina de trinchar junto con los trozos de la merluza y el pan remojado con la leche. Luego se mezclan los langostinos cortados a trocitos, los mejillones sacados de las cáscaras, la fécula de patata, un huevo duro cortado a trozos, el otro huevo y la mitad del jerez, se sazona con sal, pimienta y nuez moscada.

Se coloca bien extendida la piel de la merluza sobre un paño untado de aceite, en el centro se pone la mitad del picadillo y luego los filetes de rape intercalados con las trufas cortadas a tiras, cubriéndose con el resto del picadillo. Luego se enrolla con el paño, con la precaución de que los extremos de la piel se junten, y se ata por los costados con bramante, haciendo encima de la galantina cuatro o cinco ataduras más. Entonces se pone en una cacerola con 4 litros de agua, las zanahorias, el nabo, la cebolla y las hierbas, se sazona con sal y se cuece durante una hora con la cacerola tapada. Transcurrido este tiempo se deja enfriar algo, se desata, se vuelve a apretar dentro del mismo paño, se vuelve a atar y se prensa, poniéndole encima cuatro o cinco kilos de peso. A continuación se deja en sitio fresco durante doce horas, se desata, se corta a rajas y se coloca en una fuente con servilleta.

Gelatina. Se pone en un cazo medio litro del caldo de haber cocido la gelatina y se le añaden 2 claras de huevo, el jerez y un poco de perifollo. Seguidamente se mezcla bien, se arrima al fuego y cuando está bien caliente, sin que arranque el hervor, se le añade la cola de pescado, bien remojada en agua fría y escurrida. Luego se sigue removiendo y cuando empieza a hervir se cuece lentamente unos veinte minutos, se pasa por un paño mojado con agua fría y se coloca en sitio fresco o bien sobre hielo picado.

La gelatina se corta a triángulos o medias lunas y se coloca todo alrededor de la galantina.

CONCHAS DE PESCADO DUNKERQUE

400 gr de merluza, 200 gr de rape, 40 gr de harina, 12 langostinos, 6 gambas, 15 gr de queso, una cebolla, 75 gr de mantequilla, un huevo, una lata de champiñones y perejil.

Limpio el pescado se pone en una cacerola al fuego con un litro de agua, los langostinos y una cebolla, se sazona con sal y se cuece durante veinticinco minutos, espumándolo apenas empieza a hervir. A continuación se saca el pescado y se deja enfriar.

Salsa. Se derriten 35 gr de mantequilla, se le añade la harina y se mezcla. Luego se le adiciona medio litro de caldo de haber cocido el pescado, se remueve de vez en cuando con un batidor y se cuece lentamente durante veinte minutos. Transcurrido este tiempo se le agrega, fuera del fuego, una yema de huevo.

Se pone una cucharada de dicha salsa en cada concha y se añaden los champiñones cortados a lonjas y salteados con mantequilla.

Desprovisto el pescado de piel y espinas se corta a trocitos, se llenan seis conchas y se aplanan ligeramente con una cuchara. Luego se cubren con la salsa y encima se coloca una gamba sin cáscara, partida horizontalmente por la mitad y puesta en el centro formando un anillo. Después se espolvorean con el queso, se rocían con el resto de la mantequilla derretida, se mete en el horno para que tomen color dorado y se sirven en una fuente cubierta con servilleta, adornándose con hojas de perejil y lonjas de trufa.

CONCHAS DE PESCADO A LA AVIÑONESA

400 gr de merluza, 300 gr de rape, 6 langostinos pequeños, 40 gr de harina, 400 gr de patatas, 3 huevos, una lata de champiñones, 75 gr de mantequilla, una cebolla y 10 gr de queso rallado.

Se limpia el pescado, se pone en una cacerola junto con los langostinos, medio litro de agua, sal y la cebolla, y se cuece durante veinte minutos.

Mondadas las patatas se cortan a trozos y se cuecen con agua y sal; luego se escurren, se pasan por un tamiz y se les mezcla una yema de huevo y un trocito de mantequilla, obteniendo un puré muy fino.

Se derriten 40 gr de mantequilla y se les mezcla la harina y el caldo obtenido del pescado, pasándolo por un colador; se sazona con pimienta y nuez moscada, se cuece por espacio de veinte minutos, removiéndolo de vez en cuando con un batidor, y se agrega, fuera del fuego, una yema de huevo. Desprovisto el pescado de piel y espinas y cortado a trocitos se llenan 6 conchas, se adicionan los champiñones cortados a lonjas, se cubre el pescado con la salsa y se adorna la superficie con langostinos y discos de huevo duro.

Se pone el puré de patatas en una manga con boquilla rizada y se forma un cordón alrededor del pescado.

Seguidamente se espolvorean con el queso rallado, se rocían con el resto de la mantequilla derretida y se meten en el horno para que tomen color dorado.

Se sirven en una fuente con servilleta.

CONCHAS DE PESCADO AL GRATÍN

200 gr de merluza, 300 gr de rape, 200 gr de mero, 150 gr de langostinos, 12 mejillones, 50 gr de harina, 75 gr de mantequilla, 2 huevos, 50 gr de patatas, 15 gr de queso rallado, una cebolla y perejil.

Se limpia el pescado, se pone en una cacerola con los langostinos y se cuece durante veinte minutos con agua, sal y la cebolla.

Se derriten 50 gr de mantequilla, se le mezcla la harina y el caldo de haber cocido el pescado, se sazona con pimienta y nuez moscada, se cuece a fuego lento por espacio de veinte minutos y al terminar la cocción se añade una yema de huevo.

Mondadas las patatas se cortan a trozos, se cuecen con agua y sal, se escurren, pasándolas por un tamiz, y se les mezcla un huevo obteniendo un puré muy fino.

Se pone una cucharada de salsa en cada concha y encima se coloca el pescado desprovisto de piel y espinas y hecho a trocitos alrededor de éste se forma un cordón de puré de patatas, se cubre el pescado con la salsa, se espolvorea con el queso, se rocía con el resto de la mantequilla derretida y se mete en el horno para que tome un color dorado.

Se sirve en una fuente cubierta con una blonda y se adorna con hojas de perejil.

ANGULAS A LA BILBAÍNA

800 gr de angulas, un cuarto de litro de aceite, 6 dientes de ajo, media cucharadita de pimentón y un poco de guindilla.

En una cacerola de barro al fuego se ponen, con el aceite, los ajos, y una vez dorados se sacan. Seguidamente se agregan las angulas, que ya se tendrán limpias de antemano, el pimentón, sal, pimienta y la guindilla, se tapa inmediatamente y transcurridos cinco minutos ya estarán cocidas.

Téngase cuidado de no destapar la cacerola hasta la hora de servirlas.

FRITURA DE PESCADO A LA ANDALUZA

250 gr de salmonetes pequeños, 200 gr de merluza, 200 gr de calamares, medio litro de aceite, 2 limones, 200 gr de pescadilla pequeña, 200 gr de sardinas u otra clase de pescado pequeño, 200 gr de pan, perejil y 2 huevos.

Se limpia el pescado, se cortan los calamares formando anillas, se sazona con sal, se pasa por harina y huevo batido, se fríe a fuego vivo hasta que tenga un color bien dorado y se escurre.

La merluza, quitadas las espinas y la piel, se corta a filetes, se pasa por harina y huevo y se fríe.

Al pan se le quita la corteza, se forma una pirámide y se fríe con el aceite.

Con un limón se prepara un cestito y se llena con perejil. Fríase un poco de perejil.

Se coloca el pan en una fuente redonda con servilleta, alrededor de ésta se pone el pescado con las colas hacia arriba, intercalando las anillas de los calamares, encima el pan y en el centro el cestito de limón.

Se adorna la fuente con trozos de limón y perejil frito.

ZARZUELA DE PESCADO

150 gr de langostinos, 200 gr de calamares, 300 gr de rape, 12 mejillones, 2 decilitros de aceite, 200 gr de congrio, 200 gr de mero o dento, una cebolla, un diente de ajo, 2 cucharadas de salsa de tomate, un decilitro de vino blanco, perejil y azafrán.

Límpiese el pescado y córtese a trozos.

Se pone el aceite en una sartén, cuando esté bien caliente se rehoga la cebolla picada y al tomar color se añade el congrio, los calamares, el rape, los langostinos y el mero o dento. A continuación se agrega el ajo picado, el tomate y el vino blanco; se sazona con sal, pimienta y perejil picado, se cuece a fuego lento durante veinte minutos y a media cocción se adicionan los mejillones, previamente hervidos y sacada la media cáscara y, finalmente, se le añade el azafrán tostado y triturado con los dedos.

TARTALETAS DE PESCADO A LA NORMANDA

400 gr de rape, 400 gr de merluza, 150 gr de langostinos, una trufa, 4 huevos, 50 gr de mantequilla, 25 gr de harina, un decilitro de leche y una cebolla.

Se limpia el pescado y los langostinos se ponen en una cacerola al fuego con medio litro de agua, sal y la cebolla, y se deja cocer por espacio de veinte minutos.

Se derriten 40 gr de mantequilla, se le mezcla la harina y un cuarto de litro de caldo de haber cocido el pescado, pasándolo por un colador, se sazona con pimienta y nuez moscada, se cuece lentamente durante veinte minutos y una vez en su punto se añade una yema de huevo.

Desprovisto el pescado de piel y espinas se pasa por una máquina de picar, se le mezcla la leche, 3 huevos y la mitad de la trufa trinchada fina, se sazona con pimienta, se mezcla y se llenan unos moldes de tartaletas que se tendrán previamente untados con mantequilla, se cuecen en baño María al horno por espacio de veinticinco a treinta minutos, se vierten en una fuente, se cubren con la salsa y encima de cada uno se pone un disco de trufa.

PASTELILLOS DUQUESA

200 gr de harina, 200 gr de merluza, 200 gr de rape, 3 huevos, una trufa, 400 gr de patatas, una cebolla y 125 gr de mantequilla.

PASTA QUEBRADA. Con 150 gr de harina se forma un círculo encima de un mármol y en el centro se añade un huevo, 50 gr de mantequilla derretida y una cucharada de agua. Después se sazona con sal y se amasa con una cuchara y luego con las manos hasta obtener una pasta compacta y fina que se deja descansar durante diez minutos y se estira con un rodillo, dándole el grueso de algo menos de medio cm. Luego se cortan unos discos con un cortapastas y se forran 12 moldes de tartaletas que tendremos previamente untados con mantequilla.

Se limpia el pescado, y se pone en un cazo al fuego con ½ litro de agua, la cebolla y sal, y cuando hierve se espuma y se cuece lentamente durante quince minutos.

Se derriten 50 gr de mantequilla, se le mezclan 25 gr de harina y un cuarto de litro de caldo obtenido del pescado, pasándolo por un colador, se sazona con pimienta y nuez moscada y se cuece lentamente por espacio de veinte minutos, removiendo de vez en cuando con un batidor.

Terminada la cocción se le adiciona el pescado, desprovisto de piel y espinas y hecho a trocitos, la trufa trinchada y una yema de huevo, se mezcla bien, se llenan las tartaletas y se meten en el horno hasta que toman un color dorado.

Se mondan las patatas, se cortan a trozos, se cuecen con agua y sal y luego se escurren, se pasan por un tamiz y se les mezcla una yema de huevo y la mantequilla restante, obteniendo un puré muy fino.

Se sacan los pastelillos de dentro los moldes, se colocan sobre una hojalata, encima de cada uno se forma una pequeña pirámide con el puré de patatas, sirviéndose para dicho fin de una manga con boquilla rizada y se meten en el horno para que se doren.

SALMÓN A LA PARRILLA CON SALSA HOLANDESA

1 kg de salmón en 3 rajas, 12 cangrejos de río, 2 limones, 600 gr de patatas del tamaño de un huevo pequeño, perifollo, perejil, 200 gr de mantequilla, 25 gr de pan rallado, 1 ½ decilitros de aceite y 3 huevos.

Se limpia el salmón, se sazona con sal y se rocía con zumo de limón, 30 gr de mantequilla y el aceite.

El salmón se espolvorea con el pan y se pone encima de una parrilla que tendremos previamente puesto unos minutos sobre el fuego, se cuece de los dos costados y se coloca en una fuente. Luego a cada punta de ésta se ponen las patatas mondadas y torneadas en forma ovalada y hervidas con agua y sal, y a cada lado del pescado los cangrejos cocidos, adornándose la fuente con rodajas de limón rallado y hoja de perejil, y el pescado con bonitas lonjas de trufa.

Salsa holandesa. Se echan en un cazo 3 yemas de huevo y 3 cucharadas de agua, se pone en baño María al fuego, se remueve con un batidor hasta obtener una salsa espesa como una crema y se le adiciona, fuera del fuego y poco a poco, la mantequilla derretida, sazonándose con sal y unas gotas de zumo de limón.

Se sirve en salsera.

SALMÓN A LA OSTENDE

1 kg de salmón en 3 rajas, 2 decilitros de cava, 12 langostinos pequeños, 4 huevos, un limón, 200 gr de mantequilla, una trufa, una hoja de papel de barba, 12 bonitos champiñones frescos y una cebolla.

Limpio el pescado se coloca en una tartera untada con mantequilla, se rocía con cava, se sazona con sal y se añaden 25 gr de mantequilla. Seguidamente se tapa con papel de barba untado con mantequilla, se mete en el horno y se cuece por espacio de quince minutos.

Los langostinos se hierven durante diez minutos con agua, sal y la cebolla

SALSA AL CAVA. Se pone en un cazo el líquido de haber cocido el pescado, pasándolo por un colador fino, se cuece hasta reducirlo a la mitad y una vez algo frío se añaden las yemas de los huevos. A continuación se pone el cazo en baño María al fuego y se remueve con viveza con un batidor hasta obtener una salsa fina y espesa, a la que se adicionarán, fuera del fuego y poco a poco, 150 gr de mantequilla derretida, sazonándose luego con sal.

Mondados los champiñones se cuecen durante cinco minutos con 25 gr de mantequilla, unas gotas de zumo de limón y 4 cucharadas de agua, sazonándose con sal.

Se cubre el fondo de una fuente con una capa de salsa y encima se coloca el pescado sin piel, cubriéndose con la salsa restante y rodeándose con los langostinos desprovistos del caparazón e intercalados con los champiñones. En el centro y en toda la longitud de la fuente se forma una hilera con discos de trufa.

RODAJAS DE SALMÓN BELLA AURORA

1 kg de salmón cortado en 3 rodajas, 3 huevos, 200 gr de mantequilla, un decilitro de aceite, 50 gr de pan rallado, 300 gr de tomates, media copita de vinagre estragón, 8 langostinos, 12 almejas gordas, una trufa y perifollo.

Se limpia el pescado, se sazona con sal, se rocía con zumo de limón, se pasa por aceite y se espolvorea con el pan rallado. Luego se coloca en una tartera, se rocía con 25 gr de mantequilla derretida y se mete en el horno fuerte por espacio de quince minutos.

Los langostinos se hierven con agua y sal, se escurren y se les deja desprovistos de la cáscara.

A las almejas después de hervidas se les quita la cáscara vacía.

Salsa Royal. Se pone en una cacerola el vinagre estragón y una cucharada de agua, se hierve unos dos minutos, se añaden los tomates hervidos, escurridos y pasados por un colador, y se vuelve a cocer hasta obtener una salsa espesa, a la que una vez algo fría se incorporan 3 yemas de huevo. Después se cuece a fuego muy lento, removiéndolo con viveza con un batidor para que resulte una salsa espesa y fina como una crema, y en este punto se le incorpora, poco a poco y fuera del fuego, la mantequilla derretida y un poco de perifollo picado, y se sazona con sal y pimienta.

Se cubren las almejas con dicha salsa y se espolvorean con un poco de trufa picada fina.

Presentación. Se echan 4 cucharadas de salsa en una fuente, encima se pone el pescado y se cubre con la salsa restante, adornándose la superficie formando hilera en todo su largo con los langostinos intercalados con discos de trufa y rodeándose con las almejas.

SALMÓN A LA PARRILLA CON MANTEQUILLA DERRETIDA

1 kg de salmón en 3 rajas, 600 gr de patatas, 100 gr de miga de pan rallada, 200 gr de mantequilla, un decilitro de aceite, 2 limones, 12 langostinos bonitos y perejil.

Se limpia el pescado, se sazona con sal, se rocía con zumo de limón y después de pasado por aceite y por pan rallado se coloca encima de una parrilla bien caliente. Cuando haya tomado un bonito color dorado se le da vuelta del otro lado, sirviéndose de una espátula de hierro, se rocía después con 35 gr de mantequilla derretida y cuando está en su punto (lo cual se manifiesta cuando al tocar la espina central del salmón ésta se puede sacar fácilmente) se coloca en una fuente, adornándose con los langostinos pelados y hervidos previamente con agua y sal, con las patatas torneadas en forma ovalada, cocidas igualmente con agua y sal, y con rodajas de limón y hojas de perejil.

MANTEQUILLA DERRETIDA. Se tiene la mantequilla al fuego hasta que queda de un color claro y transparente, se agregan luego unas gotas de zumo de limón y sal, se pasa por un colador y se sirve en una salsera.

SALMÓN A LA BEATRIZ

1 kg de salmón, 175 gr de mantequilla, 6 langostinos, 15 gr de harina, una lata de champiñones, 12 almejas, 2 huevos, 2 decilitros de vino blanco, una trufa, perifollo, 6 escaloñas, un limón, una hoja de papel de barba y un decilitro de aceite.

Se derrite en una tartera la mitad de la mantequilla, se mezcla la harina y las escaloñas picadas, encima se coloca el salmón a rajas y alrededor de éste los langostinos desprovistos del caparazón, los champiñones enteros y las almejas hervidas y sacadas de la cáscara. Luego se moja con el vino, se sazona con sal, se rocía con unas gotas de zumo de limón, se tapa con el papel de barba untado con mantequilla y se cuece a horno suave durante veinticinco minutos. A continuación se coloca el pescado en una fuente y se adorna con los langostinos, champiñones y almejas.

Se pasa la salsa por un colador, se vuelve al fuego y cuando está bien caliente se retira y se le mezclan con un batidor 2 yemas de huevo revueltas con una cucharada de leche, el resto de la mantequilla y un poco de perifollo picado.

Se echa esta salsa encima del pescado, adornándose con lonjas de trufa.

ASPIC DE SALMÓN A LA NORUEGA

600 gr de salmón, 6 langostinos, una cebolla, un cuarto de litro de aceite, 20 gr de cola de pescado, una copita de jerez, 2 huevos, una clara de huevo, 3 zanahorias, un nabo, una cucharada de vinagre, 200 gr de guisantes, 2 kg de hielo, una trufa, perifollo, 200 gr de patatas, salsa India y mostaza.

PESCADO. Limpio el pescado y los langostinos se ponen en un cazo de medio litro de agua, sal y una cebolla. Se arrima al fuego y cuando empieza a hervir se espuma y se cuece lentamente durante veinte minutos. Luego se saca el salmón y se deja enfriar.

GELATINA. Mondada una zanahoria se corta a trocitos, se pone en una cacerola y se le añade el jerez, el perifollo picado, 2 claras de huevo y un cuarto de litro del caldo obtenido de cocer el salmón y los langostinos. Se mezcla bien, se arrima al fuego, se remueve con un batidor y cuando está bien caliente, sin que hierva se le añaden 15 gr de cola de pescado remojada en agua fría.

Se sigue removiendo cuidadosamente y al arrancar el hervor se aparta de la lumbre, y dejando la cacerola a un lado del fuego, se hace hervir lentamente unos diez minutos. A continuación se pasa por un paño mojado con agua fría.

VERDURAS. Las zanahorias, el nabo y las patatas, una vez mondados, se cortan a cuadritos y se cuecen con agua y sal. Asimismo se hervirán los guisantes. Luego se pasa todo por agua fría y se escurre.

HUEVO. Se prepara también un huevo duro.

SALSA MAYONESA. Póngase en una ensaladera una yema de huevo, el vinagre, sal, mostaza y salsa India, y mézclese bien. Después se le añade poco a poco el aceite, removiéndolo con viveza con un batidor hasta que resulte una mayonesa espesa.

Hecha la mayonesa se le agregan las verduras, cortadas a cuadritos.

PREPARACIÓN DEL ASPIC. Se rodea con hielo un molde de los de forma corona. En el interior se echan 5 cucharadas de gelatina y se deja cuajar. Luego se hace un dibujo con pequeños discos de clara de huevo duro y trufa, formando un cordón por todo el alrededor. Se fija éste con 2 cucharadas más de gelatina y transcurridos cinco minutos se colocan encima los langostinos desprovistos del caparazón. Se fijan éstos con otro poco de gelatina y, ya cuajada, se pone el salmón desprovisto de piel y espina y hecho a trozos. El resto del huevo duro y de la trufa se corta a trocitos y se agrega a la mayonesa, añadiéndosele también la cola de pescado sobrante remojada en agua fría y diluida en una cucharada de agua caliente. Se mezcla bien, se termina de llenar el molde con esta salsa y se deja en sitio fresco y encima del hielo por espacio de una hora. Para el desmolde se pasa ligeramente por agua tibia, presentándose en una fuente redonda.

SALMÓN FRÍO A LA ALEXANDRA

800 gr de salmón en dos trozos, una langosta de 800 gr, medio litro de aceite, 2 huevos, 2 cucharadas de vinagre, una cucharadita de salsa India, una trufa gruesa, 25 gr de cola de pescado (6 hojas), un kilo de hielo, 2 cebollas, 2 zanahorias, una hoja de laurel, un ramito de tomillo, perifollo, una cucharada de caviar y perejil.

Se pone en una cacerola ancha el salmón, se agrega una cebolla y una zanahoria, todo mondado y cortado a trozos, se cubre con agua, se sazona con sal, se pone al fuego y se hierve cinco minutos, espumándolo. A continuación se retira la cacerola del fuego, se tapa y se deja enfriar en el mismo caldo.

En una cacerola se ponen al fuego 4 litros de agua sazonada con sal, añadiéndose el laurel, el tomillo, la cebolla y la zanahoria. Cuando arranca el hervor se agrega la langosta y se cuece, tapado, por espacio de veinticinco minutos, dejándose enfriar.

SALSA MAYONESA. Se ponen en una vasija 2 yemas de huevo, el vinagre, sal y la salsa India, se mezcla bien y se adiciona poco a poco el aceite, removiéndolo con viveza con un batidor hasta obtener una salsa mayonesa espesa.

GELATINA. Póngase en una cacerola una clara de huevo, un cuarto de litro de caldo del pescado y un poco de perifollo trinchado; se mezcla bien y se arrima al fuego, removiéndose de vez en cuando con un batidor. Cuando está bien caliente se añaden 4 hojas de cola de pescado, previamente remojadas en agua fría, se sigue removiendo y cuando arranca el hervor se aparta ligeramente de la lumbre y se hierve lentamente unos quince minutos, pasándose luego por un paño mojado con agua fría.

Se coloca el salmón encima de una rejilla, se le saca la espina y la piel y se pone en una nevera.

Mézclense con la salsa mayonesa 2 hojas de cola de pescado bien remojadas con agua fría y diluidas al fuego con una cucharada de agua. Seguidamente se cubre todo el salmón, formando una capa con dicha salsa, se adorna la superficie con un dibujo de trufa y se da el brillo con gelatina fría y líquida.

A la langosta se le quita el caparazón, se corta a discos de un centímetro y medio de grueso y se colocan en una rejilla, se cubren con mayonesa y se adornan también con trufa.

Se coloca el salmón en una fuente, se rodea con los discos de langosta, se rocía con gelatina y se deja enfriar.

Se sirve en una salsera la mayonesa apartada de antemano y mezclada con el caviar.

CALAMARES EN SU TINTA

600 gr de calamares pequeños, una cebolla, 2 decilitros de aceite, 15 gr de harina, 2 dientes de ajo y perejil.

Después de limpios los calamares se reservan las bolsitas de la tinta.

Póngase el aceite en una cacerola, en la cual se fríe la cebolla picada fina y cuando está dorada se añade la harina y los calamares, se sazona con sal y pimienta, se agregan los ajos machacados al mortero y la tinta mezclada en un decilitro de agua, se tapa y se cuece durante veinticinco minutos a fuego lento.

Se sirven, espolvoreándolos con perejil picado.

CALAMARES A LA ROMANA

800 gr de calamares, medio litro de aceite, 2 limones, 50 gr de harina, 2 huevos y perejil.

Se limpian los calamares sin romper las bolsas, se cortan en forma de anillas de medio cm de gruesas, se espolvorean con sal, se sazonan con unas gotas de zumo de limón, se pasan por la harina y por el huevo batido y se fríen con el aceite bien caliente. A continuación se colocan en una fuente cubierta con una blonda formando pirámide y se rodean con rodajas de limón y hojas de perejil frito.

CALAMARES RELLENOS A LA GENOVESA

800 gr de calamares (6 piezas), 2 huevos, 150 gr de miga de pan rallada, una cebolla, perejil, 25 gr de queso de Parma rallado, 10 gr de almendras y piñones, 200 gr de tomates, una copita de vino blanco, un decilitro de aceite, una pizca de azafrán, 3 dientes de ajo, perejil, un limón, 400 gr de guisantes y 25 gr de mantequilla.

Se trinchan los tentáculos y las aletas de los calamares, después de limpios, teniendo la precaución de no romper la bolsa. Después se les agrega el pan rallado, 2 dientes de ajo, perejil picado, el queso y un huevo duro hecho a trocitos. A continuación se sazona con sal, pimienta y nuez moscada, se le mezcla un huevo y se rellenan las bolsas, sujetando la boca cosiéndola con hilo blanco.

Se colocan los calamares en la tartera y se les añade la cebolla picada y el aceite. Luego se mete en el horno hasta que haya tomado un color dorado y a continuación se agrega el vino y los tomates mondados y trinchados, se sazona con sal y pimienta y se cuece, tapado y a fuego lento, por espacio de media hora. Seguidamente se echa en el mortero un diente de ajo, el azafrán, un poco de perejil y las almendras y piñones. Se machaca todo bien, se echa en la tartera y se mezcla sin que hierva.

Se colocan los calamares en una fuente, se cubren con la salsa, pasándola por un colador, y se rodean con los guisantes hervidos y salteados con la mantequilla, adornándose con unas lonjas de limón rallado.

PULPOS A LA MARINERA

800 gr de pulpos pequeños, 3 pimientos morrones en conserva, 200 gr de cebollas, 2 decilitros de aceite, 2 dientes de ajo, perejil, una hoja de laurel, un ramito de albahaca y 100 gr de pan.

Se limpian los pulpos, se ponen en una cazuela de barro y después de espolvoreados con ajo y perejil, todo trinchado fino, se rocían con la mitad del aceite, se sazonan con sal y pimienta y se agrega la cebolla trinchada fina, los pimientos cortados a trocitos y la harina, añadiendo también un manojito atado compuesto de laurel, albahaca y perejil, después de lo cual se tapa la cacerola, y se cuece lentamente durante dos horas. A continuación se saca el manojito y se sirven en una fuente, esparciendo por encima unos cuadritos de pan frito con aceite y escurridos.

PULPOS ESTOFADOS

800 gr de pulpos pequeños, 2 decilitros de aceite, 250 gr de tomates, 200 gr de cebollas, 2 decilitros de vino blanco, 3 dientes de ajo, laurel, tomillo y perejil.

En una olla de barro se rehoga con el aceite la cebolla picada y cuando tenga un bonito color dorado se agrega el ajo picado, el tomate, mondado y trinchado, y los pulpos. Se rehoga durante quince minutos, se agrega el vino y un manojito atado compuesto de laurel, tomillo y perejil, se sazona con sal y pimienta y se cuece a fuego lento unas dos horas, teniendo la cazuela bien tapada.

SARDINAS A LA FLORENTINA

600 gr de sardinas gordas, un kilo de espinacas, un decilitro de leche, 50 gr de harina, un cuarto de litro de aceite, 25 gr de queso de Parma rallado, 2 huevos, un limón, y 50 gr de mantequilla.

Las sardinas, después de limpias y desprovistas de la cabeza y la espina, se sazonan con sal, se rocían con zumo de limón, se pasan por la harina y huevo batido y se fríen con el aceite.

Se limpian las espinacas, se cuecen con agua y sal durante diez minutos y se escurren, apretándolas entre las manos para extraer bien el agua; luego se trinchan muy finas, se ponen en una cacerola y se les añaden 25 gr de mantequilla y la leche. Se sazona con sal, pimienta y nuez moscada y se deja por espacio de diez minutos.

Las espinacas se colocan en una fuente que resista al fuego y encima se ponen las sardinas. Seguidamente se espolvorea con el queso rallado, se rocía con el resto de la mantequilla y se mete en el horno para que tome color.

SARDINAS A LA CARMELITA

600 gr de sardinas, 100 gr de merluza, 50 gr de miga de pan rallada, 75 gr de harina, 100 gr de cebollas, 2 decilitros de aceite, un huevo, un decilitro de vino blanco, 2 pimientos morrones en conserva, un diente de ajo y perejil.

Se eligen las sardinas de tamaño grande y frescas. Una vez limpias se les quita la cabeza y espinas.

Desprovista la merluza de espina y piel se pica, se agrega el pan rallado, una yema de huevo y un poco de perejil picado y se sazona con sal, pimienta y nuez moscada.

Se rellenan las sardinas, dándoles lo más posible su forma primitiva, se colocan en una fuente o tartera, se rocían con un poco de aceite y se introducen en el horno durante diez minutos.

Con el aceite restante se rehoga la cebolla picada y cuando haya tomado un color dorado se agrega el ajo picado, los pimientos cortados a trocitos y el vino, se sazona con sal y se vierte esta salsa encima de las sardinas. Finalmente se espolvorea con pan rallado y se cuece al horno hasta que tenga un bonito color dorado.

PAQUETES DE SARDINAS A LA MAR BELLA

600 gr de sardinas, 2 huevos, 100 gr de harina, 25 gr de pan rallado, 400 gr de tomates, azafrán, 3 dientes de ajo, un limón, perejil, 3 decilitros de aceite, un decilitro de vino blanco, 24 palillos y 100 gr de merluza.

Se eligen las sardinas de un tamaño grande y después de quitarles las espinas y las cabezas se hacen de cada sardina dos bonitos filetes que se sazonan con sal y zumo de limón, se cubren con una capa de merluza picada y se rebozan con la harina. Después se enrollan en forma de turbante, se sujetan con un palillo, se pasan por huevo batido, se fríen con el aceite y se colocan en una tartera. En el mismo aceite se echan 2 dientes de ajo picados, el tomate a trozos, el vino blanco y el azafrán ligeramente tostado y triturado con los dedos, se hierve durante diez minutos, se sazona con sal y se pasa por un colador. A continuación se echa la salsa encima del pescado, se espolvorea con el pan rallado mezclado con el perejil y ajo trinchado, se mete en el horno y se cuece por espacio de veinte minutos.

FILETES DE CABALLA A LA CONDAL

800 gr de caballa, 200 gr de miga de pan rallada, un limón, 2 decilitros de aceite, 75 gr de mantequilla, perifollo, media copita de vinagre y 200 gr de guisantes.

Limpio el pescado se quitan las espinas y cabeza, resultando de cada uno dos bonitos filetes que se sazonan con sal y unas gotas de zumo de limón. A continuación se pasan por el aceite y por la miga de pan, se aplanan con un cuchillo para sujetar bien el pan y se colocan en una tartera. Se rocían luego con aceite, se meten en el horno y se cuecen a fuego vivo por espacio de quince minutos. Pasado este tiempo se colocan en una fuente y se rodean con los guisantes.

La mantequilla se pone en una sartén y se fríe hasta que empiece a tomar color dorado. Seguidamente se le agrega el vinagre y se echa encima del pescado, espolvoreando con perejil picado.

FILETES DE CABALLA A LA ROBERT

800 gr de caballa, 75 gr de mantequilla, una cebolla, un deci-litro de vino blanco, una lata de champiñones, una cucharada de puré de tomate, 12 mejillones, un limón, 2 pepinillos en vinagre, 10 gr de queso de Parma rallado, una trufa y 6 langostinos.

Limpias las caballas se les quita la cabeza y se parten horizontalmente por la mitad en todo su largo, sacándoles la espina y obteniendo de este modo dos bonitos filetes de cada pescado, los cuales se colocan en una tartera untada con mantequilla, se sazonan con sal, se rocían con unas gotas de zumo de limón y 25 gr de mantequilla derretida y se meten en el horno durante diez minutos.

Se ponen en una cazuela al fuego 40 gr de mantequilla, se rehoga la cebolla trinchada fina y cuando haya tomado un color dorado se añaden los champiñones y los pepinillos, todo trinchado fino; luego se le incorpora el vino blanco, el tomate y un decilitro de agua, se sazona con sal y pimienta y se hierve unos cinco minutos.

Se pone el pescado en una fuente que resista al fuego y después de cubierto con la salsa se adorna con los langostinos y unas bonitas lonjas de trufa, se espolvorea con el queso, se rocía con la mantequilla restante, alrededor se colocan los mejillones, previamente hervidos y quitadas las cáscaras vacías, y se mete en el horno hasta que tenga un color dorado.

TRUCHAS A LA TRIANÓN

6 truchas de 150 gr cada una, 300 gr de champiñones frescos, 3 berenjenas, 50 gr de harina, 3 decilitros de aceite, 100 gr de mantequilla, 2 limones y perejil.

Después de limpias las truchas se sazonan con sal, se rocían con zumo de limón, se pasan por la harina y se fríen lentamente con un decilitro de aceite y 25 gr de mantequilla, dándoles un color dorado de los dos costados.

Los champiñones después de limpios se cortan a lonjas finas y se sofríen con 40 gr de mantequilla por espacio de diez minutos, sazonándolos con sal.

Se mondan las berenjenas, se cortan horizontalmente por la mitad, se vacían, se pasan por la harina y se fríen con el aceite, dándoles un color dorado.

En una fuente que resista al fuego se colocan las berenjenas y en cada una se pone una trucha; se cubren luego con los champiñones y se meten unos minutos en el horno.

En la misma sartén de haber frito el pescado se pone la mantequilla restante, se le da un color dorado, se echa encima de las truchas y se rodea con lonjas de limón rallado.

TRUCHAS A LA MOLINERA

6 truchas de 150 gr cada una, 3 limones, 50 gr de harina, un decilitro de aceite, 75 gr de mantequilla, perejil, un pepinillo en vinagre y un pimiento morrón en conserva.

Se limpian las truchas, se sazonan con sal, se rocían con zumo de limón y después de pasadas por la harina se fríen en una sartén con el aceite y la mitad de la mantequilla y cuando tengan un bonito color dorado de los dos costados se colocan en una fuente.

Mondado un limón se corta a rajas y se colocan éstas encima de las truchas formando hilera.

Se saca de la sartén la mitad del aceite de haber frito el pescado, se vuelve ésta al fuego, agregándole el resto de la mantequilla, y cuando forma espuma se añade media cucharadita de zumo de limón y se vierte encima del pescado, espolvoreándolo con perejil picado.

Se rodea el pescado con bonitas lonjas de limón rallado, rodajitas de pepinillo y triángulos de pimiento morrón.

TRUCHAS AZULADAS CON MANTECA DERRETIDA

6 truchas de 150 gr cada una, 2 decilitros de vinagre, 2 decilitros de vino blanco, un limón, una cebolla, laurel, tomillo, una zanahoria, un nabo, 150 gr de mantequilla, 500 gr de patatas y perejil.

Se ponen en una cacerola al fuego un litro y medio de agua, el vinagre, el vino, laurel, tomillo y 20 gr de sal; agréganse los nabos, cebollas y zanahorias, todo cortado a trocitos, se cuece a fuego regular durante veinte minutos, luego se pasa este líquido por un colador, se pone en una cacerola ancha, se vuelve a poner al fuego y cuando arranca el hervor se echan las truchas, se cuecen por espacio de diez minutos, se colocan en una fuente con servilleta y se adornan con rajas de limón y patatas torneadas en forma ovalada y hervidas con agua y sal.

Se derrite la mantequilla y se le adicionan unas gotas de zumo de limón.

Se sirve en una salsera.

Observación. Para la confección de este plato es necesario que las truchas sean vivas y sin limpiar, tocándolas lo menos posible para no quitarles el brillo que tienen sobre la piel.

TRUCHAS A LA TOLOSANA

6 truchas de 150 gr cada una, 150 gr de mantequilla, 6 huevos, 500 gr de patatas, una cebolla, laurel, tomillo, 2 limones y 2 decilitros de vino blanco.

Se limpia el pescado, se pone en una tartera con un litro de agua, el vino, sal, la cebolla, una hoja de laurel y un ramito de tomillo, y se deja cocer por espacio de diez minutos, transcurridos los cuales se coloca en una fuente cubierta con servilleta, se adorna con 3 huevos duros partidos por la mitad, las patatas torneadas y cocidas con agua y sal, unas rodajas de limón y unas hojas de perejil.

Se echan en una cacerolita 3 yemas de huevo y 3 cucharadas del caldo de haber cocido las truchas, se pone en baño María, se bate con viveza con un batidor hasta obtener una salsa espesa como una crema y seguidamente se agrega, fuera del fuego y poco a poco, la mantequilla derretida, sazonándose con sal y unas gotas de zumo de limón.

Se sirve en una salsera.

LANGOSTA A LA CARDENAL

3 langostas de 600 gr cada una, una lata de champiñones, 2 trufas del tamaño mediano, 4 huevos, 250 gr de mantequilla, 10 cangrejos de río, una copita de jerez, un kg de hielo, un limón, unas gotas de carmín vegetal, 2 cebollas, 2 zanahorias, 10 gr de queso de Parma rallado, y perejil.

Se ponen al fuego 5 litros de agua, sal, una cebolla troceada, una zanahoria y un poco de laurel y tomillo, y cuando hierve se echa la langosta, se deja cocer durante quince minutos, se saca y se deja enfriar.

Las trufas se tornean en forma cilíndrica, se cortan unos discos y el resto se corta a trocitos pequeños.

Se trinchan los champiñones y se saltean con 15 gr de mantequilla juntamente con la trufa.

MANTECA DE CANGREJOS. Con 50 gr de mantequilla se rehoga la cebolla y zanahoria (picadas finas) y cuando hayan tomado color dorado se agregan los cangrejos y el coñac, y se enciende. Entonces se tapa la cacerola, dejándose cocer cinco minutos.

Se machacan los cangrejos al mortero, se vuelven a echar en la misma cacerola y se agrega el resto de la mantequilla. Luego se mete en el horno en baño María hasta que se clarifique, pásase por un paño colocado encima de una vasija sobre hielo picado, se exprime bien para extraer todo el líquido y cuando esté cuajada la manteca se saca con las manos, se escurre y se pone a derretir.

SALSA DE CANGREJOS. En una cacerola se ponen 4 yemas de huevo y 4 cucharadas de agua, se bate con un batidor, se pone en baño María al fuego y se sigue el mismo movimiento hasta obtener una salsa espesa, fina como una crema. Entonces se separa del fuego, se le añade poco a poco la manteca de cangrejos (que se tendrá derretida), sin dejar de mover el batidor, se sazona con sal y se colora con unas gotas de carmín vegetal.

Se parten las langostas por la mitad en todo su largo, se las deja desprovistas de los caparazones (con precaución de no romperlos) y se cortan a rajitas de 1 cm de grueso. Colocánse los caparazones en una tartera, en el interior se echan los champiñones y trufa, mezclado con 3 cucharadas de salsa de cangrejos, y encima se colocan las rajitas de langosta intercaladas con los discos de trufa. A continuación se cubre con la mitad de la salsa, se espolvorea con queso rallado, se rocía con unas gotas de mantequilla derretida y se mete en el horno para que tome un bonito color ligeramente dorado.

Sírvase en una fuente con servilleta adornado con rajas de limón, rodajas de zanahoria cocida y hojas de perejil.

El resto de la salsa se sirve en una salsera.

LANGOSTA A LA BILBAÍNA

Una langosta de 1 kg 200 gr, 300 gr de cebollas, 2 pimientos morrones en conserva, un cuarto de litro de aceite, 20 gr de harina, 2 decilitros de sidra, 400 gr de tomates, azafrán, 3 dientes de ajo, perejil, un limón, 10 gr de galleta molida y 50 gr de mantequilla.

Se rehoga con el aceite la cebolla trinchada y cuando haya tomado un color dorado se agregan los ajos trinchados, perejil picado, la harina y los tomates mondados y picados, añadiéndose también la sidra y los pimientos, sazonándose con sal, pimienta, nuez moscada y azafrán, y cociéndose lentamente durante treinta minutos. Seguidamente se pasa por un tamiz, obteniendo una salsa espesa.

Se ponen en una cacerola al fuego 4 o 5 litros de agua sazonada con sal y cuando hierve se echa la langosta y se cuece durante quince minutos. A continuación se pasa por agua fría, se le quita el caparazón y se corta en rodajas que se colocan en una cazuela de barro. Después se cubre con la salsa, se espolvorea con la galleta picada, se rocía con la mantequilla y se mete en el horno durante quince minutos para que tome un color dorado. Finalmente se rodea con rodajas de limón y se sirve en la misma cazuela.

LANGOSTA A LA PARRILLA A LA MALLORQUINA

3 langostas de 600 gr cada una, una cebolla, una zanahoria, 15 gr de harina, 200 gr de tomates, 100 gr de mantequilla, 2 copitas de coñac, un cuarto de litro de aceite, un limón, un decilitro de vino blanco, perejil, 4 cucharadas de buen vinagre, perifollo, 4 dientes de ajo, 50 gr de almendras tostadas y un poco de pimentón.

SALSA MALLORQUINA. Se pica la cebolla y se sofríe con un decilitro de aceite. Cuando haya tomado un color dorado se añade la harina, luego se le da unas vueltas para que ésta tome color y a continuación se le adiciona el vino blanco, los tomates partidos por la mitad, laurel y tomillo, se sazona con sal, pimienta o un polvito de pimienta cayense y se cuece a fuego lento durante veinte minutos.

Se machacan al mortero los ajos y las almendras tostadas, se agrega un poco de pimentón, se le adiciona el sofrito preparado de antemano, se añade el aceite y el vinagre y se mezcla bien.

LANGOSTA A LA PARRILLA. Se parte la langosta por la mitad en toda su longitud y se le sacan las tripas. Se sazona con sal, se rocía con unas gotas de zumo de limón y aceite, se deja cinco minutos en maceración y se coloca encima de una parrilla que tendremos puesta previamente encima del fuego, poniendo la parte de la carne hacia abajo. A continuación se deja cinco o seis minutos y se le da vuelta, se rocía con la mantequilla derretida y se sigue la cocción, que en conjunto tiene que durar unos doce minutos.

Sírvese la langosta en una fuente, se rocía con el coñac, se enciende y se adorna con unas hojas de perejil y lonjas de limón. La salsa se pone en una salsera, pasándola por un colador y adicionándole un poco de perifollo picado.

LANGOSTA A LA AMERICANA

3 langostas de 600 gr cada una, un decilitro de aceite, 150 gr de mantequilla, 6 escaloñas, 400 gr de tomates, 2 copitas de coñac, un cuarto de litro de vino blanco, perifollo, una cucharada de harina, un limón, una cebolla, 3 zanahorias, laurel, tomillo, perejil y una pizca de pimienta de cayena.

La langosta, bien viva, se parte por la mitad en toda su longitud, quitándole el nervio o tripa delgada que tiene en el centro, y se sazona con sal. A falta de langostas del tamaño indicado se puede preparar con otras más grandes cortadas a trozos.

Se pone al fuego una cacerola ancha con aceite y la mitad de la mantequilla y cuando está bien caliente se le adiciona la cebolla, las zanahorias, las escaloñas, todo picado fino, y se rehoga hasta que tenga un color dorado. Seguidamente se le adiciona la harina, los tomates mondados y picados, se le añade un manojo atado compuesto de laurel, tomillo y perejil, y se cuece unos quince minutos. Después se echa la langosta, colocándola con la parte cortada hacia abajo, y cuando haya tomado un color dorado se le adiciona el coñac, se enciende y al apagarse se añade el vino blanco, se sazona con sal y pimienta de cayena, se cuece, tapada, durante quince minutos, y terminada la cocción se coloca en una fuente.

El contenido de la cazuela se mezcla bien y se cuece hasta obtener una salsa espesa. Seguidamente se pasa por un colador y se le mezcla el perifollo picado y la mantequilla, cubriéndose con la langosta y adornándose la fuente con rodajas de limón.

MEDALLONES DE LANGOSTA A LA PALLARD

Una langosta de 1 kg 200 gr, 200 gr de arroz, 200 gr de merluza, 2 cebollas, 175 gr de mantequilla, 2 huevos, 75 gr de harina, 200 gr de tomates, una zanahoria, 200 gr de miga de pan rallada, una trufa y 2 decilitros de aceite.

Se pone una olla al fuego con 4 litros de agua, se sazona con sal, se añade una cebolla y cuando hierve se echa la langosta y se cuece vivamente durante quince minutos. Transcurrido este tiempo se saca del agua y se deja enfriar, luego se rompe el caparazón y se saca la langosta, cortándola a discos de 1 cm de grueso.

La merluza se pone en una cacerola con un litro de agua, sal y media cebolla, y se cuece por espacio de veinte minutos, obteniendo tres cuartos de litro de caldo de pescado.

Se ponen 50 gr de mantequilla en una cacerola, se añaden 50 gr de harina y después de bien mezclado se le adiciona medio litro de caldo del pescado, se hierve lentamente unos veinte minutos, se sazona con pimienta y nuez moscada, y terminada la cocción se le añade, fuera del fuego, la trufa trinchada fina y una yema de huevo. Seguidamente se pasan por dicha salsa los discos de langosta, de modo que resulten cubiertos de una capa de ésta, y, una vez fríos, se rebozan con huevo batido y pan rallado, luego se fríen lentamente con el aceite y 25 gr de mantequilla y cuando tengan un color dorado se escurren.

Se hierve durante veinticinco minutos el arroz con abundante agua y sal, se pasa luego por agua fría, se escurre, se saltea con 50 gr de mantequilla, se sazona con sal y se pone en un molde flanera.

SALSA ORLY. Con 50 gr de mantequilla se rehoga media cebolla y la zanahoria, todo cortado a trocitos, y cuando tenga un fuerte color dorado se le añaden 20 gr de harina, el tomate partido por la mitad y un cuarto de litro de caldo del pescado, se cuece lentamente durante veinticinco minutos, obteniendo una salsa de tomate espesa, que se pasará por un colador, y se le adiciona el resto de la mantequilla.

Se vierte en el centro de la fuente el arroz, alrededor se ponen los medallones de langosta y se adorna con un limón rallado y cortado a rodajas delgadas.

Sírvese bien caliente y la salsa se sirve en salsera.

LANGOSTA A LA CATALANA

3 langostas de 600 gr cada una, 2 copitas de coñac, 25 gr de chocolate, 200 gr de cebollas, 400 gr de tomates, 15 gr de almendras y piñones, 2 decilitros de aceite, una copa de vino blanco, 2 dientes de ajo, 2 bizcochos secos (borregos), un poco de laurel, tomillo y azafrán.

Se eligen las langostas bien vivas, se cortan por la mitad en todo lo largo y se recoge en un plato todo el líquido que desprenden.

Se pone en una cacerola ancha al fuego vivo con el aceite y cuando está bien caliente se echa la langosta y se rehoga unos minutos; se le incorpora la cebolla picada, el laurel y tomillo y cuando todo empieza a tomar color se añade un poco de pimentón, el vino, el coñac y los tomates mondados y picados.

Se machaca al mortero el chocolate, un poco de perejil, el azafrán, las almendras, los piñones y bizcochos formando una pasta, se disuelve con un decilitro de agua o caldo y se agrega a la cacerola de la langosta, se sazona con sal y pimienta, se tapa y se cuece a fuego lento durante veinte minutos. Luego se pone la langosta en una fuente, se pasa la salsa por un colador y se vierte encima de la langosta, espolvoreándola con perejil picado. Se adorna la fuente con rodajas de limón.

LANGOSTA A LA NEWBURG

3 langostas de 600 gr cada una, 200 gr de arroz, 400 gr de tomates, 2 zanahorias, una cebolla, 6 escaloñas, 2 copitas de coñac, 200 gr de mantequilla, un decilitro de aceite, 2 decilitros de vino blanco, 2 decilitros de crema de leche, un limón y 20 gr de harina.

Mondadas las zanahorias, escaloñas y cebolla se cortan a trocitos, se ponen en una cacerola ancha con el aceite y 50 gr de mantequilla y se rehoga.

Se parten las langostas por la mitad en todo su largo, se colocan en la cacerola que tendremos al fuego, con la parte cortada hacia abajo, y cuando empiezan a tomar color se añade el coñac y se enciende. Luego se le adiciona el vino blanco y el tomate mondado y picado, se sazona con sal, pimienta y nuez moscada y se cuece a fuego lento por espacio de veinticinco minutos. Después se ponen las langostas en una fuente, desprovistas de ocho a diez patas de las pequeñas, que se machacarán al mortero para obtener una pasta; se echa ésta en la cacerola, se agrega la harina y la crema de leche y se sigue cociendo hasta que resulte una salsa espesa, la cual se pasa por un colador, exprimiéndola bien para extraer todo el líquido y añadiéndole 100 gr de mantequilla, sin que la salsa vuelva a hervir. Se cubren con dicha salsa las langostas y se adorna la fuente con rodajas de limón.

Se hierve el arroz durante veinte minutos con agua y sal y una vez pasado por agua fría y bien escurrido se saltea con el sobrante de la mantequilla.

Sírvase en una legumbrera, acompañando la langosta.

MEDALLONES DE LANGOSTA A LA PARISIÉN

Una langosta de 1 kg 200 gr, 200 gr de guisantes, 200 gr de patatas, 100 gr de judías verdes, una trufa, 2 nabos, 5 huevos, medio litro de aceite, 2 cucharadas de vinagre, 6 tomates pequeños, 3 kilos de hielo, perifollo, 3 zanahorias, 25 gr de cola de pescado, una copita de jerez, mostaza, salsa India y 300 gr de merluza.

La langosta se cuece por espacio de quince minutos con agua, sal y una cebolla troceada. Luego se escurre y se deja enfriar, colocándola en una huevera o encima del hielo hasta el momento de su preparación.

A los tomates se les hace una circunferencia en la parte superior, se vacían y se sazonan con sal.

SALSA MAYONESA. Se ponen en una ensaladera 2 yemas de huevo, sal, vinagre, mostaza y salsa India. Se mezcla y se añade poco a poco el aceite, removiéndolo con viveza con un batidor hasta obtener una mayonesa espesa, y a continuación se le adicionan 10 gr de cola de pescado previamente remojada con agua y diluida con una cucharada de agua caliente.

Se mondan las patatas, nabos y zanahorias, se cortan a cuadritos, se cuecen con agua y sal y se escurren.

Las judías se cortan a 1 cm de largo y juntamente con los guisantes se hierven también con agua y sal. Una vez bien escurridas y frías dichas legumbres se mezclan con la mitad de la salsa mayonesa y las patas de la langosta cortadas a trocitos, y con una parte de este preparado se llenan los tomates, formando en cada uno una pequeña pirámide y espolvoreándolos con un poco de trufa picada.

Con el pescado se prepara un cuarto de litro de caldo.

GELATINA. Se corta a trocitos la zanahoria, se pone en una cacerola, se añade el jerez, 2 claras de huevo y un poco de perifollo picado y se mezcla. Después se le adiciona un cuarto de litro de caldo del pescado, se arrima al fuego y cuando está bien caliente se le incorpora el resto de la cola de pescado, se remueve suavemente con un batidor y al arrancar el hervor se rocía con unas gotas de agua fría. Luego se hierve lentamente por espacio de diez minutos y se pasa por un paño mojado con agua fría.

Se rodea con hielo picado un molde flanera, en el interior se echan 4 cucharadas de gelatina y cuando ésta está cuajada se adorna el fondo con trufa, formando un bonito dibujo que se fija con 2 cucharadas de gelatina, encima de ésta se colocan unos discos de huevo duro y se termina de llenar el molde con la mayonesa mezclada con las verduras.

Se quita la cáscara a la langosta, se corta a rodajas de un centímetro y medio de grueso, se colocan éstas en una parrilla y se les va echando la salsa mayonesa restante por encima hasta que estén bien cubiertas. Luego se adorna cada una de dichas rodajas con trufa, se meten en una nevera para que queden frías y a continuación se les echa por encima un poco de gelatina para darles brillo.

Se preparan 3 huevos cocidos y se les quita la cáscara; se parten por la mitad y se les saca la yema. Luego se pasa ésta por un tamiz, adicionándole la mantequilla, y se llenan las cazuelitas de los huevos, sirviéndose de una manga con boquilla rizada.

Se pasa el molde flanera por agua tibia, se vierte en una fuente redonda de porcelana y se rodea con las rodajas de langosta, adornándose con los tomates y los huevos rellenos.

SOUFFLÉS DE LANGOSTA BELLA IRMA

Una langosta de 600 gr, 200 gr de langostinos, medio litro de leche, 75 gr de harina, 4 huevos, 100 gr de mantequilla, 10 gr de queso de Parma rallado, 2 trufas, una cebolla, una zanahoria y un pimiento en conserva.

Se hierve la langosta durante quince minutos, y cinco minutos antes de retirarla del fuego se le agregan los langostinos, los cuales cuando están en su punto se escurren y se dejan enfriar. Se saca toda la carne de la langosta, rompiendo las patas o tentáculos para sacarla mejor, y a continuación se corta a trocitos.

Se derriten 75 gr de mantequilla y se le mezcla la harina y la leche, revolviéndolo con un batidor; se sazona con sal, pimienta y nuez moscada, y se cuece a fuego lento durante quince minutos. Después se le añade, fuera del fuego, la carne de la langosta, una trufa trinchada y 4 yemas de huevo, se mezcla todo y se agregan las 4 claras de los huevos batidas a punto de nieve. Se vierte esta preparación en un plato o molde *à soufflés* previamente untado con mantequilla y espolvoreado con harina y se cuece a horno lento durante treinta a treinta y cinco minutos. Al sacarlo se adorna con cabezas de langostinos, trufa, pimiento, discos de huevo duro y la zanahoria, con lo que habremos formado una rosa.

LANGOSTA A LA REGENCIA

3 langostas de 500 gr cada una, 150 gr de merluza, 2 cebollas, 2 zanahorias, 2 decilitros de leche, un huevo, una trufa, una lata de champiñones, 15 gr de queso de Parma rallado, 100 gr de mantequilla, 35 gr de harina, perejil y un limón.

En una cacerola se pone al fuego la merluza con medio litro de agua, la cebolla y la zanahoria, se agrega sal y se cuece durante diez minutos.

SALSA REGENCIA. Se ponen en un cazo al fuego 50 gr de mantequilla, se le mezcla la harina, la leche y el caldo de haber cocido el pescado, pasándolo por un colador, y se cuece lentamente por espacio de veinticinco minutos, removiéndola de vez en cuando con un batidor. Se sazona con sal, pimienta y nuez moscada, y al retirarlo del fuego se le añade una yema de huevo y 24 gr de mantequilla.

En una olla se ponen al fuego 5 litros de agua, se sazona con sal, agregándole una cebolla y una zanahoria, y cuando hierve se echan las langostas y se cuecen durante quince minutos. Luego se pasan por agua fría, se escurren y una vez algo frías se parten por la mitad en toda su longitud y se les saca la carne del interior con precaución de no romper las cáscaras, colocando éstas en una tartera.

Se cortan los champiñones y la trufa a cuadritos, se mezclan con 4 cucharadas de salsa regencia preparada de antemano y se pone en el interior de las cáscaras. Encima se coloca la langosta cortada a lonjas de 1 cm de grueso y dándole su forma primitiva, se cubren con el resto de la salsa, se espolvorean con el queso y se rocían con el sobrante de la mantequilla. Seguidamente se mete en el horno para que tome un color dorado y luego se sirve en una fuente cubierta con servilleta, adornándose con lonjas de limón y hojas de perejil.

LANGOSTA AL GRATÍN

3 langostas de 500 gr cada una, una lata de champiñones, 2 trufas, medio litro de leche, 2 cucharadas de puré de tomate, un huevo, una cebolla, un nabo, una zanahoria, un limón, perejil, 75 gr de mantequilla, 15 gr de queso de Parma rallado y 50 gr de harina.

Se pone al fuego una olla conteniendo 4 litros de agua, sal, cebolla, nabo y zanahoria, y al arrancar el hervor se le echan las langostas, dejándose cocer durante quince minutos. Seguidamente se escurren, se dejan enfriar y cuando están algo frías se parten por la mitad en todo su largo, se les saca la carne del interior cuidadosamente para no romper la cáscara y se cortan en rajas de 1 cm de grueso.

En una cacerola se derriten 60 gr de mantequilla y se le mezcla la harina, leche y tomate; se sazona con sal, pimienta y nuez moscada, se cuece a fuego lento durante veinte minutos y a media cocción se le agregan los champiñones y la trufa, ambas cosas finamente trinchadas. Terminada la cocción se le añade, fuera del fuego, una yema de huevo.

Se ponen las cáscaras de las langostas en una tartera y se llena la mitad de cada cáscara con la salsa preparada de antemano. Luego se coloca la langosta, dándole su forma primitiva y cubriéndola con la salsa restante, se espolvorea con el queso, se rocía con la mantequilla derretida y se pone en el horno para que se colore.

Se sirve en una fuente con servilleta, adornándose con hojas de perejil y rodajas de limón.

LANGOSTA A LA NUEVA AMÉRICA

3 langostas de 500 gr cada una, 200 gr de mantequilla, medio decilitro de aceite, 300 gr de tomate, una copa de coñac, una copita de jerez, 6 escaloñas, 2 decilitros de crema de leche, una zanahoria, una trufa, una lata de champiñones, perejil y 15 gr de harina.

Se eligen las langostas bien vivas y, una vez lavadas, se parten por la mitad en todo lo largo, se cortan algunas patas de cerca del tronco y se sazona con sal y pimienta.

Se pone en una cacerola o tartera al fuego el aceite y la mitad de la mantequilla, se agregan las escaloñas y la zanahoria, todo picado, y cuando tenga un color dorado se añade la langosta, poniendo la parte cortada hacia abajo y esparciendo las patas alrededor. Luego se pone la cacerola al horno por espacio de diez minutos, se rocía con el coñac, se enciende y una vez apagado se le incorpora el jerez, los tomates mondados y picados, y un decilitro de agua. Se sazona con sal, pimienta y nuez moscada, se cuece a fuego lento unos veinticinco minutos y a media cocción se le adiciona la crema de leche. A continuación se pone la langosta en una fuente que resista al horno, colocando la parte cortada hacia arriba, machacando las patas al mortero y obteniendo una pasta. Se vuelve ésta a la tartera, se le da un hervor, luego se pasa por un colador a lonjas delgadas, se cuece unos diez minutos, removiéndolo con una cuchara de madera de modo que resulte una salsa espesa y se echa encima de la langosta.

Se mete un momento en el horno y se sirve, adornando la fuente con lonjas de limón y hojas de perejil.

LANGOSTA A LA HOLANDESA

3 langostas de 500 gr, una lata de champiñones, un limón, una cebolla, 2 trufas, 5 huevos y 250 gr de mantequilla.

Se parte la langosta por la mitad en toda su longitud, se le quita el nervio central y las tripas, se sazona con sal y pimienta, se pone en una tartera, colocándola con la parte cortada hacia arriba, se rocía con 100 gr de mantequilla y zumo de limón y se cuece al horno con temperatura regular por espacio de quince minutos.

Salsa holandesa. Se echan en un cazo 5 yemas de huevo y 5 cucharadas de agua, se pone en baño María al fuego y se remueve con viveza con un batidor hasta obtener una salsa espesa como una crema. Seguidamente se le adiciona, fuera del fuego y poco a poco, el resto de la mantequilla derretida, sazonándose con sal y unas gotas de zumo de limón.

Se saca la langosta del caparazón y se pone la trufa y los champiñones cortados a trocitos y mezclados con 2 cucharadas de salsa holandesa; encima se coloca la langosta, dándole su forma primitiva, se cubre con el resto de la salsa y se mete unos minutos en el horno flojo para que adquiera un color dorado.

Se sirve en una fuente, adornándola con rajas de limón y perejil.

MEDALLONES DE LANGOSTA A LA DANESA

Una langosta de 800 gr, una trufa, 4 zanahorias, 3 nabos, 100 gr de morcillo de buey, 6 hojas de cola de pescado, perifollo, 2 huevos, 200 gr de guisantes, 50 gr de lengua escarlata, una cucharada de vinagre, una cebolla, laurel, tomillo, una clara de huevo, mostaza francesa, un cuarto de litro de aceite y 2 kg de hielo.

En una cacerola se ponen 4 litros de agua, sal, una cebolla, laurel y tomillo, y cuando hierve a borbotones se echa la langosta, dejándola cocer durante quince minutos; se escurre, y, una vez fría, se rompe el caparazón, se saca la carne entera y se corta a rajas de un centímetro y medio de grueso. A las patas y caparazón se les quita la carne que haya quedado adherida y se corta a trocitos.

GELATINA. Se corta a trocitos la carne de buey y una zanahoria, se pica el perifollo, se pone en una cacerola, se añaden dos claras de huevo y se mezcla todo bien; se sazona con sal, se moja con un cuarto de litro de agua, se arrima al fuego, se revuelve con un batidor y cuando está bien caliente, pero sin que hierva, se le incorporan 4 hojas de cola de pescado remojadas en agua fría. Se sigue removiendo y cuando empieza a hervir se deja cocer a fuego lento por espacio de veinte minutos, pasándose luego por un paño mojado en agua fría. Se colora y se le da mejor sabor con unas gotas de jugo Maggi.

Los nabos y zanahorias se cortan a cuadritos, se hierven con agua y sal, se pasan por agua fría y se escurren.

SALSA MAYONESA. En una vasija se echa una yema de huevo, el vinagre, la mostaza, sal y un poco de pimentón; se mezcla y se añade poco a poco el aceite, removiéndolo con viveza con un batidor hasta obtener la salsa espesa. Se le mezclarán las zanahorias, los nabos y los guisantes hervidos con agua y sal y escurridos.

Se ponen encima del hielo 12 moldes tartaletas en cuyo fondo se vierte una cucharada de gelatina, con la que una vez cuajada se hace un adorno con trufa, que se fija con otra cucharada de gelatina. Encima se coloca un medallón de langosta, volviendo a poner un poco de gelatina. Se diluyen 2 hojas de cola de pescado en una cucharada de agua caliente, se mezcla con la mayonesa, se terminan de llenar los moldes y se dejan durante una hora bien rodeados de hielo. Luego se pasan por agua tibia y su contenido se presenta en una fuente con servilleta.

LANGOSTA A LA INDIANA

Una langosta de 1.200 gr, una trufa, ¼ de litro de leche, 25 gr de harina, 2 cebollas, 200 gr de tomates, 2 copitas de coñac, 150 gr de mantequilla, un ramito de apio, 5 gr de curry, 10 gr de queso de Parma rallado y 200 gr de arroz.

Se pone al fuego una olla con 4 litros de agua sazonada con sal, se agrega una cebolla y una zanahoria, y cuando arranca el hervor se añade la langosta y se cuece durante quince minutos. Luego se saca del agua, se deja enfriar y a continuación se quita a la langosta el caparazón y se machaca éste en el mortero.

En una cacerola al fuego se pone la mitad de la mantequilla, se agrega la cebolla, la zanahoria y el apio, todo mondado y cortado a trocitos, y se rehoga hasta que haya tomado un color dorado. Seguidamente se le adiciona el caparazón de la langosta, se sigue rehogando y pasados unos diez minutos se añaden los tomates, mondados y trinchados, y 2 decilitros de agua, y se cuece lentamente por espacio de media hora.

Salsa indiana. Derrítanse 50 gr de mantequilla, se le mezcla la harina, la leche previamente hervida y el contenido de la cacerola en que se habrá rehogado el caparazón de la langosta, pasándolo por un colador fino. Se sazona con sal, pimienta, nuez moscada y el curry, se remueve de vez en cuando con un batidor y se cuece lentamente durante veinte minutos.

El arroz se hierve con agua y sal durante veinte minutos, se pasa por agua fría y se escurre.

En una fuente redonda que resista al fuego se echan 4 cucharadas de salsa, en el centro se coloca el arroz salteado con mantequilla y se rodea con la langosta cortada a discos formando un círculo.

CONCHAS DE LANGOSTA A LA SOLFERINO

Una langosta de 1 kg, 100 gr de arroz, una lata de champiñones, una trufa, 200 gr de merluza, 2 cebollas, 25 gr de harina, un huevo, 150 gr de mantequilla, una cucharada de puré de tomate, una zanahoria, 10 gr de queso rallado, y perejil.

Limpio el pescado se pone en un cazo con un litro de agua, media cebolla y la zanahoria, se sazona con sal y se cuece unos diez minutos.

Se cuece la langosta unos quince minutos, pasándola seguidamente por agua fría. A continuación se rompe el caparazón y las patas, sacando toda la carne.

Con 50 gr de mantequilla se rehoga media cebolla trinchada fina. Cuando empieza a tomar ligeramente color se le agrega el arroz y un cuarto de litro de caldo de haber cocido el pescado, y se cuece lentamente durante veinte minutos.

Se derriten 50 gr de mantequilla, se le añade la harina, un cuarto de litro del caldo del pescado, pasándolo por un colador, y se remueve de vez en cuando con un batidor. Se sazona con pimienta y nuez moscada, se cuece lentamente unos veinte minutos y a continuación se le adiciona el tomate, la trufa y los champiñones, todo trinchado fino. Luego se sigue la cocción unos diez minutos más, obteniendo una salsa espesa, a la que se incorpora, fuera de fuego, una yema de huevo.

Se mezclan con el arroz los trocitos de merluza desprovista de piel y espinas y se reparte en 6 conchas. Encima de éstas se coloca la langosta hecha a rajas, se cubren con la salsa, se espolvorean con el queso, se rocian con la mantequilla derretida y se meten en el horno para que tomen un color dorado.

Se sirven en una fuente cubierta con servilleta y se adornan con hojas de perejil.

LANGOSTA A LA MIAMI

3 langostas de 600 gr cada una, un cuarto de litro de crema de leche, 6 escaloñas, 200 gr de mantequilla, una copita de coñac, un decilitro de vino blanco, 2 zanahorias, una hoja de apio, 300 gr de tomate, un limón, perejil y una cebolla.

Se parten las langostas por la mitad en todo su largo, se les quitan las tripas, se sazonan con sal, pimienta y nuez moscada y se ponen en una tartera, colocando la parte cortada hacia arriba. Después se añaden 100 gr de mantequilla y se mete en el horno por espacio de quince minutos.

SALSA MIAMI. Con 50 gr de mantequilla se rehogan las zanahorias, las escaloñas, la cebolla y el apio, todo cortado a trocitos, y cuando tenga un color dorado se añaden 12 patas de langosta que al terminar la cocción se machacan al mortero. Luego se agrega el coñac y se enciende. Seguidamente se le incorporan los tomates mondados y el vino blanco, y se cuece a fuego regular durante veinte minutos. A continuación se pasa por un colador fino, exprimiéndolo bien para extraer toda la sustancia. Se echa el líquido en una cacerola, se le adiciona la crema de leche, se pone al fuego y se revuelve con una espátula de madera hasta que resulta una salsa espesa como una crema. Se sazona con sal y pimienta, incorporándole el resto de la mantequilla, se echan cuatro cucharadas de salsa encima de cada media langosta, se mete cinco minutos en el horno y se sirve bien caliente, colocada en una fuente con servilleta y adornada con rodajas de limón y perejil.

El resto de la salsa se sirve en una salsera.

MIGNONETTE DE LANGOSTA A LA GENEVRINA

Una langosta de 800 gr, 200 gr de galleta, una trufa, 2 cebollas, 2 zanahorias, 125 gr de harina, 100 gr de mantequilla, medio litro de leche, 3 huevos, medio litro de aceite, perejil, un limón, una hoja de laurel, un ramito de tomillo y media copita de coñac.

En una olla al fuego se ponen 4 litros de agua sazonada con sal, se agrega una zanahoria y una cebolla, y cuando hierve se echa la langosta y se cuece durante quince minutos. Seguidamente se saca del agua y se deja enfriar.

Se derriten 50 gr de mantequilla, se añaden 75 gr de harina y la leche previamente hervida, se mezcla con un batidor, se sazona con sal, pimienta y nuez moscada y se cuece por espacio de veinte minutos, adicionándole al terminar la cocción la trufa trinchada fina y la langosta sacada del caparazón y hecha a trocitos, guardando las patas. Luego se le añade una yema de huevo y se deja enfriar.

MIGNONETTE. Se espolvorea un mármol con harina y encima de ésta se echa con una cuchara la mezcolanza de la langosta, formando unos montoncitos que se pasan por la harina, dándoles la forma de peras, y se rebozan con un huevo batido mezclado con unas claras, se pasan por la galleta picada y se fríen con el aceite, colocando en la punta de cada uno un trocito de pata de langosta imitando el rabo de la pera.

Se coloca en el centro de una fuente ovalada el caparazón de la langosta, se rodea con las mignonettes y se adorna con discos de huevo duro, perejil y rodajas de limón rallado, colocando alrededor las patas de langosta.

SALSA. Con 35 gr de mantequilla se rehoga una cebolla y zanahoria, todo hecho a trocitos, y cuando haya tomado un color dorado se le agrega el coñac, se enciende y se le incorpora una cucharada de harina, los tomates partidos por la mitad y los trocitos restantes del caparazón de langosta. A continuación se añade una hoja de laurel, el tomillo y 2 decilitros de agua, se sazona con sal, pimienta y nuez moscada y se cuece durante treinta y cinco minutos, pasando dicha salsa por un colador y adicionándole el resto de la mantequilla.

Se sirve en una salsera, acompañando las mignonettes.

LANGOSTA A LA LAYETANA

3 langostas, 500 gr de guisantes, una trufa, un pimiento encarnado en conserva, 4 huevos, 3 decilitros de aceite, un limón, 6 tomates pequeños, una zanahoria, una cebolla, mostaza, salsa India y una cucharada de vinagre.

En una olla al fuego se echan 4 litros de agua y sal, la cebolla y la zanahoria, y cuando hierve a borbotones se añade la langosta y se deja hervir durante quince minutos. Luego se escurre y se deja enfriar.

SALSA MAYONESA. En una ensaladera se ponen 2 yemas de huevo, sal, el vinagre, la mostaza y la salsa India, se mezcla bien y se añade poco a poco el aceite, removiendo con viveza con un batidor hasta obtener una salsa espesa como una crema, a la que cuando está en su punto se incorpora una cucharada de agua hirviendo.

Se parte la langosta por la mitad en todo su largo, se limpia, se saca la carne de la cáscara, se corta a rajas y se vuelve a colocar en su sitio, dándole su forma primitiva y dejando un hueco en la parte superior, donde se colocarán los guisantes hervidos.

Colocada la langosta en una fuente se cubre con la mitad de la salsa, se adorna la superficie con discos de pimiento y trufa, se rodea con los tomates partidos por la mitad, se sazona con sal y se coloca en el centro de cada tomate una rodaja de huevo, terminando el adorno con lonjas de limón ralladas y perejil.

CORONA DE LANGOSTINOS A LA MIAMI

800 gr de langostinos, una trufa, 20 gr de cola de pescado, 6 huevos, 4 zanahorias, un cuarto de litro de aceite, 400 gr de patatas pequeñas, 2 nabos, 200 gr de guisantes, 200 gr de judías, 35 gr de mantequilla, un pimiento morrón, mostaza, salsa India, una cucharada de vinagre, una copita de jerez, 100 gr de morcillo de buey, una cebolla y perifollo.

Se ponen en una cacerola los langostinos, una cebolla partida a trozos y un litro de agua, sazonándose con sal. Luego se cuecen, tapados, por espacio de cinco minutos, se escurren y se dejan enfriar.

Se corta a trocitos la carne de buey y una zanahoria; se echa en una cacerola y se agrega el jerez, 2 claras de huevo, un poco de perifollo picado y un cuarto de litro de agua; se sazona con sal, se mezcla bien y se arrima al fuego, removiendo con un batidor, y cuando está bien caliente se añaden 3 hojas de cola de pescado. Se sigue removiendo y al arrancar el hervor se rocía con agua fría y se cuece lentamente durante diez minutos, pasándose a continuación por un paño mojado en agua fría.

Se preparan 4 huevos duros, se les quitan las cáscaras, se les cortan ligeramente las puntas y se parten verticalmente por la mitad; se sacan las yemas, se agrega el pimiento y se pasa todo por un tamiz. Luego se le añade la mantequilla, se sazona con sal, se llenan las cazuelitas de las claras de huevo, sirviéndose de una manga con boquilla rizada, y se adorna con un disco de trufa.

Las zanahorias y patatas se lavan y, sin mondarlas, se cuecen con agua y sal.

SALSA MAYONESA. En una ensaladera se echan 2 yemas de huevo, el vinagre, sal, mostaza y salsa India, se mezcla bien y se añade poco a poco el aceite, removiendo con viveza con un batidor hasta obtener una salsa mayonesa espesa.

Mondadas las patatas se cortan a cuadritos y se les mezclan 3 cucharadas de salsa mayonesa.

Se coloca encima del hielo picado un molde de corona en cuyo interior se echan 4 cucharadas de gelatina, con la que, una vez cuajada, se forma un adorno con unos discos de trufa intercalados con otros de huevos duros, fijándolos con dos cucharadas de gelatina. Se mezcla a la salsa mayonesa el resto de la cola de pescado diluida en una cucharada de agua caliente, luego se le añaden las zanahorias y nabos, todo mondado y cortado a cuadritos, los guisantes hervidos y las judías cocidas con agua y sal y cortadas a 1 cm de largo, se mezcla bien y se termina de llenar el molde. Cuando el contenido de éste está cuajado después de unas dos horas, se pasa el molde por agua tibia y se vierte en una fuente redonda. Ésta se rodea luego con los huevos y discos de zanahoria, en el centro se ponen las patatas y se espolvorea con clara de huevo y trufa picada.

LANGOSTINOS A LA AMERICANA

1 kg de langostinos, 10 escaloñas, 2 copitas de coñac, 400 gr de tomates, un decilitro de vino blanco, 100 gr de mantequilla, un decilitro de aceite, 200 gr de arroz, perifollo, un ramito de tomillo y una hoja de laurel.

Se pone una cacerola ancha al fuego con el aceite y cuando está bien caliente se echan los langostinos, se rehogan vivamente durante cinco minutos y se agregan las escaloñas trinchadas; se rocían con el coñac, se enciende y cuando se apaga se añade el vino, laurel, tomillo, los tomates mondados y picados finos y 50 gr de mantequilla, se sazona con sal y pimienta y se cuece por espacio de quince minutos.

Se hierve el arroz unos veinte minutos con un litro de agua y sal, se pasa por agua fría, se escurre y se echa en un paño para secarlo. A continuación se pone en una tartera, se rocía con 25 gr de mantequilla y se mete unos minutos en el horno. Luego se pone en un molde flanera y se vierte en una fuente redonda.

Se colocan los langostinos alrededor del arroz. Seguidamente se pasa la salsa por el colador, se añade la mantequilla restante (la cual si resultare algo clara se hierve un poco más), se vierte encima de los langostinos y se espolvorea con el perifollo picado.

TURBANTE DE LANGOSTINOS A LA CARDENAL

1 kg de langostinos, 200 gr de arroz, 250 gr de mantequilla, una trufa, 25 gr de harina, 2 copitas de coñac, 1 kg de hielo, una zanahoria, 2 cebollas, unas gotas de carmín, un huevo, 200 gr de merluza y un limón.

Se limpia el pescado, se pone en una cacerola con un litro de agua, una cebolla y un poco de sal, se arrima al fuego y se cuece durante cinco minutos.

MANTEQUILLA DE LANGOSTINOS. Se derriten 40 gr de mantequilla, se rehoga media cebolla y una zanahoria, todo picado fino, y cuando haya tomado un color dorado se añaden los langostinos. Pasados unos cinco minutos se rocían con el coñac, se enciende y luego se sazonan con sal y se cuecen, tapados, por espacio de diez minutos. A continuación se sacan los langostinos, se les quitan los caparazones y se machacan éstos al mortero. Se vuelve a la cacerola, se adicionan 100 gr de mantequilla, se mete en el horno y se cuece hasta que la mantequilla haya tomado un color rosado y resulte clarificada. Seguidamente se pone el hielo en una vasija con un cuarto de litro de agua, encima se extiende un paño fuerte y dentro se echan los caparazones de los langostinos. Se enrolla el paño, exprimiéndolo para extraer bien la mantequilla, la cual cae encima del hielo y se cuaja.

SALSA. Se derriten 50 gr de mantequilla y se añade la harina y 4 decilitros de caldo del pescado, pasándolo por un colador, se sazona con pimienta y nuez moscada y se cuece lentamente durante diez minutos, removiéndolo de vez en cuando con un batidor. Después se le añade, fuera del fuego, una yema de huevo, la mantequilla de langostinos sacada cuidadosamente del hielo y unas gotas de carmín vegetal, obteniendo una salsa finísima y de un color rosado. Con el resto de la mantequilla se sofríe la cebolla restante, trinchada fina, y sin que tome color. Seguidamente se le incorpora el arroz y medio litro de caldo del pescado y se cuece unos veinte minutos. A continuación se pone en un molde flanera untado de mantequilla y se vierte en una fuente redonda que se rodea con los langostinos. Se cubren éstos con la salsa, se adorna la superficie con bonitos discos de trufa y se rodean con menudas rodajas de limón ralladas.

TARTALETAS DE LANGOSTINOS A LA NEWBURG

1 kg de langostinos, 150 gr de mantequilla, 125 gr de harina, 100 gr de arroz, 35 gr de manteca de cerdo, 3 huevos, 6 escaloñas, una zanahoria, una copita de coñac, un decilitro de vino blanco, una trufa, 3 cucharadas de puré de tomate y un decilitro de crema de leche.

Se pone la harina encima de un mármol, formando corona o círculo. En el centro se echa un huevo, la manteca de cerdo, sal y una cucharada de agua, mezclándose todo para obtener una pasta fina y compacta, la cual se estirará con un rollo, dándole el grueso de un poco más de medio cm. Entonces se corta a discos y se forran los moldes gruesos de tartaletas ligeramente untados con mantequilla, se pinchan los fondos con un tenedor, se llenan de garbanzos o judías secas y se meten en el horno hasta que tengan un bonito color dorado. Después se sacan los moldes y se quitan los garbanzos.

El arroz se cuece con agua y sal unos veinte minutos, se pasa por agua fría y después de bien escurrido se pone a calentar con 25 gr de mantequilla.

Se derriten 75 gr de mantequilla, se rehogan las escaloñas y la zanahoria, mondadas y cortadas a cuadritos, se agregan los langostinos, se rocían con el coñac, se enciende, se le incorpora el vino y el tomate, se sazona con sal y se cuece a fuego lento durante cinco minutos. Los langostinos se separan, se les quitan las cáscaras y se machacan éstas al mortero hasta que se obtenga una pasta, se echan en la cacerola y se vuelve a cocer unos cinco minutos. A continuación se pasa por un colador, se extrae toda la salsa, se pone al

224

fuego, se le agrega la crema de leche y se revuelve con un batidor hasta conseguir una salsa espesa. Seguidamente se le incorporan, fuera del fuego, 2 yemas de huevo y el resto de la manteca, y se sazona con pimienta.

Se echa el arroz dentro de las tartaletas de pasta y encima se colocan los langostinos, se meten unos segundos en el horno, se cubren con la salsa y se adorna con discos de trufa.

CAZUELITAS DE LANGOSTINOS A LA BOSTON

1 kg de langostinos, una cebolla, 2 zanahorias, 2 copitas de coñac, 2 decilitros de vino blanco, 200 gr de mantequilla, 100 gr de arroz, media hoja de laurel, un ramito de tomillo, 200 gr de crema de leche, 20 gr de harina, perejil, 300 gr de tomates, una trufa y una cucharada de curry.

Se pone la mitad de la mantequilla en una cacerola y se rehoga la cebolla y las zanahorias, todo cortado a trocitos. Cuando tenga un color dorado se le añaden los langostinos, colocándolos en forma de capa, se rocían con el coñac, se enciende y una vez apagado se le adiciona el vino blanco, el laurel, el tomillo y un decilitro de agua. Se sazona con sal, se tapa y se cuece lentamente durante cinco minutos. Luego se sacan los langostinos, se les quitan las cáscaras, se machacan éstas al mortero y se añade la harina, los tomates partidos por la mitad, un decilitro de agua y el curry, cociéndose por espacio de media hora. Seguidamente se pasa por un colador, se pone en una cacerola, agregándole la crema de leche, se remueve con un batidor hasta obtener una salsa bien espesa y se le incorporan 50 gr de mantequilla

Se hierve el arroz, con abundante agua y sal, por espacio de veinte minutos. Seguidamente se escurre, se saltea con la mantequilla restante, se espolvorea con un poco de curry y se reparte en 6 cazuelitas de porcelana. Encima se colocan los langostinos, se cubren con la salsa y se adorna con discos de trufa.

Se sirve bien caliente en una fuente cubierta con servilleta y se adorna con hojas de perejil.

CENTRO DE LANGOSTINOS A LA CONDESITA

1 kg de langostinos, 3 zanahorias, un manojo de espárragos, 4 huevos, un cuarto de litro de aceite, una trufa, una cucharada de

vinagre, 200 gr de guisantes, 2 kilos de hielo, 200 gr de merluza, una ensalada, 200 gr de patatas, un pimiento morrón, 25 gr de cola de pescado, perifollo, una copita de jerez, salsa India, una cebolla y una clara de huevo.

Se echan los langostinos en una cacerola con agua que los cubra y la mitad de la cebolla cortada a trozos, se sazona con sal y se hierve durante cinco minutos. Luego se pasan por agua fría y se escurren.

Se hierve la merluza durante quince minutos con medio litro de agua y la mitad de una cebolla, y se sazona con sal.

Mondadas 2 zanahorias y las patatas se cortan a cuadritos pequeños, se hierven con agua sazonada con sal y luego se pasan por agua fría y se escurren. Igualmente se hervirán los guisantes.

GELATINA. Se mezclan 2 claras de huevo, una copita de jerez, un poco de perifollo picado y medio litro del caldo obtenido de cocer la merluza. Se bate, se arrima al fuego, removiéndolo con un batidor y cuando está bien caliente, sin que hierva, se le adicionan 10 gr de cola de pescado bien remojada con agua fría. Se sigue removiendo y al empezar a hervir se aparta ligeramente del fuego y se deja cocer a fuego lento durante quince minutos, obteniendo una gelatina transparente, que se pasará por un paño mojado en agua.

SALSA MAYONESA. En una ensaladera se pone una yema de huevo, el vinagre, la salsa India y sal, se mezcla y se le añade poco a poco el aceite, removiendo con viveza con un batidor hasta conseguir una salsa mayonesa espesa.

Pelados los espárragos se cortan las puntas de 8 a 9 cm de largo, se cuecen con agua y sal, se pasan delicadamente por agua fría y se escurren.

Con hielo picado se rodea un molde de forma de corona, se echan dentro 5 cucharadas de gelatina y cuando ésta está cuajada se forma un dibujo con pequeños discos de trufa y clara de huevo duro, y se fija con 3 cucharadas de gelatina. Al cabo de diez minutos se colocan los langostinos desprovistos del caparazón, dejando 8 o 9 de ellos para formar el centro. Encima se pone el pescado sin espinas y se echa en el molde la gelatina restante.

Se mezcla con la mayonesa el resto de la cola de pescado diluida con 3 cucharadas de agua hirviendo. Seguidamente se le añaden los guisantes, las zanahorias y las patatas, todo bien escurrido, se termina de llenar el molde y se deja durante dos horas en sitio fresco. Transcurrido este tiempo se pasa dicho molde por agua tibia y se vierte en una fuente redonda. En el hueco central de ésta se pone un vaso pequeño de cristal, en cuyo borde se colocan los langostinos pelados, con la punta hacia el interior. Finalmente se adorna con una pequeña rosa de zanahoria y se rodea con la punta de los espárragos, discos de huevo duro, triángulos de pimiento, ensalada cortada a juliana fina y discos de trufa.

TARTALETAS DE LANGOSTINOS A LA DINAR

200 gr de harina, 2 huevos, 400 gr de langostinos, una trufa, un cuarto de litro de leche, 250 gr de mantequilla, 50 gr de manteca de cerdo, 2 zanahorias, una cebolla, 2 copitas de coñac, 1 kg de hielo, un decilitro de vino blanco y perejil.

Se ponen encima de un mármol 150 gr de harina formando un círculo. En el centro se echa un huevo, la manteca de cerdo, una cucharada de agua y se sazona con sal, mezclándose primero con una cuchara y luego con las manos hasta obtener una pasta fina y compacta que se dejará descansar cinco minutos. Seguidamente se espolvorea el mármol con la harina y con un rodillo, se estira dicha pasta, dándole el grueso de medio cm, se corta en forma de discos, sirviéndose de un cortapasta rizado, y se forran 6 moldes de tartaletas grandes que tendremos untados ligeramente con mantequilla. Después se pinchan con un tenedor y se llenan con garbanzos y judías secas, se cuecen al horno hasta que tengan un color dorado y se sacan del molde, quitándoles los garbanzos.

En una cacerola se ponen 50 gr de mantequilla, se añade la cebolla y zanahoria, todo hecho a trocitos, y se rehoga para que se coloree. Seguidamente se agregan los langostinos y transcurridos unos quince minutos se rocía con el coñac, se enciende, se le adiciona el vino blanco, se sazona con sal y se cuece, tapado, por espacio de diez minutos. A continuación se pelan los langostinos, se machacan las cabezas en el mortero y se vuelve a la misma cacerola.

Se adicionan 150 gr de mantequilla, se pone la cacerola en baño María al horno y se cuece para que se clarifique. Ya en este punto se pasa todo el contenido por un paño fuerte, exprimiéndolo bien y dejando caer el líquido en un recipiente donde tendremos el hielo picado. Dicho líquido formará una capa encima del hielo, la cual se dejará cuajar.

SALSA NANTUA. Se derrite el resto de la mantequilla y se le adicionan 20 gr de harina y la leche. Luego se sazona con sal, pimienta y nuez moscada, y se cuece lentamente por espacio de veinte minutos, removiendo de vez en cuando con un batidor. Terminada la cocción se le incorpora, fuera del fuego, una yema de huevo y la manteca de langostinos que habremos sacado del hielo y puesto a derretir.

Se llenan las tartaletas con los langostinos, se cubren con la salsa y se adornan con unas bonitas lonjas de trufa.

Se sirven en una fuente cubierta con servilleta, rodeándose con hojas de perejil.

SALMONETES A LA ARLESIANA

4 salmonetes gordos, 2 berenjenas medianas largas, una cebolla, 2 decilitros de aceite, 200 gr de tomates, 2 pepinillos en vinagre, un limón, 50 gr de galleta picada, 50 gr de harina, 2 dientes de ajo, perejil, un poco de pimentón y 50 gr de champiñones.

Mondadas las berenjenas, se cortan por la mitad en toda su longitud, se vacían, se sazonan con sal, se pasan por harina y se fríen con aceite colocándose en una fuente.

Limpios los salmonetes, se sazonan con sal, se pasan por harina y se fríen haciéndolos sazonados también con jugo de limón. Una vez fritos, se colocan dentro de las berenjenas.

Con el resto del aceite, se sofríe la cebolla cortada fina, se adicionan dos dientes de ajo picados y el pimentón, se agregan los pepinillos y los champiñones, todo picado fino. Se rehoga unos minutos y se les adicionan los tomates mondados y picados, se sazona todo con sal y pimienta y se cuece por espacio de quince minutos; luego se echa por encima del pescado. Se espolvorea la superficie con galleta picada mezclada con un poco de perejil picado y se meten al horno para que tomen ligero color dorado. Al sacarlos se adornan con discos de limón.

SALMONETES A LA MAYORDOMO

6 salmonetes de 150 gr, 35 gr de pan rallado, 75 gr de mantequilla, 600 gr de patatas, 2 decilitros de aceite, 2 limones y media hoja de papel de barba.

Se limpian los salmonetes, se sazonan con sal y zumo de limón, se pasan por aceite, se rebozan con miga de pan, se colocan en una tartera, rociándolos con el resto del aceite, y se ponen en horno fuerte durante quince minutos.

Manteca mayordomo. Se mezcla la mantequilla con unas gotas de zumo de limón y un poco de perejil picado, se enrolla en un papel de barba, dándole la forma cilíndrica, y se pone en sitio fresco o encima del hielo.

Se colocan los salmonetes en una fuente, rodeándolos con las patatas torneadas en forma ovalada, hervidas con agua y sal e intercaladas con unas rodajas de limón rallado, y poniendo encima de cada salmonete un disco de manteca mayordomo.

Sírvase inmediatamente.

SALMONETES A LA PROVENZALA

6 bonitos salmonetes de 100 gr cada uno, 3 berenjenas, 800 gr de patatas, un cuarto de litro de aceite, 50 gr de mantequilla, una cebolla, un limón, 400 gr de tomates, 50 gr de galleta, 2 dientes de ajo y perejil.

Se limpia el pescado, se sazona con sal, se rocía con zumo de limón, se pasa por aceite y por la galleta picada y se coloca en una tartera donde se tendrá un decilitro de aceite. Después se mete en el horno vivo por espacio de diez minutos hasta que adquiera un color dorado, se saca y en la misma tartera se echan los ajos trinchados finos, el vino blanco y los tomates mondados. Se cuece lentamente durante veinte minutos, adicionándole 25 gr de mantequilla, se sazona con sal y pimienta y a continuación se pasa por un colador y se hierve para obtener una salsa espesa, a la que se adicionará un poco de perejil picado.

Se mondan las berenjenas, se parten horizontalmente por la mitad, se vacían, dándoles la forma de barquitas, se pasan por la harina y se fríen con el aceite.

Mondadas las patatas se preparan en forma de avellanitas, sirviéndose de una cucharita ex profeso, se fríen lentamente con un poco de aceite y cuando están cocidas y tengan un color dorado se escurren, adicionándoles 25 gr de mantequilla.

Se colocan las berenjenas en una fuente, se sazonan con sal y en cada una se pone un salmonete. A continuación se cubren con la salsa y se rodean con las patatas y unos discos de limón.

SALMONETES A LA MARSAL

800 gr de salmonetes (6 piezas), 2 decilitros de aceite, 12 mejillones, 200 gr de tomates, un decilitro de vino blanco, 50 gr de hari-

na, una cebolla, 2 dientes de ajo, 3 pepinillos en vinagre y 100 gr de miga de pan rallada.

Se limpian los salmonetes, se pasan por la harina, se fríen con el aceite y se colocan en una fuente que resista al fuego.

En el mismo aceite se sofríe una cebolla trinchada fina y cuando tenga un color dorado se le añade una cucharadita de harina, los ajos picados y el vino blanco. A continuación se le agregan los tomates, hervidos y pasados por un colador, y los pepinillos, trinchados finos; se sazona con sal y pimienta y se cuece lentamente durante diez minutos, obteniendo una salsa riquísima.

Limpios los mejillones se ponen en una cacerola al fuego con un poco de agua y se cuecen durante cinco minutos. Luego se sacan de la cáscara y se colocan alrededor de los salmonetes.

Se cubre con la salsa preparada de antemano, se espolvorea con miga de pan rallada y se mete en el horno por espacio de diez minutos.

SALMONETES EN PAPILLOTE

6 salmonetes de 150 gr, 150 gr de champiñones, 100 gr de cebolla, 50 gr de mantequilla, 2 decilitros de aceite, 2 cucharadas de puré de tomate, un decilitro de vino blanco, 3 pepinillos en vinagre, 50 gr de harina, una cucharada de pan rallado, perejil, 3 hojas de papel de barba y un limón.

Se limpian los salmonetes, se sazonan con sal, se pasan por la harina y se fríen ligeramente con el aceite.

Con la mantequilla se rehoga la cebolla picada y cuando tenga un color dorado se agregan los champiñones y las pepinillos, todo picado fino. Luego se le incorpora el tomate y el vino, se sazona con sal y pimienta, se cuece a fuego lento durante diez minutos y transcurrido este tiempo se agrega el pan rallado y el perejil picado.

Se cortan las hojas de papel por la mitad, en cada trozo de éste se pone una cucharada de picadillo y encima se coloca un salmonete. Después se cubre con el resto del picadillo, se cierra el papel como si fuese un sobre, procurando doblar los extremos para sujetarlo, y se pone a horno suave unos quince minutos.

Se sirve en el mismo papel y se adorna con perejil y lonjas de limón.

SALMONETES A LA TURVILLE

6 salmonetes de 150 gr cada uno, 100 gr de merluza, un huevo, 15 gr de miga de pan rallada, 100 gr de mantequilla, un limón, perejil, una copa de vino blanco, 600 gr de patatas del tamaño de un pequeño huevo, y una trufa.

Se limpian los salmonetes, se les saca la espina central, se sazonan con sal y se rocían con unas gotas de zumo de limón.

Se sacan las espinas y la piel de la merluza y se trincha muy fina. Se le adiciona una yema, la trufa picada y la miga de pan y se sazona con sal y pimienta, obteniendo un picadillo. Después se rellenan los salmonetes con dicho picadillo y se colocan en una tartera untada con mantequilla, se rocían con vino blanco, unas gotas de zumo de limón y el resto de la mantequilla derretida y se meten en el horno por espacio de quince a veinte minutos. Pasado este tiempo se colocan los salmonetes en una fuente.

El líquido que habrá quedado en la tartera se hierve hasta que resulta una salsa espesa, a la que se agrega un poco de perejil picado y se echa encima del pescado.

Se rodea con las patatas mondadas, torneadas en forma ovalada y hervidas con agua y sal.

Se sirve bien caliente.

ATÚN PARRILLA A LA VINAGRETA

800 gr de atún, 200 gr de tomates, 2 decilitros de aceite, 4 cucharadas de vinagre, un pimiento morrón en conserva, una cebolla, 3 dientes de ajo, perejil, un limón, un decilitro de vino blanco y 25 gr de pan rallado.

Limpio el atún de piel y espinas se corta a rajas de un centímetro y medio de grueso, se sazona con sal y pimienta, se rocía con unas gotas de limón y la mitad del aceite y se espolvorea con el pan. Seguidamente se coloca encima de una parrilla que se tendrá bien caliente puesta sobre las brasas, se cuece cinco minutos, se le da la vuelta y se sigue la misma cocción unos cinco minutos más, colocando las rajas en una fuente.

Con el aceite restante se rehoga la cebolla trinchada fina y cuando haya tomado color dorado se le agregan los ajos y el perejil picado, los tomates partidos por la mitad, el vino, el vinagre y el pimiento.

Se cuece lentamente durante media hora y luego se pasa todo por un tamiz, obteniendo una salsa fina que se echa encima del pescado, rodeándose con rodajas de limón.

ATÚN A LA PROVENZALA

800 gr de atún, 300 gr de tomates, 6 dientes de ajo, 400 gr de cebollas, 2 decilitros de aceite, un limón, una hoja de laurel, un ramito de tomillo, un decilitro de vino blanco y perejil.

Se corta el atún en tres rajas y se le quita la piel y espina central. Se mondan las cebollas, se cortan a lonjas delgadas y se pone la mitad en una cazuela de barro. Luego se añade laurel, tomillo, perejil y ajos; encima se coloca el pescado, se rodea con los tomates partidos a trozos y sobre el atún se ponen 4 rajas delgadas de limón. Se cubre con la cebolla restante, se sazona con sal, pimienta y nuez moscada, y se rocía con el vino y el aceite.

Se tapa la cazuela con un papel y luego con una tapadera y se deja cocer lentamente durante media hora.

Terminada la cocción se espolvorea con perejil picado y se sirve en la misma cazuela.

ATÚN A LA MARSELLESA

800 gr de ventrecha de atún, 100 gr de cebollas, 1 ½ decilitros de aceite, 100 gr de aceitunas negras, 200 gr de tomates, 10 gr de pan rallado, un decilitro de vino blanco, un diente de ajo, perejil y 6 anchoas.

Se corta el atún a lonjas de 1 cm de grueso, se le pone sal, se coloca en una tartera, se rocía con aceite, se mete en el horno durante cinco minutos y luego se añaden las aceitunas.

En una cacerola se rehoga la cebolla picada y cuando empieza a tomar color se agrega el tomate pelado y picado y el vino blanco, se sazona con sal y pimienta, se cuece durante cinco minutos y se echa en la tartera. Después se trincha el ajo y el perejil, se mezcla con el pan rallado, se esparce encima del pescado, se rocía con aceite, se colocan los filetes de anchoas en forma de reja y se cuece a horno lento durante veinte minutos.

ATÚN A LA CONDESA

800 gr de atún, 50 gr de harina, 5 gr de pimentón, 2 decilitros de aceite, una copita de vinagre, 100 gr de cebollas, 2 dientes de ajo, perejil y un decilitro de sidra.

Se corta el atún en filetes de 1 cm de grueso, se pasan por la harina, se fríen con el aceite y se colocan en una tartera.

En el mismo aceite se fríe la cebolla trinchada fina, se añade el vinagre, el ajo, el perejil picado fino y el pimentón, se sazona con sal y pimienta, se le adiciona un decilitro de agua y la sidra, se agrega todo a la tartera y se deja cocer durante veinticinco minutos a fuego lento. Al terminar la cocción se pone el pescado en una fuente, se cubre con la salsa, pasándola por un colador, y se adorna con rajas de limón rallado.

MAYONESA DE ATÚN

Un cuarto de litro de aceite, 3 huevos, 300 gr de atún en aceite, una cucharada de vinagre, 200 gr de patatas, 200 gr de guisantes, 2 hojas de cola de pescado, 2 zanahorias, un nabo, un kg de hielo, media cucharadita de salsa India, 3 pepinillos en vinagre y 2 pimientos morrones en conserva.

Mondadas las zanahorias y el nabo se cortan a cuadritos, se cuecen con agua y sal y a media cocción se agregan las patatas preparadas igualmente. Luego se escurre y se deja enfriar.

MAYONESA. En una ensaladera se pone una yema de huevo, el vinagre, la salsa India y un poco de sal, se mezcla con un batidor y se deja descansar durante cinco minutos. A continuación se agrega poco a poco el aceite y se revuelve con viveza con un batidor hasta obtener una mayonesa espesa.

Seguidamente se le adicionan las zanahorias, nabos y patatas y los guisantes hervidos, el atún hecho a trocitos y la cola de pescado previamente remojada en agua fría y diluida al fuego con una cucharada de agua. Se mezcla todo, se echa en un molde, se rodea con el hielo picado y se deja durante una hora. Transcurrido este tiempo se pasa el molde por agua tibia, se vierte en una fuente y se rodea con discos de pepinillo, triángulos de pimiento y discos de huevos duros.

ATÚN A LA CARMELITA

800 gr de atún, 600 gr de espinacas, 2 decilitros de aceite, un limón, un decilitro de vino blanco, 200 gr de cebollas, 200 gr de tomates, 15 gr de queso rallado y 2 dientes de ajo.

Desprovisto el pescado de espinas y piel se corta a rajas, se sazona con sal y pimienta, y se rocía con unas gotas de zumo de limón.

Cuécense las espinacas con agua y sal, y una vez bien escurridas se trinchan y se saltean con la mitad del aceite, se colocan en una cazuela o fuente de barro y encima se pone el atún.

Con el aceite restante se rehoga la cebolla picada y en cuanto haya tomado color se le adiciona el ajo trinchado fino, el vino y los tomates, mondados y picados, se sazona con sal y pimienta, y se echa esta salsa encima del pescado. A continuación se espolvorea con el queso y se mete en el horno por espacio de una hora y media.

ATÚN A LA GENOVESA

800 gr de atún, 2 decilitros de vino blanco, 4 pepinillos en vinagre, un decilitro de aceite, una cebolla, una hoja de apio, una lata de champiñones, un limón, 2 cucharadas de puré de tomate, 35 gr de mantequilla, 15 gr de harina, perejil y una cebolla.

Desprovisto el atún de las espinas y piel se corta a lonjas.

Se pone en una tartera la cebolla trinchada, encima se coloca el atún y se rocía con el aceite y zumo de limón. Seguidamente se mete en el horno y cuando empieza a tomar color se añade el vino blanco, los champiñones, cortados a lonjas delgadas, y el tomate y los pepinillos, trinchados. Se sazona con sal, se cuece a fuego lento durante veinte minutos y a continuación se saca el pescado y se presenta en una fuente.

A la tartera se le añade la mantequilla mezclada con la harina, se cuece unos cinco minutos, se vierte sobre el pescado, se espolvorea con perejil trinchado y se adorna la fuente con rodajas de limón.

FILETES DE RAPE A L'ORLY

800 gr de rape, 200 gr de pan rallado, 75 gr. de harina, un huevo, medio litro de aceite, un limón, 250 gr de tomates, 50 gr de mantequilla, una cebolla y una zanahoria.

Se saca la piel y las espinas del pescado y se corta éste a tiras delgaditas. Seguidamente se sazonan estos filetes con sal y un poco de zumo de limón, se rebozan con la harina, luego con el huevo batido y, por último, con el pan rallado, pasando la mano encima de cada filete para sujetar bien el pan, se fríen con el aceite hasta que tengan un bonito color dorado y se escurren.

Se sirven en una fuente con servilleta, adornándose con perejil y limón cortado a trozos.

Con la mantequilla se sofríe la cebolla y la zanahoria, todo hecho a trocitos, se adicionan 20 gr de harina y los tomates y se añaden las espinas del pescado. A continuación se cuece a fuego lento durante media hora, se sazona con sal y pimienta, se pasa por un colador y se sirve en salsera, acompañando los filetes de rape.

FILETES DE RAPE A LA FERMINA

800 gr de rape sin espina ni piel, 3 berenjenas gruesas, 2 decilitros de aceite, 18 mejillones, 25 gr de harina, 300 gr de tomates, una trufa, una copita de jerez, 10 gr de queso rallado, 75 gr de mantequilla y una cebolla.

Se pone en una tartera la cebolla trinchada fina; el tomate, mondado y picado; el pescado, cortado en 12 bonitos filetes, y el jerez; se sazona con sal y se mete en el horno por espacio de veinte minutos.

Se mondan las berenjenas, se parten horizontalmente por la mitad, se vacían, dándoles la forma de unas barquitas, se sazonan con sal y se fríen con el aceite para darles un color dorado.

Se ponen al fuego 40 gr de mantequilla, se le mezcla la harina y el jugo o líquido de haber cocido el pescado, pasándolo bien por un colador, se sazona con pimienta y nuez moscada y se cuece lentamente durante quince minutos, obteniendo la salsa espesa.

Se colocan las berenjenas en una fuente que resista al fuego y en cada una se ponen dos filetes de pescado, que se rodean con los mejillones sin cáscara. Después se cubre con la salsa, se espolvorea con el queso rallado y se rocía con el resto de la mantequilla, separando cada filete con una tira de pimiento. Finalmente, se colocan en el horno para que tomen un color dorado.

Se rodea con rodajas de limón rallado.

RAPE A LA CASERA

800 gr de rape cortado a rajas, 2 decilitros de aceite, una cebolla, 2 dientes de ajo, una pizca de azafrán, perejil, 12 almendras, 15 gr de harina y 300 gr de guisantes.

Se pica fina la cebolla y se pone en una cazuela de barro, colocando encima el pescado previamente limpio. Se sazona con sal, se rocía con el aceite, se arrima al fuego, teniendo la cazuela tapada, y se cuece unos diez minutos. Luego se machacan en el mortero las almendras, los ajos, un poco de perejil y el azafrán tostado; se le mezcla la harina y dos cucharadas de agua, se echa encima del pescado y se cuece a fuego regular por espacio de veinte minutos, adicionándole a media cocción los guisantes previamente hervidos.

MERO A LA BILBAÍNA

800 gr de mero cortado en dos o tres rajas, 300 gr de cebollas, 300 gr de tomates, 2 dientes de ajo, un decilitro de vino blanco, 2 decilitros de aceite, un limón, 2 pimientos morrones en conserva y 100 gr de pan.

Limpio el pescado se coloca en una cazuela de barro y se sazona con sal, se moja con el vino, se rocía con un poco de aceite y unas gotas de zumo de limón, se pone luego en el horno y se cuece por espacio de quince minutos.

Desprovisto el pan de la corteza se cortan unos triángulos pequeños y se fríen con el aceite. En el mismo aceite se rehoga la cebolla cortada a tiras delgadas y cuando tenga un color dorado se agrega el ajo y perejil picado, un poquito de pimentón y el tomate, mondado y trinchado; se sazona con sal y pimienta, y se añade el pimiento seco, machacado o trinchado fino; se cuece unos diez minutos y se echa esta salsa encima del pescado. Finalmente, se adorna con tiras de pimientos morrones y se cuece a horno suave por espacio de media hora.

Sírvase en la misma cazuela, rodeándolo con los triángulos de pan frito.

MERO A LA NARANJA

600 gr de mero cortado a rodajas, 50 gr de mantequilla, una cebolla, un vaso de vino blanco, 2 naranjas, una copita de coñac, un huevo y 25 gr de harina.

Limpio el pescado, se pasa por la harina y se coloca en una tartera donde se pondrá la cebolla picada fina. Se adiciona el vino, el coñac, la mantequilla y el zumo de una naranja; se sazona con sal, pimienta y nuez moscada; se cuece al horno suave durante diez minutos. Se coloca luego el pescado en una fuente, mezclando una yema de huevo con la salsa, que se pone encima del pescado pasándolo por un colador, adornando la fuente con bonitas rodajas de naranja.

MERO A LA VASCONIA

800 gr de mero, 2 decilitros de aceite, 100 gr de cebolla, 15 gr de harina, 18 mejillones, 2 decilitros de vino blanco o sidra, perejil y pimentón.

Se limpia el pescado, se corta a rodajas y se pone en una tartera con la cebolla picada, los mejillones sin cáscara, la harina, el aceite y un poco de pimentón. Luego se moja con la sidra o el vino blanco, se sazona con sal y pimienta, y se cuece a horno lento durante treinta y cinco minutos. A continuación se coloca el pescado en una fuente, se adorna con los mejillones, se cubre todo con la salsa, primeramente pasado por un colador, se mete cinco minutos en el horno y se espolvorea con perejil picado.

DORADA A LA CASERA

Una dorada de 1 ½ kg, 2 decilitros de aceite, 25 gr de galleta picada, 6 tomates pequeños, un limón, perejil, 600 gr de patatas, 25 gr de mantequilla y 75 gr de alcaparras.

Se limpia el pescado, se sazona con sal, se rocía con zumo de limón y aceite, se espolvorea con la galleta picada, se pone en una tartera con el resto del aceite y se mete en el horno por espacio de veinte minutos.

Los tomates se vacían ligeramente, se sazonan con sal, se rocían con mantequilla derretida, se cuecen al horno sin que pierdan su forma y luego se llenan con las alcaparras.

Se coloca en una fuente el pescado y se rodea con los tomates intercalado con las patatas, previamente torneadas en forma ovalada y hervidas con agua y sal.

Se sirve aparte en una salsera con salsa mayonesa o salsa tártara.

PAJELES A LA BARCAROLA

6 pajeles de 200 gr cada uno, un decilitro de vino blanco, 6 escaloñas, un limón, 10 gr de harina, 100 gr de mantequilla y perifollo.

Se limpian los pajeles y se colocan en una tartera bien untada con mantequilla y espolvoreada con las escaloñas, trinchadas muy finas; se añade el vino blanco, 4 cucharadas de agua y un poco de zumo de limón, se sazona con sal y se agregan 25 gr de mantequilla. Después se tapan con papel de barba, se cuecen a horno regular por espacio de veinte minutos y a continuación se saca el pescado, se mezcla el resto de la mantequilla con la harina, se echa en la tartera y se remueve con un batidor para que resulte una salsa algo espesa, que se pasa por un colador.

Por último se añade, fuera del fuego, un poco de perifollo picado, se sazona con sal y pimienta, se esparcen dos cucharadas de dicha salsa en una fuente, encima se coloca el pescado, se cubre con la sobredicha salsa y se adorna con rodajas de limón rallado.

BESUGO A LA CASTELLANA

1 kg de besugo, un decilitro de vino blanco, 2 limones, 15 gr de pan rallado, un pimiento morrón en conserva, 2 dientes de ajo, 2 decilitros de aceite, 2 huevos y un decilitro de vinagre.

Limpio el pescado se hacen en una cara 5 o 6 cortes hasta tocar la espina, introduciendo en cada uno una tira de pimiento intercalada con una tira de limón. Seguidamente se coloca en una tartera, se sazona con sal y pimienta y unas gotas de zumo de limón, se agrega la mitad del aceite, el vino blanco y el vinagre, y se cuece al horno durante diez minutos.

Se trincha muy fino el perejil y los ajos y se mezcla con el pan rallado. Luego se esparce encima del pescado, se rocía con el aceite restante y se procede a la cocción, que deberá durar unos veinte minutos.

Se pone el pescado en una fuente, se adorna la superficie con discos de huevo cocido, rajas de limón y hojas de perejil, y se echa la salsa por encima del pescado.

Sírvase en una salsera salsa mayonesa.

RAPE CON SALSA ROMESCU

800 gr de rape, 2 decilitros de aceite, una cebolla, 25 gr de pan, un pimiento seco, 200 gr de tomates, 10 gr de almendras y piñones, un poco de pimentón, 15 gr de harina, un poco de guindilla (pimiento picante), ajos, perejil y un limón.

Limpio el pescado se pone en una tartera, se rocía con aceite y se sazona con sal. Se pone unos minutos al horno.

Póngase en un mortero los ajos, el pan frito, el pimiento previamente hervido, los piñones y almendras, la guindilla y un poco de perejil, se machaca hasta obtener una pasta fina, luego se adicionan los tomates mondados y trinchados, la harina y el pimentón. Se mezcla todo bien, se añade un poco de aceite, se pasa por un colador y se echa encima del pescado, luego se cuece unos quince minutos, se sirve en una fuente, se espolvorea con perejil y se adorna con lonjas de limón.

BESUGO A LA CASERA

1 kg de besugo, 25 gr de harina, 100 gr de pan, 2 cucharadas de puré de tomate, 10 gr de piñones, un cuarto de litro de aceite, una cebolla, un huevo cocido, azafrán y un diente de ajo.

Después de limpio y cortado a trozos se pasa el pescado por la harina, se fríe con el aceite y se pone en una cazuela. En el mismo aceite se fríe la cebolla, el ajo y el perejil, bien picado. Después se añade el tomate, un decilitro de agua, los piñones, el azafrán y un huevo machacado en el mortero, y se echa todo encima de los trozos de besugo. A continuación se sazona con sal y pimienta, se deja cocer unos veinte minutos a fuego lento y se sirve en la misma cacerola, adornado con unos cuadritos de pan frito.

DENTÓN O DORADA A LA SAN RAFAEL

1 kg 200 gr de dentón, 600 gr de patatas tempranas y pequeñitas, 12 cebollitas muy pequeñas, 200 gr de tomates, 15 gr de galleta picada, 2 decilitros de aceite, un decilitro de vino blanco, azafrán, un limón, 2 dientes de ajo y perejil.

Limpio y escamado el pescado se corta a rajas de 2 o 3 cm de grueso, se sazona con sal, se rocía con zumo de limón y se espolvorea con la galleta picada. Luego se coloca en una tartera con aceite, se mete en el horno y cuando empieza a colorearse se agrega el vino, el tomate, mondado y picado, las cebollitas y las patatas, ligeramente fritas con el aceite restante y escurridas, el azafrán, los ajos y perejil (todo machacado en el mortero). Después se añade un decilitro de agua, se sazona con sal y pimienta, se rocía con aceite y se cuece, tapado, por espacio de veinte minutos.

El pescado se sirve en una fuente, se rodea con las patatas y cebollitas, se echa la salsa encima y se adorna con unas rodajas de limón.

FILETES DE DENTÓN A LA ESCOCESA

1 kg 200 gr de dentón, 600 gr de patatas del tamaño de un huevo pequeño, un huevo, un decilitro de vino blanco, 100 gr de mantequilla, 20 gr de harina, una trufa, un limón, 25 gr de alcaparras, 6 langostinos y media hoja de papel de barba.

Se limpia el pescado y desprovisto de la espina se corta, haciendo seis filetes, que se colocan en una tartera untada con mantequilla, se mojan con el vino blanco y dos decilitros de agua y se sazonan con sal. Luego se añaden 25 gr de mantequilla y unas gotas de zumo de limón, se tapa con el papel de barba untado con mantequilla, se mete en el horno y se cuece unos quince minutos.

Se derriten 50 gr de mantequilla, se añade la harina y el caldo de haber cocido el pescado, se sazona con pimienta y nuez moscada, se cuece lentamente durante veinte minutos, removiéndolo de vez en cuando con un batidor, y al terminar la cocción se agrega una yema de huevo, las alcaparras y el resto de la mantequilla.

Los filetes de pescado se colocan en una fuente, se cubren con la salsa y se rodean con las patatas, mondadas y torneadas en forma ovalada, hervidas con agua y sal y escurridas.

Se adorna la superficie del pescado con unos discos de trufa y alrededor de la fuente se colocan los langostinos hervidos y unas rodajas de limón acanalado.

PESCADILLA A LA CARMINA

800 gr de pescadilla, 3 pimientos morrones en conserva, 2 decilitros de aceite, 2 dientes de ajo, una cebolla, 300 gr de tomate, azafrán, 50 gr de harina, perejil, un decilitro de vino blanco y 8 huevos.

Desprovista la pescadilla de la cabeza se corta a pedazos, se reboza con la harina, se fríe vivamente con el aceite y cuando haya tomado color dorado se escurre y se pone en una tartera. En el mismo aceite se fríe la cebolla picada fina y cuando comienza a colorearse se añade el ajo trinchado, el tomate, mondado y picado y el azafrán, ligeramente tostado y triturado con los dedos. Se añade el vino blanco, se sazona con sal y pimienta, incorporándole los huevos duros y cortados a lonjas y los pimientos cortados a trocitos, se echa encima del pescado y se cuece a fuego lento durante quince minutos.

Al servirse se espolvorea con perejil picado.

FILETES DE PESCADILLA A LA PRIMOROSA

800 gr de pescadilla (6 piezas), un limón, 100 gr de mantequilla, 50 gr de harina, un decilitro de aceite, perejil, 3 huevos y 150 gr de miga de pan rallada.

Se quita a las pescadillas la cabeza y las espinas y se obtienen de cada una 2 filetes que se sazonan con sal, se rocían con zumo de limón, se pasan por la harina y por huevo batido y se rebozan con la miga de pan rallada.

En una sartén al fuego se pone el aceite y la mitad de la mantequilla y cuando está caliente se fríen los filetes de pescado, dándoles un color dorado de los dos costados. Después se colocan escalonados en una fuente, se espolvorean con un huevo duro trinchado fino y se les agrega un poco de perejil picado.

Se saca de la sartén la mitad del aceite en el que se ha frito el pescado y se echa en ella el resto de la manteca. Luego se fríe para que tome un color algo negruzco y se echa encima de la pescadilla, rodeándose con lonjas de limón rallado.

FILETES DE PESCADILLA A LA CONDAL

800 gr de pescadilla, una lata de champiñones, un decilitro de vino blanco, 50 gr de mantequilla, 400 gr de guisantes, una cebolla pequeña, un limón, un decilitro de aceite y 10 gr de harina.

Limpias las pescadillas y desprovistas de espina y cabeza se obtienen de cada una 2 filetes que se sazonan con sal y se rocían con zumo de limón. Después se colocan en una tartera untada con mantequilla y espolvoreada con cebolla trinchada fina, se agregan los champiñones cortados a lonjas delgadas, el resto del aceite, mezclado con la harina, el vino blanco, un poco de azafrán, tostado y triturado con los dedos, y un poco de perejil trinchado. Se sazona con sal y pimienta y se cuece al horno unos quince minutos.

Se sirve en una fuente y se rodea con los guisantes previamente hervidos, escurridos y salteados con la mantequilla.

FILETES DE PESCADILLA A LA DOGARESA

800 gr de pescadilla, 75 gr de mantequilla, 12 mejillones, un decilitro de vino blanco, un huevo, 2 cucharadas de puré de tomate, 20 gr de harina, un limón y 200 gr de guisantes.

Se limpia el pescado, se sacan los filetes y se aplanan con la hoja de un cuchillo. Se colocan luego en una tartera untada previamente de manteca, se mojan con un decilitro de agua, con el vino y el zumo de limón, se sazonan con sal y pimienta y se cuecen al horno durante quince minutos.

Se pone en una cacerola la mantequilla restante y cuando está derretida se le agrega la harina, luego el caldo de haber cocido el pescado y el puré de tomate. Se cuece lentamente durante quince minutos, agregándole, fuera del fuego y al terminar la cocción, una yema de huevo.

Se colocan los filetes en una fuente, intercalándoles los mejillones cocidos y sacados de las cáscaras y los guisantes cocidos. Se cubre luego con la salsa, se mete unos minutos en el horno y se adorna la fuente con rajas de limón.

FILETES DE LUBINA A LA MONTECARLO

1 kg 200 gr de lubina, 400 gr de patatas, 400 gr de guisantes, un decilitro de vino blanco, 6 langostinos pequeños, una trufa, una cucharada de puré de tomate, 150 gr de mantequilla, 2 huevos, 20 gr de harina y media hoja de papel de barba.

Desprovisto el pescado de la cabeza, con un cuchillo pequeño se le hace una incisión en todo su largo por la parte de la ventrecha, sacándole la espina y obteniendo de este modo dos bonitos filetes que se colocan en una tartera untada con mantequilla. Al lado se ponen las espinas y los langostinos, se rocía con el vino blanco y 2 decilitros de agua, se agregan 25 gr de mantequilla, se sazona con sal, se cubre con el papel de barba y se cuece al horno durante quince minutos.

Mondadas las patatas se parten a trozos, se cuecen con agua y sal y se escurren. Los guisantes, una vez desgranados, se cuecen igualmente, luego se escurren y se pasan, junto con las patatas, por un tamiz, obteniendo un puré fino, al que se le mezclan 25 gramos de mantequilla y una yema de huevo. Se sazona con nuez moscada y se pone en una manga con boquilla rizada.

Se derrite el resto de la mantequilla, se le mezcla la harina y el caldo de haber cocido el pescado, pasándolo por un colador, se sazona con pimienta y se cuece a fuego lento por espacio de quince minutos, removiéndolo de vez en cuando con un batidor.

El pescado se coloca en una fuente y en todo el alrededor se forma un cordón con el puré. Se cubre luego con la salsa y se adorna la superficie con los langostinos pelados y discos de trufa, formando una hilera en toda su longitud.

LUBINA A LA MEUNIÈRE

1 kg 200 gr de lubina, 100 gr de mantequilla, 50 gr de harina, un decilitro de aceite, 2 limones y 2 pepinillos.

Se limpia el pescado, se sazona con sal, se rocía con unas gotas de zumo de limón, se pasa por la harina y se fríe lentamente con el aceite y la mitad de la mantequilla, colocando la sartén en el horno para que el pescado tome un bonito color dorado, y se cuece durante unos veinticinco minutos. A continuación se coloca en una fuente, que se tendra adornada con lonjas de limón rallado y pepinillos, y encima unas lonjitas de limón previamente bien peladas.

En la sartén se adiciona la mantequilla restante y cuando tenga algo de color se agregan unas gotas de zumo de limón. Se vierte encima del pescado y se espolvorea con perejil picado.

LUBINA FRÍA A LA MANÓN

Una lubina de 1 kg 200 gr, 6 tomates pequeños, 4 huevos, un pimiento encarnado en conserva, 35 gr de mantequilla, una cebolla, un cuarto de litro de aceite, una trufa, 75 gr de atún en aceite, mostaza, una cucharada de vinagre y salsa India.

Se limpia el pescado, se coloca en una tartera, se echa agua hasta que lo cubra, luego se añade una cebolla y sal, se cuece lentamente durante quince minutos y se deja enfriar.

Salsa mayonesa. En una ensaladera se pone una yema de huevo, el vinagre, la mostaza, unas gotas de salsa India y sal, se mezcla bien y pasados cinco minutos se le añade poco a poco el aceite, removiendo con viveza con un batidor hasta obtener una salsa mayonesa espesa.

A los tomates se les hace una circunferencia en la parte superior, se vacían, dándoles la forma de una cazuelita, y se rellenan con el atún picado, mezclado con cucharadas de salsa mayonesa.

Se cuecen 3 huevos duros y, quitadas las cáscaras, se les cortan las puntas, se parten por la mitad y con precaución de no romper las claras se sacan las yemas; se añade a éstas un pimiento y la mantequilla, se pasa todo por un tamiz o se machaca en el mortero hasta conseguir una pasta fina, se sazona con sal, se introduce en una manga con boquilla rizada y se llenan las cazuelitas de las claras de huevo, dándoles la forma de unas pequeñas pirámides.

Se coloca el pescado en una fuente ovalada, se cubre con la salsa, se adorna la superficie con discos de trufa intercalados con discos de pimiento, formando una hilera, y alrededor se colocan los huevos y los tomates, combinando los colores.

LUBINA A LA ARLESIANA

Una lubina de 1 kg 200 gr, 3 berenjenas, un cuarto de litro de aceite, 400 gr de tomates, 75 gr de mantequilla, limón, 50 gr de pan rallado, y perejil.

Después de limpio el pescado se sazona con sal, se rocía con zumo de limón y aceite, se espolvorea con el pan rallado y se pone en una tartera, donde tendremos un decilitro de aceite. A continuación se mete en el horno y se cuece a fuego regular por espacio de veinte minutos, rociándolo de vez en cuando con el mismo aceite.

Se mondan las berenjenas, se cortan de 3 cm de altas, se vacían, dándoles la forma de unas cazuelitas, se pasan por harina y se fríen con el aceite restante.

Mondados los tomates se les quita la semilla, se trinchan, se ponen en una cacerolita con 25 gr de mantequilla y sal y se cuecen para que resulte una salsa espesa, adicionándole un poco de perejil picado.

El pescado se coloca en una fuente ovalada y se rodea con las cazuelitas de berenjenas rellenas con el tomate.

Se derrite el resto de la mantequilla, se le agrega un poco de zumo de limón, sal y perejil picado y se echa encima del pescado.

LUBINA A LA NORUEGA

Una lubina de 1 kg 200 gr, 5 zanahorias, 3 nabos, 200 gr de guisantes, 2 pimientos morrones en conserva, una trufa gorda, 200 gr de patatas, 5 huevos, medio litro de aceite, 6 tomates pequeños, 50 gr de mantequilla, 10 gr de cola de pescado, una cebolla, laurel, perejil, 2 cucharadas de vinagre, mostaza y 3 pepinillos en vinagre.

Se limpia el pescado, se pone en una cacerola, se echa agua hasta que lo cubra, se sazona con sal y se agrega una cebolla, una hoja de laurel y perejil. Seguidamente se cuece a fuego lento por espacio de quince minutos y se deja enfriar en la misma agua.

Los tomates se vacían, dándoles la forma de cazuelitas.

Se lavan las zanahorias, nabos y patatas, se cuecen con agua y sal, se escurren y se dejan enfriar. A continuación se mondan y se cortan a cuadritos pequeños, reservando aparte una zanahoria entera, que servirá para adornar la fuente.

SALSA MAYONESA A LA NORUEGA. Se ponen en una ensaladera 2 yemas de huevo, un poco de mostaza, pimienta, sal y el vinagre, se mezcla con un batidor, luego se le agrega poco a poco el aceite, revolviéndolo con viveza con el batidor hasta obtener una salsa espesa, y seguidamente se le incorpora la cola de pescado, que estará remojada en agua fría y diluida en una cucharada de agua tibia.

Se mezclan 4 cucharadas de dicha salsa con las zanahorias, nabos y patatas, preparado de antemano, se agregan los guisantes cocidos y se rellenan los tomates.

El resto de esta preparación se coloca en una fuente ovalada de porcelana y se hace un zócalo en todo su largo dándole la misma forma del pescado. Encima se coloca la lubina desprovista de la piel y bien seca, se cubre con el sobrante de la salsa y se adorna la superficie con tiras de pimiento y trufa.

Los huevos restantes se cuecen durante doce minutos y una vez fríos se pelan y se parten verticalmente por la mitad, guardando las claras. Las yemas se pasan por un tamiz, como también un pimiento, se añade la mantequilla, se pone sal y se mezcla bien. Con esta pasta se rellenan las claras de los huevos, formando encima de cada una de éstas una pequeña pirámide, sirviéndose de una manga con boquilla rizada. Finalmente, se colocan los huevos alrededor del pescado, intercalando los tomates, y se termina de adornar con los pepinillos, discos de zanahoria, guisantes y trufa.

LUBINA AL HORNO

Una lubina de 1 kg, 2 decilitros de aceite, 2 limones, un decilitro de vino blanco, 200 gr de tomates, 2 dientes de ajo, 15 gr de pan rallado y perejil.

Limpia la lubina se sazona con sal, se coloca en una tartera donde tendremos la cebolla trinchada pequeña, se rocía con la mitad del aceite y el zumo de limón, se le adiciona el vino blanco y los tomates hervidos, escurridos y pasados por un colador, y se espolvorea con el perejil y los ajos, todo trinchado muy fino y mezclado con el pan rallado. Se rocía con el aceite restante y se cuece al horno a temperatura regular por espacio de media hora, rociándolo de vez en cuando con su propio jugo. Transcurrido este tiempo se coloca en una fuente, se cubre con la salsa y se adorna con rodajas de limón rallado.

RODABALLO A LA EMBAJADORA

Un rodaballo de 1 kg 200 gr, 6 langostinos gruesos, 200 gr de mantequilla, una trufa gorda, 12 champiñones medianos, una zanahoria, una cebolla, una copita de coñac, media hoja de laurel, un ramito de tomillo, un limón, una copa de vino blanco, 1 kg de hielo y unas gotas de carmín.

Desprovisto el pescado de la piel oscura y de las aletas se coloca en una tartera untada con mantequilla y espolvoreada con sal y se rocía con vino, unas gotas de zumo de limón y 25 gr de mantequilla. Se agregan los champiñones, se sazona con sal, se tapa con papel de barba y se cuece al horno, por espacio de veinte minutos, a fuego lento.

MANTECA DE LANGOSTINOS. Se pone en una cacerola la cebolla trinchada y la zanahoria hecha a trocitos, se añaden 50 gr de mantequilla, el laurel y el tomillo, se arrima al fuego y se cuece hasta que haya tomado un color dorado. Seguidamente se le adicionan los langostinos y el coñac y se enciende, se tapa la cacerola y se cuece lentamente unos diez minutos. Luego se sacan los langostinos, se les quitan las cáscaras y se machacan éstas al mortero, volviéndolas a la misma cacerola. Se le añade el resto de la mantequilla, se fríe lentamente para que se clarifique el líquido y tome un color dorado, y ya en este punto se pasa por un paño, echando el líquido en un recipiente donde tendremos el hielo picado y exprimiendo bien el paño para extraer toda la sustancia, que una vez fría se saca del hielo.

SALSA DE LANGOSTINOS. En un cazo se pone el líquido de haber cocido el pescado, pasándolo por un colador, se arrima al fuego y se cuece, reduciendo el líquido a 4 o 5 cucharadas. Cuando está frío se le añaden las yemas de los huevos, se coloca el cazo en baño María al fuego y se remueve con viveza con un batidor para que resulte una salsa espesa y esponjosa. Se aparta luego de la lumbre, se saca del baño María y se le incorpora poco a poco la mantequilla de langostinos derretida, se sazona con sal y se añaden unas gotas de carmín vegetal.

En una fuente se esparcen 3 cucharadas de dicha salsa, encima se coloca el pescado, se cubre con la salsa restante, se rodea con los champiñones y lonjas de trufa y se adorna la superficie del rodaballo con los langostinos, formando una hilera en el centro.

FILETES DE RODABALLO A LA OSTENDE

1 kg de rodaballo, 400 gr de patatas, 2 huevos, 6 langostinos, 200 gr de tomates, 150 gr de mantequilla, 10 gr de queso de Parma rallado, un decilitro de vino blanco, 6 escaloñas, un limón, una cebolla, media hoja de papel de barba y 25 gr de harina.

Despojado el rodaballo de la piel, se sacan los filetes, obteniendo 6 de éstos que se colocan en una tartera untada con mantequilla y salpicada con las escaloñas trinchadas. Se le adiciona el vino blanco, los langostinos, un poco de zumo de limón y un decilitro de agua, se tapa con el papel de barba untado con mantequilla y se cuece al horno durante quince minutos.

La piel y las espinas del pescado se ponen en un cazo al fuego con la cebolla y medio litro de agua, y se cuece por espacio de media hora.

Se mondan las patatas, se cortan a trozos, se cuecen con agua y sal, se escurren y se pasan por un tamiz. Se le adiciona una yema de huevo y 20 gr de mantequilla, se sazona con un poco de nuez moscada, obteniendo un puré fino, y se echa en una manga provista de boquilla rizada.

SALSA VELOUTE. Se derriten 50 gr de mantequilla, se añade la harina, un cuarto de litro de caldo de las espinas y el líquido de haber cocido el pescado, pasándolo todo por un colador, se remueve de vez en cuando con un batidor y se cuece lentamente durante veinte minutos. Luego se le adiciona, fuera del fuego, una yema de huevo y 10 gr de mantequilla.

Mondados los tomates y desprovistos de la semilla se trinchan, se ponen a cocer con 20 gr de mantequilla y se sazonan con sal, resultando una salsa algo espesa.

En una fuente que resista al fuego se pone el tomate y encima se coloca el pescado. Se cubre con la salsa, se rodea con un cordón de puré de patatas, se adorna la superficie con los langostinos pelados y bonitas lonjas de trufa, se espolvorea con el queso, se rocía con la mantequilla derretida y se mete unos minutos en el horno.

FILETES DE RODABALLO A LA AURORA

1 kilo de rodaballo, 2 trufas, un decilitro de vino blanco, un cuarto de litro de crema de leche, 150 gr de mantequilla, 400 gr de patatas, un limón, un huevo, 10 gr de queso de Parma rallado, escaloñas, 12 champiñones frescos y media hoja de papel de barba.

Limpio el pescado de piel y espinas se cortan los filetes, se aplanan ligeramente, se espolvorean con trufa trinchada fina y se colocan en una tartera que se tendrá untada con mantequilla y espolvoreada con escaloñas trinchadas finas y los troncos de los champiñones bien limpios. Luego se moja con el vino blanco y 25 gr de mantequilla derretida, se rocía con zumo de limón, se tapa con papel de barba untado con mantequilla y se cuece a horno lento durante veinticinco minutos.

Se mondan las patatas, se cortan a trozos, se cuecen con agua y sal, se escurren y se pasan por un tamiz, adicionándoles una yema de huevo y 25 gr de mantequilla. Seguidamente se mezcla, se pone en una manga con boquilla rizada y se forma un festón por todo el alrededor de una fuente que resista al fuego.

Se saca el pescado de la tartera y se echa el líquido de haber cocido el pescado en una cacerola, pasándolo por un colador. Se añade la crema de leche, se arrima al fuego, removiéndolo con un batidor hasta obtener una salsa espesa, se le adicionan, fuera del fuego, 75 gr de mantequilla derretida y se sazona con sal.

Las cabezas de los champiñones previamente bien limpias se ponen en una cacerola y se añaden 25 gr de mantequilla, unas gotas de zumo de limón y un decilitro de agua, se sazona con sal y se cuece unos cinco minutos.

El fondo de la fuente en que tendremos el puré cúbrese con 3 cucharadas de salsa y encima se colocan los filetes del pescado. Se cubre con la salsa restante, se adorna colocando en el centro una hilera de cabezas de champiñones y a cada lado unas lonjas de trufa, se espolvorea con el queso rallado, pasado por un tamiz, se rocía con el resto de la mantequilla derretida y se mete en el horno para que tome color dorado.

BACALAO A LA VIZCAÍNA

600 gr de bacalao de la parte más gruesa, 50 gr de harina, 4 decilitros de aceite, 400 gr de tomates, 300 gr de cebollas, 3 pimientos morrones en conserva, 6 dientes de ajo, pimienta, laurel, perejil y tomillo.

Se corta el bacalao a trozos y se pone en remojo durante veinticuatro horas, cambiándole el agua cuatro o cinco veces. Luego se pasa por la harina, se fríe con el aceite, se le quitan las espinas y se coloca en una tartera. Seguidamente se rehoga la cebolla, cortada a tiras delgadas, y cuando está dorada se añade el ajo, perejil picado, el pimentón, un pimiento cortado a trocitos y el tomate, cortado y picado. Se sazona con sal y pimienta, se añade un manojito atado compuesto de laurel, tomillo y perejil, se cuece unos quince minutos, se cubre el bacalao, se adorna con unas tiras de pimiento y se cuece a horno lento por espacio de unos veinticinco minutos.

Nota. Al poner el bacalao en remojo se coloca con la piel hacia arriba.

BACALAO A LA CATALANA

600 gr de bacalao, 3 decilitros de aceite, 200 gr de cebollas, 50 gr de harina, 400 gr de patatas, 200 gr de tomates, 2 dientes de ajo, 10 gr de almendras y piñones, pimentón, laurel, tomillo y azafrán.

Córtese a trozos el bacalao y déjese en remojo durante dieciocho horas.

Se pone en una cacerola la mitad del aceite, se rehoga la cebolla picada y cuando haya tomado color se le añade el pimentón y los tomates, mondados y trinchados. Se moja con un litro de agua, se sazona con sal y pimienta y se agregan los piñones, las almendras, los ajos y el azafrán, todo machacado al mortero. Por último se añaden las patatas, torneadas en forma ovalada, y un manojo atado compuesto de perejil, laurel y tomillo, se cuece por espacio de cuarenta minutos y a media cocción se le incorpora el bacalao previamente pasado por la harina y frito con el aceite restante.

Se sirve en una fuente, espolvoreándolo con perejil trinchado y sacando el manojito atado.

BACALAO A LA CASTELLANA

600 gr de bacalao de la parte más gruesa, 150 gr de garbanzos del saúco, 2 cebollas, un cuarto de litro de aceite, 50 gr de harina, 2 pimientos morrones, un decilitro de vino blanco, una cucharada de puré de tomate, 2 dientes de ajo, 10 gr de piñones y avellanas, perejil y un poco de azafrán.

Se corta a trozos el bacalao y después de remojado durante dieciocho o veinte horas se escurre. Luego se pasa por la harina, se fríe con el aceite de modo que tenga un color dorado y una vez escurrido y algo frío se le quitan las espinas, se coloca en una tartera o cazuela de barro y se le juntan los garbanzos previamente cocidos con agua y sal y escurridos.

En el mismo aceite se fríe la cebolla picada fina y cuando haya tomado un color dorado se le añaden los ajos picados finos, el vino y el tomate. A continuación se agregan las avellanas y piñones, un poco de perejil y el azafrán, todo machacado en el mortero de modo que resulte una pasta, se le incorpora un decilitro de agua y los pimientos cortados a trocitos, se sazona ligeramente con sal y pimienta y se echa todo encima del bacalao. Finalmente, se cuece a fuego regular o al horno por espacio de media hora conservando la cazuela tapada, y se sirve en esta misma.

BACALAO A LA VINAGRETA

600 gr de bacalao de la parte gruesa, 2 decilitros de vinagre, medio litro de aceite, 50 gr de harina, 6 dientes de ajo, laurel, tomillo, pimentón, 200 gr de tomates, y perejil.

Después de cortado a trozos y remojado durante veinte horas, cambiándole el agua cuatro o cinco veces, el bacalao se escurre, se pasa por la harina, se fríe con el aceite hasta que tenga un color dorado y se coloca en una tartera.

En el mismo aceite se fríen los ajos, se añade el pimentón, el vinagre y los tomates, cortados a trozos, se sazona con sal y pimienta, se añade el laurel, tomillo y perejil, y se cuece por espacio de diez minutos. Se pasa luego la salsa por un colador, echándola encima del bacalao, se cuece al horno durante diez minutos y se espolvorea con perejil picado.

Se sirve frío.

BACALAO AL GRATÍN

600 gr de bacalao grueso, medio litro de leche, 40 gr de harina, 75 gr de mantequilla, 25 gr de queso rallado, una trufa y 2 huevos.

Se pone en remojo el bacalao por espacio de dieciocho horas, colocándolo con la piel hacia arriba y cambiándole el agua tres o cuatro veces. Luego se corta a trozos y se cuece durante cinco minutos con agua que lo cubra. Seguidamente se escurre y, una vez frío, se le quitan las espinas y la piel y se machaca en el mortero.

Se derriten 50 gr de mantequilla, se le añade la harina y la leche previamente hervida, se sazona con sal, pimienta y nuez moscada, y se cuece lentamente por espacio de veinte minutos. Transcurrido este tiempo se mezcla este preparado con el bacalao y se agrega la trufa trinchada fina y la mitad del queso. Seguidamente se echa en una fuente que resista al fuego, se adorna la superficie con discos de huevo duro, se espolvorea con el queso restante, se rocía con la mantequilla derretida y se mete unos minutos en el horno para que tome un color dorado.

BACALAO A LA ALICANTINA

600 gr de bacalao (ventrecha), 2 cebollas, 4 dientes de ajo, 2 pimientos verdes, una cucharada de pimentón, 100 gr de aceitunas negras, 2 decilitros de aceite, 50 gr de harina, una copita de jerez y perejil.

El bacalao se remoja durante dieciséis horas, cambiándole el agua tres o cuatro veces, y a continuación se pasa por la harina, se fríe con el aceite y se coloca en una cazuela de barro, remojándolo con las aceitunas.

En el mismo aceite se fríen las cebollas, cortadas a trocitos, y cuando haya tomado un color dorado se agregan los ajos y perejil picado, el pimentón y el jerez, se echa encima del bacalao y se cuece durante una hora.

Se sirve en la misma cazuela.

BACALAO A LA CASERA

800 gr de bacalao grueso y bien desalado, 50 gr de harina, 2 pimientos encarnados en conserva, una pizca de azafrán, 10 gr de almendras y piñones, una copa de vino rancio, 4 alcachofas, 600 gr de patatas, 200 gr de tomates, 2 huevos, un cuarto de litro de aceite, 6 cebollas tiernas, perejil y 2 dientes de ajo.

El bacalao se corta a trozos, se pasa por la harina, se fríe en una sartén con el aceite y se coloca en una fuente que resista al fuego.

Desprovistas las alcachofas de las hojas más duras, se tornean sus fondos, se cortan de 3 cm de alto, se parten, haciendo de cada una 6 pedazos, y se fríen con el aceite.

Se mondan las patatas y se preparan en forma de avellanitas, sirviéndose de una cucharita ex profeso, se fríen también con el aceite, dándoles un color dorado, se juntan con las alcachofas y se colocan alrededor del bacalao.

En la misma sartén se fríen las cebollitas trinchadas y cuando hayan tomado color se añade el vino y los tomates, mondados y trinchados, y dos decilitros de agua. Se sazona con sal y pimienta, se agregan los pimientos trinchados y perejil picado, se hierve unos quince minutos a fuego lento y a media cocción se añaden las almendras y piñones, los ajos y el azafrán, ligeramente tostado y machacado todo en el mortero. Transcurrido dicho tiempo se pasa por un colador, exprimiendo bien para extraer toda la sustancia y obteniendo una salsa espesa que se esparce encima del bacalao y se cuece lentamente durante media hora.

Al momento de servirlo a la mesa se pone encima de cada trozo de bacalao un disco de huevo duro.

BACALAO AL AJO ARRIERO

600 gr de bacalao de la parte de la ventrecha, un manojo de cebollitas tiernas, 3 dientes de ajo, un cuarto de litro de aceite, 50 gr de harina, y perejil.

Se remoja el bacalao durante quince horas, cambiándole el agua cuatro o cinco veces, y a continuación se escurre, se pasa por la harina, se fríe con el aceite sin dejarle tomar mucho color, se le quitan todo lo posible las espinas y se pone en una cazuela de barro.

En el mismo aceite se fríe la cebolla y los ajos, todo trinchado fino, y cuando haya tomado ligeramente color se añaden 15 gr de harina, mucho perejil trinchado y un cuarto de litro de agua. Se sazona con pimienta, se echa encima del bacalao y se cuece a fuego lento por espacio de veinticinco minutos.

BACALAO A LA JARDINERA

600 gr de bacalao grueso, 400 gr de patatas, 2 nabos, 4 zanahorias, 200 gr de judías verdes, 2 pimientos morrones, un cuarto de litro de aceite, media copita de vinagre, 4 huevos, 3 pepinillos y una cebolla pequeña.

El bacalao se remoja por espacio de dieciocho horas, cambiándole el agua tres o cuatro veces, se hierve cinco minutos con agua, se escurre y se deja enfriar.

Se mondan las patatas, zanahorias y nabos, y deshebradas las judías se corta todo a trocitos, se cuece con agua y sal y se escurre.

SALSA MAYONESA. En una ensaladera se pone una yema de huevo, sal y vinagre, se mezcla bien y se añade el aceite, removiéndolo con viveza con un batidor hasta obtener una salsa mayonesa espesa. A continuación se le adiciona la cebolla, 2 pimientos, un poco de perejil y un huevo duro, todo picado fino.

Se ponen en una fuente las verduras, encima se colocan los trozos de bacalao desprovistos de espinas y piel, se cubre con la salsa mayonesa y se adorna la superficie con tiras de pimientos, discos de pepinillos y huevos duros.

BACALAO AL PIL PIL

80 gr de bacalao de la parte más gruesa, 5 dientes de ajo, medio litro de aceite y un ramito de perejil.

Se elige el bacalao de la mejor calidad, se corta a trozos y se pone en remojo durante veinticuatro horas, cambiándole el agua cuatro o cinco veces y colocándolo con la piel hacia arriba. Pasado este tiempo se le quitan todo lo posible las espinas.

Se pone al fuego una cazuela de barro con el aceite, se agregan los ajos y el perejil, todo picado fino, y cuando empieza a tomar color se retira del fuego. Cuando está algo frío se añade el bacalao, se vuelve al fuego lento y se menea la cazuela sin parar y deprisa hasta que el líquido resulta una salsa espesa y blanca. Se sirve en la misma cazuela, espolvoreándolo con un poco de perejil picado.

MAYONESA DE BACALAO

800 gr de bacalao de la parte más gruesa, 2 pimientos morrones, 400 gr de guisantes, un cuarto de litro de aceite, una cebolla, 6 anchoas sin espinas, 12 aceitunas, una hoja de laurel, un ramito de tomillo, una cucharada de vinagre, mostaza, 3 huevos, 2 zanahorias y un cogollo de lechuga.

Se corta a trozos el bacalao remojado durante veinticuatro horas y se hierve por espacio de diez minutos con agua que lo cubra y con el laurel, tomillo y una cebolla. Luego se escurre y una vez frío se le quita la piel y las espinas, agregándole los guisantes hervidos, la lechuga cortada en juliana y un poco de perejil picado. Se mezcla todo y se coloca en una fuente redonda, formando pirámide.

SALSA MAYONESA. En una ensaladera se pone una yema de huevo, el vinagre, sal y mostaza, se mezcla bien y pasados cinco minutos se agrega poco a poco el aceite, removiéndolo con viveza con un batidor hasta obtener una salsa mayonesa espesa como una crema y añadiéndole una cucharada de agua hirviendo.

Dicha salsa se pone encima del bacalao y se adorna con discos de huevo duro y de zanahoria hervida con agua y sal, triángulos de pimientos morrones, filetes de anchoas en forma de turbante y aceitunas sin hueso.

TRIPA DE BACALAO A LA BADALONENSE

600 gr de tripa de bacalao, una cebolla, 300 gr de tomates, 4 dientes de ajo, un cuarto de litro de aceite, perejil, laurel, tomillo, unas hojas de albahaca, azafrán y 10 gr de almendras y piñones.

Se ponen en remojo las tripas de bacalao durante doce o catorce horas, cambiándoles el agua cuatro o cinco veces, y se escurren, exprimiéndolas con las manos para extraer el agua.

Con la mitad del aceite se rehogan las cebollas picadas muy finas y cuando empiezan a colorearse se añaden 2 ajos trinchados finos y un poco de perejil picado. Seguidamente se agregan los tomates mondados y picados, se sazona con sal, pimienta y albahaca trinchada, se agregan dos decilitros de agua y se adicionan las tripas de bacalao y un ramito atado compuesto de laurel, tomillo y perejil. Se tapa y se cuece lentamente por espacio de dos horas, conservando la cazuela bien tapada. Al faltar cinco minutos para terminar la cocción se agregan 2 ajos y el azafrán, las almendras y piñones, todo machacado en el mortero y mezclado con 4 cucharadas de aceite.

Pueden agregarse unas patatas cortadas a trocitos.

BACALAO A LA FLORENTINA

800 gr de bacalao, 125 gr de mantequilla, 800 gr de espinacas, 40 gr de harina, 25 gr de queso de Parma rallado y medio litro de leche.

Remojado el bacalao durante dieciocho horas se corta a trozos, se hierve con agua y sal durante cinco minutos, se escurre y cuando está algo frío se le quita la espina y la piel.

Limpias las espinacas se cuecen con agua y sal, se pasan por agua fría, se escurren bien, se trinchan bien finas, se echan en una sartén con 40 gr de mantequilla y se saltean ligeramente. Después se sazonan con sal, se ponen en una fuente que resista al fuego y encima se coloca el bacalao.

Se derriten en una cacerola 50 gr de mantequilla y después de mezclarles la harina se revuelve con un batidor, se sazona con sal, pimienta y nuez moscada y se cuece a fuego lento durante veinte minutos. Cuando está en su punto se vierte sobre el bacalao, se espolvorea con el queso, se rocía con la manteca derretida y se mete en el horno a gratinar hasta que tenga un bonito color dorado.

MEJILLONES A LA MARISCALA

8 docenas de mejillones gordos, 2 decilitros de aceite, 3 dientes de ajo, 2 cebollas, 400 gr de tomates, una cebolla, pimentón, perejil, laurel y tomillo.

Puesto el aceite al fuego se sofríe la cebolla picada fina y cuando haya tomado color dorado se añade el pimentón, el ajo picado y el tomate mondado y trinchado. Luego se agregan los mejillones bien limpios, se sazona con sal y pimienta, se añade un manojo atado compuesto de laurel, tomillo y perejil, y se cuece durante veinte minutos a fuego mediano.

Al servirlo se espolvorea con perejil picado.

MEJILLONES A LA PARISIÉN

8 docenas de mejillones frescos y gordos, 50 gr de mantequilla, 6 escaloñas, 2 decilitros de vino blanco, 25 gr de harina, y perifollo.

Se limpian los mejillones, se ponen en una cacerola, se les da un hervor, se escurren, se añade el vino y se cuecen a fuego vivo por espacio de cinco minutos. Luego se les agrega la harina mezclada con la mantequilla y las escaloñas trinchadas finas, se sazona con pimienta y se cuece durante siete u ocho minutos.

Se sirven, espolvoreándolos con perifollo picado.

CARACOLES A LA BOURGUIGNONNE

6 docenas de caracoles gordos, 400 gr de mantequilla, 8 escaloñas, 3 dientes de ajo, una hoja de laurel, 50 gr de miga de pan rallada, un ramito de tomillo y perejil.

Limpios los caracoles se ponen a cocer con 3 litros de agua, el tomillo, laurel y sal, se hierven hasta que estén bien blandos, luego se escurren y una vez fríos se sacan las cáscaras y se les quitan las tripas, colocando aquéllas boca abajo para que se escurran.

Se mezcla la mantequilla con las escaloñas, perejil y los ajos, todo picado fino, y se sazona con sal, pimienta y nuez moscada.

En cada cáscara se pone un poco de mantequilla preparada de antemano y un caracol, terminándose de llenar con el resto de la mantequilla. Después se espolvorean con la miga de pan rallada y se colocan en los platos ex profeso o en una hojalata donde se tendrá preparada una gruesa capa de sal. Esta preparación se hace para que los caracoles estén bien planos.

Por último se mete en el horno durante cinco o seis minutos.

CARACOLES A LA TARRACONENSE

8 docenas de bonitos caracoles, 3 dientes de ajo, un trocito de guindilla, una cucharada de pimentón, 200 gr de tomates, 2 decilitros de aceite, 2 cucharadas de vinagre, 80 gr de jamón, 10 gr de almendras tostadas, 2 cebollas, laurel, tomillo, perejil, una copita de vino blanco y 50 gr de miga de pan.

Se limpian los caracoles, se cuecen durante dos horas con abundante agua sazonada ligeramente con sal y luego se escurren.

En una cazuela de barro al fuego se pone el aceite, las cebollas picadas finas y el jamón hecho a trocitos, se rehoga y cuando tenga un color dorado se añade el vino y los tomates, hervidos y pasados por el colador. Luego se echa un cuarto de litro de agua, se sazona con sal y pimienta, se añaden los caracoles y un manojo atado compuesto de laurel, tomillo y perejil, se tapa la cazuela y se cuece lentamente durante dos horas.

Se machaca en un mortero un poco de perejil, los dientes de ajo, un trocito de guindilla, las almendras y la miga de pan previamente frita con el aceite. Se machaca todo bien hasta obtener una pasta, se le agrega un poco de canela en polvo y el vinagre, se mezcla bien, se echa en los caracoles y se deja cocer unos veinte minutos.

Se sirven en una fuente, espolvoreándolos con perejil picado y sacando el manojo atado.

ANCAS DE RANA A LA LIONESA

36 ranas, 75 gr de mantequilla, un vaso de vino blanco, un limón, 25 gr de harina, 12 escaloñas y perifollo.

Se saca la piel y las ancas a las ranas y después de bien limpias se colocan en una cacerola con el vino, las escaloñas trinchadas, sal y pimienta. A continuación se cuecen a fuego vivo durante unos quince minutos y a media cocción se añade la harina mezclada con la manteca y unas gotas de zumo de limón.

Al servirla se espolvorean con perifollo picado.

OSTRAS A LA EMPERATRIZ

24 ostras, 200 gr de langostinos, 75 gr de mantequilla, medio litro de leche, un huevo, 25 gr de harina, 10 gr de queso de Parma rallado, una trufa, un limón y perejil.

Limpias las ostras se ponen en una cacerola con un decilitro de agua, se cuecen por espacio de diez minutos a fuego lento y luego se colocan en una tartera, quitándoles la cáscara vacía.

Se cuecen los langostinos con agua y sal y una vez desprovistos de la cáscara se cortan en cuatro trozos cada uno.

Se derriten 50 gr de mantequilla y se le mezcla la harina y la leche; se sazona con sal, pimienta y nuez moscada, se cuece a fuego lento durante quince minutos y al terminar la cocción se añade, fuera del fuego, una yema de huevo. Se rellenan las conchas de las ostras, se adornan con trozos de langostino, se espolvorean con trufa picada, y luego con el queso rallado, se rocían con la restante mantequilla derretida y se meten en el horno hasta que tengan un color dorado.

Sírvanse en una fuente con servilleta, adornándose con rodajas de limón y hojas de perejil.

FILETES DE MERLUZA A LA FEDORA

800 gr de cola de merluza, 12 almejas, 400 gr de patatas, 2 huevos, una trufa, 6 langostinos, 10 gr de queso de Parma rallado, 160 gr de mantequilla, 200 gr de champiñones frescos, un decilitro de vino blanco, un limón, 20 gr de harina y media hoja de papel de barba.

Se limpia el pescado, se le quitan las espinas, se corta a filetes, se colocan éstos en una tartera untada con mantequilla, agregándoles la espina del pescado, los langostinos y el vino. Se rocía luego con unas gotas de zumo de limón y 25 gr de mantequilla derretida, se moja con 2 decilitros de agua, se sazona con sal, se tapa con el papel de barba untado con mantequilla y se mete unos quince minutos en el horno.

Se mondan las patatas, se cortan a trozos y se cuecen con agua y sal. Luego se escurren y se pasan por un tamiz, adicionándoles una yema de huevo y 25 gr de mantequilla y obteniendo un puré fino.

Limpias las almejas se les da un hervor y se les quitan las cáscaras vacías.

Limpios los champiñones se cortan a lonjas finas y se saltean con 35 gr de mantequilla, sazonándolos con sal.

Se derriten 40 gr de mantequilla, se le mezcla la harina y el caldo de haber cocido el pescado, pasándolo por un colador, se sazona con pimienta y se cuece lentamente unos quince minutos removiéndolo de vez en cuando con un batidor. Luego se le adiciona, fuera del fuego, una yema de huevo y 10 gr de mantequilla.

Se pone el puré de patatas en una manga provista de una boquilla rizada y se forma un cordón alrededor de una fuente que resista al fuego. En el centro de la fuente se hace una capa con los champiñones y encima se coloca el pescado, se cubre con la salsa, se rodea con las almejas, se espolvorea con el queso, se rocía con el resto de la mantequilla, se mete unos minutos en el horno y se adorna con los langostinos pelados y discos de trufa.

FILETES DE MERLUZA A LA CONDESA

800 gr de merluza en un solo trozo, 150 gr de champiñones frescos, 12 almejas, una copa de vino blanco, 6 langostinos, 75 gr de mantequilla, un huevo, 25 gr de harina, un cuarto de litro de leche, un limón y media hoja de papel de barba.

Se limpia la merluza y, desprovista de la piel y espinas, se forman 6 bonitos filetes que se colocan en una tartera untada con mantequilla y salpicada con las escaloñas trinchadas. Después se le adicionan los langostinos, se sazona con sal y 20 gr de mantequilla y se rocía con zumo de limón. Se añade el vino, se cubre con el papel de barba untado con mantequilla y se cuece al horno durante quince minutos.

Se derrite la mantequilla, se añade la harina y la leche y se sazona con sal, pimienta y nuez moscada. Seguidamente se agregan los champiñones trinchados, se cuece lentamente durante veinte minutos, removiéndolo de vez en cuando con un batidor, y a media cocción se añade el caldo de haber cocido el pescado, pasándolo por un colador. Terminada la cocción se agrega, fuera del fuego, una yema de huevo, obteniendo una salsa fina.

Se cubre ligeramente con una capa de dicha salsa el fondo de una fuente y encima se coloca el pescado, que se cubre asimismo con el resto de la salsa. Se adorna la superficie con los langostinos pelados y bonitas lonjas de trufa, se rodea el pescado con las almejas previamente hervidas y desprovistas de la cáscara vacía y se adorna la fuente con rodajas de limón rallado.

FILETES DE MERLUZA A LA CARMINATI

800 gr de merluza, 6 langostinos, 500 gr de patatas, 150 gr de mantequilla, 4 huevos, un decilitro de vino blanco, un limón y media hoja de papel de barba.

Desprovista la merluza de piel y espinas se corta, obteniendo 6 filetes que se colocarán en una tartera untada con mantequilla. Se rocían con el vino, unas gotas de zumo de limón y 25 gr de mantequilla, se sazonan con sal, se rodean con los langostinos, se tapan con el papel de barba y se cuecen a horno regular durante quince a veinte minutos.

PATATAS DUQUESA. Mondadas las patatas se cortan a trozos, se cuecen con agua y sal, se escurren y se meten unos minutos en el horno. Seguidamente se pasan por un tamiz y se sazonan con pimienta y nuez moscada. Se agrega una yema de huevo, se pone en una manga con boquilla rizada y se forman seis zócalos de patatas en una fuente que resista al fuego. Se mete en el horno para que las patatas adquieran color dorado y luego se saca, colocando encima de cada zócalo un filete de pescado.

SALSA VINO BLANCO. Se pone en un pequeño cazo el caldo de haber cocido el pescado, pasándolo por un colador, se cuece hasta reducir el líquido a 3 o 4 cucharadas y a continuación se le adicionan, fuera del fuego, 3 yemas de huevo; se mezclan bien, se pone el cazo en baño María al fuego, removiéndolo con viveza hasta obtener una salsa espesa como una crema, se le adiciona, fuera del fuego y poco a poco, la mantequilla derretida, siguiendo el mismo movimiento con el batidor, y se sazona con sal.

Se cubre con dicha salsa el pescado, se adorna la superficie con los langostinos partidos horizontalmente por la mitad y colocados formando anillo, poniendo en el centro un disco de trufa, y se rodea con rodajas de limón rallado y acanaladas.

FILETES DE MERLUZA A LA VANDERBIL

800 gr de merluza, 10 langostinos pequeños, 175 gr de mantequilla, 3 huevos, media copita de vinagre estragón, 2 decilitros de aceite, una trufa, 25 gr de galleta, 3 tomates, 600 gr de patatas, perifollo y unas gotas de estragón fresco.

Después de limpio se le quita al pescado la espina central, se aplana ligeramente y se cortan seis filetes que se sazonan con sal, se rocían con zumo de limón y aceite y se espolvorean con la galleta. Luego se colocan en una tartera, se rocían con aceite, se meten en el horno con temperatura fuerte y se cuecen por espacio de quince minutos.

Salsa Bearnesa. Se pone en un cazo el vinagre, se arrima al fuego y se cuece lentamente unos tres minutos, de modo que se reduzca el líquido a la mitad. Una vez algo frío se le adicionan las yemas de los huevos y una cucharada de agua, se mezcla bien y se pone en baño María al fuego, removiendo con viveza con un batidor hasta obtener una salsa fina y espesa. Seguidamente se añaden, fuera del fuego y poco a poco, 150 gr de mantequilla derretida, se sazonan con sal y pimienta y se agrega un poco de perifollo y estragón fresco, todo trinchado fino.

Se parten los tomates por la mitad, se vacían, formando 6 cazuelitas, se sazonan con sal y se rocían con un poco de mantequilla. Luego se meten en el horno unos minutos, procurando que no pierdan su forma.

Las patatas se preparan en forma de avellanitas, sirviéndose de una cucharadita, se fríen con el resto del aceite, luego se escurren y se rocían con la mantequilla que queda, y se sazonan con sal.

El pescado se coloca en una fuente y se cubre con la salsa Bearnesa colocando a cada lado los langostinos pelados e intercalando entre éstos la cabeza de los mismos.

A cada punta de la fuente se colocan los tomates llenos de patatas avellanita.

Por encima del pescado se adorna con unas bonitas lonjas de trufa.

FILETES DE MERLUZA VIRGINIA

800 gr de merluza, una trufa, 20 gr de harina, 2 decilitros de vino blanco, un limón, 2 huevos, 400 gr de patatas, media hoja de papel de barba, 10 gr de queso de Parma rallado, 100 gr de mantequilla, una lata de champiñones y una cucharada de puré de tomate.

Limpio el pescado y desprovisto de espinas y piel se corta en filetes, se coloca en una tartera untada con mantequilla y se le añaden los champiñones cortados a lonjas, el vino blanco y un decilitro de agua. Se sazona con sal, se rocía con unas gotas de zumo de limón y 25 gr de mantequilla, se tapa con el papel de barba y se cuece al horno, durante quince minutos, a fuego regular.

Se derriten 50 gr de mantequilla, se agrega la harina y el caldo o fumet de haber cocido el pescado, y el puré de tomates se sazona ligeramente con sal y pimienta y se cuece lentamente durante veinte minutos, removiendo de vez en cuando con un batidor y adicionándole, al terminar la cocción y fuera del fuego, una yema de huevo.

Las patatas después de mondadas se cuecen con agua y sal, se escurren, se pasan por un tamiz y se les adiciona una yema de huevo, obteniendo un puré fino que se sazona con un poco de nuez moscada. Se introduce luego en una manga provista de boquilla rizada y alrededor de una fuente que resista el fuego se forma un cordón, se esparce en el centro de la fuente una capa de salsa, encima se colocan los filetes de pescado, intercalando los champiñones, se cubre con la salsa restante y se forma una tira en el centro.

MERLUZA A LA MÓNACO

800 gr de merluza (6 rodajas), 125 gr de mantequilla, un decilitro de vino blanco, una trufa, una lata de champiñones, un limón, 3 huevos, una cucharada de puré de tomate y media hoja de papel de barba.

Se limpia el pescado, se coloca en una tartera y se rocía con 25 gr de mantequilla derretida, el vino blanco y unas gotas de zumo de limón, se tapa con el papel de barba untado con mantequilla y se cuece al horno durante quince minutos.

En una cacerolita se pone el caldo de haber cocido el pescado y el tomate, se añade la trufa y los champiñones, todo trinchado muy fino, se arrima al fuego, se cuece hasta reducir el líquido a la mitad y se deja enfriar. Luego se agregan las yemas de los huevos, se pone en baño María al fuego y, removiendo con viveza con un batidor, se cuece hasta obtener una salsa espesa y fina. Seguidamente se le incorpora poco a poco y fuera del fuego el resto de la mantequilla derretida y se sazona con sal y pimenta.

Se sirve el pescado en una fuente, se cubre con salsa y se rodea con rodajas de limón rallado.

MERLUZA A LA MANÓN

500 gr de merluza, un cuarto de litro de aceite, 4 zanahorias, 2 nabos, 300 gr de guisantes, 100 gr de judías verdes, 5 huevos, una hoja de cola de pescado, una cucharada de vinagre, una cebolla, 200 gr de patatas, 6 pepinillos en vinagre, una trufa, una cucharadita de salsa India, una cucharada de puré de tomate, un pimiento morrón y 50 gr de mantequilla.

Limpio el pescado se parte horizontalmente por la mitad, quitándole la espina y la piel, se coloca en una tartera y se agrega agua hasta cubrirlo. Se sazona con sal, se añade la cebolla partida por la mitad, se arrima al fuego, se cuece a fuego lento durante quince minutos y se deja enfriar.

En una ensaladera se pone una yema de huevo, el vinagre, la salsa India y el tomate. Se mezcla bien y se remueve con viveza con un batidor hasta obtener una salsa espesa. Seguidamente se añade la hoja de cola de pescado previamente bien remojada con agua fría y disuelta con una cucharada de agua caliente.

Las judías se cuecen con agua hirviendo, luego se pasan por agua fría y se escurren. Igualmente se cuecen los guisantes.

Se mondan las zanahorias y los nabos, se cortan a cuadritos, guardando unos discos de zanahoria, se cuecen con agua y sal, se pasan por agua fría y se escurren, echándolos encima de un paño para extraer bien el agua.

Las patatas se cortan a cuadritos y se cuecen igual que las zanahorias. Se pone todo en una vasija, se agrega la mitad de los guisantes y las judías hechas a trocitos de 1 cm de largas, reservando de éstas 8 enteras, se añaden 2 cucharadas de salsa, se mezcla y se pone en una fuente, formando zócalo. Encima se coloca el pescado, se cubre con la salsa y se adorna la superficie con tiras de pimiento, judías verdes y discos de trufa.

Se preparan 4 huevos cocidos y una vez fríos se parten por la mitad, se sacan las yemas, se pasan éstas por un tamiz junto con la mantequilla y los guisantes, se sazona con sal, se mezcla bien y se echa en una manga con boquilla rizada. Finalmente, se llenan las cazuelitas de las claras de huevo formando pequeñas pirámides y con ellas se rodea el pescado, terminando el adorno con discos de zanahorias y pepinillos.

RODAJAS DE MERLUZA A LA POMPADOUR

800 gr de merluza (6 rodajas), 1 kg de patatas gordas, 200 gr de miga de pan rallada, 50 gr de harina, un cuarto de litro de aceite, 100 gr de mantequilla, 4 huevos, una trufa, 2 limones, 2 pepinillos, perifollo, media copita de vinagre estragón, 50 gr de manteca de cerdo y 3 cucharadas de puré de tomate.

Se limpia el pescado, se sazona con sal, se rocía con unas gotas de zumo de limón, se pasa por la harina, por un huevo batido y por la miga de pan y se aplana con la hoja de un cuchillo para sujetar bien el pan. Luego se fríe lentamente con el aceite de modo que tenga un color dorado y se escurre.

PATATAS AVELLANAS. Mondadas las patatas se preparan en forma de avellanas o bolitas pequeñas, sirviéndose de una cucharita. Después se pone la manteca al fuego en una sartén y cuando está bien caliente se agregan las patatas, se fríen a fuego regular, espolvoreándolas con aceite y dándoles un color dorado, y a continuación se escurren, y se saltean con 15 gr de mantequilla.

SALSA POMPADOUR. Se pone el vinagre en una cacerola, se arrima al fuego, se le hace arrancar el hervor, se le adiciona el puré de tomate, se cuece unos cinco minutos y una vez frío se le añaden 3 yemas de huevo y se remueve con un batidor. Seguidamente se pone a fuego lento, siguiendo el mismo movimiento con viveza con el batidor hasta obtener una salsa espesa y fina como una crema, agregándole fuera del fuego y poco a poco la mantequilla derretida. Se sazona con sal y se añade un poco de perifollo o estragón fresco picado.

Se coloca el pescado en una fuente, se cubre con la salsa y alrededor se ponen las patatas. A continuación se adorna la fuente con lonjas de limón rallado y discos de pepinillos encima de cada rodaja de merluza, colocando en el centro un disco de trufa.

RODAJAS DE MERLUZA A LA DORIA

800 gr de merluza cortada en 6 rajas, una lata de champiñones, un decilitro de vino blanco, 6 tomates pequeños, 800 gr de patatas, 100 gr de judías verdes finas, 100 gr de mantequilla, 20 gr de harina y media hoja de papel de barba.

Después de limpio se coloca el pescado en una tartera untada con mantequilla, se añade el vino, 2 decilitros de agua y los champiñones hechos a lonjas, se rocía con unas gotas de limón y se sazona con sal, se tapa con el papel, se añaden 15 gr de mantequilla y se cuece a horno regular durante quince minutos.

Se corta una pequeña circunferencia en la parte superior de los tomates, se vacían con una cucharita, se sazonan con sal, se echa en cada uno un trocito de mantequilla del tamaño de un garbanzo y se meten unos minutos en el horno, teniendo precaución de que no pierdan su forma.

Las judías se cortan a trocitos de 1 cm de largo, se cuecen con agua y sal, se pasan por agua fría y se escurren.

Mondadas las patatas se preparan en forma de avellanas gordas, sirviéndose de una cucharita, y se cuecen con agua y sal.

Se derriten 35 gr de mantequilla, se añade la harina, se mezcla y se moja con el caldo de haber cocido el pescado, pasándolo por un colador. Se remueve de vez en cuando con un batidor, se cuece lentamente por espacio de veinte minutos y luego se aparta del fuego, agregándole 2 yemas de huevo y 25 gr de mantequilla.

Se ponen en una fuente 4 cucharadas de salsa, encima se coloca el pescado y se esparcen los champiñones por la superficie. Después se cubre con la salsa, se adorna con lonjas de trufa y se rodea con los tomates rellenos, con las judías salteadas y con la mantequilla restante, intercalando entre los tomates las patatas.

MERLUZA RELLENA A LA MONTECARLO

Una merluza de 1 kg, 100 gr de rape, 15 gr de fécula de patata, 12 cebollitas, 4 alcachofas, 2 cucharadas de puré de tomate, una cebolla, un diente de ajo, 25 gr de miga de pan rallada, un decilitro de vino blanco, 2 decilitros de aceite, un huevo, 100 gr de aceitunas, 15 gr de almendras crudas y perejil.

Limpia la merluza se abre en todo su largo y se le quita la espina. Se sacan del interior 100 gr de carne, se pica y se mezcla con el huevo, la fécula de patata, la mitad del pan rallado, un poco de perejil, el rape cortado a trocitos y ajo picado, formando una pasta, con la cual se rellena la merluza, sujetándola con hilo. Se pone en una tartera, colocando a su alrededor las aceitunas desprovistas del hueso y las alcachofas después de quitadas las hojas más duras y cortadas a trozos.

Las cebollitas, mondadas, se cuecen con agua por espacio de veinticinco minutos y se colocan alrededor del pescado, se rocía todo con aceite y se mete la tartera en el horno durante quince minutos.

El resto del aceite se pone en una cacerola, se rehoga la cebolla picada fina y cuando empieza a tomar color se añade el vino blanco, el tomate y las almendras machacadas en el mortero, se sazona con sal, pimienta y nuez moscada, se cuece unos cinco minutos y se echa esta salsa encima del pescado, pasándola previamente por un colador. Se espolvorea con el sobrante del pan rallado y se cuece a horno suave unos cuarenta y cinco minutos.

La merluza se sirve en una fuente, se le quitan los hilos, adornándose el alrededor, y se echa la salsa por encima del pescado.

POLPETTONE DE MERLUZA A LA DELFINA

800 gr de merluza de la parte de la cola, una lata de champiñones, un decilitro de vino blanco, un limón, una trufa, 6 tomates pequeños, 6 langostinos, 20 gr de harina, 125 gr de mantequilla, 2 huevos, 10 gr de fécula de patata, media hoja de papel de barba y 100 gr de rape.

Desprovisto el pescado de la espina se obtienen dos filetes que se rascan con la hoja de un cuchillo para extraer unos 100 gr de carne, la cual se pica fina. Se añade el rape, picado, y los champiñones trinchados, reservando de éstos 6 bonitas cabezas. Se agrega una yema de huevo y la fécula de patata, se sazona con sal, pimienta y nuez moscada, y se mezcla bien. Luego se extiende encima de un filete de pescado una capa, se junta con el otro filete, dándole su forma primitiva, se coloca en una tartera untada con mantequilla y se le adicionan los langostinos, el vino blanco y 2 decilitros de agua. Por último, se sazona con sal, se rocía con 25 gr de mantequilla y unas gotas de zumo de limón, se tapa con el papel de barba untado con mantequilla y se cuece al horno durante treinta minutos.

Salsa veloute. Se derriten 40 gr de mantequilla, se le mezcla la harina y el caldo de haber cocido el pescado pasándolo por un colador, se cuece lentamente durante veinte minutos, removiéndolo de vez en cuando con un batidor, y al terminar la cocción se le adicionan, fuera del fuego, 75 gr de mantequilla y una yema de huevo.

Se corta una pequeña circunferencia en la parte superior de los tomates, se vacían ligeramente y en cada uno se pone una cabeza de champiñón; se sazonan con sal, se rocían con el resto de la mantequilla derretida y se meten unos minutos en el horno, teniendo la precaución de que no pierdan su forma.

El pescado se coloca en una fuente y se cubre con la salsa, en el centro se forma una hilera con discos de trufa y se rodea con los tomates intercalados con los langostinos desprovistos de caparazón.

MERLUZA A LA POLONESA

800 gr de merluza, 3 huevos, 15 gr de queso de Parma rallado, 2 decilitros de vino blanco, 75 gr de mantequilla, 25 gr de harina, una hoja de papel de barba y un cuarto de litro de leche.

Limpia la merluza y desprovista de la piel se corta a rajas, se coloca en una tartera untada con mantequilla, se moja con el vino, se sazona con sal, se le añaden 25 gr de mantequilla, se tapa con el papel de barba untado con mantequilla y se cuece al horno por espacio de quince minutos.

Se derriten 40 gr de mantequilla, se agrega la harina y la leche, se revuelve con un batidor y se cuece a fuego lento unos veinte minutos. Luego se sazona con sal, pimienta y nuez moscada, y a continuación se le mezcla el caldo de haber cocido el pescado.

En una fuente que resista al fuego se ponen 4 cucharadas de dicha salsa, encima se colocan las rajas de pescado, se cubre con el resto de la salsa y en todo el alrededor se forma un cordón con los huevos previamente cocidos y partidos a discos. Finalmente se espolvorea con queso, se rocía con el resto de la mantequilla derretida y se mete en el horno para que tome un color dorado.

CARNES Y AVES

Las carnes de matadero que se utilizan en la cocina son de muy variadas clases y difieren en su color y aspecto: unas son blancas y otras oscuras; pero todas pueden constituir excelentes platos en un menú o convite combinados con los demás manjares y estar uno así atendido en toda clase de comidas, pues es indispensable servirse en los almuerzos cuando menos un plato del género que nos ocupa.

Respecto de estos manjares, se ha de tener presente que el buey, vaca, toro y carnero tienen las fibras menos finas, aunque son más sabrosas.

Las carnes de ternera, cordero, cabrito y cerdo se conocen fácilmente por su color blanco, aunque puede variar notablemente dicho color con la naturaleza de los pastos con que se alimentan los animales. Es muy conveniente tener en cuenta que jamás debe hacerse uso de ninguna de las carnes de dichos animales antes de transcurridas veinticuatro horas después de muertos.

La carne de las aves debe ser tierna, por lo cual es necesario tomar las debidas precauciones al comprarlas. Los pollos para que sean finos y tiernos deben distinguirse por su blancura y por su color amarillento, y también por lo grasos y por la flexibilidad de sus tendones y alones, pues los indicados colores varían según las razas. Hay que rechazar toda clase de ave que denote un color amoratado.

El plato de preferencia en todas las comidas son las aves; pero hay que tener en cuenta, también, que no deben condimentarse hasta después de veinticuatro horas de muertas.

TOURNEDOS A LA PRINCESA

600 gr de solomillo de ternera de la parte del centro, 800 gr de patatas, 2 manojos de espárragos, una trufa, 100 gr de mantequilla, 200 gr de pan, una copita de jerez, 2 cucharadas de puré de tomate, media copita de vinagre estragón, 2 huevos, 125 gr de manteca de cerdo, un poco de perifollo, 10 gr de queso de Parma rallado, 6 tomates medianos y 400 gr de guisantes.

Limpio el solomillo de piel y grasa se cortan 6 rajas de 3 cm de grueso, se aplanan, se sazonan con sal y se sujetan alrededor con un brazalete de bramante, de modo que quede bien uniforme.

Se cortan las puntas de los espárragos a 10 cm de largo, se pelan, se cuecen con agua y sal, se pasan por agua fría y se escurren. Luego se colocan bien igualados en una tartera, se espolvorean con el queso, se rocían con un poco de mantequilla derretida y se meten en el horno para que se coloreen

Se mondan las patatas, se preparan en forma de avellanitas sirviéndose de una cucharita ex profeso, se fríen con 50 gr de manteca de cerdo y se sazonan con sal.

SALSA ROYAL. Se pone en un cazo pequeño el vinagre y se hierve dos o tres minutos. Seguidamente se agrega el puré de tomate, se sigue la cocción unos cinco minutos, se separa de la lumbre, se le añaden 2 yemas de huevo y se cuece a fuego lento removiéndolo con viveza con un batidor hasta que resulte una salsa bien espesa y fina, a la que se añadirán, fuera del fuego, 40 gr de mantequilla derretida y un poco de perifollo picado.

Se cortan 6 discos de pan de 2 cm de grueso por 5 de circunferencia y se vacían ligeramente.

Se pone la manteca restante en una sartén y cuando está caliente se fríen los discos de pan y luego los tournedos, de modo que tengan un color dorado de los dos costados. Se colocan los discos de pan en una fuente redonda, formando círculo, y encima se ponen los tournedos. A continuación se saca casi toda la manteca de la sartén y en ésta se echa el jerez y el resto de la mantequilla, se sazona con sal, se cuece dos o tres minutos y se echa encima de la carne. En el centro se colocan las puntas de los espárragos y se rodea la carne con las patatas, intercalando los tomates rellenos con puré de guisantes.

ENTRECOT A LA BORDELESA

800 gr de lomo de buey bien cebado, un decilitro de aceite, 600 gr de patatas inglesas, 35 gr de tuétano de buey, 8 escaloñas, 2 decilitros de buen vino, 2 cucharadas de puré de tomate. 100 gr de mantequilla, 100 gr de morcillo de buey, 20 gr de harina, un limón, una cebolla, una zanahoria, perifollo, laurel y tomillo.

Se corta el lomo en dos rajas (para que sea tierno es indispensable guardar dicha carne en nevera por lo menos durante veinticuatro horas) y se quitan los nervios. Luego se allanan ligeramente, se sazonan con sal y se rocían con unas gotas de zumo de limón y el aceite, dejándolo macerar durante quince minutos. A continuación se cuecen a la parrilla o se fríen en una sartén, y ya en su punto se colocan en una fuente.

SALSA BORDELESA. En una cacerola al fuego se pone la mitad de la mantequilla, se añade la cebolla, la zanahoria y el morcillo de buey, todo cortado a trocitos, y cuando adquiere un color dorado se añade la harina, el tomate, el laurel, el tomillo y un cuarto de decilitro de caldo o agua. Se sazona con sal, se cuece a fuego lento durante una hora y se pasa por un colador.

Se coloca en una cacerola al fuego con el vino y las escaloñas picadas y cuando el líquido queda reducido a un poco más de la mitad se le añade la salsa preparada de antemano y la mitad de tuétano cortado a trocitos, se cuece nuevamente durante cinco minutos a fuego lento, se pasa por un colador y se le incorpora el resto de la mantequilla, el perifollo picado muy fino y unas gotas de zumo de limón. Por último, se sazona con sal y pimienta, se cubre con dicha salsa la carne, encima de cada uno de éstos se colocan tres o cuatro discos de tuétano de buey previamente escaldados y se rodea con las patatas en forma ovalada y hervidas con agua y sal.

ENTRECOT A LA BERCY

800 gr de lomo de buey cortado en 2 trozos, 8 escaloñas, 50 gr de tuétano de buey, 500 gr de patatas del tamaño de un huevo pequeño, media hoja de papel de barba, un limón, una copita de vino blanco, 75 gr de mantequilla, un decilitro de aceite, 1 kg de hielo y un poco de perifollo.

MANTEQUILLA BERCY. Se pone en un cazo el vino blanco y las escaloñas finas, se cuece hasta reducir el líquido en 3 cucharadas y a continuación se agrega el tuétano de buey cortado a cuadritos, remojado con agua hirviendo y escurrido. Luego se añade un poco de perifollo trinchado, la mantequilla y unas gotas de zumo de limón, y se sazona con sal y pimienta. Se pone la cacerola en sitio fresco, removiendo de vez en cuando con una cuchara de madera hasta obtener una manteca fina y cuajada que se pone en un papel formando un cilindro y se cubre con hielo.

Elíjase la carne bien tierna y cebada y déjese en una nevera durante veinticuatro horas. Luego se cuece a la parrilla, se pone en una fuente y se rodea con las patatas torneadas en forma ovalada y hervidas con agua sazonada con sal.

Se cubre la carne con discos de mantequilla Bercy y se sirve inmediatamente a la mesa.

ENTRECOT A LA TROVILLE

800 gr de lomo de buey, 600 gr de patatas tempranas del tamaño de un pequeño huevo, 6 escaloñas, 2 huevos, una cucharada de vinagre estragón, un limón, 2 decilitros de aceite, perifollo, 100 gr de mantequilla, 6 alcachofas, una trufa y 200 gr de guisantes.

Se elige el lomo que sea bien tierno y cebado, se pone en una nevera durante veinticuatro horas y luego se corta por la mitad, se le quitan los nervios, se aplana con una paleta, se sazona con sal y unas gotas de zumo de limón, se rocía con la mitad del aceite y se deja en adobo durante quince minutos.

Limpias las alcachofas de las hojas más duras se tornean sus fondos, se cortan de 3 cm de altas, se parten, haciendo de cada una 2 trozos, y se cuecen durante veinte minutos con un cuarto de litro de agua, el resto del aceite y el zumo de limón. Seguidamente se escurren, se rocían con 25 gr de mantequilla y se ponen unos minutos en el horno.

SALSA TROVILLE. Se pone en un cazo el vinagre estragón, las escaloñas trinchadas y 2 cucharadas de agua. Seguidamente se pone al fuego, se hierve hasta reducir el líquido a la mitad y cuando está algo frío se le agregan 2 yemas de huevo. Después se arrima ligeramente a la lumbre o se pone en baño María, removiendo con viveza con un batidor hasta obtener una pasta espesa y fina como una crema. A continuación se le mezclan, poco a poco y fuera del fuego, 75 gr de mantequilla derretida, se sazona con sal y se añade un poco de perifollo trinchado y la trufa trinchada fina.

La carne se cuece a la parrilla, se coloca en una fuente y se rodea con las patatas torneadas en forma ovalada y hervidas en agua sazonada con sal. A cada punta de la fuente se ponen las alcachofas rellenas con los guisantes salteados con la mantequilla y se cubre la carne con la salsa.

OSSO BUCO

4 rodajas de morcillo de ternera con hueso, 100 gr de mantequilla, 150 gr de arroz, 500 gr de huesos de ternera, 2 cebollas, 3 zanahorias, 200 gr de tomate, 25 gr de harina, un limón, 2 paquetes de azafrán, 60 gr de manteca de cerdo, un ramito de apio y una copita de jerez.

Con los huesos se prepara medio litro de caldo.

Póngase en una cacerola, una cebolla, dos zanahorias y el apio, todo picado fino; encima se coloca la carne previamente sazonada con sal y enharinada, se rocía con la manteca y 50 gr de mantequilla derretida, se pone al horno hasta que haya tomado color dorado; seguidamente se añade el jerez y los tomates previamente hervidos y pasados por un colador, se adiciona una cucharadita de harina y un decilitro de caldo, cociéndose tapado y a fuego lento durante 40 minutos.

Se sofríe la cebolla con la mantequilla, se adiciona el arroz con medio litro escaso de caldo y el azafrán picado al mortero y se cuece durante 20 minutos.

Póngase la carne en una fuente, se pasa la salsa por un colador, se adiciona un poco de corteza de limón rallado y se cubre la carne, rodeándola con unos pequeños moldes de arroz.

TOURNEDOS A LA CHARTRE

800 gr de solomillo de ternera, 200 gr de pan, 6 alcachofas, 800 gr de patatas, 50 gr de tuétano de buey, 50 gr de mantequilla, una trufa, una copita de jerez, un limón, un decilitro de aceite, perejil, 150 gr de manteca de cerdo, una cucharada de tomate y una pizca de fécula de patata.

Desprovisto el solomillo de nervio y grasa se corta a rajas de 3 cm de grueso, que se aplanan ligeramente con la hoja de un cuchillo, se sujetan con un bramante y se sazonan con sal.

FONDOS DE ALCACHOFAS. Limpias las alcachofas de las hojas más duras se tornean sus fondos y se hace un pequeño corte para que se sostengan derechas, luego se cortan a 3 cm de altas y se vacían, dándoles la forma de unas cazuelitas. A medida que se van preparando se frotan bien con limón y se echan en una cacerola donde tendremos un cuarto de litro de agua y la corteza y el zumo del limón. Se sazonan con sal y se cuecen, a fuego regular y tapadas, por espacio de veinticinco minutos. Seguidamente se sacan del líquido y se colocan en una pequeña tartera, se rocían con 10 gr de mantequilla derretida, se rellenan con la mitad del tuétano cortado a trocitos y se ponen unos minutos en el horno.

Patatas avellanas. Mondadas las patatas se preparan en forma de avellanas, sirviéndose de una cucharita ex profeso, se fríen con 50 gr de manteca de cerdo, dándoles un color dorado, se escurren, se sazonan con sal y se añade un trocito de mantequilla y un poco de perejil picado.

Al pan se le quita la corteza, se forman 6 discos de 1 cm de grueso por 5 o 6 de circunferencia y se fríen con manteca.

Se pone al fuego una sartén con manteca y cuando está bien caliente se fríe la carne, dándole un bonito color dorado de los dos costados, volviéndola una sola vez y teniendo la precaución de que no resulte demasiado cocida. Ya en este punto se ponen los tournedos en un plato, se escurre casi toda la manteca de la sartén, se le adiciona el jerez, el tomate, la trufa trinchada fina, el resto de la mantequilla, un decilitro de agua o caldo y la fécula de patata diluida con un poco de agua fría, y se cuece unos cinco minutos.

El tuétano restante se corta a rodajas de medio cm de gruesas y se ponen unos minutos en agua caliente.

Presentación. En una fuente redonda se ponen los discos de pan formando un círculo, encima de éstos se colocan los tournedos desprovistos del hilo y en el centro se ponen las patatas en pirámide. A continuación se cubre la carne con la salsa preparada con la trufa y se rodea con los fondos de alcachofas.

Encima de cada tournedo se coloca una rodaja de tuétano.

TOURNEDOS A LA MACDONALD

600 gr de solomillo de ternera, 200 gr de pan, 100 gr de mantequilla, 800 gr de patatas, 125 gr de manteca de cerdo, 400 gr de judías verdes finas, 2 cucharadas de puré de tomate, una trufa, una copita de vinagre estragón, un limón, un decilitro de aceite y 2 huevos.

Desprovisto el solomillo de nervios y grasa se cortan 6 rodajas de 3 cm de grueso, se aplanan ligeramente y se sazonan con sal.

Deshebradas las judías se hierven con agua y sal, se pasan por agua fría y se escurren.

Mondadas las patatas se preparan en forma de avellanitas, sirviéndose de un molde cucharita ex profeso.

En una cacerola se ponen 50 gr de manteca de cerdo y cuando está bien caliente se echan las patatitas, se fríen hasta que tengan un bonito color dorado y se sazonan con sal.

Salsa Royal. En una cacerola se pone el vinagre y se cuece unos minutos para que quede reducido a la mitad, se agrega el tomate y se sigue la cocción hasta que aparezca algo espeso. Se deja enfriar, se le incorporan 2 yemas de huevo, se revuelve con un batidor y se vuelve a poner al fuego lento, siguiendo el mismo movimiento con el batidor hasta conseguir una salsa espesa fina. Luego se separa la cacerolita del fuego, se añade poco a poco la mitad de la mantequilla derretida, se sazona con sal y pimienta y se agrega un poco de perifollo picado.

Se corta el pan en forma de discos de 1 cm de grueso por 5 de diámetro y se fríen en una sartén con la manteca de cerdo. En la misma sartén se fríe también la carne, de modo que quede bien dorada de los dos costados, sin que resulte demasiado cocida.

Se saltean las judías con el resto de la manteca, se colocan en el centro de una fuente redonda, formando pirámide, y alrededor se ponen los discos de pan y encima los tournedos. Se cubren éstos con la salsa Royal, sobre cada uno se coloca un adorno de trufa y se rodean con las patatas avellanitas formando montoncitos.

TOURNEDOS A LA DUGLERÉ

600 gr de solomillo de ternera, 200 gr de pan, 6 tomates peque-
ños, 2 hígados de gallina, 150 gr de judías verdes finas, 125 gr de
manteca de cerdo, una trufa, 800 gr de patatas, 50 gr de mante-
quilla, una copita de jerez y 25 gr de harina.

Se deshebran las judías, se cortan a trocitos de 1 cm de largo, se cuecen vivamente con agua sazonada con sal, se pasan luego por agua fría y se escurren.

Se corta una circunferencia en la parte superior de los tomates, se vacían, se rocían con un poco de mantequilla derretida y se meten unos minutos en el horno, teniendo cuidado de que no pierdan su forma.

Mondadas las patatas se preparan en forma de avellanitas, sirviéndose de una cuchara ex profeso, se fríen con 50 gr de manteca de cerdo, dándoles un color dorado, se sazonan con sal y se escurren.

En una sartén se pone al fuego la manteca de cerdo y cuando está caliente se fríen 6 discos de pan preparado de antemano y se colocan en una fuente redonda formando un círculo.

En la misma sartén se fríe la carne, dándole un bonito color dorado de ambos lados, se le quita el bramante y se pone encima de los discos de pan.

Los hígados se parten por la mitad, se pinchan con un tenedor, se sazonan con sal y se pasan por la harina. Seguidamente se fríen lentamente en la misma sartén y se colocan encima de la carne. Luego se escurre casi toda la manteca de la sartén, se añade un poco de harina, el vino de jerez, la trufa trinchada y un decilitro de caldo o agua y se hierve unos dos minutos, obteniendo una salsa espesa, a la que se adicionarán unos trocitos de mantequilla. Con dicha salsa se cubre la carne y se rodea con los tomates rellenos y con las judías salteadas con mantequilla, colocando en el centro las patatas.

TOURNEDOS A LA POMPADOUR

600 gr de solomillo de ternera, 800 gr de patatas, 150 gr de mantequilla, 100 gr de manteca de cerdo, 150 gr de miga de pan rallada, media copita de vinagre con estragón, 6 alcachofas, 3 huevos, una trufa, perifollo, un limón, medio decilitro de aceite, 200 gr de pan y 2 cucharadas de puré de tomate.

Desprovisto el solomillo de piel y grasa se cortan seis rajas de 3 cm de grueso, se sazonan con sal, se aplanan, luego se rebozan con un huevo batido y miga de pan rallada, sujetando bien el pan con la hoja de un cuchillo, se colocan en una tartera y se rocían con la mitad de la mantequilla.

El pan se corta en forma de discos que se fríen con la mitad de la manteca de cerdo, de modo que tengan un color dorado.

Fondos de alcachofas. Desprovistas las alcachofas de las hojas más duras se tornean sus fondos, se cortan a 3 cm de alto y se vacían, formando unas cazuelitas, frotándose con limón a medida que se preparan. Después se ponen en una cacerola que contenga un cuarto de litro de agua y el zumo de limón, se sazonan con sal, se añade el aceite y el medio limón que ha servido para frotarlas, se cuecen lentamente por espacio de veinte a veinticinco minutos, se escurren, se rocían ligeramente con mantequilla y se meten unos minutos en el horno para que tomen color.

Salsa Royal. En un pequeño cazo al fuego se pone el vinagre estragón, se le da un hervor, se le añade el tomate, se hierve unos cinco minutos y una vez algo frío se le adicionan, fuera del fuego, 2 yemas de huevo. Se vuelve al fuego lento y removiéndolo con viveza con un batidor, se deja cocer lentamente hasta obtener una salsa fina y espesa. Ya en este punto se le incorpora, fuera de la lumbre y poco a poco, el resto de la mantequilla derretida y un poco de perifollo picado.

Mondadas las patatas se preparan en forma de avellanas, se fríen con la manteca restante y se sazonan con sal.

En una fuente redonda se ponen los discos de pan formando círculo, encima se coloca la carne y en el centro se ponen las patatas haciendo pirámide. Se rodea la carne con las alcachofas colocadas boca abajo, se cubren los medallones con la salsa y en el centro se pone un disco de trufa.

TOURNEDOS A LA EPERNAY

600 gr de solomillo de ternera, 800 gr de patatas, 150 gr de manteca de cerdo, 50 gr de mantequilla, 6 tomates pequeños, una trufa, 200 gr de pan, una copita de jerez, media copita de vinagre estragón, 2 huevos y perifollo.

Desprovisto el solomillo de nervios y grasa se cortan 6 rodajas de 3 cm de grueso, se aplanan con la hoja de un cuchillo y se sazonan con sal.

Se corta el pan en 6 discos que se fríen con 50 gr de manteca.

Mondadas las patatas se preparan formando patatitas del tamaño de avellanas, se fríen con la mitad de la manteca y se sazonan con sal.

Los tomates se vacían ligeramente, se sazonan con sal y se echa en su interior un trocito de mantequilla. Seguidamente se meten en el horno hasta que estén cocidos, sin que pierdan su forma.

Salsa Bearnesa. En una cacerola al fuego se pone el vinagre, se cuece hasta reducirlo a la mitad y una vez algo frío se agregan 2 yemas de huevo, se pone en baño María al fuego y se revuelve con viveza con un batidor hasta que resulte una salsa espesa como una crema. Luego se aparta de la lumbre, agregándole poco a poco la mantequilla derretida, se sazona con sal y se le incorpora un poco de perifollo picado.

Con la manteca restante se fríe la carne, se pone en una fuente redonda, colocándola encima de los discos de pan, y en el centro se ponen las patatas y se rodean con la carne y los tomates. Luego se saca la manteca de freír la carne y se añade a la sartén el jerez, se hierve unos minutos y se echa encima de la carne.

Con la salsa Bearnesa se forma un círculo encima de la carne, en el centro se coloca una lonja de trufa y con el resto de dicha salsa se llenan los tomates.

TOURNEDOS A LA ROYAL

600 gr de solomillo de ternera, 125 gr de manteca de cerdo, 50 gr de mantequilla, 800 gr de patatas, 200 gr de pan, 2 huevos, 2 cucharadas de puré de tomate, una copita de vinagre estragón, una trufa, perifollo y perejil.

Limpio el solomillo de nervios y grasa se cortan 6 rajas de 3 cm de grueso, se aplanan ligeramente y se sazonan con sal.

Las patatas después de mondadas se preparan en forma de avellanitas, se fríen con 50 gr de manteca de cerdo hasta que estén bien doraditas y a media cocción se sazonan con sal.

SALSA ROYAL. Se pone en una cacerola el vinagre estragón, se cuece hasta reducir el líquido a la mitad y se añade el tomate y las yemas de los huevos. Se vuelve al fuego y, removiéndolo deprisa con un batidor, se trabaja hasta que resulte una pasta espesa y fina. Seguidamente se añade la mantequilla derretida y el perifollo picado y se sazona con sal.

Se cortan unos discos de pan, se fríen con el resto de la manteca de cerdo y se colocan en una fuente redonda.

En la misma sartén se fríen los tournedos y se colocan encima del pan, en el centro se ponen las patatas bien escurridas y espolvoreadas con perejil picado, se cubre la carne con la salsa y se adorna con discos de trufa.

TOURNEDOS A LA DUQUESA

600 gr de solomillo de ternera, 200 gr de pan, 100 gr de manteca de cerdo, 50 gr de mantequilla, una copita de jerez, una cucharada de puré de tomate, una trufa, 10 gr de harina, 400 gr de patatas, un decilitro de aceite, un limón, 6 champiñones frescos, un huevo y 6 alcachofas.

Desprovisto el solomillo de nervios y grasa se cortan 6 rodajas de 3 cm de grueso, que se aplanan ligeramente con la hoja de un cuchillo, se sujetan con un brazalete de bramante y se sazonan con sal.

FONDOS DE ALCACHOFAS. Se sacan las hojas más duras de las alcachofas, se tornean sus fondos, se cortan de 3 cm de altas y se vacían, dándoles la forma de cazuelitas. (A medida que se van preparando se frotan con limón y se echan en una cacerola donde tendremos un cuarto de litro de agua, el zumo y los trozos de limón, sal y el aceite.) Se cuecen luego a fuego lento por espacio de veinte minutos, después se sacan con un tenedor, se ponen en una tartera y se rocían con un poco de mantequilla derretida.

El pan se corta en 6 discos de 1 cm de grueso y del diámetro de los tournedos.

Puré de patatas. Las patatas después de mondadas se cortan a trozos, se cuecen con agua y sal, se escurren y se pasan por un tamiz. Luego se les mezclan 25 gr de mantequilla y una yema de huevo, se sazonan con pimienta y nuez moscada, se echan en una manga provista con boquilla rizada, se rellenan con dicho puré los fondos de las alcachofas, formando unas pequeñas pirámides, y se meten en el horno para que tomen color.

En una sartén puesta al fuego se echa la manteca de cerdo y se fríen los discos de pan, dándoles un color dorado. Seguidamente se fríen los tournedos de modo que no resulten muy cocidos y se pone todo en un plato, se escurren de la sartén las dos terceras partes de la manteca y se adiciona la harina. Se deja que tome algo de color y se agrega el jerez, el tomate, un decilitro de agua y la trufa trinchada fina; se sazona con sal, se añaden las cabezas de los champiñones previamente bien limpios y se cuecen lentamente durante diez minutos, obteniendo una salsa algo espesa.

Se colocan en una fuente los discos de pan, encima se ponen los tournedos desprovistos del bramante, se cubren con la salsa, colocando en el centro de cada uno una cabeza de champiñón, y se rodean con los fondos de alcachofa.

TOURNEDOS A LA CHANTECLAIR

600 gr de solomillo de ternera, 6 bonitos hígados de pollo, 75 gr de manteca de cerdo, 35 gr de harina, 25 gr de mantequilla, una copita de jerez, 6 bonitas crestas de pollo, 200 gr de pan, un limón, una trufa y una cucharada de puré de tomate.

Desprovisto el solomillo de nervios y grasa se cortan 6 rodajas de 2 o 3 cm de grueso, se aplanan ligeramente y se sazonan con sal.

Se cortan las puntas de las crestas, se pasan unos segundos por agua hirviendo, se ponen en un plato, se cubren con sal, se restriegan con las manos, se les quita la piel y se dejan en agua fría dos o tres horas para que resulten bien blandas, agregándoles un poco de zumo de limón.

Se pone en una cacerola la mitad de la harina con medio litro de agua, se añade sal, un poco de zumo de limón y las crestas, se deja cocer a fuego lento durante dos horas y se escurre.

Desprovisto el pan de la corteza se cortan 6 discos de 1 cm de grueso por 5 o 6 de diámetro, se fríen con la manteca y se colocan en una fuente.

En la misma sartén se fríe la carne de modo que tenga un bonito color dorado y no muy cocida. Esta carne se pone encima de los discos de pan.

Se pinchan los hígados con un tenedor, se pasan por la harina, se fríen y se colocan sobre la carne.

Quítase de la sartén casi toda la manteca, se echa el jerez, el tomate, un decilitro de agua o caldo y la mantequilla, se sazona con sal, se agregan las crestas y las trufas cortadas a discos y se cuece durante cinco minutos.

Se colocan las crestas en medio de cada hígado, después una lonja de trufa y por encima se pone la salsa, que habrá sido pasada por un colador.

SOLOMILLO DE TERNERA CHARLEROY

1 kg de solomillo de ternera, 6 alcachofas gordas, 75 gr de tocino graso, una trufa, 800 gr de patatas, 125 gr de manteca de cerdo, un limón, una lata de puré de foie-gras, un decilitro de aceite, 15 gr de mantequilla, 300 gr de pan, una copita de jerez, 100 gr de tomates y una cebolla.

Limpio el solomillo de piel y grasa se mecha con unas tiritas de tocino, sirviéndose para dicho fin de una aguja ex profeso; luego se sujeta con unos brazaletes de bramante, se sazona con sal y se pone en un tartera con 75 gr de manteca de cerdo y la cebolla partida en 4 trozos, se mete en el horno y se asa durante dieciocho a veinte minutos, colocándolo en el plato.

Se saca la corteza del pan, se forma un zócalo de 3 cm de grueso y que tenga aproximadamente la medida del solomillo, se fríe en la misma manteca de la tartera, dándole un color dorado, y se escurre.

Se sacan las dos terceras partes de la manteca, se añade el jerez y los tomates mondados y trinchados, se adiciona un decilitro de agua y se cuece durante cinco minutos, obteniendo una salsa algo espesa que se pasa por un colador.

Fondos de alcachofas. Desprovistas las alcachofas de las hojas duras se tornean sus fondos, se cortan de 2 cm de altas y se vacían, dándoles la forma de unas cazuelitas. (A medida que se preparan se frotan con limón y se echan en una cacerolita donde tendremos un cuarto de litro de agua y el zumo de limón.) Se añade el aceite y sal y se cuecen lentamente y tapadas por espacio de veinticinco minutos. Seguidamente se escurren, se colocan en una pequeña tartera y se rellenan con el puré de foie-gras.

Se mondan las patatas, se preparan en forma de avellanitas, sirviéndose de una cucharita ex profeso, se fríen con el resto de la manteca de cerdo, de modo que resulten doradas, y luego se escurren, se rocían con la mantequilla y se sazonan con sal.

Colócase el pan en una fuente ovalada, encima se pone el solomillo, se echa la salsa y se rodea con los fondos de las alcachofas intercalados con las patatas.

SOLOMILLO DE TERNERA A LA ORLEANS

800 gr de solomillo de ternera, 2 manojos de espárragos, 200 gr de pan, 150 gr de carne magra trinchada, una trufa, 3 huevos, 500 gr de patatas, 125 gr de manteca de cerdo, 50 gr de mantequilla, 10 gr de hueso, una copita de jerez, 100 gr de tomates, una cebolla y 25 gr de miga de pan.

Desprovisto el solomillo de nervios y grasa se parte en toda su longitud, sin terminar de cortarlo, se aplana luego bien y se sazona con sal.

Se mezcla con la carne magra de cerdo, la trufa trinchada, un huevo y la miga de pan, y se sazona con sal, pimienta y nuez moscada, obteniendo un picadillo. Se extiende una capa de éste encima del solomillo, se colocan en el centro unas tiras de huevo cocido y se enrolla, dando al solomillo su forma primitiva. Luego se sujeta con unos brazaletes de bramante y se pone en una tartera, agregándole 75 gr de manteca de cerdo y la cebolla partida por la mitad, sazonándose con sal. Se mete en el horno, se rocía de vez en cuando con la manteca, dándole un color dorado, y seguidamente se añaden los tomates, partidos por la mitad, y el jerez, y se cuece durante veinticinco minutos.

Se saca la corteza del pan y se prepara en forma de zócalo, de modo que tenga la longitud del solomillo y el grueso de 3 cm. Luego se le hace una pequeña concavidad en el centro en todo su largo y se fríe con la manteca restante, dándole un bonito color dorado.

Después de mondados los espárragos se cortan sus puntas de 5 cm de largas y se cuecen con agua y sal, se escurren y se rocían con agua fría.

Se mondan las patatas, se cortan a trozos, se cuecen con agua sazonada con sal, se escurren, se meten unos minutos en el horno y se pasan por un tamiz. Después se les mezcla un huevo y la mitad de la mantequilla, obteniendo un puré fino que se echa en una manga provista de boquilla rizada y encima de una placa de pastelería untada con manteca se forman unos pequeños nidos, colocando verticalmente en el centro de éstos las puntas de los espárragos. A continuación se espolvorean con el queso, se rocían con el resto de la mantequilla derretida y se meten en el horno para que tomen color.

Colócase en una fuente el zócalo de pan, encima se pone el solomillo, se rocía con el jugo desgrasado y se rodea con los nidos de patatas.

SOLOMILLO DE TERNERA A LA DUBOIS

1 kg de solomillo de ternera, 2 calabacines, 100 gr de judías verdes, una lata de champiñones, una trufa, un huevo, 400 gr de patatas, 200 gr de pan, 75 gr de manteca de cerdo, 100 gr de tocino graso, una cebolla, 75 gr de mantequilla, una copita de jerez y 10 tomates medianos.

Se quita la piel y la grasa al solomillo y se mecha de tocino con unas tiras delgadas, sirviéndose para esta operación de una aguja ex profeso. Se sazona con sal, se sujeta con bramante y se pone en una tartera con la manteca de cerdo y la cebolla partida por la mitad. Después se mete en el horno, se cuece por espacio de veinte minutos y a media cocción se le agrega el jerez, los champiñones y la trufa en lonjas.

Se quita la corteza del pan, se corta, formando un zócalo de 6 a 7 cm de ancho, de 3 o 4 cm de espesor y de 16 a 17 cm de largo, y se fríe, colocándolo en la tartera al lado de la carne, de manera que adquiera un bonito color dorado.

Se mondan los calabacines, se cortan a trozos de 4 cm de alto y con una cucharita se vacían, dándole la forma de unas cazuelitas. Después se cuecen con agua y sal durante diez minutos y luego se escurren de uno en uno con un tenedor y se colocan en una pequeña tartera.

Se corta un redondel de la parte superior de 6 tomates y con una cucharita se vacian, sacándoles la semilla, se sazonan con sal, se rocían con un poco de mantequilla y se meten unos minutos en el horno, sin que lleguen a perder su forma. A continuación se rellenan con las judías deshebradas, cortadas de 1 cm de largo y salteadas con un poco de mantequilla.

A los tomates restantes se les da un hervor, se mondan, se les saca la semilla, se pican y se cuecen con un poquito de mantequilla, sazonándolos con sal. Con esa pasta de tomate se llenan las cazuelitas de calabacín preparadas como se ha dicho antes.

PATATAS DUQUESA. Se mondan las patatas y se cortan a trozos, se cuecen con agua y sal, se escurren, se pasan por un tamiz, se les mezcla una yema de huevo y un poco de mantequilla, se sazonan con pimienta y nuez moscada y se mezcla bien. Luego se introduce en una manga provista de una boquilla rizada y encima de una placa de pastelería se forman 6 montoncitos en forma de espiral y se meten en el horno para que tomen un poco de color.

PREPARACIÓN DEL PLATO. Se pone el pan frito en el centro de una fuente ovalada y el solomillo se corta a rajas y se coloca encima del pan. Luego se adorna la superficie con las cabezas de los champiñones y con lonjas de trufa, se rodea con los tomates intercalados con los calabacines y en cada extremo se ponen los montoncitos de patata. Por último, se desgrasa el jugo de la tartera se echa encima de la carne.

MIGNONNETTE A LA PARISIÉN

800 gr de solomillo de ternera bien blanco y delgado, 125 gr de mantequilla, una copita de coñac, una copita de vino de Madeira, 100 gr de crema de leche y 300 gr de champiñones frescos o una lata de 300 gr.

Desprovisto el solomillo de grasa y nervios se corta en 6 trozos, se sazona con sal y se rocía con zumo de limón.

Se ponen en una cacerola 75 gr de mantequilla y cuando está caliente se echa la carne y se cuece vivamente hasta que empieza a tomar color dorado. Seguidamente se agrega el coñac y se enciende, luego se añade el vino de Madeira y después de una cocción de cinco minutos se le adiciona la crema de leche, se sazona con sal y pimienta, se cuece unos cinco minutos y se pone en una cocotera.

Quitados a los champiñones los troncos y bien limpios se ponen en una cacerola con 2 decilitros de agua, 25 gr de mantequilla, el zumo de medio limón y un poco de sal. Se les da un hervor, se escurren, agregándolos a la carne, y si son gordos se parten por la mitad. Luego se le incorpora el resto de la mantequilla, se tapa la cocotera, y se cuece durante veinte minutos.

Se servirá en la misma cocotera colocada en una fuente recubierta con una servilleta y no se destapará hasta llegar a la mesa.

SOLOMILLO DE TERNERA A LA DENISE

800 gr de solomillo de ternera de la parte del centro, 100 gr de tocino graso, 200 gr de pan, 125 gr de manteca de cerdo, 75 gr de mantequilla, una cebolla, una zanahoria, 100 gr de tomates, una copita de jerez, 100 gr de crema d'Ysigny, una trufa, 50 gr de harina, 2 bonitos hígados de gallina, 12 pequeñas alcachofas, 2 decilitros de aceite y 2 limones.

SOLOMILLO. Limpio el solomillo de piel y grasa se mecha con unas tiras de tocino, sirviéndose para dicha operación de una aguja ex profeso, se sujeta con unos brazaletes de bramante, se sazona con sal, se mete en una cacerola con 75 gr de manteca de cerdo y las pieles del solomillo y se asa al horno a temperatura fuerte, dándole un color dorado. Luego se saca el solomillo y en la misma cacerola se agrega la cebolla y la zanahoria, todo mondado y cortado a trocitos, se rehoga para que se coloree y seguidamente se añade el jerez, 15 gr de harina, los tomates partidos por la mitad y 2 decilitros de agua, se sazona con sal y se cuece lentamente por espacio de media hora. Se pasa luego por un colador, se añade la crema d'Ysigny y la trufa trinchada y se hierve, obteniendo una salsa bien espesa.

PAN. Se quita la corteza del pan, se preparan 6 discos de 1 cm y medio de grueso y 5 de diámetro y se fríen con el resto de la manteca de cerdo.

HÍGADOS DE GALLINA. Se pinchan éstos con un tenedor, se sazonan con sal, se pasan por harina y se fríen lentamente con la mitad de la mantequilla.

FONDOS DE ALCACHOFAS. Quítense las hojas más duras de las alcachofas y tornéense sus fondos. Córtense de 3 cm de alto y vacíense formando unas cazuelitas. (A medida que se preparan se frotan con limón y se meten en una cacerola donde tendremos medio litro de agua, el zumo de los limones, el aceite y sal.) Se cuecen lentamente y tapados durante veinticinco minutos y, ya cocidos, se colocan en una tartera, se rocían con la mantequilla derretida y se meten unos minutos en el horno.

PREPARACIÓN DEL PLATO. Se colocan los discos de pan frito en una fuente ovalada, formando una hilera en el centro. Se quitan los brazaletes de bramante de la carne y se corta ésta en 6 rodajas gruesas que se colocan encima del pan. Sobre cada una de éstas se pone un hígado de gallina, se cubren con la salsa y se rodean con los fondos de alcachofas, colocados boca abajo.

ROSBIF CON PATATAS SOUFFLÉE

800 gr de rosbif (lomo de buey), 100 gr de manteca de cerdo, una cebolla, una copita de jerez, 1 kg de patatas amarillas y gordas, un litro de aceite y un limón.

Para obtener un rosbif tierno y jugoso, es necesario que la carne sea de cebón y hayan transcurrido a lo menos veinticuatro horas de haber sido sacrificado. Se le quita la piel y los nervios, se sazona con sal, se pone en una tartera con la cebolla y la manteca y se mete al horno bien caliente, por espacio de veinticinco minutos, rociándolo de cuando en cuando con su propio jugo.

PATATAS SOUFFLÉE. Se mondan o rascan las patatas y sin lavarlas se secan con un paño, se cortan igualándolas de los costados dándoles la forma cuadrilonga, se cortan a lonjas del grueso de una pieza de cinco pesetas y bien iguales y se vuelven a secar.

Pónganse al fuego dos sartenes, una grande y otra pequeña, y en ambas se echa aceite. En la de tamaño mayor, cuando esté algo caliente el aceite, se echa una cuarta parte de las patatas (según el tamaño de la sartén) y se fríen a fuego vivo. Una vez que éstas suben a la superficie y se nota que algunas de ellas empiezan a hincharse, se aparta dos minutos la sartén del fuego y seguidamente se echan a la otra sartén, que se tendrá con el aceite bien caliente y sin que tomen mucho color, se quitan con una espumadera, se escurren y, pasados unos minutos, se vuelven a echar en la misma sartén para que terminen de colorear, o sea, que tienen que tener un color dorado, luego se ponen en una escurridera, se echa sal y se repite la misma operación hasta terminar con el total de la cantidad.

Preséntese el rosbif en una fuente, se adorna con las patatas colocando las más bonitas a la vista y a cada lado de la carne, como también se pondrán dos medios limones y perejil.

CASSOLETTE A LA TOLOSANA

400 gr de pierna de pato, 200 gr de lomo de cerdo, 6 salchichas, 200 gr de judías blancas, 50 gr de manteca de cerdo, 200 gr de tocino magro, 10 gr de pan rallado, 100 gr de corteza de tocino, 2 cebollas, 3 cucharadas de puré de tomate, 2 dientes de ajo, 3 cucharadas de aceite, tomillo, laurel y perejil.

Pónganse las judías en una olla con agua, sal, una cebolla y el aceite, y déjense cocer a fuego lento hasta que estén bien blandas.

Se pone al fuego una cazuela de barro con el tocino cortado a trozos y la manteca, y cuando está bien caliente se echa el pato partido a trozos y el lomo cortado igualmente, rehogándose hasta que tenga un bonito color dorado. A continuación se agrega la cebolla y los ajos, todo bien trinchado; se le da unas cuantas vueltas con una espátula, se añade el tomate y medio litro de caldo de haber cocido las judías y se sazona con pimienta; se agrega un manojo atado compuesto de laurel, tomillo y perejil, la corteza del tocino, previamente cocida con agua y cortada a trozos, y las salchichas partidas por la mitad, dejándolo cocer durante dos horas a fuego lento.

Veinte minutos antes de terminar la cocción se incorporan las judías bien escurridas, se espolvorea con el pan rallado y se termina de cocer al horno.

Se sirve en la misma cazuela, quitando el manojo de hierbas.

QUENEFAS DE GALLINA A LA HOLANDESA

2 pechugas de gallina sin hueso ni piel, 50 gr de harina, 5 huevos, 150 gr de mantequilla, un decilitro de crema de leche, un limón, 2 decilitros de leche, 1 kg de hielo y una trufa.

En una cacerola al fuego se ponen 50 gr de mantequilla y 2 decilitros de leche y cuando hierve se adiciona la harina; luego se vuelve al fuego, removiéndolo con una espátula de madera y se cuece durante cinco minutos, obteniendo una pasta espesa que se dejará enfriar. Seguidamente se añaden 2 huevos y 2 claras y se mezcla bien.

Se trincha muy fina la carne de gallina, luego se machaca en el mortero, se pone en una cacerola, agregándole la pasta preparada previamente, se sazona con sal, se mezcla todo bien, se pasa por un tamiz y se recoge esta pasta en una cacerola. A continuación se le adiciona, poco a poco, la crema de leche, removiéndolo con una espátula de madera hasta que resulte una pasta fina y blanca que se introducirá en una manga con boquilla y en una tartera untada con mantequilla. Se marcan las quenefas del tamaño de una almendra, se mojan con 2 decilitros de caldo o agua hirviendo, se sazonan con sal, se cuecen durante seis o siete minutos y se escurren.

SALSA HOLANDESA. Se ponen en un cazo 3 yemas de huevo y 3 cucharadas de agua, se coloca en baño María, removiéndolo con viveza con un batidor, y se cuece hasta obtener una salsa espesa y fina como una crema. Ya en este junto se le agrega, fuera del fuego y poco a poco, la mantequilla derretida restante y se sazona con sal, adicionándole unas gotas de limón.

Las quenefas se sirven bien calientes en una fuente honda, se cubren con la salsa y se adornan con discos de trufa.

CHOUCROUTE A LA ALEMANA

600 gr de choucroute, 2 zanahorias, 2 cebollas, 300 gr de tocino ahumado, 100 gr de manteca de cerdo, 3 decilitros de vino blanco, 3 cervelás, 400 gr de patatas, una hoja de laurel, un ramito de tomillo, 10 gr de fruto de enebro, 300 gr de jamón ahumado, 6 clavos, perejil y media hoja de papel de estraza.

La choucroute se lava, pasándola dos o tres veces por agua fría, luego se escurre y se pone en una cazuela de barro, se sazona con sal, pimienta y nuez moscada y se le agrega el vino, la manteca, 2 decilitros de agua, el jamón, cervelás, tocino, zanahorias y las cebollas, donde se hincarán los clavos. A continuación se tapa el puchero con un papel de estraza y luego con su tapadera y se deja cocer a fuego lento por espacio de tres horas.

Se sirve en una fuente, adornada la superficie con cervelás, jamón y tocino, todo cortado a trozos, rodeándose la choucroute con las patatas torneadas en forma ovalada y hervidas con agua y sal.

FRITURA MIXTA A LA MILANESA

400 gr de patatas, medio litro de aceite, 50 gr de manteca de cerdo, 35 gr de mantequilla, 2 huevos, 200 gr de galleta picada, 150 gr de harina, 150 gr de lomo de cerdo cortado a rajas muy delgadas, medio seso de ternera, 100 gr de hígado de cordero cortado a lonjas finas, media hoja de laurel, un ramito de tomillo, 3 criadillas de cordero, perejil, 2 limones y 200 gr de calamares.

Limpio el pescado se corta en anillas, se pasa por harina y huevo batido y se fríe en aceite.

Se mondan las patatas y se cortan a lonjas muy delgadas y luego a tiras finas, dándoles la forma de pajas; se lavan, se escurren, se fríen con el aceite, haciéndolo en dos o tres veces; y se echan en una escurridera, sazonándolas con sal.

El seso después de pelado se deja una media hora en agua. A continuación se pone en una cacerola, se arrima al fuego con agua clara que lo cubra, se le añade el laurel y tomillo, se sazona con sal y se cuece lentamente por espacio de diez minutos. Transcurrido este tiempo se saca del agua y una vez algo frío se corta a trozos, se pasan por harina, se rebozan con huevo batido y se fríen en aceite.

Con la manteca se fríe el hígado, pasado previamente por la harina.

Desprovistas de piel las criadillas se cortan a rajas, se pasan por la harina, se rebozan con huevo batido y galleta picada (igualmente se prepara el lomo) y se fríen en aceite.

Las patatas se colocan en el centro de una fuente formando una pirámide, alrededor se pondrán por separado los demás ingredientes, haciendo 5 montículos, se rocían éstos con la mantequilla derretida y que tenga algo de color, se adorna con los limones cortados a trozos y se espolvorea el hígado con perejil picado.

VOL-AU-VENT A LA TOLOSANA

150 gr de ternera bien blanca y magra, 2 huevos, 2 pechugas de gallina, 4 hígados de gallina, una lata de champiñones, 2 trufas, 6 crestas de pollo, 2 mollejas de ternera, una cebolla, 200 gr de mantequilla, 75 gr de harina, un nabo y un limón.

En una cacerola al fuego se pone un litro y medio de agua, las pechugas de gallina, el nabo, la zanahoria y la cebolla; se sazona con sal y se cuece a fuego lento durante dos horas, guardando la cacerola bien tapada.

Las mollejas se dejan en agua fría por espacio de una hora, luego se hierven unos cinco minutos y después de desprovistas de nervios y grasa se juntan con las pechugas cuando éstas están a media coccion.

Se cortan las puntas de las crestas, se ponen en agua hirviendo y se pelan, frotándolas con sal. A continuación se dejan en remojo en agua fría hasta que resulten blancas y seguidamente se ponen en una cacerolita con un cuarto de litro de agua, unas gotas de zumo de limón y media cucharada de harina, se sazonan con sal y se cuecen por espacio de una hora.

Los hígados se hierven unos cinco minutos con agua y sal y un trozo de limón.

SALSA SUPREMA. Se derriten 50 gr de mantequilla, se le adicionan 35 gr de harina y medio litro de caldo de las pechugas, se remueve con un batidor y se cuece lentamente durante veinte minutos.

QUENEFAS DE TERNERA. Se pone en una cacerola al fuego un decilitro de agua, 40 gr de mantequilla, sal, pimienta y nuez moscada y cuando arranca el hervor se añade la harina y se mezcla con una espátula de madera hasta obtener una pasta compacta. Entonces se aparta la cacerola del fuego, se le adiciona la carne de ternera trinchada fina y se mezcla todo en el mortero. Se le incorporan poco a poco 25 gr de mantequilla y los huevos, todo bien mezclado de modo que resulte una pasta finísima, que se pasa por un tamiz. Se recoge la pasta, se echa en una vasija, se trabaja bien y se pone en una manga con boquilla lisa. Sobre una tartera untada con mantequilla y guardada en sitio fresco se marcan unas quenefas del grueso de una almendra sin cáscara, luego se ponen a hervir con un poco de caldo de las pechugas de modo que apenas las cubra.

La cocción tiene que ser lenta y su duración de ocho a diez minutos, según su tamaño.

Antes de preparar dichas quenefas es necesario hacer una prueba cociendo 2 bolitas de éstas y si se observa que se deshacen algo se les mezcla una yema de huevo. Las pechugas de gallina, los hígados, las mollejas, los champiñones, las crestas y la mitad de las trufas se cortan a lonjas, se saltean con el resto de la mantequilla, se juntan con la salsa suprema y se añaden las quenefas.

El vol-au-vent se coloca en una fuente, se llena con la guarnición, se adorna con unas lonjas de trufa, se tapa con tapadera y se sirve bien caliente.

(Para vol-au-vent véase "Pasta de hojaldre".)

BUEY EN ADOBO

800 gr de morcillo de buey, 100 gr de manteca de cerdo, 100 gr de tocino graso, 6 zanahorias, 24 cebollitas, medio litro de vino tinto bueno, 3 dientes de ajo, un nabo, 2 cucharadas de aceite, una cebolla, laurel, tomillo y perejil.

Se corta la carne a pedazos de unos 30 a 35 gr y se mechan con el tocino cortado a tiras delgadas. Luego se van poniendo en un recipiente de barro o porcelana y se les agrega una zanahoria, un nabo y una cebolla todo mondado y cortado a trocitos; se añade el aceite, la mitad del vino y el laurel, ajo y tomillo y se deja en adobo durante doce horas. Pasado este tiempo se ponen los pedazos de carne en un puchero de barro, sirviéndose de un tenedor, se agrega la mitad de la manteca y se rehoga por espacio de veinte minutos. Se añade medio litro de vino tinto y se sazona con sal, pimienta, 3 clavos y un poco de nuez moscada, agregándose las zanahorias cortadas a trozos torneados en forma de gajos de mandarina, y un pequeño manojo atado compuesto de laurel, tomillo y perejil. A continuación se tapa el puchero y se cuece a fuego lento unas tres horas. Al faltar media hora para terminar la cocción se adicionan las cebollitas ligeramente fritas con el resto de la manteca y escurridas, y las zanahorias en forma de gajos de mandarina.

CARBONADAS A LA FLAMENCA

800 gr de morcillo de buey o vaca, un cuarto de litro de cerveza, 400 gr de cebollas, 2 cucharadas de puré de tomate, 10 gr de azúcar, laurel, tomillo y perejil, 15 gr de harina, 75 gr de manteca de cerdo, 2 clavos y 35 gr de mantequilla.

La carne se corta a lonjas delgadas, se sazona con sal y se fríe con la manteca. Luego se aparta dicha carne y en la misma sartén se fríe la cebolla cortada a tiras delgaditas.

Se coloca luego la carne en una cacerola, intercalando la cebolla, se agrega un manojo atado compuesto de laurel, tomillo y perejil, se le adiciona la cerveza y la harina mezclada con la mantequilla y se sazona con sal, pimienta, nuez moscada y el azúcar. A continuación se cuece a fuego lento durante tres horas, luego se quita el manojito atado, y se sirve en una fuente.

GRANADINA DE BUEY A LA CASERA

800 gr de cadera de buey cortada a lonjas de 1 cm de espesor y del peso de 80 gr cada una, 100 gr de tocino graso, una cebolla, 100 gr de manteca de cerdo, 50 gr de harina, un decilitro de vino blanco, 200 gr de tomates, tomillo, perejil, 400 gr de setas (rovellons), 3 dientes de ajo y un decilitro de aceite.

Desprovista de nervios y grasa se mecha la carne con el tocino cortado a tiras delgadas y formando una estrella en el centro de cada trozo de aquélla, sirviéndose para dicha operacion de una aguja ex profeso. Después se sazona con sal, se pasa por la harina, se fríe en una sartén con 100 gr de manteca de cerdo y cuando tenga un color dorado se van colocando las lonjas en una cacerola escalonadamente y formando círculo por todo el alrededor. En la misma sartén de haber frito la carne se fríe la cebolla trinchada hasta que esté bien dorada y seguidamente se agregan los ajos chafados, el vino blanco, los tomates partidos por la mitad, una hoja de laurel, un ramito de tomillo y 2 decilitros de agua, se sazona con sal y pimienta y se deja cocer unos diez minutos. Se pasa luego por un colador, echando la salsa encima de la carne ya dispuesta en la cacerola, y se cuece por espacio de dos horas.

Limpias las setas se colocan en una tartera, se rocían con aceite, se espolvorean con ajo y perejil picado y se cuecen unos diez minutos a horno muy caliente.

Se coloca la carne en una fuente, se rodea con las setas y se cubre con la salsa, pasada por un colador.

ESTOFFADE A LA NORMANDA

600 gr de espalda de buey, 100 gr de cebollas, 3 dientes de ajo, 15 gr de harina, 2 decilitros de buen vino tinto, 150 gr de tocino magro, 50 gr de manteca de cerdo, 18 cebollitas, una lata de champiñones, laurel, tomillo, perejil y 400 gr de mano de ternera.

Se corta el tocino a trozos, se pone en una cacerola al fuego, cuando haya tomado un color dorado se le añade la carne cortada a pedazos de 60 a 65 gr cada uno. Se sigue rehogando vivamente y pasados unos cinco minutos se le adiciona la cebolla picada y los ajos trinchados finos. Se continúa la misma cocción y transcurridos unos minutos se le incorpora la harina y el vino, luego se añade la mano de ternera previamente hervida, se sazona con sal y pimienta, se agrega un manojo atado compuesto de laurel, tomillo y perejil, se tapa la cacerola, se cuece lentamente por espacio de tres horas, y cuarenta minutos antes de terminar la cocción se agregan los champiñones y las cebollitas, que se tendrán fritas con la manteca de cerdo y escurridas.

Se sirve en una cocotera de porcelana, sacando el manojito y agregándole la mano de ternera deshuesada y cortada a trocitos.

GOULASH (Estofado de buey)

800 gr de morcillo de buey, 100 gr de manteca de cerdo, 150 gr de cebollas, 5 gr de harina, 300 gr de tomates, 400 gr de patatas, una cucharada de paprika (pimentón húngaro), 3 dientes de ajo, laurel, tomillo y perejil.

Pártase la carne a trozos de unos 40 gr cada uno y sazónense con sal.

En una cacerola al fuego se pone la manteca y cuando está bien caliente se echa la carne. Al empezar a tomar color se añade la cebolla y ajos, todo picado, y se sigue rehogando hasta que todo esté bien dorado. A continuación se añade la harina, el tomate mondado y picado, el paprika, un cuarto de litro de agua, sal, pimienta, nuez moscada y un manojito atado compuesto de laurel, tomillo y perejil. Se cuece, tapado, a fuego lento tres horas y al faltar cuarenta minutos para terminar la cocción se le incorporan las patatas mondadas y torneadas en forma ovalada.

TERNERA A LA MOUNTBATEN

1 kg de jarrete de ternera, 9 zanahorias, 600 gr de patatas del tamaño de un huevo, 24 cebollitas, 125 gr de manteca de cerdo, una copita de jerez, 100 gr de tomates, 100 gr de tocino graso, media hoja de laurel, un ramito de tomillo y 35 gr de mantequilla.

El tocino se corta a tiras delgadas, se mecha la superficie de la carne, sirviéndose de una aguja ex profeso, luego se sujeta con hilo, dándole una bonita forma, y seguidamente se pone en una cacerola, se sazona con sal, se le adicionan 2 cebollitas, una zanahoria y 50 gr de manteca de cerdo, se mete la cacerola en el horno y se cuece hasta que la carne tenga un bonito color dorado. A continuación se le agregan los tomates, el jerez, laurel y tomillo, y se cuece lentamente por espacio de dos horas, rociándolo de vez en cuando con su propio jugo.

Las cebollitas una vez mondadas se ponen en una cacerola con agua que las cubra y se añaden 25 gr de manteca de cerdo y una pizca de azúcar. Luego se sazonan con sal y se cuecen hasta que estén bien blandas, de modo que se haya consumido toda el agua y que resulten de un bonito color dorado.

Las patatas se parten por la mitad, se tornean en forma ovalada, se fríen lentamente con la manteca de cerdo restante y se sazonan con sal.

Se parten por la mitad o en cuatro trozos las zanahorias, se tornean ligeramente formando gajos de mandarina, se ponen en una cacerola con agua que las cubra y la mantequilla, se sazonan con sal y se cuecen hasta que estén bien blandas y hayan absorbido toda el agua.

Se coloca la carne en el centro de una fuente ovalada, en cada extremo de ésta se ponen las patatas y se rodea la carne con las cebollitas y las zanahorias, colocándolo todo en forma de montoncitos.

La salsa se pasa por un colador y, desprovista de la grasa, se echa encima de la carne.

ESCALOPAS DE TERNERA A LA MAJESTIC

600 gr de cadera de ternera lechal cortada en 6 lonjas bien iguales, 8 alcachofas, 600 gr de patatas del tamaño de un huevo pequeño, 600 gr de guisantes, 200 gr de miga de pan rallada, una trufa, 100 gr de manteca de cerdo, 50 gr de harina, 125 gr de mantequilla, un limón, un decilitro de aceite y 400 gr de tomates.

CARNE. Limpia la carne del nervio y grasa se sazona con sal, se pasa por harina y se reboza con un huevo batido y el pan rallado, aplanándola con la hoja de un cuchillo para sujetar la galleta.

FONDOS DE ALCACHOFAS. Se quitan las hojas más duras de las alcachofas, se redondean sus fondos, se cortan de 3 cm de alto y se vacían, dándoles la forma de unas cazuelitas. (A medida que se van preparando se frotan con limón y se echan en una cacerola en donde tendremos un cuarto de litro de agua, el zumo del limón y el aceite.) Después se sazonan con sal y se cuecen, tapados, por espacio de veinticinco minutos. Luego se escurren dichos fondos de alcachofas y se ponen en un plato, rociándolos con 10 gr de mantequilla derretida.

PURÉ DE GUISÁNTES. Los guisantes se cuecen con agua y sal, luego se escurren, se rocían con un poco de agua fría y se pasan por un tamiz, mezclándoseles después 15 gr de mantequilla.

PATATAS. En una cacerola se pone un cuarto de litro de agua, 50 gr de mantequilla y las patatas cortadas en forma ovalada, las cuales se sazonan con sal y se cuecen al horno hasta que hayan absorbido todo el líquido y tengan un color dorado.

TOMATES. Escaldados y mondados los tomates se exprimen para extraer las semillas, se trinchan muy finos y se cuecen con 25 gr de mantequilla, sazonándolos con sal.

PREPARACIÓN DEL PLATO. En una sartén se pone la manteca, se fríe la carne preparada como se ha dicho antes y se coloca en una fuente. Luego se rodea con el tomate, las patatas y las alcachofas, que se habrán rellenado con el puré de guisantes, adornándose con discos de trufa. Finalmente, se derrite el resto de la mantequilla y se echa encima de la carne, rociándola con unas gotas de zumo de limón.

TERNERA A LA WEIGAN

800 gr de tapa de ternera, una cebolla, 2 berenjenas gruesas, una zanahoria, 50 gr de harina, una copita de jerez, 100 gr de tomates, 150 gr de manteca de cerdo, 2 decilitros de aceite, 500 gr de patatas del tamaño de un pequeño huevo, 50 gr de tocino graso, 100 gr de judías verdes finas, 25 gr de mantequilla y una trufa.

Se mecha la carne con el tocino cortado a tiras delgadas, se sazona con sal, se sujeta con bramante y se pone en una cacerola al fuego con 100 gr de manteca. Se añade la cebolla y las zanahorias, media hoja de laurel y un ramito de tomillo, todo hecho a trocitos, y se rehoga hasta que toma un color dorado. Seguidamente se añade una cucharadita de harina, los tomates, el jerez y un decilitro de agua; luego se sazona con sal y se cuece, lentamente y tapado, durante dos horas.

Mondadas las patatas se tornean en forma ovalada y se fríen lentamente con el resto de la manteca de cerdo, sazonándolas con sal.

Se mondan las berenjenas, se cortan a rodajas de 4 cm de grueso, se vacían, dándoles la forma de unas cazuelitas, se sazonan con sal, se pasan por la harina y se fríen lentamente con el aceite. Deshebradas las judías se cortan a trocitos de 1 cm de largo, se cuecen con agua y sal, se pasan por agua fría, se escurren y se saltean con la mantequilla.

Se corta la carne a rajas y se coloca en una fuente, formando hilera. Se pasa la salsa por un colador, se desgrasa, se le adiciona la trufa trinchada, se le da un hervor y se echa encima de la carne, rodeándose con las patatas y las cazuelitas de berenjenas rellenas con las judías verdes.

MEDALLONES DE TERNERA A LA AMPURDANESA

600 gr de tajo redondo de ternera, 700 gr de carne magra de cerdo trinchada, 100 gr de tela de tocino, 400 gr de setas pequeñas (rovellons/míscalos), una trufa, una cucharada de puré de tomate, una zanahoria, una cebolla, un huevo, un diente de ajo, una copita de jerez, 200 gr de pan, 15 gr de miga de pan rallada, laurel, tomillo y 100 gr de manteca de cerdo.

Se corta el tajo redondo a rodajas de 2 cm de grueso, se les quitan los tendones, se aplanan ligeramente y se sazonan con sal.

Desprovisto el pan de la corteza se corta en forma de discos de 1 cm de grueso por 5 de diámetro y se fríen con la mitad de la manteca.

Se mezcla la carne magra con una yema de huevo, la trufa picada y la miga de pan rallada; se sazona con sal, pimienta y nuez moscada y se pone una cucharada de este picadillo encima de cada rodaja de carne, envolviéndose con un trozo de tela de tocino que se tendrá remojada con agua tibia.

Peladas la zanahoria y cebolla se cortan a trocitos, se ponen en una cacerola con la manteca restante y encima se coloca la carne. Seguidamente se mete en el horno y cuando haya tomado color dorado se le añade el jerez, el tomate, un decilitro de agua o caldo, laurel, tomillo y ajo picado. Después se sazona con sal, se cuece a fuego lento por espacio de dos horas, conservando la cacerola bien tapada, y a media cocción se le agregan las setas, bien lavadas y escurridas.

Una vez en su punto se colocan los discos de pan en una fuente, encima de éstos se pone la carne y alrededor las setas, cubriéndose con la salsa pasada por un colador.

BLANQUETA DE TERNERA A LA PARISIÉN

800 gr de espalda de ternera, 50 gr de mantequilla, 30 gr de harina, una cebolla, un ramito de apio, 18 cebollitas, 75 gr de manteca de cerdo, media cucharada de azúcar, una hoja de laurel, un ramito de tomillo, perejil, 2 clavos especias, una lata de champiñones, 2 trufas y una zanahoria.

297

TERNERA. Se prepara la ternera a trozos de unos 40 gr cada uno y se ponen en agua por espacio de media hora; luego se escurren y se colocan en un puchero con un litro de agua y una zanahoria. Se sazona con sal, se añade la cebolla, en la cual se habrán introducido dos clavos especias, y se adicionan los champiñones y un manojo atado compuesto de laurel, tomillo, perejil y apio. Se arrima el puchero al fuego y cuando arranca el hervor se espuma y se cuece, lentamente y tapado, durante dos horas, obteniendo aproximadamente medio litro de caldo.

Las cebollitas después de mondadas se ponen en una cacerola con 25 gr de manteca de cerdo, el azúcar y un cuarto de litro de agua, cociéndose durante una hora y teniendo la precaución de que quede consumido todo el líquido y que las cebollitas tengan algo de color.

SALSA BLANQUETA. Se derrite la mantequilla, se añade la harina y el caldo obtenido de la carne, pasándolo por un colador, y se deja hervir lentamente durante veinticinco minutos, removiéndolo de vez en cuando con un batidor. Se aparta del fuego y se sazona con pimienta y nuez moscada, adicionándole una yema de huevo.

PREPARACIÓN DEL PLATO. La carne y los champiñones se ponen en una cocotera, encima se echa la salsa, se rodea con las cebollitas y se cubre con unas bonitas lonjas de trufa.

TAPA DE TERNERA A LA BURGALESA

800 gr de tapa plana de ternera, 50 gr de tocino graso, 100 gr de manteca de cerdo, 200 gr de aceitunas, 10 gr de harina, 18 cebollitas, una copita de jerez, una zanahoria, laurel, tomillo y perejil.

Limpia la carne se mecha con el tocino y la zanahoria, todo cortado a tiras, y se sujeta con bramante. Después se pone al fuego en una cacerola con 75 gr de manteca y se rehoga hasta que tome color. Seguidamente se añade la harina, el jerez y un decilitro de agua o caldo, se sazona con sal y pimienta, añadiendo un manojito atado compuesto de laurel, tomillo y perejil, y se cuece a fuego lento, bien tapado, durante tres horas. Una hora antes de terminar la cocción se le incorporan las aceitunas desprovistas de sus huesos y las cebollitas mondadas, ligeramente fritas con el resto de la manteca.

Terminada la cocción se corta la carne a rajas, se coloca en una fuente y se guarnece con los demás ingredientes preparados de antemano.

GRANADINAS DE TERNERA A LA VENDOME

800 gr de tapa de ternera lechal, 100 gr de tocino graso, 80 gr de harina, 400 gr de judías verdes, 800 gr de patatas, 2 decilitros de vino blanco, una lata de champiñones, una trufa, 35 gr de mantequilla, 8 escaloñas y 150 gr de manteca de cerdo.

Desprovista la carne de grasa y nervios se corta a lonjas de 1 cm de grueso y valiéndose de una aguja ex profeso se mecha, colocando en el centro de cada lonja tres tiras delgaditas de tocino formando una estrella. Seguidamente se sazona con sal, se pasa por la harina y se fríe con 75 gr de manteca de cerdo. (Las lonjas se van colocando en una cacerola.) En la misma sartén en la que se ha frito la carne se echan 20 gr de harina, el vino blanco y un decilitro de agua, se sazona con sal y pimienta y se cuece unos cinco minutos. Se echa luego este líquido encima de la carne, pasándolo por un colador, se agregan los champiñones y la trufa todo cortado a lonjas delgadas, se tapa la cacerola y se cuece a fuego lento por espacio de una hora.

Deshebradas las judías se cuecen con agua y sal, se refrescan con agua fría, se escurren y se saltean con la mantequilla.

Mondadas las patatas se preparan en forma de avellanitas, sirviéndose de una cucharita redonda adecuada para tal fin, y se fríen con el resto de la manteca de cerdo, sazonándolas con sal.

Se colocan las judías en el centro de una fuente, alrededor se pone la carne, se cubre ésta con la salsa y se rodea con las patatas.

LOMO DE CERDO A LA CATALANA

500 gr de lomo de cerdo, 500 gr de setas (rovellons/níscalos), 3 dientes de ajo, perejil, 15 gr de galleta picada y 2 decilitros de aceite.

Limpias las setas se ponen en una tartera, colocándolas con el rabo hacia arriba, y se meten unos minutos en el horno para extraer el agua. A continuación se trincha fino el ajo y perejil, y se mezcla con la galleta picada, se sazona con sal y pimienta, se esparce encima de las setas, se rocía con las dos terceras partes del aceite y se mete en el horno unos minutos para que tome color dorado.

Se corta el lomo a rodajas de 1 cm de gruesas, se sazonan con sal, se fríen vivamente con el resto del aceite, se colocan en una fuente ovalada formando la hilera en el centro y se rodean con las setas.

Se sirve bien caliente.

LOMO DE CERDO A LA ALSACIANA

600 gr de lomo de cerdo, 100 gr de manteca de cerdo, 50 gr de mantequilla, 800 gr de patatas gruesas, una cebolla, una zanahoria, 400 gr de coles de Bruselas y 2 decilitros de vino blanco.

Póngase el lomo en una cacerola con 35 gr de manteca de cerdo, la cebolla, la zanahoria y 2 decilitros de vino blanco. Se sazona con sal, se mete en el horno y se cuece a fuego lento durante dos horas.

PATATAS AVELLANAS. Mondadas las patatas se les da la forma o tamaño de avellanas, sirviéndose de una cucharita cortante para este objeto, y cuando están limpias y escurridas se fríen con el resto de la manteca de cerdo hasta que adquieren un color bien dorado, sazonándose con sal cuando estén a medio freír.

A las coles de Bruselas se les quitan sus hojas amarillas, se les marca un pequeño corte en el troncho, se cuecen con agua y sal, se pasan por agua fría, se escurren y se saltean con la mantequilla.

El lomo se corta a rajas y se ponen diagonalmente en una fuente colocando en uno de sus lados las coles de Bruselas y en el otro las patatitas.

El jugo se pasa por un colador, se desgrasa y se vierte encima de la carne.

Se sirve bien caliente.

LOMO DE CERDO A LA PROVENZAL

600 gr de lomo de cerdo, 600 gr de patatas pequeñas, 2 cebollas, una copita de jerez, 150 gr de manteca de cerdo, 20 gr de harina, 2 dientes de ajo, 4 tomates medianos, un decilitro de aceite, 25 gr de pan rallado, y perejil.

Se corta la carne a rajas de 1 cm de grueso, se sazona con sal y se pasa por la harina.

En una cacerola ancha al fuego se ponen 50 gr de manteca de cerdo, se le añade el lomo, se fríe, luego se agrega una cebolla trinchada fina y se rehoga hasta que haya tomado un color dorado. Entonces se le adiciona un diente de ajo picado, se le agrega el jerez y un decilitro de agua, se sazona con sal y se cuece lentamente por espacio de treinta y cinco minutos.

Limpias las patatas se cuecen sin pelarlas, se escurren y una vez frías se mondan y se cortan a lonjas de medio cm de grueso. En una sartén se pone el resto de la manteca y la cebolla cortada a tiras delgadas, se fríe ligeramente sin que tome color y después se le adicionan las patatas, se sazona con sal y se saltea para que tome un color dorado.

Los tomates se parten por la mitad, se sazonan con sal, se espolvorean con pan rallado, ajo y perejil, todo picado fino, y se ponen unos minutos en el horno para que tomen color.

Se colocan las patatas en el centro de una fuente formando pirámide, alrededor se ponen las rajas de lomo, se cubre con la salsa y se rodea la carne con los tomates.

LOMO DE CERDO A LA BADEN

600 gr de lomo de cerdo, 500 gr de manzanas, 400 gr de patatas pequeñas, 50 gr de azúcar, una cebolla, 2 decilitros de cerveza, una zanahoria, 15 gr de harina, 125 gr de manteca de cerdo, 50 gr de mantequilla, laurel y tomillo.

Póngase el lomo en una cacerola con 50 gr de manteca de cerdo, una cebolla, una zanahoria, un poquito de laurel y un ramito de tomillo. Se sazona con sal, se mete en el horno y cuando haya tomado un color dorado se escurre la grasa; luego se le incorpora la harina y la cerveza, se sazona con sal y se cuece lentamente durante hora y media, conservando la cacerola tapada.

Las manzanas despues de mondadas se cortan a trozos, se tornean en forma de gajos de naranja y seguidamente se cuecen con un cuarto de litro de agua, el azúcar y 25 gr de mantequilla.

Las patatas se cuecen sin mondarlas, se escurren y una vez frías se pelan, se cortan a lonjas delgadas y se saltean con la manteca de cerdo hasta que hayan tomado un color dorado. A continuación se escurren, se les añade la mantequilla restante y un poco de perejil picado y se sazonan con sal.

PRESENTACIÓN. Se corta el lomo a lonjas, se coloca en una fuente y se adorna con las patatas y las manzanas escurridas. Se pasa la salsa por un colador, se echa encima de la carne y se sirve bien caliente.

LOMO DE CERDO A LA SAINT DENIS

600 gr de lomo de cerdo, un cuarto de litro de aceite, 4 huevos, 150 gr de manteca, 3 zanahorias, 200 gr de patatas, 200 gr de guisantes, una trufa, 35 gr de mantequilla, 2 pepinillos en vinagre, una copita de jerez, una hoja de cola de pescado, un nabo, una cebolla, una cucharada de vinagre y una cucharadita de salsa India.

Se escoge el lomo bien magro y poco ancho, se sazona con sal, se pone en una cacerola con la manteca de cerdo y una cebolla partida por la mitad, se arrima al fuego y cuando tenga un color dorado se rocía con el jerez, se cuece, lentamente y tapado, durante una hora, y luego se pone en un plato, dejándolo enfriar.

Dos zanahorias, el nabo y las patatas, después de mondados se cortan a cuadritos y se cuecen con agua sazonada con sal. A continuación se pasan por agua fría y se escurren.

SALSA MAYONESA. Póngase en una ensaladera una yema de huevo, el vinagre y la salsa India. Se sazona con sal y se mezcla bien, agregándole el aceite poco a poco y removiendo con viveza con un batidor hasta obtener una salsa mayonesa espesa, a la cual se le mezcla la cola de pescado previamente remojada, escurrida y diluida en una cucharada de agua caliente.

Se preparan 3 huevos cocidos y se les quitan las cáscaras; se cortan ligeramente los extremos, se parten por la mitad, se les quitan las yemas, se machacan éstas en el mortero y se mezclan con la mantequilla y los guisantes, hervidos y pasados por un tamiz. Se sazona con sal y se obtiene una pasta fina que se echa en una manga con boquilla rizada y se llenan con ella las cazuelitas de las claras de los huevos, formando unas pequeñas pirámides.

A los cuadritos de nabo, zanahorias y patatas se agregan 2 cucharadas de salsa mayonesa.

Se pone en una fuente de porcelana ovalada formando zócalo en toda la longitud de la fuente y encima de ésta se coloca el lomo hecho a rodajas de 1 cm de grueso, que se cubren con la salsa mayonesa. Se deja una hora en sitio fresco, se adorna la superficie con la trufa, formando unas estrellas, y se rodea con los huevos.

Las puntas de la fuente se guarnecen con unos discos de zanahoria hervida y encima de cada uno de éstos se coloca un pequeño disco de pepinillo.

LOMO DE CERDO CON PIÑA

400 gr de lomo bien magro, una lata de piña pequeña, 75 gr de mantequilla, una copita de jerez, una copita de cointreau, 25 gr de harina, una zanahoria, una cebolla y 50 gr de nata.

Póngase en una cacerola el lomo, la mantequilla, la cebolla y la zanahoria hecha a trocitos; se rehoga hasta que tome ligeramente un color dorado, se adiciona la harina, el cointreau, el jerez y el jugo de la piña. Se cuece lentamente durante una hora, sacando seguidamente el lomo; se adiciona la nata, se le da un hervor y se pasa la salsa por un colador. Córtese el lomo en rodajas, colocándolo en una fuente, se cubre con la salsa y se adorna con las rodajas de piña.

POLPETTONE A LA PARMENTIER

150 gr de carne magra de cerdo, 50 gr de harina, 200 gr de cadera de ternera, un huevo, un diente de ajo, perejil, medio decilitro de leche, 50 gr de miga de pan rallada, 600 gr de patatas, 25 gr de mantequilla, 50 gr de manteca de cerdo, una cebolla, un decilitro de vino rancio y 50 gr de tela de cerdo.

Se trincha pequeña la carne de cerdo y de ternera y se le añaden 25 gr de harina, un huevo, la miga de pan rallada, un diente de ajo trinchado y un poco de perejil picado. Se sazona con sal, se mezcla bien y se forma un cilindro, forrándolo con la tela de cerdo. Se coloca en una cacerola, se le adiciona la cebolla trinchada y la manteca de cerdo, se rehoga y cuando todo haya tomado un color dorado se le incorpora media cucharada de harina y se deja cocer, tapado, durante una hora y media, agregándole un ramito de tomillo y una hoja de laurel.

PURÉ DE PATATAS. Las patatas después de mondadas se cortan a trozos, se cuecen con agua y sal, se escurren, se pasan por un tamiz y se les agrega la mantequilla y la leche. Se sazona después con un poco de nuez moscada, se mezcla bien y se coloca en el centro de una fuente redonda, formando una pirámide.

Alrededor del puré de patata se pone la carne cortada a rajas de 1 cm de grueso, se pasa la salsa por un colador, se desgrasa y se echa sobre la carne.

CANELONES DE JAMÓN A LA DUBOIS

400 gr de jamón en dulce cortado en 6 bonitas lonjas, 200 gr de champiñones frescos, 100 gr de morcillo de buey, una zanahoria, 100 gr de mantequilla 30 gr de harina, 600 gr de patatas del tamaño de un pequeño huevo, 200 gr de tomates, un ramito de tomillo, media hoja de laurel, 2 cebollas y una copita de vino de Madeira.

En una cacerolita se ponen al fuego 35 gr de mantequilla, una cebolla trinchada y los champiñones previamente bien limpios y cortados a lonjas finas; se sazona con sal y pimienta y se cuece durante treinta minutos, adicionándole a media cocción una cucharadita de harina.

Se ponen en una cacerola al fuego 40 gr de mantequilla, se agrega la cebolla y la zanahoria, todo hecho a trocitos, y se rehoga hasta que haya tomado el color bien dorado. Ya en este punto se le adiciona la harina, los tomates hechos a trozos, el laurel, tomillo y un cuarto de litro de agua, se sazona con sal y se cuece lentamente durante una hora.

Salsa Madeira. El vino de Madeira se pone en un cazo al fuego, reduciéndolo a la mitad. Seguidamente se añade el contenido de la cacerola, pasándolo por un colador, se cuece hasta obtener una salsa bien espesa y se añade, fuera del fuego, el resto de la mantequilla.

Se extienden las lonjas de jamón y encima se ponen los champiñones, se enrollan, formando 6 canelones, se colocan en una fuente y se cubren con la salsa rodeándose con las patatas torneadas en forma ovalada y hervidas con agua y sal.

JAMÓN EN DULCE AL MADEIRA

400 gr de jamón en dulce cortado a bonitas lonjas, 100 gr de cadera de buey, una zanahoria, una cebolla, 150 gr de mantequilla, 200 gr de tomate, una copita de vino de Madeira, media hoja de laurel, un ramito de tomillo, 20 gr de harina, 1 kg de espinacas y un decilitro de leche.

Se corta el jamón a lonjas algo gruesas, se parten éstas por la mitad, se colocan en una fuente untada con mantequilla y que resista al fuego, se rocían con un poco de la misma y se ponen unos minutos en el horno. Después se rehoga la cebolla con 50 gr de mantequilla, se le adiciona la zanahoria y la carne, todo hecho a trocitos, y cuando haya tomado un color fuertemente dorado se añade la harina, se la deja que tome color y se agregan los tomates partidos por la mitad, el laurel, el tomillo y un cuarto de litro de agua. Se sazona con pimienta y sal y se cuece lentamente durante treinta minutos.

Póngase el vino de Madeira en un cazo al fuego, reduciéndolo a la mitad. Seguidamente se le incorpora la salsa, pasándola por un colador, y 25 gr de mantequilla, y se hierve unos minutos, obteniendo una salsa espesa, con la que se cubre el jamón.

Limpias las espinacas y desprovistas del troncho se cuecen con agua y sal, se escurren y se pasan por agua fría. Después se exprimen con ambas manos, se trinchan muy finas, se saltean con el resto de la mantequilla y la leche, y se sazonan con pimienta y nuez moscada, obteniendo un puré espeso que se coloca alrededor del jamón.

CHULETAS DE CERDO A LA WILSON

6 chuletas de cerdo de 150 gr cada una, 75 gr de mantequilla, 200 gr de galleta picada, 2 huevos, 25 gr de alcaparras, un decilitro de vino blanco, 2 pepinillos en vinagre, perejil, un limón, una hoja de papel de barba, una cucharada de aceite, 50 gr de harina y una cucharada de puré de tomate.

Se limpia el hueso de las chuletas, dejando éste de 2 a 3 cm al descubierto; luego se aplanan ligeramente, se sazonan con sal y se pasan por la harina y huevo bien batido, mezclado con el aceite, y por la galleta picada. A medida que se van preparando se aplanan ligeramente y se arregla todo el alrededor con la hoja de un cuchillo para que la galleta esté bien sujeta. Luego se colocan en una tartera, se rocían con la mantequilla, se meten en el horno durante quince minutos para que tomen un color dorado y se colocan en una fuente.

En la tartera se echa el vino blanco y un decilitro de agua o caldo, se le adicionan las alcaparras, los pepinillos y un poco de perejil, todo machacado fino, se sazona con sal y pimienta y se cuece a fuego lento durante unos veinte minutos, echándolo encima de la carne.

Se rodean con rodajas de limón acanaladas y cubiertas de un picadillo fino de huevo duro y perejil.

En los mangos de las chuletas se pone una papillota de papel.

CHULETAS DE CERDO A LA VIENESA

6 chuletas de cerdo, una cebolla, un decilitro de vino blanco, 2 cucharadas de puré de tomate, 800 gr de patatas, 50 gr de jamón, 2 pepinillos en vinagre, una lata de champiñones, 15 gr de mantequilla, 100 gr de manteca de cerdo y 50 gr de lengua escarlata.

Se limpia el mango de las chuletas, se sazonan con sal, se ponen en una cacerola con 75 gr de manteca de cerdo y la cebolla picada, y se rehoga hasta que haya tomado color. Luego se le añade el vino blanco y los champiñones, la lengua escarlata, los pepinillos y el jamón, todo cortado en forma de juliana fina. Seguidamente se agrega el tomate y un decilitro de agua o caldo, se sazona con sal y pimienta y se cuece a fuego lento por espacio de dos horas.

Desprovistas las patatas de la piel se les da la forma de avellanas, sirviéndose para ello de una cucharita ex profeso; se fríen con el resto de la manteca de cerdo, se sazonan con sal, se escurren y se saltean ligeramente con la mantequilla.

Se colocan las chuletas en una fuente, se cubren con la salsa y se adornan con las patatas.

CHULETAS DE TERNERA A LA MAINTENON

6 chuletas de ternera lechal, 18 cebollitas, 200 gr de patatas, 100 gr de manteca de cerdo, una copita de jerez, una trufa, una cucharada de puré de tomate, una hoja de laurel, un ramito de tomillo, 50 gr de harina, 50 gr de mantequilla, perejil, 10 gr de azúcar y un decilitro de crema de leche.

Limpias las chuletas de nervios y grasa se les quita la carne de la punta del mango, dejando éste 3 o 4 cm al descubierto, se aplanan ligeramente, se sazonan con sal, se pasan por la harina y se fríen lentamente con la mantequilla y 35 gr de manteca hasta que tomen un bonito color dorado de los dos costados. Luego se les adiciona el jerez, el tomate y dos decilitros de agua, se sazona con sal y pimienta y se añade un ramito atado compuesto de laurel, tomillo y perejil. A continuación, se cuecen, tapadas, por espacio de dos horas, agregándoles, veinte minutos antes de terminar la cocción, la trufa hecha a lonjas.

Se mondan las patatas, se preparan en forma de avellanas, sirviéndose de una cucharita ex profeso, se fríen vivamente con 40 gr de manteca, dándoles un color dorado, se sazonan con sal y luego se escurren.

Peladas las cebollitas se ponen en una cacerola con un cuarto de litro de agua, el resto de la manteca, el azúcar y un poco de sal. Se cuecen a fuego regular durante cuarenta minutos, de modo que hayan consumido todo el líquido, y se meten unos minutos en el horno para que se doren.

Las chuletas se colocan en una fuente y se rodean con las patatas intercaladas con las cebollitas. Se bate la crema de leche con la salsa de la carne, se hierve unos cinco minutos y se echa encima de las chuletas, cubriendo éstas con lonjas de trufa.

CHULETAS DE CERDO A LA DRESDEN

1 kg de chuletas en un solo trozo, 50 gr de manteca de cerdo, una cebolla, 3 zanahorias, 3 pepinillos frescos, 2 huevos, un cuarto de litro de leche, una trufa, 2 cucharadas de vinagre, mostaza, salsa India, media hoja de papel de barba, 300 gr de patatas, un ramito de apio, 3 pepinillos en vinagre y 300 gr de judías verdes finas.

Desprovista la punta de los huesos de las chuletas de grasa y carne se dejan éstos unos 2 cm al descubierto. Se sazona con sal, se pone en una tartera, adicionándole la cebolla, un ramito de apio, la manteca y un decilitro de agua, se mete en el horno por espacio de una hora, rociándolo de vez en cuando con su propio jugo, y luego se deja enfriar.

SALSA MAYONESA. Póngase en un recipiente de porcelana o cristal una yema de huevo, sal, vinagre, mostaza y salsa India. Se mezcla bien y se le adiciona poco a poco el aceite, removiendo con viveza con un batidor hasta obtener una salsa mayonesa espesa.

Se mondan las patatas y las zanahorias, se cortan a cuadritos, se cuecen con agua y sal y a continuación se pasan por agua fría y se escurren bien. Seguidamente se agrega la salsa mayonesa, un huevo duro cortado a trocitos y un poco de perejil picado.

Mondados los pepinos frescos se forman 14 barquitas y se sazonan con sal.

Se cortan las chuletas, se colocan en una fuente que tendremos cubierta con una capa de judías verdes hervidas y cortadas a trocitos y se rodean con una zanahoria hervida y cortada a rodajas. Se añaden las barquitas de pepinos rellenos con el preparado de la mayonesa, se espolvorean éstos con trufa picada fina y se termina el adorno con unas papillotas de papel y unos discos de pepinillos.

CHULETAS DE CORDERO A LA VILAROY

12 chuletas de cordero, 50 gr de manteca de cerdo, 50 gr de mantequilla, 75 gr de harina, 200 gr de pan rallado, 2 huevos, medio litro de leche, un cuarto de litro de aceite, un limón y perejil.

Desprovistas las chuletas de piel y nervios se limpia la punta del mango, dejando éste 3 cm al descubierto. Después se aplanan, se sazonan con sal y se fríen con la manteca de cerdo, colocándolas en un plato.

SALSA BECHAMEL. En una cacerola se pone la mantequilla y cuando está derretida se añade la harina y la leche, se mezcla bien, se sazona con sal, pimienta y nuez moscada, y se cuece a fuego lento durante veinte minutos, revolviéndolo de cuando en cuando con una cuchara de madera. Una vez en su punto se le mezcla una yema de huevo y se deja enfriar.

Sobre un mármol se esparce una capa de pan rallado, encima se reparten 6 cucharadas de salsa bechamel y sobre cada una de éstas se pone una chuleta, se cubre con el resto de la salsa y se espolvorea con el pan rallado. Luego se cogen las chuletas una a una con las manos, juntando bien la bechamel alrededor de la carne y dándoles la forma de una pera, se pasan por huevo batido y pan rallado y se fríen con el aceite.

Se sirve en una fuente con servilleta y se adorna con rajas de limón y perejil.

CHULETAS DE CORDERO A LA VENDOME

12 chuletas de cordero, 75 gr de mantequilla, medio litro de leche, 40 gr de harina, 15 gr de queso rallado, una trufa, un limón, 50 gr de manteca de cerdo y una lata de champiñones.

Desprovistas las chuletas de nervios y grasa se limpia la punta del mango, dejándola algo corta y 3 o 4 cm al descubierto de carne, se sazonan con sal y se fríen con la manteca de cerdo, dándoles un color dorado.

En una cacerola se derriten 50 gr de mantequilla, se le mezcla la harina y la leche previamente hervida, se sazona con sal, pimienta y nuez moscada, y se cuece lentamente durante veinte minutos, removiéndose de vez en cuando con un batidor y agregándole a media cocción la trufa trinchada fina.

Se colocan las chuletas en una fuente que resista al fuego, colocándolas con el mango hacia el exterior, se cubren con los champiñones cortados a lonjas y se agrega la salsa, se espolvorean con el queso, se rocían con el resto de la mantequilla y se meten unos minutos en el horno para que tomen un color dorado. Se rocían con lonjas de limón rallado y se sirven bien calientes.

PIERNA DE CORDERO A LA SAINT DENIS

Una pierna de cordero de 1'200 kg, 400 gr de patatas, 2 manojos de espárragos, 10 gr de queso de Parma rallado, 300 gr de pan, 75 gr de manteca, 100 gr de tomates, una copita de jerez, una cebolla, un huevo, 75 gr de mantequilla, un cuarto de litro de aceite, 75 gr de harina, un pimiento morrón, 300 gr de judías verdes y un decilitro de vino blanco.

PREPARACIÓN DE LA PIERNA. Deshuésese la pierna de cordero sin quitar el hueso del mango, dejándole la punta de 3 a 4 cm descubierta de piel y cortando el nudo que forma la juntura. Se sazona con sal en su parte interior y se espolvorea con trufa picada. Se vuelve a doblar, dándole su forma primitiva, y se sujeta con bramante. Se coloca en una tartera con la manteca y la cebolla partida por la mitad, se mete en el horno y cuando haya tomado un color dorado se agrega el jerez, los tomates partidos a trozos, el laurel y el tomillo. Se cuece a fuego lento por espacio de treinta y cinco minutos y a media cocción se le adiciona el vino blanco.

ESPÁRRAGOS. Limpios los espárragos se cortan a 6 cm de largos y se cuecen con agua y sal. Luego se escurren, se forman 6 u 8 manojitos, se colocan en una tartera y se espolvorean con el queso rallado. Por último se rocían con 25 gr de mantequilla derretida y se meten en el horno hasta que empiezan a colorearse.

PATATAS A LA DAUPHINE. Mondadas las patatas se cortan a trozos y se cuecen con agua y sal; se escurren y se meten unos minutos en el horno para que se sequen, pues no conviene quede agua. Se pasan luego por un tamiz y se obtiene un puré fino.

En una cacerola se pone al fuego un decilitro de agua y 25 gr de mantequilla y cuando hierve se le añade la mitad de la harina y se remueve con una espátula de madera hasta que resulte una pasta algo consistente. Seguidamente se le agrega el puré de patata y una yema de huevo, se sazona con sal, pimienta y nuez moscada, se mezcla bien y se deja enfriar. Ya frío se echa dicho puré encima de un mármol previamente espolvoreado con harina, se le da la forma de un cilindro, se corta a trozos y con las manos se preparan unas pequeñas pirámides de patata que se fríen vivamente con el aceite hasta que adquieran un color dorado y se escurren.

PAN. Desprovisto el pan de la corteza se corta a 3 cm de alto, dándole lo más posible la forma de la pierna de cordero, y se fríe con el aceite.

JUDÍAS VERDES. Deshebradas las judías se hierven con agua y sal, y después de escurridas se saltean con la mantequilla restante y se cortan a trozos de unos 3 cm de largo.

PREPARACIÓN DEL PLATO. Se pone el pan frito en una fuente ovalada, encima se coloca la carne cortada a rajas y se adorna con los manojitos de puntas de espárragos intercalados con las patatas y las judías verdes, formando una franja alrededor de la carne.

Todo el contenido de la tartera en que ha cocido la carne se pasa por un colador, se desgrasa y se echa encima de la carne.

PIERNA DE CORDERO A LA MANÓN

Una pierna de cordero, una cebolla, 2 dientes de ajo, 600 gr de patatas tempranas y pequeñas, 2 tomates, 125 gr de manteca de cerdo, laurel, tomillo y perejil, una copita de jerez, 2 zanahorias y 100 gr de tocino ahumado cortado a lonjas delgadas.

Se deshuesa la pierna de cordero, se sazona con sal y se le vuelve a dar su forma primitiva. Se cubre con las lonjas de tocino colocadas en toda su longitud por lo largo de la pierna y se sujetan con bramante, formando unos brazaletes que tengan una separación de centímetro y medio uno del otro. Luego se coloca en una cazuela no muy ancha y honda, se agrega la mitad de la manteca, los ajos, una cebolla y las zanahorias, todo mondado y cortado a trocitos, se mete en el horno y una vez haya tomado color se rocía con el jerez, se le incorporan los tomates partidos por la mitad, una hoja de laurel y un ramito de tomillo, se sazona con sal, se tapa la cazuela y se deja cocer por espacio de una hora y media. Luego se saca y se pone en un plato.

Mondadas las cebollitas y torneadas las patatas en forma de bolas se colocan en una cacerola en donde se tendrá el resto de la manteca bien caliente y se rehogan para que se coloreen. A continuación se sazonan con sal, se rocían con un decilitro de agua y se cuecen a horno regular por espacio de una hora, conservando la cacerola tapada.

La carne y el tocino, después de quitarles el bramante, se cortan a rajas de 1 cm de grueso, se colocan éstas en una fuente haciendo hilera y alrededor se pone el preparado de cebollitas y patatas. Luego se cubre la carne con la salsa pasada por un tamiz y desgrasada.

Sírvase bien caliente.

PIERNA DE CORDERO A LA LAMBERTY

6 rodajas de pierna de cordero de 125 gr cada una, 100 gr de champiñones frescos o bien una lata, una trufa, 100 gr de tela de cerdo fina, 50 gr de jamón, 50 gr de manteca de cerdo, un cuarto de litro de aceite, 200 gr de tomates, 2 cebollas, 100 gr de harina, 75 gr de mantequilla, un huevo, 400 gr de patatas y una copita de jerez.

En una cacerola al fuego se pone la mitad de la mantequilla, se rehoga una cebolla trinchada fina y cuando empieza a tomar color se añaden los champiñones y el jamón, todo trinchado fino, se espolvorea con harina, se sazona con sal y pimienta y se cuece lentamente durante cinco minutos, obteniendo un picadillo.

Cada una de las rodajas de carne se sazona con sal, se cubre de un lado con una capa de picadillo y se envuelve con un trozo de tela de tocino, colocando las puntas de dicha tela hacia abajo. Se colocan luego en una tartera o cacerola ancha donde se tendrá una cebolla trinchada fina, se rocían con la manteca de cerdo, se meten en el horno y cuando hayan adquirido un color dorado se rocían con el jerez, añadiéndole los tomates hervidos, escurridos y pasados por un colador. A continuación se sazonan con sal y se dejan cocer, tapadas, por espacio de una hora.

Las patatas, después de mondadas, se cortan a trozos, se cuecen con agua y sal durante quince minutos, se escurren y se meten en el horno unos minutos, pasándolas seguidamente por un tamiz.

Se pone al fuego un cazo con un decilitro de agua sazonada con sal, pimienta y nuez moscada, se agrega el resto de la mantequilla y cuando hierve se le añaden 50 gr de harina. Se mezcla bien y se junta con el puré de patatas antes preparado, obteniendo una pasta. Se pone ésta encima de un mármol espolvoreado con harina y se forma con las manos un pequeño cilindro que se corta a trocitos, haciendo unos pequeños croissants o medias lunas que se fríen vivamente con el aceite, dándoles un color dorado.

PREPARACIÓN DEL PLATO. Se coloca la carne en una fuente y se rodea con las patatas. La salsa se pasa por un colador, se desgrasa, se le mezcla la trufa picada fina, se le da un hervor y se echa encima de la carne.

Se sirve bien caliente.

ESPALDILLA DE CORDERO A LA LORETINA

Una espaldilla de cordero, 150 gr de carne magra de cerdo, 2 huevos, una trufa, 600 gr de patatas tempranas pequeñas, 6 alcachofas, una cebolla, una zanahoria, 150 gr de manteca de cerdo, 25 gr de miga de pan rallada y 2 decilitros de aceite.

ESPALDILLA. Se deshuesa la espaldilla, se le quitan 100 gr de carne del interior y junto con la carne magra se pasa por una máquina de trinchar, obteniendo un picadillo fino. Luego se le mezcla un huevo, la miga de pan, la trufa picada y un huevo duro desprovisto de la cáscara y cortado a trocitos, sazonándose con sal, pimienta y nuez moscada. Con dicho picadillo se forma una capa sobre la espaldilla, se enrolla y se cosen las extremidades con hilo para que quede bien sujeto en el interior.

Se coloca en una cacerola con la cebolla y la zanahoria todo cortado a trocitos, se pone la mitad de la manteca, el laurel y tomillo, y se mete en el horno. Cuando haya adquirido un color dorado se añade el vino blanco, el tomate y un decilitro de agua. Por último, se sazona con sal y pimienta y se cuece, tapado y a fuego lento, durante tres horas.

PATATAS. Una vez mondadas y torneadas en pequeña forma ovalada se fríen con el resto de la manteca, se sazonan con sal y se escurren.

ALCACHOFAS. Desprovistas de las hojas más duras se redondean los fondos de las alcachofas, se cortan las puntas y se parten por la mitad en todo su largo. Después se sazonan con sal, se pasan por la harina y se fríen lentamente con el aceite.

PREPARACIÓN. Se quita el hilo de la carne, se corta ésta a rodajas y se coloca en el centro de la fuente. El contenido de la cacerola se pasa por un colador, se desgrasa, se echa la salsa encima de la carne y se rodea ésta con las patatas, intercalando las alcachofas.

PIERNA DE CORDERO A LA DINAR

Una bonita pierna de cordero, 100 gr de carne de cerdo, 50 gr de jamón, un huevo, una trufa, 150 gr de manteca de cerdo, una cucharada de puré de tomate, 50 gr de tocino graso, 2 decilitros de vino tinto, 4 zanahorias, 4 nabos, 24 cebollitas, laurel y tomillo.

Desprovista la pierna de su grasa, se deshuesa, dejando junto con la carne el hueso del mango, se aplana y se sazona con sal.

PICADILLO. Se trincha la carne de cerdo y se mezcla con trufa trinchada, el jamón hecho a trozos y una yema de huevo; se sazona con sal, pimienta y nuez moscada y se extiende una capa de dicho picadillo encima de la carne. Luego se enrolla y se cose con hilo blanco, sujetando bien los extremos y dándole su forma primitiva. A continuación se mecha la superficie con tiras delgadas de tocino, sirviéndose de una aguja ex profeso, se coloca en una vasija, se rocía con el vino, se añade el laurel y tomillo y se deja en adobo por espacio de veinticuatro horas. Transcurrido este tiempo se coloca la carne en una cacerola, se le adicionan 100 gr de manteca de cerdo y se rehoga para que tome un color dorado. Seguidamente se le agrega el vino del adobo y el tomate, se sazona con sal y se cuece lentamente durante tres horas, adicionándole a media cocción las zanahorias y nabos, todo torneado en forma de gajos de mandarina, y las cebollitas mondadas. (Estos ingredientes antes de juntarlos con la carne se saltean con el resto de la manteca de cerdo, de modo que se coloreen.) A continuación se escurre y ya en este punto se deja unos minutos la carne en un plato, se corta luego a rajas y se coloca en una fuente, rodeándose con la guarnición.

Se sirve bien caliente.

PIERNA DE CORDERO TRUFADA

Una pierna de cordero de 1'200 kg, 150 gr de manteca de cerdo, una cebolla, una copita de jerez, 100 gr de tomates, 100 gr de carne magra de cerdo, 600 gr de patatas, 2 huevos, 2 trufas, 8 alcachofas, un limón, un decilitro de aceite, 300 gr de guisantes, 50 gr de mantequilla y 20 gr de miga de pan.

Con un cuchillo pequeño se hace una incisión en toda la longitud de la pierna y se le quita el hueso; luego se cortan 100 gr de carne del interior de la misma, se aplana con una paleta, formando una plancha, y se sazona con sal.

Se pica fina la carne magra y la de cordero, se le mezcla un huevo, la mitad de la trufa trinchada y el pan, se sazona con sal, pimienta y nuez moscada y se mezcla bien.

Se pone este picadillo en el centro de la carne y se cose, sujetando los extremos con hilo blanco; se coloca en una tartera, adicionándole la manteca de cerdo y la cebolla hecha a trozos, se mete en el horno hasta que haya tomado un color dorado y seguidamente se añade el jerez y los tomates partidos por la mitad, y se sazona con sal. Luego se cuece, lentamente y tapado, durante dos minutos, agregándole a media cocción un decilitro de agua o caldo.

PATATAS DUQUESA. Mondadas las patatas se cortan a trozos, se cuecen con agua y sal, se escurren, se pasan por un tamiz y se les mezclan 25 gr de mantequilla y una yema de huevo. Después se sazona con sal, pimienta y nuez moscada, se echa en una manga provista de boquilla rizada y encima de una placa de pastelero se forman unas pequeñas pirámides, que se meten en el horno para que tomen color dorado.

FONDOS DE ALCACHOFAS. Se sacan las hojas más duras de las alcachofas y se tornean sus fondos. Después se cortan de 3 cm de alto, se vacían, dándoles la forma de unas cazuelitas, y a medida que se van preparando se frotan con limón y se echan en una cacerola donde tendremos un cuarto de litro de agua y el zumo del limón. Luego se sazonan con sal, se añade el aceite y se cuecen, lentamente y tapadas, por espacio de veinticinco minutos.

Los guisantes se cuecen con agua sazonada con sal, luego se escurren, se pasan por un tamiz y se les mezcla el resto de la mantequilla, obteniendo un puré fino.

Se corta la carne a rajas de medio cm de grueso, se colocan éstas en una fuente ovalada y se rodean con las patatas intercaladas con los fondos llenos del puré de guisantes, colocando en el centro de cada una de éstas un disco de trufa.

Se saca la grasa de la tartera, se le adiciona un decilitro de agua, se le da un hervor y se pasa por un colador, resultando una salsa algo espesa que se echará en la carne.

Sírvase bien caliente.

PIERNA DE CORDERO A LA PRIMAVERAL

Una pierna de cordero de 1,200 kg, 150 gr de manteca de cerdo,
600 gr de patatas tempranas, una copa de vino blanco, una cebolla,
8 alcachofas grandes, 2 zanahorias, un nabo, 200 gr de guisantes,
un limón, un decilitro de aceite, 25 gr de mantequilla y media
cucharadita de harina.

Se limpia la punta del hueso o mango de la pierna de cordero,
dejando 5 o 6 cm al descubierto, se sazona con sal y se mete en el
horno con la mitad de la manteca, una cebolla y una zanahoria,
hasta que haya tomado color. Entonces se añade el vino, se rocía de
cuando en cuando con su propio jugo y se cuece a fuego regular
durante cincuenta minutos.

FONDOS DE ALCACHOFAS. Desprovistas las alcachofas de las hojas
más duras se tornean sus fondos, se cortan luego de 2 a 3 cm de
alto y se vacían, dándoles la forma de una cazuelita. Se frotan con
limón a medida que se preparan, se colocan boca abajo en una
cacerola con el zumo de medio limón, un cuarto de litro de agua, el
aceite y sal, se cuecen a fuego lento durante veinticinco minutos y
se colocan en una tartera.

Los guisantes, desgranados, se hierven con agua y sal, se pasan
por agua fría y se escurren.

Mondados el nabo y la zanahoria se cortan a cuadritos, se cuecen con agua y sal, se escurren y se echan en una cacerola con los
guisantes, la mantequilla y la harina; se mezcla y cuando todo está
caliente se llenan los fondos de las alcachofas, mondadas en forma
ovalada, se fríen con el resto de la manteca y se sazonan con sal.

A la carne se le quita el hueso y se corta a rajas. Se presenta en una
fuente y se adorna intercalando las patatas y fondos de alcachofas.

El jugo de la carne se pasa por un colador, se desgrasa y se
echa encima de la pierna de cordero.

Sírvase bien caliente.

PIERNA DE CORDERO A LA ALEMANA

Una bonita pierna de cordero de 1,200 kg, 2 cebollas, un nabo,
2 zanahorias, un ramito de hierbabuena, laurel, tomillo y perejil,
un pepino, 400 gr de patatas, un cuarto de litro de aceite, 3 pepini-
llos en vinagre, 2 huevos, 20 gr de alcaparras, una cucharada de
vinagre y una cucharadita de salsa India.

Limpia la pierna de cordero se deshuesa, se sujeta con bramante, se pone en una cacerola con agua que la cubra y se añade la cebolla, las zanahorias, la hierbabuena, el laurel, el tomillo, el nabo y un poco de perejil. Se hierve durante dos horas, se saca del caldo y se pone a enfriar.

En una caldera se pone una yema de huevo, la salsa India, el vinagre y sal; se mezcla bien y se le agrega poco a poco el aceite, removiendo con viveza con un batidor hasta obtener una salsa mayonesa espesa. Seguidamente se añaden los pepinillos, la cebolla, las alcaparras, un poco de perejil y un huevo duro, todo trinchado muy fino. Dicha salsa se sirve en salsera.

Se coloca la carne en una fuente cubierta con una servilleta y se rodea con discos de patatas y de pepino.

PIERNA DE CORDERO A LA MARIMÓN

Una pierna de cordero de 1,200 kg, 400 gr de patatas tempranas pequeñas, 12 cebollitas, una lata de champiñones, 160 gr de manteca de cerdo, una copita de jerez, 50 gr de tocino graso, perejil, una trufa y una cucharada de puré de tomate.

Desprovista la pierna de cordero de nervios y hueso se mecha con unas tiras de tocino, sirviéndose de una aguja ex profeso, se sazona con sal y se sujeta con unos brazaletes de bramante. Luego se pone en una tartera con 10 gr de manteca, se mete en el horno y cuando haya tomado color dorado se añaden las cebollitas mondadas, las patatas torneadas en forma de bolitas, los champiñones y la trufa cortada a lonjas. Se sazona con sal, se tapa la tartera y se cuece lentamente durante una hora, adicionándole a media cocción el jerez y el tomate. Terminada ésta se corta la carne a rajas y se coloca en una fuente, se rodea con la guarnición y se echa el jugo encima de la carne.

BALOTINA DE CORDERO A LA RUBENS

Una espaldilla gorda de cordero, 100 gr de carne magra de cerdo trinchada, un huevo, 25 gr de miga de pan rallada, perejil, 200 gr de tomates, una cebolla, 100 gr de manteca de cerdo, un decilitro de vino blanco, 3 pepinillos en vinagre, 15 gr de alcaparras en vinagre, 200 gr de pan, un decilitro de aceite y 2 trufas.

Se deshuesa completamente la espaldilla, se le quita la grasa y se aplana lo más posible. Se saca un poco de carne del interior de la espaldilla y se pica, mezclándola luego con la carne de cerdo trinchada, la miga de pan rallada y un huevo, y se sazona con sal, pimienta y nuez moscada. Bien mezclado este picadillo se extiende encima de la espaldilla, luego se enrolla, se cose la juntura con hilo blanco para sujetar el relleno y se pone en una cacerola con la manteca de cerdo, se sazona con sal y se rehoga hasta que tenga un color dorado. Seguidamente se le incorpora la cebolla trinchada fina y se sigue rehogando para que ésta se coloree. Entonces se añade el vino, los tomates hervidos y pasados por un colador, y 2 decilitros de agua o caldo; se sazona con sal y se deja cocer, tapado por espacio de dos horas. A media cocción se le incorporan las alcaparras, la trufa y los pepinillos, todo trinchado fino. Terminada la cocción se deja enfriar un poco la carne y luego se quitan los hilos del cosido, se corta ésta a rajas de 2 cm de espesor y se colocan en una fuente. Se cubre la carne con la salsa y se rodea con triángulos de pan frito con el aceite.

PIERNA DE CABRITO A LA MONT TABOR

Una pierna de cabrito, de 1,200 kg, 6 alcachofas, 600 gr de patatas, una trufa, 125 gr de manteca de cerdo, 8 champiñones, 400 gr de tomates, una hoja de papel de barba, una cebolla, una copita de jerez, un decilitro de aceite, un limón, 25 gr de mantequilla y una hoja de papel de barba.

Se corta parte de la carne del hueso, dejando éste de 5 a 6 cm al descubierto, se sazona con sal y se pone en una tartera con 75 gr de manteca de cerdo, la cebolla partida por la mitad y un tomate. Se mete en el horno y se cuece hasta que tenga un color dorado. Seguidamente se añade el jerez y se cuece durante veinticinco minutos.

FONDOS DE ALCACHOFAS. Desprovistas las alcachofas de las hojas más duras se tornean sus fondos, se cortan 3 cm de altas, se vacían, dándoles la forma de unas cazuelitas, y a medida que se preparan se frotan con limón y se echan en un cazo donde tendremos el jugo de aquél, un cuarto de litro de agua y sal. Se les adiciona luego el aceite y se cuecen, lentamente y tapadas, por espacio de veinticinco minutos.

Mondadas las patatas se preparan en forma de avellanas, sirviéndose de una cuchara ex profeso, y se fríen con el resto de la manteca, sazonándolas con sal.

Escaldados y mondados los tomates y desprovistos de la semilla, se trinchan pequeños y se cuecen en una cacerolita con la mantequilla y sal, obteniendo un puré espeso, con el que se rellenan los fondos de alcachofas. Se coloca en el centro de cada una de éstas una cabeza de champiñón y se meten unos minutos en el horno.

Se coloca en una fuente la pierna de cabrito y se rodea con las patatas, intercalando los fondos de alcachofas.

Se sacan de la tartera las dos terceras partes de la manteca, se le adiciona un decilitro de agua o caldo, se le da un hervor y se pasa por un colador, agregándole la trufa trinchada fina.

A continuación se cuece unos cinco minutos, se echa encima de la carne y se termina el adorno colocando en el mango una papillota de papel.

PECHO DE CORDERO A LA BARQUERO

1 kg de pecho de cordero, una cebolla, una zanahoria, 4 pepinillos en vinagre, un huevo, 20 gr de alcaparras, 2 decilitros de aceite, 3 cucharadas de vinagre, y perejil.

Se echa la carne cortada a trozos, en una olla con agua que la cubra, se añade media cebolla y la zanahoria, se sazona con sal, se arrima al fuego y cuando hierve se espuma y se cuece lentamente durante dos horas. Pasado este tiempo se saca la carne, se le quitan los huesos y se pone en una fuente.

Se trincha muy fina la cebolla, el perejil, las alcaparras, un huevo cocido y los pepinillos; se les mezcla el aceite y el vinagre, se sazona con sal y pimienta, se echa encima de la carne y se sirve bien caliente.

RAGOUT DE CARNERO A LA ARLESIANA

1 kg de espalda de cordero cortada a trozos de 50 gr cada uno, 2 cebollas, 4 berenjenas, 100 gr de manteca de cerdo, 300 gr de tomate, 2 dientes de ajo, laurel, tomillo y perejil, un decilitro de vino blanco, 100 gr de harina, un cuarto de litro de aceite, y orégano.

En una cacerola al fuego se pone la manteca y cuando está caliente se añade la carne, se rehoga y pasados unos diez minutos se echa la cebolla trinchada fina y se sigue rehogando hasta que tenga un color dorado. Seguidamente se le incorporan los ajos picados, una cucharadita de harina, el vino blanco y el tomate, mondado y trinchado. Luego se le adiciona un cuarto de litro de agua, se sazona con sal, pimienta y nuez moscada, se añade un ramito atado compuesto de laurel, tomillo, perejil y orégano, y se cuece, tapado y a fuego lento, hasta que la carne esté tierna.

Las berenjenas una vez mondadas se cortan a cuadros, se sazonan con sal, se pasan por la harina, se fríen con el aceite, se escurren y se incorporan a la carne diez minutos antes de terminar la cocción.

NOISETTE DE CORDERO A LA MARENGO

1 kg de pierna de cordero de la parte del centro, una trufa, 100 gr de tocino graso, 150 gr de manteca de cerdo, 200 gr de pan, 25 gr de harina, una cebolla, una zanahoria, una cucharada de puré de tomate, 3 calabacines de tamaño mediano, una copita de jerez dulce, 30 gr de mantequilla, 400 gr de patatas pequeñas y tempranas, laurel y tomillo.

Desprovista la pierna de la piel y huesos se cortan 6 o 7 rajas de 2 cm de grueso, se sazonan con sal y se mechan con unas tiras delgaditas de tocino, sirviéndose para dicho fin de una aguja ex profeso. Luego se pasan por la harina, se ponen en una cacerola donde se tendrán 50 gr de manteca de cerdo y se sofríen hasta que lleguen a tomar color. A continuación se le adiciona media cebolla y una zanahoria, todo cortado a trocitos, se sigue rehogando y transcurridos unos diez minutos se añade el laurel, el tomillo, el jerez, el tomate y un decilitro de agua. Se sazona con sal y pimienta y se cuece a fuego lento durante una hora y media.

Se corta el pan a discos de 1 cm de grueso y se fríen con 50 gr de manteca.

Las patatas después de mondadas y torneadas en forma de pequeñas bolas se fríen con el resto de la manteca, dándoles un color dorado, y se sazonan con sal.

Mondados los calabacines se cortan a 4 cm de alto, se vacían formando unas cazuelitas, y se cuecen con agua y sal, haciéndolo con precaución para que no pierdan su forma.

Rehóguese con mantequilla media cebolla trinchada fina y cuando haya tomado un color dorado adiciónesele la trufa y el jamón, todo trinchado fino. Luego se le incorporan 2 cucharadas de salsa obtenida de la carne, pasándola por un colador, se cuece unos cinco minutos, se llenan las cazuelitas de los calabacines, que se tendrán colocadas en una tartera, y se meten unos minutos en el horno.

En el centro de una fuente se colocan los discos de pan formando hilera y sobre éstos, trozos de carne. Se cubren con la salsa, pasándola por un colador, y a cada lado de la carne se ponen las cazuelitas de calabacines y en cada extremo de la fuente las patatas, haciendo dos montoncitos.

CABRITO A LA CAMPESINA

800 gr de espalda de cabrito, 600 gr de habas frescas, 6 cebollas tiernas, 500 gr de patatas tempranas pequeñas, 3 dientes de ajo, un decilitro de vino rancio seco, 150 gr de manteca de cerdo, un trocito de canela en rama, laurel, tomillo, perejil, 300 gr de guisantes y 15 gr de harina.

Se corta la carne a trozos, se rehoga con 100 gr de manteca y una vez que haya tomado color se agregan las cebollitas, cortadas a trocitos, y se sigue rehogando por espacio de diez minutos. Seguidamente se le adicionan los ajos picados, un poco de pimentón, la harina, el vino rancio y un decilitro de agua o caldo. Se sazona con sal y pimienta y se le incorpora un ramito atado compuesto de laurel, tomillo, la canela en rama y perejil.

Mondadas las patatas, y los guisantes y habas desgranados, se ponen en una sartén con el aceite restante y se saltean hasta que empiezan a colorearse. Seguidamente se escurren y se agregan a la carne.

Cuando la carne haya cocido unos veinticinco minutos se tapa la cacerola y se termina la cocción.

TARTALETAS A LA DARTOIS

225 gr de harina, 100 gr de pierna de cordero trinchada, una trufa, un cuarto de litro de leche, 50 gr de jamón, 2 huevos, una cucharada de puré de tomate, 50 gr de manteca de cerdo, 35 gr de mantequilla, una cebolla y perejil.

PICADILLO. Se pone en una cacerola la mantequilla, la carne de cerdo, la cebolla picada y el jamón hecho a trocitos, se rehoga hasta que haya tomado un color dorado y seguidamente se le adicionan 25 gr de harina, la leche previamente hervida y el tomate. Después se sazona con sal, pimienta y nuez moscada, y se cuece lentamente durante quince minutos, removiendo de vez en cuando con una cuchara de madera y obteniendo un picadillo espeso. A continuación se le agrega, fuera del fuego, la trufa trinchada fina y una yema de huevo.

Pasta. Encima de un mármol se echan 150 gr de harina formando círculo, en el centro se coloca un huevo y la manteca de cerdo, se sazona con sal y se amasa con una cuchara. Se sigue luego trabajando con las manos y se obtiene una pasta compacta que se estira con un rodillo, dándole el grueso de medio cm, se corta a discos y se forran 12 moldes de tartaletas que tendremos ligeramente untados con manteca y que se llenan con el picadillo. Se tapan luego con unos discos de pasta mojada con la yema de huevo mezclada con 2 cucharadas de agua, se juntan bien las dos extremidades y se pinta la superficie con el mismo líquido. Finalmente se meten en el horno unos veinte minutos para que tengan un color dorado y se sirven en una fuente, adornándolos con hojas de perejil.

TARTALETAS A LA GODARD

200 gr de harina, 50 gr de manteca de cerdo, un huevo, 6 hígados de gallina, una lata de champiñones, 6 crestas de pollo, 50 gr de mantequilla, 2 copitas de jerez, 2 cucharadas de puré de tomate, 2 mollejas de ternera, una hoja de laurel y una cebolla.

Tartaletas. Pónganse encima de un mármol 150 gr de harina formando un círculo. En el centro se pone la manteca de cerdo, un huevo batido y un poco de sal; se mezcla con una cuchara y luego se amasa con los dedos hasta obtener una pasta compacta, la cual pasados unos cinco minutos se estira con un rodillo, dándole un grueso algo menor de medio cm, se corta en forma de discos y se forran 12 moldes tartaleta. Se pinchan con un tenedor, luego se llenan con garbanzos y se meten en el horno para que tomen color dorado.

A las crestas se les cortan ligeramente las puntas, se sumergen en agua hirviendo, seguidamente se frotan con sal para pelarlas y se dejan en agua fría durante tres horas. A continuación se hierven con agua y sal y unas gotas de zumo de limón, mezclándose de antemano un poco de harina.

Las mollejas se dejan unas horas en agua fría y se cuecen con agua, sal, una hoja de laurel y la cebolla. Los hígados se hierven durante cinco minutos.

Se pone en una cacerola el jerez y se hierve hasta reducirlo a la mitad. Seguidamente se añade el tomate, 2 decilitros de caldo y la mantequilla mezclada con 10 gr de harina. Se hierve unos cinco minutos y a continuación se le incorporan los hígados, los champiñones, las mollejas y las crestas, todo cortado a trocitos, se sazona

con sal y pimienta, se tapa la cacerola, y se cuece lentamente durante veinticinco minutos.

Con dicho preparado se llenan las tartaletas y se sirven en una
fuente cubierta con servilleta.

MEDALLONES DE AVE A LA FLORENTINA

*2 pechugas de gallina, 800 gr de espinacas, 125 gr de harina,
200 gr de galleta, un cuarto de litro de aceite, 100 gr de mantequilla, un cuarto de litro de leche, una trufa, 50 gr de jamón en dulce,
2 huevos, una cebolla y una zanahoria.*

En una olla al fuego se ponen las pechugas de gallina con un
litro y medio de agua, la cebolla y la zanahoria, se sazona con sal y
se cuece, lentamente y tapado, durante dos horas.

Limpias las espinacas se cuecen con agua y sal, luego se pasan
por agua fría, se escurren y se exprimen con las manos para extraer
bien el agua, y a continuación se trinchan finas.

Se derrite la mitad de la mantequilla, se agregan 50 gr de harina, se mezcla bien y se le adiciona la leche previamente hervida y
sazonada con sal, pimienta y nuez moscada. Se cuece lentamente
por espacio de veinte minutos, removiendo de vez en cuando con
un batidor, y a media cocción se agregan las espinacas.

En una cacerola al fuego se pone el resto de la mantequilla, se
añaden 75 gr de harina y medio litro de caldo obtenido de las
pechugas y se cuece lentamente unos veinticinco minutos, removiendo de vez en cuando con un batidor. Terminada la cocción se
añade una yema de huevo, se mezcla, se le incorpora la trufa, el
jamón y las pechugas de gallina desprovistas de piel y huesos, todo
trinchado, se mezcla y se deja enfriar. Luego se echa encima de un
mármol espolvoreado con harina y se forman unos medallones que
se pasan por huevo, se rebozan con galleta picada, sujetando ésta
con la hoja de un cuchillo, y se fríen con aceite.

Colóquense las espinacas en el centro de una fuente y alrededor
se pondrán los medallones de ave.

CRESTAS A LA REGENCIA

*2 pechugas de gallina, una trufa, 400 gr de harina, 100 gr de
manteca de cerdo, 3 huevos, una cebolla, un nabo, una zanahoria,
50 gr de manteca y perejil.*

En una olla se ponen las pechugas de gallina, el nabo, la zanahoria, cebolla, sal y un litro y medio de agua y se cuece, tapado y a fuego lento, por espacio de dos horas.

Encima de un mármol se ponen 300 gr de harina formando círculo y en el centro se echa la manteca de cerdo, 2 huevos, sal y 3 cucharadas de agua. Luego se amasa primero con una cuchara y después con las manos hasta que resulte una pasta fina y compacta.

Se derrite la mantequilla, se le mezclan 40 gr de harina y medio litro de caldo obtenido de las pechugas, se sazona con pimienta y nuez moscada, se cuece a fuego lento durante veinte minutos y luego se le mezcla una yema de huevo, las pechugas cortadas a trocitos y la trufa picada.

Se estira la pasta con un rodillo, dándole de grueso algo menos de medio cm, se moja una parte de ésta con un poco de yema de huevo diluida en agua y encima se forman unos montoncitos de picadillo preparado con las pechugas y trufa, dejando una separación de 6 o 7 cm de unos a otros, se cubren éstos con pasta, se marcan las crestas con un cortapastas rizado y seguidamente se cortan, se colocan en una hojalata, se mojan con yema de huevo mezclada con agua y se meten en el horno hasta que tengan un bonito color dorado.

Se sirven en una fuente con servilleta y se adornan con hojas de perejil.

TARTALETAS DE CARNE Y TRUFA

225 gr de harina, 100 gr de carne magra de cerdo picada, una trufa, 50 gr de jamón, 50 gr de manteca de cerdo, 35 gr de mantequilla, 3 huevos y un cuarto de litro de leche.

Encima de un mármol se ponen 150 gr de harina formando un círculo y en el centro se coloca la manteca de cerdo, un huevo y un poco de sal, amasándose hasta obtener una pasta compacta y fina. Luego se estira ésta con un rodillo, dándole el grueso aproximadamente de medio cm, y con un cortapasta se forman unos discos con los que se forran 12 moldes de tartaletas ligeramente untados con mantequilla.

En una cacerola se derrite la mantequilla y se rehoga el jamón cortado a trocitos y la carne magra. Luego se le añaden 25 gr de harina y la leche, se sazona con sal, pimienta y nuez moscada, se cuece a fuego lento por espacio de diez minutos y al terminar la cocción se le agrega una yema de huevo y la trufa picada. Con este picadillo se llenan las tartaletas y con un poco de pasta que habrá sobrado se cortarán unas tiras, formando con éstas un enrejado encima de los moldes.

A continuación se meten en el horno y se cuecen a fuego regular por espacio de veinte minutos.

PEQUEÑOS SOUFFLÉS A LA ROSSINI

8 bonitos hígados de gallina, 75 gr de mantequilla, una copita de coñac, 3 huevos, un cuarto de litro de leche, 25 gr de harina, una lata pequeña de foie-gras y una trufa.

En una sartén al fuego se pone la mitad de la mantequilla y cuando está caliente se le adicionan los hígados previamente pinchados con un tenedor, se saltean y cuando hayan tomado un color dorado se rocían con el coñac, se tapan, se cuecen unos cinco o seis minutos y se sazonan con sal.

Se derrite la mantequilla restante, se le agrega la harina y la leche, se sazona con sal, pimienta y nuez moscada, y se cuece lentamente durante quince minutos. Luego se le añaden los hígados de gallina machacados en el mortero, se pasa todo por un tamiz y se agregan 3 yemas de huevo, la trufa trinchada fina, el foie-gras y las 3 claras batidas a punto de nieve. Seguidamente se llenan 6 pequeñas cazuelitas de barro llamadas ramequin, que se tendrán untadas con mantequilla, y se cuecen en baño María al horno por espacio de quince a veinte minutos para que tomen un color dorado.

Se sirve seguidamente, al sacarlo del horno, en una fuente cubierta con servilleta.

PASTEL DE BRIOCHES

300 gr de carne magra de cerdo, 3 hígados de gallina, 100 gr de tocino, 50 gr de manteca de cerdo, una cebolla, dos huevos, 100 gr de mantequilla, 20 gr de levadura prensada, un decilitro de leche, una trufa, 10 gr de azúcar, una copita de coñac, una copita de jerez, 100 gr de pan blanco y 300 gr de harina.

Póngase en una cacerola al fuego, la manteca de cerdo, la carne magra y el tocino todo cortado a trocitos, se le adicionan los hígados y la cebolla trinchada, se sofríe hasta que tenga un color dorado y se agrega el coñac y el jerez, se deja cocer durante veinte minutos, luego se pasa por una máquina de trinchar, adicionando el pan y obteniendo así un picadillo muy fino, se le mezcla una cucharada de harina, sal, pimienta y nuez moscada.

Con cuatro cucharadas de leche, dilúyase la levadura, se le agrega dos cucharadas de harina y se forma una pasta, la cual se deja descansar durante diez minutos en sitio algo templado.

Póngase encima de un mármol el restante de la harina formando un círculo, en el centro se echa un huevo, reservándose un poco de yema. Se le adiciona la levadura, la mantequilla, el azúcar. Se mezcla todo bien hasta obtener una pasta fina y se deja reposar durante diez minutos. Luego se estira con un rodillo y se rellena con el picadillo y se enrolla formando un cilindro, se coloca encima de una placa de pastelería, se adorna la superficie con un dibujo de pasta y se pinta con un poco de yema de huevo mezclada con agua. Se deja en un sitio algo templado durante media hora, después se pinta de nuevo y se pone al horno a temperatura regular para que tome un bonito color dorado.

CROQUETAS DE POLLO A LA FLORENTINO

Medio pollo, una trufa, 600 gr de guisantes, un limón, 125 gr de mantequilla, una cebolla, 75 gr de manteca de cerdo, un cuarto de litro de aceite, 3 huevos, 125 gr de harina, un litro de leche, 200 gr de galleta picada y 400 gr de patatas.

Chamuscado y limpio el pollo se pone en una tartera con la manteca de cerdo y la cebolla partida por la mitad, se sazona con sal y se cuece al horno durante treinta minutos.

SALSA BECHAMEL. Se derriten 50 gr de mantequilla, se le mezclan 75 gr de harina y la leche, se sazona con sal, pimienta y nuez moscada, y se cuece lentamente veinte minutos, removiéndolo de vez en cuando con un batidor. Cinco minutos antes de sacarlo del fuego se le adiciona el pollo, desprovisto de hueso y piel y trinchado fino, y la trufa picada. Terminada la cocción se le incorpora, fuera del fuego, una yema de huevo y se deja enfriar.

PURÉ. Desgranados los guisantes y mondadas las patatas se cuecen con agua sazonada con sal; luego se escurren, se pasan por un tamiz y se les mezclan 20 gr de mantequilla, obteniendo un puré fino.

Se espolvorea un mármol con harina, se echa en él la pasta, se forma un cilindro y se corta a trozos. Se preparan los triángulos, se pasan por huevo batido y galleta picada, se arreglan con la hoja del cuchillo para sujetar bien la galleta y se fríen con aceite.

Se colocan luego en una fuente redonda formando estrella, se adorna con el puré de guisantes y patatas puesto en una manga con boquilla rizada, se rodea con medias rajas de limón rallado y se sirve.

CROMESKY A LA POLONESA

200 gr de pierna de cordero, un cuarto de litro de leche, 200 gr de tocino graso cortado a tiras delgaditas de 3 cm de ancho por 7 u 8 de largo, 2 decilitros de cerveza, 2 huevos, 75 gr de mantequilla, 200 gr de tomates, 35 gr de manteca de cerdo, 300 gr de harina, 2 cebollas, 50 gr de jamón, una zanahoria, una trufa, 2 limones, 18 palillos, un cuarto de litro de aceite y perejil.

En una cacerolita se pone la carne de cordero, la manteca de cerdo y media cebolla, se sazona con sal y se mete en el horno por espacio de veinticinco minutos, de modo que resulte de un bonito color dorado.

Se derriten 35 gr de mantequilla, se rehoga media cebolla trinchada fina y cuando haya tomado ligeramente color se añaden 40 gr de harina; se mezcla bien, se le agrega la leche, se sazona con sal, pimienta y nuez moscada, y se cuece lentamente durante quince minutos, removiéndolo de vez en cuando con una espátula de madera. Cinco minutos antes de terminar la cocción se le adiciona la carne de cordero, el jamón y la trufa, todo picado fino, y se deja enfriar. Luego se echa encima de un mármol espolvoreado con harina, se forma un cilindro del grueso de algo más de un dedo, se corta a trocitos de 4 cm de largo, se forran éstos con las tiras de tocino y se sujeta cada uno con un palillo.

PASTA PARA FREÍR. En una vasija se ponen 200 gr de harina, 2 yemas de huevo, sal y pimienta; se echa poco a poco la cerveza, removiéndolo con un batidor, y se obtiene una pasta espesa que se deja descansar una hora. Transcurrido este tiempo se añaden las claras de huevo batidas a punto de nieve y con esta pasta se rebozan los cromesky, se fríen lentamente con el aceite y cuando tengan un color dorado se escurren, se les quitan los palillos y se sirven en una fuente cubierta con servilleta y formando en el centro una pirámide que se rodea con hojas de perejil y trozos de limón.

SALSA DE TOMATE. Se pone en una cacerolita el resto de la mantequilla, la zanahoria y la cebolla, todo cortado a trocitos, y cuando haya tomado color se le adicionan 15 gr de harina, los tomates partidos por la mitad y un cuarto de litro de agua. Se sazona con sal y pimienta, se cuece lentamente durante media hora y se pasa luego por un colador.

Se sirve en una salsera.

CONEJO A LA CAZADOR

Un conejo, una lata de champiñones, 13 cebollitas, 75 gr de manteca de cerdo, una copita de vino blanco, 200 gr de tomates, 2 dientes de ajo, laurel, tomillo y perejil.

Se elige un conejo tierno, se corta a trozos regulares y se fríe con la manteca en unión de las cebollitas y el ajo trinchado fino. Cuando ha adquirido un color dorado se agrega el vino blanco y los tomates mondados y picados, los champiñones y un decilitro de agua. Por último se sazona con sal y pimienta, se añade un ramito atado compuesto de laurel, tomillo y perejil, y se deja cocer hasta que esté bien tierno.

CONEJO A LA VINAGRETA

Un conejo de 1 kg, 2 decilitros de aceite, un decilitro de vinagre, 18 cebollitas, 2 hojas de laurel, un ramito de tomillo y perejil.

Una vez elegido el conejo bien tierno se despelleja, se limpia, se seca con un paño, se rehoga con el aceite y cuando haya tomado color se le añaden las cebollitas y se sigue rehogando unos cuantos minutos. Se agrega luego el vinagre, un decilitro de agua y un ramito atado compuesto de laurel, tomillo y perejil, se sazona con sal y pimienta y se cuece a fuego lento hasta que esté bien tierno.

Al servirse se quita el ramito atado.

CONEJO A LA BRESSANA

Un conejo, 150 gr de tocino graso, 100 gr de manteca de cerdo, 2 decilitros de vino blanco, 2 cucharadas de puré de tomate, 18 cebollitas, laurel, tomillo, perejil y un decilitro de vinagre.

Se elige un conejo tierno y una vez lavado y secado con un paño se corta a trozos regulares, se mecha con tocino cortado a tiras delgaditas y se rehoga con 50 gr de manteca y el resto del tocino cortado a trocitos. Cuando haya tomado un color dorado se le añade la harina, luego se revuelve con una cuchara de madera y se moja con el vino. Después se añade el tomate y un manojito atado compuesto de laurel, tomillo y perejil, se sazona con sal y pimienta, se cuece a fuego lento durante dos horas y a media cocción se le agrega la cebollita previamente mondada y frita ligeramente con la manteca restante.

Se quita el manojito de hierbas y se sirve en una fuente, adornándolo con triángulos de pan frito.

CONEJO A LA CATALANA

Un conejo, 100 gr de tocino magro, 50 gr de manteca de cerdo, 2 dientes de ajo, un decilitro de vino rancio, 15 gr de harina, una cebolla, perejil, laurel, tomillo y orégano, un bizcocho seco (borrego) y 10 gr de piñones y almendras.

Limpio el conejo se corta a trozos. Luego se pone en una cazuela de barro el tocino y la manteca y cuando está bien caliente se echa el conejo y la cebolla picada, se rehoga hasta que tenga un color dorado y seguidamente se le adiciona la harina, el vino rancio y dos decilitros de agua. A continuación se sazona con sal y pimienta, agregándole un ramito atado compuesto de perejil, laurel, tomillo y orégano. Después se cuece, tapado, a fuego lento hasta que esté bien tierno y veinte minutos antes de terminar la cocción se le añade el bizcocho, los piñones y almendras, un poco de perejil y el hígado del conejo, todo machacado en el mortero.

Al servirlo se saca el manojito.

MENUDILLOS

ASADURA DE CORDERO A LA MAYORALA

Una asadura de cordero, 100 gr de tocino magro, 50 gr de manteca de cerdo, un decilitro de vino blanco, 300 gr de cebollas, 200 gr de tomates, 2 dientes de ajo, 10 gr de piñones, almendras tostadas y perejil.

En una sartén al fuego se pone la manteca, se agrega el tocino y una vez haya tomado color se añade la asadura, cortada a pedazos pequeños, y se sigue rehogando. A continuación se le adiciona la cebolla picada y pasados unos minutos se añade un poco de pimentón, el vino y el tomate, mondado y trinchado. Después se sazona con sal y pimienta, se cuece, tapado y a fuego lento, por espacio de una hora, y a media cocción se le añaden las almendras, los piñones y los ajos, todo mondado y machacado en el mortero

HÍGADO DE CORDERO A LA MÓNACO

500 gr de hígado de cordero, 500 gr de patatas, 100 gr de manteca de cerdo, 50 gr de mantequilla, 50 gr de harina, 2 huevos, 200 gr de tomates, perifollo, una cebolla, un diente de ajo, 200 gr de galleta, un limón, un decilitro de vino blanco, 25 gr de alcaparras y un decilitro de leche.

Se corta el hígado a lonjas finas, se rocían con zumo de limón, se sazonan con sal, luego se pasan por la harina y se rebozan con huevo batido y galleta picada.

PURÉ DE PATATAS. Después de mondadas las patatas se cortan a trozos, se cuecen con agua y sal, se escurren, se pasan por un tamiz y se añade la mitad de la mantequilla y la leche hervida.

Se fríe lentamente con la mitad de la mantequilla el hígado, se coloca en una fuente formando hilera y seguidamente se escurre la mitad de la manteca, se le agrega la cebolla trinchada y el ajo picado y se fríe hasta que tenga un color dorado. A continuación se añade el vino y los tomates, se tapa y se cuece por espacio de diez minutos. Se pasa luego por un colador, agregándole las alcaparras y un poco de perifollo picado, se cuece unos cinco minutos, se añade el resto de la mantequilla y se echa encima del hígado.

Se pone el puré de patatas en una manga y se forma un cordón alrededor del hígado.

HÍGADO DE TERNERA A LA BORDOLESA

1 kg de hígado de ternera en un solo trozo y que tenga color rosado, 100 gr de tela fina de cerdo, una cebolla, 2 dientes de ajo, una zanahoria, laurel, tomillo y perejil, 2 decilitros de vino tinto, 100 gr de tomates, 100 gr de manteca de cerdo, 100 gr de tocino graso, 2 cucharadas de aceite, 15 gr de harina y 24 cebollitas.

Se elige el hígado de la mejor calidad y se mecha el interior con tiras de tocino de 1 cm de gruesas, sirviéndose de una aguja ex profeso. Se sazona con sal, se espolvorea con perejil y ajo trinchado, se coloca en una vasija, se rocía con un poco de aceite y se le adiciona el vino. Luego se agrega la cebolla y la zanahoria, todo hecho a trocitos, se añade el laurel, el tomillo y unos rabos de perejil, y se deja en adobo durante tres horas. Después se junta el hígado con la tela de tocino y se sujeta con bramante, se pone en una cacerola, colocando los extremos de la tela hacia abajo, se añaden 50 gr de manteca, se rehoga al horno y cuando tenga un color dorado se le adicionan 15 gr de harina. Se tuesta ligeramente, se añade el contenido de la vasija y los tomates, se sazona con sal y pimienta y se cuece, tapado, durante hora y media a fuego lento.

Se corta a rajas, se cubre con la salsa, pasándola por un colador, y se rodea con las cebollitas cocidas con el resto de la manteca.

HÍGADO DE TERNERA MANCHESTER

600 gr de hígado de ternera, 400 gr de patatas inglesas, 100 gr de tocino ahumado y cortado a lonjas finas, 50 gr de manteca de cerdo, 60 gr de mantequilla, 50 gr de harina, un limón y perejil.

Se escoge el hígado que tenga un color rosado, se corta a rajas de 1 cm de grueso, se sazona con sal y se reboza con la harina.

En una sartén se pone la manteca de cerdo, se fríe el hígado de modo que resulte bien doradito de los dos costados y se coloca en una fuente, intercalándolo con lonjas de tocino. A continuación se adorna con las patatas torneadas en forma ovalada y hervidas con agua y sal.

La mantequilla se fríe hasta que tenga color dorado. Seguidamente se echa el zumo de medio limón, se vierte encima del hígado y se espolvorea con perejil picado.

HÍGADO DE CORDERO DAMPIERRE

600 gr de hígado de cordero, 200 gr de pan, 100 gr de manteca de cerdo, 15 gr de harina, una cebolla, 15 gr de piñones y avellanas, un decilitro de cerveza, perejil y 2 decilitros de aceite.

Fríase con la manteca la cebolla cortada a tiras delgadas y cuando haya tomado color añádasele el hígado cortado a lonjas finas y pequeñas y rehóguese. Seguidamente se agrega la harina, la cerveza y las avellanas y piñones, todo machacado en el mortero, se sazona con sal y pimienta y se deja cocer unos treinta minutos.

Al servirlo se adorna con triángulos de pan frito con el aceite y se espolvorea con perejil picado.

ASADURA DE CORDERO AL AJO ARRIERO

Una asadura de cordero, 2 decilitros de aceite, 200 gr de toma-tes, 2 cebollas, 3 dientes de ajo, un poco de azafrán, 400 gr de pata-tas, perejil, una hoja de laurel y un ramito de tomillo.

Póngase el aceite en una sartén y rehóguese la cebolla trincha-da fina. Cuando haya tomado un color dorado se le adicionan los tomates, mondados y trinchados, 2 decilitros de agua y la asadura cortada a trozos. Se sazona con sal, pimienta y nuez moscada, y se agrega un manojito atado compuesto de laurel, tomillo y perejil. Luego se cuece lentamente durante dos horas, conservando la cace-rola tapada, y a media cocción se le añaden las patatas cortadas a cuadritos. Cinco minutos antes de sacar la cacerola del fuego se le adicionan los ajos y el azafrán (todo machacado en el mortero), ligeramente tostado y mezclado con el aceite.

Se sirven en una fuente, espolvoreándolo con perejil trin-chado.

CABEZA DE TERNERA A LA LONDINENSE

1 kg de cabeza de ternera cruda y bien magra, 2 huevos, un decilitro de vino blanco, 100 gr de tocino magro, 100 gr de aceitunas, 50 gr de manteca de cerdo, 2 dientes de ajo, laurel, tomillo y perejil, 200 gr de cebolla, 300 gr de tomates y una zanahoria.

Se limpia la cabeza de ternera, se corta a trozos, se pone en una cacerola con agua, se hierve por espacio de dos horas y luego se escurre.

En una cacerola se pone la manteca y el tocino cortado a trocitos y cuando está bien frito se añaden las cebollitas y la zanahoria, todo picado fino y se rehoga hasta que haya tomado un color dorado. Seguidamente se agrega el ajo y un poco de perejil trinchado, el vino y el tomate, mondado y picado, y a continuación se añaden los trozos de cabeza de ternera y las aceitunas desprovistas del hueso, se sazona con sal, pimienta y nuez moscada, se añade un ramito atado compuesto de laurel, tomillo y perejil, y se cuece tapado y a fuego lento, durante una hora.

Se sirve en una fuente, se adorna con huevos duros hechos a discos y se espolvorea con perejil picado.

CALLOS A LA MADRILEÑA

500 gr de callos de ternera crudos, 600 gr de mano de ternera, 200 gr de garbanzos, 400 gr de tomates, 200 gr de cebollas, 100 gr de jamón, 100 gr de chorizo, 2 decilitros de aceite, 3 dientes de ajo, un ramito de hierbabuena, laurel y tomillo, azafrán y pimentón.

Limpios los callos se cortan a pedazos, se hierven diez minutos con agua y sal, y se escurren.

Los garbanzos, que se habrán tenido en remojo, se cuecen con agua y sal.

Se trincha la cebolla y la zanahoria, se rehoga con el aceite y cuando haya tomado color se añade el pimentón, los dientes de ajo picados, el jamón cortado a trocitos, y el tomate, mondado y trinchado. Seguidamente se agregan los callos, la mano de ternera, el chorizo y medio litro de caldo de los garbanzos, se sazona con sal y pimienta, se echa el azafrán, tostado, y un manojo atado compuesto de perejil, laurel y tomillo.

Se tapa la cacerola, se deja cocer a fuego lento durante cuatro o cinco horas y veinte minutos antes de terminar la cocción se le incorporan los garbanzos escurridos.

Al servirlo se quitan los huesos de la mano de ternera y se corta el chorizo a rajas.

CALLOS A LA BURGALESA

Medio kg de callos de ternera crudos, 600 gr de cabeza de ternera, media mano de ternera cruda, 300 gr de huesos de jamón, 400 gr de cebollas, 3 zanahorias, 2 nabos, un cuarto de litro de vino blanco, 2 copitas de coñac, 400 gr de tomates, 100 gr de tocino magro, 100 gr de manteca, laurel, tomillo, 6 dientes de ajo, un trocito pequeño de guindilla, 3 clavos especias, perejil y 100 gr de chorizo de Rioja.

Se escogen los callos de clase gorda, se limpian bien, se ponen en una olla con agua que los cubra y se les adiciona la mano y la cabeza de ternera. Se sazona con sal y se añade la cebolla, una zanahoria, una hoja de laurel y un ramito de tomillo, dejándolo cocer, lentamente y tapado, por espacio de una hora. Luego se sacan de la olla y se guarda el caldo.

Se corta el tocino a trocitos, se ponen éstos en una cacerola al fuego, se agregan los ajos y la manteca y seguidamente se añaden las zanahorias, los nabos y las cebollas, todo mondado y cortado a pedacitos, y se rehoga hasta que tenga un color dorado. A continuación se agrega el vino, el coñac, los tomates partidos por la mitad, el hueso de jamón y el chorizo. Después se añaden los callos, la mano y la cabeza de ternera, todo hecho a pedazos algo gordos, los cuales se mojan con medio litro de caldo de los callos, se sazona con sal y pimienta y se les agrega el laurel, el tomillo, el perejil y la guindilla. Se tapa la cacerola y se cuece lentamente durante cuatro horas.

Se colocan los callos en una cazuela de barro y se añade el chorizo cortado a rajas, unos trocitos de jamón sacados del hueso y la salsa pasada por un colador.

Se sirven bien calientes.

CALLOS DE TERNERA A LA ARLESIANA

500 gr de callos de ternera, 2 berenjenas, 150 gr de manteca de cerdo, 50 gr de harina, 2 huevos, 2 cucharadas de puré de tomate, una cebolla, 2 dientes de ajo, 15 gr de queso rallado y un decilitro de vino blanco.

Se eligen los callos bien gruesos, se cortan a trozos de 7 a 8 cm en cuadro, se rebozan con la harina, después con el huevo batido y se fríen con la mitad de la manteca.

Se mondan las berenjenas, se cortan a rajas de 1 cm de grueso, se rebozan con la harina y huevo batido, se fríen con el resto de la manteca, se colocan en una tartera y encima se ponen los callos.

Se espolvorean con el queso rallado y se cuecen al horno por espacio de treinta minutos.

CALLOS A LA BRETONA

600 gr de tripas bien gruesas, 8 escaloñas, un decilitro de vino tinto bueno, 50 gr de harina, 50 gr de mantequilla, 2 zanahorias, 100 gr de manteca de cerdo, 200 gr de tomates; laurel, tomillo y perejil, 50 gr de tocino magro, y medio kg de patatas medianas.

En una cacerola se pone la mantequilla, las escaloñas, las zanahorias, todo trinchado, y cuando empieza a tomar color se añaden 20 gr de harina, el vino y un cuarto de litro de agua o caldo, y se sazona con sal, pimienta y nuez moscada. A continuación se agregan los tomates, cortados a trozos, y un ramito atado compuesto de laurel, tomillo y perejil.

Los callos se cortan a trozos, se pasan éstos por la harina, se fríen con la manteca y se juntan con la salsa. Luego se cuece, tapado, durante dos horas y al terminar la cocción se colocan las tripas en una fuente, se cubren con la salsa, pasándola primeramente por un colador, y se adornan con las patatas torneadas en forma ovalada y hervidas con agua y sal.

CALLOS DE TERNERA A LA SAN RAFAEL

400 gr de callos de ternera, 50 gr de harina, un huevo, 2 decilitros de aceite, 15 gr de miga de pan rallada, 2 dientes de ajo, un decilitro de vino blanco, una cebolla, 200 gr de tomates, 400 gr de patatas y un limón.

Los callos se eligen de buena clase y que sean gruesos. Se cortan a trozos de 5 a 6 cm de largos e igual de anchos, se rocían con zumo de limón, se sazonan con sal, se pasan por la harina y por huevo batido mezclado con 2 cucharadas de agua y seguidamente se fríen con el aceite, se escurren, se colocan en una tartera formando una hilera y en el centro y alrededor se ponen las patatas previamente mondadas y cortadas a lonjas de 1 cm de grueso.

En el mismo aceite se fríe la cebolla picada y cuando haya tomado un color dorado se le agregan los ajos trinchados, el vino blanco y los tomates hechos a trozos, se sazonan con sal y pimienta y se cuece, lentamente y tapado, durante diez minutos. A continuación se pasa el contenido por un colador, se echa en la tartera, se espolvorea con el pan rallado y se cuece a horno suave por espacio de treinta y cinco a cuarenta minutos.

CALLOS A LA BARCELONESA

600 gr de callos de ternera, 400 gr de patatas, 300 gr de tomates, 200 gr de cebollas, un cuarto de litro de aceite, 2 dientes de ajo y perejil.

Póngase una cacerola al fuego con la mitad del aceite, rehóguese la cebolla picada fina y cuando habrá tomado un color dorado se le agregará un ajo picado y los tomates, mondados y trinchados.

Se fríen los callos con el resto del aceite, se escurren, se mezclan bien, se sazonan con sal y pimienta, se cuecen a fuego lento por espacio de una hora y a media cocción se añaden las patatas, cortadas a tiras delgadas y fritas con el aceite, y se espolvorea con perejil y ajo trinchado fino.

MENUDILLOS DE GALLINA A LA MADRILEÑA

600 gr de menudillos de gallina, 2 cebollas, 2 dientes de ajo, un decilitro de vino blanco, perejil, 100 gr de tocino magro, 15 gr de avellanas, 200 gr de pan, un limón, 10 gr de harina, una pizca de azafrán, canela en rama, 3 decilitros de aceite y 600 gr de guisantes.

Observación. Designamos con el nombre de menudillos los higadillos, sangrecilla, huevada, crestas y mollejas, advirtiendo que cuando tengamos que hacer uso de estos ingredientes los habremos de hervir primero.

Se corta la sangrecilla a rajas, se fríe vivamente con el aceite y se pone en un plato.

Al fuego se pone una cacerola con aceite (el mismo de haber cocido la sangrecilla) junto con el tocino trinchado fino y cuando está derretido se adicionan las cebollas picadas, se rehoga para que tome un color dorado y seguidamente se añade la harina, el vino blanco y 2 decilitros de agua. Luego se sazona con sal y pimienta y se agrega un trozo de canela en rama, la sangrecilla frita y los menudillos previamente hervidos, escurridos y partidos a trozos. A continuación se cuece, tapado y a fuego lento, durante una hora, incorporándole a media cocción los guisantes hervidos, las almendras, el azafrán, los ajos y un poco de perejil, todo machacado en el mortero.

Se sirve en una fuente y se rodea con el pan cortado en forma de pequeños triángulos fritos con el aceite.

CRIADILLAS DE CORDERO REBOZADAS

6 criadillas, un huevo, 200 gr de galleta picada, un cuarto de litro de aceite, 2 limones, 25 gr de harina, y perejil.

Limpias las criadillas se sacan las dos pieles. Se cortan a rajas de 1 cm de grueso, se sazonan con sal, se rocían con zumo de limón y se rebozan con la harina, con el huevo batido y luego con la galleta picada. A continuación se fríen con el aceite, se escurren y se sirven en una fuente con servilleta, adornándose con unas rajas de limón y perejil frito.

BROCHETAS DE CORDERO A LA BRISTOL

400 gr de pierna de cordero bien tierna, 100 gr de jamón natural, 100 gr de tocino ahumado, 400 gr de patatas, 3 decilitros de aceite, 75 gr de mantequilla, perejil, un limón, 3 escaloñas, mostaza y 50 gr de pan rallado.

Limpia la pierna de cordero de la piel se corta a lonjas de 1 cm de grueso por 3 en cuadro y se sazonan con sal y pimienta.

El tocino y jamón se cortan a lonjas delgadas y se hacen a trozos del ancho y largo igual que las de cordero.

Se ensarta todo en brochetas (agujas ex profeso), poniendo un trozo de carne de cordero, un trozo de jamón; otro de cordero, uno de tocino; otro de cordero y así sucesivamente hasta llenar 6 brochetas, las cuales se rocían con un poco de aceite y zumo de limón, se pasan por pan rallado, se cuecen a la parrilla hasta que hayan tomado un color dorado y se colocan en una fuente.

Mondadas las patatas se cortan primeramente a lonjas muy delgadas y luego a tiras finas, se pasan por agua fría, se escurren y se fríen con el aceite bien caliente hasta que se doren, obteniendo unas patatas pajas que se escurren y se colocan al lado de las brochetas.

Se pone en una cacerolita la mantequilla, un poco de zumo de limón, perejil picado, mostaza, sal, pimienta y las escaloñas trinchadas finas; se arrima la cacerola al fuego lento, se remueve con una cuchara de madera hasta que la mantequilla se derrita ligeramente, se echa encima de las brochetas y se sirve.

BROCHETAS DE RIÑONES A LA DUPRÉ

300 gr de judías verdes finas, 600 gr de patatas, 400 gr de riñones de cordero, 200 gr de tocino magro, 150 gr de jamón graso, 75 gr de mantequilla, 50 gr de pan rallado, un limón, un pimiento morrón en conserva, perejil, un decilitro de aceite, 50 gr de corteza de pan y un decilitro de leche.

Pelados los riñones se cortan en lonjas de medio cm de grueso, se sazonan con sal y se rocían con zumo de limón. El jamón y el tocino se cortan a lonjas pequeñas; en cada brocheta se introduce un disco de corteza de pan del tamaño de una moneda de cinco duros, luego se ensartan, colocando una lonja de riñón, una de tocino y la otra de jamón, siguiendo la misma operación hasta llenar casi totalmente la brocheta y terminando con un disco de pan igual que el primero. A continuación se pasan por aceite, luego por pan rallado y se ponen en la parrilla o en una tartera en el horno, rociándose con aceite.

Mondadas las patatas se cuecen con agua y sal durante diez minutos, luego se escurren y se pasan por un tamiz, mezclándoseles la leche y 25 gr de mantequilla.

Deshebradas las judías se cortan de una longitud de 2 cm y se saltean con 25 gr de mantequilla.

Con las patatas puestas en una manga con boquilla rizada se forma una pirámide en el centro de una fuente, colocando las brochetas a su alrededor formando una estrella, intercalando las judías y adornándolo con medias rodajas de limón rallado y unos discos de pimiento. El resto de la mantequilla se pone a derretir, se le mezclan unas gotas de zumo de limón y un poco de perejil picado y se echa encima de los riñones.

RIÑONES DE TERNERA A LA DERBY

600 gr de riñones de ternera, 100 gr de tocino graso cortado a tiras delgadas, 100 gr de harina, un limón, 200 gr de tomates, 2 copitas de jerez, 100 gr de manteca de cerdo, 500 gr de patatas pequeñas, 2 cebollas, perejil y 2 dientes de ajo.

Desprovistos los riñones de la tela que los cubre se cortan a rajas de 1 cm de grueso y se mechan con las tiras de tocino, sirviéndose de una aguja ex profeso. Luego se sazonan con sal, se pasan por la harina y se fríen en una sartén con 50 gr de manteca de cerdo. Se colocan después en una fuente formando hilera y se rocían con unas gotas de zumo de limón.

En la misma manteca se fríen los ajos y perejil picado, luego se añaden los tomates y el jerez, se sazona con sal y se cuece, tapado, durante diez minutos, pasándose el contenido por un colador y echándose el líquido encima de los riñones.

Mondadas las patatas se tornean en forma ovalada, se fríen lentamente con el resto de la manteca, se espolvorean con perejil picado y se colocan alrededor de los riñones.

RIÑONES DE TERNERA A LA DOMINI

600 gr de riñones de ternera, 75 gr de tocino graso, 200 gr de tomates, 800 gr de patatas, una trufa, 50 gr de jamón, una copita de jerez, 100 gr de manteca de cerdo, una cebolla, 2 pepinillos en vinagre y 25 gr de harina.

Limpios los riñones de piel y grasa se mechan con unas tiras de tocino, sirviéndose de una aguja especial. Se sazonan con sal, se pasan por harina, se ponen en una cacerola con la mitad de la manteca y la cebolla trinchada fina, y se rehoga hasta que haya tomado color dorado. Seguidamente se añade el jamón, los pepinillos y la trufa, todo hecho a trocitos muy pequeños. A continuación se agrega el jerez y los tomates previamente hervidos, escurridos y pasados por un colador, se sazona con sal, pimienta y nuez moscada y se cuece, lentamente y tapado, por espacio de una hora.

Mondadas las patatas se preparan en forma de avellanitas, sirviéndose de uña cucharita ex profeso. Se fríen vivamente con el resto de la manteca de cerdo y se cuecen hasta que estén doradas.

Los riñones se sirven en una fuente, colocando las patatitas alrededor.

RIÑONES DE TERNERA AL JEREZ

800 gr de riñones de ternera, un decilitro de jerez, 100 gr de manteca de cerdo, 2 cucharadas de salsa de tomate, perejil y 150 gr de pan.

Elíjanse los riñones bien tiernos y después de limpios de grasa y telillas córtense a lonjas pequeñas y muy delgadas.

Se pone en una sartén al fuego la mitad de la manteca y cuando está bien caliente se saltean los riñones durante cinco minutos, sazonándolos con sal.

En una cacerola se pone el jerez y una vez reducido a la mitad se le añade el tomate; se sazona con sal, pimienta y nuez moscada, se agrega a los riñones y se deja cocer durante dos minutos.

Se sirven en una fuente adornados con triángulos de pan frito con el resto de la manteca y espolvoreados de perejil picado.

RIÑONES A LA GRAN DUQUESA

600 gr de riñones de cordero, 75 gr de tocino graso, 50 gr de manteca de cerdo, 400 gr de patatas, una lata de champiñones, una cebolla, una cucharada de puré de tomate, una copita de jerez, un huevo, 25 gr de mantequilla y 25 gr de harina.

Desprovistos los riñones de la piel se parten horizontalmente por la mitad y se mechan con tiras delgadas de tocino, sirviéndose de una aguja de mechar, haciendo que dichas tiras traspasen los riñones de parte a parte. Seguidamente se sazonan con sal y se pasan por la harina.

En una sartén al fuego se pone la manteca. Cuando está bien caliente se echan los riñones y la cebolla picada fina y se rehoga hasta que tenga un color dorado. Seguidamente se le incorpora el jerez, el tomate, los champiñones cortados a lonjas delgadas y un decilitro de agua; se sazona con sal y pimienta y se cuece a fuego lento por espacio de diez minutos.

Las patatas después de mondadas se cortan a trozos, se cuecen con agua y sal, y luego se escurren, se pasan por un tamiz y se le mezcla una yema de huevo y la mantequilla. Se pone luego en una manga con boquilla rizada y con ésta se hace un cordón en forma de círculo en una fuente que resista al fuego y en cuyo centro se ponen los riñones. Luego se mete en el horno hasta que las patatas tengan un color dorado.

LENGUA DE TERNERA A LA COSMOPOLITA

Una lengua de ternera bien tierna, 400 gr de patatas, 200 gr de guisantes, una lata de champiñones, 75 gr de manteca de cerdo, 3 pepinillos en vinagre, una trufa, 200 gr de tomates, 25 gr de mantequilla, 3 cebollas, 10 gr de harina, una copita de jerez, una zanahoria, perejil, una hoja de laurel y un ramito de tomillo.

Se pone al fuego una olla con agua y cuando arranca el hervor se sumerge en ella la lengua, dejándola cocer veinte minutos. Seguidamente se rasca con un cuchillo, sacándole la piel; luego se pone en una cacerola con agua que la cubra abundantemente, se sazona con sal, se le agrega el laurel, una cebolla, las zanahoria y el tomillo, se arrima al fuego y se cuece durante dos horas. A continuación se saca y se deja enfriar algo.

Con la manteca se rehoga una cebolla trinchada muy fina y una vez haya tomado color dorado se le adiciona la harina, el jerez y los tomates previamente hervidos, escurridos y pasados por un colador. Se añaden 2 decilitros de caldo de haber cocido la lengua, se sazona con sal y pimienta y se incorpora la trufa, los champiñones y los pepinillos, todo trinchado fino. Seguidamente se añade la lengua cortada a rajas de un cm de espesor y se cuece lentamente por espacio de una hora.

Después de mondadas las patatas y desgranados los guisantes se cuecen con agua y sal, luego se escurren, se pasan por un tamiz, se le mezcla una yema de huevo y la mantequilla, se echa en una manga provista con boquilla rizada y con ella se forma un festón en todo el alrededor de una fuente que resista al fuego y en cuyo centro se coloca la lengua.

Se cubre con la salsa y se mete unos minutos en el horno para que se coloree.

LENGUAS DE CORDERO A LA CASERA

6 bonitas lenguas de cordero, 200 gr de aceitunas sin huesos, 4 cebollitas tiernas, 1 1/2 decilitros de aceite, un decilitro de vino rancio, 200 gr de pan, 10 gr de piñones y almendras tostadas; laurel, tomillo, menta y 2 dientes de ajo.

Se sumergen las lenguas en agua hirviendo unos minutos, se pelan y se rascan con un cuchillo.

Se pone en una sartén el aceite y cuando está caliente se fríen 50 gr de pan, dándole un color dorado; luego se saca y se echa en un plato.

Las cebollitas, trinchadas finas, se rehogan hasta que tengan color dorado. Seguidamente se añade un poco de pimentón, azafrán y el vino rancio. Se moja luego con 2 decilitros de agua, se sazona con sal, se agregan las lenguas de cordero y las aceitunas y se añade un ramito atado compuesto de laurel y perejil. Se tapa la cacerola, se cuecen lentamente por espacio de tres horas y al faltar diez minutos para terminar la cocción se le incorporan los ajos, el pan y unas hojas de menta, todo machacado en el mortero.

Se quita el manojo de hierbas. Luego se sirve en una fuente, rodeándose con triángulos de pan frito.

LENGUA DE TERNERA HORTICULTOR

Una lengua de ternera, 18 cebollitas, 400 gr de patatas pequeñas, una cebolla, 100 gr de tomates, un decilitro de vino blanco, 6 zanahorias, 150 gr de manteca de cerdo, laurel, tomillo y 2 dientes de ajo.

Se pone al fuego una olla con 3 litros de agua y cuando hierve se sumerge en ella la lengua. Luego se rasca con un cuchillo, se pone en una cacerola y se le añaden 100 gr de manteca, los ajos, una cebolla y una zanahoria, todo cortado a trocitos. Se sazona con sal, se rehoga hasta que tenga un color dorado y ya en este punto se le agrega el jerez, los tomates, un decilitro de agua, una hoja de laurel y un ramito de tomillo. Se tapa después la cacerola, y se cuece lentamente durante dos horas. Pasado este tiempo se cambia la carne de cacerola y se le adiciona su propio jugo, desgrasándolo y pasándolo por un colador.

Las patatas después de mondadas se preparan en forma de bolas pequeñas.

Se tornean las zanahorias en forma de dientes de ajo, se mondan las cebollitas y se pone todo en una sartén con el resto de la manteca. Luego se saltea para que tome algo de color, se escurre, se agrega a la lengua que se tiene en la cacerola, se tapa bien y se termina la cocción hasta que esté bien tierna.

Se sirve en una fuente, colocando en el centro la lengua cortada a rajas y alrededor la guarnición.

LENGUAS DE CORDERO A LA CASERA

6 lenguas de cordero, 6 zanahorias, 6 nabos, 2 decilitros de vino blanco, 2 dientes de ajo, una cebolla, laurel, tomillo y perejil, 200 gr de tomates y 100 gr de manteca de cerdo.

Se ponen las lenguas unos minutos en agua hirviendo y luego se rascan con un cuchillo, sacándoles la piel. Seguidamente se colocan en una cacerola con 100 gr de manteca y la cebolla trinchada, se rehoga para que todo tome un color dorado y a continuación se agregan los ajos picados, el vino blanco y los tomates hervidos, escurridos y pasados por un colador. Se sazona luego con sal y pimienta, se le adicionan los nabos y zanahorias, mondados y torneados en forma de gajos de mandarina, se añade un manojito atado compuesto de laurel, tomillo y perejil, y se cuece, tapado y a fuego lento, durante dos horas.

Se sirven en una fuente, colocando la carne en el centro, y se adorna con la guarnición.

LENGUA DE TERNERA CON SALSA PICANTE

Una lengua de ternera, 2 cebollas, 600 gr de patatas del tamaño de un huevo pequeño, una zanahoria, laurel, tomillo y perejil, 4 pepinillos en vinagre, 100 gr de miga de pan rallada, una cucharada de puré de tomate, una copita de jerez, una cucharada de buen vinagre, 35 gr de jamón, 15 gr de harina, un limón, 35 gr de mantequilla, un decilitro de aceite y perifollo.

Póngase al fuego una olla con agua. Cuando hierve se sumerge en ella la lengua dos o tres minutos y luego se rasca con un cuchillo, se le quita la piel y se pone en una olla con agua que la cubra. Se añade una cebolla, laurel, tomillo y una zanahoria, se sazona con sal y se cuece, tapada y a fuego lento, hasta que esté bien tierna. Seguidamente se escurre, se deja enfriar y a continuación se corta a lonjas de 1 cm de grueso, se rocían con zumo de limón, se pasan por aceite y por miga de pan rallada, se cuecen a la parrilla hasta que tengan un bonito color dorado de los dos costados y se colocan en una fuente, rodeándose con las patatas torneadas en forma ovalada y hervidas con agua y sal.

SALSA PICANTE. Se rehoga con la mantequilla la cebolla y el jamón, todo picado fino, y cuando tenga un color dorado se añade la harina, el tomate, el vinagre, el jerez y 2 decilitros de caldo de haber cocido la lengua. Luego se le incorporan los pepinillos trinchados, se sazona con sal y pimienta, se cuece durante veinte minutos y se sirve en una salsera.

SOUFFLÉ DE SESO TRUFADO

Un seso de ternera, medio litro de leche, una trufa, 4 huevos, 50 gr de harina, 100 gr de mantequilla y 15 gr de queso de Parma rallado.

Desprovisto el seso de la piel se pone en agua durante media hora para blanquearlo. Luego se coloca en una cacerola con agua limpia que lo cubra, sal y una hoja de laurel, y se cuece por espacio de diez minutos.

Se derriten 75 gr de mantequilla, se le mezcla la harina y la leche, se sazona con sal, pimienta y nuez moscada, se remueve con un batidor y se cuece a fuego lento durante veinte minutos, resultando una salsa bechamel espesa. Después se aparta de la lumbre, se le adiciona el seso y 4 yemas de huevo, se mezcla con el batidor, obteniendo una pasta fina, y luego se le agrega la trufa picada y las claras de los huevos batidas a punto de nieve.

Se echa dicha pasta en una fuente que resista al fuego y previamente untada con mantequilla, se espolvorea con el queso rallado, se rocía con la mantequilla derretida restante y se mete en baño María a horno lento por espacio de veinte a veinticinco minutos.

Se sirve inmediatamente al sacarlo del horno.

SESOS CON MANTECA NEGRA

1½ sesos de ternera o 3 de cordero, 75 gr de mantequilla, 25 gr de alcaparras, 50 gr de harina, un decilitro de aceite, una cucharada de vinagre, un limón, perejil, laurel y tomillo.

Desprovisto el seso de la piel se pone en agua durante dos horas para que resulte bien blanco, cambiando ésta tres o cuatro veces. A continuación se pone a hervir con medio litro de agua, sal, una hoja de laurel y un ramito, atado, de tomillo. Se cuece por espacio de quince minutos, se escurre y cuando está algo frío se corta a rajas, las cuales se rebozan con la harina, se fríen con el aceite y 25 gr de mantequilla, se sazonan con sal y cuando tengan un color dorado se colocan en una fuente, esparciendo por encima las alcaparras y un poco de perejil picado.

345

En el mismo aceite se pone el resto de la mantequilla y cuando haya tomado un color negruzco se le mezcla el vinagre y se echa encima de los sesos.

Adórnase la fuente con rodajas de limón.

BUÑUELOS DE SESOS

Un seso de ternera, 2 huevos, 2 decilitros de cerveza, un cuarto de litro de aceite, 200 gr de harina, un limón y perejil.

Quitada la piel al seso se deja éste durante una hora en agua fría y seguidamente se cuece con agua, sal y una hoja de laurel.

En una vasija se pone la harina, se añaden las 2 yemas de los huevos y la cerveza, se sazona con sal, se mezcla bien y se deja descansar media hora. Luego se le incorporan las claras de huevos batidas a punto de nieve y a continuación el seso, cortado a trozos. Se reboza éste y se fríe con el aceite hasta que esté bien dorado, se escurre luego y se coloca en una fuente con servilleta, adornándose con limón y perejil frito.

SESOS DE TERNERA A LA WEBER

1 ½ sesos de ternera, una cebolla pequeña, un decilitro de aceite, 35 gr de mantequilla, 50 gr de harina, 2 huevos, una hoja de laurel y un ramito de tomillo.

Póngase el seso unas dos horas en agua fría para blanquearlo. Luego se le quita la piel o telilla que tiene en su exterior y se pone en una cacerola con agua que lo cubra. Se añade sal, se le agregan unas gotas de zumo de limón, una hoja de laurel y el tomillo y se cuece a fuego lento durante diez minutos, dejándolo enfriar. Seguidamente se corta a lonjas de 2 cm de grueso, se pasan éstas por la harina y por huevo batido, se fríen con el aceite bien caliente, de modo que tengan un color dorado, y a continuación se colocan en una fuente que resista al fuego.

En el mismo aceite puesto al fuego se echan 35 gr de mantequilla y la cebolla trinchada fina y cuando haya adquirido color dorado se le añade una cucharadita rasa de harina. Cuando ésta presente también un color dorado se le adiciona la leche, se sazona con sal, pimienta y nuez moscada, y se cuece lentamente por espacio de cinco minutos. Seguidamente se pasa por un colador, se echa encima del seso, se añade un huevo duro cortado a trocitos y se deja cocer por espacio de diez minutos.

MANITAS DE CORDERO ESTOFADAS

12 manitas de cordero, 2 cebollas, una hoja de laurel, un rami-to de tomillo, un huevo, 50 gr de harina, 2 dientes de ajo, perejil, 2 decilitros de aceite, 100 gr de tomates, 10 gr de avellanas y piñones y 10 gr de galleta picada.

Se limpian las manitas de cordero, se ponen en una olla con abundante agua sazonada con sal, se añade una cebolla, una hoja de laurel y un ramito de tomillo y se cuecen durante cuatro o cinco horas, o sea hasta que estén bien tiernas. Entonces se sacan con una espumadera y una vez algo frías se les quitan todo lo posible los huesos. Se rebozan luego con harina y huevo batido, se fríen con aceite y a continuación se escurren y se colocan en una tartera.

En el mismo aceite se fríe una cebolla trinchada fina y cuando empieza a tomar color se le añaden los ajos y un poco de perejil trinchado. Seguidamente se agregan los tomates, hervidos y pasados por un colador, se le adiciona un decilitro del caldo de haber coci-do las manitas, así como las avellanas y piñones, todo machacado en el mortero, se hierve unos cinco minutos y se echa encima de la carne, pasándolo por un colador. Se espolvorea con la galleta pica-da y se cuece al horno unos veinticinco minutos.

Se sirve bien caliente, colocándolo en una fuente y espolvo-reándolo con perejil picado.

MANOS DE TERNERA REBOZADAS

2 manos de ternera, 2 pepinillos en vinagre, 200 gr de harina, un cuarto de litro de cerveza, 2 cebollitas, una zanahoria, medio litro de aceite, 2 limones, perejil, 4 huevos, una cucharada de vina-gre, mostaza, salsa India, laurel, tomillo y 15 gr de alcaparras.

Limpias las manos de ternera se ponen en un puchero con 3 litros de agua, sal, una zanahoria, una cebollita, laurel y tomillo y se cuecen hasta que estén bien blandas. Luego se escurren y una vez algo frías se les quitan los huesos, se cortan a trozos de tamaño regular, se espolvorean con perejil picado y se rocían con zumo de limón.

Se rebozan los trozos de mano con la pasta, se fríen con un cuarto de litro de aceite, se escurren y se sirven en una fuente cubierta con servilleta y adornada con rodajas de limón y hojas de perejil.

PASTA PARA FREÍR. En una vasija se pone la harina, 2 yemas de huevo y la cerveza, se sazona con sal y pimienta, se mezcla bien para obtener una pasta algo espesa y pasada una hora se agregan dos claras de huevo batidas a punto de nieve.

SALSA. En una ensaladera de cristal se pone una yema de huevo, el vinagre, la mostaza y la salsa India; se sazona con sal, se mezcla bien y se añade poco a poco el resto del aceite, removiéndolo con viveza con un batidor hasta obtener una salsa mayonesa espesa. Seguidamente se le incorpora un huevo duro, los pepinillos, una cebollita, perejil y las alcaparras, todo picado muy fino.

Se sirve en una salsera.

MANOS DE CERDO A LA BARCINO

2 manos de cerdo, 75 gr de manteca de cerdo, 2 cebollas, 3 zanahorias, una copa de vino rancio, laurel, tomillo y orégano, 35 gr de chocolate a la canela, 8 avellanas, 2 dientes de ajo y perejil.

Chamuscadas las manos de cerdo se parten por la mitad en toda su longitud, se juntan nuevamente, se sujetan con bramante y se ponen al fuego en una cazuela de barro.

Con la manteca de cerdo se rehogan las zanahorias y una cebolla, todo cortado a trocitos, y al presentar un color dorado se agregan los ajos picados. Seguidamente se añade el vino, un manojo de orégano, tomillo y perejil, todo ello atado, se moja con 2 decilitros de caldo o agua y se sazona con sal, pimienta y nuez moscada. Luego se dejan cocer a fuego lento hasta que estén bien tiernas y al faltar un poco para terminar la cocción se agrega el chocolate y las avellanas previamente machacadas en el mortero.

Se colocan las manos de cerdo en una fuente y se cubren con la salsa después de haber sido pasada por un colador.

MANOS DE CERDO A LA PARRILLA

3 manos de cerdo, 50 gr de miga de pan rallada, 150 gr de mantequilla, un decilitro de aceite, un limón, perejil, un nabo, una zanahoria, una cebolla, laurel, tomillo y 600 gr de patatas.

Se chamuscan con un hierro candente las manos de cerdo, luego se lavan y se frotan con limón, se parten por la mitad en todo su largo y se atan con bramante, dándoles su forma primitiva. Seguidamente se ponen en una olla con 3 litros de agua, sal, el laurel, el tomillo, la cebolla, el nabo y la zanahoria; se deja cocer a fuego lento durante tres o cuatro horas y a continuación se corta el bramante y se quitan los huesos de la canilla. Luego se rebozan con el aceite y pan rallado se ponen en la parrilla bien caliente hasta que queden bien tostadas de los dos costados, se colocan en una fuente y se rodean con las patatas torneadas en forma ovalada y hervidas con agua y sal.

En una cacerola se pone la mantequilla, se agrega sal, un poco de perejil picado y unas gotas de zumo de limón, y cuando está derretida se sirve en una salsera.

MANOS DE CERDO RELLENAS BORDOLESA

2 manos de cerdo, 150 gr de salchichas, un huevo, una trufa, un decilitro de vino tinto, una cebolla, 2 zanahorias, 3 dientes de ajo, 25 gr de jamón; laurel, tomillo y perejil, 100 gr de manteca de cerdo, 25 gr de miga de pan rallada, 25 gr de mantequilla y 100 gr de pan.

Se eligen dos bonitas manos de cerdo, se les hace una incisión en la parte inferior, sirviéndose de un cuchillo pequeño, y se les quitan los huesos, dejándoles los que forman las pezuñas.

Desprovistas las salchichas de la piel se pone el picadillo en una cacerolita, agregándole la trufa trinchada, la miga de pan y un huevo. Se mezcla bien, sazonándolo con sal, pimienta y nuez moscada; se vuelve a mezclar y se llenan con esta mezcla las manos de cerdo. Luego se cosen con una aguja enhebrada con hilo blanco, dándoles su forma primitiva, y se colocan en una cacerola donde se tendrá la cebolla y la zanahoria, todo cortado a trocitos. Se añaden 75 gr de manteca de cerdo, se rehoga a fuego lento hasta que tenga un color dorado, se le incorporan los ajos y el jamón partido a trocitos y se sigue la cocción. Pasados diez minutos se añade el vino tinto, se sazona con sal y pimienta, se tapa bien la cacerola y se deja cocer lentamente por espacio de cuatro o cinco horas, adicionándole a media cocción un decilitro de agua o caldo y el laurel, tomillo y orégano. Transcurrido este tiempo se sacan las manos de cerdo y se ponen en un plato.

Todo el contenido de la cacerola se machaca en el mortero, se pasa por un colador para extraer toda la sustancia y una vez las manos algo frías se cortan a rajas de 2 cm de grueso. Se colocan después en una cacerola, se añade la salsa preparada, se les adiciona la mantequilla, se hierven durante diez minutos y se sirven en una fuente, rodeándose con triángulos de pan frito con la manteca.

ENTRANTES DE AVES Y CAZA

CAPÓN A LA BARÓN BRY

Un capón grueso, 6 riñones de cordero pequeños, 150 gr de salchichas, 200 gr de tomates, un decilitro de vino blanco, 100 gr de manteca de cerdo, 2 zanahorias, una cebolla, laurel, tomillo, una hoja de apio y 25 gr de mantequilla.

Limpio y chamuscado el capón, se sazona con sal.

Pelados los riñones y desprovistos de la grasa se cortan a cuadritos pequeños. Las salchichas se cortan a trozos.

Se rellena el ave, se cose con bramante y se pone en una cacerola. Se añade la manteca de cerdo, se agregan las zanahorias, la cebolla y el apio, todo cortado a trocitos, se mete en el horno y cuando haya tomado color se adiciona el vino blanco, un decilitro de agua y los tomates cortados a trozos. Se sazona con sal y pimienta y se cuece, tapado, por espacio de dos horas, dejándose reposar unos minutos. Pasado este tiempo se corta el capón a trozos, se coloca en una fuente, se salsea con la salsa desgrasada y previamente pasada por un colador, y se rodea con las salchichas y los riñones.

CAPÓN RELLENO A LA BARCINO

Un capón, 200 gr de ciruelas secas, 200 gr de orejones de melocotones, 100 gr de manteca de cerdo, una zanahoria, una cebolla, una copita de vino rancio, una trufa pequeña y 75 gr de piñones.

Limpio y chamuscado el capón se sazona el interior con sal.

Las ciruelas y los orejones se hierven durante una hora con agua, se escurren, se les mezclan los piñones y se rellena el volátil. Seguidamente se cose éste para darle una bonita forma, se coloca en una cacerola, se le agrega la manteca, la cebolla y la zanahoria, se sazona con sal y se mete en el horno, rociándolo de vez en cuando con la manteca, de modo que tome un bonito color dorado. A continuación se añade el vino rancio y se deja cocer lentamente durante dos horas, luego se pone el ave encima de un plato y pasados unos diez minutos se corta a trozos, sacando la fruta del interior.

Se coloca el volátil en una fuente y se adorna con las ciruelas, los orejones y los piñones y trufa.

El jugo se pasa por un colador, se desgrasa y se vierte encima del capón o bien se sirve en una salsera.

PAVO RELLENO A LA CATALANA

Un pavo de 5 kg, 400 gr de oreja de tocino, 100 gr de piñones, 400 gr de salchichas, 400 gr de lomo de cerdo, 200 gr de judías, un vaso de vino rancio, 200 gr de ciruelas, 200 gr de orejones y 200 gr de manteca de cerdo.

Se cuecen las judías con agua y sal, una cebolla y una zanahoria, y se escurren.

Los orejones y las ciruelas se cuecen igualmente con agua, como también la oreja de tocino.

Se ponen en una vasija las salchichas, el lomo y oreja, todo cortado a trozos; se añaden las judías, las ciruelas y orejones, se sazona con sal, pimienta y un poco de canela en polvo, y se mezcla bien.

Limpio el pavo y chamuscado se vacía, se le cortan las patas y el cuello, se rellena con la mezcolanza que se tiene preparada de antemano, se cose con bramante y se coloca en una brasera. Luego se añade la manteca, se sazona con sal, se cuece a fuego regular por espacio de 4 a 5 horas y a media cocción se añade el vino. Transcurrido este tiempo se deja que pierda algo de color y se corta a trozos.

Se presenta en una fuente, colocando el relleno en el centro, y se rocía con el jugo desgrasado.

PAVITA RELLENA A LA BRISTOL

Una pavita tierna, 600 gr de marrons glacés, una lata de champiñones, 150 gr de manteca de cerdo, 50 gr de mantequilla, 6 escaloñas, 2 copitas de jerez, una cebolla, perifollo, 100 gr de tocino y una copita de coñac.

Despues de limpia y chamuscada la pavita se rellena con los marrons glacés y se cose, dándole una bonita forma. Seguidamente se mecha toda la superficie con unas tiras delgadas de tocino, se sazona con sal y se coloca en una cacerola honda. Se agrega la manteca derretida, de modo que resulte bien cubierta, y la cebolla partida por la mitad; se mete en el horno y cuando haya tomado un bonito color dorado se le añade el jerez y el coñac, se tapa la cacerola y se cuece por espacio de dos horas y media.

Los champiñones se cortan a trozos, se saltean con la mantequilla bien caliente, adicionándoles las escaloñas trinchadas finas, se sazonan con sal y pimienta y se espolvorean con perifollo.

La pavita una vez cocida se deja enfriar unos minutos y se corta a trozos, guardando el caparazón entero y lleno con los marrons glacés, el cual se coloca en el centro de la fuente. Alrededor se ponen los trozos de pavita, se rodean éstos con los champiñones y se rocía con un poco de jugo, bien desgrasado, de dicha ave, sirviéndose el resto de éste en una salsera

PAVITA A LA MUNCHESTER

Una pavita, 6 riñones de cordero, 200 gr de salchichas, 200 gr de tocino ahumado, 100 gr de manteca de cerdo, 30 gr de miga de pan, un cuarto de litro de leche, 25 gr de mantequilla, una cebollita, 2 clavos, medio decilitro de crema de leche y una copita de jerez.

Se limpia y chamusca el ave y se rellena con los riñones y las salchichas, todo sofrito, cortado a trozos y sazonado con sal, pimienta, nuez moscada y una pizca de canela en polvo. A continuación se cose el ave para darle una bonita forma, se vuelve a sazonar con sal y se cubre con el tocino cortado a lonjas delgadas, sujetándolo con un hilo. Se pone luego en una cacerola con la manteca de cerdo, se cuece al horno por espacio de dos horas y a media cocción se le añade el jerez, rociándola de cuando en cuando con su propio jugo.

BREAD SAUCE. Se pone al fuego la leche, se agrega la miga de pan cortada a trocitos, la cebollita (en la que se habrán introducido dos clavos especias), sal y la mantequilla. Se cuece durante quince minutos, luego se saca la cebollita y se agita el contenido de la cazuela con un batidor hasta que resulte una salsa espesa y fina a la que se agrega, fuera de la lumbre, la crema de leche.

Se corta la pavita a trozos, se coloca en una cocotera, se rodea con las salchichas y riñones y se rocía ligeramente con el jugo pasado por un colador y bien desgrasado.

Se sirve aparte la salsa Bread Sauce, puesta en una salsera.

PAVITA A LA PRIMOROSA

Una pava, 100 gr de tocino graso, 200 gr de manteca de cerdo, 150 gr de harina, 3 zanahorias, 200 gr de judías verdes finas, 200 gr de guisantes, una copita de jerez, una cebolla, un huevo, 35 gr de mantequilla y media hoja de papel de barba.

Limpia y chamuscada la pava se cose, dándole una bonita forma. Se mecha luego con unas tiras delgadas de tocino, se coloca en una cacerola, se sazona con sal, se rocía con 150 gr de manteca de cerdo y se agrega una zanahoria, una cebolla y el resto del tocino. A continuación se mete en el horno y cuando empieza a tomar color se le adiciona el jerez y un decilitro de agua o caldo, y se cuece a fuego regular por espacio de dos horas, conservando la cacerola tapada y rociando el ave de vez en cuando con su propio jugo.

TARTALETAS DE PASTA QUEBRADA. Con 125 gr de harina se forma un círculo encima de una mesa y en el centro se echa un huevo y 40 gr de manteca de cerdo; se sazona con sal y se amasa primero con una cuchara y luego con las manos, formando una bola. Pasados unos cinco minutos se estira la pasta con un rodillo, dándole el grueso algo menor de medio cm, se cortan 12 discos y se forran el mismo número de moldes de tartaleta pequeños que se tendrán untados con manteca, los cuales se pinchan con un tenedor, se llenan con garbanzos o judías secas, se meten en el horno hasta que tengan un color dorado y luego se retiran y se sacan los garbanzos del molde.

Los guisantes se cuecen con agua y sal.

Las zanahorias una vez mondadas se cortan a cuadritos pequeños, se cuecen con agua y sal, y después de escurridas se juntan con los guisantes y se saltean con la mitad de la mantequilla. Las judías se cortan a 1 cm de largo, se cuecen igual que los guisantes, se pasan por agua fría, se escurren, se saltean con el resto de la mantequilla y se llenan 6 de las tartaletas de pasta; las otras 6 se llenan después, pero con los guisantes y zanahorias.

PRESENTACIÓN. Se coloca el volátil en una fuente, se rocía con una tercera parte de su jugo, previamente pasado por un colador y desgrasado, y se rodea con las tartaletas de pasta, intercalando las dos clases y colocando en cada extremo de las patas una papillota de papel.

Sírvase aparte en una salsera el sobrante del jugo.

PAVITA A LA ESTRAGÓN

Una pavita tierna, una cebolla, 2 zanahorias, un nabo, 100 gr de manteca, 100 gr de tocino graso, un manojito de estragón, 2 copitas de jerez, 200 gr de tomates, 25 gr de mantequilla, un limón, laurel, tomate y perejil.

Limpia y chamuscada la pava se cose con bramante, dándole una bonita forma. Luego se mecha toda la superficie con tiras delgadas de tocino, sirviéndose de una aguja ex profeso; se sazona con sal, se pone en una cacerola con la manteca, se añaden las zanahorias, nabo y cebolla, todo cortado a trocitos, y se rehoga hasta que tenga un color dorado, incorporándosele el jerez, un decilitro de agua, el tomate, un ramito de estragón y un manojo atado compuesto de laurel, tomillo y perejil. A continuación se cuece, tapada y a fuego lento, por espacio de dos horas, rociándola de vez en cuando con su propio jugo.

Terminada la cocción se deja reposar el ave unos quince minutos, se corta luego a trozos y se coloca en una fuente.

El jugo se pasa por un colador y, una vez desgrasado, se le mezcla la mantequilla y unas gotas de zumo de limón. Se vierte encima del volátil y se colocan en la superficie unas bonitas hojas de estragón previamente hervidas con agua.

POULARDE AL ESTILO DE LYON

Una poularde, 4 bonitas trufas, 25 gr de harina, una cebolla, 3 zanahorias, un ramito de apio, media hoja de laurel, un ramito de tomillo, 75 gr de mantequilla, una copita de vino de Madeira y 100 gr de crema de leche.

Después de limpia y chamuscada la poularde se sala su interior, se le introducen las trufas, se cose con bramante para darle una bonita forma, se coloca en una olla ex profeso con doble fondo y se cuece. (Debajo se habrá puesto un litro de agua, el vino de Madeira, la cebolla, las zanahorias, el tomillo, el laurel, el apio y 2 clavos especias.) Se sazona con sal y se cuece lentamente por espacio de dos horas, conservando la olla tapada. Cuando está en su punto se retira del fuego.

SALSA SUPREME. Se derriten 50 gr de mantequilla, se le mezcla la harina y medio litro de caldo (pasado por un colador) obtenido de la poularde, se cuece por espacio de veinte minutos, agregándole a media cocción la crema de leche y el resto de la mantequilla, se pasa por un colador y se sirve en una salsera.

Se corta la poularde a trozos y se colocan en una fuente, se cubren con lonjas de trufa y se rocían con un poco de caldo del ave.

Se sirve bien caliente. Aparte se sirven 200 gr de arroz hervido con medio litro de caldo.

Nota. La olla de doble fondo es una vasija especial, en la que el ave queda colocada en la parte superior y no toca el líquido, cociéndose al vapor.

POULARDE A LA FINE CHAMPAGNE

Una poularde, 100 gr de manteca de cerdo, 2 decilitros de vino blanco, 3 copitas de coñac fino y 6 bonitas trufas.

Limpia y chamuscada la poularde se cose. A continuación se introducen en el interior las trufas, se sazona con sal, se coloca en una cacerola con la manteca y se mete en el horno. Cuando haya tomado color se agrega el vino y un decilitro de caldo o agua, y se deja cocer durante dos horas, rociándola de cuando en cuando con su propio jugo. Cuando está en su punto se quitan las trufas, se cortan en forma de juliana y se deja reposar unos diez minutos. A continuación se parte la poularde a trozos, se pone en una fuente y se esparce la trufa por encima.

Se guarda bien caliente y al momento de servirla se rocía con el coñac y se enciende, presentándola de este modo.

El jugo se pasa por un colador, se desgrasa y se sirve en una salsera.

POULARDE A LA ROMANELLI

Una poularde, 300 gr de foie-gras al natural, 100 gr de mantequilla, una cebolla, una zanahoria, 100 gr de tomate, 2 copitas de vino de Madeira o jerez y 12 trufas del tamaño de una avellana.

Se limpia y chamusca la poularde, se rellena con el foie-gras cortado a cuadritos, se sazona con sal el interior y se cose con bramante, dándole una bonita forma. Después se coloca en una cacerola, se le agrega la zanahoria y la cebolla, todo cortado a trozos, se rocía con la mantequilla derretida y se sazona con sal. Seguidamente se mete en el horno, dándole vuelta de vez en cuando para que tome un color dorado, y ya en este punto se le añade el vino de Madeira y los tomates, se tapa la cacerola y pasados unos diez minutos se coloca el ave en una cocotera, agregándole las trufas y su propio jugo, pasado por un colador. A continuación se cubre con la tapadera, se tapan las junturas de ésta con una tira de pasta preparada con harina y agua, para evitar que durante el tiempo de cocción se evapore y pierda su buen aroma, y se cuece a horno suave durante una hora y media.

Para servirla se coloca la cocotera encima de una fuente cubierta con servilleta, y no se destapará hasta el momento de presentarla a la mesa.

POULARDE A LA LIONESA

Una poularde, 6 hígados de gallina, 2 trufas, 400 gr de carne magra de cerdo, 2 latas de champiñones, una lata de foie-gras pequeña, 100 gr de manteca de cerdo, un huevo, 50 gr de mantequilla, 2 copitas de vino de Madeira, una cebolla, una zanahoria y 100 gr de tocino graso hecho a lonjas delgadas.

Límpiese y chamúsquese la poularde y sazónese con sal.

Se pone luego en una cacerola la mantequilla y la carne magra de cerdo cortada a trozos, se rehoga hasta que tenga un color dorado, se agregan los hígados y se sigue rehogando. Pasados diez minutos se le incorpora una copita de vino de Madeira, se tapa la cacerola, se cuece lentamente por espacio de media hora y transcurrido este tiempo se pasa todo por una máquina de trinchar, obteniendo un picadillo fino al que se mezclará un huevo, el foie-gras y trufa, todo hecho a trocitos. Se sazona con sal, pimienta y nuez moscada, y se rellena la poularde; luego se cose con bramante, dándole una bonita forma, se cubren las pechugas con las lonjas de tocino y se sujetan con brazaletes de bramante. A continuación se coloca en una cacerola, se sazona con sal, se añade la manteca, la cebolla y la zanahoria, se mete en el horno y cuando haya tomado un bonito color dorado se le echa el vino de Madeira. Se cuece lentamente durante dos horas, rociándola de vez en cuando con su propio jugo, se deja unos diez minutos en un plato y se corta a trozos. Se colocan éstos en el centro de una fuente y se rodean con los champiñones cortados a lonjas y salteados con mantequilla sazonada con sal.

POULARDE TRUFADA

Una poularde, 5 trufas, 100 gr de manteca de cerdo, una copita de jerez, una cebolla, una zanahoria, una copita de coñac y 200 gr de tomate.

Limpia y chamuscada el ave se despega ligeramente la piel de las pechugas, se cubren éstas con unas hojas delgadas de trufa, tapándolas con la piel, y luego se cose con bramante, se sazona con sal y se introducen las trufas en el interior. Se coloca luego en una cacerola con la zanahoria, la cebolla y la manteca, se mete en el horno y se rocía de vez en cuando con la manteca hasta que el volátil haya tomado un bonito color dorado. Seguidamente se agrega el jerez, se cuece a fuego lento por espacio de una hora y media y a media cocción se le adiciona un decilitro de caldo o agua y los tomates.

A continuación se pone en un plato y pasados unos quince minutos se corta a trozos, se coloca en una fuente y se esparcen por encima las trufas cortadas a juliana fina.

El jugo una vez desgrasado y pasado por un colador se sirve en una salsera.

Al momento de servirla se rocía con el coñac y se enciende.

POULARDE RELLENA CON MARRONS GLACÉS

Una poularde, 400 gr de marrons glacés, 100 gr de manteca de cerdo, 2 copitas de coñac, 2 copitas de jerez y una cebolla.

Se limpia y chamusca el ave, se rellena el interior con los marrons, se cose, se sazona con sal y se coloca en una cacerola con la manteca de cerdo, dejándola cocer, a fuego regular y tapada, unas dos horas. A media cocción se añade el jerez, el coñac y un decilitro de agua, y cuando está en su punto se pone el volátil en un plato para que repose unos quince minutos.

Se corta a trozos, dejando solamente el caparazón, que se pondrá en el centro de una fuente, relleno también su interior con los marrons; se rodea con los trozos de poularde y seguidamente se sirve.

En la salsera se acompaña su mismo jugo bien desgrasado.

CHICKEN PIE (Pastel de pollo, estilo inglés)

Medio pollo tierno, 200 gr de champiñones, 150 gr de jamón cocido cortado a lonjas delgadas, 150 gr de manteca de cerdo, 50 gr de mantequilla, 200 gr de harina, 100 gr de tapa de ternera a rajas delgaditas, 75 gr de tocino ahumado, 10 escaloñas, 2 trufas, 3 huevos, 2 decilitros de vino blanco, una cucharada de puré de tomate, y pimienta.

Límpiese y chamúsquese el pollo, córtese en 6 trozos y rehóguese a fuego vivo con 85 gr de manteca de cerdo. Cuando empieza a tomar color se añaden las escaloñas mondadas y picadas, el vino blanco, el puré de tomate y un decilitro de agua o caldo, se sazona con sal y pimienta y se cuece a fuego regular durante veinte minutos.

PASTA. Con la harina se forma un círculo encima de un mármol y en el centro se echa un huevo, el resto de la manteca de cerdo, una cucharada de agua y sal; se amasa hasta obtener una pasta fina y a continuación se estira ésta con un rodillo, dándole el grueso de algo más de una moneda vieja de cinco pesetas.

Se unta con mantequilla un plato que resista al fuego, se forra el interior con la ternera y encima se ponen los trozos de pollo, las trufas, los champiñones cortados a lonjas y los huevos cocidos y partidos en discos. Después se rocía con la salsa del pollo y la mantequilla derretida, se cubre todo con el tocino y el jamón, se tapa con la pasta preparada de antemano, se adorna con discos de pasta a gusto del ejecutor, se pinta con yema de huevo diluida en agua y se cuece a horno suave durante una hora.

Se sirve en la misma fuente.

POLLO A LA MARENGO

1 ½ pollo tierno, 400 gr de tomates, 2 decilitros de vino blanco, una lata de medio kg de champiñones, 2 trufas, 6 huevos bien frescos y pequeños, 200 gr de pan, 6 cangrejos de río gruesos, 3 decilitros de aceite, 10 escaloñas y 50 gr de mantequilla.

Limpio y chamuscado el pollo se corta en 6 trozos.

Se pone en una cacerola al fuego un decilitro de aceite y la mantequilla y cuando está bien caliente se agrega el pollo y se rehoga hasta que tenga un color dorado. A continuación se echan las escaloñas trinchadas, el vino blanco y los tomates mondados y picados, se sazona con sal, pimienta y nuez moscada, y se cuece a fuego lento durante una hora. A media cocción se agregan los champiñones y la trufa, todo cortado a lonjas, y los cangrejos.

Se cortan 6 discos de pan y se fríen con el aceite, como también se freirán los huevos, en forma abuñolada.

Se presenta el pollo en una fuente cubierta con la salsa, alrededor se ponen los discos de pan y encima de éstos los huevos, intercalando los cangrejos.

POLLO A LA MARÍA TERESA

1 ½ pollo tierno, 400 gr de champiñones frescos, 100 gr de mantequilla, 2 trufas gordas, una copita de jerez, 100 gr de crema de leche, 50 gr de lengua escarlata y 10 gr de harina.

Limpio y chamuscado el pollo se cose para darle una bonita forma y se mechan las pechugas y los muslos con tiras delgaditas de trufa y lengua escarlata, intercalando los dos colores, sirviéndose para dicho fin de una aguja ex profeso. Después se sazona con sal, se pone en una cacerola y se rocía con la mantequilla; se añade una cebolla picada, se mete en el horno y cuando empieza a tomar ligeramente color dorado se añade la harina, el jerez y un decilitro de agua. Se sazona con sal y pimienta y se cuece, tapado, el resto de la trufa cortada a lonjas delgadas y los champiñones bien limpios. Una vez en su punto se saca el pollo y pasados unos diez minutos se corta a trozos, se coloca en una cocotera o fuente de porcelana que resista al fuego y encima se ponen las lonjas de trufa. Finalmente, se rodea con los champiñones, se agrega a la salsa la crema d'Ysigny, se hierve unos cinco minutos, se echa sobre el pollo, se cuece todo junto otros cinco minutos y se sirve bien caliente.

POLLO AL CAVA

Un pollo tierno, 200 gr de mantequilla, un cuarto de litro de cava seco, 2 copitas de curaçao seco, 300 gr de champiñones pequeños y frescos, 200 gr de crema de leche, 25 gr de harina, una trufa y media hoja de laurel.

Limpio y chamuscado el pollo, se parte en cuatro trozos, se sazona con sal, se pasa por la harina y se pone en una cacerola con 150 gr de mantequilla, se rehoga hasta que tome ligeramente un color dorado, seguidamente se le agregan los champiñones, la trufa cortada a lonjitas, el cava y el curaçao. Se sazona con sal y pimienta y se cuece tapado durante dos horas a fuego lento.

Se coloca el pollo, los champiñones y la trufa en una cocotera que previamente se tendrá tapada y al calor. Al restante contenido de la cacerola, se le agrega la crema de leche y el restante de la mantequilla y se cuece hasta obtener una salsa algo espesa y se echa encima del pollo.

POLLO COCOTE A LA BORDOLESA

1 ½ pollo, 100 gr de manteca de cerdo, un decilitro de aceite, 35 gr de mantequilla, 6 escaloñas, una lata de cèpes (setas), una copita de coñac, un decilitro de buen vino tinto, perifollo, una cebolla, 100 gr de tomate y 4 trufas.

Limpio y chamuscado el pollo se cose, dándole una bonita forma, se sazona con sal y se le meten en el interior las trufas. Luego se coloca en una cacerola con la manteca de cerdo y la cebolla cortada a trozos, y se rehoga hasta que tenga un bonito color dorado. Seguidamente se le añade el coñac, el vino, los tomates y un decilitro de agua, y se cuece lentamente durante hora y media.

Los cèpes se sacan de la lata, se lavan, se cortan a trozos y se escurren.

Póngase en una sartén el aceite y cuando esté muy caliente agréguensele los cèpes, salteándolos hasta que tengan un color dorado. Después se escurre algo el aceite y se le adicionan las escaloñas trinchadas finas, la mantequilla y el perifollo picado; se saltean un poco más y se sazonan con sal y pimienta.

Se pone el pollo, cortado a trozos, en una cocotera, se rodea con los cèpes y se cubre con la salsa pasada por un colador. Se tapa luego la cocotera, cubriendo las junturas con un poco de pasta preparada con harina y agua, y se cuece por espacio de quince minutos.

POLLO COCOTE A LA MASCOTA

1 ½ pollo, 150 gr de manteca de cerdo, 600 gr de patatas, 4 alcachofas, 12 cebollitas, 12 bonitas aceitunas sin hueso, una copita de coñac, 50 gr de mantequilla, 2 trufas, una copita de jerez, 100 gr de tomates y una cebolla.

El pollo, después de limpio y chamuscado, se cose, dándole una bonita forma. Luego se sazona con sal, se pone en una cacerola con la mitad de la manteca de cerdo y la cebolla a trozos y cuando empieza a tomar color se agrega el jerez y los tomates, dejándolo cocer, tapado, por espacio de media hora.

Mondadas las patatas se preparan en forma de avellanas, sirviéndose de una cucharita para este fin; después se fríen con la manteca de cerdo y se sazonan con sal.

Desprovistas las alcachofas de las hojas más duras se tornean sus fondos, se cortan a 3 cm de alto, se sazonan con sal y se fríen a fuego lento con las dos terceras partes de la mantequilla.

Se pone el pollo en una cocote y se colocan alrededor las patatas, las aceitunas, las alcachofas y las cebollitas previamente fritas con manteca y formando unos montoncitos. Se agrega luego el coñac, el sobrante de la mantequilla, el jugo del pollo, previamente desgrasado, y la trufa cortada a lonjas delgadas. Se tapa la cocote con tapadera, se cubren las junturas con un poco de pasta preparada con harina y agua y se cuece a fuego lento durante hora y media.

POLLO COCOTE A LA BUENA MUJER

1 1/2 pollo, 800 gr de patatas, 18 cebollitas, 150 gr de tocino magro, 100 gr de manteca de cerdo, 35 gr de mantequilla, una copita de coñac, una copita de jerez, 2 trufas, 200 gr de tomates, 100 gr de harina, una pizca de azúcar fino, una cebolla y una zanahoria.

Límpiese y chamúsquese el pollo y séquese con un paño. Se cose luego con bramante, se sazona con sal y se coloca en una cacerola con la mantequilla y el tomate, la cebolla y la zanahoria. Se mete en el horno y rociándolo de vez en cuando con la misma manteca, se cuece a fuego vivo por espacio de treinta minutos para que el ave tome un color dorado. Seguidamente se saca el bramante, se corta el pollo en 6 trozos y se colocan en una cazuela ovalada de porcelana o terracota, llamada cocotera. Luego se escurren las dos terceras partes de la manteca que ha quedado en la cacerola y en ésta se echa el jerez, dejándolo cocer unos diez minutos; se pasa por un colador y se echa este líquido encima del pollo.

Mondadas las patatas se preparan en forma de avellanitas, sirviéndose de una cucharita ex profeso.

Se corta el tocino a tiras de 1 cm de grueso por 4 de largo, se ponen en una sartén pequeña, friéndolas hasta que tomen un color dorado, se escurren en la misma manteca extraída del tocino y se fríen las patatas avellanitas hasta que empiezan a colorearse.

Peladas las cebollitas se ponen en una cacerolita con un decilitro de agua, la mitad de la mantequilla y el azúcar, y se cuecen hasta consumir toda el agua y adquirir un color dorado.

Se ponen alrededor del pollo las patatas, las cebollitas y el tocino, colocándolo todo en montoncitos, se cubre aquél con lonjas de trufa y se termina agregando el resto de la mantequilla y el coñac. Se tapa con la tapadera (también se taparán las junturas con la harina mezclada con un poco de agua formando una pasta) y se mete en el horno por espacio de cuarenta minutos.

Se sirve la cocotera en una fuente cubierta con servilleta y se destapa al llegar a la mesa para que el comensal pueda percibir su aroma delicioso.

POLLO A LA CREMA

Un pollo, una lata de champiñones (o 200 gr), un huevo, una trufa, 15 gr de harina, 75 gr de manteca, una cebolla, una zanahoria, un vaso de vino blanco, 50 gr de nata, laurel, tomillo y perejil.

Limpio el pollo, se corta a trozos, se coloca en una cacerola con la manteca, la cebolla picada y la zanahoria cortada a trocitos, se rehoga hasta que tenga un color dorado y se adiciona la harina, el vino blanco y un decilitro de agua. Se sazona con sal, se agrega un manojito atado compuesto de laurel, tomillo y perejil, se tapa la cacerola y se cuece durante una hora. Diez minutos antes de terminar la cocción, se le agrega la nata, luego se cambia el pollo de cacerola, se pasa la salsa por un colador, se agregan los champiñones y la trufa; se cuece durante quince minutos y una vez fuera del fuego, se le agrega una yema de huevo.

POLLO SALTEADO AL CURRY

Un pollo de 1 kg cortado a cuartos, 75 gr de manteca de cerdo, 15 gr de harina, 100 gr de cebollas, 100 gr de mantequilla, 200 gr de arroz, una copita de coñac, una copita de jerez, 2 cucharadas de puré de tomate, una cucharadita de curry y dos decilitros de leche.

Limpio y chamuscado el pollo, se sazona con sal y se pone en una cacerola con manteca y la cebolla cortada fina; se deja rehogar hasta que tome un color dorado y se le agrega el tomate (puré de tomate); luego se incorpora la harina, el coñac, el jerez y el curry diluido con la leche, se sazona con un poco más de sal y se le agrega la mitad de la mantequilla. Luego se tapa la cacerola y se deja cocer durante una hora, dándole la vuelta de vez en cuando.

Terminada la cocción, se pone el pollo en una fuente, se riega con su salsa pasándola por un colador y se adorna con moldecitos de arroz hervido con agua y sal, escurrido y salteado con el resto de la mantequilla.

POLLO A LA PARRILLA A LA AMERICANA

1 ½ pollo, 6 tomates pequeños, 400 gr de patatas, un cuarto de litro de aceite, 150 gr de tocino ahumado cortado a lonjas delgadas, 25 gr de miga de pan rallada, 25 gr de mantequilla y un limón.

Se elige el pollo tierno y después de chamuscado se limpia, se parte por la espina dorsal, se extiende sobre una mesa, se aplana y se introducen las puntas de las patas, haciendo un pequeño agujero en la parte inferior del volátil. Seguidamente se sazona con sal y pimienta, se rocía con aceite y zumo de limón, se coloca en la parrilla con poco fuego y se deja cocer durante quince minutos por cada lado. Poco antes de terminar la cocción se espolvorea con el pan rallado y se rocía con aceite.

A los tomates se les hace un pequeño agujero en la parte superior, se les quita la semilla, se sazonan con sal, se rocían con aceite y se cuecen al horno unos ocho minutos sin que pierdan su forma.

Mondadas las patatas se cortan en forma de pajas y se fríen con aceite.

Se coloca el pollo en una fuente, se cubre con las lonjas de tocino, previamente fritas con el aceite, se adorna con las patatas pajas y los tomates, y se rocía con mantequilla derretida.

GALLINA SALSA SUPREMA

Una gallina, 2 huevos, una cebolla, un nabo, una zanahoria, una trufa, 200 gr de arroz, 100 gr de mantequilla, 35 gr de harina, un decilitro de crema de leche y un ramito de apio.

Se elige una bonita gallina y después de limpia y cosida se cuece durante dos horas a fuego regular con 2 litros de agua, la cebolla, el nabo, la zanahoria y el apio, y se sazona con sal y pimienta. Terminada la cocción se pone en una cacerola medio litro de caldo de gallina, previamente pasado por un colador, y cuando arranca el hervor se agrega el arroz y se cuece a fuego lento durante veinte minutos.

Se derriten 50 gr de manteca, se le mezcla la harina, agregando medio litro de caldo y se deja cocer a fuego lento veinte minutos. Luego se aparta del fuego, se le incorporan las yemas de los huevos y la nata, se revuelve bien con un batidor y se pasa por un colador.

Se pone el arroz en una fuente formando zócalo, encima se coloca la gallina partida en trozos según el tamaño del volátil, se cubre con la salsa y se adorna la superficie con las trufas cortadas a lonjas delgadas.

GALLINA DE GUINEA A LA CHARTRES

Una gallina de Guinea, una col valenciana mediana, 150 gr de tocino magro, 100 gr de salchichón estrecho, 2 zanahorias, 150 gr de manteca de cerdo, una copita de jerez, 100 gr de tocino graso, una cebolla, 2 nabos y una hoja de papel de estraza.

Limpia y chamuscada el ave se sazona con sal, se cose con bramante y se mechan las pechugas y los muslos con tiras de tocino graso, sirviéndose de una aguja ex profeso. Luego se coloca en una cacerola con la manteca, se mete en el horno y se rocía de vez en cuando con la misma manteca hasta que tenga un color dorado. A continuación se agrega la cebolla picada y el vino de jerez.

Se saca el troncho de la col y se cuece por espacio de quince minutos. Luego se escurre, se trincha ligeramente y se junta con el volátil, agregando el tocino magro, el salchichón, los nabos, las zanahorias y un decilitro de caldo o agua. Se sazona con sal pimienta y nuez moscada, se tapa la cacerola con el papel de estraza y luego con su tapadera, y se cuece a fuego lento por espacio de dos horas, o sea hasta que esté bien tierna. Terminada la cocción se deja unos diez minutos la gallina encima de un plato para que pierda algo el calor y se pueda cortar mejor.

Se cortan a rodajas las zanahorias, los nabos y el salchichón y se adorna con ello el fondo y las paredes de un molde o legumbrera, intercalando los colores. Después se coloca una capa de coles y en el centro la gallina cortada a trozos y el tocino hecho pedacitos, se cubre con el resto de la col, o sea con todo el contenido de la cacerola, haciéndolo de modo que el volátil no se vea por ninguna parte, y se aprieta bien para que tome la forma del molde. A continuación se cuece en baño María durante media hora y al momento de servirlo se vierte en una fuente redonda.

PATO A LA NARANJA

Un pato bien tierno, 200 gr de champiñones pequeños frescos, 100 gr de manteca de cerdo, 50 gr de mantequilla, 15 gr de harina, 3 hígados de gallina, 10 escaloñas, zanahorias, 2 copitas de coñac, 2 decilitros de buen vino tinto, laurel, tomillo, pimienta y 3 naranjas.

Limpio y chamuscado el pato se sazona con sal y se coloca en una cacerola con la manteca de cerdo, las escaloñas picadas y las zanahorias mondadas y cortadas a trocitos. Se mete en el horno y cuando tenga color dorado se añade la harina, el coñac, los hígados de gallina, vino, laurel, tomillo y un decilitro de caldo o agua, se sazona con sal y pimienta y se deja cocer a fuego lento hasta que esté bien tierno.

Cinco minutos antes de terminar la cocción se añade el zumo de una naranja y pasado este tiempo se corta el pato a trozos y se coloca en una cacerola; los hígados se machacan en el mortero y se pasan por un tamiz fino, como igualmente la salsa. Se echa todo esto en la cacerola del pato, se le adicionan los champiñones y un poco de corteza de naranja cortada en forma de juliana fina, se hierve cinco minutos y se le mezcla la mantequilla.

Se sirve en una fuente, colocando alrededor rajas de naranja previamente pelada.

PATO A LA TOLOSANA

Un pato grueso y bien tierno, 8 nabos, 18 cebollitas, 2 dientes de ajo, un decilitro de vino blanco, 100 gr de manteca de cerdo, una copita de coñac, 100 gr de tomates, 4 trufas medianas, 6 hígados de pollo y laurel y tomillo.

Se limpia y se chamusca el pato, se rellena con las trufas y los hígados previamente sofritos con mantequilla, y se cose con bramante, dándole una bonita forma. Luego se coloca en una cacerola, agregándole la manteca de cerdo y la cebolla hecha a trozos, se sazona con sal y se mete en el horno, dándole vuelta de vez en cuando y rociándolo con la manteca, de modo que tome un bonito color dorado. Ya en este punto se añaden los tomates, el vino, el coñac, laurel y tomillo, se tapa la cacerola y se le agrega su propio jugo, pasándolo por un colador.

Se mondan los nabos, se cortan a trozos y se tornean, dándoles la forma de un diente de ajo, se hierven con agua por espacio de cinco minutos y se escurren.

Se pone en una sartén al fuego el resto de la manteca y cuando está caliente se echan las cebollitas peladas y los nabos, se saltean vivamente hasta que tengan un color dorado y se juntan con el pato. Luego se sazona con sal, se tapa la cacerola y se cuece a fuego lento por espacio de hora y media.

Se corta el pato a trozos, se coloca en una fuente y se rodea con la guarnición.

PATO A LA QUIRINAL

Un pato, 100 gr de cadera de ternera, 100 gr de carne magra de cerdo, 2 trufas, 2 huevos, 100 gr de manteca de cerdo, una copita de vino de Madeira, 50 gr de harina, 35 gr de mantequilla, una cebolla, una zanahoria y 100 gr de tomates.

Limpio y chamuscado el pato se cose, dándole una forma bonita. Se pone luego en una cacerola con la manteca de cerdo, la cebolla y la zanahoria, se sazona con sal, se mete en el horno y cuando tenga un bonito color dorado se le añade el vino de Madeira y los tomates. Se tapa la cacerola, se cuece lentamente durante hora y media, luego se saca el volátil y una vez algo frío se corta a trozos y se pone en una cocotera.

QUENEFAS. Se pone en una cacerola la mantequilla y un decilitro de agua y sal, se arrima al fuego y cuando hierve se le adiciona la harina. Se mezcla bien, obteniendo una pasta espesa, y se le agrega, fuera del fuego, la carne de ternera y de cerdo, todo pasado por una máquina de trinchar. A continuación se le incorpora un huevo, se mezcla y se le adiciona otro huevo. Se trabaja bien, luego se sazona con sal, pimienta y nuez moscada, se pasa por un tamiz, obteniendo una pasta fina, y con dos cucharitas se forman las quenefas del tamaño de una avellana con cáscara. Después se cuecen unos cinco minutos con agua y sal, se escurren, se juntan con los trozos de pato, adicionándoles las trufas cortadas a cuadritos, se tapa la cocotera y se cuecen lentamente por espacio de media hora.

PATO RELLENO A LA MEDINACELI

Un pato, 6 bonitos hígados de gallina, 100 gr de miga de pan, 2 cebollas, un decilitro de leche, un huevo, 75 gr de manteca de cerdo, 4 escaloñas, perifollo, laurel y tomillo, 2 zanahorias, 200 gr de tomate, una copita de jerez, 15 gr de harina, un diente de ajo y 300 gr de champiñones frescos.

Después de limpiarlo y chamuscarlo se quitan al pato los cañones, que son muy abundantes en esta clase de aves, y se sazona con sal.

Los hígados de gallina, el hígado extraído del pato, una cebolla, las escaloñas y la miga de pan remojada con la leche se pasa todo por una máquina de trinchar para obtener un picadillo bien fino. Se agrega un huevo, un poco de perifollo picado y el ajo trinchado, se sazona con sal y nuez moscada, se mezcla todo, se rellena el pato y seguidamente se cose la abertura inferior con hilo blanco para evitar que salga el relleno. Luego se cose también el ave para darle una bonita forma, se coloca en una cacerola, se le añade la cebolla y las zanahorias, todo cortado a pedacitos, se le incorpora la manteca de cerdo, los champiñones bien limpios, laurel y tomillo, se mete en el horno y cuando haya tomado un color dorado se le adiciona la harina, el jerez y el tomate. Finalmente, se sazona con sal y se cuece, tapado y a fuego lento, durante dos horas, y a media cocción se echa un decilitro de caldo o agua (una tacita). Una vez en su punto se corta el volátil a trozos, se coloca en una fuente, se cubre con la salsa y se rodea con los champiñones.

Sírvase bien caliente.

PATO A LA OSTENDE

Un pato, una cebolla, 100 gr de mantequilla, 20 gr de harina, una trufa, 150 gr de crema de leche, un ramito de apio, 400 gr de champiñones y un hueuo.

Limpio y chamuscado el pato se cose con bramante, dándole una bonita forma, se pone en una olla con agua que le cubra, se le agrega una zanahoria, un nabo, una cebolla y el apio, se sazona con sal y se cuece durante dos horas.

Se derriten 50 gr de mantequilla, se le mezcla la harina, un cuarto de litro de caldo del volátil y la crema de leche, se remueve de vez en cuando con un batidor y se cuece lentamente unos veinte minutos. Luego se sazona con sal, pimienta y nuez moscada, y se añade una yema de huevo.

Se corta a trozos el pato y se coloca en el centro de la fuente, dándole lo más posible su forma primitiva. Se cubre con la salsa, se rodea con los champiñones rallados, se rocía con mantequilla y por encima del ave se adorna con unas bonitas lonjas de trufa.

PICHONES EN COCOTE MONTECARLO

3 pichones, 200 gr de champiñones frescos, 100 gr de mantequilla, una copita de vino de Madeira, una copita de coñac, un decilitro de crema de leche, 50 gr de jamón en dulce, una trufa, una cebolla, una zanahoria y 200 gr de carne magra picada.

Límpiense, chamúsquense y rellénense los pichones con el jamón, la trufa y la carne magra, todo picado. Luego se cosen para darles una bonita forma y se ponen en una cacerola con 75 gr de mantequilla, se sazonan con sal y se añade la cebolla y la zanahoria, todo cortado a trocitos. Después se meten en el horno hasta que tengan un color dorado, luego se les agrega el vino Madeira y el coñac, se sigue la cocción y al cabo de diez minutos se añade la crema de leche. Se tapa la cacerola y transcurrida una media hora se sacan los pichones de aquélla, se les quitan el hilo, se parten por la mitad, se colocan en una cocotera, se adorna con los champiñones enteros previamente bien lavados, se les incorpora todo el contenido de la cacerola, pasándolo por un colador, y se añade la mantequilla restante.

Se cubre la cocotera con su tapadera, se tapan las junturas con una tira de pasta preparada con harina mezclada con agua, se mete la cocotera en el horno y se cuecen a fuego regular por espacio de veinte minutos.

Se sirve en el mismo recipiente colocado encima de una fuente con servilleta y no se destapa hasta llegar a la mesa.

PICHONES A LA EMPERATRIZ

3 pichones tiernos, 150 gr de carne magra trinchada, una trufa, un huevo, una lata de cèpes *(setas), 100 gr de manteca de cerdo, un decilitro de aceite, perejil, 6 escaloñas, una cebolla, 2 decilitros de vino blanco, una zanahoria, media hoja de laurel y un ramito de tomillo.*

Limpios y chamuscados los pichones se rellenan con la carne mezclada con una yema de huevo y la trufa picada y sazonada con sal y pimienta. Se cosen con bramante para darles una bonita forma y se colocan en una cacerola. Se agrega zanahoria y una cebolla, todo cortado a trocitos, se le incorporan los 100 gr de manteca, el laurel y el tomillo, se sazona con sal, se meten en el horno y se cuecen, lentamente y tapados, por espacio de hora y media, adicionándoles a media cocción el vino blanco. Transcurrido dicho tiempo se parten los pichones por la mitad y se colocan en una fuente.

Los cèpes después de lavados se cortan a trozos, se saltean con el aceite bien caliente y cuando hayan tomado un color dorado se escurren y se añaden las escaloñas trinchadas y perejil picado. A continuación se pone en la fuente rodeando los pichones, se le incorpora el contenido de la cacerola, pasándolo por un colador, y se sirve bien caliente.

PICHONES A LA BELLA MARGOT

3 pichones tiernos, 100 gr de carne magra picada, 5 tomates, un manojo de espárragos, 400 gr de patatas, 2 trufas, 400 gr de guisantes, 200 gr de pan, 50 gr de mantequilla, 100 gr de manteca de cerdo, una copita de jerez, una cebolla, una zanahoria, un huevo y 10 gr de harina.

Chamuscados y limpios los pichones se rellenan con un picadillo compuesto de la carne magra, trufa y huevo, y se cosen y ponen en una cacerola al fuego con la mitad de la manteca, la cebolla y la zanahoria, rehogándose hasta que tomen color. Seguidamente se añade el jerez, 2 tomates, la harina y un decilitro de agua, se sazonan con sal y se cuecen bien tapados durante dos horas.

Se cortan las puntas de los espárragos de 3 cm de largo, se cuecen con agua y sal, y se saltean con un poco de mantequilla.

Con las patatas y los guisantes secos se prepara un puré, adicionándole un poco de mantequilla.

Se parten 3 tomates por la mitad, se vacían, se rocían con un poco de mantequilla y se ponen unos minutos en el horno.

Se corta el pan en forma de triángulos y se fríe con la manteca restante. Luego se coloca en una fuente y encima se ponen los pichones partidos por la mitad, se rodean con un cordón de puré, poniendo un pequeño montículo en el centro, se añaden los tomates rellenos con las puntas de los espárragos, se cubre con la salsa, pasada por un colador, y se espolvorea con trufa picada fina.

PICHONES RELLENOS A LA LORENESA

3 pichones tiernos, 2 cebollas, 100 gr de hígado de cerdo, 100 gr de carne de cerdo, una zanahoria, 150 gr de manteca, una copita de jerez, un huevo, 600 gr de patatas, 25 gr de mantequilla, 15 gr de harina, una copita de coñac, una hoja de laurel y un ramito de tomillo.

Chamúsquense y límpiense los pichones, lávense interiormente y séquense con un paño.

Trinchado muy fino la carne magra, el hígado y una cebolla, se sazona con sal, pimienta y nuez moscada, se añade una yema de huevo y se rellenan los pichones. Después se cosen con bramante, dándoles una bonita forma, se colocan en una cacerola donde tendremos la mitad de la manteca, la cebolla trinchada y la zanahoria hecha a trocitos, y se rehoga hasta que tenga un color dorado. Seguidamente se le adiciona la harina, los hígados de los pichones, el jerez y 2 decilitros de caldo o agua, se sazona con sal y se cuece, tapado y a fuego lento, por espacio de dos horas. Transcurrido este tiempo se sacan los pichones, se desgrasa y a continuación se pasa todo el contenido de la cacerola por un tamiz, obteniendo una salsa espesa.

Mondadas las patatas se preparan en forma de avellanas, sirviéndose de una cucharita ex profeso, se fríen con el resto de la manteca, de modo que tengan un color dorado, y se sazonan con sal.

Se parten los pichones por la mitad, se colocan en una cocotera, se agrega el coñac, la salsa y la mantequilla, se rodea con las patatas y se cuece unos diez minutos.

Sírvase en la cocotera, no destapándose hasta llegar ésta a la mesa.

PICHONES A LA LEOPOLDO

3 pichones tiernos, 150 gr de carne de cerdo trinchada, 50 gr de jamón, una trufa, 2 huevos, una cebolla, 100 gr de tocino, 2 zanahorias, 200 gr de tomates, una copita de jerez, 200 gr de manteca de cerdo, 600 gr de patatas, 400 gr de judías verdes finas, 50 gr de mantequilla, 300 gr de pan, y laurel y tomillo.

Limpios y chamuscados los pichones se parten por la mitad, se les quita todo lo posible los huesos del interior y se sazonan con sal.

Se pone la carne en una vasija, se le adiciona un huevo crudo y el jamón hecho a trocitos, se sazona con sal, pimienta y nuez moscada, y se rellena el interior de los pichones, envolviéndose después con los trozos de tela.

En una cacerola se ponen las cebollas y las zanahorias, todo hecho a trocitos, encima se colocan los pichones, se rocía con 100 gr de manteca, se mete en el horno y cuando haya tomado un color dorado se añaden los tomates partidos por la mitad, el jerez, el laurel y el tomillo, se sazona con sal, se tapa bien la cacerola y se cuece lentamente durante hora y media.

Mondadas las patatas se preparan en forma de avellanitas, sirviéndose de una cucharita ex profeso, y se fríen con 50 gr de manteca.

Deshebradas las judías se cortan de 2 cm de largo, se cuecen con agua y sal, después se escurren y se saltean con la mantequilla.

Desprovisto el pan de la corteza se preparan 6 triángulos que se fríen con el resto de la manteca de cerdo, se ponen en una fuente redonda formando estrella y encima de cada uno se coloca medio pichón y en el centro las judías formando una pirámide, rodeándose con las patatas.

Al contenido de la cacerola se le quita la mitad de la grasa y se añade un decilitro de agua, se pasa por un colador, se le mezcla la trufa trinchada y se hierve unos minutos, obteniendo una salsa espesa que se echa encima de los pichones.

Sírvase bien caliente.

PICHONES A LA DOGARESA

3 pichones tiernos, 150 gr de carne magra trinchada, una trufa, un huevo, 600 gr de patatas, 200 gr de champiñones frescos y pequeños, 100 gr de tela de cerdo, 100 gr de manteca de cerdo, una copita de jerez, una cucharada de puré de tomate, 15 gr de mantequilla y una cebolla.

Se limpian y chamuscan los pichones, se parten por la mitad en toda su longitud, se aplanan con la hoja de un cuchillo y se sacan los pequeños huesos del interior. Se mezcla con la carne magra una yema de huevo y la trufa trinchada fina y se sazona con sal, pimienta y nuez moscada. Con este picadillo se rellena el interior de los pichones, se forra cada medio pichón con trozos de tela de cerdo previamente remojada con agua templada, se colocan en una cacerola donde tendremos 50 gr de manteca derretida, se ponen en el horno y se sofríen para que tomen un color dorado. Seguidamente se añade la cebolla trinchada, el jerez, el tomate, los champiñones previamente limpios y un decilitro de agua, se sazona con sal y se cuece lentamente por espacio de hora y media.

Mondadas las patatas se preparan en forma de avellanitas, sirviéndose de una cucharita ex profeso, y se fríen lentamente con el resto de la manteca de cerdo, de modo que resulte de un color dorado. Luego se escurren y se saltean con la mantequilla.

Se sirven los pichones en una fuente formando estrella, en el centro se forma un montículo de champiñones, y se rodean con las patatitas.

Se sirve bien caliente.

PICHONES A LA FLANDES

3 pichones tiernos, 6 nabos, 100 gr de tocino magro, 100 gr de manteca de cerdo, 200 gr de tomates, una copita de jerez, 12 cebollitas, 6 zanahorias, una hoja de laurel, un ramito de tomillo y perejil, 50 gr de mantequilla y una trufa.

Limpios y chamuscados los pichones se cosen con bramante, dándoles una bonita forma. Luego se ponen en una cacerola con la manteca y el tocino cortado a cuadritos, se mete en el horno, se rocía con la manteca y una vez que haya tomado un color dorado se le quita la mitad de ésta. A continuación se agrega el jerez y los tomates hervidos, escurridos y pasados por un colador, se sazona con sal y pimienta, se le adicionan los nabos y las zanahorias previamente mondados y torneados en forma de gajos de mandarina, las cebollitas ligeramente fritas con la manteca sacada de la cacerola y escurrida, la trufa hecha a cuadritos y un manojo atado compuesto de laurel, tomillo y perejil, y se cuece, tapado, por espacio de hora y media.

Se parten los pichones por la mitad, se colocan en una fuente y se rodean con la guarnición.

PICHONES A LA MONTAGNE

3 pichones, 12 cebollitas, 600 gr de patatas, 175 gr de manteca de cerdo, 300 gr de coles de Bruselas, 100 gr de tomates, una trufa, una zanahoria, una cebolla, una copita de jerez, 35 gr de mantequilla, media hoja de laurel y un ramito de tomillo.

Chamuscados y limpios los pichones se cosen para darles una bonita forma. Seguidamente se sazonan con sal y se colocan en una cacerola donde se tendrá la cebolla y la zanahoria, todo hecho a trocitos. Se agregan los tomates, el jerez, el laurel y tomillo, se sazona ligeramente con sal y a media cocción se cambian de cacerola.

Se le añade la trufa cortada a lonjas y su propia salsa, pasada por un colador, exprimiéndolo bien y pudiendo añadir un poco de caldo o agua si se observa que aquélla está demasiado espesa. Terminada la cocción se mondan.

Se mondan las cebollitas, se ponen en una cacerolita con un decilitro de agua y 25 gr de manteca de cerdo, se sazonan con sal y se cuecen lentamente y tapadas hasta que estén bien blandas y tengan un ligero color dorado.

Mondadas las patatas se preparan en forma de avellanitas, sirviéndose de una cuchara ex profeso, se fríen con 50 gr de manteca y se sazonan con sal.

Limpias las coles de Bruselas se cuecen vivamente con agua y sal. A continuación se pasan por agua fría, se escurren y se saltean con la mantequilla.

Los pichones se colocan en una fuente partidos por la mitad, se les quita el bramante, se intercala la guarnición formando unos montoncitos, se echa la salsa encima y se adorna con lonjas de trufa.

PICHONES A LA MAJESTIC

3 pichones tiernos, una lata de champiñones, una trufa, 2 hígados de pollo, 150 gr de manteca de cerdo, 200 gr de pan, una copita de jerez, media copita de coñac, 20 gr de harina, una zanahoria, una cebolla, 4 cucharadas de aceite, 800 gr de patatas, 50 gr de mantequilla, 35 gr de jamón en dulce, 100 gr de tomates y un huevo.

Se cuecen los hígados tres o cuatro minutos con agua y sal, se pasan por agua fría, se cortan a lonjas delgadas (igualmente se cortan las trufas y los champiñones), se saltea todo con la mitad de la mantequilla, se rocía con el coñac, se espolvorea con 15 gr de harina, se añade un huevo y se sazona con sal.

Se chamuscan y limpian los pichones, se rellenan con el preparado, se cosen con bramante para que tengan una bonita forma y se colocan en una cacerola. Se agrega la cebolla y zanahoria, todo cortado a trocitos, y se adicionan 50 gr de manteca de cerdo; se sazona con sal, se mete en el horno y cuando tenga un color dorado se añade la harina restante, el jerez, los tomates partidos por la mitad, media hoja de laurel y un pequeño ramito de tomillo. Se deja cocer a fuego lento durante una hora y a media cocción se echa un decilitro de agua.

Mondadas las patatas, se les da la forma de avellanas, sirviéndose de una cucharita ex profeso, y se fríen con la mitad de la manteca que queda, dándoles un bonito color dorado.

Desprovisto el pan de la corteza se cortan 6 trozos triangulares de 2 cm de espesor y se fríen con el sobrante de la manteca.

Se sacan los pichones de la cacerola, se pasa la salsa por un colador y se desgrasa.

Se colocan los triángulos de pan en una fuente y encima se ponen los pichones partidos por la mitad, se cubren con la salsa y se rodean con las patatas.

SUPREME DE VOLAILLE A LA PRINCESA

6 pechugas de gallina, 50 gr de lengua escarlata, 2 trufas gordas, 2 manojos de espárragos, 200 gr de pan, 125 gr de manteca de cerdo, 50 gr de mantequilla, 25 gr de harina, una cebolla, una zanahoria, un decilitro de vino blanco y un huevo.

Limpias las pechugas de piel y huesos se mechan con tiras delgadas de lengua y trufa, intercalando los colores. Luego se ponen en una cacerola con los huesos de las pechugas y 75 gr de manteca de cerdo, se añade la cebolla y zanahoria, todo cortado a trocitos, se mete en el horno y cuando empieza a tomar ligeramente color se añade la harina. A continuación se mezcla bien, se moja con el vino blanco y un cuarto de litro de agua, se sazona con sal y pimienta y se cuece, tapado y a fuego lento, durante dos horas.

Mondados los espárragos se cortan las puntas de 7 a 8 cm de largas, se cuecen con agua y sal, luego se escurren y se colocan en una tartera formando una hilera con las puntas bien igualadas. Se espolvorean luego con el queso, se rocían con la mitad de la mantequilla derretida y se meten en el horno hasta que tengan un color dorado.

Se saca la corteza del pan, se cortan 6 trozos de 2 cm de grueso y de forma algo triangular, se les hace una pequeña concavidad en el centro y se fríen con la manteca restante; luego se colocan en una fuente y encima de cada uno se pone una pechuga.

Se pasa la salsa por un colador y se le agrega una yema de huevo, el resto de la mantequilla y una trufa picada fina. Luego se vierte encima de las pechugas y se rodean éstas con las puntas de los espárragos.

PECHUGAS DE POLLO A LA MANÓN

6 pechugas de pollo, 100 gr de puré de foie-gras, 300 gr de pan inglés, 15 gr de harina, 100 gr de tocino graso, 150 gr de mantequilla, una lata de champiñones, 6 escaloñas, 2 trufas, 2 copitas de jerez, una cucharada de puré de tomate, 500 gr de patatas tempranas, 50 gr de manteca, y laurel y tomillo.

Desprovistas las pechugas de piel y huesos, dejándose solamente los huesos de los brazuelos, que se cortarán de 3 a 4 cm de largo, se aplanan con la hoja de un cuchillo y se mechan con el tocino cortado a tiras delgadas. Después se colocan en una cacerola, se les adicionan los huesos y 100 gr de mantequilla y se ponen en el horno. Cuando hayan tomado color se añaden las escaloñas mondadas y picadas, la harina, el jerez, el tomate y 2 decilitros de caldo o agua, se sazonan con sal y pimienta, se agrega el laurel y tomillo y se dejan cocer a fuego lento durante una hora.

Se saca la corteza del pan, se cortan 6 trozos en forma algo triangular y, vaciándolos un poco en el centro, se rocían con 25 gr de mantequilla derretida y se meten en el horno para que tomen color. A continuación se extiende por encima de cada uno una capa de foie-gras y se ponen en una fuente. En cada trozo de pan se coloca una pechuga.

Se pasa la salsa por un colador, se añaden las trufas y los champiñones, muy finos, y se deja cocer hasta que esté algo espesa. Seguidamente se vierte encima de las pechugas y se adorna con las patatas torneadas en forma ovalada y fritas lentamente con la manteca.

PECHUGAS DE GALLINA A LA DUQUESITA

6 pechugas de gallina, 100 gr de mantequilla, 75 gr de manteca de cerdo, 200 gr de pan, 20 gr de harina, 10 gr de queso rallado, 2 manojos de espárragos, 3 trufas gordas, una copita de coñac, una copita de jerez, 2 zanahorias, una cebolla, un huevo, una hoja de apio y 600 gr de patatas.

Elíjanse las pechugas bien tiernas, quíteseles la piel y huesos y méchense con tiras delgaditas de trufa.

Mondadas las zanahorias, cebolla y apio, se cortan a trocitos y se echan en una cacerola con las pechugas de gallina, los huesos y la piel de las mismas. Se añade luego la manteca de cerdo, se mete en el horno y cuando haya tomado color se le incorpora la harina, el jerez, el tomate, el coñac y un decilitro de caldo, se sazona con sal y pimienta y se cuece, a fuego lento y tapado, durante unas dos horas.

Mondados los espárragos se cortan las puntas de 5 a 6 cm de largas y una vez peladas se cuecen con agua y sal, se escurren, se forman 6 manojitos y se colocan en una tartera; se espolvorean con el queso rallado, se rocían con 25 gr de mantequilla derretida y se introducen en el horno para que se coloreen.

Se cortan 6 trozos de pan, dándoles la forma algo triangular, se rocían con 25 gr de mantequilla y se meten en el horno para que adquieran algo de color. Seguidamente se presentan en una fuente, encima se colocan las pechugas de gallina y se rodean con los espárragos.

La salsa se pasa por un colador, se desgrasa y se le mezcla el resto de la trufa picada, se deja cocer diez minutos y se le añade la mantequilla.

Esta salsa se echa encima de las pechugas de gallina.

Mondadas las patatas se cortan a trozos, se hierven con agua y sal, se escurren bien y se pasan por un tamiz. Luego se les mezcla un huevo y el resto de la mantequilla, se pone en una manga con boquilla rizada y encima de una tartera se forman 6 montículos en forma de espiral, los cuales se meten en el horno para que tomen color. Alrededor se colocan las pechugas, intercalándolas con las puntas de los espárragos.

PECHUGAS DE GALLINA A LA VILMORÍN

6 pechugas de gallina, 500 gr de pan, una lata de champiñones, 75 gr de lengua escarlata, 2 trufas, un huevo, 100 gr de mantequilla, una cebolla, 2 zanahorias, una hoja de apio, laurel, tomillo, un decilitro de vino blanco, 25 gr de harina, 75 gr de tocino, 50 gr de manteca de cerdo.

Desprovistas de piel y huesos las pechugas se mechan con tiras delgaditas de tocino.

Mondada la cebolla, zanahoria y apio, se corta a trocitos y se pone en una cacerola. Encima se colocan las pechugas, los huesos y piel de las mismas, se rocía con la mantequilla, se mete en el horno y se cuece hasta que tenga un bonito color dorado. A continuación se le incorpora la harina, el vino y 3 decilitros de agua, se sazona con sal y pimienta, y se cuece a fuego lento hasta que esté bien tierno. A media cocción se sacan las pechugas, se ponen en otra cacerola y se agrega la salsa pasada por un colador, las trufas, los champiñones y la lengua, todo cortado a lonjas.

Se preparan 6 trozos de pan en forma triangular, se fríen con la manteca de cerdo, se colocan en una fuente, encima se ponen las pechugas y se cubren con la salsa y guarnición.

PECHUGAS DE GALLINA A LA CHANTECLAIR

6 pechugas de gallina, 125 gr de manteca, 25 gr de mantequilla, 50 gr de harina, una trufa, una copita de jerez, una zanahoria, 6 crestas de pollo, una lata de champiñones, 200 gr de pan, una cebolla, 6 hígados de pollo, 50 gr de tocino graso, un limón y 800 gr de patatas.

Se cortan las puntas de las crestas, se sumergen en agua hirviendo y seguidamente se sacan y se frotan con sal fina, quitándoles la piel. Después se dejan en agua fría por espacio de dos horas para que resulten blandas, se ponen luego en una cacerola con un cuarto de litro de agua, el zumo de medio limón y una cucharadita de harina y sal, se mezcla bien y se cuecen a fuego lento durante una hora.

Desprovistas las pechugas de piel y huesos se mechan con tiras finas de tocino, se colocan en una cacerola donde se tendrá la manteca, una cebolla trinchada y una zanahoria hecha a trocitos, se añaden los huesos y piel de las pechugas, se meten en el horno para que tomen ligeramente un color dorado y seguidamente se añade una cucharadita de harina, el jerez y 2 decilitros de agua. A continuación se sazona con sal y se cuece a fuego lento, conservando la cacerola tapada, durante hora y media. Pasado este tiempo se cambian las pechugas de cacerola, se agrega la salsa pasada por un colador, se añaden los champiñones y la trufa, todo cortado a lonjas delgadas, las crestas y los hígados previamente hervidos, se vuelve a tapar la cacerola y se sigue la cocción a fuego lento durante una hora.

Desprovisto el pan de la corteza se cortan 6 trozos en forma de triángulos, se les hace una pequeña concavidad en el centro, se rocían con la mantequilla y se meten en el horno para que tomen un color dorado. Luego se ponen en una fuente redonda formando estrella, encima se colocan las pechugas, se cubren con la salsa y los champiñones y en cada una se pone un hígado, en cuyo centro se pondrá una cresta, colocando a cada lado de ésta una lonja de trufa.

Mondadas las patatas se preparan en forma de avellanitas, se fríen con el resto de la manteca y se ponen alrededor de las pechugas.

BECASINAS A LA DELFINA

6 becasinas, 4 hígados de pato o gallina, una cebolla, 75 gr de mantequilla, 50 gr de manteca, 2 copitas de vino de Porto, una copita de coñac, 2 trufas, 100 gr de tocino graso cortado en lonjas delgadas y un huevo.

Se cortan a trozos los hígados y se saltean con la manteca de cerdo, se añade la cebolla picada y una copita de vino de Porto, se sazona con sal, pimienta y nuez moscada, se machaca en el mortero hasta obtener una pasta y entonces se agregan las trufas picadas y una yema de huevo. Con esta pasta se rellenan las becasinas, que se tendrán previamente limpias.

Se introduce el pico en la juntura de los muslos, traspasándolos de parte a parte, se cubren las pechugas con lonjas de tocino y se sujetan con hilo.

Finalmente, se sazonan con sal, se rocían con mantequilla derretida, se cuecen en una cocotera a horno vivo por espacio de veinte minutos, se rocían también con el vino blanco y el coñac y pasados cinco minutos se sirven en la misma cocotera.

BECASINAS A LA ALSACIANA

6 becasinas, 100 gr de manteca de cerdo, 100 gr de tocino cortado en 6 lonjas, una copita de jerez, una copita de coñac, 150 gr de carne magra de cerdo trinchada, una trufa, un huevo, una cebolla, 100 gr de crema de leche, 25 gr de mantequilla y 3 peras.

Límpiense y chamúsquense las becasinas. Después se mezcla la carne magra con la trufa y una yema de huevo, se sazona con sal y se rellenan las becasinas. Se cosen luego de la abertura, se les cubren las pechugas con una lonja de tocino, se sujeta ésta con bramante y se introduce el pico, traspasando los muslos de parte a parte.

A continuación se colocan en una cacerola con la cebolla hecha a trozos, se agrega la manteca, se meten en el horno hasta que tengan un color bien dorado y luego se escurre la manteca y se rocían con el coñac y el jerez. Se añade la crema de leche, se sazonan con sal y se cuecen, lentamente y tapadas, durante cuarenta minutos.

Se eligen las peras de clase fina, se cortan a cuadritos y se cuecen con agua.

Se colocan las becasinas en una cocotera, agregándoles el tocino; se pasa la salsa por un colador y se hierve para que se espese;

se agrega, fuera del fuego, la mantequilla, se echa encima de las becasinas, se añaden las peras escurridas, se tapa la cocotera, se le da un hervor y se sirve en una fuente cubierta con servilleta.

BECADAS EN CANAPÉ

3 becadas, 400 gr de pan inglés, 25 gr de mantequilla, 75 gr de manteca de cerdo, 100 gr de tocino cortado a lonjas delgadas, 75 gr de puré de foie-gras, 2 manojitos de berros, un limón y una copita de jerez.

Limpiadas y chamuscadas las becadas se sazonan con sal y se cubren con las lonjas de tocino, sujetando éstas con bramante.

El pico de la becada se introduce entre la juntura del muslo, traspasando el ave en parte. Luego se colocan en una cacerola o tartera con la manteca de cerdo y se meten en el horno por espacio de treinta y cinco minutos, rociándolas de cuando en cuando con su propio jugo.

Se cortan 6 trozos de pan algo triangulares y de 2 cm de grueso, y con la punta de un cuchillo se les hace una concavidad en el centro. Después se ponen a freír al lado de las becadas y cuando tienen un color dorado se llenan con el foie-gras mezclado con la mantequilla, se colocan encima de los canapés, se reparten las becadas partidas por la mitad en todo lo largo, se rocían con un poco de su jugo y se introducen unos minutos en el horno.

Se sirven en una fuente, adornándose con berros y limones cortados a trozos.

Se echa el jerez y un decilitro de caldo en la tartera, se hierve por espacio de cinco minutos, se pasa por un colador y después de bien desgrasado se sirve en una salsera.

BECADAS ESTILO MAHÓN

3 becadas, 3 panecillos, 150 gr de tocino, 100 gr de manteca de cerdo, un cuarto de litro de crema de leche, una copita de jerez y 2 manojos de berros.

Se limpian y chamuscan las becadas, sin quitarles nada del interior y se atraviesan con el pico, introduciendo éste entre los muslos.

Se hacen lonjitas delgadas con el tocino y se cubren las becadas, sujetándolas con hilo. Se colocan luego en una cacerola, se agrega la manteca, se ponen en el horno y al faltar poco para estar en su punto se sacan del fuego.

Los panecillos se abren por la mitad y se mojan ligeramente con la crema de leche y un poco de jugo de las becadas.

Se coloca cada becada entre dos medios panecillos, sujetándolos con hilo, se ponen en la misma cazuela con la manteca que ha quedado, se vuelven a poner en el horno, rociándolas algunas veces con manteca, se cuecen hasta que los panecillos estén dorados y se añade el jerez.

Al servirse se parten las becadas por la mitad, se colocan encima de los medios panecillos y se sirven en una fuente, rociándola con el jugo y adornándola con los berros.

SALMI DE PERDICES

3 perdices, 400 gr de pan, 75 gr de manteca de cerdo, 35 gr de jamón, 50 gr de mantequilla, 20 gr de harina, una lata de champiñones, una trufa, una cebolla, 3 hígados de gallina, 2 decilitros de vino tinto, una zanahoria, 200 gr de tomates, y tomillo, laurel y perejil.

Limpias y chamuscadas las perdices se cosen con bramante y se colocan en una cacerola con manteca de cerdo. Se agrega el jamón, la zanahoria y la cebolla, todo cortado a trocitos, y se rehoga hasta que tenga un color dorado. Luego se añade la harina, el vino, el tomate, los hígados de gallina y los cuellos y las mollejas de las perdices, se sazona con sal, pimienta y nuez moscada, y se cuece, tapado y a fuego lento, hasta que las perdices estén bien tiernas.

Se corta el pan en 6 trozos algo triangulares y de 2 cm de grueso y se untan de mantequilla para que tomen color.

Se cortan las perdices, haciendo de cada una 2 trozos, y se colocan en una tartera. Todo el contenido de la cacerola en que se han cocido las perdices se pone en un mortero y se machaca hasta obtener una salsa espesa, la cual se pasa luego por un tamiz fino y se echa encima de las perdices. Luego se añaden los champiñones, la trufa (todo cortado a lonjas delgadas) y el resto de la mantequilla, y se cuece a fuego lento por espacio de treinta minutos.

Se colocan los trozos de pan en una fuente, encima se ponen los pedazos de perdices, se cubre con la salsa y se rodea con unos triángulos de pan frito.

PERDICES A LA BRIAND

3 perdices, 150 gr de salchichas, 2 trufas bonitas, un huevo, una lata de champiñones, 15 gr de manteca de cerdo, una zanahoria, una cebolla, 75 gr de tocino graso cortado en 3 lonjas delgadas, un decilitro de jerez, 15 gr de harina, un decilitro de aceite, un ramito de romero y 150 gr de pan.

Se limpian y chamuscan las perdices y se sazonan con sal.

Desprovistas de la piel las salchichas se les añade una yema de huevo, luego se agregan los champiñones y una trufa, todo trinchado fino, se mezcla bien y se rellenan las perdices. A continuación se cosen éstas, dándoles una bonita forma, se cubren con una lonja de tocino, sujetándose ésta con dos brazaletes de bramante, se colocan en una cacerola y se añade la zanahoria y cebolla, todo hecho a pedacitos. Se agrega luego la manteca de cerdo, se rehogan para que tomen color dorado y ya en este punto se agrega la harina y el romero. Se mojan con el jerez y un decilitro de agua, se sazonan con sal y pimienta y se cuecen, tapadas y a fuego lento, durante dos horas. A continuación se sacan las perdices y una vez algo frías se cortan, haciendo de cada una dos trozos, que se colocan en una fuente que resista al fuego. Después se desgrasa la salsa, se pasa por un colador, se agrega la trufa picada y se echa sobre los trozos del ave.

Se mete unos minutos en el horno y se sirve, adornando la fuente con unos triángulos de pan frito.

PERDICES A LA PASTORA

3 perdices, 150 gr de tocino graso cortado en 4 lonjas bien anchas, una copita de coñac, una copita de jerez, 150 gr de manteca de cerdo, 400 gr de setas pequeñas (rovellons) y 150 gr de salchichas.

Se limpian las perdices y después de chamuscadas se cosen con bramante para darles una bonita forma, se sazonan con sal y se cubren con el tocino, sujetándose con un brazalete de bramante. Luego se pone en una cacerola al fuego con la manteca y se cuece lentamente durante una hora, agregándole a media cocción el jerez y el coñac. Después se sacan las perdices y una vez algo frías se parten cada una por la mitad y se colocan en una cocotera, adicionándoles también las salchichas, ligeramente fritas y cortadas a trozos, y las setas, previamente limpias, salteadas con un poco de manteca y escurridas.

Se escurren las dos terceras partes de la manteca de la cacerola, luego se añade un decilitro de agua, se le da un hervor y se echa el líquido en la cocotera, pasándolo por un colador, se tapa ésta y se cuece lentamente durante hora y media.

PERDICES RELLENAS A LA FERMINA

3 perdices, 100 gr de jamón, un huevo, 50 gr de miga de pan, 35 gr de piñones, un diente de ajo, perejil, una cebolla, una zanahoria, 100 gr de tomates, una copita de jerez "Tío Pepe", una hoja de laurel, un ramito de canela, 125 gr de manteca de cerdo, 200 gr de pan, 15 gr de harina, 300 gr de setas frescas y pequeñas y un decilitro de aceite.

Después de limpias y chamuscadas las perdices, se lavan, se secan y se sazonan con sal.

Trinchado fino el jamón, el ajo y un poco de perejil, se le mezcla la miga de pan rallada, un huevo y los piñones, se sazona ligeramente con sal, pimienta y nuez moscada, se mezcla bien y se rellenan las perdices. Después se cosen con bramante, dándoles una bonita forma, se colocan en una cacerola y se agrega una cebolla y la zanahoria, todo cortado a trocitos, y 75 gr de manteca de cerdo. Se arrima al fuego y se rehoga hasta que haya tomado un fuerte color dorado. Seguidamente se agrega la harina, el jerez, el laurel, la canela, los tomates partidos por la mitad y un decilitro de agua, se sazona con sal y se cuece, a fuego lento y tapado, durante dos horas. Luego se cambian las perdices de la cacerola y se les adiciona la salsa, o sea el contenido de la cacerola primera, pasándolo por un colador.

Limpias las setas se saltean con aceite para que se doren, se escurren, se añaden a las perdices, se tapa la cacerola y se cuece una media hora.

Se corta el pan, formando 6 triángulos gordos que se fríen con la manteca restante y se colocan en una fuente. Encima se ponen las perdices, cortadas en 2 trozos cada una, se cubren con la salsa y se rodean con las setas.

CREPINETAS DE PERDIZ A LA COMPIEGNE

3 perdices, 200 gr de salchichas, 100 gr de tela de tocino, 2 trufas, un huevo, 125 gr de manteca de cerdo, 2 cebollas, 50 gr de mantequilla, un decilitro de vino tinto, una hoja de laurel, un ramito de tomillo, perejil, 200 gr de pan y 300 gr de coles de Bruselas.

Límpiense, chamúsquense y pártanse las perdices, haciendo de cada una 2 trozos.

Desprovistas las salchichas de la piel se ponen en una vasija y se les mezcla una yema de huevo y la trufa picada. Después se reparte este picadillo encima de los trozos de perdiz, se envuelve luego cada uno en un pedazo de tela de tocino, se colocan en una cacerola con 75 gr de manteca de cerdo y se meten en el horno. Cuando empieza a tomar color se agregan las cebollas trinchadas, el vino y un ramito atado compuesto de laurel, tomillo y perejil, se sazona con sal y pimienta, se tapa la cacerola con un papel de estraza y luego con una tapadera y se cuece a fuego lento por espacio de tres horas.

Se sirve en una fuente rodeada con unos triángulos de pan frito con manteca y colocando en el centro las coles de Bruselas, previamente hervidas, escurridas y salteadas con la mantequilla.

PAQUETES DE PERDIZ CON COLES

3 perdices, una col valenciana, 150 gr de butifarra catalana, 100 gr de jamón natural, una cebolla, un decilitro de vino blanco, 200 gr de tocino magro, 100 gr de manteca de cerdo, 200 gr de tomates, y laurel, tomillo y perejil.

Se limpian y chamuscan las perdices, se cosen con bramante, se sazonan con sal, se ponen en una cacerola con la manteca y la cebolla picada y se rehogan hasta que tengan un color dorado. Se agrega el vino, un decilitro de agua, el tomate y un manojito atado compuesto de laurel, tomillo y perejil, y se cuece, bien tapado, durante una hora. Pasado este tiempo se sacan las perdices y cuando están algo frías se cortan, haciendo de cada una 3 trozos.

Limpia la col se saca el troncho y se hierve con agua y sal durante quince minutos, procurando que las hojas queden bien tiernas. Luego se pasan éstas por agua fría, se escurren bien y se extienden sobre un mármol o mesa, haciendo 6 partes. Encima se colocan unas lonjas de jamón, tocino y butifarra, luego se pone un trozo de perdiz y se envuelve todo entre la col, dándole la forma de un paquete. Seguidamente se vuelven a la cacerola, se sazonan con sal, pimienta y nuez moscada, se mojan con 2 decilitros de caldo y se cuecen, bien tapadas, a fuego lento durante dos horas, o sea hasta que estén bien blandas.

Se sirven en una fuente, quitando el manojito.

PERDICES A LA VINAGRETA

3 perdices, 18 cebollitas, 6 dientes de ajo, 4 zanahorias, un decilitro de vinagre, 4 tomates medianos, laurel, tomillo, perejil y 3 decilitros de aceite.

Limpias y chamuscadas las perdices se cosen con bramante, se sazonan con sal, se ponen en una cacerola con la mitad del aceite y se rehogan hasta que tengan un bonito color dorado. Se agregan los ajos, el vinagre, los tomates y las zanahorias, torneadas en forma de gajos de naranja; se sazona con sal, pimienta y nuez moscada, se tapa, se cuece a fuego lento durante tres horas y a media cocción se le incorporan las cebollitas mondadas y ligeramente fritas con el resto del aceite y escurridas, añadiéndole un manojito atado compuesto de laurel, tomillo y perejil.

Terminada la cocción se parten las perdices por la mitad, se colocan en una fuente, alrededor se ponen las cebollitas y zanahorias y se echa la salsa encima, después de pasada por un colador.

PASTEL DE PERDICES A LA INGLESA

2 perdices tiernas, 200 gr de tocino ahumado cortado a lonjas delgadas, 75 gr de jamón cortado igual que el tocino, una trufa, 3 huevos, 100 gr de champiñones frescos, 150 gr de manteca de cerdo, una copita de jerez, 25 gr de mantequilla, una cebolla, 100 gr de tomates, 300 gr de harina, 150 gr de salchichas, y laurel, tomillo y perejil.

Chamuscadas y limpias las perdices se cortan, haciendo de cada una 3 trozos, y se sazonan con sal.

En una sartén al fuego se pone el tocino sin que tome color y se coloca en un plato que resista al horno (plato inglés) cubriendo todo el interior de éste.

El líquido extraído de freír el tocino se echa en una cacerola al fuego, se agregan 50 gr de manteca de cerdo y cuando está bien caliente se añaden las perdices y se rehogan. Luego se agrega la cebollita trinchada fina y las salchichas hechas a trozos y se sigue rehogando para que todo tome un color bien dorado. A continuación se agrega el jerez, los champiñones limpios, la trufa hecha a lonjas y los tomates hervidos, escurridos y pasados por un colador; se añade un manojito atado compuesto de laurel, tomillo y perejil, se sazona con sal y pimienta, y se cuece a fuego lento y tapado por espacio de una hora. Seguidamente se colocan los trozos de perdices en el plato donde está el tocino, adicionándole los champiñones, la trufa, la mantequilla, un huevo duro hecho a trozos y la salsa pasada por un colador. Se arregla para que los trozos estén bien planos, se añaden las salchichas, y se cubren con las lonjas de jamón.

Encima de un mármol se pone la harina formando círculo. En el centro se echan 2 huevos, reservando un poco de yema y añadiéndose 100 gr de manteca y 4 cucharadas de agua. Luego se sazona con sal y se mezcla con una cuchara y después con las manos hasta obtener una pasta fina y compacta que se estira con el rodillo, doblándolo tres o cuatro veces como si fuese una pasta de hojaldre; después se estira de nuevo, dándole el grueso de 1 cm, se cubre el contenido del plato, se pinta la superficie con yema de huevo mezclada con agua, se adorna con un bonito dibujo y se cuece lentamente durante una hora para que tome un color dorado.

Se sirve en una fuente recubierta con una blonda o servilleta.

FAISÁN EN COCOTE A LA POMPADOUR

Un faisán tierno, 200 gr de champiñones frescos, 2 decilitros de crema de leche 75 gr de mantequilla, una copita de coñac, una copita de jerez, 12 marrons glacé y 2 trufas.

Limpio y chamuscado el faisán se cose para darle una bonita forma, luego se pone en una cacerola con la mantequilla, se sazona con sal y en su interior se introducen las trufas y los marrons glacé. Seguidamente se mete en el horno para que tome un color ligeramente dorado y a continuación se le añade el coñac y el jerez. Se cuece unos cinco minutos, se le adicionan los champiñones bien lavados y la crema de leche y se sigue la cocción por espacio de diez minutos. Luego se pone todo en una cocotera, se sazona con sal y pimienta, se cubre con su tapadera, tapando las junturas con una tira de pasta preparada con agua y harina, se mete la cocotera en el horno y se deja cocer durante dos horas.

La cocotera se servirá en una fuente cubierta con servilleta y no se destapará hasta llegar a la mesa.

FAISÁN A LA CONDESITA

Un faisán, 50 gr de tocino graso cortado a lonjas delgadas, 2 zanahorias, un nabo, una cebolla, 100 gr de manteca de cerdo, 200 gr de pan, 3 hígados de gallina, 10 gr de harina, 2 copitas de coñac, un decilitro de vino blanco, 75 gr de mantequilla, 15 gr de queso de Parma rallado, 200 gr de tomates, 2 decilitros de crema de leche, y laurel y tomillo.

Se elige un faisán tierno y una vez limpio y chamuscado se cose con bramante, dándole una bonita forma. Luego se mechan las pechugas con tiras delgadas de tocino, se sazona con sal y pimienta y se pone en una cacerola honda, añadiéndose la manteca, las zanahorias, el nabo y la cebolla, todo mondado y cortado a trocitos. Se mete la cacerola en el horno y cuando tenga un color dorado se le adiciona la harina, el coñac y el vino blanco, se le echa un decilitro de agua, los tomates, el laurel y el tomillo, se sazona con sal, se tapa la cacerola, se cuece hasta que el ave esté bien tierna y diez minutos antes de sacarla del fuego se añade la crema de leche.

Se ponen en una cacerola 25 gr de mantequilla y se fríen los hígados, se machacan en el mortero y se pasan por un tamiz; luego se agregan 25 gr de mantequilla y se sazona con sal, obteniendo una pasta fina.

Desprovisto el pan de la corteza se forman 8 triángulos y se cubren con una capa de pasta obtenida de los hígados; después se espolvorean ligeramente con el queso y se meten unos minutos en el horno para que tomen color.

Se corta el faisán a trozos y se colocan en medio de una fuente.

Se pasa la salsa por un tamiz, se le mezcla el resto de la mantequilla, se echa encima del volátil y se rodea con los triángulos de pan.

Se sirve bien caliente.

CONEJO DE BOSQUE A LA FORESTA

Un conejo de bosque, 100 gr de manteca de cerdo, 18 cebollitas, 2 dientes de ajo, un decilitro de vino blanco, 200 gr de tomates, 100 gr de tocino magro, 200 gr de champiñones frescos, 15 gr de harina, 200 gr de pan, y laurel, tomillo y perejil.

Despellejado y limpio el conejo se corta a trozos regulares, se rehoga con 50 gr de manteca y el tocino cortado a pedacitos y cuando tiene un color dorado se añade el ajo picado, el vino blanco y los tomates mondados y trinchados, se sazona con sal y pimienta y se cuece a fuego lento por espacio de dos horas, conservando la cacerola bien tapada. A media cocción se agregan las cebollitas y los champiñones, ligeramente frito todo con el resto de la manteca y bien escurrido, y un manojo atado compuesto de laurel, tomillo y perejil.

Se sirve en una fuente, después de sacar el manojito, colocando por todo el alrededor unos triángulos de pan frito.

LIEBRE A LA MAGENTA

Una liebre tierna, 100 gr de tocino magro, 100 gr de manteca de cerdo, una lata de champiñones, 2 trufas, 2 huevos, 200 gr de cebollas, 3 dientes de ajo, un cuarto de litro de vino blanco, 2 copitas de coñac, 25 gr de harina, 35 gr de mantequilla, 200 gr de pan, un decilitro de aceite, y laurel, tomillo y perejil.

Despellejada y limpia la liebre se corta a trozos.

En una cacerola grande al fuego vivo se pone la manteca y el tocino y cuando está bien caliente se añade la liebre, se rehoga hasta que tenga color y a continuación se le adiciona la cebolla y los ajos, todo trinchado fino, y se sigue rehogando por espacio de quince minutos. Seguidamente se añade la harina, las trufas y los champiñones (todo cortado a lonjas), el coñac, el vino blanco y un decilitro de agua. Se sazona con sal, pimienta y nuez moscada, agregando un ramito atado compuesto de laurel, tomillo y perejil, se tapa la cacerola y se cuece a fuego lento hasta que la carne esté bien tierna.

Con una espumadera se sacan los trozos de liebre, la trufa y los champiñones de la cacerola, colocándolos en una cocotera. Luego se agrega a la salsa la mantequilla mezclada con 2 yemas de huevo, se mezcla con un batidor y seguidamente se echa encima de la carne.

MUSLOS DE LIEBRE A LA LEOPOLDO

2 piernas de una liebre gruesa, una cebolla, una zanahoria, una hoja de laurel, un ramito de tomillo, un decilitro de vino blanco, un huevo, 100 gr de carne magra trinchada, una trufa, 200 gr de crema de leche, 300 gr de champiñones frescos del tamaño mediano, 100 gr de mantequilla, 20 gr de harina, y perejil.

Se deshuesan las piernas de liebre y se aplanan con una paleta.

A la carne magra trinchada se le mezcla la trufa también trinchada y una yema de huevo. Se sazona con sal, pimienta y nuez moscada, y se rellena con este picadillo la carne de la liebre. Luego se cose con una aguja e hilo blanco y se coloca en una cacerola con la cebolla y la zanahoria, todo cortado a trocitos. Se añade la mantequilla y se cuece hasta que haya tomado un color dorado. Seguidamente se le adiciona la harina, el vino blanco y un cuarto de litro de agua, se sazona con sal y pimienta, se añade el laurel, el tomillo y unos rabos de perejil, y se cuece lentamente durante tres horas, agregándole a media cocción los champiñones previamente bien limpios.

Ya en este punto se saca la carne y los champiñones, se le adiciona el contenido de la cacerola y la crema de leche y se cuece unos quince minutos a fuego vivo, removiendo con una espátula de madera y obteniendo una salsa espesa que se pasa por un colador.

La carne se corta a rajas, se coloca en una fuente, se rodea con los champiñones y se cubre con la salsa.

Se sirve bien caliente.

FILETES DE LIEBRE A LA BRIÑÓN

2 piernas de liebre gruesas, un lomo de liebre, 100 gr de tocino graso, una cebolla, un nabo, una copita de coñac, un cuarto de litro de vino tinto, una hoja de laurel, un ramito de tomillo, 100 gr de crema de leche, 25 gr de harina, 75 gr de manteca de cerdo y 200 gr de champinones frescos.

Se deshuesa la liebre y se corta, haciendo 6 bonitos trozos que se mechan con tiras delgadas de tocino, se sujetan con bramante, se sazonan con sal, se pasan por harina y se rehogan con la manteca bien caliente. Se le adiciona la zanahoria, la cebolla y el nabo, todo cortado a trocitos, y se sigue rehogando. Cuando haya tomado un color dorado se agrega el coñac y el vino tinto, el laurel, el tomillo y unos rabos de perejil, y se sazona con sal.

Se cuece lentamente durante tres horas, se coloca a continuación en una cocotera, se le adicionan los champiñones limpios y pelados, se tapa ésta y se cuece una media hora.

PIERNA DE LIEBRE A LA HOTELERA

2 piernas de liebre, 200 gr de salchichas, 75 gr de tela de tocino, una trufa, una lata de champiñones, 2 zanahorias, 2 cebollas, un decilitro de vino blanco, 2 dientes de ajo, 200 gr de tomates, una hoja de apio, 150 gr de manteca, un huevo y 150 gr de pan.

Se eligen las piernas de liebre de tamaño grande, se deshuesan, se aplanan ligeramente, se rellenan con las salchichas desprovistas de la piel, se les mezcla una yema de huevo, se enrollan con la tela de tocino, dándoles su forma primitiva, y se colocan en una cacerola. Después se añade la cebolla, las zanahorias y el apio, todo cortado a trocitos; se sazona con sal y pimienta, se agregan 75 gr de manteca y se rehoga hasta que tome color. Luego se le adicionan los ajos picados, el vino, el tomate y un decilitro de agua, se tapa la cacerola, y se cuece a fuego lento hasta que esté bien tierno. Diez minutos antes de terminar la cocción se cambia la liebre de cacerola, se le incorpora la salsa, pasándola por un colador, se añade la trufa y champiñones, todo cortado a lonjas delgadas y se termina la cocción.

Se sirve cortada a rajas, en una fuente, cubriéndola con la salsa y adornándola con triángulos de pan frito.

CIVET DE LIEBRE A LA PARISIÉN

Una liebre de 1 ½ kg, 24 cebollitas, 200 gr de tocino magro, 100 gr de manteca de cerdo, 25 gr de harina, 2 zanahorias, 2 nabos, 2 cebollas, 100 gr de pan, un litro de vino tinto, un decilitro de aceite, 6 clavos especias, 4 dientes de ajo, laurel, tomillo, perejil y una lata de champiñones.

Despellejada la liebre se recoge su sangre en una taza, añadiendo a ésta algunas gotas de vinagre. Seguidamente se corta a trozos la carne, poniéndola después en un recipiente de barro. Se añade la mitad del vino, el laurel, tomillo, los ajos, una cebolla cortada a trozos y la zanahoria y los nabos, cortados también a trozos. A continuación se le incorporan los clavos y aceite, y se guarda en un sitio fresco durante doce horas.

Se pone el tocino, cortado a trozos, en una cacerola y se añade la mitad de la manteca. Cuando adquiere un color dorado se agrega la liebre, bien escurrida, rehogándolo todo hasta haber perdido su humedad. Seguidamente se le incorpora la cebolla cortada fina, se sigue rehogando y a continuación se mezcla la harina. Transcurridos algunos minutos se agrega el vino sobrante, se sazona con sal, pimienta y nuez moscada, se añade un manojito atado compuesto de perejil, laurel y tomillo, y se cuece a fuego lento hasta que esté bien tierno. Media hora antes de terminar la cocción se agregan las cebollitas, previamente fritas con la manteca restante y bien escurridas, y los champiñones. Ya debidamente cocido se añade la sangre que de antemano hemos retirado.

Se sirve en una fuente, adornándola con triángulos de pan frito.

PIERNA DE JABALÍ A LA ESCOCESA

1 kg de pierna de jabalí, 100 gr de tocino graso, 2 cebollas, 2 nabos, 2 zanahorias, 2 hojas de laurel, un ramito de tomillo, 300 gr de lentejas, 100 gr de manteca de cerdo, una copita de coñac, un cuarto de litro de vino tinto y 50 gr de mantequilla.

Se elige un bonito trozo de pierna de jabalí, se mecha con unas tiras delgadas de tocino, se coloca en una cazuela de barro, se rocía con el vino y el coñac, se añaden las cebollas, los nabos y las zanahorias, todo cortado a trocitos, y se deja en adobo por espacio de veinticuatro horas. A continuación se pone la carne en una cazuela de barro con la manteca de cerdo, se rehoga hasta que tenga un color dorado, se agregan seguidamente todos los ingredientes del adobo, se sazona con sal y pimienta y se cuece, a fuego lento y bien tapado, durante cuatro horas.

PURÉ DE LENTEJAS. Se cuecen las lentejas con agua y sal, se escurren, se pasan por un tamiz y se les añade la mantequilla.

Se corta la carne a rajas y se coloca en una fuente, se echa encima la salsa previamente pasada por un colador, se rodea con un cordón de puré de lentejas y se sirve bien caliente.

CONEJO DE BOSQUE A LA CATALANA

2 conejos de bosque, 300 gr de ciruelas en conserva, un decilitro de vino blanco, 75 gr de manteca de cerdo, 15 gr de harina, 2 cebollas, un nabo, una zanahoria, 4 clavos, un decilitro de vinagre, y laurel y tomillo.

Limpios los conejos se cortan a trozos y se ponen en adobo durante veinticuatro horas con el vinagre, laurel, tomillo y clavos, agregándose la cebolla, nabo y la zanahoria, todo hecho a trocitos. Transcurrido este tiempo se rehogan los trozos de conejo con la manteca y cuando empieza a tomar color se le incorpora la cebolla picada fina y la harina, se revuelve para que ésta tome color y se sazona con sal, pimienta y nuez moscada, se cuece a fuego lento por espacio de dos horas y a media cocción se agregan las ciruelas previamente remojadas con agua tibia durante dos horas.

Una vez en su punto se sirve en una fuente, colocando los trozos de conejo en el centro y rodeándose con las ciruelas.

PATO SALVAJE A LA BIGARRADE

3 patos salvajes tiernos, 75 gr de manteca de cerdo, una cebolla, una zanahoria, 2 cucharadas de vinagre, 2 naranjas, un limón, una copita de jerez, 2 tomates, 10 gr de fécula de patata y media cucharada de azúcar.

Se limpian y chamuscan los patos, se cosen, se sazonan con sal, se ponen en una cacerola con la cebolla, la zanahoria y la manteca, se meten en el horno y se cuecen hasta que estén bien tiernos.

Se escurre la manteca que haya en la cacerola, se añade el jerez, se hierve unos dos minutos, se le adiciona el vinagre, el azúcar, una cucharada de zumo de naranja y un decilitro de agua o caldo, se sazona con sal y pimienta, y se cuece unos cinco minutos. A continuación se pasa el líquido por un colador, se pone en una cacerola más pequeña, agregándole la fécula de patata diluida con un poco de agua fría, se añade un poco de corteza de naranja y de limón, todo cortado a tiras muy finas, se cuece todo junto unos diez minutos, adicionándole al retirarlo del fuego la mantequilla, y se sirve en una salsera.

Los patos se cortan a trozos, se colocan en una fuente que resista al fuego, se meten unos minutos en el horno y antes de servirlos se adorna la fuente, colocando alrededor de las aves unos tajos de naranja previamente pelados y quitados los titos.

PATO SALVAJE A LA PORTUGUESA

3 bonitos patos salvajes, un decilitro de vino de Porto, 75 gr de manteca de cerdo, 2 copitas de coñac, 100 gr de tomates, una cebolla, una zanahoria, 35 gr de mantequilla y una trufa, laurel y tomillo.

Limpios y chamuscados los patos se cosen, dándoles una bonita forma. Se sazonan con sal, se ponen en una cacerola con la manteca de cerdo, se agrega la cebolla y la zanahoria, todo cortado a trocitos, se arrima al fuego y se rehoga hasta que haya tomado un color dorado. Seguidamente se añade el coñac, un decilitro de agua, los tomates desprovistos de la piel, el laurel y el tomillo, y se cuece a fuego regular durante dos horas, conservando la cacerola tapada. A continuación se sacan los patos y una vez algo fríos se cortan, quitándoles las pechugas y los muslos. Se machaca en el mortero el caparazón, se desgrasa el contenido de la cacerola, se añade el caparazón machacado, se le da un hervor y se pasa todo por un tamiz.

Se colocan los trozos de pato en una cacerola, se rocían con el vino de Porto y se cuecen unos minutos. Se agrega la salsa, que se habrá pasado por un tamiz, se añaden unas gotas de zumo de limón, la trufa cortada a lonjas y la mantequilla, se cuece, tapado, por espacio de veinte minutos, y se sirve bien caliente en una cocotera.

TORDOS A LA MONT TABOR

8 tordos gruesos, 150 gr de salchichas, 600 gr de patatas, 8 alcachofas, 2 trufas, 2 limones, una zanahoria, 150 gr de tocino graso cortado a lonjas delgadas, 400 gr de pan, 150 gr de manteca de cerdo, una lata pequeña de puré de foie-gras, una copita de coñac, una copita de jerez, una cucharada de puré de tomate, un decilitro de aceite, 50 gr de mantequilla y un huevo.

Se mondan las patatas, se cortan a trozos, se cuecen con agua y sal, se escurren, se pasan por un tamiz y se les mezcla una yema de huevo y 25 gr de mantequilla, obteniendo un puré fino.

Una vez desprovistas las alcachofas de las hojas más duras se tornean sus fondos y se cortan las puntas, dejándolas de 2 a 3 cm de alto y dándoles la forma de cazuelitas. (A medida que se preparan se frotan con limón y se ponen en una cacerola donde se tendrá medio litro de agua y el zumo del limón restante.) A continuación se arriman al fuego, agregándoles sal y el aceite, se dejan cocer lentamente veinticinco o treinta minutos y luego se escurren y se colocan en una tartera.

Limpios y chamuscados los tordos se rellena cada uno con media salchicha, se les introduce el pico en el agujero donde se ha sacado el buche, se cubren con las lonjas de tocino y se sujetan éstas con palillos. Después se colocan en una cacerola, se sazonan con sal, se rocían con la mitad de la manteca y se meten en el horno. Cuando tengan un color dorado se les adiciona el jerez y el coñac, y se sigue la cocción, que ha de durar unos veinte minutos.

Se saca la corteza del pan, se forman 8 trozos algo triangulares de 2 cm de alto y de un tamaño apropiado para colocar en cada uno un tordo, se les hace una pequeña concavidad en el centro, se fríen con el resto de la manteca y se cubren con una capa de foiegras.

Se coloca en el centro de una fuente el puré de patatas formando una pirámide, a su alrededor se ponen los trozos de pan, sobre éstos se colocan los tordos desprovistos de los palillos y se les intercalan las alcachofas.

Se escurre la manteca de la cacerola, se le añade el tomate y un decilitro de agua, se cuece unos cinco minutos, se pasa por un colador, agregándole la mitad de la trufa picada y el sobrante de la mantequilla y se le da un hervor. Se llenan las alcachofas, colocando en cada una un disco de trufa, y se adorna la fuente con medias rodajas de limón ralladas.

PIERNA DE CABRA MONTESA A LA MONTREUIL

1 kg de pierna de cabra montesa, 100 gr de tocino graso, 2 zanahorias, un cuarto de litro de vino blanco, un decilitro de vinagre, 3 dientes de ajo, 2 cebollas, 3 cucharadas de aceite, 6 gr de pimienta, una hoja de apio, laurel, tomillo y perejil, 125 gr de manteca de cerdo, 600 gr de patatas, 6 tomates pequeños, una lata de champiñones y 25 gr de mantequilla.

La carne se mecha con tiras de tocino, se coloca en un recipiente poco ancho y hondo, se sazona con sal y se le añade una cebolla, una zanahoria y el apio, todo mondado y cortado a trocitos. Seguidamente se moja con la mitad del vino, el vinagre y el aceite; luego se le adicionan los granos de pimienta chafados, el laurel, tomillo y perejil, y se deja de este modo durante veinticuatro horas en sitio fresco. Pasado este tiempo se saca la carne del líquido, se coloca en una cacerola, se le añaden 75 gr de manteca de cerdo, una cebolla y una zanahoria cortada a trocitos y se rehoga hasta que todo haya tomado un color dorado. Entonces se le añade el vino blanco restante y un decilitro de agua o caldo, se sazona con sal y se cuece, tapado y a fuego lento por espacio de tres horas.

A los tomates se les corta una pequena circunferencia en la parte superior, se vacían y se rellenan con los champiñones cortados a trocitos. Luego se rocían con la mantequilla y se meten en el horno unos minutos, teniendo la precaución de que no pierdan su forma.

Se mondan las patatas y se forman unas patatas avellanas, sirviéndose de una cucharita ex profeso. Luego se fríen con el resto de la manteca de cerdo de modo que tengan un bonito color dorado y se sazonan con sal.

PRESENTACIÓN. Se corta la carne a rajas y se coloca en una fuente. Se pasa la salsa por un colador y una vez desgrasada se echa encima de la carne, rodeando ésta con los tomates intercalados con las patatas.

FIAMBRES

PASTEL DE FOIE-GRAS A LA CASERA

600 gr de carne magra de cerdo, 300 gr de hígado de cerdo, 300 gr de cadera de ternera, 300 gr de tocino graso, 300 gr de puré de foie-gras, 150 gr de tela de tocino, 25 gr de fécula de patata, 100 gr de miga de pan, 3 trufas medianas, 4 hígados de ganso cebado, un decilitro de jerez, 2 copitas de coñac, 2 huevos y un decilitro de leche.

Se hierven los hígados de ganso durante cinco minutos con agua y sal, se pasan por agua fría y se parten por la mitad.

Córtense a tiras las trufas y la mitad del tocino y rocíese con el coñac.

Se corta a trozos la carne de cerdo, la ternera, el resto del tocino y el hígado, se añade el pan remojado con leche y se pasa todo por una máquina de trinchar carne dos o tres veces hasta conseguir una pasta bien fina. Luego se agrega el jerez, la fécula de patata, el coñac, los huevos y el puré de foie-gras, se sazona con sal, pimienta y nuez moscada, y se mezcla bien.

Se remoja la tela de tocino con agua tibia y se forra con ella un molde para pastel, ligeramente untado de manteca y en cuyo fondo se echa una tercera parte de la pasta, unas tiras de trufa, hígado de ganso y tocino, repitiendo la misma operación hasta que el molde esté lleno. Entonces se cubre con el resto de la tela de tocino y se cuece en baño María al horno durante hora y media, se saca del fuego y se cubre con una madera que ajuste en el interior del molde, al objeto de cargar sobre éste un peso de 5 a 6 kg, dejándolo en sitio fresco unas cuatro o cinco horas. Transcurrido este tiempo se desmolda, pasándolo por agua tibia, se corta a rajas y se sirve en una fuente con servilleta.

Se puede adornar con gelatina, huevo hilado y pepinillos.

PASTEL DE PERDIZ

Una perdiz, 2 trufas, una copita de coñac, 2 copitas de jerez, 200 gr de carne magra de cerdo, 100 gr de cadera de ternera, 150 gr de tocino graso, 20 gr de fécula de patata, 50 gr de miga de pan, 8 huevos, un decilitro de leche, 350 gr de harina, 100 gr de manteca de cerdo, 100 gr de jamón cocido, laurel y tomillo.

PASTA QUEBRADA. Se echan encima de un mármol, formando un círculo, 300 gr de harina y en el centro se pone la manteca de cerdo, 2 huevos, sal y 4 cucharadas de agua. Se amasa con una cuchara y luego con las manos hasta obtener una pasta fina y compacta, y se deja descansar durante veinte minutos.

Limpia y chamuscada la perdiz se deshuesa, dejando la piel entera.

Se hacen dos filetes de cada pechuga, luego se ponen en un plato, agregándoles cuatro tiras de tocino, el mismo número de tiras de jamón y las trufas cortadas igualmente, y se rocía todo con coñac. Después se remoja el pan con la leche y se junta con el resto de la perdiz, se añade el tocino, la carne magra y la ternera, se pasa todo dos veces por una máquina de trinchar para conseguir un picadillo fino, y ya en este punto se añade la fécula, un huevo y el coñac con que se habrán macerado las tiras, y se sazona con sal, pimienta y nuez moscada.

Se colocan en una cacerola los huesos de la perdiz, media hoja de laurel, un ramito de tomillo y el jerez; se hierve, tapado, hasta reducirlo a la mitad y luego se pasa por un colador, se agrega el picadillo y se mezcla bien.

Se espolvorea el mármol con harina y con un rodillo se estira la pasta quebrada, dándole el grueso de medio cm, se forra un molde de pastel de perdiz que se tendrá colocado sobre una placa, adaptando bien la pasta por todo el alrededor y fondo del molde, y se echa una capa de picadillo en el interior. Luego se ponen las 4 tiras en toda su longitud, intercalando la trufa y tocino, se cubren éstas con otra capa de picadillo, se vuelven a colocar tiras de pechugas de perdiz y jamón y se cubre con el picadillo, siguiendo la misma operación hasta llenar el molde. Se reviste la carne con la piel de la perdiz, se tapa todo con una capa de pasta, sujetando los extremos con un poquito de yema de huevo mezclada con agua, se adorna la superficie con un bonito dibujo de discos triangulares y medias lunas de pasta, pegándola con yema mezclada con agua, se moja la superficie con el mismo líquido y se cuece a horno muy suave por espacio de dos horas.

Se sirve frío y cortado a rajas, colocado en una fuente cubierta con servilleta, y se adorna con pepinillos cortados a lonjas.

PASTEL MOSAICO

200 gr de ternera, 150 gr de lomo de cerdo, 200 gr de tocino graso, 50 gr de tela de cerdo, 3 trufas, 150 gr de jamón, 2 huevos, 150 gr de carne magra, 50 gr de pepinillos, una copita de coñac, una copita de jerez, 100 gr de miga de pan y un decilitro de leche.

Con el tocino, jamón, un huevo cocido, el lomo, las trufas y los pepinillos, se preparan unas lonjas delgadas y se pone en maceración con el jerez y el coñac. El restante de la carne de ternera, carne magra, pan mojado con leche, se prepara un picadillo muy fino, se adiciona el huevo, el coñac y el jerez, se sazona con sal, pimienta y nuez moscada y se mezcla bien.

Fórrese un molde pastel con la tela de cerdo mojada con agua caliente, se pone una ligera capa de picadillo, encima de éste, se ponen las lonjas de jamón, se pone otra capa de pasta, luego se colocan lonjas de huevo, seguidamente se pone una capa de picadillo y unas lonjas de trufa, otra de picadillo y unas lonjas de tocino, así sucesivamente hasta llenar el molde, se cuece éste en baño María durante una hora y media, tapando el molde para que no tome color, seguidamente se saca del agua, se tapa con una madera que encaje en el molde, se prensa con un peso de 3 kg y se deja hasta que esté frío, luego se saca del molde y se corta a rajas.

PASTEL DE CABEZA DE CERDO

600 gr de cabeza de cerdo, 200 gr de jamón cocido en un trozo, 300 gr de tocino graso cortado a lonjas delgadas, una lengua de cerdo, 300 gr de lengua escarlata, 50 gr de miga de pan rallada, 100 gr de pepinillos en vinagre, 2 hojas de cola de pescado, 2 trufas, una cebolla, un nabo, una zanahoria, laurel, tomillo y perejil.

Chamuscada la cabeza de cerdo, procurándose que tenga bastante magro y oreja, se limpia bien y se pone en una olla con 3 litros de agua, sal, laurel, tomillo, 2 clavos especias, el nabo, la zanahoria y la cebolla. Luego se escalda la lengua de cerdo, se saca la piel y se junta con la cabeza, dejándolo cocer a fuego lento durante tres o cuatro horas. Después se escurre y cuando se haya enfriado algo se corta a trocitos.

Se mezcla la lengua, el jamón, la trufa y los pepinillos, todo cortado a cuadritos; se sazona con sal, pimienta, nuez moscada y canela en polvo, se añade la cola de pescado diluida con 2 cucharadas de caldo, se mezcla bien y se llena un molde previamente forrado con las lonjas de tocino. Seguidamente se cubre con una hoja de papel de barba y se tapa con una madera que encaje y ajuste el molde, poniendo encima de éste un peso de 5 a 6 kg para que quede bien prensado y dejándolo en esta forma durante veinticuatro horas en sitio fresco. Transcurrido este tiempo se pasa ligeramente el molde por agua caliente para desmoldarlo, espolvoreándolo con la miga de pan rallada.

Se corta a lonjas y se sirve en una fuente con servilleta, adornándolo con hojas de perejil.

ESPUMA DE JAMÓN A LA VENDOME

200 gr de morcillo de buey, una trufa gruesa, 40 gr de cola de pescado, 300 gr de jamón cocido, 2 decilitros de crema de leche, 2 kg de hielo, 2 zanahorias, 2 puerros, 2 claras de huevo, 200 gr de puré de foie-gras, 150 gr de mantequilla, un ramito de apio, perifollo, una copita de jerez y un huevo.

GELATINA. En una cacerola se pone la carne, los puerros, las zanahorias y el apio, todo hecho a trocitos. Se añade medio litro de agua, 2 claras de huevo y el jerez. Se mezcla bien, se sazona con sal, se arrima al fuego, se remueve con un batidor y cuando está bien caliente, sin que haya empezado a hervir, se le adiciona la cola de pescado bien remojada con agua fría, se sigue removiendo suavemente y al arrancar el hervor se aparta de la lumbre dejándola cocer durante media hora a fuego lento. Transcurrido este tiempo se pasa por un paño mojado con agua fría.

Se pasa el jamón por una máquina de trinchar, se machaca luego en el mortero hasta obtener una pasta, se mezcla con el foiegras y se pasa por un tamiz. Después se coloca en un recipiente de porcelana rodeado de hielo, se le mezcla la mantequilla derretida, se le adiciona suavemente la crema de leche previamente batida a punto de nata, se sazona con sal y pimienta y se saca del hielo.

Se rodea un molde flanera con hielo picado, en el fondo se echa un poco de gelatina que se esparce por todo el interior hasta que resulte forrado con una ligera capa de ésta, se adornan sus fondos con trufa y huevo cocido cortado a discos y se rocía con un poco de gelatina para fijar el dibujo.

El preparado del jamón se pone en una manga con boquilla lisa y gorda, introduciendo dicha pasta en el molde sin que toque la pared de éste. Poco a poco se va echando la gelatina líquida y fría hasta cubrir el contenido, se deja cuajar y a continuación se pasa por agua tibia, se vierte en una fuente cubierta con servilleta y se rodea con triángulos de gelatina.

BELLA VISTAS DE FOIE-GRAS

100 gr de cadera de buey, una lata de puré de foie-gras (300 gr), 150 gr de mantequilla, 400 gr de huesos de ternera, 2 claras de huevo, una trufa, 35 gr de cola de pescado, una copita de jerez, 2 zanahorias, un nabo, una cebolla, perifollo, perejil y 2 kg de hielo.

En una olla al fuego se ponen los huesos de ternera, la cebolla, una zanahoria, un nabo, sal y 2 litros de agua dejándolo hervir durante dos horas, para obtener medio litro de caldo.

Se ponen en una cacerola 2 claras de huevo, el jerez, perifollo, una zanahoria cortada a trocitos y la carne de buey picada. Se mezcla bien, se agrega el caldo preparado de antemano, se pone al fuego, se revuelve bien con un batidor y cuando está caliente se añaden las colas de pescado bien remojadas en agua fría y se deja hervir a fuego lento por espacio de veinte minutos. Seguidamente se pasa por un paño mojado en agua fría y se le da color con un poco de azafrán.

Se rodean con hielo picado 8 moldes pequeños de flanera o tartaletas, se vierten en cada uno 2 cucharadas de gelatina y cuando está cuajada se hace un dibujo en forma de estrella o media luna, etcétera, y se fija con una cucharada de gelatina.

El foie-gras se pone en una vasija, se coloca ésta encima del hielo, se mezcla con la manteca, se sazona con sal, se mete en una manga y se reparte en los moldes, con precaución de que no toque la pared, terminándose de llenar éstos con gelatina algo fría. Una vez cuajado se pasa ligeramente por agua tibia, se desmolda en una fuente con servilleta y se adorna con hojas de perejil.

PASTEL A LA LORENESA

250 gr de carne magra de cerdo, 150 gr de cadera de ternera, 200 gr de tocino graso, 4 hígados de gallina o de pato, 100 gr de jamón en dulce, 100 gr de lengua escarlata, 100 gr de lomo de cerdo,

75 gr de miga de pan, un decilitro de leche, 100 gr de tela de tocino, 150 gr de hígado de cerdo, una copita de coñac, una copita de jerez, 2 huevos, 50 gr de fécula de patata y una trufa.

Se corta a cuadritos la trufa, la lengua, el jamón, el lomo y la mitad del tocino, y se deja en maceración con el coñac durante veinte minutos.

En una vasija con agua se pone la carne de ternera y la de cerdo, todo cortado a trocitos, y se le agrega el hígado y el tocino restante cortado igualmente. Luego se escurre, se le adiciona la miga de pan remojada con la leche y se pasa todo unas tres o cuatro veces por una máquina de trinchar, obteniendo un picadillo fino. Se sazona con sal, pimienta y nuez moscada, se le incorporan todos los ingredientes que están en maceración con el coñac y se termina adicionándole la fécula, los huevos, el jerez y los hígados de gallina previamente hervidos y cortados a trocitos. Se mezcla todo bien y se llena un molde cuadrilongo que se tendrá forrado con la tela de tocino previamente remojada con agua tibia y escurrida, se cubre la superficie con la tela restante y se pone el molde en una tartera agregándole agua hasta que llegue a la mitad de éste, cociéndolo al horno a temperatura regular por espacio de hora y media y cubriéndolo con una placa si se colorea demasiado. Terminada la cocción se cubre el molde con una madera que ajuste bien y encima se pone un peso de 5 o 6 kg, dejándolo de este modo durante doce horas en sitio fresco.

Para servirlo se calienta ligeramente el molde, se saca, dejándolo sobre el mármol, se corta a rajas de medio cm de grueso, se colocan éstas en una fuente cubierta con servilleta y se adorna con hojas de perejil.

ASPIC DE FIAMBRE

100 gr de lengua escarlata, 100 gr de jamón en dulce, 100 gr de mortadela, 100 gr de pastel de foie-gras, 100 gr de polpetón de lomo (todos estos ingredientes cortados a cuadritos), 100 gr de morcillo de buey, una trufa, 3 kg de hielo, 30 gr de cola de pescado, 2 claras de huevo, una copita de jerez, 2 zanahorias, perifollo, un puerro y un huevo.

GELATINA. Se pone al fuego en un cazo la carne de buey, las zanahorias y el puerro, todo cortado a trocitos; se añade el jerez, las claras de huevo y un poco de perifollo picado; se mezcla, se agrega medio litro de agua y sal y se arrima al fuego, removiéndolo con un batidor hasta que el contenido esté bien caliente y sin que llegue a hervir. Seguidamente se agrega la cola de pescado previamente remojada en agua fría, se sigue removiendo con el mismo batidor y cuando empieza a hervir se rocía con unas gotas de agua fría; se saca luego el batidor y se aparta el cazo a un lado del fuego de modo que hierva lentamente por espacio de veinte minutos, pasándose después por un paño mojado.

Prepárese un huevo duro.

Se rodea con hielo picado un molde flanera, en el interior se echan 4 cucharadas de gelatina y una vez cuajada se forma un dibujo con pequeños discos de trufa y de clara de huevo duro por todo el alrededor, tocando la pared del molde: en el centro se hace una estrella con clara de huevo. Se añaden 2 cucharadas de gelatina algo fría para fijar el dibujo y encima se colocan los cuadritos de lengua de jamón sin que toquen la pared del molde. Luego se cubren con gelatina y cuando está cuajada se coloca otra clase de fiambre, repitiendo la misma operación hasta llegar a introducir todo éste y toda la gelatina, debiendo tener en cuenta que ésta esté algo fría e intercalando los colores a gusto del artista.

Pasadas dos horas, o sea cuando todo está bien cuajado, se pasa el molde ligeramente por agua tibia y se vierte en una fuente con servilleta.

POLPETTONE DE LOMO TRUFADO

800 gr de lomo bien magro, 200 gr de ternera, una trufa, 2 huevos, 100 gr de miga de pan blanco, 50 gr de pepinillos, una copita de jerez, 4 cucharadas de leche, 100 gr de pan rallado, una cebolla, una zanahoria, 100 gr de manteca de cerdo y 25 gr de fécula de patata.

Desprovisto el lomo de nervios y grasa, se le hacen unos cortes delgados con la hoja de un cuchillo colocado horizontalmente sin que dichos cortes queden separados del tronco y se forman unas hojas delgadas.

Con la carne de ternera y el pan mojado con leche y los recortes del lomo, se prepara un picadillo pasándolo de nuevo por la máquina de trinchar, se le adiciona el jerez, un huevo, la trufa y los pepinillos trinchados, se sazona con sal, pimienta y nuez moscada y se mezcla todo bien formando una pasta fina. Con ésta se rellenan las hojas del lomo, se termina cubriéndolo todo con un picadillo, se moja la superficie con huevo batido, se espolvorea con pan rallado, se coloca en una tartera, se añade la manteca, la zanahoria cortada a trozos y se deja cocer durante una hora y media a fuego lento.

LOMO EN DULCE

600 gr de lomo, un cuarto de litro de leche, 100 gr de azúcar, una cebolla, una zanahoria y 50 gr de manteca.

Póngase el lomo en una cacerola con la leche, un cuarto de litro de agua, 50 gr de azúcar, la manteca, la cebolla y la zanahoria, se arrima al fuego y se deja cocer lentamente hasta que haya absorbido todo el líquido. Luego se pone en una fuente, se cubre con el resto del azúcar y se quema con una pala candente. Sírvase frío.

TERRINA DE PATO A LA TOLOSANA

(Cantidades para diez personas)

Un pato, 400 gr de tocino graso, 300 gr de cadera de ternera, 2 trufas, 300 gr de carne magra de cerdo, 2 copitas de coñac, 100 gr de lengua escarlata, una copita de jerez fino, 2 huevos, 25 gr de fécula de patata, 200 gr de foie-gras, 75 gr de miga de pan y un decilitro de leche.

Limpio y chamuscado el pato se deshuesa (también se deshuesan los muslos y las pechugas), guardando la piel bien entera y cortando la carne a filetes.

Se cortan 200 gr de tocino, formando 7 u 8 lonjas delgadas; se ponen en una vasija, se añade la lengua y las trufas, todo hecho a cuadritos, se agregan los filetes de pato, se rocía con el coñac y se deja en maceración por espacio de veinticinco minutos.

Pásese dos o tres veces por una máquina de trinchar la carne de ternera y la de cerdo, y el pan, que se tendrá previamente remojado con la leche. Se añaden los huevos, el foie-gras, la fécula de patata, el coñac, la lengua, la trufa y trocitos de tocino; se sazona con sal, pimienta y nuez moscada, y se mezcla bien.

Se forra con las lonjas de tocino una terrina o cocotera y encima se coloca la piel del pato, una capa de picadillo y la mitad de los filetes de ave; se cubre luego con otra capa de picadillo y se concluye de poner los filetes de pato y, por último, el relleno. Se tapa todo con una lonja de tocino y se cuece en baño María al horno por espacio de hora y media, sin que tome color a la superficie, y terminada la cocción se deja enfriar por espacio de doce a catorce horas.

Para servirlo se saca la grasa de encima y se coloca la terrina en una fuente con servilleta.

LOMO RELLENO

800 gr de lomo delgado, 300 gr de carne magra de cerdo, 100 gr de tocino graso, 3 huevos, 50 gr de miga de pan, 2 trufas, 4 cucharadas de leche, 2 zanahorias, un nabo, una cebolla, 2 pepinillos en vinagre, una copita de jerez y una pechuga de gallina.

Se pone en una vasija la carne magra, la mitad del pan mojado con la leche, y el tocino hecho a trocitos, obteniendo un picadillo fino. A continuación se añade la trufa y los pepinillos, todo picado, y seguidamente se le incorpora un huevo y la pechuga cortada a pedacitos, se sazona con sal, pimienta y nuez moscada, y se mezcla bien.

Se corta el lomo horizontalmente, formando 4 lonjas; se coloca una de éstas sobre una mesa, se cubre con una capa de picadillo y en el centro se ponen unas tiras de huevo duro, encima de éstas una lonja de lomo y una capa de picadillo, y así sucesivamente se repite la misma operación, terminando con una lonja de lomo. Se enrolla con un paño fino, apretándolo; se ata con bramante, dándole la forma de gelatina; se pone en una cacerola con 4 litros de agua, sal, la zanahoria, el nabo, la cebolla y el jerez, se cuece a fuego regular por espacio de dos horas y terminada la cocción se saca del agua, se pone en una nevera y se deja reposar durante cinco o seis horas.

Para servirlo se corta a rajas de medio cm de grueso, se coloca en una fuente y se adorna con pepinillos en vinagre, hojas de perejil y rodajas de zanahoria.

Puede servirse a la vez una ensalada del tiempo.

PASTEL DE LIEBRE

(Cantidades para doce personas)

Una liebre, 400 gr de tocino graso, 300 gr de carne magra de cerdo, 300 gr de cadera de ternera, 100 gr de lengua escarlata, 100 gr de jamón en dulce, 2 trufas gordas, 2 copitas de coñac, 3 copitas de jerez, 150 gr de manteca de cerdo, 450 gr de harina, 4 huevos, 10

gr de cola de pescado, media hoja de laurel, un ramito de tomillo,
25 gr de fécula de patata y una cebolla.

Se despelleja la liebre y se deshuesan los muslos, las espaldas y
el lomo, sacando unas tiras de carne de 2 cm de grueso por 6 o 7 de
largo, se coloca todo ello en una vasija y se agrega la lengua escarlata, el jamón y la trufa, todo hecho a tiras gruesas, se añaden 6 tiras
de tocino, se rocía con una copita de coñac y se deja en maceración durante veinte minutos.

Se limpian bien los huesos del resto de la liebre, sacando toda la
carne posible, y junto con la carne de ternera y la carne magra se pasa
todo dos o tres veces por una máquina, resultando un picadillo fino.
Se añaden 2 huevos, el coñac, una copita de jerez y fécula de patata,
se sazona con sal, pimienta y nuez moscada, y se mezcla bien.

Pasta quebrada. Se pone la harina encima de un mármol formando un círculo y en el centro se echan 5 gr de sal, 6 cucharadas
de agua, la manteca de cerdo y 2 huevos, reservando de éstos un
poco de yema, que se mezcla con 2 cucharadas de agua. Después
se amasa la harina con los demás ingredientes hasta obtener una
pasta fina y compacta que se deja descansar durante diez minutos y
luego se estira con un rodillo dándole el grueso de 1 cm y se forra
con ella el interior de un molde cuadrilongo desmontable, o sea,
especial para esta clase de pasteles, añadiendo las junturas de la
pasta, mojándola con la yema de huevo mezclada con agua.

El tocino se corta en lonjas muy delgadas, colocándolas sobre la
pasta y forrando el interior del molde, en cuyo fondo se pone una
capa de picadillo. Encima se colocan las tiras, intercalando las de
liebre, jamón, trufa, lengua y tocino, y se cubre con una capa de
picadillo, repitiendo la misma operación hasta llenar el molde.
Seguidamente se cubre con una capa de pasta, sujetando los extremos con yema de huevo y adornándolo con unos discos triangulares
o tiras de pasta mojados siempre previamente. En el centro de dicho
pastel se forma una abertura de 2 cm de diámetro y a su alrededor
se coloca un anillo de pasta formando un embudo, se pinta toda la
superficie del pastel con yema y agua y se cuece a horno muy suave
durante tres horas, cuidando que no se coloree demasiado.

Fumet o reducción de la sustancia de los huesos. Los huesos de
la liebre se ponen en una cacerola con la cebolla cortada a trozos,
laurel, tomillo, el jerez sobrante, 2 decilitros de agua y un poco de
sal, y se cuece, tapado, durante cuarenta y cinco minutos, para
reducir el líquido a un decilitro. Luego se añade la cola de pescado

remojada con agua fría y se pasa por un colador con dicho fumet, sirviéndose de un embudo. Guárdese en sitio muy fresco durante veinticuatro horas.

Se sirve en una fuente cortado a rajas y colocado sobre una servilleta.

Se puede adornar con gelatina o pepinillos.

CAPÓN A LA NEVA

Un capón de 2 kg, 400 gr de puré de foie-gras, 2 decilitros de crema de leche, 55 gr de cola de pescado, una copita de jerez, 200 gr de arroz, 30 gr de harina, 150 gr de mantequilla, 2 trufas, un nabo, una zanahoria, una cebolla, un ramito de apio, 2 claras de huevo, perifollo y 1 kg de hielo.

Limpio y chamuscado el capón se cose con bramante, se pone en una olla con dos litros y medio de agua, sal, nabo, zanahorias, la cebolla y el apio, se cuece hasta que esté bien tierno y seguidamente se saca y se pone en una nevera para que se enfríe bien.

SALSA *CHAUD FROID*. Se derriten 50 gr de mantequilla, se le mezcla la harina y medio litro de caldo del obtenido de cocer el capón, pasándolo por un colador, se cuece luego a fuego lento durante veinte minutos y poco antes de terminar la cocción se le añaden 15 gr de cola de pescado remojada con agua fría y escurrida, se sazona con pimienta y nuez moscada, se le incorpora la crema de leche y se pasa por un colador fino.

GELATINA. En una cacerola se ponen 2 claras de huevo, el jerez y perifollo picado, se mezcla bien y se le añade medio litro de caldo del capón. Seguidamente se pone al fuego, se revuelve con un batidor y cuando está bien caliente y sin que hierva se le añade el resto de la cola de pescado, previamente remojada con agua fría, y una vez que ha arrancado el hervor se hierve a fuego lento durante diez minutos, pasándolo por un paño mojado con agua fría.

Pónganse tres cuartas partes de este líquido en una vasija encima del hielo.

Se cuece el arroz durante veinte minutos con medio litro de caldo obtenido del capón y se deja enfriar.

Una vez enfriado el capón se le quita la piel, se le sacan las pechugas, dejando sólo los muslos adheridos al caparazón, y ya desprovistas las pechugas del hueso se cortan en filetes en toda su longitud.

Se pone el foie-gras en una vasija encima del hielo, mezclándole el resto de la mantequilla ligeramente derretida, y se sazona con sal. Se coloca el arroz en forma de zócalo en el centro de una fuente ovalada, dándole aproximadamente la forma del capón; encima se coloca el caparazón del volátil juntamente con los muslos, se rellena su interior con el foie-gras, colocando sobre éste los filetes de pechuga y poniendo entre la separación de cada filete un poco de foie-gras, se da al ave su forma primitiva y se pone en nevera.

Se coloca la salsa *chaud froid* encima del hielo, se remueve con una cuchara hasta que empiece a espesarse y seguidamente se echa encima del capón de modo que resulte todo cubierto con una capa de dicha salsa. Si se diera el caso de que no quedara bien cubierto se recoge delicadamente con una cuchara la salsa que ha caído en la fuente, se calienta, se vuelve a enfriar y se repite la operación anterior, dejando la fuente en nevera. A continuación se adorna la superficie con trufa, formando un dibujo a gusto del artista.

La cuarta parte de la gelatina que hemos reservado líquida se coloca sobre hielo, se revuelve con una cuchara hasta que empiece a cuajarse ligeramente, procurando que se conserve siempre líquida, y se va echando encima de todo el capón hasta que adquiera un hermoso brillo. Se coloca la gelatina con una cuchara y se repite la misma operación anterior.

Adórnese la fuente con gelatina cortada en forma de triángulos.

CODORNICES A LA MARÍA ANTONIETA

6 codornices, 200 gr de puré de foie-gras, 3 kg de hielo, 2 decilitros de crema de leche, 200 gr de pan inglés, 75 gr de mantequilla, 20 gr de harina, 200 gr de morcillo de buey, 45 gr de cola de pescado, 2 trufas, 2 copitas de jerez, 2 claras de huevo, un huevo, una copita de coñac, una cebolla, 2 zanahorias, perifollo, un ramito de apio y 75 gr de manteca de cerdo.

Chamuscadas y limpias las codornices se cosen para darles una bonita forma, se sazonan con sal, se colocan en una cacerola y se añade la cebolla, una zanahoria y el apio, todo cortado a trocitos. Después se agrega la manteca de cerdo, se sazonan con sal y se cuecen al horno para que resulten bien tiernas, adicionándoles una copita de jerez. Luego se colocan en un plato, se meten en una nevera para que se enfríen, se quita la grasa de la cacerola, se adiciona medio litro de agua, se sazona con sal y pimienta y se cuece unos veinticinco minutos, pasando el líquido por un paño y añadiéndole un poco de extracto de carne.

SALSA *CHAUD FROID* OSCURA. En una cacerola al fuego se ponen 50 gr de mantequilla, se le mezcla la harina y el líquido que se habrá pasado por un paño, se deja cocer unos veinte minutos, agregándole a media cocción 3 hojas de cola de pescado remojada con agua fría, y al retirarlo del fuego se le incorpora una yema de huevo. Se pasa luego por un colador fino y una vez fría se le añade la crema de leche.

GELATINA. Se corta a trocitos la carne, se agrega una zanahoria a pedacitos, un poco de perifollo y una copa de jerez, se le mezclan dos claras de huevo y medio litro escaso de agua, se sazona con sal, se arrima al fuego y cuando está bien caliente se agrega el resto de la cola de pescado remojada con agua fría y se remueve con un batidor. Cuando empieza a hervir se aparta ligeramente del fuego y se sigue la cocción lentamente durante media hora. Luego se pasa por un paño mojado con agua fría y se pone la mitad de ésta en una vasija rodeada con hielo.

Se quita el bramante de las codornices, se rellenan con foie-gras pasado por un tamiz o machacado en el mortero, se colocan encima de una parrilla o reja y se pone debajo de una fuente.

La salsa *chaud froid* se rodea con hielo picado, se remueve con una cuchara y cuando empieza a espesarse se echa sobre las codornices de modo que aparezcan bien cubiertas con una capa de dicha salsa. Si ésta resulta demasiado cuajada se vuelve al fuego y luego encima del hielo, repitiendo la misma operación hasta conseguir el objetivo indicado.

Se adornan las pechugas con un bonito dibujo de trufa a gusto del artista, se rocían con un poco de gelatina ligeramente cuajada, de modo que tengan una capa brillante, y se meten en la nevera durante dos horas.

Se corta el pan, haciendo 6 canapés en forma triangular para que sirvan de zócalo de las codornices y se vacían ligeramente, se rocían con el resto de la mantequilla y se meten en el horno para que tomen color. Luego se ponen en una nevera y una vez bien fríos se cubren con una capa de foie-gras, se colocan en una fuente redonda formando una estrella, encima de cada triángulo de pan se pone una codorniz y se vueve a rociar con un poco de gelatina fría y líquida, adornándose con triángulos de gelatina cuajada.

Nota. Para preparar esta clase de platos tiene que hacerse en sitio fresco.

GALANTINA DE PAVO CON GELATINA

(Cantidades para quince personas)

Un pavo de 2 ½ kg, 500 gr de carne magra de cerdo, 400 gr de cadera de ternera, 300 gr de tocino graso, 4 trufas, un decilitro de leche, 2 copitas de jerez, 2 copitas de coñac, 100 gr de miga de pan, 2 huevos, 50 gr de fécula de patata, una hoja de laurel, una cebolla, un nabo, un ramito de tomillo, 2 zanahorias, 2 claras de huevo, 35 gr de cola de pescado y un poco de perifollo.

Se elige un pavo de buena calidad y una vez chamuscado y limpio se cortan las patas 2 cm más arriba de la juntura y los alones por la segunda juntura.

Se coloca el ave con la pechuga hacia abajo y con un pequeño cuchillo se hace una pequeña abertura en la piel, empezando por la cabeza y llegando a la espina dorsal. Se saca luego la tráquea, se despelleja el cuello y se corta, teniendo cuidado de no cortar la piel, y con mucha precaución, sirviéndose siempre de un cuchillo pequeño se desprende ésta de los huesos, procurando que salga bien entera y con la carne de la pechuga pegada a ella.

Los muslos se deshuesan y se corta la carne, haciendo 4 tiras en toda su longitud; se corta luego igual cantidad de tiras de tocino y las trufas, formando también una tiritas, se pone todo en una vasija y se rocía con el coñac.

La carne de cerdo, la ternera, el sobrante del tocino, el resto de la carne de los muslos del pavo y la miga de pan remojada con leche se pasa todo dos veces por una máquina de trinchar para que resulte un picadillo fino como una pasta. Se agregan los huevos, el coñac, el jerez y la fécula de patata, se sazona con sal, pimienta y nuez moscada, y se mezcla bien.

Encima de una mesa se coloca un paño blanco y en el centro se extiende la piel del pavo, se cubre ésta con una capa de picadillo y sobre éste se colocan las tiras de pavo, las de tocino y las de trufa, formando hilera en todo su largo y procurando que las trufas queden en el centro. Luego se cubre con el resto del relleno, se une lo más posible la piel por sus extremos y se cose con hilo blanco sin necesidad de que se junten. Se vuelve al paño, se atan los extremos con bramante y se sujeta también el centro haciendo cinco o seis ataduras que tengan de 3 a 4 cm de distancia de una a otra.

A continuación se pone en una cacerola con agua que la cubra, se agrega un nabo, una cebolla, una zanahoria y los huesos del ave, se sazona con sal y se cuece a fuego regular y tapada por espacio de dos horas. Luego se saca de la cacerola y transcurridos unos diez minutos se cortan las ataduras, se enrolla en el mismo paño, apretando bien, se vuelve a atar igualmente que la primera vez, se prensa colocando encima un peso de 8 a 10 kg por espacio de catorce a quince horas y se guarda en sitio fresco

Al colocarla en la prensa hay que tener la precaución de poner la parte de la juntura de cara hacia abajo.

Gelatina. En una cacerola se echa medio litro de caldo de la galantina bien desgrasado, se agregan 2 claras de huevo, se arrima al fuego y se revuelve con un batidor y sin que hierva. Luego se añade la cola de pescado remojada con agua fría y escurrida, se sigue removiendo con el mismo batidor y cuando empieza a hervir se aparta del fuego y, sin removerla, se cuece lentamente durante diez minutos. A continuación se pasa por un paño y se coloca encima del hielo hasta que esté cuajada.

Se mejora su sabor con extracto de carne Gallina Blanca.

Presentación. Se corta la galantina a rajas de medio cm de grueso, se pone en una fuente con servilleta y se adorna con la gelatina cortada en forma de triángulos o medias lunas.

Nota. Este procedimiento servirá de norma para toda clase de galantina de ave.

POLLO A LA ROSSINI

1 ½ pollo, 10 hojas de cola de pescado, una copita de jerez, un nabo, 2 zanahorias, una cebolla, 2 claras de huevo, perifollo, un ramito de apio, una trufa, 2 kg de hielo, una lata de foie-gras y 100 gr de jamón en dulce.

Limpio y chamuscado el pollo se pone al fuego con 2 litros de agua, el nabo, la cebolla y una zanahoria, y cuando arranca el hervor se espuma, se sazona con sal y se deja hervir a fuego lento por espacio de una y media a dos horas. Entonces se quita el pollo y se deja enfriar en una nevera.

Gelatina. En una cacerola se ponen las claras de huevo, el perifollo picado, el jerez y una zanahoria cortada a trocitos. Se mezcla bien, se añaden tres cuartos de litro de caldo de haber cocido el pollo, se arrima al fuego, se remueve con un batidor y cuando está bien caliente, sin que llegue a hervir, se le adicionan las hojas de cola de pescado previamente remojadas en agua fría, se sigue removiendo y cuando arranca el hervor se cuece a fuego lento unos veinte minutos, se pasa después por un paño mojado en agua fría y se añaden unas gotas de extracto de carne Gallina Blanca.

Se corta el pollo a cuartos y se le saca la piel y algo de sus huesos.

Sobre una fuente redonda se hacen 6 pequeños montículos de foie-gras formando una estrella, encima de éstos se ponen los cuartos de pollo, se mete en una nevera y cuando está bien frío se va tirando la gelatina fría encima del pollo. Luego se escurre lo que queda en la fuente, se adorna la superficie de cada trozo de pollo con un dibujo de trufa y clara de huevo cocida, se vuelve a echar gelatina y así sucesivamente hasta que queden bien cubiertos de una capa de la misma, adornándose el alrededor con jamón en dulce.

LENGUA ESCARLATA

Una lengua de ternera de buey, 100 gr de tela de tocino, 2 kg de sal fina, una tripa de buey ex profesa de 35 a 40 cm de largo, una zanahoria, una cebolla, 50 gr de salitre, unas gotas de carmín vegetal y 2 o 3 gotas de amoníaco.

Limpia la lengua de los tendones se sumerge en agua hirviendo unos segundos, luego se le quita la piel, rascándola con un cuchillo, y a continuación se pincha en todos sentidos con una aguja gorda y se golpea encima de una mesa de modo que resulte flexible. Ya en este punto se frota con el salitre durante seis o siete minutos, luego se sigue la misma operación con 200 gr de sal y pasados otros cinco o seis minutos se pone en una vasija o cazuela de barro. Se coloca un plato puesto al revés, encima de éste se echa un poco de sal, se pone la lengua y se cubre con el resto de la sal, sin aprovechar la que ha servido para la primera manipulación, y así preparada se deja durante siete días. Luego se saca la lengua, se hierve unos diez minutos para que tome su forma primitiva y una vez bien fría se envuelve con la tela de tocino, se forra con la tripa, sujetando el extremo con bramante, y se cuece durante tres horas con abundante agua, una cebolla y una zanahoria. Seguidamente se escurre y cuando queda fría se pinta con el carmín mezclado con las gotas de amoníaco.

Nota. Si la lengua fuese de buey tiene que hervir una hora más.

ESPUMA DE FOIE-GRAS TRUFADO

Una lata de puré de foie-gras de medio kilo, 100 gr de mante-
quilla, 2 trufas, 200 gr de morcillo de buey, una zanahoria, 2 cla-
ras de huevo, una copita de jerez, 2 decilitros de crema de leche,
perifollo, 40 gr de cola de pescado, 5 kg de hielo y un huevo.

El foie-gras se pasa por un tamiz, se pone en un recipiente de
porcelana, agregándole poco a poco la mantequilla derretida, se
sazona con sal y se remueve con una cuchara de madera hasta obtener una pasta bien blanca. Luego se le agrega una trufa trinchada
muy fina y la crema de leche batida a punto de nata fuerte, se mezcla todo bien, se llena un molde flanera que se tendrá rodeado con
hielo picado y se deja en sitio fresco hasta que el contenido del
molde resulte bien fuerte.

GELATINA. Se corta a trocitos la carne de buey, la zanahoria y el
apio, se pone todo en una cacerola y se añade el jerez, las claras de
huevo y un poco de perifollo picado; se mezcla bien, se le adiciona medio litro de agua, se sazona con sal y se arrima la cacerola al
fuego, removiéndolo con un batidor hasta que el líquido esté bien
caliente. Entonces se agrega la cola de pescado previamente bien
remojada en agua fría, se sigue el mismo movimiento con el batidor
y cuando empieza a hervir se saca éste y se sigue la cocción muy
lentamente por espacio de veinticinco minutos. A continuación se
pasa por un paño que se tendrá mojado con agua fría.

Se rodea con hielo un molde algo más grande que el primero,
se echan 5 cucharadas de gelatina y cuando queda cuajada se forma
con la trufa y huevo cocido un bonito dibujo a gusto del artista y se
fija con 2 cucharadas de gelatina. Una vez bien frío se saca el foie-
gras del molde y, sirviéndose de dos tenedores, se sujeta éste y se
coloca en el interior de la segunda flanera que se tiene adornada
con la trufa, poniéndolo de modo que quede en todo el alrededor
de dicho foie-gras un espacio de 1 cm que lo separe de la pared del
molde. Seguidamente se llena éste con gelatina fría y líquida y se
deja para que cuaje bien.

Se pasa el molde por agua tibia y se presenta en una fuente
cubierta con servilleta, rodeándose con el resto de la gelatina cuajada y cortada en forma de medias lunas o triángulos.

3 perdices, 3 latas de puré de foie-gras, medio kg de huesos de ternera, 2 copitas de jerez, una copita de coñac, una cebolla, 100 gr de morcillo de buey, una trufa, 2 claras de huevo, un huevo, 25 gr de harina, 75 gr de mantequilla, 3 zanahorias, 75 gr de manteca de cerdo, 40 gr de cola de pescado, 100 gr de arroz, perifollo, 2 kg de hielo y media hoja de papel de barba.

Chamuscadas y limpias las perdices se cosen con bramante para darles una bonita forma, se colocan en una cacerola con la manteca de cerdo y se añade una zanahoria y media cebolla, todo mondado y cortado a trocitos. Seguidamente se sazona con sal y se mete la cacerola en el horno, se cuece hasta que haya tomado un color fuertemente dorado y se le añade luego el coñac, el jerez, media hoja de laurel y un ramito de tomillo. A continuación se tapa la cacerola y se sigue lentamente la cocción hasta que las perdices estén bien tiernas. Se sacan luego los volátiles con un tenedor y se ponen en un plato, colocando éste en una nevera durante dos horas.

CALDO. En una olla se ponen los huesos de ternera, el resto de la cebolla, una zanahoria, sal y 2 litros de agua. Después se arrima al fuego y cuando empieza a hervir se espuma y se deja cocer lentamente durante dos horas para obtener un litro de caldo, que se pasará por un paño mojado con agua fría.

GELATINA. En un cazo se ponen 2 claras de huevo, una copita de jerez y perifollo picado, la carne de buey, una zanahoria y un trocito de tronco de apio, todo cortado a trocitos. Luego se mezcla todo bien, se le adiciona medio litro de caldo ya preparado, se arrima el cazo al fuego lento y se remueve de vez en cuando con un batidor hasta que el contenido esté a punto de hervir. Seguidamente se le incorporan 30 gr de cola de pescado previamente remojada con agua fría y escurrida, se sigue removiendo con el mismo batidor y cuando empieza a hervir se aparta ligeramente del fuego y se deja cocer lentamente unos veinte minutos, pasándolo después por un paño mojado con agua fría. Se desgrasa pasándole por la superficie unos trozos de papel de barba.

SALSA *CHAUD FROID* OSCURA. Se escurre la manteca de la cacerola donde se han cocido las perdices, en ésta se echa el resto del caldo, se hierve unos cinco minutos y se pasa por un paño.

Se derriten 50 gr de mantequilla, se le añade la harina, se mezcla bien, se remueve de vez en cuando con un batidor y se cuece lentamente durante veinte minutos. Luego se agrega el resto de la cola de pescado (remojada con agua fría y escurrida) y la mantequilla sobrante, se pasa por un colador fino y se obtiene una salsa finísima.

Se cuece el arroz con un cuarto de litro de agua y sal, y se deja enfriar.

ASPIC DE FOIE-GRAS. Se rodean con hielo picado 6 pequeños moldes; en cada uno se echa una cucharada de gelatina y cuando queda cuajada se forma un dibujo en el fondo con 2 medias lunas de trufa, colocando en el hueco central un óvalo de la misma formando un adorno. Seguidamente se añade una cucharada de gelatina y se deja cuajar.

Se vierte en un plato una lata de foie-gras, se sazona ligeramente con sal, se mezcla bien, se pone en una manga con boquilla lisa y se llenan los moldes preparados de antemano, terminándose de llenar con gelatina.

Se les quitan las pechugas a las perdices, dejando el caparazón sujeto a los muslos. Luego se saca el hueso de dichas pechugas, se cortan éstas a filetes o lonjas de 1 cm de grueso, se llenan los caparazones con el resto del foie-gras bien mezclado y frío, se colocan sobre éstos los filetes de pechuga, dando a las perdices su forma primitiva, y se ponen encima de una reja. Entonces se va echando la salsa *chaud froid* (fría sin que esté cuajada) sobre las perdices, se recoge lo que haya caído en el plato y se vuelve a echar encima de las aves, repitiendo la misma operación hasta que resulten cubiertas de una fuerte capa de dicha salsa, la cual si estuviere demasiado espesa y no escurriese bien se calienta un poco; luego se deja enfriar, removiendo con una cuchara, se repite la operación y a continuación se introduce en una nevera.

PRESENTACIÓN. Se coloca en una fuente el arroz formando 3 zócalos algo triangulares, se cubren éstos con una capa de salsa *chaud froid,* encima se ponen las perdices y se adorna haciendo una margarita con clara de huevo duro e imitando el rabo de un pequeño troncho de perifollo y unas hojas del mismo, terminándose el dibujo con unas tiras de trufa, unas pequeñas medias lunas y un diminuto óvalo de clara de huevo.

En una vasija se ponen 2 decilitros de gelatina, se coloca sobre el hielo, se remueve con una cuchara hasta que empieza a espesarse y seguidamente se echa sobre las perdices, repitiendo la misma operación hasta que tengan un bonito brillo. Luego alrededor de éstas se ponen los aspic de foie-gras y se rodean con el resto de la gelatina (que se tendrá previamente coloreada con unas gotas de carmín vegetal), cuajada y cortada a medias lunas.

Guárdese en una nevera o en sitio bien frío hasta el momento de servirse.

VERDURAS, LEGUMBRES Y TUBÉRCULOS

Estos ingredientes se sirven en toda clase de almuerzos o comidas, como también antes o después de los asados. Se prestan, además, para adorno de los platos de carne o pescado y con ellos se componen diferentes clases de ensaladas.

Es preferible servirse de ellos en las estaciones propias de su abundamiento, pues así puede escogerse su mejor calidad. Se obtiene beneficio en la compra y son muy recomendables para los delicados del estómago.

COL RELLENA A LA NORMANDA

Una col valenciana mediana, 300 gr de salchichas, un huevo, medio litro de leche, 50 gr de manteca de cerdo, 75 gr de mantequilla, 50 gr de harina, 100 gr de jamón, 10 gr de queso de Parma rallado, 200 gr de tomates, una copita de jerez, laurel, tomillo y perejil, un diente de ajo y 25 gr de miga de pan.

Limpia la col de las hojas más duras se corta el troncho, se cuece durante media hora con agua sazonada con sal, se pasa seguidamente por agua fría y se escurre.

Se mezclan las salchichas, se cortan a trocitos y el jamón se hace también a pedacitos. Se añade un huevo, un poco de perejil picado y el ajo trinchado, se sazona con sal, pimienta y nuez moscada, y se añade el pan.

Con la manteca de cerdo se rehoga la cebolla picada fina y cuando empieza a dorarse se agrega el jerez, los tomates hervidos, escurridos y pasados por un colador, y un ramito atado compuesto de laurel, tomillo y perejil.

Encima de una mesa o mármol se coloca la col, extendiéndola bien; en el centro se pone el picadillo de las salchichas y se cubre éste con los extremos de la col formando una bola, apretándolo con el puño para extraer todo lo posible el agua. A continuación se coloca en la cacerola donde tendremos el preparado de la cebolla, se tapa aquélla y se cuece lentamente por espacio de dos horas.

Salsa bechamel. Se derriten 50 gr de mantequilla, se le añade la harina y la leche previamente hervida, se sazona con sal, pimienta y nuez moscada, y, removiendo de vez en cuando con un batidor, se cuece lentamente por espacio de veinte minutos.

Se coloca la col en una fuente que resista al fuego y se pasa por un colador el líquido de la cacerola, agregándose a la salsa bechamel. Luego se hierve unos diez minutos más y se echa encima de la col, se espolvorea con el queso, se rocía con la mantequilla restante y se mete en el horno para que tome un color dorado.

COL LOMBARDA A LA ALEMANA

Una col lombarda, 200 gr de tocino ahumado, 3 cervelás, 2 cebollas, 2 decilitros de vino blanco, 150 gr de manteca, y laurel, tomillo y perejil.

Desprovista la col del troncho se corta en forma de juliana fina, se lava y se escurre.

Se pone en una cacerola la manteca y la cebolla picada fina, y se rehoga hasta que tenga un color dorado. A continuación se añade la col, se moja con el vino e igual cantidad de agua, se sazona con sal, pimienta y nuez moscada, y se añade un manojito atado compuesto de laurel, tomillo y perejil. Encima se coloca el tocino cortado a lonjas y los cervelás, se tapa con un papel de estraza y luego con tapadera y se cuece a horno lento por espacio de cuatro horas.

Se coloca la col en una fuente y se adorna con el tocino y los cervelás partidos horizontalmente por la mitad.

BOLITAS DE COL A LA CARTUJA

Una col valenciana pequeña, 200 gr de queso de Gruyère, 200 gr de tomates, una cebolla, un decilitro de aceite, 2 dientes de ajo, 15 gr de almendras y piñones, y 35 gr de mantequilla.

Quitado el troncho a la col se pone ésta en una cacerola con agua que la cubra, se hierve por espacio de una hora y luego se pasa por agua fría y se escurre. Seguidamente se van sacando las hojas de una a una, se colocan encima de un mármol bien extendidas, formando 12 montoncitos, y se sazonan con sal, pimienta y nuez moscada.

Se cortan a cuadritos el queso y 2 huevos; se ponen encima de las hojas de coles; se enrollan éstas una a una, formando 12 bolas, y se colocan en una tartera.

Con el aceite se rehoga la cebolla picada fina y cuando tenga un color dorado se le adicionan los tomates partidos a trozos, 2 decilitros de agua, las almendras y piñones, los ajos, todo machacado en el mortero, y se deja unos diez minutos. Después se sazona con sal, se pasa por un colador, se echa encima de las bolitas de col, se cuecen éstas a fuego lento durante dos horas y se sirven en una fuente.

COLES DE BRUSELAS A LA FLANDES

600 gr de coles de Bruselas, 75 gr de mantequilla, 2 zanahorias, 75 gr de jamón, una cebolla y 2 decilitros de leche.

Limpias las coles de las hojas amarillas se les hace un pequeño corte en el troncho en forma de cruz, se lavan bien, se echan en una olla que tendremos al fuego con abundante agua sazonada con sal y se hierven a borbotones durante veinte minutos. Luego se pasan por agua fría y se escurren.

En una cacerola al fuego se pone la mantequilla y el jamón hecho a trocitos, se añade la cebolla y las zanahorias, todo mondado y cortado a trocitos y se rehoga hasta que haya tomado un color dorado. Seguidamente se agrega la leche y se cuece durante media hora, se añaden luego las coles de Bruselas, se saltean ligeramente, se sazonan con sal, pimienta y nuez moscada, se tapan y se cuecen lentamente durante diez minutos.

Se sirven en una legumbrera.

COLES DE BRUSELAS A LA LORENESA

600 gr de coles de Bruselas, 100 gr de jamón en dulce, 50 gr de mantequilla y 100 gr de tocino ahumado.

Desprovistas las coles de las hojas amarillas se les saca la parte negra del troncho y se les marcan en el mismo dos pequeños cortes en forma de cruz para facilitar la cocción. Seguidamente se echan en agua hirviendo sazonada con sal, se cuecen durante veinte minutos, se pasan luego por agua fría y se escurren.

En una sartén se pone el tocino y el jamón, todo cortado a trocitos, y se fríe hasta que empieza a tomar color. Luego se agrega la mantequilla y las coles, salteándose éstas por espacio de cinco minutos.

Se sirve en una fuente o legumbrera.

PAQUETES DE COL RELLENOS

Una col valenciana pequeña, 300 gr de castañas, un cuarto de litro de leche, una cebolla, una zanahoria, 200 gr de tomates, un decilitro de vino blanco, 2 dientes de ajo, 2 decilitros de aceite, 35 gr de mantequilla y 25 gr de azúcar.

Se quita el troncho a la col y se cuece ésta con agua y sal hasta que esté tierna. Luego se escurre y, una vez fría, se colocan bien extendidas las hojas sobre una mesa o mármol, formando seis u ocho montoncitos, y se sazonan con sal.

A las castañas una vez mondadas se les da un hervor, se les quita la segunda piel y se cuecen con la leche e igual cantidad de agua y azúcar. Ya bien cocidas se escurren, se machacan en el mortero, formando una pasta, se les mezcla la mantequilla, se pone una cucharada de dicha pasta en el centro de cada montoncito de hojas de col, se enrolla cada una de éstas formando un paquete, o sea una bola, y se colocan en una tartera. A continuación se rehogan con el aceite, la cebolla y la zanahoria, todo cortado a trocitos, se añade luego el ajo picado, el vino y el tomate, cortado a trozos, se cuece durante veinticinco minutos a fuego lento, se echa esta salsa, después de pasada por un colador, sobre los paquetes de col, se sazona con sal y pimienta, y se cuece al horno durante dos horas. Transcurrido este tiempo se colocan las coles en una fuente y se cubren con la salsa.

ACELGAS Y JUDÍAS ESTOFADAS

200 gr de judías blancas, 2 acelgas, 2 decilitros de aceite, 3 huevos, 6 cebollitas tiernas, una zanahoria, 300 gr de tomates y 2 dientes de ajo.

Se colocan las judías en un puchero al fuego con agua que las cubra y cuando hierven se escurren, se ponen a cocer nuevamente con un litro de agua, un poco de sal, la zanahoria y una cucharada de aceite, y se dejan a fuego lento por espacio de tres horas.

Limpias las acelgas se cortan a trozos y se cuecen con agua y sal.

Con el aceite puesto en una cacerola se rehogan las cebollas cortadas a trocitos y al adquirir un color dorado se añaden los ajos trinchados y el tomate mondado y picado. Luego se agregan las acelgas, las judías y un cuarto de litro de caldo de las mismas, se sazona con sal, pimienta y nuez moscada, se cuece a fuego lento por espacio de una hora y al faltar veinte minutos para terminar la cocción se colocan encima los huevos, previamente cocidos y cortados a discos.

ACELGAS A LA DERBLAY

3 acelgas bien blandas, medio litro de leche, 75 gr de mantequilla, un limón, 35 gr de harina, una cebolla, perifollo y 35 gr de queso rallado.

Se limpian las acelgas, se les quitan todas las hojas verdes y se cortan los tronchos a trozos de 7 a 8 cm de largo. Seguidamente se cuecen con agua y sal hasta que estén bien tiernas y luego se escurren y se ponen en una tartera.

En una cacerola al fuego se ponen 50 gr de mantequilla y la cebolla trinchada fina y se rehoga hasta que empieza a tomar color. Seguidamente se añade la harina y la leche hervida, se sazona con sal, pimienta y nuez moscada, se cuece a fuego lento por espacio de quince minutos y a continuación se le incorpora el zumo de medio limón. Se echa esta salsa encima de las acelgas y se termina la cocción, que tiene que durar unos quince minutos. Cinco minutos antes de sacarlas del fuego se espolvorean con el queso, se rocían con mantequilla y se dejan hasta que tomen color.

CHAMPIÑONES AL GRATÍN

800 gr de champiñones frescos, 150 gr de mantequilla, medio litro de leche, 20 gr de harina, 100 gr de crema de leche y, una cebolla, un limón, un huevo y 25 gr de queso rallado.

Desprovistos los champiñones de piel y tronco se ponen en una cacerola con la cebolla trinchada fina, 75 gr de mantequilla, un chorrito de zumo de limón y un poco de sal. Luego se tapa la cacerola y se cuecen por espacio de veinte minutos.

Salsa. Se derriten 50 gr de mantequilla y se le añade la harina y la leche previamente hervida, se sazona con sal, pimienta y nuez moscada, y se cuece lentamente durante veinte minutos removiendo de vez en cuando con un batidor. Seguidamente se añade la crema de leche y se sigue la cocción unos diez minutos más. Luego se le incorpora, fuera del fuego, una yema de huevo y el resto de la mantequilla, y se pasa por un colador.

Se colocan en una legumbrera los champiñones previamente bien escurridos, se cubren con la salsa, se espolvorean con el queso rallado, se rocían con mantequilla derretida y se meten unos minutos en el horno para que tomen un color dorado.

CHAMPIÑONES A LA POLONESA

800 gr de champiñones frescos, un limón, 100 gr de mantequilla, una trufa, 3 huevos, medio litro de leche, una cucharadita de salsa India, 40 gr de harina y 25 gr de queso.

Se limpian los champiñones y se ponen en una cacerola con un cuarto de litro de agua, el zumo de limón y 50 gr de mantequilla. Después se sazonan con sal, se cuecen unos diez minutos, dejándolos enfriar, y luego se escurren.

SALSA CREMA. En una cacerolita se ponen 50 gr de mantequilla, se le adicionan 40 gr de harina, se mezcla bien y se sazona la leche, removiéndolo con un batidor. Seguidamente se sazona con sal, pimienta y nuez moscada, y se cuece lentamente durante quince minutos, agregándole, fuera del fuego, una yema de huevo.

Los champiñones se colocan en una fuente que resista al fuego, se cubren con la salsa crema, se adorna la superficie con discos de huevos cocidos y lonjas de trufa, se espolvorea con queso, se rocía con la mantequilla restante y se pone en el horno para que tome color.

CHAMPIÑONES A LA MÓNACO

800 gr de champiñones gruesos y frescos, una cebolla, 75 gr de jamón, una trufa, 100 gr de mantequilla, 200 gr de tomates, una copita de jerez, 10 gr de harina y 25 gr de queso rallado.

Limpios los champiñones y cortados sus tronchos se colocan las cazuelitas en una fuente que resista al fuego y se meten unos minutos en el horno para sacar el agua.

Con 75 gr de mantequilla se rehoga la cebolla y el jamón, todo trinchado fino, y cuando haya tomado un color dorado se agregan los tronchos de los champiñones, picados, y la trufa trinchada. Después se añade la harina, el jerez y los tomates mondados y picados, se sazona con sal y pimienta, y se cuece lentamente unos diez minutos. A continuación se echa este preparado encima de los champiñones, se espolvorean con el queso rallado, se rocían con la mantequilla derretida y se meten unos minutos en el horno para que tomen color.

Se sirven en la misma fuente.

CHAMPIÑONES SOUS CLOCHE

1 kg de champiñones frescos, 200 gr de crema de leche, 100 gr de mantequilla, 300 gr de pan formando dos rebanadas bien anchas de 2 cm aproximadamente de grueso, 2 copitas de coñac y 2 cucharadas de extracto de carne.

PREPARACIÓN. Se corta el rabo a los champiñones, se lavan bien, luego se ponen en un cazo con agua que los cubra y el zumo de un limón y se les da un hervor. Seguidamente se escurren y se echan en una cacerola, se les agrega la crema de leche y el coñac y se cuecen a fuego regular durante diez minutos, obteniendo una salsa espesa. A media cocción se les adiciona el extracto de carne y una vez fuera del fuego se les incorpora la mitad de la mantequilla.

Desprovistas las rebanadas de pan de la corteza se rocían con mantequilla derretida y se meten en el horno para que se coloreen. Luego se colocan en una fuente acompañadas de los champiñones formando pirámide, se cubren éstos con la salsa, se tapa con una campana de cristal y se sirve todo bien caliente.

Nota. Para la preparación y presentación de dicho plato es indispensable escoger champiñones frescos, pequeños, bien blandos y que sean servidos en fuente que resista al fuego y tapados con una campana de cristal en forma de copa sin pie, que es la traducción de la frase *sous cloche* (bajo campana).

ESPINACAS SORPRESAS

6 huevos, 600 gr de espinacas, 200 gr de tomates, una cebolla, un decilitro de aceite, 75 gr de mantequilla, 40 gr de harina, medio litro de leche, 15 gr de queso de Gruyère rallado y perejil.

Escaldados y mondados los tomates y desprovistos de la semilla se trinchan pequeños, se echan luego en una cacerola con 2 cucharadas de aceite y un poco de perejil picado, se sazona con sal y se cuece para obtener una salsa espesa como un puré.

Mondada la cebolla se corta a lonjas delgadas, las cuales se fríen lentamente con un poco de aceite de modo que resulten bien blandas.

SALSA BECHAMEL. En una cacerola al fuego se ponen 50 gr de mantequilla, se le adiciona la harina y la leche previamente hervida, se sazona con sal, pimienta y nuez moscada, y se cuece lentamente por espacio de veinte minutos, removiendo de vez en cuando con un batidor.

Limpias las espinacas y desprovistas del troncho se hierven cinco minutos con agua y sal, se pasan luego por agua fría y se escurren, colocando las hojas bien sueltas encima de un paño.

Se mezclan 3 huevos con el tomate, se sazona con sal, se bate bien y en una sartén con un poco de aceite se hace una tortilla plana, haciendo otra tortilla igual con la cebolla y el resto de los huevos.

En una fuente que resista al fuego se pone un poco de salsa bechamel y encima se extienden unas hojas de espinacas. Seguidamente se colocan en el centro las dos tortillas, una encima de la otra, y se tapan bien con el resto de las espinacas. Luego se cubre con la salsa bechamel, se espolvorea con el queso, se rocía con el resto de la mantequilla derretida y se mete en el horno para que tome color.

TARTALETAS DE ESPINACAS

800 gr de espinacas, 150 gr de harina, 100 gr de mantequilla, 2 huevos y un decilitro de leche.

Se pone la harina encima de un mármol formando círculo y en el centro se echa un huevo, 50 gr de mantequilla y sal. Luego se amasa hasta obtener una pasta fina, la cual se estira seguidamente con un rodillo, dándole el grueso de algo más de una moneda vieja de cinco pesetas. A continuación se cortan diferentes discos y se forran los moldes tartaletas previamente untados con mantequilla.

Se limpian las espinacas, se cuecen con agua y sal, se pasan por agua fría y se escurren, exprimiéndolas entre las manos para extraer bien el líquido que contienen. A continuación se trinchan muy finas y se mezclan con la leche, el huevo y la mantequilla.

Se arrima al fuego y, revolviéndolo con una cuchara de madera, se deja cocer hasta que resulte un puré espeso, con el que se rellenan los moldes tartaletas que se tienen preparados, cubriéndolos con un disco de pasta, cuya superficie se mojará con yema de huevo diluida con agua.

Se pone en el horno hasta que la pasta haya tomado algo de color y al servirse se desmolda, colocándolo en una fuente con servilleta.

ESPINACAS AL GRATÍN

1 kg de espinacas, 75 gr de jamón en dulce, un cuarto de litro de leche, 25 gr de harina, una cebolla, 3 huevos, 15 gr de queso rallado, 500 gr de patatas, 100 gr de mantequilla y una trufa.

Se limpian las espinacas, se cuecen durante quince minutos con agua sazonada con sal y luego se pasan por agua fría, se escurren y se exprimen con las manos para extraer bien el agua.

Mondadas las patatas se cortan a trozos, se cuecen con agua y sal, se escurren y se pasan por un tamiz. Luego se les mezcla una yema de huevo y 15 gr de mantequilla, y se sazonan con pimienta y nuez moscada, obteniendo un puré fino.

SALSA BECHAMEL. Se derriten 40 gr de mantequilla, se le mezcla la harina y la leche previamente hervida, se sazona con sal, pimienta y nuez moscada, y se cuece lentamente por espacio de veinte minutos, removiendo de vez en cuando con un batidor.

Con 35 gr de mantequilla se sofríe el jamón cortado a trocitos, se agregan las espinacas previamente trinchadas finas, se saltean y se colocan en una fuente que resista al fuego. Se rodea con el puré de patatas puesto en una manga con boquilla rizada, formando un cordón por todo el alrededor de las espinacas, se cubre con la salsa bechamel, se adorna la superficie con discos de huevo duro y se espolvorea con el queso. Finalmente, se rocían con el resto de la mantequilla y se meten en el horno para que tomen color.

FLAN DE ESPINACAS

1 kg de espinacas, un cuarto de litro de leche, 5 huevos, 35 gr de mantequilla y media hoja de papel de barba.

Desprovistas de los tronchos las espinacas y bien limpias se cuecen durante quince minutos con agua y sal, se pasan por agua fría, se escurren, apretándolas entre las manos, se pasan luego por un tamiz o se pican muy finas y se mezclan con la leche, los huevos y la mantequilla. A continuación se echa en un molde de forma flanera que se tendrá untado con mantequilla y puesto un disco de papel de barba en el fondo, se mezcla todo bien, se sazona con sal, pimienta y nuez moscada, y se deja cocer a horno regular al baño María unos cuarenta y cinco minutos.

Al servirse se saca del molde y se presenta a la mesa en una fuente redonda.

CORONA DE ESPINACAS A LA PRINCESA

1 kg de espinacas, 2 manojos de espárragos, medio litro de leche, 75 gr de mantequilla, 4 huevos, una trufa, 20 gr de harina y una hoja de papel de barba.

Desprovistas las espinacas del troncho y bien limpias se cuecen durante quince minutos con agua sazonada con sal, luego se escurren con las manos para extraer bien el agua y se pasan por un tamiz. Se agregan 3 huevos, 2 decilitros de leche y 15 gr de mantequilla derretida, y se sazona con sal. Se mezcla bien y se echa el preparado en un molde corona que tendremos previamente untado con mantequilla y cubierto el fondo con un papel de barba. Seguidamente se cuece en baño María al horno por espacio de media hora.

Mondados los espárragos se cortan las puntas de 2 cm de largo, se cuecen con agua y sal y se escurren.

Se derrite la mantequilla, se agrega la harina y el resto de la leche, se sazona con sal, pimienta y nuez moscada, y se cuece lentamente por espacio de veinte minutos, removiéndolo de vez en cuando con un batidor. Terminada la cocción se le adiciona, fuera del fuego, una yema de huevo y se añaden las puntas de los espárragos.

Se vierte el molde en una fuente redonda y se llena el hueco central con las puntas de los espárragos.

SETAS A LA CASERA

800 gr de rovellons pequeños, una cebolla, 75 gr de mantequilla, un huevo, una copita de jerez, 2 dientes de ajo, 200 gr de tomates, y perejil.

Límpiense las setas, déseles un hervor y escúrranse.

Se pone la mantequilla en una cacerola al fuego, se rehoga la cebolla trinchada fina y cuando haya tomado un color dorado se añade el ajo trinchado, el jerez y los tomates previamente hervidos y pasados por un colador. Luego se sazona con sal, pimienta y nuez moscada, se le adicionan las setas y el huevo cocido y picado, se tapa la cacerola y se cuece lentamente durante veinte minutos.

Se sirven en una legumbrera, espolvoreándolas con perejil trinchado.

SETAS A LA MARSELLESA

800 gr de setas, un decilitro de aceite, 3 dientes de ajo, 15 gr de miga de pan rallada, perejil y 6 anchoas sin espinas.

Se escogen las setas de tamaño pequeño, se colocan en una fuente que resista al fuego, se sazona con sal y pimienta y se cuecen a horno fuerte durante cinco minutos.

Se trinchan muy finos los ajos y el perejil, se mezcla con el pan rallado y se esparce encima de las setas, se adorna con unos filetes de anchoas y se mete unos minutos en el horno.

SETAS A LA PROVENZALA

800 gr de setas pequeñas, 2 decilitros de aceite, 3 dientes de ajo, perejil y 15 gr de pan rallado.

Se limpian las setas, se escurren bien, se ponen en una tartera y se meten unos minutos en el horno para extraerles el agua.

Se trinchan los ajos muy finos junto con el perejil, se mezcla con el pan rallado y se esparce encima de las setas. Se sazona luego con sal y pimienta, se rocía con el aceite y se mete en el horno hasta que haya tomado un ligero color dorado.

SETAS RELLENAS

800 gr de setas, 100 gr de carne magra de cerdo, una cebolla pequeña, un huevo, 2 cucharadas de puré de tomate, un diente de ajo, perejil y 35 gr de miga de pan.

Elegidas las setas del tamaño regular se limpian y se colocan en una tartera, se rocían con aceite, se sazonan con sal y se meten en el horno durante cinco minutos.

Con el aceite se rehoga la cebolla trinchada fina; se agrega la carne magra picada, el ajo y perejil picado, el tomate y la mitad de la miga de pan; se sazona con sal, pimienta y nuez moscada, se cuece durante diez minutos, agregándole, fuera del fuego, una yema de huevo, y se rellenan las setas. A continuación se espolvorean con pan rallado, se rocían con un poco de aceite, se sigue la cocción a horno suave durante diez minutos y se sirven en una fuente.

GUISANTES A LA FRANCESA

1 kg de guisantes, 100 gr de mantequilla, 20 gr de harina, 8 cebollitas, una lechuga y perifollo.

Los guisantes, desgranados, se ponen en una cacerola con la mitad de la mantequilla, las cebollitas y la lechuga cortada en forma de juliana. Se sazona con sal, pimienta, nuez moscada y perifollo picado, se mezcla bien, se agregan 2 decilitros de agua, se pone a fuego lento y se deja cocer, tapado, unas dos horas.

Se mezcla la harina con el resto de la mantequilla derretida, se agregan los guisantes, se hierve durante diez minutos y se sirve en una legumbrera.

GUISANTES A LA MARAGALL

1 kg de guisantes, 100 gr de jamón, 6 cebollitas tiernas, una lechuga, 50 gr de manteca, 50 gr de mantequilla, 25 gr de harina y 10 gr de azúcar.

Se corta el jamón a cuadritos pequeños, se rehoga en una cacerola con la manteca y la cebolla picada fina, y cuando empieza a tomar color se añade medio litro de agua, sal y pimienta. Luego, cuando arranca el hervor, se agregan los guisantes desgranados, el azúcar y la lechuga cortada a trocitos, se hierve, tapado, durante hora y media, y diez minutos antes de terminar la cocción se añade la mantequilla diluida y mezclada con la harina.

GUISANTES A LA INGLESA

1 ½ kg de guisantes, 15 gr de azúcar y 75 gr de mantequilla.

Se escogen los guisantes de buena clase y una vez desgranados se cuecen vivamente con agua y sal, y, sin refrescar, se ponen en una legumbrera. Después se les agrega la mantequilla, cortada a trocitos, y el azúcar, y se sirven en seguida.

GUISANTES A LA FLANDES

1 kg de guisantes, 18 cebollitas, 4 zanahorias, 75 gr de mantequilla, 25 gr de harina, y perifollo.

Se ponen en una cacerola 40 gr de mantequilla, las cebollitas mondadas y las zanahorias peladas, cortadas a 3 cm de largo y partidas a tiras de 1 cm de grueso, rehogándose hasta que tomen un color dorado. Seguidamente se añaden los guisantes desgranados, se rehoga unos minutos, se moja con 2 decilitros de agua, se sazona con sal, pimienta y nuez moscada, y se cuece lentamente por espacio de una hora. Diez minutos antes de terminar la cocción se añade la harina mezclada con el resto de la mantequilla derretida. A continuación se sirve en una legumbrera o fuente, espolvoreándolo con perifollo picado.

GUISANTES A LA BUENA MUJER

1 kg de guisantes, 18 cebollitas, una lechuga, 100 gr de mantequilla, 10 gr de azúcar, 25 gr de harina, 4 zanahorias y perifollo.

Se eligen los guisantes de buena clase y después de desgranados se ponen en una cacerola con la mitad de la mantequilla, las zanahorias torneadas en forma de dientes de ajo y el azúcar. Luego se sazona con sal y pimienta, se añade un cuarto de litro de agua y se deja cocer a fuego regular y bien tapado durante una hora, o sea hasta que los guisantes estén bien tiernos, incorporándoles, cinco minutos antes de terminar la cocción, la harina mezclada con el resto de la mantequilla.

Se sirve en legumbrera, espolvoreando el perifollo picado.

GUISANTES A LA VATEL

600 gr de guisantes desgranados, 75 gr de jamón, una cebolla, 75 gr de mantequilla, 15 gr de harina, perejil, un huevo, un ramito de menta fresca, 100 gr de pan y un decilitro de aceite.

Se pone al fuego una olla con 2 litros de agua sazonada con sal. Cuando arranca el hervor se echan los guisantes y se cuecen hasta que estén en su punto. Seguidamente se escurren y se rocían con agua fría.

Se rehoga con la mantequilla la cebolla trinchada y el jamón cortado a trocitos, y cuando empieza a tomar color se añade la harina y un cuarto de litro de agua, se sazona ligeramente con sal y pimienta, y se añade la menta y los guisantes. Luego se cuecen, tapados, durante media hora, y se sirven en una legumbrera, sacando el ramito de menta.

Se salpica la superficie con el huevo hecho duro y trinchado fino, y se rodean con triángulos de pan frito con el aceite.

ALCACHOFAS A LA DOROTY

12 alcachofas, 75 gr de jamón, 100 gr de mantequilla, 10 gr de queso rallado, 15 gr de fécula de patatas, 2 decilitros de leche, un decilitro de vino blanco, una zanahoria y una hoja de apio.

Desprovistas las alcachofas de las hojas más duras se tornean sus fondos, se cortan las puntas, se parten en cuatro trozos en todo su largo, se les da un hervor y se escurren.

Se pone en una cacerola la cebolla, el apio y el jamón, todo picado fino; encima se colocan las alcachofas, se rocía con el vino blanco y 75 gr de mantequilla derretida, se sazona con sal, pimienta y nuez moscada, se tapa y se introduce en el horno. Pasada media hora se agrega la leche mezclada con la fécula y se cuece durante una hora a fuego lento. Luego se coloca en una fuente que resista al horno, se cubre con la salsa, se espolvorea con queso, se rocía con mantequilla derretida y se vuelve a meter en el horno hasta que obtenga un bonito color dorado.

FONDO DE ALCACHOFAS A LA AURORA

12 alcachofas, 3 huevos, un cuarto de litro de leche, 50 gr de mantequilla, 25 gr de harina, 10 gr de queso de Parma rallado, un decilitro de aceite y un limón.

Se eligen las alcachofas de tamaño grande y se les quitan las hojas más duras. Luego se cortan de 2 cm de altas, se vacían, formando cazuelita, se frotan con limón y se cuecen en una cacerola con un cuarto de litro de agua, zumo de limón, el aceite y sal.

Con la leche, 50 gr de manteca y la harina se hace una salsa bechamel, agregándole al terminar la cocción los huevos previamente cocidos y cortados a cuadritos.

Finalmente, se colocan en una fuente, se rellenan con el picadillo de huevo, se espolvorean con queso rallado, se rocían con manteca derretida, se meten en el horno y cuando tengan un bonito color dorado se sirven en una fuente.

FONDO DE ALCACHOFAS AL GRATÍN

12 alcachofas, 2 limones, 2 decilitros de aceite, 25 gr de mantequilla, 50 gr de manteca de cerdo, 2 hígados de pollo, 100 gr de carne magra de cerdo, una cebolla, 4 cucharadas de puré de tomate, un huevo, una copita de jerez, 35 gr de jamón y 10 gr de queso de Parma rallado.

FONDOS DE ALCACHOFAS. Desprovistas las alcachofas de las hojas más duras se tornean sus fondos, haciéndoles un pequeño corte en su base para que se sostengan derechas. Luego se cortan de 2 cm de altas y se vacían, dándoles la forma de unas cazuelitas. (A medida que se van preparando se frotan con limón y se echan en una cacerola donde tendremos medio litro de agua, el zumo de los limones y el aceite.) A continuación se sazonan con sal y se cuecen, tapadas, por espacio de veinte minutos. Después se escurren y se colocan en una tartera.

RELLENO. Puesta la manteca en una cacerola al fuego se rehoga la cebolla picada, la carne de cerdo hecha a trocitos, los hígados y el jamón, y cuando haya tomado un color dorado se le adiciona el jerez y una cucharada de tomate. Se sazona con sal, pimienta y nuez moscada, y se cuece lentamente unos treinta y cinco minutos, pasándolo luego por una máquina de trinchar y obteniendo un picadillo fino al que se agrega una yema de huevo y se rellenan con él los fondos de alcachofas.

En una fuente que resista al fuego se echa el puré de tomate diluido en dos decilitros de caldo, sazonándolo con sal. En otra fuente se ponen las alcachofas, se espolvorean con el queso, se rocían con la mantequilla derretida y se meten en el horno para que tomen un color dorado.

ALCACHOFAS CON SALSA DIVINA

12 alcachofas medianas, 2 cucharadas de nata, 100 gr de mantequilla, un limón y 3 huevos.

Quitadas las hojas más duras a las alcachofas se redondean sus fondos, y se cortan un poco las puntas.

Se ponen en una olla al fuego 2 litros de agua y cuando hierve se echan las alcachofas, dejándolas cocer durante treinta minutos.

Salsa divina. En un cazo se echan 3 yemas de huevo y 3 cucharadas de agua, se mezcla con el batidor, luego se pone a fuego muy lento o en baño María y se remueve vivamente con el mismo batidor hasta que resulte una salsa espesa. Entonces se agrega, fuera del fuego y poco a poco, la mantequilla derretida y se sazona con sal y unas gotas de zumo de limón.

En el momento de servirse esta salsa se añade la nata y se pone en una salsera, acompañando las alcachofas, las cuales se sirven en una fuente con servilleta, adornadas con rodajas de jamón.

Sírvase caliente.

FLAN A LA BAYALDIT

600 gr de judías verdes, un cuarto de litro de leche, 75 gr de mantequilla, 3 huevos, 25 gr de harina y media hoja de papel de barba.

Deshebradas las judías se cuecen vivamente con agua y sal. Luego se pasan por agua fría, se escurren y se pican con un cuchillo hasta que estén bien finas.

Se derriten 50 gr de mantequilla, se le adiciona la harina y la leche hervida, se sazona con sal, pimienta y nuez moscada, y se cuece a fuego lento durante quince minutos, removiendo de vez en cuando con un batidor. Se agregan luego las judías, los huevos y la mantequilla, se mezcla bien y se echa en un molde flanero que tendremos previamente untado con mantequilla y cubierto el fondo con un disco de papel de barba.

Se cuece en baño María al horno durante una hora y media, luego se vierte en una fuente y se sirve bien caliente.

MACEDONIA DE VERDURA CON MANTEQUILLA

*400 gr de judías verdes, 600 gr de guisantes, 100 gr de mante-
quilla, 300 gr de coles de Bruselas y 6 zanahorias.*

Limpias las coles de Bruselas, deshebradas las judías y desgranados
los guisantes se cuecen separadamente con agua y sal, y se escurren.

Las zanahorias se mondan y se cortan de 3 a 4 cm de largo, par-
tiéndolas luego en cuatro partes; se tornean con un cuchillo, dándoles la forma de pequeños gajos de mandarina, y se cuecen con
agua y sal durante cuarenta a cuarenta y cinco minutos. Pasado este
tiempo se escurren y se saltean con mantequilla.

Las verduras y legumbres se saltean también con mantequilla
por separado y se colocan en una fuente redonda, haciendo unos
montoncitos con ambas especies también separadas.

SURTIDO DE VERDURAS

*500 gr de judías verdes finas, 3 berenjenas pequeñas, 6 zana-
horias medianas, 300 gr de guisantes, 75 gr de mantequilla, un
decilitro de aceite, 25 gr de harina, 800 gr de patatas y 50 gr de
manteca de cerdo.*

Mondadas las patatas se preparan en forma de avellanitas y se
fríen lentamente con la manteca.

Se pone al fuego una olla con 2 litros de agua y sal, y cuando
hierve a borbotones se echan las judías deshebradas y se cuecen a
fuego vivo por espacio de media hora. Seguidamente se pasan por
agua fría y se escurren.

Mondadas las zanahorias se tornean en forma de gajos de mandarina, se cuecen con agua y sal, se escurren y se saltean con un
poco de mantequilla.

Mondadas las berenjenas se parten horizontalmente por la
mitad, se vacían, dándoles la forma de barquitas, se sazonan con
sal, se rebozan con la harina y se fríen con el aceite.

Desgranados los guisantes y hervidos con agua y sal se saltean
con mantequilla y se rellenan con ellos las berenjenas.

Las judías se saltean con la mantequilla restante y se colocan
en una fuente, en forma de pirámide. A su alrededor se ponen
las berenjenas, intercaladas con montoncitos de zanahorias y
patatitas.

FLAN DE VERDURA A LA BOLOÑESA

4 huevos, 800 gr de espinacas, 2 decilitros de leche, una trufa, 800 gr de guisantes, 400 gr de patatas, 50 gr de mantequilla y media hoja de papel de barba.

Se ponen en un cazo las espinacas hervidas, bien escurridas y pasadas por un tamiz o picadas finas, adicionándose los guisantes y las patatas, todo hervido y pasado por un tamiz. Se agregan los huevos batidos y la leche, se sazona con sal, pimienta y nuez moscada, y se mezcla todo bien. Luego se añade la mantequilla, se llena un molde flanera que se tendrá previamente untado con mantequilla y cubierto el fondo con un disco de papel de barba, y se cuece al baño María al horno durante treinta minutos.

Se conocerá si está en su punto si al introducir en el centro la punta de un cuchillo pequeño, éste sale seco. En tal caso se puede retirar del fuego.

JARDINERA CON MAYONESA

400 gr de guisantes, 400 gr de patatas, 200 gr de tomates, un pimiento morrón en conserva, 3 nabos, 3 zanahorias, 200 gr de coles de Bruselas, un cuarto de litro de aceite, 2 huevos, 200 gr de judías verdes y una cucharada de vinagre.

VERDURAS. Los guisantes, judías y coles de Bruselas se cuecen por separado con agua y sal, se pasan luego por agua fría y se escurren.

Los nabos, zanahorias y patatas, todo mondado, se cortan a cuadritos, se cuecen con agua y sal, se escurren y se dejan enfriar bien.

SALSA MAYONESA. Se pone en una ensaladera o vasija de porcelana una yema de huevo, el vinagre y un poco de sal. Se mezcla bien y se añade muy poco a poco el aceite, removiendo con viveza con un batidor para que resulte una salsa espesa y fina y agregándole una cucharadita de agua caliente para asegurar la solidez de la salsa y, a la vez, para que no se corte.

PREPARACIÓN DEL PLATO. Se coloca en una fuente de porcelana o ensaladera toda la verdura preparada como se ha dicho antes (las judías cortadas a 1 cm de largo), bien mezclada y formando una pirámide. A continuación se cubre con la salsa mayonesa y se adorna con unos discos de huevo duro, lonjas de tomate y pimiento morrón.

TARTA DE VERDURA

400 gr de espinacas, 200 gr de judías verdes, un bróculi, 200 gr de harina, 3 huevos, un decilitro de aceite y 75 gr de mantequilla.

VERDURAS. Limpias las espinacas, judías y bróculi, se cuecen con agua y sal, y, ya cocidos, se escurren y se trincha todo fino. Luego se saltean con la mantequilla, se les mezclan 2 huevos y se sazona con sal, pimienta y nuez moscada.

PASTA QUEBRADA. Encima de un mármol se echa la harina formando un círculo, en cuyo centro se pondrá un huevo, el aceite y la sal. Seguidamente se amasa hasta obtener una pasta fina, se estira luego con el rodillo y con la hoja de pasta obtenida se forra un molde de tarta bajo y desmontable. Dentro de éste se colocan las verduras antes preparadas y se cubre con otra hoja de pasta, cuyo extremo se moja ligeramente con agua, se suelda con el borde de la tarta y a continuación se cuece a horno suave por espacio de veinticinco minutos.

POTAJE A LA MADRILEÑA

300 gr de garbanzos, 1 kg de espinacas, 3 huevos, 2 decilitros de aceite, 2 cucharadas de tomate (puré), 2 cebollas, 2 dientes de ajo, sal, pimienta, perejil, laurel y una zanahoria.

Los garbanzos se ponen a remojar durante catorce o quince horas con agua algo templada, un poco de sal y una cucharada de bicarbonato. Pasado este tiempo se escurren y se cuecen en un puchero u olla con agua y sal. Al romper el hervor se espuman y se les agrega una cebolla, la zanahoria y la hoja de laurel, dejando que se cuezan hasta que estén bien blandos.

Con el aceite se rehoga la otra cebolla y el ajo, trinchado fino; se agrega el puré de tomate y un decilitro de caldo de los garbanzos, se sazona con sal y pimienta, y se añaden las espinacas, bien lavadas, dejándolas cocer durante treinta y cinco minutos.

Se escurren los garbanzos, se les saca la cebolla, la zanahoria y el laurel, y se adicionan a las espinacas, dejando que cuezan lentamente por espacio de media hora.

Se sirven adornados con los huevos duros y cortados por la mitad.

CALABACINES ESTOFADOS

6 calabacines del tamaño mediano, 200 gr de tomates, una cebolla, un cuarto de litro de aceite, 2 dientes de ajo, 50 gr de harina, 25 gr de piñones, azafrán, un decilitro de vino blanco y 10 gr de almendras y avellanas tostadas.

Puesta al fuego una cacerola con la mitad del aceite y la cebolla picada fina, así que haya tomado color se le añade el tomate mondado y trinchado, el vino blanco y un decilitro de agua. A continuación se le adicionan las almendras, azafrán, ajo y avellanas, todo machacado en el mortero; se agregan los piñones, se sazona con sal y pimienta, y resulta una salsa algo espesa.

Mondados los calabacines se parten horizontalmente por la mitad, se pasan luego por la harina y se fríen con el resto del aceite. Después se colocan en una tartera, se cubren con la salsa preparada de antemano, se cuecen durante cuarenta minutos, guardando la tartera tapada al sacarlos del horno, y se espolvorean con perejil.

CALABACINES A LA PROVENZALA

6 calabacines medianos, medio litro de aceite, 50 gr de harina, una cebolla, 400 gr de tomates, 25 gr de queso rallado, 25 gr de mantequilla y 2 dientes de ajo.

Se mondan los calabacines y se cortan a rajas de 1 cm de grueso. Luego se pasan éstas por la harina, se fríen con el aceite, se escurren y se ponen en una fuente que resista al fuego.

En el mismo aceite se rehoga la cebolla picada, se agregan los ajos trinchados y los tomates cortados a trozos, se sazona con sal y pimienta, y se cuece a fuego lento por espacio de veinte minutos. A continuación se pasa por un colador y se vierte esta salsa encima de los calabacines. Se espolvorea con el queso, se rocía con la mantequilla derretida y se cuece a horno suave durante veinte minutos.

CALABACINES A LA TURCA

6 calabacines del tamaño mediano, 75 gr de arroz, 6 hígados de pollo, una cebolla, 2 cucharadas de puré de tomate, un diente de ajo, perejil, 10 gr de queso de Parma rallado, un poco de curry y 15 gr de mantequilla.

Se mondan los calabacines, se parten horizontalmente por la mitad, se vacían, dándoles la forma de barquitas, luego se cuecen con agua y sal durante diez minutos, y se colocan en una fuente que resista al horno.

Con la mitad de la mantequilla se rehoga la cebolla trinchada fina y los hígados picados. Cuando haya tomado un color dorado se añade el ajo trinchado, el tomate y el arroz; se moja con dos decilitros de agua, se sazona con sal, pimienta y el curry, se cuece a fuego lento unos veinticinco minutos y a continuación se rellenan los calabacines, se espolvorean con el queso, se rocían con el resto de la mantequilla y se cuecen a horno suave por espacio de trece a quince minutos.

CALABACINES REBOZADOS

6 calabacines de tamaño mediano, un cuarto de litro de aceite, 50 gr de harina, 2 huevos, 200 gr de pan rallado, un limón y perejil.

Mondados los calabacines se cortan a rodajas de medio cm de grueso, se sazonan con sal, se pasan por la harina, se rebozan con huevo batido y pan rallado, y luego se fríen con el aceite lentamente.

Se colocan en una fuente cubierta con servilleta, adornándose con rodajas de limón y perejil.

CALABACINES AL GRATÍN

3 calabacines gruesos, un cuarto de litro de leche, 20 gr de harina, 75 gr de mantequilla, una cebolla, 10 gr de queso rallado y 100 gr de jamón.

Mondados los calabacines se parten horizontalmente por la mitad, se vacían, dándoles la forma de una barquita, y se cuecen durante diez minutos con agua y sal.

Se derrite la mitad de la mantequilla y se añade el jamón picado y la cebolla trinchada. Se rehoga bien, se le adiciona la harina y la leche, se remueve con un batidor, se sazona con sal, pimienta y nuez moscada, y se deja cocer a fuego lento por espacio de diez minutos. Seguidamente se llenan las cavidades de los calabacines y se colocan en una fuente que resista al fuego. Entonces se esparce por encima de los calabacines el queso rallado, se rocían con el resto de la mantequilla derretida, se introducen en el horno y se dejan cocer unos quince minutos a fuego lento.

CALABACINES A LA EGIPCIANA

6 calabacines medianos, 100 gr de pierna de cordero trinchada, 75 gr de arroz, 25 gr de queso de Parma rallado, 2 cebollas, 50 gr de mantequilla, 200 gr de tomates, 2 decilitros de aceite, una pizca de azafrán, media hoja de papel de barba y una zanahoria.

Se mondan los calabacines, se parten horizontalmente por la mitad, se vacían, dándoles la forma de barquitas, se hierven con agua sazonada con sal y se pasan por agua fría.

Con el aceite se rehoga una cebolla trinchada y la zanahoria hecha a trocitos. Cuando haya tomado un color dorado se añaden los tomates, mondados y trinchados, y 2 decilitros de agua, se sazona con sal y se cuece unos diez minutos. Luego se echa en una tartera y encima se colocan las barquitas de calabacines.

En un cazo se pone la mantequilla, la cebolla trinchada fina y la carne de cordero, y se rehoga para que se coloree. Seguidamente se añade el arroz, se le da unas vueltas y se moja con un cuarto de litro de agua. Luego se sazona con sal, pimienta y nuez moscada, y se cuece vivamente durante veinte minutos, adicionándole a media cocción el azafrán, ligeramente tostado y trinchado con los dedos, y el queso. A continuación se rellenan los calabacines con este preparado, se meten en el horno, tapándolos con el papel, y se cuecen unos treinta y cinco minutos a fuego lento.

Se sirven en una fuente, echándoles encima la salsa de la tartera después de pasada por un colador.

COLIFLOR A LA VALLIERE

Una coliflor, medio litro de leche, 600 gr de patatas, 400 gr de guisantes, 75 gr de mantequilla, un huevo, 50 gr de harina y 25 gr de queso de Parma rallado.

Se elige una coliflor bien blanca y apiñada, se le quitan las hojas, se corta el troncho cerca del cogollo y se hace en éste una pequeña incisión en forma de cruz. Luego se pone en una cacerola con agua que la cubra, se sazona con sal y se cuece lentamente hasta que esté bien tierna. Ya en su punto se saca del agua, sirviéndose de una espumadera o escurridera, se deja unos minutos encima de un paño para que se escurra el agua y luego se pone en una fuente que resista al fuego y con el mismo paño se le da una bonita forma de bola.

Las patatas se cortan a trozos, se ponen en una cacerola con agua que las cubra, se sazonan con sal, se cuecen durante veinte minutos y se les agregan a media cocción los guisantes, escurridos. Transcurrido este tiempo se escurre todo el contenido de la cacerola, se pasa por un tamiz, se añade una yema de huevo y 15 gr de mantequilla, se sazona con pimienta y nuez moscada, se mezcla y se pone en una manga con boquilla rizada.

SALSA BECHAMEL. Se derriten 40 gr de mantequilla, se le añade la harina y la leche, se sazona con sal, pimienta y nuez moscada y se cuece lentamente durante veinte minutos añadiéndole a media cocción la mitad del queso. A continuación con el contenido de la manga se forma un cordón o festón por todo el alrededor de la coliflor, dejando un espacio de 30 cm entre ésta y el puré. Se cubre con la salsa la coliflor, se espolvorea con el queso, se rocía con la mantequilla restante y se mete en el horno para que tome color.

COLIFLOR A LA DARVEY

Una coliflor, medio litro de leche, 50 gr de mantequilla, 2 hígados de pollo, 35 gr de jamón en dulce, un huevo, una cucharada de puré de tomate, 15 gr de queso rallado y 50 gr de harina.

Se cortan las hojas de la coliflor y se le hace una incisión en forma de cruz en el troncho; se cuece después con agua y sal y cuando está cocida se saca delicadamente y se coloca en una fuente que resista al horno. Seguidamente se pone un paño encima y alrededor para secar el agua, luego se saca éste y se le quita a la coliflor la parte del centro, formando un hueco.

SALSA BECHAMEL. Se derriten 35 gr de mantequilla, se le mezcla la harina y la leche previamente hervida, se remueve de vez en cuando con un batidor y se cuece lentamente por espacio de veinte minutos, sazonándolo con sal, pimienta y nuez moscada.

Los hígados se hierven con agua unos cinco minutos, luego se cortan a trocitos y se les adiciona el jamón hecho a cuadritos y el huevo cocido duro y cortado igualmente (todo esto preparado y puesto en un plato); luego se agregan 3 cucharadas de salsa bechamel y con ello se llena el hueco central de la coliflor, volviendo a colocar en su sitio lo que se ha quitado del centro y apretándolo con el mismo paño para darle su forma primitiva.

A la salsa bechamel se le mezcla el puré de tomate y se echa encima de la coliflor. Luego se espolvorea con queso rallado, se rocía con el resto de la mantequilla derretida y se mete en el horno para que tome un color dorado.

COLIFLOR A LA DOGARESA

Una coliflor, 75 gr de jamón en dulce, 3 decilitros de aceite, 100 gr de harina, 100 gr de cebollas, 25 gr de queso de Parma rallado, 3 cucharadas de puré de tomate y un huevo.

Se elige una coliflor bien blanca, se cortan los cogollos, se cuecen con agua y sal, luego se escurren y cuando están fríos se pasan por la harina y el huevo batido, y se fríen con el aceite hasta que obtengan un bonito color dorado.

Se rehoga con el aceite el jamón, cortado a trocitos, y la cebolla, picada. Cuando está en su punto se añade la harina, el tomate y 2 decilitros de agua, se sazona con sal y pimienta y se cuece durante diez minutos. Luego se echa la salsa encima de los cogollos de la coliflor, se espolvorean con queso y se colocan en el horno a gratinar.

COLIFLOR A LA PRIMOROSA

Una coliflor gruesa y blanca, 2 decilitros de aceite, 3 pepinillos en vinagre, 2 huevos, 200 gr de tomates maduros, perejil y un poquito de mostaza.

Se cortan los cogollos de la coliflor, se cuecen con agua y sal, se escurren y se colocan en una fuente.

SALSA PRIMOROSA. Se cuecen, duros, los huevos, y una vez pelados y fríos se pasan por un tamiz y se ponen en una ensaladera. Luego se añade la mostaza, los tomates pasados por un tamiz y los pepinillos, la cebolla y perejil, todo trinchado fino. Seguidamente se le adiciona el vinagre, aceite, sal y pimienta, se mezcla bien y se deja en maceración durante dos horas.

Se sirve en salsera.

COLIFLOR A LA MORNAY

Una coliflor bonita y blanca, medio litro de leche, 50 gr de hari-na, 75 gr de mantequilla, 75 gr de queso de Parma, pimienta y nuez moscada.

Desprovista la coliflor de las hojas, se cuece con agua y sal, se escurre y se coloca en un plato a gratinar.

SALSA BECHAMEL. Se derriten 50 gr de mantequilla, se le añade la harina y la leche previamente hervida, se remueve de vez en cuando con un batidor y se cuece durante veinte minutos, sazonándolo con sal, pimienta, nuez moscada y la mitad del queso rallado. Con esta salsa se cubre la coliflor, se espolvorea por encima con el resto del queso, se rocía con mantequilla derretida, se mete en el horno y cuando está dorada se sirve.

COLIFLOR A LA HOLANDESA

Una bonita coliflor bien blanca, 100 gr de mantequilla, un limón y 3 huevos.

Quitadas a la coliflor las hojas más duras se cortan los cogollos.

Se pone al fuego una cacerola con 4 litros de agua sazonada con sal y cuando hierve se agrega la coliflor, continuando la cocción lentamente hasta que esté en su punto. Seguidamente se saca con una espumadera y se coloca en una legumbrera donde tendremos una servilleta, cubriéndola con la misma.

SALSA HOLANDESA. En una pequeña cacerolita se echan 3 cucharadas de agua y 3 yemas de huevo, se pone en baño María al fuego, se remueve con viveza hasta obtener una salsa espesa y a continuación se le incorpora, fuera del fuego y poco a poco, la mantequilla derretida, siguiendo el mismo movimiento con el batidor. Se añaden unas gotas de limón y se sazona con sal.

Se sirve en salsera.

PUNTAS DE ESPÁRRAGO A LA DUQUESA

800 gr de patatas, 2 manojos de espárragos, un cuarto de litro de leche, 100 gr de mantequilla, 3 huevos, 20 gr de harina y 10 gr de queso de Parma rallado.

Se mondan las patatas, se cortan a trozos y se cuecen con agua y sal. Luego se escurren, se pasan por un tamiz, se añaden dos huevos y 25 gr de mantequilla y se mezcla bien.

SALSA CREMA. Se derriten 50 gr de mantequilla, se añade la harina y la leche hervida, y se remueve con un batidor. Después se sazona con sal y pimienta y nuez moscada, se cuece a fuego lento durante veinte minutos y al terminar la cocción se añade, fuera del fuego, una yema de huevo.

Mondados los espárragos se cortan las puntas de 2 a 3 cm de largo, se cuecen con agua y sal, y se escurren.

Se ponen las patatas en una manga con boquilla rizada y se forma un nido en una fuente que resista al fuego. En el centro de ésta se ponen las puntas de los espárragos, se cubre con la salsa, se espolvorea con el queso, se rocía con la mantequilla y se mete en el horno para que se coloree.

ESPÁRRAGOS CON SALSA HOLANDESA

3 manojos de espárragos, 3 huevos, 100 gr de mantequilla, un limón y perejil.

Mondados los espárragos se cortan 20 cm de largos, se forman manojos y se cuecen con agua y sal durante veinticinco minutos.

SALSA HOLANDESA. Se ponen en una cacerolita 3 yemas de huevo y 3 cucharadas de agua, se cuece a fuego lento y en baño María y se revuelve continuamente con un batidor hasta que resulte una salsa espesa. Luego se aparta de la lumbre y se le incorpora poco a poco la mantequilla derretida, pero sin dejar de remover con el batidor, sazonándose con sal y un poco de zumo de limón.

La salsa se sirve en una salsera y los espárragos en una fuente con servilleta, adornándose con hojas de perejil y rajas de limón.

ESPÁRRAGOS CON SALSA GRIBICHE

3 manojos de espárragos, un limón, 2 decilitros de aceite, 25 gr de alcaparras, 3 pepinillos, 2 cucharadas de vinagre, 2 huevos, mostaza Inglesa y Francesa y una hoja de estragón fresco.

SALSA GRIBICHE. Se cuecen los huevos durante doce minutos, se dejan enfriar y se les quitan las cáscaras. Se parten luego horizontalmente por la mitad, se les sacan las yemas, machacándolas en el mortero, y se ponen en una ensaladera con la mostaza, vinagre, sal y pimienta. Después se agrega poco a poco el aceite, revolviéndolo con un batidor y siguiendo la misma operación que se emplea para la salsa mayonesa. A continuación se añade el perifollo, estragón, alcaparras y pepinillos, todo picado muy fino, y por último, se incorporan las claras de los huevos cortadas en forma de juliana fina.

Se sirve en una salsera.

Se eligen los espárragos, de buena clase y gordos, se mondan, se cortan de 18 a 20 cm de largo, se sujetan en manojos y se cuecen a fuego lento durante veinticinco a treinta minutos con agua y sal. Luego se pasan por agua fría y una vez escurridos se presentan en una fuente con servilleta y se adornan con rajas de limon y hojas de perejil.

ESPÁRRAGOS A LA FLANDES

3 manojos de espárragos, 3 decilitros de leche, 75 gr de mantequilla, 2 huevos, 50 gr de queso de Gruyère rallado y 25 gr de harina.

Mondados y lavados los espárragos se forman dos manojos igualando las puntas. Después se cortan los tronchos, dejando los espárragos a unos 20 cm de largo, se ponen en una cacerola con 2 litros de agua y sal, se hierven por espacio de veinte minutos, se pasan luego por agua fría y se escurren.

Se derriten 50 gr de mantequilla, se le mezcla la leche previamente hervida, se sazona con sal y se cuece a fuego lento por espacio de veinte minutos, removiéndolo de vez en cuando con un batidor. Al terminar la cocción se añade la mitad del queso y se sazona con sal, pimienta y nuez moscada.

Se ponen los espárragos en una fuente que resista al fuego, colocando un manojo de cada lado y con las puntas que se toquen; se cubren éstas con la salsa y se rodean con discos de huevo duro.

A continuación se espolvorean con el resto del queso, se rocía con el sobrante de la mantequilla y se mete en el horno para que se coloree.

ESPÁRRAGOS A LA FRANCESA

3 manojos de espárragos, 200 gr de champiñones frescos, 6 escaloñas, 2 cucharadas de puré de tomate, 75 gr de mantequilla, un decilitro de vino blanco, 25 gr de queso de Parma rallado y un limón.

Se limpian los espárragos, se igualan las puntas, se cortan de 20 cm de largo, se cuecen con agua sazonada con sal y se pasan por agua fría. Luego se escurren y se colocan en una fuente que resista al fuego, poniéndolos la mitad de cada lado y con las puntas que se toquen en el centro de la fuente.

Con 50 gr de mantequilla se rehogan las escaloñas trinchadas. Seguidamente se agrega el vino, se cuece hasta reducirlo a la mitad, se le adicionan los champiñones cortados a lonjas, el tomate y un decilitro de agua, se sazona con sal, pimienta y nuez moscada, y se cuece lentamente durante veinte minutos. Se echa este preparado encima de las puntas de los espárragos, se espolvorean con el queso, se rocían con el resto de la mantequilla derretida y se meten unos minutos en el horno para que tomen color, rodeándose con rodajas de limón ralladas.

ESPÁRRAGOS A LA DUQUESA

3 manojos de espárragos gruesos, 100 gr de champiñones frescos, una cebolla, una cucharada de puré de tomate, 75 gr de mantequilla, 15 gr de queso de Parma rallado, medio litro de leche y 40 gr de harina.

Pelados los espárragos se cortan de 18 a 20 cm de largo, se lavan y se forman 2 manojos, sujetándolos con bramante y ajustando las puntas bien iguales. A continuación se cuecen con agua sazonada con sal durante veinte a veinticinco minutos, luego se escurren y se sumergen en agua fría.

En una cacerola al fuego se ponen 50 gr de mantequilla, se le adiciona la cebolla trinchada y se rehoga para que tome color. Seguidamente se añaden los champiñones pelados y cortados a lonjas delgadas, se sigue rehogando y a continuación se añade la harina, la leche y el tomate se sazona con pimienta y nuez moscada, y se cuece lentamente por espacio de veinte minutos.

En una fuente que resista al fuego se colocan los espárragos, poniendo un manojo de cada lado de la fuente y encarando las puntas, las cuales se cubren con la salsa, se espolvorean con el queso, se rocían con mantequilla y se meten en el horno para que tomen color.

PUNTAS DE ESPÁRRAGOS A LA VANDERBIL

3 manojos de espárragos, una lata de champiñones, 75 gr de mantequilla, 50 gr de harina, 15 gr de queso de Parma rallado, una cucharada de puré de tomate, medio litro de leche y una yema de huevo.

Pelados y limpios los espárragos se cortan sus puntas a una longitud de 2 cm, se cuecen con agua y sal, se pasan por agua fría, se escurren y se colocan en una fuente que resista al fuego.

Se ponen en una cacerola al fuego 50 gr de mantequilla, se añade la harina y la leche, se mezcla bien y se hierve a fuego lento durante veinte minutos, removiéndolo de cuando en cuando con un batidor. A media cocción se le incorporan los champiñones, cortados a lonjas delgadas, y el tomate se sazona con sal, pimienta y nuez moscada y al terminar la cocción se le mezcla, fuera del fuego, la yema de huevo.

Con dicha salsa se cubren los espárragos, se espolvorean con queso, se rocían con el resto de la mantequilla derretida y se introducen en el horno hasta que tengan un bonito color dorado.

PATATAS A LA MONTE DORADO

1 kg de patatas, 50 gr de mantequilla, 35 gr de queso de Parma rallado, 2 huevos y perejil.

Se mondan las patatas, se cortan a trozos y se ponen a cocer con agua sazonada con sal. Luego se escurren, se pasan por un tamiz y se añaden 2 yemas de huevo, la mitad del queso y 25 gr de mantequilla. A continuación se añaden las claras batidas a punto de nieve, se sazonan con pimienta y nuez moscada y se llenan unas conchas, igualando la superficie con la hoja de un cuchillo. A continuación se espolvorean con el queso, se rocían con la mantequilla restante y se meten en el horno para que tomen un color dorado.

Se sirven en una fuente cubierta con servilleta y se adornan con hojas de perejil.

PATATAS A LA BURGALESA

1 kg de patatas, un manojo de puerros, 75 gr de manteca de cerdo, 200 gr de tomates, un huevo, un diente de ajo, 100 gr de chorizo y perejil.

Limpios los puerros se cortan a trocitos, se rehogan con la manteca de cerdo y cuando empiezan a tomar color se añade el ajo trinchado y el tomate hervido, escurrido y pasado por un colador. Seguidamente se le adicionan las patatas, mondadas y cortadas a cuadritos, y el chorizo; se moja con un cuarto de litro de agua, se sazona con sal, pimienta y nuez moscada, se cuece, a fuego lento y tapado, por espacio de una hora, y a media cocción se le adiciona un huevo duro cortado a trocitos y un poco de perejil picado.

PATATAS FONDANTES

1 kg de patatas inglesas y 100 gr de manteca de vaca.

Se eligen las patatas del tamaño de un huevo, bien iguales, y después de mondadas se tornean con un cuchillo pequeño, dándoles una forma ovalada y colocándolas en una cacerola de modo que todas toquen el fondo de la misma. Luego se añade medio litro de agua y 75 gr de manteca, se sazona con sal y pimienta y se cuece a fuego vivo hasta que se haya consumido el líquido. Entonces se meten en el horno, se rocían con manteca derretida y cuando están bien cocidas y tienen un bonito color dorado se sirven en una fuente.

También pueden servir para adornar platos de carne.

PATATAS RELLENAS A LA FLORENTINA

6 patatas bien lisas y que pesen unos 200 gr cada una, 2 huevos, 400 gr de espinacas, 50 gr de mantequilla, 25 gr de queso de Parma rallado y perejil.

Limpias las patatas se meten en el horno y se dejan cocer hasta que resulten blandas, luego se parten por la mitad y se vacían, guardando las pieles, que habrán tomado la forma de unas cazuelitas.

Todo el contenido de las patatas se machaca en el mortero.

Se añaden las espinacas cocidas, bien exprimidas y picadas, los huevos, la mitad del queso y la mitad de la mantequilla, se sazona con sal, pimienta y nuez moscada, y con esta mezcolanza se llenan las cazuelitas formadas por las pieles de las patatas. A continuación se espolvorean con queso, se rocían con mantequilla derretida, se meten en el horno para que tomen un color dorado y se sirven en una fuente cubierta con servilleta, adornándose con hojas de perejil.

PATATAS A LA LIONESA

1 kg de patatas, 400 gr de cebollas, 150 gr de manteca de cerdo, 50 gr de mantequilla y perejil.

Limpias las patatas se cuecen con la piel, se escurren y, una vez frías, se mondan y se cortan a rodajitas delgadas.

Se pone en una sartén la manteca de cerdo y la cebolla cortada a lonjas finas, se fríe hasta que empieza a colorearse y seguidamente se le incorporan las patatas, las cuales se sazonan con sal y pimienta y se saltean para que resulten de un color dorado. Luego se escurre la manteca y se agrega la mantequilla y el perejil picado.

Se sirve en una fuente o legumbrera.

PATATAS A LA MAYORDOMO

800 gr de patatas, un cuarto de litro de leche, 75 gr de mantequilla y perejil.

Se ponen en una cacerola las patatas mondadas y cortadas a cuadritos, se añade la mantequilla, la leche y un poco de perifollo trinchado, se sazona con sal y pimienta, se arrima al fuego y se cuece lentamente durante media hora. Transcurrido este tiempo se vierten las patatas en una fuente y se sirven bien calientes.

PURÉ DE PATATAS

800 gr de patatas, 2 decilitros de leche y 50 gr de mantequilla.

Mondadas las patatas se lavan, se cortan a trozos, se cuecen con agua y sal durante veinte minutos, se escurren, se pasan por un tamiz y se vuelven a la cacerola. Luego se agrega la mantequilla y la leche hervida, se sazona con sal, pimienta y nuez moscada, se mezcla todo bien y se sirve en una fuente, haciendo unos dibujos en la superficie con la hoja de un cuchillo.

GALLETAS DE PATATAS

600 gr de patatas, 50 gr de azúcar fino, un cuarto de litro de aceite, 3 huevos, una pizca de vainilla en polvo, 35 gr de azúcar de lustre, 50 gr de harina, 15 gr de mantequilla y 20 gr de cacao en polvo.

Se mondan las patatas, se cortan a trozos, se cuecen con agua que las cubra, sazonándolas con un poco de sal, y luego se escurren y se meten unos minutos en el horno para secarlas. Seguidamente se pasan por un tamiz, se les mezclan 2 yemas de huevo y el azúcar, se dejan enfriar y se les adiciona el cacao.

Se espolvorea un mármol con harina, encima se echan las patatas y se forma un cilindro y luego unos discos de circunferencia de una moneda vieja de 5 pesetas y del grueso de 1 cm, los cuales se colocan en una placa de pastelero untada con mantequilla. A continuación se moja la superficie con yema de huevo mezclada con agua y se cuecen al horno vivo durante quince minutos para que adquieran un color dorado.

Se sirven en una fuente recubierta con servilleta y se espolvorean con el azúcar de lustre.

SALSIFIS AL GRATÍN

2 manojos de salsifis, medio litro de leche, 25 gr de queso de Parma rallado, un huevo, 100 gr de harina, un limón y 75 gr de mantequilla.

Los salsifis se rascan, sacándoles la piel negra, se cortan a trozos de 6 a 7 cm de largo y si son gordos se parten por la mitad.

En una cacerola se ponen 50 gr de harina y el zumo de limón, se mezcla con 2 litros de agua, se sazona con sal, se agregan los salsifis, se cuecen por espacio de una hora y media y se escurren.

Se derriten 50 gr de mantequilla, se añaden 40 gr de harina y la leche, se sazona con sal, pimienta y nuez moscada, y se cuece lentamente durante veinte minutos, removiéndolo de vez en cuando con un batidor.

Se ponen los salsifis en una fuente que resista al fuego, se cubren con la salsa, se espolvorean con el queso y el huevo duro picado fino, se rocían con el resto de la mantequilla derretida y se meten en el horno para que tomen un color dorado.

ZANAHORIAS A LA CREMA

600 gr de zanahorias, 50 gr de mantequilla, medio litro de leche, media cucharadita de azúcar, 2 huevos y 40 gr de harina.

Mondadas las zanahorias se parten a rajas delgadas, se colocan en una cacerola con el azúcar y medio litro de agua, se cuecen durante una hora y se escurren.

Se pone a derretir la mantequilla, se le adiciona la harina y la leche previamente hervida, y se sazona con sal, pimienta y nuez moscada. A continuación se cuece lentamente por espacio de veinte minutos, se le adicionan, fuera del fuego, 2 yemas de huevo, se junta con las zanahorias y se sirve en una legumbrera.

LENTEJAS A LA BURGALESA

400 gr de lentejas, 150 gr de morcilla de Burgos, 2 decilitros de aceite, 100 gr de cebollas, 50 gr de pan, 2 dientes de ajo y laurel, tomillo y perejil.

Limpias las lentejas se ponen en un puchero con un litro de agua, el aceite, la cebolla picada, la morcilla y los ajos. Se sazona con sal y pimienta, y se deja cocer a fuego lento durante unas tres horas, adicionándole un manojito atado compuesto de laurel, tomillo y perejil.

Terminada la cocción se añade el pan cortado a cuadritos y frito, se agrega un poco de pimentón y se saca el manojito.

CEBOLLAS RELLENAS AL GRATÍN

4 cebollas grandes, 150 gr de carne magra de cerdo picada, medio litro de leche, un cuarto de litro de aceite, 25 gr de queso rallado, 75 gr de mantequilla y 40 gr de harina.

Mondadas las cebollas se parten horizontalmente por la mitad, se cuecen con agua y sal por espacio de veinte minutos y luego se escurren.

PICADILLO. Se derrite la mitad de la mantequilla, se rehoga la carne magra y cuando empieza a tomar color se agrega la harina y un cuarto de litro de leche, se sazona con sal, pimienta y nuez moscada, se cuece a fuego lento por espacio de quince minutos y a continuación se le incorporan unos cuantos trocitos de cebolla trinchada fina.

Con este picadillo se rellenan las cazuelitas de cebolla, se espolvorean con el queso rallado, se rocían con el resto de la mantequilla derretida y el aceite, y se cuecen a horno flojo por espacio de diez minutos.

CEBOLLAS RELLENAS A LA CASERA

6 cebollas de tamaño mediano, 100 gr de carne magra de cerdo, 2 dientes de ajo, 2 decilitros de leche, 50 gr de miga de pan rallada, 50 gr de manteca de cerdo y perejil.

Mondadas las cebollas se les saca el cogollo con la punta de un cuchillo y se les da la forma de una cazuelita.

Se rehogan los cogollos picados con la manteca, se añade la carne magra trinchada, el ajo y perejil picados, la leche y el pan. Seguidamente se remueve hasta que queda como una pasta, se sazona con sal, pimienta y nuez moscada, y se rellenan las cebollas. Luego se colocan en una tartera con un poco de caldo y se cuecen, tapadas, a fuego lento durante una hora y media.

PIMIENTOS RELLENOS A LA BILBAÍNA

6 pimientos pequeños, 200 gr de arroz, una cebolla, 2 decilitros de aceite, 50 gr de manteca, 25 gr de queso de Parma rallado y 50 gr de carne magra picada.

Se saca el troncho a los pimientos, se vacían y se les deja desprovistos de la semilla.

En una cacerola se echa la manteca y se rehoga la cebolla trinchada y la carne magra. Cuando haya tomado color se añade el arroz, se moja con medio litro de agua, se sazona con sal y pimienta, y se cuece a fuego lento durante veinte minutos. A media cocción se agrega el queso y una vez en su punto se llenan las concavidades de los pimientos con el arroz, se taponan con el troncho, se colocan en una tartera y se rocían con el aceite. Se cuece, tapado y a fuego lento, durante dos horas.

PIMIENTOS A LA MADRILEÑA

3 pequeños pimientos encarnados, 200 gr de carne magra de cerdo trinchada fina, 2 huevos, 4 pepinillos en vinagre, un decilitro de aceite, 2 cucharadas de vinagre y 50 gr de miga de pan rallada.

Con la punta de un cuchillo se corta una circunferencia en la parte superior de los pimientos y se vacían, quitándoles el troncho y la semilla

Se pone la carne en una vasija, se le mezcla un huevo y la miga de pan, se añaden luego los pepinillos, el huevo duro cortado a trocitos y el perejil, se sazona con sal, pimienta y nuez moscada, y se mezcla bien. A continuación se rellenan los pimientos, sirviéndose de una cucharita, se colocan luego en una cacerola, haciendo que la abertura toque la pared de dicha cacerola, y se agrega el aceite, un decilitro de agua, el vinagre, sal y unos rabos de perejil. Seguidamente se cuece, tapado y a fuego lento, durante una hora, y después se sacan los pimientos, se colocan en una fuente y se añade un poco de líquido de haberlos cocido, después de pasado por un colador.

BERENJENAS A LA GOYESCA

3 berenjenas gruesas, medio litro de aceite, 75 gr de harina, 50 gr de mantequilla, 2 huevos, 200 gr de galleta, medio litro de leche, un limón y perejil.

Se mondan las berenjenas, se cortan a lonjas de 1 cm y medio de gruesas, se sazonan con sal, se pasan por harina y se fríen con un poco de aceite, dándoles un color dorado.

SALSA BECHAMEL ESPESA. Se derrite la mantequilla, se le adicionan 50 gr de harina y la leche hervida, se remueve con un batidor se sazona con sal pimienta y nuez moscada y se cuece lentamente durante unos veinte minutos. Seguidamente se le mezcla, fuera del fuego, una yema de huevo.

Se echan sobre un mármol unas cucharadas de salsa y encima se colocan las rodajas de berenjenas. Luego se cubren con salsa y una vez frías se rebozan con huevo batido y galleta picada. A continuación se fríen con el aceite, se sirven en una fuente formando una pirámide y se rodean con rodajas de limón y hojas de perejil frito.

BERENJENAS A LA DOROTY

3 berenjenas gruesas, 6 salchichas, 300 gr de tomates, 3 dientes de ajo, perejil, 50 gr de harina, 2 decilitros de aceite, 15 gr de queso rallado y 25 gr de mantequilla.

Las berenjenas después de mondadas se parten por la mitad en toda su longitud y se vacían, formando unas barquitas. Luego se sazonan con sal, se pasan por harina, se fríen con el aceite, dándoles un color dorado, y se colocan en una fuente que resista al fuego.

Las salchichas se ponen unos minutos en el horno con un poco de agua, luego se parten por la mitad y se colocan dentro de las berenjenas.

En el mismo aceite de haber frito las berenjenas se echan los ajos trinchados y la harina, y sin dejar que tome color se añaden los tomates hervidos y pasados por un colador. Se sazona con sal y pimienta y se cuece unos diez minutos, resultando una salsa espesa que se echa encima de las berenjenas. Seguidamente se espolvorean con el queso rallado, se rocían con la mantequilla derretida y se meten unos diez minutos en el horno para que se doren.

Se sirven en la misma fuente.

BERENJENAS A LA DUQUESA

3 berenjenas gruesas, 2 decilitros de aceite, 400 gr de patatas, una lata de champiñones, un huevo, 50 gr de mantequilla, 50 gr de harina, una cucharada de puré de tomate, una cebolla, 10 gr de queso, 50 gr de jamón y un decilitro de vino blanco.

Se mondan las berenjenas, se parten por la mitad en toda su longitud, se vacían, dándoles la forma de barquitas, y se sazonan con sal. Se pasan luego por la harina, se fríen con aceite y se colocan en una fuente que resista al fuego.

Se derriten 35 gr de mantequilla, se rehoga la cebolla trinchada fina y cuando empieza a tomar color se le adiciona el tomate, el jamón picado, los champiñones cortados a lonjas delgadas y un decilitro de vino blanco, se sazona con sal y pimienta, y se cuece unos quince minutos.

Mondadas las patatas se cortan a trozos, se cuecen con agua y sal, se escurren y se pasan por un tamiz, agregándoles una yema de huevo. Luego se echa en una manga provista de boquilla rizada, se hace un cordón de puré por todo el borde de las berenjenas y en el hueco central se pone la salsa de los champiñones. A continuación se espolvorea con el queso, se rocía con la mantequilla derretida y se mete en el horno para que tome un color dorado.

BERENJENAS A LA MARSELLESA

3 berenjenas gruesas, 100 gr de jamón, 400 gr de tomate, un cuarto de litro de aceite, una cebolla, 50 gr de harina, 2 dientes de ajo, una copa de vino blanco, perejil, 20 gr de queso rallado y 35 gr de mantequilla.

Mondadas las berenjenas se cortan horizontalmente, formando unas tajaditas de 1 cm de espesor, las cuales se pasan por la harina y se fríen en aceite. Después se colocan escalonadas en una tartera, intercalando entre cada raja una lonja de jamón. En la misma sartén se fríe la cebolla picada y al colorearse se agrega el vino y el tomate, sazonándolo con sal, pimienta y nuez moscada. Luego se cuece a fuego lento por espacio de quince minutos, se pasa por un colador y se echa esta salsa sobre las berenjenas. Seguidamente se espolvorea con el queso rallado, se rocía todo con la mantequilla derretida y se mete en el horno hasta adquirir color dorado.

TOMATES SOUFFLÉ

4 tomates gruesos, 100 gr de carne magra de cerdo trinchada, una cebolla, una trufa, un cuarto de litro de leche, 40 gr de harina, 50 gr de mantequilla, un huevo y 10 gr de queso rallado.

Los tomates se parten horizontalmente por la mitad y se vacían, dándoles la forma de unas cazuelitas.

Con 35 gr de mantequilla puesta en una cacerola se rehoga la cebolla trinchada fina, se agrega la carne magra y la trufa picada, y se sigue rehogando. Pasados cinco minutos se añade la harina y la leche, se sazona con sal, pimienta y nuez moscada, y se cuece por espacio de diez minutos. Seguidamente se le adiciona una yema de huevo y la clara batida a punto de nieve, y se rellenan con este preparado los tomates. A continuación se ponen en una fuente que resista al fuego, se espolvorean con el queso, se rocían con la mantequilla derretida y se meten en el horno hasta que tengan un color dorado.

TOMATES RELLENOS A LA GRIEGA

12 tomates medianos, 200 gr de pierna de cordero trinchada, una cebolla, 75 gr de mantequilla, 25 gr de harina, un cuarto de litro de leche, 15 gr de miga de pan rallada y 15 gr de queso rallado.

Se ponen al fuego 50 gr de mantequilla y con ella se sofríe la cebolla trinchada fina. Seguidamente se agrega la carne de cordero y se sigue la cocción lentamente hasta que tenga un color dorado. A continuación se le adiciona la harina y la leche, se sazona con sal, pimienta y nuez moscada, y se cuece, lentamente y tapado, por espacio de media hora, añadiéndole la miga de pan.

Se corta una circunferencia en la parte superior de los tomates y se vacían, quitándoles toda la semilla. Luego se sazonan con sal y se dejan unos veinte minutos puestos en una tartera, colocándolos boca abajo. A continuación se rellenan con el picadillo preparado de antemano, se espolvorean con el queso, se rocían con la mantequilla derretida y se meten en el horno para que tomen un color dorado.

Se sirven en una fuente.

TOMATES A LA MOGADOR

6 tomates gordos, una lata de puré de foie-gras de 300 gr, 25 gr de queso de Parma rallado, 500 gr de jamón en dulce y 50 gr de mantequilla.

Los tomates se parten horizontalmente por la mitad, se vacían, se colocan en una fuente que resista al fuego y se rellenan con el jamón cortado a trocitos. Luego se sazonan con sal, se rocían con la mitad de la mantequilla derretida y se meten en el horno unos cinco minutos, teniendo la precaución de que no pierdan su forma. Seguidamente se rellenan con el foie-gras, se espolvorean con el queso, se rocían con la mantequilla restante, se gratinan vivamente y se sirven.

TOMATES A LA NAPOLITANA

6 tomates gordos y duros, 200 gr de macarrones, 50 gr de queso de Gruyère rallado y 50 gr de mantequilla.

Se pone al fuego una cacerola u olla con 2 litros de agua sazonada con sal y cuando hierve se adicionan los macarrones cortados a trocitos de 2 cm de largo. Luego se cuecen lentamente hasta que estén blandos, se escurren, se vuelven a la misma cacerola, se les añaden las dos terceras partes de la mantequilla y la misma cantidad de queso, se sazonan con un poco de pimienta y nuez moscada, y se mezcla bien.

Se parten horizontalmente por la mitad los tomates, se vacían, se rellenan con los macarrones, colocándolos en una fuente que resista al fuego, se espolvorean luego con el queso, se rocían con la mantequilla restante y se meten unos minutos en el horno para que se gratinen.

TOMATES A LA FLORENTINA

6 bonitos tomates gruesos, 600 gr de espinacas, medio litro de leche, 50 gr de mantequilla, un huevo, 50 gr de queso de Holanda y 25 gr de harina.

Se derrite la mantequilla, se añade la harina y la leche, se sazona con sal, pimienta y nuez moscada, y se cuece a fuego lento por espacio de veinte minutos, revolviéndolo de vez en cuando con un batidor.

Terminada la cocción se agregan las espinacas previamente bien limpias y hervidas con agua y sal, escurridas y trinchadas finas, el huevo hecho duro, cortado a trocitos, y el queso partido a cuadritos, mezclándose todo.

Se parten los tomates por la mitad, luego se vacían, sirviéndose de una cucharita, se rellenan con las espinacas y se cuecen al horno unos quince o veinte minutos.

JUDÍAS VERDES A LA DOGARESA

800 gr de judías verdes, 75 gr de jamón, 15 gr de harina, una cebolla, un cuarto de litro de leche, 3 cucharadas de puré de tomate, 100 gr de mantequilla y 25 gr de queso rallado.

Limpias las judías se cortan a una longitud de 4 a 5 cm de largo, se hierven con agua y sal, se pasan por agua fría y se escurren.

Se pone en una cacerola la mitad de la mantequilla y con ella se rehoga la cebolla picada y el jamón cortado a tiras finas, se añade la harina y la leche, se sazona con sal, pimienta y nuez moscada, se le incorpora el tomate y se deja cocer a fuego lento durante veinte minutos, revolviéndolo de cuando en cuando con una cuchara de madera.

Con 40 gr de mantequilla se saltean las judías, se colocan luego en una fuente y encima se echa la salsa; se espolvorean luego con el queso, se rocían con la mantequilla y se ponen unos minutos en el horno para que tomen color.

JUDÍAS VERDES A LA LIONESA

800 gr de judías verdes, 100 gr de jamón, 75 gr de mantequilla, 2 cebollas y perejil.

Deshebradas las judías se hierven a borbotones con 2 litros de agua y sal durante treinta minutos, y se pasan por agua fría.

Se corta a tiras finas el jamón y la cebolla, se pone en una sartén con la mantequilla, se rehoga hasta que tenga un color dorado y luego se le incorporan las judías bien escurridas.

Se sazonan con sal, se saltean durante tres minutos y se espolvorean con perejil picado.

LECHUGAS RELLENAS A LA MORNAY

6 lechugas, 100 gr de carne magra de cerdo trinchada, 20 gr de harina, 100 gr de mantequilla, 25 gr de queso de Parma rallado, medio litro de leche y un huevo.

Se mezcla la carne magra de cerdo con el huevo y se sazona con sal, pimienta y nuez moscada.

Limpias las lechugas de las hojas más duras y limpios los tronchos y bien lavados se cuecen con agua y sal durante veinte minutos, luego se pasan por agua fría, se escurren, exprimiéndolas con las manos para extraer bien el agua, y a continuación se ponen encima de una mesa. En el interior de cada lechuga se pone una cucharada de carne magra; luego se doblan, echando las puntas encima del troncho y dándoles la forma de bola, se colocan en una cazuela o tartera untada con mantequilla y se añaden 2 decilitros de leche y 25 gr de mantequilla. Finalmente, se sazonan con sal y se cuecen, tapadas y a fuego lento, durante cuarenta minutos.

SALSA BECHAMEL. Se mezclan 50 gr de mantequilla con la harina, se le incorpora la leche restante, se sazona con sal, pimienta y nuez moscada, y, removiéndolo de cuando en cuando con un batidor, se cuece a fuego lento durante veinte minutos.

Las lechugas se colocan en una fuente que resista la acción del fuego, se cubren con la salsa bechamel, se espolvorean con el queso, se rocían con la mantequilla derretida y se ponen en el horno hasta que tengan un color dorado.

LECHUGA A LA VIENESA

6 lechugas medianas, 6 hígados de gallina, medio litro de leche, una trufa, 100 gr de mantequilla, 50 gr de harina, 25 gr de queso de Parma rallado, una cucharada de salsa de tomate y una lata de champiñones.

Se limpian las lechugas de las hojas más duras, se tornea el troncho y se parte por la mitad. Seguidamente se cuecen con agua y sal, se pasan luego por agua fría, se escurren, se exprimen con las manos para extraer bien el agua y se colocan encima de una mesa de modo que queden bien extendidas para poderlas rellenar.

Se derrite en una cacerola la mitad de la mantequilla, se agrega la harina, la leche y el tomate, se sazona con sal, pimienta y nuez moscada, y se cuece a fuego lento por espacio de veinte minutos.

Los hígados se cuecen con agua y sal, se escurren y se cortan a cuadritos pequeños. (Igualmente se cortarán los champiñones.) Se saltea todo con 25 gr de mantequilla y se le mezclan tres cucharadas de salsa preparada de antemano.

Se rellenan las lechugas y se recoge todo el alrededor, formando una bola y colocándose en una tartera o fuente que resista al horno. A continuación se cubren con el resto de la salsa, se espolvorean con trufa picada y queso rallado, se rocía con la mantequilla derretida restante y se cuecen a horno lento hasta que adquieran un bonito color dorado.

HABAS A LA TARRACONENSE

4 kg de habas bien tiernas, 300 gr de tocino magro, 2 manojos de cebollitas tiernas, 100 gr de manteca de cerdo, un ramito de menta y una copita de vino rancio.

Desgranadas las habas (si hubiese algunas de duras se les quita la piel) se pone en una sartén al fuego la manteca y el tocino cortado a trocitos y cuando está dorado se agregan las cebollitas cortadas a rajas, las cuales se rehogan hasta que empiezan a tomar color. Entonces se le incorporan las habas y la menta, se sazona con sal, pimienta y canela en polvo y se añade el vino rancio, salteándolo de cuando en cuando.

Se sirven bien calientes en una fuente.

HABAS ESTOFADAS A LA CATALANA

4 kg de habas, 200 gr de tocino magro, 50 gr de butifarra catalana, 100 gr de butifarra negra, 100 gr de manteca de cerdo, 6 cebollitas tiernas, 3 dientes de ajo, un ramito de menta, un vaso de vino rancio y una hoja de laurel, perejil y un poco de anís.

Las habas se escogen bien tiernas. Se pone en un puchero o cazuela de barro la manteca, los ajos y el tocino y cuando está bastante caliente se añaden las cebollas mondadas y cortadas a trocitos, rehogándolo hasta que tenga un bonito color. Entonces se agrega la butifarra y las habas (desgranadas y bien limpias), se sazona con sal y pimienta, se le incorporan el laurel, la menta, el vino rancio y el anís, y se tapa el puchero herméticamente hasta que las habas estén bien tiernas.

Al servirse se coloca por encima butifarra y tocino cortado a lonjas.

ENSALADAS

Las ensaladas son variadísimas, porque además de emplearse toda clase de tubérculos, legumbres y verduras, que pueden servirse cocidas pero que en la mayoría de casos se sirven crudas, sus aditamentos son abundantes, ya que se emplean conjuntamente las frutas, fiambres y huevos.

La base principal de sazonamiento es la salsa vinagreta, o sea, sal, aceite, vinagre, pimienta y a veces mostaza, etc.

Puede establecerse como regla general, que toda ensalada cruda ha de ser lavada con agua y después escurrida.

En cuanto al aderezo, es necesario que el aceite sea de oliva, fino, y el vinagre, blanco y puro.

Para revolverla se precisa que los cubiertos sean de madera; en ningún caso se emplearán los de metal.

Y, por último, todos los ingredientes que han de ser previamente cocidos para la confección de la ensalada tienen que dejarse enfriar antes de condimentarse, sujetándose a lo explicado oportunamente.

ENSALADA A LA MÓNACO

400 gr de tomates, 100 gr de arroz, 200 gr de atún en aceite, 400 gr de patatas, un decilitro de aceite, perejil, una cucharadita de salsa India, 2 cucharadas de vinagre, 200 gr de aceitunas rellenas y 2 huevos.

Las patatas se hierven con la corteza y una vez frías se mondan y se cortan a lonjas de medio cm de grueso. Igualmente se cortan los tomates.

En una ensaladera se colocan las aceitunas, las patatas, el arroz hervido, pasado por agua fría y escurrido, y el atún cortado a trocitos. Con todos estos ingredientes se forman 5 montoncitos, los cuales se espolvorean con la trufa trinchada y se sazonan con una salsa vinagreta preparada con el aceite, vinagre, salsa India, sal, pimienta y perejil trinchado, todo bien mezclado, adornándose con bonitos discos de huevo cocido.

ENSALADA A LA GRAND PALAIS

300 gr de judías verdes, 1 ½ decilitros de aceite, 100 gr de toma-
tes, 2 dientes de ajo, 3 cucharadas de vinagre, salsa India, 2
pimientos morrones en conserva, 2 huevos, 100 gr de aceitunas sin
hueso, un pepinillo fresco, perejil y una cebolla pequeña.

Limpias las judías se cuecen vivamente con agua y sal, se pasan
por agua fría y se escurren.

Después de bien lavadas las patatas se cuecen con agua y sal,
se escurren, se les quita la piel y se cortan a rodajas de 1 cm de
grueso.

Se ponen las judías en una ensaladera y se adorna la superficie
con tiras de pimiento, huevos duros hechos a rodajas, aceitunas y
pimiento morrón.

SALSA. Se machacan en el mortero 2 dientes de ajo y un poco de
perejil, se le mezclan los tomates hervidos, escurridos y pasados por
un colador, y se echa todo en una vasija. Luego se sazona con sal y
pimienta, y se le adiciona la cebolla trinchada fina, la salsa India y
el aceite. Se mezcla bien y se echa sobre los ingredientes que se
tienen en la ensaladera, se deja macerar una hora y se adorna la
fuente con rodajas de pepino fresco.

ENSALADA A LA GERHARD

400 gr de patatas, 24 mejillones, 400 gr de tomates, un decilitro
de aceite, salsa India, 3 cucharadas de vinagre, perifollo, un huevo,
mostaza francesa y un cogollo de lechuga.

Se hierven las patatas con piel, y, dejadas enfriar, se mondan y
se cortan a lonjas finas. Igualmente se cortarán los tomates.

Limpios los mejillones se hierven, se les sacan las cáscaras y se
colocan en una ensaladera, poniendo en el centro el cogollo de
lechuga y colocando los demás ingredientes alrededor formando
tres montoncitos. Luego se rocía con una salsa vinagreta mezclando
el aceite, vinagre, mostaza, sal, salsa India y perifollo trinchado, y se
espolvorea con un huevo hecho duro y picado fino.

ENSALADA A LA MERLENA

24 bonitos mejillones, 400 gr de patatas, 3 manojos de berros, Catsup, 6 anchoas, 3 pimientos morrones en conserva y 200 gr de tomates.

Limpias las patatas se cuecen con agua y sal, se escurren y, una vez frías, se mondan y se cortan a cuadritos.

Se hierven los mejillones y se sacan de la cáscara, luego se mezclan con las patatas, se colocan en una ensaladera al horno y se añaden los berros y los pimientos, formando con todo ello tres montoncitos.

Limpias las anchoas se les quita la espina y se colocan los filetes encima de los ingredientes. Después se rodean con los tomates cortados a lonjas de 1 cm de espesor, se alinean con una salsa que se obtendrá mezclando el vinagre, aceite, Catsup y sal, y se deja macerar unos treinta minutos.

ENSALADA A LA MARY GARDEN

Un manojo de espárragos, 3 naranjas de tamaño grande, 4 zanahorias, 200 gr de guisantes, 200 gr de patatas, 2 decilitros de aceite, un huevo, salsa India, un pimiento morrón en conserva y 2 pepinillos.

Limpios los espárragos se les cortan las puntas de 2 cm de largo, se cuecen con agua y sal, y se escurren.

Las zanahorias y patatas después de mondadas se cortan a cuadritos, se cuecen con agua y sal, y se escurren. Igualmente se cocerán los guisantes.

Se parten las naranjas por la mitad y se vacían, obteniendo 6 cazuelitas.

En una ensaladera se pone una yema de huevo, un poco de sal, la salsa India y una cucharada de zumo de naranja, se mezcla bien y se añade el aceite poco a poco, removiendo con viveza con un batidor hasta obtener una salsa mayonesa espesa.

Se llenan las cazuelitas de naranja con las zanahorias, nabos, patatas, guisantes y puntas de espárragos, se cubren con la salsa mayonesa y se adorna la superficie con discos de pepinillos y triángulos de pimiento.

Se sirve en una fuente cubierta con servilleta.

ENSALADA A LA PRINCESA

2 manojos de espárragos, 6 alcachofas pequeñas, 3 bonitos tomates, 2 decilitros de aceite, una cucharada de vinagre, salsa India, mostaza, un limón y un huevo.

Desprovistas las alcachofas de las hojas más duras se tornean sus fondos, se cortan a 4 cm de alto, se hierven durante veinte minutos con agua y sal, zumo de limón y un poco de aceite, se escurren y se cortan cada una en 6 trozos.

Mondados los espárragos se les cortan las puntas a 6 o 7 cm de largo y se cuecen con agua y sal.

En el centro de una ensaladera se colocan las alcachofas y alrededor se ponen las puntas de los espárragos intercalados con los tomates cortados a rajas de 1 cm de grueso.

Se esparce por la superficie un huevo trinchado fino, se sazona con una salsa vinagreta compuesta con el aceite, vinagre, salsa India, mostaza y sal, todo bien mezclado, y se deja macerar una media hora.

ENSALADA A LA DUBARRY

Un apio, 300 gr de judías verdes, una naranja, una coliflor pequeña, un decilitro de aceite, 2 cucharadas de vinagre, mostaza, salsa India y perifollo.

Se cortan los cogollos de la coliflor, se cuecen lentamente con agua y sal, se escurren y se dejan enfriar.

Deshebradas las judías se cuecen con agua y sal.

Desprovisto el apio de las hojas más verdes se corta el resto a tiras muy finas, o sea en forma de juliana, se deja unos minutos en agua fría y se escurre.

Se colocan estos ingredientes por separado en una ensaladera formando tres montoncitos y se rodea con la naranja mondada y cortada a rajas. Luego se sazona con una salsa vinagreta que se tendrá preparada, se mezcla el vinagre, aceite, mostaza, sal, pimienta y la salsa India, se añade también un poco de perifollo picado y se deja en maceración durante una hora.

ENSALADA A LA RICHARD

2 manojos de espárragos, 6 zanahorias, 200 gr de judías verdes finas, un cogollo de lechuga, un decilitro de aceite, un huevo, 2 cucharadas de vinagre y salsa India.

Mondados los espárragos se cortan las puntas de 8 cm de largo, se cuecen durante veinte minutos con agua y sal, y a continuación se pasan delicadamente por agua fría y se escurren.

Deshebradas las judías se cuecen vivamente con agua y sal, se pasan por agua fría y se escurren.

Las zanahorias después de mondadas se cuecen con agua sazonada con sal se dejan enfriar y se cortan en forma de juliana.

Se corta la lengua a tiras finas, se colocan en una ensaladera formando con las judías y zanahorias tres montículos, y en el centro se pone el cogollo de lechuga. A continuación se rodea con las puntas de espárragos, se salpica con el huevo duro trinchado y se sazona con el aceite, vinagre, salsa India, sal y pimienta, todo bien mezclado.

ENSALADA A LA TRIANÓN

200 gr de judías verdes finas, 400 gr de patatas, 3 remolachas, 2 huevos, un decilitro de aceite, 2 cucharadas de vinagre, una cucharada de salsa India, y perejil y mostaza.

Se deshebran las judías, se cuecen con agua sazonada con sal, se pasan por agua fría y se escurren.

Se cuecen las patatas con la piel y una vez frías se mondan y se cortan a juliana. Igualmente se preparan las remolachas.

Se colocan estos ingredientes por separado en una ensaladera formando 3 montoncitos, en el centro se pone un huevo duro partido en 6 trozos en toda su longitud, formando una margarita, y el otro huevo se corta a discos y se rodea con ellos el contenido de la ensaladera. Seguidamente se sazona con una salsa vinagreta compuesta de vinagre, aceite, sal, mostaza, salsa India y perejil trinchado, todo bien mezclado, y se deja en maceración durante una hora.

ENSALADA SUBRETTE

Una lechuga, un manojo de espárragos, 300 gr de judías verdes finas, una manzana ácida, un decilitro de aceite, 2 cucharadas de vinagre y salsa India, y 18 mejillones bonitos.

Mondados los espárragos se cortan las puntas de 3 cm de largo y se cuecen con agua sazonada con sal. Luego se escurren y se rocían con agua fría.

Las judías se cuecen vivamente con agua sazonada con sal y a continuación se escurren y se rocían con agua fría.

Se corta la lechuga a juliana fina y después de bien limpia y escurrida se coloca en una ensaladera formando unos montoncitos en el centro. A cada lado se ponen los espárragos y las judías, y se esparce por encima la manzana cortada en forma de juliana fina y los mejillones hervidos y sacados de la cáscara. A continuación se sazona con una salsa vinagreta compuesta con el vinagre, aceite, salsa India, sal y pimienta, todo bien mezclado.

ENSALADA A LA AMERICANA

2 apios bien blancos, 100 gr de lengua escarlata cortada a lonjas delgadas, una trufa, 2 manzanas, un huevo, un decilitro de aceite, 2 cucharadas de vinagre y mostaza.

Desprovistos los apios de las hojas más duras se corta la parte más blanca y tierna en forma de juliana, o sea a tiras finas de 30 a 35 cm de largo, y se colocan en una ensaladera formando pirámide.

Se cortan igualmente las manzanas mondadas, la lengua y la trufa, y se esparcen sobre el contenido de la ensaladera.

Se pasa por un tamiz el huevo hecho duro, se le mezcla el vinagre, aceite, mostaza, sal y pimienta, se rocía la ensalada y se deja en maceración durante una hora.

ENSALADA A LA SAINT DENIS

Un apio bien blanco, un huevo, una trufa, un decilitro de aceite, 4 remolachas, 6 zanahorias, 6 anchoas, mostaza, salsa India, perejil y 2 cucharadas de vinagre.

Desprovisto el apio de las fibras de la superficie se parten los tronchos de 6 a 7 cm de largo, luego se cortan en forma de juliana, se dejan en agua fría y se escurren.

Las zanahorias y remolachas se cuecen con agua y sal, se escurren y, una vez frías, se mondan y se cortan en la misma forma que el apio. Se coloca luego por separado en una ensaladera formando 3 montoncitos, se espolvorea con el huevo duro y la trufa, todo picado fino, se sazona con la salsa vinagreta que se tendrá preparada de antemano mezclando el vinagre, aceite, sal, mostaza, salsa India, pimienta y un poco de perejil picado, y se deja en maceración durante una hora.

ENSALADA A LA MOSCOVITA

6 zanahorias, 2 nabos, media copita de jerez, 2 cucharadas de vinagre, un cuarto de litro de aceite, una trufa, 200 gr de guisantes, 2 kg de hielo, 100 gr de morcillo de buey, 25 gr de cola de pescado, perifollo, una cucharada de salsa India, 35 gr de jamón en dulce, 200 gr de patatas y 2 huevos.

GELATINA. Se corta la carne de buey, una zanahoria y una cebollita a trocitos, y se echa todo en una cacerola, agregándole el jerez, una clara de huevo y un poco de perifollo trinchado. Se mezcla bien y se agrega un cuarto de litro de agua; se sazona con sal y se arrima al fuego, removiendo de vez en cuando con un batidor, y cuando está caliente se añaden 15 gr de cola de pescado bien remojada con agua fría, se sazona con sal y se sigue removiendo hasta que arranque el hervor. Ya en este punto se aparta de la lumbre, se saca el batidor, y se cuece lentamente por espacio de quince minutos, pasándose luego por un paño mojado con agua fría.

Se limpian las zanahorias, nabos y patatas, se cuecen durante cuarenta minutos con agua sazonada con sal y a continuación se escurren, dejándolos enfriar, y se mondan.

SALSA MAYONESA. En una ensaladera se pone una yema de huevo, salsa India y el vinagre, se mezcla bien y se añade poco a poco el aceite, removiendo con viveza con un batidor y obteniendo una salsa mayonesa espesa.

Se rodea un molde con hielo picado, en el interior se ponen 4 cucharadas de gelatina y después de cuajada se adorna con un dibujo de trufa, intercalando pequeños discos de ésta y de clara de huevo duro y formando cordón por todo el alrededor del molde. En el centro se pone un disco de huevo, se rodea éste con guisantes hervidos y se fija todo con un poquito de gelatina.

Se cortan unas rodajitas de zanahoria y se colocan alrededor del molde, se agregan 2 cucharadas de gelatina y se deja enfriar.

El resto de las zanahorias, nabos, patatas, jamón, trufa y huevo duro se corta a cuadritos, se junta todo a los guisantes hervidos, se agrega a la salsa mayonesa y se añade el resto de la cola de pescado, remojada y diluida con una cucharada de agua caliente. Seguidamente se llena el molde flanera y se deja en sitio fresco durante dos horas, luego se pasa ligeramente por agua tibia y se vierte en una fuente, colocando a su alrededor el resto de la gelatina cuajada y cortada en forma de triángulos.

Sírvase inmediatamente a la mesa.

SALSAS

Las salsas son indispensables y representan la parte principal en la cocina selecta.

Cuantas más variaciones de salsas se hagan, más exquisitez en la cocina.

Para su confección es necesario ejecutarlas con todo el detalle, o lo más aproximadamente posible, a como se indica en las recetas culinarias.

La llamada salsa mayonesa es una de las más principales en la condimentación, y además con ello pueden componerse otras salsas diferentes, como son la salsa verde, la salsa tártara, etc., etc.

Algunas veces se sirve la indicada salsa juntamente con carne, pescado y huevos, pero más frecuentemente se presenta aislada, o sea, en salsera.

SALSA ROYAL

3 huevos, 3 cucharadas de salsa de tomate, media copita de vinagre estragón, 100 gr de mantequilla, perifollo y unas hojas de estragón fresco.

Se pone el vinagre en una cacerola y se cuece hasta reducirlo a la mitad. Luego se añade el tomate, siguiendo la cocción a fuego lento durante cinco minutos, y se retira de la lumbre, agregando las yemas de los huevos. Se mezcla con un batidor, vuélvese la cacerola al fuego y se sigue removiendo a fuego lento hasta que empieza a cuajarse. A continuación se le adiciona, fuera del fuego y poco a poco, la mantequilla derretida, y se sazona con sal, el perifollo picado y el estragón picado fino.

SALSA A LA ARMENTIERE

75 gr de jamón, una zanahoria, una copita de jerez, una cebolla, 200 gr de tomates, 15 gr de harina, una cucharadita escasa de azúcar, un ramito de apio, una cucharada de vinagre, 40 gr de mantequilla, un ramito de tomillo, una hoja de laurel y un poco de romero.

Se pone en una cacerolita la mantequilla y el jamón cortado a pedacitos, se añade la cebolla, el apio y la zanahoria hecha a trocitos y se rehoga hasta que tome un color dorado. Seguidamente se agrega la harina y se remueve con una cuchara de madera, se añaden luego los tomates partidos por la mitad, el laurel, el romero y el tomillo, se moja con un cuarto de litro de agua, se sazona con sal, pimienta y nuez moscada, y se cuece lentamente durante media hora.

Se pone al fuego una cacerolita con el jerez, el vinagre y el azúcar, se hierve hasta reducir el líquido a la mitad y a continuación se le adiciona el contenido de la primera cacerolita, pasándolo por un colador y exprimiendo bien para extraer toda la sustancia. Se hierve unos diez minutos para obtener una salsa espesa y se sirve en una salsera.

Esta salsa resulta muy deliciosa para acompañar carne, huevos y verduras.

SALSA A LA PALLARD

Una naranja, 2 decilitros de buen vino tinto, 200 gr de tomates, 50 gr de mantequilla, 15 gr de harina, 100 gr de morcillo de buey, una cebolla y una zanahoria.

Con la mitad de la mantequilla se fríe el morcillo de buey, la cebolla y la zanahoria, se le adicionan los tomates, la harina y un cuarto de litro de agua, y se cuece durante una hora. Se saca una tercera parte de la superficie de la corteza de la naranja, se corta a juliana fina, o sea a tiras muy delgadas, se le da un hervor con agua, se escurre y se pone la juliana en una cacerola. Se añade el vino, se arrima al fuego y se cuece hasta reducir el líquido a la mitad. Seguidamente se agrega la salsa preparada de antemano, pasándola por un colador, se sazona con sal y pimienta, y se cuece lentamente durante veinte minutos. Finalmente, se le incorpora el perifollo picado y la mantequilla, y se sirve en una salsera.

Esta salsa resulta excelente para acompañar ave asada, principalmente pato y caza.

SALSA A LA NEGRESCO

100 gr de morcillo de buey, una cebolla, una zanahoria, 50 gr de mantequilla, 30 gr de jamón, un huevo, 200 gr de tomates, una copita de jerez, salsa India, perifollo y 200 gr de harina.

En una cacerolita al fuego se pone la mantequilla, se rehoga la cebolla y zanahoria, todo a trocitos, y cuando haya tomado un color dorado se agrega la harina, el jerez y los tomates partidos por la mitad. Luego se añade un cuarto de litro de agua, se sazona con sal, pimienta y nuez moscada, se cuece lentamente por espacio de cuarenta minutos y se pasa por un tamiz. A continuación se vuelve al fuego, agregándole el jamón trinchado fino, se hierve durante diez minutos y se añade, fuera, una cucharadita de salsa India, un poco de perifollo picado y una yema de huevo.

Se sirve en una salsera para acompañar carne asada, pollo a la parrilla, etc., etc.

SALSA A LA CADAQUÉS

200 gr de cabeza de merluza, 200 gr de tomate, una cebolla, medio decilitro de aceite, 2 dientes de ajo, perejil, 15 gr de harina, 6 anchoas, laurel y tomillo.

Limpio el pescado se hierve con un cuarto de litro de agua y media cebolla.

Se pone en un cazo al fuego la mitad del aceite, se rehoga la cebolla restante trinchada fina y cuando haya tomado color dorado se añade la harina y los tomates partidos por la mitad. Se moja luego con un cuarto de litro de caldo del pescado, se sazona con sal, se añade el laurel y el tomillo y se cuece lentamente por espacio de veinte minutos. A continuación se añaden las anchoas, los ajos y un poco de perejil, todo machacado en el mortero y mezclado con el resto del aceite. Seguidamente se pasa la salsa por un colador y se sirve en una salsera.

Esta salsa resulta excelente para acompañar mejillones, pescado hervido o al horno o a la parrilla, y también para langosta a la parrilla.

SALSA HOLANDESA

3 yemas de huevo, 125 gr de mantequilla y un limón.

En una pequeña cacerolita se echan las yemas de los huevos con 3 cucharadas de agua, se pone en baño María y se arrima al fuego, batiéndose muy deprisa con un batidor hasta que resulte una salsa como una crema. Luego se retira de la lumbre, se agrega lentamente y con una cuchara la mantequilla derretida, añadiendo unas gotas de zumo de limón, y se sazona con sal.

Sírvase en una salsera.

SALSA A LA MÓNACO

Una cucharada de puré de tomate, una cebollita, 2 dientes de ajo, un huevo, un cuarto de litro de aceite, media copita de vinagre, y mostaza.

Se pica bien fino el huevo cocido, la cebollita, los ajos y el perejil, se añade el tomate, el vinagre, sal, la pimienta y la mostaza, se bate con un batidor, añadiendo poco a poco el aceite, y se sirve en una salsera.

Esta salsa puede servir para acompañar carne, pescado o verdura.

ALLIOLI

Un cuarto de litro de aceite y 6 dientes de ajo.

Se ponen los ajos en un mortero, se machacan hasta que queden como una pasta, se les adiciona gota a gota el aceite, revolviéndolo continuamente con la mano de almirez hasta que el aceite y el ajo hayan formado una salsa espesa, y se sazona con sal.

Para facilitar la unión y suavizar la salsa se puede añadir, al empezar, una yema de huevo y unas gotas de limón.

SALSA MALTESA

3 huevos, 100 gr de mantequilla y una naranja encarnada.

En una cacerola se ponen 3 yemas de huevo y 3 cucharadas de agua, se coloca en baño María y se remueve con viveza con un batidor hasta obtener una salsa espesa como una crema. Seguidamente se añade, fuera del fuego y poco a poco, la mantequilla derretida, se sazona con unas gotas de zumo de naranja y sal, y se agrega un poco de corteza de naranja trinchada fina, hervida y escurrida. Sírvase en una salsera.

SALSA VINAGRETA

2 decilitros de aceite, un huevo, una copita de vinagre, una cebolla, 3 pepinillos, 25 gr de alcaparras, perifollo, mostaza y salsa India.

Se pone al fuego el huevo con agua, se cuece durante doce minutos y, una vez frío y pelado, se trincha, al igual que los demás ingredientes. Luego se pone todo en una ensaladera, se agrega el aceite y el vinagre, se sazona con sal, pimienta blanca y salsa India, y se sirve en una salsera.

Esta salsa se emplea para pescados, carnes, fiambres y espárragos.

SALSA GRIBICHE

3 huevos, un cuarto de litro de aceite, 20 gr de alcaparras, 3 pepinillos, una cucharada de vinagre, perifollo, unas hojas de estragón fresco y mostaza.

Se preparan los huevos cocidos, se parten, quitándoles las yemas, se machacan éstas en el mortero y se ponen en una ensaladera. Después se añade un poco de mostaza francesa, vinagre, sal y pimienta, y se va agregando poco a poco el aceite hasta obtener una salsa mayonesa espesa. A continuación se le incorpora el estragón, perifollo, pepinillos y alcaparras, todo bien picado. Las claras de los huevos se cortan en forma de juliana y se agregan a la salsa.

Sírvase en salsera para pescado, carne o verdura.

SALSA DE CAVIAR

50 gr de mantequilla, 20 gr de harina, un huevo, 200 gr de merluza, 6 escaloñas, una cucharadita de caviar, 2 cucharaditas de nata, una cebolla y una zanahoria.

Limpio el pescado se hierve con 4 decilitros de agua, una cebolla y la zanahoria. Se derrite la mantequilla, se añaden las escaloñas, trinchadas finas, y cuando hayan tomado un color dorado se agrega la harina y el caldo del pescado, se sazona con sal, pimienta y nuez moscada, y se cuece lentamente durante veinte minutos, removiéndolo de vez en cuando con un batidor. Terminada la cocción se le incorpora, fuera del fuego, una yema de huevo y la nata, se pasa seguidamente por un colador, añadiéndole el caviar, y se sirve en una salsera.

Esta salsa resulta riquísima para servirla con pescado hervido o a la parrilla.

SALSA TÁRTARA

2 huevos, una cebollita, 20 gr de alcaparras, 3 pepinillos, un cuarto de litro de aceite, una cucharada de vinagre, mostaza fancesa, un poco de perifollo y salsa India.

SALSA MAYONESA. En una vasija se pone una yema de huevo, el vinagre, sal, pimienta, mostaza y salsa india, se revuelve con un batidor con viveza y se agrega el aceite poco a poco, sin dejar de mover el batidor, hasta obtener una salsa mayonesa espesa. Luego se le adiciona una cucharada de agua hirviendo y seguidamente se le incorpora un huevo cocido y los demás ingredientes, todo picado muy fino.

Se sirve en una salsera.

SALSA A LA CREMA

Un cuarto de litro de leche, 15 gr de harina, 50 gr de mantequilla, 2 yemas de huevo y un decilitro de crema de leche.

Se pone una cacerolita al fuego con la mantequilla, se le adiciona la harina y la leche, se remueve con un batidor y se cuece durante quince minutos, sazonándose con sal, pimentón y nuez moscada.

Al terminar la cocción se aparta del fuego y se le incorporan las yemas de huevo y la crema de leche.

Sírvase en salsera o bien salseando huevos, pescado, carne, etc.

SALSA DE CHAMPIÑONES

Un cuarto de litro de leche, 15 gr de harina, una lata pequeña de champiñones, 50 gr de mantequilla, una cucharada de puré de tomate, un huevo, una cebolla y 2 cucharaditas de nata.

Se derriten 35 gr de mantequilla, se rehoga la cebolla picada, se le mezcla la harina y la leche, se sazona con sal, pimienta y nuez moscada, y se cuece lentamente por espacio de veinte minutos, removiéndolo de vez en cuando con un batidor. Luego se pasa la salsa por un colador, se le adicionan los champiñones trinchados finos y el tomate, se hierve cinco minutos y se añade, fuera del fuego, el resto de la mantequilla, una yema de huevo y la nata.

Esta salsa resulta excelente para acompañar huevos, pescados y aves.

SALSA A LA MIRABEAU

150 gr de merluza, 2 huevos, 15 gr de harina, 50 gr de mantequilla, 6 anchoas y una cebollita.

Limpio el pescado se pone en una cacerola con la cebolla y 4 decilitros de agua, se sazona con sal, se arrima al fuego y se cuece a fuego lento durante diez minutos.

Se derriten 25 gr de mantequilla, se añade la harina y el caldo obtenido del pescado, pasándolo por un colador, se remueve de vez en cuando con un batidor y se cuece lentamente por espacio de quince minutos. Terminada la cocción se agregan, fuera del fuego, las yemas de huevo, el resto de la mantequilla y las anchoas desprovistas de las espinas y pasadas por un tamiz.

Esta salsa resulta deliciosa y está muy indicada para acompañar pescados, huevos, etc., etc.

SALSA MAYONESA A LA ANDALUZA

Un cuarto de litro de aceite, 2 huevos, 10 aceitunas, un poco de perejil, una cucharada de vinagre, un pimiento morrón en conserva, una cucharadita de salsa India, un diente de ajo y una cucharada de puré de tomate.

Salsa mayonesa. Se ponen en una ensaladera 2 yemas de huevo, la salsa India, sal y el vinagre. Se mezcla bien y se le agrega poco a poco el aceite, removiéndolo con viveza con un batidor hasta obtener una salsa espesa. Seguidamente se añade el pimiento, las aceitunas desprovistas del hueso, el perejil y el ajo, todo trinchado muy fino, y el puré de tomate.

Sírvase en una salsera.

Esta salsa resulta deliciosa para acompañar pescados, verduras hervidas y huevos fríos.

SALSA A LA MOUNTBATTEN

Un cuarto de litro de aceite, 200 gr de espinacas, 2 huevos, perifollo, salsa India, 3 pepinillos en vinagre y media cucharada de zumo de limón.

En una ensaladera se ponen las yemas de huevo, sal, la salsa India, el zumo de limón y un poco de pimienta. Se mezcla bien y se añade poco a poco el aceite, removiéndolo con viveza con un batidor hasta que resulte una salsa mayonesa espesa, a la que se incorporan los pepinillos y el perifollo, todo trinchado fino.

Mondadas las espinacas se hierven con agua y sal, luego se escurren y una vez frías se exprimen bien con las manos y se pasan por un tamiz, adicionándolas a la salsa.

Se sirve en una salsera.

Esta salsa es a propósito para acompañar pescados fríos y verduras.

SALSA A LA ARLESIANA

300 gr de tomates bien maduros, 2 decilitros de aceite, una cucharada de vinagre estragón, salsa India, mostaza, 5 gr de azúcar, perifollo y un huevo.

Se parten los tomates por la mitad, se meten en una cacerola y se arrima al fuego. A continuación se cuecen durante veinte minutos, luego se escurren, se pasan por un tamiz o colador y seguidamente se vuelven al fuego, agregando el azúcar. Se cuece hasta obtener una salsa espesa, se deja enfriar, luego se pone en una ensaladera y se le agrega la mostaza, la salsa India, sal, pimienta, el vinagre y perifollo picado. Se mezcla, se le adiciona una yema de huevo y se añade poco a poco el aceite, removiéndolo con viveza con un batidor como si fuera a hacerse una salsa mayonesa.

Sírvase en una salsera.

Resulta una excelente salsa para acompañar espárragos, pescado o aves frías.

SALSA A LA AVIÑONESA

Un cuarto de litro de aceite, una cucharada de puré de tomate, una cucharadita de mostaza, 2 huevos, una cucharadita de salsa India, una cucharada de vinagre, perifollo, 2 pepinillos y 8 mejillones.

Se pone en una ensaladera una yema de huevo, el vinagre, mostaza, salsa India y el tomate; se mezcla y se agrega poco a poco el aceite, removiéndolo con viveza con un batidor hasta obtener una salsa mayonesa espesa. Luego se le adiciona un huevo duro, los pepinillos y perifollo, todo trinchado fino, y a continuación se añaden los mejillones, hervidos y cortados a trocitos.

Sírvase en una salsera.

Esta salsa sirve para acompañar pescados hervidos o a la parrilla y espárragos.

SALSA VERDE

Una yema de huevo, un cuarto de litro de aceite, 100 gr de espinacas, una cucharada de vinagre, un manojo de berros, estragón, perejil, mostaza y salsa India.

En una ensaladera se pone la yema, el vinagre, mostaza, salsa India y sal, se remueve con un batidor y se le adiciona poco a poco el aceite hasta obtener una salsa mayonesa.

Se hacen hervir las espinacas, los berros, el perejil y el estragón, y luego se escurre bien para extraer el agua, se pasa por un tamiz y se mezcla con la salsa.

Sírvase en una salsera para verdura y pescado.

SALSA MARINERA A LA COSTA BRAVA

18 mejillones, una cebolla, 200 gr de tomates, un diente de ajo, 12 almendras tostadas, un decilitro de aceite, 15 gr de harina y un poco de azafrán.

Previamente limpios los mejillones se ponen en una cacerola con un decilitro de agua, se cuecen por espacio de cinco minutos, se sacan de las cáscaras y se parten por la mitad.

Con el aceite se rehoga la cebolla picada fina y el ajo trinchado, y tan pronto empieza a tomar color se agrega la harina y el tomate, mondado y picado. Seguidamente se le incorpora el caldo de los mejillones y el perejil picado, y se sazona con sal y pimienta. A continuación se le adicionan las almendras y el azafrán, todo machacado en el mortero, se sigue la cocción lenta durante veinticinco minutos y se le incorporan los mejillones.

Sirve para salsear huevos, pescados, verduras, etc., etc.

LA OLLA A PRESIÓN

La preparación de diversos platos con la olla a presión no es ciertamente una novedad, puesto que viene practicándose en diversos países desde hace muchos años.

Razones de orden económico y nutritivo abonan el empleo de la olla a presión para la preparación de las comidas. Las más recientes experiencias nos demuestran la notable pérdida de sales y vitaminas en los alimentos cocidos en recipientes abiertos, mientras que con la cocción a vapor los manjares conservan íntegramente sus propiedades nutritivas. La economía se consigue por el ahorro de combustible y de tiempo.

SOPAS, ARROCES Y PASTAS

SOPA SAINT GERMAIN
(Cantidades para cuatro personas)

600 gr de patatas, 400 gr de guisantes desgranados, 50 gr de mantequilla, 100 gr de pan, 1 decilitro de aceite, medio litro de leche, 4 puerros y 2 cebollas.

Póngase la olla al fuego con la mantequilla, se añaden la cebolla y los puerros trinchado fino, rehogándolo todo durante 5 minutos. Seguidamente se agregan los guisantes, las patatas limpias y cortadas a trocitos pequeños, se adiciona la leche y un litro de agua, se sazona con sal y pimienta, y se tapa la olla, dejándola cocer a presión durante 10 minutos.

Terminada la cocción, se aparta de la lumbre, se deja enfriar algo y se destapa, vertiendo el contenido en una sopera, y acompañándola de unos cuadritos de pan frito.

SOPA A LA PAISANA

(Cantidades para cuatro personas)

600 gr de patatas, 100 gr de mantequilla, 200 gr de guisantes desgranados, 50 gr de jamón hecho a cuadritos, 6 bonitos puerros, 4 zanahorias, 1 cucharada de harina y medio litro de leche.

Póngase la olla al fuego con la mantequilla, y los puerros, limpios y cortados a trozos, y la zanahoria cortada y el jamón cortado a cuadritos.

Se rehoga todo durante 5 minutos, luego se añade la harina, las patatas, previamente limpias y hechas a trozos finos, y el perejil picado, se adiciona la leche y un litro de agua. Se sazona con sal y pimienta, y se tapa la olla, dejándola cocer a presion durante 10 minutos.

Al terminar la cocción se aparta de la lumbre, se deja enfriar algo y se vierte el contenido en una sopera, sirviéndola inmediatamente.

SOPA A LA AMERICANA

(Cantidades para cuatro personas)

100 gr de carne magra picada fina, 500 gr de tomates maduros, 100 gr de arroz, 50 gr de jamón picado, 1 decilitro de aceite, 2 dientes de ajo, 2 cebollas y media cucharadita de pimentón.

En la olla puesta al fuego con el aceite, se rehoga la cebolla, los ajos, los tomates, previamente mondados y trinchados, el jamón y la carne magra, se adiciona el pimentón, se le da unas vueltecitas hasta que todo resulte medio dorado, luego se adiciona el arroz, un litro de agua, sazonando el preparado con sal y pimienta, y se tapa la olla dejándola cocer a presión durante 10 minutos.

Pasado este tiempo se aparta de la lumbre, se deja enfriar algo, y se destapa, vertiendo el contenido en la sopera y sirviéndolo seguidamente.

FIDEOS A LA CATALANA

(Cantidades para cuatro personas)

400 gr de fideos gordos, 100 gr de costilla de cerdo, cortada a trocitos, 100 gr de tocino viado, 100 gr de salchichas, 75 gr de man-

teca de cerdo, 200 gr de tomates, 1 cebolla, 2 dientes de ajo, un poquito de pimentón, un poco de azafrán, 10 gr de almendras y piñones y 25 gr de queso rallado.

Póngase al fuego la olla, con la manteca de cerdo, el tocino, la costilla cortada, la cebolla trinchada. Se deja rehogar hasta que toma un bonito color dorado, y se le agregan los ajos, picados, el pimentón y los tomates pelados y trinchados, se sigue rehogando, y a continuación se agregan las salchichas ligeramente hervidas y cortadas a trocitos.

Se adiciona litro y medio de agua, se sazona con sal y pimienta, se agregan los fideos cortados, y una picada, compuesta de almendras, piñones y azafrán, se espolvorean con el queso rallado, y se tapa la olla, dejándola cocer a presión durante 8 minutos.

Terminada la cocción, se deja enfriar algo y reposar, y se destapa la olla, sirviéndose los fideos en fuente.

COCIDO A LA CASTELLANA
(Cantidades para cuatro personas)

200 gr de morcillo de buey (o de ternera), 100 gr de tocino magro, 100 gr de chorizo de la Rioja, un cuarto de gallina, 100 gr de butifarra negra, 150 gr de carne magra picada, 500 gr de patatas, 100 gr de fideos, 50 gr de miga de pan rallada, 75 gr de harina, 1 huevo, 200 gr de garbanzos remojados, 2 dientes de ajo y un poco de perejil.

En un plato hondo se pone la carne magra picada, con el huevo crudo, los ajos picados finos, el perejil, el pan migado, una cucharada de harina, un poco de pimienta y sal. Se mezcla todo bien hasta que resulte un picadillo compacto y fino, se le da forma ovalada, haciendo una pelota, se pasa por el resto de la harina, y se deja reposar unos minutos.

Póngase la olla al fuego con 2 litros de agua, la gallina, la carne de ternera, el tocino, la butifarra negra y el chorizo hecho a trozos, los garbanzos y la pelota, preparada de antemano. Se tapa la olla y déjase cocer a presión durante 30 minutos.

Al terminar la cocción, se aparta de la lumbre, se deja algo enfriar, se destapa y se pasa el caldo por un colador. Se ponen todos los ingredientes en una fuente. Se vuelve el caldo a la olla, y se agregan los fideos, se tapa la olla, se cuecen durante 8 minutos, se destapa la misma y se sirven en la sopera.

BULLABESA A LA MARSELLESA

(Cantidades para cuatro personas)

150 gr de mero, 150 gr de rape, 150 gr de rata de mar, 150 gr de polla de mar, 4 bonitos langostinos (o gambas), 12 bonitos mejillones, 300 gr de tomates maduros, 2 decilitros de aceite, 300 gr de pan de barra, 30 gr de mantequilla, 3 paquetes de azafrán, 3 dientes de ajos, 2 cebollas, 1 copa de absenta, pimienta, perejil, laurel, tomillo y 25 gr de harina.

Limpio el pescado y cortado a trozos se le separan lo más posible sus espinas y cabezas, dejando la carne limpia, aparte en un plato.

En la olla se pone el aceite, las cebollas trinchadas finas y el ajo cortado; se le da una vuelta y al tomar color se adiciona la harina, el pimentón, los tomates, cortados a trocitos, y el azafrán, se da una vueltecita, y se incorpora litro y medio de agua, y un ramito de laurel, tomillo y perejil. Se ponen las espinas y cabezas del pescado, se sazona con sal, y se tapa la olla, dejándola cocer a presión durante 10 minutos.

Al destaparla, se pasa el caldo por un colador; en la misma olla, se pone de nuevo el caldo, y se adicionan los trozos carnosos del pescado, se riegan con la absenta, se adicionan los mejillones, previamente abiertos al vapor, y despojados de la mitad de su cáscara y los langostinos, se cubren con perejil trinchado fino, se sazonan con sal, y se tapa la olla, dejándola cocer a presión 8 minutos. Se deja enfriar, al destaparla, se saca el pescado, se coloca en una fuente, y luego se vierte el caldo en una sopera.

Con las rebanadas de pan, previamente tostadas y barnizadas con la mantequilla, se hace otra fuente para servirse a placer.

SOPA DE PESCADO A LA PROVENZAL

(Cantidades para cuatro personas)

300 gr de rape, 300 gr de tomates, 100 gr de fideos gordos, 3 dientes de ajo, 2 decilitros de aceite, 1 cucharadita de pimentón y 1 ramito de perejil.

Póngase la olla al fuego con el aceite, y la cebolla trinchada fina. Se rehoga hasta que toma color dorado y a continuación se incorpora el pimentón, los tomates mondados y trinchados, el rape hecho a trocitos, y una picada compuesta de ajos, azafrán y un poco de perejil. Se sigue rehogando, y a continuación se adicionan los fideos cortados y un poco más de perejil cortado fino. Se adiciona un litro de agua, se sazona con sal y pimienta, y se tapa la olla, dejándola cocer a presión durante 10 minutos.

Al terminar la cocción, se aparta de la lumbre, se deja algo enfriar, se destapa y se vierte en la sopera.

ARROZ A LA BARQUERO

(Cantidades para cuatro personas)

400 gr de arroz, 150 gr de calamares, 200 gr de rape, 200 gr de tomates, 100 gr de guisantes desgranados, 1 cebolla, 3 dientes de ajo, 8 mejillones, 1 pimiento morrón en conserva, 4 gambas (o langostinos), 1 decilitro de aceite, media cucharadita de pimentón y un poquito de azafrán.

Se pone la olla al fuego con el aceite, la cebolla trinchada fina, y dos dientes de ajo. Se rehoga hasta que toma color y a continuación se agregan los tomates mondados y trinchados, el pimentón, el azafrán, y luego el pescado limpio, cortado a trocitos, los mejillones, previamente limpios, ligeramente hervidos y sacados de la cáscara. Se incorporan las gambas, se sigue rehogando 5 minutos, y en seguida se añade el arroz, y un litro de agua. Se sazona con sal y pimienta y un ajo trinchado y perejil. Se tapa la olla y se deja cocer a presión durante 8 minutos.

Terminada la cocción, se aparta de la lumbre, se deja un momento reposar, se vierte el contenido en una fuente, y se espolvorea con perejil trinchado fino.

ARROZ A LA CASERA

(Cantidades para cuatro personas)

400 gr de arroz, 200 gr de costilla de cerdo, cortada, 250 gr de tomates, 100 gr de guisantes, 75 gr de jamón, 50 gr de queso rallado, 1 cebolla, 2 dientes de ajos y 75 gr de manteca de cerdo.

Póngase la olla al fuego con la manteca, la costilla cortada a trocitos, y después de rehogar un poquito se añade la cebolla trinchada fina y los ajos y enseguida el jamón cortado. Se añaden los tomates pelados y trinchados, y el pimentón, luego el pimiento hecho a trocitos y los guisantes desgranados. Se adiciona el arroz y se moja con un litro de agua, se sazona con sal y pimentón, y se tapa la olla, dejándola cocer a presión durante 8 minutos.

Al terminar la cocción, se aparta de la lumbre, se deja algo enfriar y se destapa la olla. Se vierte el arroz en una fuente y se espolvorea con el queso rallado.

ARROZ A LA VALENCIANA

(Cantidades para cuatro personas)

400 gr de arroz, 100 gr de lomo de cerdo, 100 gr de salchichas, 100 gr de calamares, 200 gr de guisantes, 200 gr de tomates, 4 gambas (o langostinos) y 8 mejillones, 1 cebolla, 3 dientes de ajo, 2 pimientos morrones, 1 decilitro de aceite y un poco de pimentón, azafrán y perejil.

Póngase la olla al fuego con el aceite, el lomo cortado, las salchichas, igualmente, y la cebolla y ajos trinchado fino, se rehoga todo hasta que toma color dorado, y a continuación se incorporan los tomates mondados y trinchados, el pimentón, el azafrán, los guisantes pelados, y los mejillones, previamente limpios, ligeramente hervidos y desprovistos de la mitad de su cáscara.

Se sigue rehogando y enseguida se echan los calamares, limpios y cortados en anillas, y las gambas. Se cuece todo junto 5 minutos, y se adiciona el arroz, y los pimientos cortados a trocitos cuadrados. Se pone un litro de agua, se sazona con sal y pimienta, y se tapa la olla, dejándola cocer a presión durante 10 minutos.

Al terminar la cocción, se deja algo enfriar, se destapa y se sirve en una fuente, espolvoreándola con perejil picado fino.

MACARRONES A LA PARISIÉN

(Cantidades para cuatro personas)

300 gr de macarrones, 100 gr de jamón, 100 gr de mantequilla, 50 gr de queso rallado, 300 gr de tomates, bien maduros, 100 gr de champiñones y 1 cebolla.

Póngase al fuego la olla con 75 gr de mantequilla, la cebolla trinchada fina, los champiñones cortados a lonjitas delgadas, y el jamón picado. Se deja rehogar hasta que toma color dorado, y seguidamente se agregan los tomates pelados, y picados, y se sigue rehogando por espacio de 5 minutos.

A continuación se incorporan los macarrones cortados a trozos, y 1 litro de agua Se sazona con sal y pimienta y se tapa la olla, dejándola cocer a presión durante 8 minutos.

Pasado este tiempo, se aparta de la lumbre, se deja algo enfriar y reposar, y se destapa la olla, se vierte el contenido en una fuente y se le mezcla el resto de la mantequilla, luego se espolvorea con el queso rallado, y se sirve.

ATÚN A LA MARSELLESA

(Cantidades para cuatro personas)

600 gr de atún fresco, 200 gr de tomates, 25 gr de harina, 1 decilitro de aceite, 1 vaso de vino blanco, 1 copa de coñac, 1 cebolla, 4 dientes de ajo y 1 paquete de azafrán.

Póngase la olla al fuego con el aceite y la cebolla trinchada fina rehogándola hasta que toma color dorado, seguidamente se adicionan los tomates pelados y trinchados, el vino y el coñac, y una picada compuesta de ajos, azafrán y perejil trinchado. Se sazona con sal y pimienta y se sigue rehogando.

Cortado a rodajas y desprovisto de la piel el atún, se sazona con sal y se coloca en la rejilla. Se introduce en la olla, previamente enharinado. Se tapa la olla y se deja cocer a presión durante 8 minutos.

Al terminar la cocción, se deja algo enfriar, se saca cuidadosamente la rejilla y se coloca el atún en una fuente. Riégase con la salsa pasándola por un colador. Se sirve bien caliente.

BACALAO A LA ALICANTINA

(Cantidades para cuatro personas)

600 gr de bacalao grueso, bien desalado, 400 gr de guisantes, 10 gr de almendras tostadas, 1 cebolla, un cuarto litro de aceite, 2 pimientos en conserva, perejil, 50 gr de harina, 4 dientes de ajo, 3 paquetes de azafrán y media cucharadita de pimentón y laurel.

Previamente remojado el bacalao, sacarlo del agua y secarlo con un paño. Pasar los trozos por la harina. Póngase la olla al fuego con el aceite, y cuando está bien caliente se fríe el bacalao, se saca y se coloca en un plato; en el mismo aceite se sofríe la cebolla cortada fina, y los ajos. Cuando toman color se adiciona el pimentón, un vasito de agua, los guisantes desgranados, un poco de perejil trinchado, y una picada compuesta de azafrán y almendras, machacadas al mortero.

Se sazona el preparado con sal y pimienta y se adiciona el bacalao colocándolo encima de la rejilla. Se cubre el bacalao con unas tiras de pimiento, y se tapa la olla, dejándola cocer a presión durante 8 minutos.

Al terminar la cocción se deja algo reposar, se destapa la olla y se saca la rejilla con cuidado, poniendo los trozos de bacalao en una fuente, cubriéndolo con su salsa. Se sirve caliente.

BACALAO A LA VIZCAÍNA

(Cantidades para cuatro personas)

600 gr de bacalao, morro grueso, 400 gr de tomates, 1 vaso de vino blanco, 2 decilitros de aceite, 2 cebollas, 50 gr de harina, 4 dientes de ajo, 1 cucharadita de pimentón, 6 pimientos secos choriceros y 1 ramita de perejil.

Previamente remojado durante 24 o más horas, se saca del agua, y se exprime con las manos, se seca con un paño y se pasa por la harina, el bacalao.

Los pimientos choriceros, se remojan en agua templada dejándolos también un par de horas.

En la olla se pone el aceite y cuando está bien caliente se fríe el bacalao, se aparta y se coloca en un plato. En el mismo aceite, se sofríe la cebolla trinchada fina, y los ajos picados. Se dejan dorar y se adiciona el pimentón y los tomates mondados y trinchados, se les da una vueltecita y se adiciona una cucharadita de harina, el vino blanco, y la carne raspada de los pimientos. Se remueve con un batidor, se sazona con sal y pimienta, y se cuece durante 10 minutos. Luego se aparta, y se pasa esta salsa por un prensa puré.

Se coloca el bacalao en la rejilla, y se mete en la olla, se riega con la salsa obtenida de antemano, se espolvorea con perejil trinchado fino, y se tapa la olla, dejándolo todo cocer 8 minutos. Terminada la cocción, se deja algo enfriar, se saca la parrilla y se coloca el bacalao en una fuente, espolvoreándolo con perejil trinchado. Se sirve bien caliente.

BESUGO A LA GALLEGA

(Cantidades para cuatro personas)

Un besugo de 1 kilo, 2 decilitros de aceite, 200 gr de tomates, 12 mejillones, 25 gr de mantequilla, 200 gr de guisantes desgranados, 1 cebolla, 1 vaso de vino blanco, 1 limón, 2 pimientos morrones, 1 cucharadita de vinagre, media cucharadita de pimentón y 3 dientes de ajo.

En la olla puesta al fuego con el aceite, se rehoga la cebolla trinchada fina hasta que toma color dorado, se adicionan los ajos cortados, el pimentón, los tomates mondados y trinchados, el vino blanco, luego el vinagre, y una ramita de perejil.

Previamente abiertos al vapor los mejillones, se despojan de la mitad de su cáscara y se introducen en la olla, se rodean con los guisantes desgranados y se cubren con tiritas de pimiento en conserva. Se sazona todo con sal y pimienta. El besugo se coloca en la parrilla y se introduce en la olla, ya cortado a rodajas regadas con zumo de limón y ligeramente salado. Se tapa la olla y se deja cocer a presión durante 8 minutos.

Al apartarla de la lumbre, se deja reposar, se destapa la olla, y cuidadosamente se coloca el besugo en una fuente, luego se rodea con los mejillones, y encima se vierte el contenido de la olla; los guisantes se mezclan con la mantequilla, rodeando la fuente. Terminando la presentación con discos de limón.

CALAMARES A LA LIONESA

(Cantidades para cuatro personas)

600 gr de calamares, 1 decilitro de aceite, 1 vaso de vino blanco, media cucharadita de pimentón, 2 cebollas, 200 gr de tomates, 4 dientes de ajo, limón, pimienta y un papelito de azafrán.

Póngase la olla al fuego con el aceite, la cebolla trinchada fina y los ajos, se rehoga hasta que toman color y se adiciona el pimentón, los tomates mondados y trinchados, el azafrán, el vino blanco, y unas gotas de zumo de limón. Se le da una vuelta a todo y se adicionan los calamares, previamente limpios y cortados en anillas. Se sazona con sal y pimienta y se tapa la olla, dejándola cocer a presión durante 15 minutos.

Terminada la cocción, se deja reposar, se destapa la olla, se vierte el contenido en una fuente, pasando la salsa por un colador, se echa por encima de los calamares, y se adornan con discos de limón.

MERLUZA A LA MONEGASCA

(Cantidades para cuatro personas)

600 gr de merluza, cortada en rodajas gruesas, 200 gr de tomates, 100 gr de champiñones frescos, 75 gr de mantequilla, 15 gr de harina, un vaso de vino blanco, 1 cebolla y 2 dientes de ajos.

Limpia la merluza y cortada a rodajas gruesas, se coloca en la olla con la mantequilla, donde habremos sofrito ligeramente la cebolla y los ajos trinchados; se adiciona la harina, el vino, perejil trinchado fino, los tomates pasados por un colador, y los champiñones cortados a lonjitas. Se sazona con sal y pimienta y se tapa la olla, dejándola cocer a presión durante 8 minutos.

Al terminar la cocción se deja algo enfriar, se destapa y se vierte el contenido en una fuente, cuidando de que las rodajas no se deshagan y colocándolas ordenadamente en el centro de la fuente y cubriéndolas con la salsa y rodeándolas con los champiñones.

MERLUZA CON SALSA VERDE

(Cantidades para cuatro personas)

600 gr de merluza, 15 gr de harina, 50 gr de mantequilla, 1 decilitro de aceite, 1 vaso de vino blanco, 1 cebolla y 1 manojo de perejil.

Póngase en la olla el aceite con la cebolla y ajos trinchados finos. Se rehogan hasta que empiezan a tomar color dorado, y seguidamente se adiciona la harina y el vino blanco, se mezcla todo bien con una espátula.

Limpio el pescado y cortado a rodajas gruesas, se enharina ligeramente colocándolo en la rejilla. Por encima se rocía con mantequilla, se sazona con sal y pimienta y se cubre con perejil trinchado, y se coloca en la olla dejándola cocer a presión 8 minutos.

Terminada la cocción, se saca la rejilla cuidadosamente, se coloca la merluza sobre una fuente. La salsa se reduce hasta que resulte un poco espesa, y se vierte por encima del pescado. Se sirve caliente.

ZARZUELA DE PESCADO

(Cantidades para cuatro personas)

200 gr de rape, 250 gr de congrio, 200 gr de mero, 150 gr de calamares, 1 copa de vino blanco, 3 decilitros de aceite, un papelito de azafrán, 1 copita de absenta, 200 gr de tomates, 10 mejillones gordos, 4 gambas, 1 cebolla, 1 copita de coñac, 3 dientes de ajos, 50 gr de harina, media cucharadita de pimentón, perejil.

Limpio el pescado, se sazona con sal y se pasa por la harina. Los mejillones, se abren al vapor y se les quita la cáscara.

Póngase la olla al fuego con la mitad del aceite y la cebolla trinchada fina, rehogándola hasta que toma color dorado, se adicionan los ajos cortados, el pimentón, el azafrán, y los tomates pelados y trinchados. Se le da una vuelta y se adiciona el vino y el coñac, se sazona con sal y pimienta, y se sigue rehogando.

En una sartén aparte, con el aceite caliente, se fríe el pescado, se coloca encima de la rejilla y se mete a la olla, se riega con la absenta y se ponen los mejillones a su alrededor. Se tapa la olla y se cuece a presión durante 10 minutos.

Al terminar la cocción, se deja reposar, se destapa y se coloca el pescado en una fuente, se espolvorea de perejil trinchado fino, luego se cubre con la salsa, pasándola por un colador. Se sirve caliente.

GAMBAS A LA BILBAÍNA

(Cantidades para cuatro personas)

600 gr de bonitas gambas frescas, 200 gr de tomates, 2 copas de coñac, 2 decilitros de aceite, 1 vaso de vino blanco, 1 cebolla, perejil, media cucharadita de pimentón, un papelito de azafrán y 3 dientes de ajos.

Póngase la olla al fuego con el aceite y la cebolla trinchada fina, rehogándola hasta que toma color dorado, seguidamente se adicionan las gambas, se les da una vueltecita hasta que tomen el calor, y encima se vierte el coñac y se enciende en seguida. Se apaga con el vino blanco, y se agregan los tomates pelados y trinchados, luego el pimentón, y una picada compuesta de ajos, perejil y azafrán. Se sazona con sal y pimienta y se tapa la olla dejándola cocer a presión durante 8 minutos.

Terminada la cocción, se deja algo enfriar, se destapa la olla, y se vierten las gambas en una fuente. Se reduce la salsa durante unos minutos en el fuego, y luego pasándola por el colador, se vierte sobre las gambas, y se espolvorean éstas con perejil trinchado fino.

LANGOSTA A LA AMERICANA

(Cantidades para cuatro personas)

2 langostas de 400 gr cada una, 2 decilitros de aceite, 1 zanahoria, 3 dientes de ajos, 1 copa de coñac, 15 gr de harina, 1 cebo-

lla, 1 vaso de vino blanco, 50 gr de mantequilla, media cucharadi-
ta de pimentón, laurel, tomillo y perejil.

Póngase la olla al fuego con el aceite, la cebolla y zanahoria, trinchada fina, se rehoga hasta que toma color y se adicionan los ajos cortados, los tomates mondados y trinchados, el pimentón, el vino y el coñac, y un manojito atado compuesto de laurel, tomillo y perejil. Se sazona con sal y pimienta, se le da a todo una vuelte-cita, y se colocan las langostas, previamente partidas por la mitad en toda su longitud.

Se tapa la olla y se deja cocer a presión durante 10 minutos. Al terminar la cocción se deja algo enfriar, se destapa la olla, y se sacan las langostas y se colocan en una fuente, enseguida se cubren con perejil espolvoreado. La salsa que queda en la olla, se reduce un poco y luego pasándola por un colador, se vierte sobre las lan-gostas.

LANGOSTINOS A LA PROVENZAL

(Cantidades para cuatro personas)

600 gr de langostinos, 250 gr de tomates, 10 gr de almendras y piñones, 2 decilitros de aceite, 1 copa de vino blanco, 2 copas de coñac, 1 cebolla, 4 dientes de ajos, un paquete de azafrán, media cucharadita de pimentón y 1 zanahoria.

Póngase la olla al fuego con el aceite, la cebolla trinchada fina, y la zanahoria, dejándola rehogar hasta que empieza a tomar color dorado. Se agregan los ajos picados, y luego el tomate mondado y trinchado, y el pimentón. Se le da unas vueltecitas, y se incorporan los langostinos. Se sigue rehogando y se vierte el coñac encen-diéndolo, luego se apaga con el vino blanco, y se adiciona una picada compuesta de almendras y piñones, azafrán y perejil.

Se sazona todo con sal y pimienta y se tapa la olla, dejándola cocer a presión durante 8 minutos.

Terminada la cocción, se deja reposar, se destapa la olla y se vierte el contenido en una fuente. La salsa se reduce un poco, y se vierte sobre los langostinos, pasándola por un colador. Luego se termina la operación espolvoreando los langostinos con perejil trinchado muy fino.

MEJILLONES A LA MARINERA

(Cantidades para cuatro personas)

1 kilo de mejillones gordos, 300 gr de tomates, 1 vaso de vino blanco, 1 copa de coñac, 2 decilitros de aceite, 2 cebollas, 4 dientes de ajos, 15 gr de harina, 1 paquete de azafrán, 1 ramita de perejil, pimienta.

Limpios los mejillones, se ponen en una cacerola al fuego con un poco de agua, dejándolos cocer a presión hasta que se abren. Se despojan de la mitad de la cáscara que queda vacía y se dejan en un plato.

Póngase la olla al fuego con el aceite y la cebolla trinchada fina, rehogando ésta hasta que toma color dorado, se adicionan los ajos picados, la harina, el pimentón, y luego los tomates mondados y trinchados. Se sigue rehogando, y se agrega el vino blanco y el coñac, se agrega el azafrán tostado y picado. Se sazona con sal y pimienta y se colocan los mejillones cubriéndolos con la salsa.

Se tapa la olla y se dejan cocer a presión durante 7 minutos. Al terminar la cocción se destapa la olla, se vierte el contenido en una fuente, espolvoreando los mejillones con perejil trinchado fino.

CARNES Y AVES

BUEY A LA MODA

(Cantidades para cuatro personas)

600 gr de morcillo de buey, 100 gr de tocino magro, 75 gr de manteca de cerdo, 300 gr de pata de ternera sin hueso, 2 cebollas, 4 zanahorias, 1 vaso de vino tinto, 1 cucharadita de harina, 3 dientes de ajos, laurel, tomillo, perejil.

Póngase la olla al fuego con la manteca y el tocino cortado a trocitos, se rehoga un momento y se agrega la carne cortada a trozos, la cebolla trinchada, las zanahorias cortadas a cuadritos, y luego la harina, el vino tinto, los ajos picados, y la pata de ternera, se le da una vuelta y se añade un vaso de agua, y un manojito atado compuesto de laurel, tomillo y perejil. Se sazona con sal y pimienta y se tapa la olla dejándola cocer a presión por espacio de 35 minutos.

Terminada la cocción, se deja algo enfriar, se destapa la olla y se vierte la carne en una fuente, apartando el manojito de hierbas.

CALLOS A LA BURGUESA

(Cantidades para cuatro personas)

500 gr de callos, 300 gr de pata de ternera sin hueso, 150 gr de tocino magro, 200 gr de tomates, 2 cebollas, 3 zanahorias, 1 copita de coñac, 1 vaso de vino blanco, 3 dientes de ajos, laurel, tomillo y perejil.

Cortado el tocino a trozos, se pone en la olla, y se sofríe hasta que toma color dorado. Se adiciona la cebolla y ajos trinchados y se rehoga hasta que empiezan a tomar color. Seguidamente se adicionan los tomates mondados y trinchados, luego el vino, el coñac, las zanahorias cortadas a cuadritos, la pata de ternera y los callos todo hecho a trocitos. Se moja con un vaso de agua, se añade un manojito atado, compuesto de laurel, tomillo y perejil, se sazona con sal y pimienta, se tapa la olla y se deja cocer a presión por espacio de 45 minutos.

Terminada la cocción, se aparta, se deja algo enfriar, se destapa la olla y se vierte su contenido en una fuente. Se aparta el manojo de hierbas, y se sirven bien calientes.

CALLOS A LA MADRILEÑA

(Cantidades para cuatro personas)

500 gr de callos de ternera, 100 gr de tocino magro, 200 gr de tomates, 150 gr de chorizo de La Rioja, 200 gr de garbanzos remojados, 50 gr de manteca de cerdo, 2 hojas de laurel, 2 dientes de ajos, 1 vaso de vino blanco y 2 cebollas.

Póngase al fuego la olla con la manteca y el tocino cortado a tiras y la cebolla trinchada, se rehoga hasta que toma color dorado y se adicionan los ajos picados, los tomates mondados y trinchados, y los callos hechos a trocitos. Se sigue rehogando y se adiciona el vino, el laurel, el chorizo cortado, los garbanzos remojados, y un vaso de agua. Se sazona con sal y pimienta y se tapa la olla, dejándola cocer a presión durante 45 minutos.

Terminada la cocción se aparta, se deja reposar unos minutos, luego se destapa y se vierte el contenido en una fuente, sirviéndolos bien calientes.

HÍGADO DE CORDERO A LA BURGUESA

(Cantidades para cuatro personas)

500 gr de hígado de cordero, tierno, 100 gr de manteca de cerdo, 200 gr de tomates, 15 gr de harina, 4 dientes de ajos, 1 vaso de vino blanco, 2 cebollas y un poco de pimentón.

Póngase la olla al fuego con la manteca y la cebolla trinchada fina, se rehoga hasta que toma color dorado, y se adicionan los ajos picados, la harina, el pimentón, los tomates mondados y trinchados, y el vino blanco, se sigue cociendo unos momentos, y se adiciona el hígado cortado a lonjas delgadas. Se sazona con sal y pimienta y se tapa la olla, dejándola cocer a presión durante 5 minutos.

Al terminar la cocción se deja algo enfriar, se destapa la olla y se vierte el contenido en una fuente. Se sirve en seguida.

LENGUAS DE CORDERO A LA MAYORALA

(Cantidades para cuatro personas)

8 lenguas tiernas de cordero, 1 cebolla, 3 dientes de ajos, 4 zanahorias, 1 vaso de jerez, 300 gr de guisantes desgranados, 10 gr de almendras y piñones, 75 gr de manteca, azafrán.

Las lenguas previamente escaldadas y rascadas con un cuchillo, se despojan de la piel.

Se pone la olla al fuego con la manteca y la cebolla trinchada dejándola rehogar hasta que toma color dorado, en seguida se adicionan las lenguas, los ajos picados, las zanahorias cortadas a cuadritos, luego los guisantes desgranados. Se sigue rehogando y se adiciona la harina, el jerez, un vaso de agua, y una picada compuesta de ajo, almendras y piñones. Se sazona con sal y pimienta y se tapa la olla, dejándola cocer a presión durante 25 minutos.

Al terminar la cocción se deja algo enfriar, se destapa la olla y se vierte el contenido en una fuente, rodeando las lenguas con la guarnición.

ALBÓNDIGAS A LA CATALANA

(Cantidades para cuatro personas)

300 gr de carne magra picada, 100 gr de carne de ternera picada, 400 gr de patatas, 100 gr de harina, 200 gr de guisantes desgranados, 200 gr de tomates, 1 huevo, 1 vaso de vino blanco, un cuarto de litro de aceite, 4 cucharadas de galleta picada, 1 cebolla, 1 cucharadita de pimentón, 2 dientes de ajos, pimienta y perejil.

En una vasija se pone la carne magra picada y la ternera, y encima se vierte un huevo crudo, la galleta picada y un poco de harina, se revuelve bien y se adicionan los ajos picados finos y perejil trinchado fino. Se mezcla todo bien hasta que resulte una pasta uniforme, y se van formando unas bolitas del tamaño de una nuez. Se pasan por la harina, y se van colocando en la olla, junto con el aceite ya caliente.

Al estar fritas, las albóndigas, se apartan y se colocan en un plato. En el mismo aceite de la olla, se sofríe la cebolla trinchada fina, y al dorarse, se le agrega el pimentón, los tomates mondados y trinchados y el vino blanco, y los guisantes desgranados, se agrega un vaso de agua. Se sazona con sal, pimienta y una ramita de perejil, y se colocan las albóndigas. Se cierra la olla y se deja cocer a presión durante 10 minutos.

Terminada la cocción se aparta del fuego, se deja reposar, se destapa la olla y se vierte el contenido en una fuente. Se sirve.

BISTEC A LA HAMBURGUESA

(Cantidades para cuatro personas)

300 gr de carne de ternera picada, 100 gr de carne de cerdo pica-
da, 100 gr de harina, 100 gr de manteca, 200 gr de tomates, 4 salchi-
chas de Franckfurt, 1 huevo, 2 dientes de ajos, 1 cebolla, 100 gr de toci-
no, magro, picado, 1 vaso de vino blanco, pimienta y nuez moscada.

En una vasija honda, se ponen la carne magra y la de ternera,
con el tocino todo picado, se mezcla bien y se añade un huevo
crudo, y 50 gr de harina, media cebolla rallada, un poco de perejil
trinchado fino, se sazona con sal, pimienta y nuez moscada, y se
trabaja hasta que todo quede bien mezclado. Con este preparado
se forman 6 medallones, y se pasan por harina, apretándolos bien
para que las carnes queden unidas.

Póngase en la olla la manteca, y cuando esté bien caliente se
van friendo los medallones, apartándolos luego, dejándolos sobre
un plato. En seguida se echan en la misma manteca, la cebolla trinchada, los ajos, y cuando toma color se adicionan los tomates pelados y trinchados, se agrega el vino blanco, se sazona con sal y
pimienta, y se coloca la carne. Se tapa la olla y se cuece a presión
8 minutos. Terminada la cocción, se aparta, se pone la carne en una
fuente, rodeándola con las salchichas, previamente escaldadas.

CARNE DE TERNERA A LA PRIMAVERAL

(Cantidades para cuatro personas)

600 gr en un tajo redondo, de ternera, 100 gr de tocino magro,
150 gr de manteca de cerdo, 200 gr de guisantes desgranados, 200
gr de tomates, 15 gr de harina, 1 vaso de vino blanco, 3 nabos, 3
zanahorias y 1 hojita de laurel.

Póngase la olla al fuego con la manteca, la carne, y el tocino
hecho a trocitos se rehoga unos momentos, y se agregan los nabos y
zanahorias hechos a trocitos, se sigue rehogando, y se agregan los
ajos, picados, los tomates mondados y trinchados, luego la harina y
el vino blanco, la hoja de laurel, y más tarde los guisantes ya desgranados. Se sazona con sal y pimienta, se añade un decilitro de
agua, y se tapa la olla dejándolo cocer a presión durante 20 minutos.

Terminada la cocción, se deja algo enfriar, se aparta la olla, se
vierte la carne en una fuente, luego se corta a rodajas regulares y se
adorna con la guarnición.

ESTOFADO DE TERNERA A LA AMPURDANESA

(Cantidades para cuatro personas)

600 gr de morcillo de ternera, 100 gr de manteca de cerdo, 500 gr de patatas, tempranas pequeñas, 200 gr de setas pequeñas, 200 gr de tomates, 2 cebollas, 4 zanahorias, 2 dientes de ajos, 2 hojitas de laurel, 1 vaso de vino blanco y 1 copita de aguardiente.

Póngase la olla al fuego con la manteca y la carne cortada a trozos, la cebolla trinchada fina y los ajos picados, se agregan las zanahorias cortadas a cuadritos, se rehoga todo hasta que toma color dorado, y se añaden los tomates mondados y trinchados, el vino, el aguardiente, y después las setas limpias, y las patatas mondadas y torneadas en forma ovalada. Se les da una vueltecita y se añade luego un vaso de agua, se sazona con sal pimienta y se añaden las dos hojas de laurel.

Se tapa la olla y se deja cocer todo a presión durante 30 minutos. Al terminar la cocción, se deja algo enfriar, se destapa la olla, se vierte el contenido en una fuente, apartando el laurel, y se sirve bien caliente.

LENGUA DE TERNERA A LA GENOVESA

(Cantidades para cuatro personas)

Una lengua de ternera, pequeña, 1 cebolla, 200 gr de tomates maduros, 1 vaso de vino blanco, 50 gr de alcaparras, 100 gr de tocino magro, 50 gr de manteca de cerdo, 15 gr de harina, media cucharadita de pimentón, 3 dientes de ajos y 2 hojas de laurel.

Puesta la olla al fuego con la manteca, la lengua, la cebolla cortada fina, se rehoga hasta que toma color dorado, y seguidamente se adicionan los ajos trinchados y el pimentón, los tomates mondados y trinchados, la harina, las alcaparras y el laurel. Se adiciona un litro de agua, se sazona con sal, y se tapa la olla dejándola cocer a presión durante 25 minutos.

Al término de la cocción, se deja algo enfriar, se destapa la olla y se vierte el contenido en una fuente, se corta la lengua a rodajitas y se salsea con su propio jugo.

TERNERA A LA FLOREAL

(Cantidades para cuatro personas)

600 gr de morcillo de ternera, 100 gr de manteca de cerdo, 200 gr de guisantes desgranados, 200 gr de tomates, 12 cebollitas, 3 dientes de ajos, 1 cucharadita de harina, 1 vaso de vino blanco, 1 hoja de laurel y 3 zanahorias.

Póngase la olla al fuego con la manteca, la carne entera, las cebollitas mondadas, los ajos, picados, las zanahorias cortadas a cuadritos y la hoja de laurel. Se rehoga hasta que toma color dorado, se añade el vino, la harina los tomates mondados y trinchados, y los guisantes desgranados. Se sazona con sal, se tapa la olla dejándola cocer a presión durante 25 minutos.

Al terminar la cocción, se aparta, se deja algo enfriar, se destapa la olla y se vierte el contenido en una fuente. Se corta la carne a rodajitas, y se rodea con la guarnición, retirando el laurel.

LOMO DE CERDO A LA MISTRAL

(Cantidades para cuatro personas)

600 gr de lomo de cerdo, 200 gr de champiñones, 75 gr de manteca, 200 gr de tomates, 15 gr de harina, 1 vasito de vino blanco, 2 zanahorias, 1 cebolla, 2 dientes de ajos, laurel, tomillo, perejil.

Póngase al fuego la olla con la manteca, el lomo, la cebolla picada y las zanahorias hechas a trocitos. Se rehoga hasta que toma color dorado, y se agregan los ajos picados, y los tomates mondados y trinchados, la harina, el vino, y los champiñones, limpios y cortados a lonjitas finas. Se sigue rehogando y se agrega un manojito atado compuesto de laurel, tomillo y perejil. Se sazona con sal y pimienta, se tapa la olla y se deja cocer a presión durante 20 minutos.

Al terminar la cocción, se deja algo enfriar, se destapa la olla y se saca el lomo cortándolo a rodajitas, se coloca en una fuente, y se adorna con la guarnición. Se quita el ramito atado.

PATA DE CERDO A LA BARCINO

(Cantidades para cuatro personas)

2 bonitas patas de cerdo, 75 gr de manteca de cerdo, 200 gr de tomates, 15 gr de chocolate a la piedra, molido, 2 zanahorias, 1 vaso de vino rancio, 1 copita de coñac, 1 cebolla, 1 cucharadita de harina, 2 nabos, laurel, tomillo, perejil.

Limpias y chamuscadas las patas de cerdo se parten horizontalmente por la mitad, se atan con hilo bramante y se colocan en la olla, con la manteca, la cebolla trinchada, las zanahorias y nabos hechos a trocitos, dejándolas rehogar hasta que toman un poco de color, seguidamente se adiciona la harina, el vino rancio y el coñac, y un ramito atado compuesto de laurel, tomillo y perejil. Se sigue rehogando, se moja con un cuarto de litro de agua, se sazonan con sal y pimienta, se incorpora el chocolate, se le da una vueltecita a todo, y se tapa la olla, dejándolo cocer a presión durante 45 minutos.

Terminada la cocción, se aparta, se deja algo enfriar, se destapa la olla y se vierte el contenido en una fuente, apartando el manojito de hierbas.

RAGOUT DE CORDERO A LA BORDOLESA

(Cantidades para cuatro personas)

600 gr de espalda de cordero hecha a trozos, 12 cebollitas, 4 zanahorias, 1 vaso de vino tinto, 100 gr de manteca de cerdo, 15 gr de harina, 200 gr de setas pequeñas, 1 vaso de agua, laurel, tomillo y perejil.

En la olla se pone la manteca y la carne cortada a trozos, se rehoga hasta que toma un color dorado, seguidamente se adiciona la cebolla trinchada fina, se sigue rehogando y agregan los ajos picados y se les da una vueltecita, se añaden los tomates mondados y trinchados, el agua, el vino tinto, la harina, las zanahorias cortadas a trozos, las cebollitas peladas y las setas, se aderezca con un ramito compuesto de laurel, tomillo y perejil todo junto y atado, se sazona con sal y pimienta, se tapa la olla y se deja cocer a presión durante 25 minutos.

Al terminar la cocción se aparta de la lumbre, se deja reposar, se destapa la olla y se saca la carne vertiéndola sobre una fuente, se adorna con las setas y las cebollitas.

CONEJO A LA FORESTIERE

(Cantidades para cuatro personas)

600 gr de conejo tierno, 150 gr de setas pequeñas, 100 gr de tocino magro, 15 gr de harina, 10 gr de almendras y piñones, 75 gr de manteca de cerdo, 3 dientes de ajos, 1 hoja de laurel, 1 vaso de vino blanco, un poco de pimienta, 1 cebolla, 10 gr de pimentón.

Limpio el conejo se corta a trozos, y se pone en la olla con la manteca y el tocino cortado a tiras, y la cebolla trinchada. Se rehoga hasta que toma color y se adicionan los ajos picados, la harina, el pimentón, luego el vino y las setas limpias y hechas a trocitos. Se adiciona el laurel y un vaso de agua. Se sazona con sal y pimienta, y una picada compuesta de almendras y piñones machacados al mortero. Se tapa la olla y se deja cocer a presión por espacio de 20 minutos.

Terminada la cocción se deja algo reposar, se destapa la olla y se vierte el conejo en una fuente, sirviéndolo en seguida.

CONEJO A LA PARISIÉN

(Cantidades para cuatro personas)

Un conejo tierno, 1 vaso de vino blanco, 2 copitas de coñac, 1 cucharadita de harina, un poco de pimienta, 1 decilitro de aceite, 200 gr de tomates, 200 gr de champiñones, 100 gr de tocino magro, 100 gr de pan, 50 gr de manteca de cerdo, 3 dientes de ajos y 12 cebollitas.

Se pone la olla al fuego con la manteca y el tocino cortado a tiritas, se rehoga hasta que toma color y se adiciona el conejo cortado a trozos, las cebollitas mondadas, los ajos picados, y luego los tomates mondados y trinchados, la harina, los champiñones, el vino y el coñac, y a todo se le da una vueltecita. Se sazona con sal y pimienta y se tapa la olla, dejándola cocer a presión durante 20 minutos.

Luego se aparta de la lumbre, se deja algo enfriar, se destapa la olla y se vierte el conejo en una fuente, rodeándolo con la guarnición, y salseándolo con su propio jugo. Finalmente se rodea con triángulos de pan frito en el aceite.

CIVET DE LIEBRE A LA PARISIÉN

Una liebre de 1 kg, 200 gr de tocino magro, 100 gr de manteca de cerdo, 200 gr de champiñones, pequeños, medio litro de vino tinto, 2 cebollas, 2 zanahorias, 1 nabo, tomillo, perejil, laurel, 1 decilitro de aceite, 4 dientes de ajos, 2 trufas, 25 gr de harina, y 1 copita de coñac.

Limpia la liebre, se corta a trozos, y se coloca en una vasija, con un cuarto de litro de vino tinto, las zanahorias, las cebollas y el nabo, todo cortado a trozos. Se adiciona el tomillo, laurel y perejil, se riega con el aceite, se le da una vuelta para que todo quede bien impregnado, y se deja en adobo durante 24 horas.

Pasado este tiempo, se pone la liebre en una escurridera, y a continuación se coloca en la olla, con la manteca, las tiritas de tocino y una cebolla trinchada fina y la liebre. Se rehoga hasta que toma color dorado, se adiciona los ajos trinchados, la harina, una copita de coñac, y el resto del vino tinto, con dos hojas de laurel, y los champiñones y las trufas, cortado todo a lonjas. Se adiciona un vasito de agua, se sazona con sal y pimienta y se tapa la olla, dejándola cocer a presión durante 25 minutos.

Terminada la cocción se deja algo enfriar, se destapa la olla y se vierte la liebre en una bonita fuente, adornándola con triángulos de pan frito.

La misma forma para conejo de bosque.

GALLINA A LA CASTELLANA

(Cantidades para cuatro personas)

Una gallina de 1 kg, 1 huevo, 3 zanahorias, 1 vaso de vino blanco, 2 decilitros de aceite, 4 papelitos de azafrán, 200 gr de guisantes desgranados, 10 gr de almendras, y piñones, 1 cebolla, 1 cucharadita de harina y 1 ramito de perejil.

Limpia y chamuscada la gallina, se corta a trozos. Se lava y se seca con un paño.

En la olla se pone la cebolla, trinchada fina en el aceite caliente, y la gallina. Se rehoga hasta que toma color dorado, y seguidamente se agrega la zanahoria hecha a trocitos, la ramita de perejil, cortada, los guisantes desgranados, y el vino blanco, se le da una vueltecita, se le añade 1 decilitro de agua. Se sazona con sal, y se le añade una picada compuesta de almendras y piñones, y unos papelitos de azafrán, previamente tostados.

Se tapa la olla y se deja cocer a presión durante 30 minutos. Al estar terminada la cocción, se aparta, se deja algo enfriar, se saca la gallina y se coloca en una fuente.

En el mismo caldo, ya fuera del fuego se diluye una yema de huevo, y se vierte todo por encima de la gallina.

GALLINA A LA FRANCESA

Una gallina de 1 ¹/₂ kg, 200 gr de arroz, 100 gr de mantequilla, 35 gr de harina, 2 huevos, 1 lata de trufa, 1 nabo, 1 zanahoria, 1 cebolla, 2 puerros y 1 ramito de apio.

Limpia y chamuscada la gallina se cose con hilo bramante dándole una bonita forma. Se mete en la olla con litro y medio de agua, el nabo, zanahoria, cebolla y puerros y el apio. Se sazona con sal y se tapa la olla dejándola cocer a presión durante 25 minutos.

Pasado este tiempo se aparta de la lumbre, se deja algo reposar, y se destapa la olla. Se saca la gallina, y en seguida se pasa el caldo por el colador. En medio litro de dicho caldo, se cuece el arroz, durante 20 minutos.

Con medio litro más de caldo, la mantequilla y la harina, se hace una crema, removiéndola con un batidor. Ya fuera del fuego, se le adicionan 2 yemas de huevo, previamente diluidas en dos cucharadas de caldo frío.

PRESENTACIÓN. En una fuente se coloca el arroz, formando un zócalo todo alrededor. En el centro se coloca la gallina, previamente deshuesada, se cubre con la salsa-crema, y se adorna con bonitas lonjas de trufa.

POLLO A LA LIONESA

(Cantidades para cuatro personas)

Un pollo tierno (de 1 kg aproximadamente) cortado en cuatro trozos, 100 gr de manteca de cerdo, 200 gr de champiñones, pequeños, 12 cebollitas, del tamaño de una nuez, 2 zanahorias y 1 vaso de vino de jerez.

Limpio y chamuscado el pollo, se cose con hilo bramante, dándole una bonita forma normal.

Póngase la olla al fuego con la manteca, el pollo, las cebollitas, peladas, y las zanahorias, raspadas y partidas a trozos, se adiciona la sal, y se rehoga hasta que toma un bonito color dorado. Se adiciona el jerez y los champiñones y un decilitro de agua.

Se tapa la olla y se cuece a presión, durante 20 minutos. Se aparta de la lumbre, se deja algo enfriar, y se destapa, colocando el pollo en una fuente, rodeándolo con la guarnición. Se riega con su jugo, y se sirve.

POLLO RELLENO Y TRUFADO

(Cantidades para cuatro personas)

Un pollo de 1 kg, 2 trufas, 1 huevo, 1 cebolla, 1 zanahoria, 1 cucharadita de maicena, 1 vasito de jerez, 200 gr de carne magra picada, 100 gr de manteca de cerdo, 200 gr de tomates, un poco de pimienta y nuez moscada.

Limpio y chamuscado el pollo, se vacía, se lava, guardando lo más posible la piel del cuello.

En un plato hondo se coloca la carne magra picada, se le agrega el huevo, las trufas trinchadas, la maicena, un poco de pimiento y nuez moscada, se mezcla todo bien hasta que forma un picadillo compacto y fino. Se sazona con sal y pimienta y con este picadillo se rellena el pollo, sujetándolo con un hilo bramante.

En la olla con la manteca, cebolla y las zanahorias cortadas, se coloca el pollo, se le da una vuelta para que tome color y se le agrega el coñac y el jerez, luego los tomates mondados y trinchados, se sazona con sal y se tapa la olla, dejándola cocer a presión durante 20 minutos.

Terminada la cocción, se aparta dejándola enfriar ligeramente, se destapa, se coloca el pollo en una fuente y se corta a cuartos. La salsa se pasa por un colador y se echa encima del pollo.

PATO A LA BORDOLESA

(Cantidades para cuatro personas)

Un pato pequeño y tierno, 200 gr de champiñones pequeños, 200 gr de tomates maduros, 100 gr de tocino magro, 100 gr de manteca de cerdo, 1 vaso de vino tinto, 12 cebollitas, 4 zanahorias, 1 copita de coñac, 4 dientes de ajos, 15 gr de harina, laurel, tomillo, perejil y pimienta.

Limpio y chamuscado el pato se parte en cuatro cuartos, se coloca en la olla, con la manteca, el tocino hecho a tiritas y las 12 cebollitas, peladas. Se deja rehogar unos momentos, y se adicionan las 4 zanahorias cortadas a trozos, se sigue rehogando y se adiciona la harina, el vino, el coñac y un manojito atado compuesto de laurel, tomillo y perejil. Se adiciona un vaso de agua, se sazona con sal, y se agregan los champiñones, limpios y cortados a trocitos. Se tapa la olla y se deja cocer a presión durante 30 minutos.

Terminada la cocción, se aparta, se deja algo enfriar, se destapa la olla y se vierte el contenido en una fuente. Se salsea con su propio jugo, y se rodea con los champiñones.

PATO CON NARANJA

Un pato de 1 ½ kg, 3 naranjas, 1 vaso de vino blanco, 2 copitas de Cointreau, 1 copita de coñac, 200 gr de manteca de cerdo, 15 gr de harina, 200 gr de champiñones, 1 trufa, 1 hoja de laurel, tomillo, perejil, pimienta y nuez moscada.

Limpio y chamuscado el pato se corta a trozos, se sazona con sal y se pone en la olla con la manteca, se rehoga hasta que toma color dorado, y a continuación se le añade el vino blanco, la harina, habiéndole escurrido antes la mitad de la manteca, se sigue rehogando, y se añaden los champiñones cortados a lonjas, y la trufa igual. Se le agrega el jugo de dos naranjas, el Cointreau y el coñac, y unas tiritas de corteza de las naranjas. Se añade un manojito atado compuesto de laurel, tomillo y perejil. Se sazona con sal, pimienta y nuez moscada y se tapa la olla, dejándola cocer a presión por espacio de 25 minutos.

Terminada la cocción, se aparta, se deja algo enfriar y se destapa la olla. Se vierte el pato en una fuente y se adorna ésta con gajos de naranja.

PERDICES A LA MÓNACO

(Cantidades para cuatro personas)

2 perdices, 2 trufas, 1 copita de coñac, 1 vaso de vino tinto, 2 zanahorias, 3 dientes de ajos, 100 gr de tocino magro, 200 gr de tomates, 75 gr de manteca, 15 gr de harina, 1 cebolla y 1 hojita de perejil.

Limpias y chamuscadas las perdices, se cosen con hilo bramante, dándoles una bonita forma. Se sazonan con sal y se impregnan de manteca, y se meten en la olla junto con el tocino, cebolla y zanahorias todo hecho a trozos, se pone al fuego y se rehoga hasta que toma color dorado, seguidamente se añade el coñac, el vino, la harina, los tomates mondados y trinchados, y el laurel. Se sazona con sal y pimienta, y se tapa la olla dejándola cocer a presión durante 25 minutos.

Al terminar la cocción, se aparta del fuego, se deja algo enfriar, se sacan las perdices y se parten horizontalmente por la mitad, colocándolas en una fuente, o cocotera.

El contenido de la olla, se pasa por un colador, exprimiéndole bien el jugo, en el mismo, se ponen los champiñones cortados a lonjitas y la trufa, y se cuecen durante unos 10 minutos, luego se echa todo por encima de las perdices.

PICHONES A LA MONTECARLO

(Cantidades para cuatro personas)

2 pichones grandecitos, 12 cebollitas, 1 copita de coñac, 1 vaso de vino blanco, 2 trufas, 100 gr de jamón, 100 gr de manteca, 200 gr de champiñones, 100 gr de salchichas y 200 gr de tomates.

Limpios y chamuscados los pichones, se vacían, se lavan, y se sazonan con sal. Se rellenan con las salchichas, se sujetan con hilo bramante dándoles una bonita forma, se meten en la olla con la manteca, y las cebollitas, previamente peladas. Se rehogan hasta que toman color dorado, se le añade el jamón hecho a trocitos, la trufa y los tomates mondados y trinchados, en seguida el vino blanco y el coñac, se sigue rehogando y se agregan los champiñones y la trufa cortada a trocitos.

Se sazona con sal, se tapa la olla, dejándola cocer a presión durante 12 minutos. Al terminar la cocción, se aparta de la lumbre se deja algo enfriar, se destapa la olla y se sacan los pichones, se parten por la mitad, y se colocan en una fuente. Se rodean con los champiñones y la trufa, y se salsean con su propio jugo pasándolo por un colador.

513

VERDURAS Y LEGUMBRES

PATATAS A LA RIOJANA

(Cantidades para cuatro personas)

1 kg de patatas, 200 gr de tocino magro, 100 gr de chorizo de Cantimpalos, 2 dientes de ajos, 1 cebolla, 1 ramita de perejil y 1 decilitro de aceite.

En la olla puesta al fuego, con el aceite, se rehoga la cebolla cortada fina, y los ajos trinchados. Se añade el tocino cortado a tiritas, y se sigue rehogando hasta que tome color dorado. A continuación se incorporan las patatas, previamente limpias y cortadas a cuadritos, se añade el chorizo cortado, y el pimentón, se añade un cuarto de litro de agua, sazonada con sal y pimienta, y se tapa la olla, dejándola cocer a presión durante 8 minutos.

Pasado este tiempo, se quita del fuego, se deja algo reposar y se destapa la olla, vertiendo las patatas en una fuente, y rodeándolas con los trocitos de chorizo. Finalmente se espolvorean con el perejil cortado muy fino.

GUISANTES A LA FRANCESA

(Cantidades para cuatro personas)

500 gr de guisantes desgranados, 100 gr de tocino magro, 50 gr de mantequilla, 15 gr de harina, 12 cebollitas, 1 lechuga, 1 terrón de azúcar y 100 gr de jamón cortado a trocitos.

Póngase la olla al fuego con el tocino cortado a tiritas, las cebollitas, y el jamón. Se rehoga hasta que toman color dorado y seguidamente se añaden los guisantes, la harina, la mantequilla, y la lechuga, cortada fina. Se adiciona un cuarto de litro de agua y el terrón de azúcar, se sazona con un poco de sal y pimienta y se tapa la olla dejándola cocer a presión durante 8 minutos.

Al terminar la cocción, se deja algo enfriar, se destapa y se sirve en una legumbrera.

HABAS A LA CATALANA

(Cantidades para cuatro personas)

1 kg de habas tiernas desgranadas, 200 gr de tocino magro, 100 gr de manteca de cerdo, 200 gr de butifarra negra, ancha, 4 dientes de ajos, 12 cebollitas tiernas, 1 vaso de vino rancio, 1 copita de anís, 1 ramito de menta fresca y media cucharadita de pimentón.

Puesta la olla al fuego con la manteca, las cebollas tiernas, trinchadas, y los ajos picados finos, el tocino cortado a tiras, se rehoga unos momentos, y seguidamente se adicionan las habas, el pimentón, la butifarra negra cortada a trozos, el vino rancio y el anís, se les da un par de vueltecitas y se adiciona un vaso de agua.

Se sazona con sal y pimienta y se tapa la olla, dejándola cocer a presión durante 12 minutos. Pasado este tiempo se aparta de la lumbre, se deja algo enfriar, y se destapa la olla, virtiendo las habas en una fuente y rodeándolas con los trozos de butifarra negra.

GARBANZOS A LA RIOJANA

(Cantidades para cuatro personas)

500 gr de garbanzos remojados, 100 gr de chorizo de la Rioja, 1 decilitro de aceite y 1 hoja de laurel.

En una olla al fuego, se ponen los garbanzos, la cebolla trinchada y el chorizo hecho a trocitos, se rehoga un momento, se adiciona un litro de agua, y se sazona con sal. Se añade el aceite y la hoja de laurel, y se tapa la olla, dejándola cocer a presión durante 35 minutos.

Al terminar la cocción, se aparta del fuego, se deja algo reposar, se abre la olla y se vierte el contenido en una legumbrera, sirviéndolo a la mesa.

JUDÍAS BLANCAS A LA CASTELLANA

(Cantidades para cuatro personas)

100 gr de cabeza de cerdo, 500 gr de judías blancas, previamente remojadas, 200 gr de tocino magro, 1 cebolla, 3 dientes de ajos, 1 decilitro de aceite y media cucharadita de pimentón.

Puesta la olla al fuego con el aceite y el tocino cortado a trocitos, se añade la cebolla, trinchada, y después los ajos cortados finos, se dejan rehogar un momento y se adiciona el pimentón, y seguidamente las judías, y un litro de agua, se adiciona la cabeza de cerdo cortada a trozos. Se sazona convenientemente con sal, y se tapa la olla, dejándola cocer a presión durante 35 minutos.

Pasado este tiempo, se aparta del fuego, se deja algo enfriar, se destapa y se sirve el contenido en una legumbrera.

LENTEJAS A LA BURGALESA

(Cantidades para cuatro personas)

400 gr de lentejas, 200 gr de tocino magro, 50 gr de manteca de cerdo, 200 gr de cabeza de cerdo, 1 cebolla y 2 dientes de ajos.

En la olla puesta al fuego, se pone el tocino cortado a tiritas, la manteca, y la cebolla trinchada fina y los ajos cortados. Se rehoga hasta que toma color dorado y seguidamente se adicionan las lentejas, y la cabeza de cerdo cortada a trocitos. Se incorpora un litro de agua. Se sazona con sal y pimienta, y se tapa la olla, dejándola cocer a presión durante 35 minutos.

Pasado este tiempo, se aparta de la lumbre, se deja reposar, se destapa y se vierte el contenido en una legumbrera.

POTAJE A LA MADRILEÑA

(Cantidades para cuatro personas)

300 gr de garbanzos remojados, 1 kg de espinacas, 100 gr de tocino magro, 150 gr de chorizo de Cantimpalos, 200 gr de tomates, 2 huevos, 2 decilitros de aceite, 1 cebolla, 2 dientes de ajos y un poco de pimentón.

Póngase la olla al fuego con el tocino cortado a trozos, la cebolla trinchada fina y el aceite. Se rehoga un momento, se agregan los ajos cortados, el pimentón y los tomates, previamente mondados y trinchados. Se sigue rehogando y se incorporan los garbanzos, se les da una vuelta y se adiciona medio litro de agua, las espinacas, limpias, y el chorizo cortado a trocitos. Se sazona con sal y pimienta, y se tapa la olla, dejándola cocer a presión durante 35 minutos.

Terminada la cocción, se aparta de la lumbre, se deja algo enfriar y se destapa la olla, virtiendo el potaje en una fuente adornándola con discos de huevo duro, y el chorizo.

POSTRES

POSTRES

Los postres representan un gran papel en cada comida y siempre se sirven al final, o sea después del asado o plato de verdura, puesto que esto depende de la confección del menú, y en todos los casos deben ir acompañados de los buenos vinos de cava, pues así al terminar se conserva un grato paladar.

Se recomienda para la preparación de los postres gran habilidad y minuciosa atención, desde su preparación hasta terminarlos, por ser el plato más delicado.

BUÑUELOS A LA AMPURDANESA

350 gr de harina, 40 gr de mantequilla, 50 gr de azúcar, 10 gr de levadura prensada cinta roja, media copita de rasolis (aguardiente de hierbas), un limón, tres cuartos de litro de aceite y medio decilitro de leche.

En un cazo se pone la levadura y se diluye con la leche algo templada, luego se añaden 150 gr de harina y se forma una bola, dejándola descansar en sitio algo templado hasta doblar su volumen.

Se hierve la saliandria por espacio de cinco minutos con un decilitro de agua.

Se echa la harina en una cacerola y se le mezclan los huevos, el azúcar, la mantequilla derretida, la media copita de rasolis, un poco de corteza de limón rallada y el líquido obtenido de la saliandria, pasado por un colador. Seguidamente se le incorpora la pasta de la levadura, se mezcla todo bien y se tapa la cacerola, guardándola en sitio algo templado por espacio de dos a tres horas. Luego se coloca la pasta sobre la harina esparcida encima de un mármol, se corta a trocitos, se espolvorea con harina y se forman unas tiras de un dedo de gruesas por 8 o 10 cm de largas, a las que se da la forma de una rosquilla y se fríen con el aceite, se escurren y se espolvorean con azúcar de lustre.

Se sirve en una fuente con servilleta.

BUÑUELOS A LA AMPURDANESA (2ª fórmula)

400 gr de harina, 200 gr de azúcar, 3 huevos, 4 cucharadas de leche, 100 gr de mantequilla, una copita de rasolis, 10 gr de saliandria, 3 paquetes de polvos de gaseosa, un limón, medio litro de aceite y 50 gr de azúcar de lustre.

Hiérvase la saliandria con un decilitro de agua hasta que el líquido quede reducido a la mitad.

Se pone en un cazo la mantequilla derretida, el azúcar, los huevos, los polvos de gaseosa deshechos con la leche, la copita de rasolis, el residuo de hervir la saliandria, pasándolo por un colador, un poco de sal y la ralladura de la piel de medio limón. Se añade la harina (procurando reservar un poco) y se trabaja bien con la espátula hasta que quede una pasta espesa y que haga correa.

Se espolvorea el mármol con harina, se pone la pasta encima y se alarga en forma de cilindro, procurando que quede recubierta de una ligera capa de harina. Luego se corta a tiras de un dedo de gruesas y con ellas se hacen unas rosquillas, las cuales se fríen cuando el aceite está un poco caliente. Después se les da la vuelta con la espumadera de modo que queden doradas de los dos lados y se dejan escurrir. A continuación se espolvorean con azúcar de lustre y se presentan en una bandeja cubierta con una servilleta o una blonda de papel.

BUÑUELOS A LA MANZANA

800 gr de manzanas, medio litro de aceite, 200 gr de harina, 50 gr de azúcar, 200 gr de mermelada de fresas, 2 huevos, 2 decilitros de cerveza y 2 copitas de ron.

Se mondan las manzanas, se cortan a rodajas de medio cm de grueso, se les quita el corazón y se ponen a macerar durante veinte minutos con el ron y el azúcar.

Se pone la harina en una vasija, se le adicionan 2 yemas de huevo, sal y la cerveza, se mezcla y se deja descansar media hora. A continuación se le incorporan las claras de los huevos batidas a punto de nieve, obteniendo una pasta fina, con la que se rebozan las rodajas de manzana, las cuales se fríen con el aceite hasta que tengan un color dorado. Luego se escurren y se sirven en una fuente, cubriéndolas con la mermelada.

BUÑUELOS DE VIENTO

150 gr de harina, 30 gr de mantequilla, un limón, 4 huevos, 50 gr de azúcar de lustre y un litro de aceite.

Se pone al fuego una cacerola con un cuarto de litro de agua, la corteza de un limón, un poco de sal y mantequilla, y se hierve durante tres minutos. Luego se quita la corteza del limón, se echa la harina, se mezcla con una espátula de madera y se cuece a fuego lento por espacio de dos o tres minutos, trabajándolo con la espátulla de madera hasta obtener una pasta fina y compacta. Ya en este punto se retira del fuego y pasados unos cinco minutos se agrega un huevo, se mezcla con la espátula y se trabaja hasta que la pasta queda bien unida. Luego se agrega otro huevo y se repite la misma operacion primera y así sucesivamente, hasta haber incorporado los cuatro huevos, se sigue removiendo la pasta con la espátula, calculando que el total de este trabajo tiene que durar aproximadamente unos quince minutos. Pasado este tiempo se pone al fuego una sartén con el aceite y cuando está algo caliente se van echando 8 o 10 cucharaditas, no muy llenas, de dicha pasta, y sirviéndose de otra cucharita se hacen caer en el aceite de modo que resulte una bola lo más redonda posible. A continuación se fríen lentamente hasta conseguir unos buñuelos de un color bien dorado, los cuales se escurren, agregando otra vez pasta y repitiendo la misma operación. Finalmente, se espolvorean con azúcar de lustre y se sirven en una fuente cubierta con servilleta.

Nota. Dichos buñuelos se pueden rellenar con nata, mermelada o crema.

BUÑUELOS A LA SABOYANA

200 gr de harina, un huevo, 4 cucharadas de leche, 10 gr de levadura prensada, 100 gr de mantequilla, 25 gr de azúcar, medio litro de aceite, 50 gr de azúcar de lustre y una pizca de vainilla en polvo.

Se pone la leche en un cazo, se agrega la levadura y se remueve con una cuchara de madera para diluirla. Seguidamente se agregan 3 cucharadas de harina y se forma una pasta, la cual se tapa con un paño y se pone en un sitio algo templado para que aumente el doble de su volumen.

Se pone en una vasija el resto de la harina y el huevo, la vainilla, el azúcar fino y la mantequilla derretida, se agrega una pizca de sal y la pasta de la levadura, se mezcla bien y se deja descansar durante dos horas. A continuación se coge la pasta con una cuchara, formando unas bolitas del tamaño de una nuez, que se fríen con el aceite puesto en una sartén al fuego hasta que tengan un color dorado. Luego se escurren y se espolvorean con el azúcar de lustre.

TOCINILLOS

8 huevos, 200 gr de azúcar, 2 cucharadas de glucosa y un poco de vainilla en polvo.

En un cazo al fuego se pone el azúcar, la vainilla y 8 cucharadas de agua, y se cuece hasta obtener un almíbar a punto de hilo. (Para conocer cuándo está en su punto cogeremos con una cuchara un poco de almíbar, mojaremos con él la punta del dedo índice, la juntaremos con el pulgar y si al separarlos se forma un hilo que une las dos puntas es señal que está en su punto.) Entonces se saca la vainilla, se echa poco a poco el almíbar en una vasija donde se tendrán las yemas de los huevos y se mezcla bien.

La glucosa se pone en una taza, se mete ésta en baño María al fuego hasta que resulte líquida y sirviéndose de un pincel se untan ligeramente los moldecitos de tocinillos y se llenan con la preparación hecha de antemano. Se colocan los moldes en baño María con agua que les llegue a la mitad, se tapa la cacerola y al hervir lentamente se meten en el horno, teniendo que durar su cocción media hora con ebullición lenta. A continuación se prueban para ver si están en su punto, pinchándolos con una aguja y observando que estén bien cuajados. Una vez algo fríos se sacan del molde y se colocan en cajitas de papel (*petits fours*).

CHURROS

400 gr de harina, 50 gr de mantequilla, un limón, 150 gr de azúcar fino, un trozo de canela, tres cuartos de litro de agua y un litro de aceite.

Se pone al fuego una cacerola con agua, media cucharadita de sal, 25 gr de azúcar, la canela y la corteza de limón, y cuando empieza a hervir se aparta la cacerola del fuego, se saca la canela y el limón, incorporándole seguidamente la harina, se mezcla, se vuelve al fuego y se trabaja bien, obteniendo una pasta fina. Luego se pone ésta a trozos en una churrera, se forman los churros, se

dejan caer en una sartén que se tendrá al fuego y con el aceite
caliente se fríen hasta que tengan un color dorado. Después se
escurren, poniéndolos en una fuente y espolvoreándolos con el
azúcar.

MERENGUE A LA VAINILLA

*6 claras de huevo, 25 gr de azúcar de lustre, 300 gr de azúcar,
una pizca de vainilla, un limón y una hoja de papel de barba.*

Se pone el azúcar en una cacerolita al fuego con 2 decilitros de
agua, unas gotas de zumo de limón y la vainilla, y se cuece hasta
obtener un almíbar a punto de bola, lo que se conoce echando unas
gotas de dicho almíbar en una taza con agua fría, que luego se
cogen con los dedos y se forman unas bolitas duras pero que cedan
con la presión de aquéllos. Seguidamente se baten las claras a
punto de nieve muy fuerte, se les mezcla poco a poco el almíbar, se
echan en una manga con boquilla rizada y encima del papel de
barba colocado sobre una placa de pastelero se forman los meren-
gues. Después se espolvorean bien con el azúcar de lustre y se cuecen unos minutos a horno flojo para que tomen un color dorado. A
continuación se juntan de dos en dos y se ponen en unas cajitas de
papel (*petits fours*).

CROQUETAS DE SÉMOLA

*125 gr de sémola, medio litro de leche, 50 gr de azúcar, 3 hue-
vos, 200 gr de miga de pan rallada, un cuarto de litro de aceite, 50
gr de harina, 25 gr de mantequilla y un limón o vainilla.*

Se pone al fuego en una cacerola la leche, un poco de sal y la
vainilla, y cuando empieza el hervor se añade la sémola, echándola en forma de lluvia, se revuelve luego con un batidor y se cuece
a fuego lento durante veinte minutos. A media cocción se añade el
azúcar y cuando está en su punto se adicionan 2 yemas de huevo,
mezclándolas bien. Se retira luego del fuego y se deja enfriar.

Se espolvorea un mármol con harina, se echa una cucharada de
sémola por cada croqueta y se enrollan en forma cilíndrica. Luego
se pasan por huevo batido y pan rallado y se fríen con el aceite, no
echando en la sartén más que 4 o 5, cada vez y procurando que el
aceite esté bien caliente.

ENCASADAS

325 gr de harina, 125 gr de mantequilla, 3 huevos, 100 gr de azúcar de lustre, un limón, una naranja, 25 gr de maicena, 100 gr de azúcar fino y un cuarto de litro de leche.

Se forma con la harina un círculo encima de un mármol y en el centro se echa un huevo, 75 gr de azúcar de lustre, 100 gr de mantequilla, una cucharada de agua y un poco de corteza de naranja rallada, amasándose primero con una cuchara y luego con las manos hasta obtener una pasta fina.

CREMA. Se ponen en una cacerola las 3 yemas de los huevos, el azúcar fino, la maicena y el resto de la mantequilla. Se mezcla y se agrega la leche previamente hervida con un poco de corteza de limón, se pone al fuego y, removiéndolo, se hierve hasta obtener una crema espesa, a la que una vez fría se añaden 2 claras de huevo batidas a punto de nieve.

Se estira la pasta con el rodillo, dándole el grueso algo menor de medio cm y se corta en forma de discos. Se mojan con agua, en el centro de cada disco se echa una cucharada de crema y se cubre con otro disco, apretando los extremos para que se peguen, se moja ligeramente la superficie y se colocan encima de una hojalata. Luego se cuecen a horno flojo hasta que hayan tomado un color ligeramente dorado y se espolvorean con azúcar de lustre.

CARQUIÑOLES

400 gr de harina, 250 gr de azúcar fino, 175 gr de almendras crudas y peladas, 2 huevos, un limón, media cucharadita de canela en polvo y 3 gr de bicarbonato de sosa.

Se pone la harina encima de un mármol formando un círculo y en el centro se colocan los huevos, reservando un poco de yema. Luego se agregan las almendras, la corteza de limón rallada, el azúcar, la canela, el bicarbonato y 2 cucharadas de agua. Se amasa todo junto y se corta la masa a pedazos, con los cuales se forman unas tiras o cilindros que se colocan algo separados encima de una placa de pastelería untada con manteca. Se moja luego la superficie con la yema de huevo diluida con agua y se cuece a horno flojo durante veinte a veinticinco minutos.

Cuando está todavía algo caliente se corta a rajas de 2 a 3 cm de grueso y se guarda en una caja bien tapada para evitar el contacto con el aire.

250 gr de harina, un huevo, medio litro de aceite, media cucha-
radita de canela en polvo, 25 gr de azúcar, 250 gr de miel, una
copita de anís y 65 gr de manteca de cerdo.

Con 200 gr de harina se forma un círculo encima de un mármol,
colocando en el centro el huevo, el anís, el azúcar, la canela, una
pizca de sal y la manteca, y amasándose para obtener una pasta
compacta. Luego se espolvorea el mármol con harina, se estira la
pasta con un rodillo de modo que resulte una capa bien delgada y
se corta a tiras de 5 cm de ancho, las cuales se parten luego en
forma de rombo. A continuación se fríen con el aceite no muy
caliente, se sirven en una fuente y se cubren con la miel.

ROSQUILLAS FRITAS

200 gr de harina, 2 huevos, un cuarto de litro de leche, un litro
de aceite, 2 copitas de ron, 25 gr de azúcar fino, un limón y 50 gr
de azúcar de lustre.

Se pone en una cacerola la harina, los huevos, la leche, el azúcar fino, un poco de corteza de limón rallada, el ron y un poco de
sal, se mezcla todo bien y se obtiene una pasta líquida, que se pasa
por un colador.

Se echa el aceite en una cacerolita estrecha y honda, se pone al
fuego y cuando aquél está bien caliente se le sumerge el molde ex
profeso para la confección de las rosquillas, que consiste en un
mango de hierro que contiene sujeto a la punta un molde en forma de
estrella o rosquilla. Pasados unos dos minutos se moja rápidamente
este molde en la pasta preparada de antemano y se vuelve a sumergir
en el aceite bien caliente, adquiriendo en seguida un color dorado.
Ya en este punto se saca el molde y se hace caer la pasta delicadamente en una escurridera, se vuelve a calentar dicho molde y se repite la misma operación hasta terminar toda la cantidad, obteniendo de
este modo una rosquilla finísima. A continuación se espolvorean con
azúcar de lustre y se colocan en una fuente cubierta con servilleta.

DELICIAS DE CASTAÑAS A LA VIENESA

150 gr de chocolate rallado fino, 200 gr de azúcar fino, 200 gr
de mantequilla, una copita de kirsch, 800 gr de castañas, medio

litro de leche, media varita de vainilla, 2 kg de hielo, 50 gr de cere-
zas confitadas, 2 yemas de huevo, un cuarto de litro de crema de
leche y 50 gr de azúcar de lustre.

Se escaldan y se mondan las castañas, se ponen en una cacerola
con la leche, la vainilla, una pizca de sal y 2 decilitros de agua, se cuecen lentamente durante una hora, se escurren y se pasan por un tamiz.
Se ponen luego en una vasija y se les añade el chocolate rallado, el
azúcar, 2 yemas, las claras batidas, 150 gr de mantequilla y el kirsch.
A continuación se mezcla bien y se llena un molde flanera que tendremos bien untado con mantequilla y que se pone en una nevera.

NATA. Se echa la nata en un recipiente de cristal o porcelana, se
rodea con hielo, se bate con un batidor para obtener una nata espesa y se le agrega el azúcar de lustre, pasado por un tamiz.

Se pasa el molde por agua tibia, se vierte en una fuente redonda y se rodea con un cordón de nata puesta en una manga con
boquilla rizada, colocando encima de la nata las cerezas confitadas.

GREBY DE NARANJA

150 gr de harina, 150 gr de almendras crudas, 100 gr de
naranja confitada, 35 gr de mantequilla, 100 gr de azúcar fino, 25
gr de azúcar de lustre, un limón, una yema de huevo y 2 claras.

Se forma con la harina un círculo encima de un mármol y en el
centro se pone una yema de huevo, la mantequilla, 35 gr de azúcar,
una cucharada de agua y un poco de corteza de limón rallada.
Seguidamente se amasa con una cuchara de madera y luego con las
manos hasta obtener una pasta compacta, la cual se estira con un
rodillo, se corta a discos y se forran unos moldes de tartaletas.

100 gr de almendras una vez escaldadas se pasan por una
máquina de rallar y se añaden las claras de los huevos, el azúcar
fino restante y la naranja cortada a trocitos. Se mezcla bien y se llenan los moldes. Encima de éstos se esparce el resto de las almendras cortadas a tiras finas y se meten en el horno por espacio de
quince minutos para que adquieran un color dorado. A continuación se sacan del molde y se sirven en una fuente, espolvoreándolas con el azúcar de lustre.

PESTIÑOS (Postre andaluz)

300 gr de harina, un decilitro de aceite, 2 copitas de las de licor de vino de jerez, una pizca de anises machacados, 250 gr de miel, un huevo y 50 gr de azúcar de lustre.

En una vasija se pone la harina y se añade el aceite, una pizca de sal, el jerez, el huevo, 2 cucharadas de miel y los anises. Luego se mezcla hasta obtener una pasta compacta que se estira con un rodillo, dándole el grueso de medio cm, y se corta en forma de óvalos, los cuales se fríen en una sartén con bastante aceite y se escurren.

Se pone a hervir la miel con 4 cucharadas de agua, cociéndola durante diez minutos; se sumergen en ella, fuera del fuego, los pestiños, y se ponen a escurrir encima de un tamiz, procurando que resulten cubiertos de una capa de miel, la cual si es demasiado clara se hierve un poco más. Luego se espolvorean con azúcar de lustre y se sirven en una bandeja cubierta con una blonda o servilleta.

PASTEL SUIZO CON CREMA

7 huevos, 100 gr de fécula de patata, un limón, 25 gr de maicena, 175 gr de azúcar fino, una hoja de papel de barba, 5 gr de levadura Royal, un cuarto de litro de leche, 25 gr de azúcar de lustre, 100 gr de mantequilla y un poco de vainilla.

Se ponen en una vasija 4 yemas de huevo, 100 gr de azúcar y un poco de corteza de limón rallada, y se trabaja con una cuchara de madera hasta obtener una pasta espesa y esponjosa de modo que haga relieve. Seguidamente se baten las 4 claras de huevo a punto de nieve fuerte y se adicionan las yemas mezcladas con el azúcar, incorporándole la fécula de patata. Se echa todo en una manga con boquilla lisa y sobre una hojalata cubierta con papel de barba se hacen unas líneas en todo su largo en zigzag y que se toquen, de modo que resulte el papel cubierto con una capa de dicho preparado. A continuación se cuecen a horno regular hasta que tenga un color dorado y se deja encima de una mesa, se le quita el papel, obteniendo una plancha de biscuit, y se deja enfriar.

CREMA PASTELERA. Se mezclan 3 yemas de huevo con 75 gr de azúcar fino, la mantequilla y la maicena. Seguidamente se añade la leche hervida con la vainilla, se arrima la cacerola al fuego y, removiéndolo con viveza con un batidor, se hierve por espacio de dos minutos, resultando una crema espesa.

Se cubre con una capa de crema pastelera la plancha de bizcocho que se tiene encima de la mesa, se enrolla formando un cilindro, se espolvorea con el azúcar de lustre y se coloca en una bandeja.

TRONCO BELLA ELENA

8 huevos, 100 gr de fécula de patata, 225 gr de azúcar, un limón, 345 gr de avellanas tostadas, 6 gr de levadura en polvo Royal, 50 gr de chocolate en polvo, 200 gr de mantequilla, una hoja de papel de barba y 1 kg de hielo.

PLANCHA DE BIZCOCHO. Se ponen en un cazo 5 yemas de huevo, un poco de corteza de limón rallada y 125 gr de azúcar; se remueve con una espátula de madera hasta obtener una pasta espesa y de un color algo blanquecino y ya en este punto se baten 5 claras de huevo a punto de nieve. Luego se le adiciona la pasta preparada, la fécula de patata y la levadura, y sin removerlo mucho se introduce en una manga con boquilla lisa y encima del papel de barba que se tendrá colocado en una placa de pastelero u hojalata se hace un zigzag en todo su largo. Se forma una capa bien igual de 2 cm de espesor, se cuece a horno flojo por espacio de ocho o diez minutos, o sea hasta que tenga un bonito color dorado, se pone luego sobre un mármol y se le quita el papel.

YEMA DE MANTEQUILLA. Se echa en una cacerola al fuego el resto del azúcar, 6 cucharadas de agua y unas gotas de zumo de limón, y se cuece hasta obtener un almíbar a punto de hilo, lo cual se conoce cogiendo un poco de almíbar algo frío con una cuchara, mojando las puntas de dos dedos, juntándolas y que al separarlas se forme un hilo. Luego se retira de la lumbre y pasados unos cinco minutos se le adicionan 3 yemas de huevo. Se vuelve a arrimar a fuego lento y, removiéndolo con viveza con un batidor, se trabaja para que resulte una yema fina y espesa como una crema. Se retira del fuego, se añade la mantequilla, se remueve con una espátula de madera y cuando aquélla está derretida se coloca la cacerola sobre el hielo y se sigue removiendo hasta que resulte espesa.

Se corta un trozo de plancha de bizcocho por una de sus puntas, que tenga el tamaño de 20 cm de largo por 7 u 8 de ancho, se le extiende por encima una ligera capa de crema, se espolvorea con las avellanas trinchadas finas y se coloca en una fuente o bandeja que se tendrá cubierta con una servilleta.

Con la mitad de la crema se cubre la plancha, se enrolla formando un cilindro y se coloca en la fuente encima de la otra plancha.

A la yema restante se añade el chocolate en polvo, se mezcla bien, se introduce en una manga con boquilla rizada y se hacen tiras sobre un cilindro formando un tronco, imitando las ramas con unos montoncitos de yema.

PASTEL SUIZO A LA DOROTY

7 huevos, 225 gr de azúcar, 75 gr de chocolate en polvo, un poco de vainilla, 2 kg de hielo, una hoja de papel de barba, 100 gr de fécula de patata, un limón, una cucharadita de levadura Royal, una lata de mermelada de albaricoque, 115 gr de mantequilla y unas gotas de carmín.

PLANCHA DE BIZCOCHO. En un cazo que no sea de aluminio se ponen 5 yemas de huevo, 125 gr de azúcar y un poco de corteza de limón rallada, y se remueve con una cuchara de madera hasta obtener una pasta espesa, esponjosa y de un color blanquecino. Ya en este punto se baten 5 claras de huevo a punto de nieve fuerte y se le adiciona la pasta previamente preparada. Seguidamente se añade la fécula y la levadura, se remueve y apenas todo esté unido se introduce en una manga con boquilla lisa y haciendo un zigzag encima del papel que se tendrá colocado en una placa se forma una plancha de 2 cm de grueso. Se cuece a horno flojo por espacio de quince o dieciocho minutos, o sea hasta que tenga un color dorado, se pone seguidamente sobre un mármol y se le quita el papel.

Una vez frío se corta de una de las puntas un trozo de plancha que tenga 10 cm de ancho por 25 o 28 de largo y se coloca en una fuente que se tendrá cubierta con una servilleta formando pedestal.

Con la mermelada se cubre el resto del bizcocho, se enrolla haciendo un cilindro y se coloca en la fuente encima de la plancha.

YEMA DE MANTEQUILLA. Se pone en una cacerola el resto del azúcar, unas gotas de zumo de limón y la varita de vainilla, se arrima al fuego y se cuece hasta obtener un almíbar a punto de hilo, lo cual se conoce si al coger con una cuchara un poquito de azúcar y mojar con él las puntas de dos dedos y juntarlos, al separarlos se forma un hilo. Entonces se aparta del fuego y ya algo frío se le añaden 2 yemas de huevo. Se saca la vainilla y se arrima la cacerola a fuego lento, removiéndolo con viveza con el batidor para obtener una yema clara y que se despegue de la cacerola. Luego se le adiciona, fuera de la lumbre, la mantequilla después de derretida, se rodea la cacerola con el hielo picado y se remueve con una espátula de madera, resultando una pasta fina y espesa, a la cual se le adicionan unas gotas de carmín, que dan un color rosado.

Se pone la mitad de esta yema en una manga con boquilla pequeña rizada y se hacen unas tiras o rayas, empezando por el pedestal y siguiendo por el cilindro, dejando entre cada raya el espacio de 1 cm, en el que se pondrá una raya de manteca, a la que se habrá mezclado el chocolate diluido con un poco de agua caliente. Se adornan los extremos intercalando también rayas de yema.

PLUM CAKE

300 gr de harina, 200 gr de mantequilla, 150 gr de cerezas confitadas, 200 gr de azúcar, 100 gr de pasas de Corinto, 150 gr de fruta confitada cortada a cuadritos, 10 gr de levadura en polvo Royal, 50 gr de almendras, 3 huevos, una copita de ron y un limón.

Se pone en una cacerola la mantequilla a derretir ligeramente, se aparta de la lumbre, se añade el azúcar, se mezcla con una espátula de madera y se agregan los huevos uno a uno. A continuación se le incorpora la harina, la fruta confitada, las cerezas, las pasas, el ron, la levadura y un poco de corteza de limón rallada. Se mezcla sin revolverlo mucho, se echa esta pasta en un molde previamente untado con manteca y espolvoreado con harina, se esparcen por encima las almendras peladas y cortadas a tiras y se cuece a horno lento por espacio de hora y cuarto.

CENTRO MARÍA LUISA

7 huevos, 125 gr de harina, 100 gr de chocolate granulado, 50 gr de chocolate en polvo, 150 gr de mantequilla, 200 gr de azúcar, media lata de mermelada de albaricoque, una copita de curaçao, 100 gr de nata, 1 kg de hielo, una naranja, una cucharadita de levadura en polvo Royal y vainilla.

BIZCOCHO. Se ponen en un cazo 4 yemas de huevo y en un perol las 4 claras. Se mezclan las yemas, 125 gr de azúcar y un poco de corteza de naranja rallada, y se trabaja con una cuchara de madera hasta obtener una pasta fina, esponjosa y blanquecina. Seguidamente se baten las 4 claras a punto de nieve fuerte, se les mezcla el preparado de las yemas, la harina y la levadura, y sin removerlo mucho se echa en un molde de torta desmontable que tendremos previamente untado con mantequilla y espolvoreado con harina. A continuación se cuece al horno durante treinta a treinta cinco minutos, luego se saca de él y se deja enfriar.

YEMA DE MANTEQUILLA. Se pone en un cazo al fuego el resto del azúcar y 4 cucharadas de agua, se hierve hasta que dicho azúcar esté diluido, se deja enfriar y se agregan 3 yemas de huevo y la vainilla. Luego se arrima al fuego y se remueve con viveza con un batidor para obtener una yema espesa. Ya en este punto se le añade la mantequilla derretida, se rodea el cazo con hielo picado se remueve con una espátula de madera hasta que resulta una pasta espesa y fina.

Se parte horizontalmente por la mitad el bizcocho y en medio se pone la mermelada, dando a aquél la forma primitiva. Se cubre todo con una ligera capa de yema de mantequilla y se forma una franja por todo el alrededor con el chocolate granulado.

La mitad de la yema se pone en una manga con boquilla rizada y encima del bizcocho se hacen unas tiras, dejando una separación de 1 cm de una a otra. Al resto de la yema se le mezcla el chocolate diluido al fuego con una cucharada de agua, se pone en otra manga con boquilla rizada y se hacen unas tiras en sentido contrario de las primeras, formando una reja.

Se termina el adorno con la nata, haciendo unos puntitos alrededor de dicha reja.

TORTA DE CHOCOLATE A LA INGLESA

150 gr de mantequilla, 100 gr de azúcar, 175 gr de chocolate, 150 gr de harina, 4 huevos y 10 gr de levadura Royal.

Se derrite ligeramente la mantequilla, se remueve con una espátula de madera hasta obtener una pasta espesa y blanca y ya en este punto se añade el azúcar, las 4 yemas de huevo y el chocolate rallado. Se le adiciona luego la harina tamizada, se sigue removiendo todo junto por espacio de diez minutos, después se le incorporan las 4 claras de huevo batidas a punto de nieve, se mezclan hasta que apenas estén unidas y se llena un molde de torta desmontable que se tendrá previamente untado con mantequilla y espolvoreado con harina. A continuación se cuece a horno lento durante treinta y cinco minutos, probando si está cocido pinchándolo en el centro con la punta de un cuchillo, y si éste sale seco se puede entonces retirar del horno. Por último se deja enfriar y se saca del molde, colocándolo sobre una rejilla de alambre.

CAPA O CUBIERTA. 60 gr de chocolate en polvo, 125 gr de azúcar y 4 cucharadas de agua.

El chocolate se pone en un cazo con el azúcar y 4 cucharadas de agua y se hierve hasta que tenga un punto de hilo, lo cual puede saberse si, al echar unas gotas en un plato, al enfriarse queda cuajado. Ya en este punto se echa encima de la torta formando una capa. A continuación se coloca en una bandeja cubierta con una blonda.

Se sirve frío.

TARTA A LA FRANCFORT

200 gr de harina, 100 gr de mantequilla, 3 huevos, 10 gr de canela en polvo, 200 gr de azúcar, un limón, 25 gr de azúcar de lustre, 50 gr de chocolate en polvo, 50 gr de avellanas molidas, un cuarto de litro de leche, 50 gr de nueces peladas y 500 gr de manzanas.

Se pone la harina encima de un mármol formando círculo y en el centro se echan 75 gr de mantequilla, 60 gr de azúcar, un huevo, una pizca de sal y un poco de corteza de limón rallada, y se amasa todo para obtener una masa fina y compacta.

Se mondan las manzanas, se les quita el corazón, se cortan a lonjas delgaditas, se ponen en una cacerola con la leche y se dejan cocer durante veinte minutos. Se agrega el azúcar, las almendras, el chocolate cortado fino, el resto de la mantequilla y las nueces ralladas y se sigue la cocción hasta que se consiga una mermelada espesa, a la que, una vez fría, se le mezclan los huevos, reservando un poco de yema.

Se espolvorea el mármol con harina y se estira la masa, dejándola al grueso de un poco menos de medio cm. Con la mitad de esta masa se forra un molde de tarta bajo, desmontable y ligeramente untado con mantequilla, se llena con la mermelada y se cubre con el resto de la pasta, sujetando los bordes con yema de huevo diluida con agua. También se mojará toda la superficie de los trocitos de pasta restante, que se amasarán, se estirarán y se cortarán en discos o triángulos pequeños, que servirán para adornar la superficie de la tortada.

Se cuece a horno lento durante unos cuarenta minutos y al servirlo frío se espolvorea con azúcar de lustre.

CROISSANTS

400 gr de harina de fuerza, 100 gr de mantequilla, 20 gr de levadura prensada, una cucharadita de sal, una cucharadita de azúcar, 3 decilitros de leche y un huevo para dorarlos.

Se echa la harina encima de un mármol, formando círculo y en el centro se pone la sal, el azúcar y la levadura previamente desleída en un poco de leche tibia. Júntese todo y confecciónese una masa un poco blanda, añadiéndole en varias veces toda la leche.

Se echa el preparado en un barreño (teniendo en cuenta que la masa ha de aumentar el doble) y se espolvorea con harina. Luego se tapa el barreño con un paño y se coloca en sitio caliente para que la levadura fermente, trasladándolo al cabo de una hora a otra habitación más fresca, o sea hasta que la masa haya doblado el volumen.

Cuando la fermentación haya hecho su efecto se echa la masa encima de un mármol que estará espolvoreado con harina, siguiendo de aquí en adelante un procedimiento parecido a la confección del hojaldre. La mantequilla se ablandará y se colocará en medio de la pasta; se cogerá ésta por los extremos, juntándolos justo en medio, quedando así la mantequilla aprisionada en la masa y procediendo a dar a ésta seis vueltas.

Se vuelve a espolvorear con harina el mármol y la masa, se aplana con el rollo de pastelería hasta dejarla delgada, se coge por las extremidades de arriba, doblándolas hasta las dos terceras partes de lo aplanado, se coge entonces por sus extremos inferiores y se doblan sobre lo ya doblado, quedando de este modo doblada en tres.

Se vuelve a espolvorear con harina, haciendo girar el preparado de modo que lo que estaba delante quede ahora al costado izquierdo del operador, y se vuelve a doblar en tres como la vez anterior.

Déjese reposar la masa al fresco por espacio de quince minutos.

Se da a la masa otras dos vueltas, pero doblándola esta vez sólo en dos dobleces, y después de cinco minutos de descanso se procede a modelarla.

Empolvado abundantemente con harina el mármol se colocará en él la masa, empolvada también, y después de estirarla un poco con el rollo se dividirá en dos porciones iguales y cada porción en otras diez, cortándolas con tijeras.

Se untarán con mantequilla y se espolvorearán con harina las placas de horno necesarias.

Se estira cada trozo con el rollo, dándoles la forma de cuadrados de 10 a 12 cm por cada lado. Luego se enrollan empezando por una de las puntas de modo que termine quedando encima la punta o esquina opuesta y que su apariencia sea la de un cigarro puro abultado por el medio.

Se coloca con cuidado en las placas, procurando que quede encima la punta terminación del croissant y doblando algo las otras puntas para darles la forma de medias lunas.

Déjense en reposo hasta que fermenten aumentando el doble.

Háganse cocer a horno fuerte por espacio de quince a veinte minutos.

Nota. En invierno se aumentará en unos 2 gr la cantidad indicada de levadura.

Cuídese de que a la masa no le dé el aire.

CORONA A LA FEDORA

Medio litro de leche, 100 gr de bizcochos, 400 gr de nata, 50 gr de azúcar de lustre, 125 gr de azúcar, 25 gr de mantequilla, 100 gr de almendras tostadas, 5 huevos, una lata pequeña de mermelada de fresas, y vainilla.

Se unta con la manteca derretida un molde de savarina y se espolvorea con azúcar. Con el resto de la manteca se pone en una cacerola, se agrega el azúcar, los bizcochos, las almendras ralladas finas y, por último, la leche previamente hervida con la vainilla, y se mezcla todo hasta que resulte como una pasta. Luego se echa en el molde preparado de antemano y se cuece al horno y en baño María durante cuarenta minutos. Pasado este tiempo se vierte el molde en una fuente redonda y una vez frío se cubre con la mermelada, pasada por un tamiz. A la nata se le mezcla el azúcar de lustre y se llena el centro de la corona formando pirámide, lo que se llevará a la práctica con una manga con boquilla rizada para que resulte mejor el adorno.

CORONA A LA AURORA

3 huevos, 150 gr de harina, 100 gr de mantequilla, 50 gr de pasas de Corinto, un limón, una cucharadita de levadura Royal, un cuarto de litro de crema de leche, 50 gr de azúcar de lustre, 200 gr de azúcar fino, 3 melocotones, 4 peras, media lata de mermelada de fresas, 3 plátanos, 2 manzanas, 50 gr de cerezas confitadas y 2 kg de hielo.

En un cazo se pone a derretir la mantequilla y se le mezclan 100 gr de azúcar fino, un poco de corteza de limón rallada, las yemas de los huevos, la harina, la levadura y las pasas. Luego se mezcla bien, se le adicionan las claras de huevo batidas a punto de nieve, se echa este preparado en un molde de savarina que tendremos previamente untado con mantequilla y espolvoreado con harina y se cuece a horno flojo durante media hora.

Se mondan las manzanas y los melocotones, se cortan a trocitos y se ponen en un cazo. Luego se adicionan las peras peladas y partidas por la mitad, el resto del azúcar fino y un poco de zumo de limón. A continuación se cuecen, tapadas, durante veinte minutos, y se dejan enfriar.

Nata. En una vasija se pone la crema de leche, se rodea ésta con hielo picado, se bate con un batidor hasta obtener una nata espesa y se le mezcla el azúcar de lustre pasado por un tamiz.

Se vierte el molde y se coloca en una fuente redonda. En el centro de ésta se ponen los melocotones y las manzanas, se adicionan 2 cucharadas de mermelada y se cubre con una pirámide de nata, sirviéndose para dicho fin de una manga con boquilla rizada. Finalmente, se rodea con el molde de pasta y con las peras cubiertas con mermelada y se termina el adorno con plátanos y cerezas confitadas.

CORONA A LA BEATRIZ

Medio litro de leche, 200 gr de azúcar, media varita de vainilla, 100 gr de fresas, una copita de kirsch, 4 cucharadas de mermelada de albaricoque, 5 huevos, 400 gr de nata y 100 gr de azúcar de lustre.

Se ponen en una cacerola 50 gr de azúcar y 2 cucharadas de agua, se cuece hasta obtener un almíbar a punto de caramelo, o sea que tenga un color dorado, y seguidamente se echa en un molde savarina, esparciéndose por el fondo.

En una cacerola se ponen las yemas de los huevos y el resto del azúcar, y se mezcla. Se añade la leche previamente hervida, se mezcla bien y se llena el molde savarina, pasando el líquido por un colador. A continuación se cuece en baño María al horno por espacio de treinta y cinco minutos, teniendo la precaución de que el agua no arranque el hervor, y una vez frío se vierte en una fuente redonda.

Después de limpias las fresas se separan una docena de las más bonitas y a las restantes se les adiciona la mermelada y el kirsch. Se llena el hueco central de la corona que se tendrá en la fuente, encima de las fresas se pone la nata mezclada con el azúcar de lustre formando unas pirámides, sirviéndose para dicho fin de una manga con boquilla rizada, y se adorna con las fresas guardadas.

TARTALETAS DE MELOCOTONES

150 gr de harina, 4 huevos, 12 medios melocotones en almíbar, 125 gr de azúcar, 25 gr de maicena, un cuarto de litro de leche, 50 gr de nata, vainilla, un limón, 50 gr de mantequilla, 12 cerezas confitadas y 10 gr de azúcar de lustre.

Con 150 gr de harina se forma encima de un mármol un círculo y en el centro se pone la mantequilla, 50 gr de azúcar, un poco de corteza de limón rallada y un huevo y se amasa con una cuchara y luego con las manos para obtener una pasta consistente. Luego se espolvorea el mármol con harina, se estira la pasta con un rodillo, dándole el grueso de algo menos de medio cm, se corta a discos con un cortapasta rizado y se forran 12 moldes de tartaletas.

CREMA. Se ponen en un cazo 3 yemas de huevo, 75 gr de azúcar, la maicena y vainilla, se mezcla bien y se le adiciona la leche previamente hervida. Luego se arrima al fuego y se remueve con un batidor hasta que resulte una crema espesa, con la cual se rellenan las tartaletas. A continuación se meten en el horno durante quince o veinte minutos para que tomen un color dorado.

Una vez frías se sacan las tartaletas del molde, se colocan en una fuente cubierta con una blonda, encima de cada una se pone medio melocotón y con la nata mezclada con el azúcar de lustre se hace un puntito en el centro, donde se coloca la cereza.

TARTALETAS DE FRESONES

200 gr de harina, 50 gr de mantequilla, un huevo, 100 gr de azúcar, un ltmón y 800 gr de fresones.

Se coloca la harina encima de un mármol formando círculo y en el centro se pone un huevo, la mantequilla, una cucharada de agua, 50 gr de azúcar, un poco de corteza de limón rallada y se amasa, obteniendo una pasta fina que se estira con un rodillo, dándole el espesor de algo menos de medio cm. Luego se cortan 12 discos y se forran el mismo número de tartaletas, que se tendrán ligeramente untadas con mantequilla y las cuales se pinchan con un tenedor, se llenan con garbanzos secos y se meten en el horno para que tomen color. Una vez frías las tartaletas se sacan los garbanzos y se colocan los fresones. Los fresones restantes se pasan por un tamiz, se les mezcla el sobrante del azúcar, se arrima al fuego, se hierve hasta obtener una mermelada algo espesa y luego con una cuchara se echa encima de los fresones.

TARTALETAS DE NUECES

200 gr de harina, 100 gr de mantequilla, 200 gr de nueces peladas molidas, 4 huevos, 150 gr de azúcar, un limón y una cucharada de mermelada de fresas.

Encima de un mármol se echa la harina formando círculo y en el centro se ponen 50 gr de azúcar, un huevo, 50 gr de mantequilla y un poco de corteza de limón rallada, amasándose primero con una cuchara y luego con las manos. Seguidamente se espolvorea el mármol con la harina, se estira la pasta con un rodillo, se corta, formando 12 discos, y se forran los moldes de tartaletas que tendremos previamente untados con mantequilla.

Se mezclan las nueces con el resto de la mantequilla, 3 yemas de huevo, el azúcar restante y la clara batida a punto de nieve, se rellenan las tartaletas y se cuecen al horno por espacio de veinte minutos. Una vez algo frías las tartaletas se sacan del molde y se cubren con una capa de mermelada.

Se sirven en una bandeja.

TARTALETAS SUZETTE

12 medios melocotones en conserva, un cuarto de litro de leche, 4 huevos, 150 gr de harina, 75 gr de mantequilla, 125 gr de azúcar fino, 25 gr de maicena, un cuarto de litro de crema de leche, 2 kg de hielo, 50 gr de azúcar de lustre, vainilla, una naranja y media lata de mermelada de albaricoque.

Pasta quebrada. Se coloca la harina encima de un mármol formando un círculo y en el centro se pone un huevo, 50 gr de azúcar fino, 50 gr de mantequilla y un poco de corteza de naranja rallada. Se amasa primero con una cuchara y luego con las manos hasta obtener una pasta fina y compacta que a continuación se estira con un rodillo, dándole el grueso algo menos de medio cm, y se corta a discos.

Con esta pasta se forran unos moldes de tartaletas ligeramente untados con mantequilla.

Crema. En una cacerola se ponen 3 yemas de huevo, el sobrante del azúcar fino, la maicena y la mantequilla restante, se mezcla y se le añade la leche previamente hervida con la vainilla, se arrima al fuego y, revolviéndolo con viveza con un batidor, se deja cocer hasta que resulte una crema espesa.

Se llenan con esta crema las tartaletas, encima de cada una se pone medio melocotón y se meten en el horno hasta que la pasta tenga un color dorado. A continuación se dejan enfriar las tartaletas, se sacan del molde y se colocan en una fuente cubierta con servilleta.

Se llenan con esta crema las tartaletas, encima de cada una se coloca sobre el hielo picado y se bate con un batidor hasta obtener una nata espesa. Seguidamente se le mezcla el azúcar de lustre pasado por un tamiz, se introduce en una manga con boquilla rizada y se forma un cordón por todo el alrededor del melocotón.

La mermelada se pasa por un tamiz y se pone una cucharadita de ésta encima de cada melocotón.

SAVARINA A LA BELLA ELENA

200 gr de harina, 125 gr de mantequilla, 5 huevos, 4 decilitros de leche, 200 gr de azúcar, 25 gr de maicena, 12 gr de levadura de cerveza, una lata de melocotones al natural, 50 gr de cerezas confitadas, media lata de mermelada de fresas, 3 copitas de ron, vainilla en polvo, un limón, 200 gr de nata y 1 kg de hielo.

Savarina. En una vasija, se ponen cuatro cucharadas de leche, se disuelve la levadura y se le agregan dos cucharadas de harina, se forma una bola, se tapa el recipiente con un paño y se guarda al lado de la cocina hasta que aumente el doble de su volumen.

Durante este tiempo se pone la harina en una vasija, se hace un hueco en medio, donde se echará un poco de corteza de limón rallada y la mantequilla derretida, y se trabaja con una cuchara de madera hasta que la pasta se despegue toda de la cacerola. Seguidamente se le mezcla la levadura y se vuelve a trabajar hasta que todo esté bien mezclado. Se tapa nuevamente con el paño y se coloca la cacerola en sitio templado por espacio de una hora, procurando que la pasta llegue nada más que a la mitad del molde.

A continuación se deja a un lado de la cocina para que la pasta suba, o sea para que se llene de por sí el molde. Entonces se cuece a horno flojo unos treinta minutos, se saca luego del molde y se deja enfriar.

JARABE. Se echan 100 gr de azúcar en una cacerola con un cuarto de litro de agua, se hierve por espacio de diez minutos y al retirarlo del fuego se agrega el ron.

Se coloca la savarina encima de un tamiz, debajo se pone un plato y se echa poco a poco el jarabe por encima para que se quede bien impregnada, o sea hasta que haya absorbido todo el jarabe, y se deja enfriar.

CREMA PASTELERA A LA CHANTILLY. Se echan en una cacerola 3 yemas de huevo, el resto del azúcar y la maicena y la vainilla, se mezcla bien y se le adiciona el resto de la leche previamente hervida. Se arrima al fuego, removiéndolo con viveza con un batidor, y se cuece unos cinco minutos para obtener una crema espesa que se coloca encima del hielo y a la que una vez fría se le mezcla la nata. Se coloca la savarina en una fuente redonda, se cubre con la mermelada pasada por un tamiz, se llena el hueco central con la crema, encima de ésta se colocan los melocotones y se adorna con cerezas.

SAVARINA A LA VENDOME

250 gr de harina, 5 huevos, 175 gr de mantequilla, 200 gr de azúcar fino, 3 copitas de ron, 200 gr de fresas, 25 gr de azúcar de lustre, 15 gr de levadura de cerveza, 3 decilitros de leche, un limón, 400 gr de nata, 25 gr de maicena, vainilla en polvo y 50 gr de cerezas confitadas.

SAVARINA. En una cacerolita o vasija pequeña se ponen 40 gr de harina haciendo un círculo y en el centro se echa la levadura diluida con 4 cucharadas de leche algo templada, se mezcla con una cuchara de madera y se forma una bola. Entonces se tapa el recipiente con un paño algo mojado en agua tibia y se guarda en un sitio al lado de la cocina o bien en otro lugar algo templado para que la pasta aumente el doble de su volumen.

Pasado este tiempo se pone la harina en una vasija, se hace un hueco en el centro, donde se echará un poco de sal, media cucharadita de azúcar y 3 huevos; se mezcla bien, se añade un poco de corteza de limón rallada y 150 gr de mantequilla derretida, y se trabaja con una espátula de madera hasta que la pasta se despegue toda de la cacerola. Seguidamente se le adiciona la levadura y se vuelve a trabajar hasta que todo esté bien mezclado; se tapa nuevamente con el paño y se coloca la vasija en sitio templado por espacio de una hora. Transcurrido este tiempo se coge la pasta con las manos enharinadas y se echa en un molde savarina previamente untado con mantequilla derretida y espolvoreado con harina, procurando que la pasta llegue nada más que a la mitad del molde. A continuación se deja a un lado de la cocina para que la pasta suba, llenándose el molde. Entonces se cuece a horno flojo unos cuarenta minutos, se saca del molde y se deja enfriar.

JARABE. Se echa la mitad del azúcar en una cacerola con un cuarto de litro de agua y un trozo de corteza de limón, se hierve por espacio de diez minutos y al retirarlo del fuego se agrega el ron. Se coloca la savarina encima de un tamiz, debajo se pone un plato y se echa poco a poco el jarabe por encima hasta que lo haya absorbido todo.

CREMA PASTELERA. En una cacerola pondremos 3 yemas de huevo, el resto del azúcar, la maicena y el sobrante de la mantequilla; se mezcla y se le adiciona la leche previamente hervida con la vainilla. Luego se arrima al fuego lento, se cuece por espacio de cinco minutos, removiéndolo con un batidor, y una vez frío se le añade la mitad de la nata y las fresas, previamente limpias, sin revolver mucho y esparciéndolo con una cuchara de madera.

Se pone la savarina en una fuente redonda, se llena el hueco central con la crema, se adorna la superficie con el resto de la nata mezclada con el azúcar de lustre, formando una pirámide, y se adorna con cerezas confitadas.

BRIOCHES

250 gr de harina, un decilitro de leche, 100 gr de mantequilla, un limón, 2 huevos, 10 gr de levadura prensada y 25 gr de azúcar.

Con 3 cucharadas de leche tibia se diluye la levadura, se le adicionan 2 cucharadas de harina, formando una masa, y se deja en un sitio templado hasta que aumente el doble de su volumen.

Se mezcla el resto de la harina, la mantequilla derretida, un poco de corteza de limón rallada, la leche, los huevos, una pizca de azúcar y un poco de sal. Luego se añade la levadura y se trabaja bien, obteniendo una pasta fina que se deja descansar una media hora. A continuación se forman brioches, se ponen encima de una hojalata, se moja la superficie con un poco de clara de huevo batida con agua, se espolvorea con azúcar fino, se deja descansar una hora y se cuece a horno flojo, adquiriendo un color dorado.

TRONCO DE CHOCOLATE

8 huevos, 200 gr de mantequilla, 100 gr de fécula de patata, 225 gr de azúcar, 75 gr de chocolate en polvo, vainilla, un limón, una hoja de papel de barba, 1 kg de hielo, una pizca de crémor tártaro, 8 gr de levadura Royal y unas gotas de verde Bretón.

PLANCHA DE BIZCOCHO. Se ponen en una vasija 5 yemas de huevo, 125 gr de azúcar y un poco de corteza de limón rallada, removiéndose con una cuchara de madera hasta obtener una pasta espesa y blanquecina.

Se baten a punto de nieve fuerte 5 claras de huevo y ya en este punto se les mezcla la pasta obtenida con las yemas y el azúcar, se añade la fécula de patata y la levadura, se remueve despacio con una cuchara o espátula de madera hasta que resulte una pasta esponjosa, la cual se echa en una manga con boquilla lisa, y se extiende encima de un papel de barba que se tendrá colocado sobre una placa y haciendo un zigzag, o sea unas rayas arriba y abajo, formando una capa de 2 cm de espesor y bien igualadas. A continuación se cuece a horno regular por espacio de diez a doce minutos hasta que tenga un color dorado y luego se echa encima de un mármol y se saca el papel.

YEMA DE MANTEQUILLA AL CHOCOLATE. En una cacerola pequeña se echa el resto del azúcar, 5 cucharadas de agua y crémor tártaro, y se cuece hasta obtener un almíbar a punto de hilo, lo cual se conoce si al coger con una cuchara un poquito de dicho almíbar y mojar con él las puntas de dos dedos y juntarlas, al separarlas se forma un hilillo. Ya en este punto se deja enfriar ligeramente y luego se le agregan 3 yemas de huevo, se remueve con un batidor y se arrima al fuego lento, siguiendo el mismo movimiento hasta obtener una yema espesa. Después se le adiciona, fuera del fuego, la mantequilla, se rodea la cacerola con el hielo picado, se trabaja con una espátula de madera para conseguir una yema fina, se separa una cucharada de ésta y al resto se le agrega el chocolate.

Se corta un trozo de bizcocho de 10 cm de ancho por 30 de largo y se coloca en una fuente cubierta con una blonda de papel.

El bizcocho restante se cubre con la mitad de la yema de chocolate, formando una capa, se enrolla en forma de cilindro y se coloca encima del bizcocho que se tiene en la fuente. Luego se introduce el sobrante de la yema de chocolate en una manga con boquilla rizada y se adorna haciendo unas rayas en todo su largo en forma de tronco de árbol, se imitan las ramas con un trocito de bizcocho enrollado y colocado en la superficie, adornándolo con crema, y se pasa encima la hoja de un cuchillo algo caliente para afinar el tallo.

La cucharada de crema que se tiene separada previamente se mete en una manga con una pequeña boquilla lisa y se marcan unos círculos en el tallo de la rama. La hierba se imita mezclando las gotas de verde Bretón con un poco de crema, y también con una manga con boquilla pequeña, formando unas hojas.

BOLLOS DE BERLÍN

375 gr de harina, 160 gr de mantequilla, 50 gr de azúcar de lustre, 15 gr de azúcar fino, 10 gr de levadura prensada, 2 huevos, 6 cucharadas de leche, medio litro de aceite, 300 gr de membrillo y una hoja de papel de barba.

En un cazo se ponen 50 gr de harina formando una corona y en el centro se echa la levadura y la leche, mezclándose hasta deshacer la levadura. Luego se le incorpora la harina, formando todo junto una bola blanda, y se deja en sitio algo tibio, conservando la cacerola o el cazo tapados hasta que la pasta haya doblado su volumen.

La harina restante se pone en una vasija y se le agregan los huevos, el azúcar fino, la mantequilla derretida y 5 gr de sal; se mezcla bien y se trabaja con una espátula de madera hasta que la pasta se despegue de la cacerola. Ya en este punto se le mezcla la levadura preparada de antemano y se sigue trabajando por espacio de diez minutos. A continuación se tapa la cacerola y se deja reposar durante tres horas, guardando el recipiente en sitio fresco. Pasado este tiempo se espolvorea un mármol con harina, encima se echa la pasta y se enrolla, formando un cilindro; luego se cortan unos trocitos del grueso de una nuez, se aplanan ligeramente, se mojan con agua y en el centro de cada trozo de pasta se pone, espolvoreándolo con azúcar de lustre, un trocito de membrillo, que se cubre con otro de pasta igual que el primero; se forma una bola, que se coloca encima de un papel de barba espolvoreado con harina, y se deja en sitio algo templado unos veinticinco minutos. A continuación se cogen de uno a uno y se echan en una sartén donde se tendrá el aceite algo caliente, volviéndolos de vez en cuando para que resulten de un bonito color dorado. Finalmente, se escurren y se colocan en una fuente con servilleta.

COCAS DE CHICHARRONES

150 gr de harina, 100 gr de chicharrones, 50 gr de azúcar, 35 gr de piñones, 50 gr de mantequilla, un huevo y un poco de canela en polvo.

Se pasan los chicharrones por la máquina de trinchar y se mezclan con la harina, el huevo, tres cuartas partes de azúcar, la mantequilla y la canela.

Se divide la pasta, después de amasada con las manos, en tantas partes como tartas quieran prepararse, se aplanan éstas, se las deja en la plancha de pastelería untada con manteca, se espolvo-rean con azúcar, se reparten los piñones, y se cuecen a horno regular.

Se sirven en bandejas recubiertas con un mantelito.

COCAS DE SAN JUAN

2 huevos, 100 gr de cerezas confitadas, 125 gr de azúcar, 400 gr de harina, 50 gr de manteca de cerdo, 50 gr de mantequilla, 15 gr de levadura prensada, un limón, un decilitro de leche, 50 gr de piñones, un poco de anises en polvo, media cucharadita de canela en polvo, 150 gr de fruta confitada de naranjas, y almendras.

Encima de un mármol se ponen 275 gr de harina formando un círculo y en el centro se echan los huevos, la manteca, la mantequilla, 75 gr de azúcar, los polvos de anís, la canela y la mitad de la corteza de limón rallada. Seguidamente se amasa todo, haciéndolo primero con una cuchara y luego con las manos, y se golpea encima de un mármol hasta obtener una pasta fina.

Se ponen en una cacerola pequeña 6 cucharadas de leche ligeramente tibia, se les mezcla la levadura, luego se adicionan 100 gr de harina, formando una bola blanda, se tapa la cacerola con un paño y se deja en sitio algo templado hasta que el contenido haya aumentado el doble de su volumen. Ya en este punto se juntan las dos pastas, se amasa bien y se espolvorea el mármol con harina. Luego se corta la pasta en dos trozos, se estira con un rodillo, formando dos cocas ovaladas y de 1 cm y medio de grueso, y se colocan encima de una hojalata. A continuación se humedece la superficie con un pincel mojado con agua, se adornan las cocas con piñones, fruta confitada y cerezas, haciendo una bonita distribución, se dejan reposar por espacio de dos horas y luego se espolvorean con azúcar y se cuecen a horno suave hasta que tengan un color dorado.

SAVARINA A LA CREMA CON FRESONES

250 gr de harina, 5 huevos, 100 gr de mantequilla, 3 copitas de ron, 200 gr de azúcar, un limón, 20 gr de levadura prensada, medio litro de leche, 25 gr de maicena, un poco de vainilla y 300 gr de fresones.

Con cuatro cucharaditas de leche, se diluye la levadura, se le mezclan 50 gr de harina y se deja en sitio templado hasta que aumente el doble de su volumen. Derrítase la mantequilla, se le adicionan fuera de fuego media cucharada de azúcar, una pizca de sal, dos huevos, la levadura, la harina y un poco de corteza de limón rallado, se trabaja bien y se pone en un molde corona que tendremos previamente untado con mantequilla y espolvoreado con harina, se deja reposar durante media hora en sitio algo templado, luego se pone al horno y se cuece durante media hora.

Se ponen en una cacerola 150 gr de azúcar, un poco de corteza de limón, el ron, un cuarto de litro de agua, se prepara un jarabe, se cuece durante veinte minutos y se echa encima de la savarina.

Con la leche, 3 yemas de huevo, vainilla y la maicena, se prepara una crema y se le mezclan tres claras de huevo batidas a punto de nieve. Se llena el hueco central de la savarina, se cubre la crema con azúcar y se quema con una pala candente y se adorna con los fresones.

PANETÓN DE MILÁN

550 gr de harina, 100 gr de azúcar, 150 gr de pasas de Corinto, 150 gr de fruta confitada, 100 gr de piñones, 3 huevos, 150 gr de mantequilla, un limón, 35 gr de levadura prensada, un decilitro de leche y una copita de ron.

Se ponen en una vasija 150 gr de harina formando un círculo y en el centro se echa la leche algo templada, en la que se habrá diluido la levadura; se mezcla bien y se hace una bola, dejándola en sitio algo tibio hasta que aumente el doble de su volumen.

El resto de la harina se echa encima de un mármol formando círculo y en el centro se pone la mantequilla derretida, los huevos, 5 gr de sal, un poco de corteza de limón rallada y el azúcar, y se mezcla con una cuchara y luego con las manos hasta obtener una pasta fina. A continuación se añaden las pasas, la fruta confitada cortada a cuadritos, los piñones y el ron. Luego se le incorpora la pasta de la levadura, se trabaja bien, o sea hasta que se despega completamente del mármol, y ya en este punto se introduce en un molde de flanera grande o en uno de tartada que se tendrá previamente untado con mantequilla y espolvoreado con harina.

Esta pasta, al cocer, aumenta más del doble; por lo tanto, no se llena mucho, para evitar que se derrame.

Se pone el molde en sitio algo templado hasta su completa fermentación y luego se cuece a horno suave por espacio de cuarenta a cuarenta y cinco minutos.

PETITS CHOUX O CHUCHUS A LA CREMA

150 gr de harina, 100 gr de mantequilla, 25 gr de azúcar de lustre, un limón, 7 huevos, 150 gr de azúcar fino, una naranja, 50 gr de maicena y medio litro de leche.

Se pone en un cazo un cuarto de litro de leche, 3 huevos y 2 claras, la corteza de medio limón, 75 gr de mantequilla y 5 gr de sal. Se arrima al fuego vivo y al arrancar el hervor se saca la corteza del limón, se echa de un golpe la harina y se remueve con una espátula de madera hasta obtener una pasta fina y compacta. (Esta operación tiene que durar unos dos minutos.) Ya en este punto se retira de la lumbre y se deja enfriar un poco agregando entonces un huevo. Se remueve hasta unirlo con la pasta y que ésta tenga su aspecto de antes, se añade el segundo huevo y se repite la misma operación hasta incorporar 3 huevos. (Se tiene que trabajar, en conjunto, unos veinte minutos.) Luego se introduce la pasta en una manga con boquilla lisa y sobre una placa de pastelero untada con mantequilla se marcan unos puntitos del tamaño de una nuez, dejando una separación de 4 o 5 cm de unos a otros. Después se espolvorean con azúcar fino y se cuecen a horno moderado hasta que tengan un color dorado. La cocción tiene que durar de veinte a veinticinco minutos, y si se colorean demasiado se cubren con una hoja de papel de barba.

CREMA PASTELERA. Se mezclan 4 yemas de huevo, la maicena, el azúcar y 25 gr de mantequilla, añadiéndose la leche previamente hervida con la corteza de naranja. Se arrima al fuego y se remueve con un batidor hasta obtener una crema espesa; se retira luego del fuego y se deja enfriar, agregándole 25 gr de mantequilla.

Se abren de un lado los petits choux, se rellenan con la crema, sirviéndose de una cucharita, se colocan en una fuente con servilleta y se espolvorean con azúcar de lustre.

LIONESAS A LA CREMA

150 gr de harina, 7 huevos, tres cuartos de litro de leche, vainilla, 50 gr de maicena, 100 gr de mantequilla, un limón, 25 gr de azúcar de lustre y 150 gr de azúcar fino.

Se pone al fuego en un cazo un cuarto de litro de leche, 75 gr de mantequilla, un poquito de sal y la piel de medio limón, y se deja hervir dos minutos. Después se retira la piel del limón y sin sacarlo del fuego se añade la harina, trabajándolo con la espátula hasta que esté cocido y quede como una crema espesa. Entonces se agregan 3 huevos y se continúa trabajando la pasta hasta que quede con el cornet rizado y encima de la plancha de pastelero previamente untada de aceite se hacen las lionesas, espolvoreándolas luego por encima con un poco de azúcar corriente.

Se mete la plancha en el horno mediano de veinte a veinticinco minutos y se hierve la leche con la vainilla.

En un cazo al fuego se ponen 4 yemas de huevo, el azúcar, 50 gr de maicena y la leche perfumada de vainilla, removiéndolo hasta obtener una crema espesa, a la que se añaden 25 gr de mantequilla.

PRESENTACIÓN. Se hace una incisión al lado de las lionesas para poder llenarlas de crema, sirviéndose de una cuchara. Luego se espolvorean con azúcar de lustre y se sirven frías en una bandeja recubierta de un mantelito.

CREMA DE SAN JOSÉ

6 huevos, 200 gr de azúcar, 15 gr de maicena, un decilitro de leche fría, medio litro de leche, un limón y una varita de canela.

En una cacerola (preferible de porcelana) se ponen las yemas de los huevos y 150 gr de azúcar, se mezcla con un batidor o cuchara de madera y se añade la leche previamente hervida con la corteza de limón y la canela. Luego se coloca la cacerola al fuego y se revuelve con viveza con el mismo batidor hasta que la crema esté bien caliente. Entonces se añade la maicena, diluida con un decilitro de leche fría y pasada por un colador, y cuando se haya conseguido un punto espeso, sin dejar que hierva, se quita la corteza de limón y la canela. A continuación se vierte en una fuente de porcelana y una vez frío se espolvorea con el resto del azúcar y se quema con la pala bien caliente.

CREMA CON FRESAS Y NATA

Medio litro de leche, 20 gr de maicena, 300 gr de fresas, 300 gr de nata, 150 gr de azúcar, 25 gr de azúcar de lustre, un limón, 5 yemas de huevo y 2 cucharadas de mermelada de naranja.

CREMA. En una cacerola se ponen las yemas de los huevos, el azúcar y la maicena, se mezcla bien, se añade la leche previamente hervida con la corteza del limón y se pone al fuego, revolviéndolo con un batidor hasta que la crema empieza a espesarse, vertiéndose entonces en una fuente de porcelana.

Las fresas se mezclan con la mermelada, reservándose una docena de las más bonitas.

La nata se mezcla con el azúcar de lustre.

Una vez fría la crema se le echan por encima las fresas, las cuales se cubrirán con la nata, sirviéndose de una manga con boquilla rizada para darle mejor forma y presentación. Por último se reparten por la superficie las 12 fresas que se tienen reservadas.

CREMA CARAMEL A LA CHANTILLY

5 huevos, 200 gr de azúcar fino, medio litro de leche, media varita de vainilla, un limón, 400 gr de nata, 75 gr de azúcar de lustre y 50 gr de fresas.

En una cacerolita se ponen 50 gr de azúcar fino, 2 cucharadas de agua y unas gotas de zumo de limón; luego se arrima al fuego y se remueve con una cuchara de madera hasta que tenga un color dorado o punto de caramelo. Seguidamente se echa en un molde corona de modo que resulte el fondo bien cubierto y se deja enfriar.

En una cacerola se ponen los huevos y se añade el resto del azúcar fino. Se mezcla bien, se le incorpora la leche previamente hervida con la vainilla, se remueve con un batidor y se echa en el molde corona que tendremos preparado de antemano, pasándolo por un colador. Luego se pone dicho molde en baño María, con el agua a la mitad, y se mete en el horno por espacio de cuarenta y cinco a cincuenta minutos, procurando que el agua esté bien caliente, sin que llegue a hervir, para evitar lo cual se va añadiendo agua fría cuando se observa que está demasiado caliente.

Para saber si está en su punto de cocción se introduce en el centro una aguja larga y si ésta sale seca se puede sacar el molde del horno y dejarlo enfriar.

Por último se vierte en una fuente redonda, se llena el hueco central con la nata mezclada con el azúcar de lustre, sirviéndose de una manga con boquilla rizada formando una pirámide, y se esparcen por encima las fresas.

CREMA DUBARRY

5 huevos, 50 gr de bizcochos, medio litro de leche, 400 gr de nata, 50 gr de azúcar de lustre, 200 gr de azúcar, un limón, vainilla, una lata pequeña de piña, 50 gr de cerezas confitadas y unas gotas de carmín vegetal.

CREMA PARA FLANES. En una vasija se echan 5 huevos, 150 gr de azúcar y la vainilla; se mezcla bien y se le adiciona la leche previamente hervida, obteniendo una crema líquida.

CARAMELO. En un cazo se ponen 50 gr de azúcar, 2 cucharadas de agua y unas gotas de zumo de limón y se cuece a fuego regular hasta obtener un caramelo de color bien dorado. Seguidamente se vierte en un molde corona o savarina, cubriendo su fondo. A continuación se llena con la crema preparada de antemano y se cuece en baño María al horno por espacio de treinta y cinco minutos, procurando que el agua no hierva y agregándole agua fría si ésta se calienta demasiado.

A la nata se le mezcla el azúcar de lustre, pasado por un tamiz, y se pone la mitad de esta mezcla en una manga provista de boquilla rizada. Se pasa por todo el alrededor del flan, y se vierte en una fuente redonda; en el hueco central se pone la piña hecha a trocitos, se cubre ésta con la nata que tenemos en la manga formando una pirámide por todo el contorno, se colocan los bizcochos partidos por la mitad y se adorna con las cerezas confitadas. A continuación se rodea el flan con la nata restante, coloreada con el carmín, formando un festón todo el alrededor.

CREMA VENECIANA

5 huevos, 200 gr de azúcar, 75 gr de avellanas, 50 gr de azúcar de lustre, un cuarto de litro de crema de leche, medio litro de leche y 2 kg de hielo.

En una cacerola se echan 50 gr de azúcar y 2 cucharadas de agua, se pone al fuego y se revuelve de cuando en cuando con una cuchara de madera, dejándolo cocer hasta que esté a punto de caramelo. Entonces se echa en un molde savarina de modo que quede el fondo cubierto.

Se ponen en un cazo las yemas de los huevos con 150 gr de azúcar, luego se agrega la leche, previamente hervida con las avellanas ralladas, y se echa esta crema en el molde después de pasada por un colador. A continuación se cuece a horno suave en baño María por espacio de cuarenta minutos, con precaución que no hierva el agua, añadiendo un poco de agua fría si se calienta demasiado, y transcurrido dicho tiempo se deja enfriar.

NATA. La crema de leche se pone en un recipiente de cristal y se rodea con hielo picado. Seguidamente se bate con un batidor hasta conseguir una nata espesa y se agrega el azúcar de lustre, que se habrá pasado por un tamiz.

Se vierte el molde en una fuente y en el centro se coloca la nata formando pirámide, sirviéndose de una manga con boquilla rizada para dicho objeto y para su mejor presentación.

FLAN A LA MARÍA ANTONIETA

5 huevos, 250 gr de azúcar, 400 gr de castañas, un litro de leche, vainilla en polvo, 200 gr de nata, 50 gr de azúcar de lus-

tre, un limón, 50 gr de mantequilla y 50 gr de cerezas confitadas.

FLAN A LA VAINILLA. En un cazo se echan los huevos y 150 gr de azúcar, se añade medio litro de leche previamente hervida y la mitad de la vainilla, se remueve bien y se pasa por un colador, obteniendo una crema.

Se ponen en un cazo 50 gr de azúcar, 3 cucharadas de agua y unas gotas de limón, se arrima al fuego y se hierve hasta obtener un almíbar a punto de caramelo, el cual se vierte en un molde corona o savarina de modo que cubra su fondo. Una vez frío, se echa la crema preparada de antemano y se cuece en baño María al horno durante treinta y cinco o cuarenta minutos, teniendo la precaución de que el agua no hierva y agregándole agua fría si aquélla se calienta demasiado.

A las castañas se les da un hervor, luego se mondan y se ponen a hervir con el resto de la leche y la vainilla. Una vez cocidas se les adiciona el resto del azúcar y después de frías se escurren y se pasan por un tamiz, se les agrega la mantequilla, se mezcla bien y se obtiene un puré fino.

Cuando el flan está frío se vierte en una fuente redonda y en el centro se coloca el puré de castañas formando una pirámide, se cubre ésta con la nata mezclada con el azúcar de lustre previamente tamizado, sirviéndose para dicho fin de una manga con boquilla rizada, y se esparcen encima de dicha nata las cerezas confitadas y partidas por la mitad.

FLAN DE NARANJAS

6 huevos, un cuarto de litro de leche, 4 naranjas, 175 gr de azúcar, 15 gr de mantequilla y unas gotas de carmín vegetal.

Se derrite la mantequilla, se unta un molde flanera y se espolvorea con azúcar.

Se ponen en una cacerola los huevos enteros, se añade el azúcar y el zumo de las naranjas, se mezcla bien y se agrega la leche previamente hervida con unos trocitos de corteza de naranja. Luego se adiciona el carmín vegetal de modo que tenga un color ligeramente rosado, se echa el líquido en el molde flanera, pasándolo por un colador, se pone en baño María al horno y se cuece a fuego lento por espacio de cuarenta y cinco a cincuenta minutos, teniendo la precaución de que el agua no hierva, para evitar lo cual se añade de vez en cuando un poco de agua fría.

No se quita del molde hasta que esté bien frío.

FLAN DE CHOCOLATE AL CHANTILLY

Medio litro de leche, 5 huevos, 100 gr de chocolate en polvo, 250 gr de azúcar, 300 gr de nata, 50 gr de azúcar de lustre y 50 gr de cerezas confitadas.

En un cazo se ponen los huevos enteros, se añaden 150 gr de azúcar, se mezcla y se agrega la leche hervida con el chocolate. A continuación se pasa por un colador y se llenan unos pequeños moldes flanera previamente acaramelados y untados con mantequilla, los cuales se cuecen en baño María al horno durante veinticinco minutos, se dejan enfriar y luego se vierten en una fuente.

Se mezcla el azúcar de lustre con la nata y se pone en una manga con boquilla rizada. Luego se cubren los pequeños flanes con dicha nata, haciendo montículos en forma de espiral, y en cada montículo se coloca una cereza.

NATILLAS A LA MADRILEÑA

Medio litro de leche, vainilla en polvo, 5 yemas de huevo, 150 gr de azúcar, 15 gr de maicena y 100 gr de bizcochos.

En un perol se ponen las yemas de huevo, el azúcar y la maicena, se mezcla y se añade la leche, que estará hervida con la vainilla. Luego se coloca el perol a fuego lento y se revuelve con una espátula de madera hasta que el contenido empiece a espesarse sin que arranque el hervor.

Cuando está en su punto se echa en una fuente de porcelana, se deja enfriar y se adorna con los bizcochos.

Puede perfumarse con canela en rama, corteza de limón o de naranja.

YEMAS DE HUEVOS ACARAMELADAS

8 yemas de huevo, 125 gr de azúcar fino, 12 cajitas de papel (petits fours), *unas gotas de aceite de almendras dulces, una pizca de crémor tártaro y 200 gr de azúcar.*

En una cacerola al fuego se ponen 125 gr de azúcar y un decilitro de agua, y se cuece hasta obtener un punto de caramelo blanco, detalle que se conoce cuando al verter unas gotas en agua fría se forman unas bolitas blandas.

Se echa pausadamente este almíbar encima de las yemas que se tendrán en un perol, se revuelve con una espátula de madera, se arrima al fuego y se sigue revolviendo con viveza hasta que la pasta se despega del fondo del perol. Luego se deja enfriar y una vez en este punto se echa encima de un mármol espolvoreado con azúcar fino, se enrolla, haciendo una barrita, se corta a trocitos y con las manos ligeramente untadas de aceite de almendras dulces se forman unas bolitas del tamaño de una yema de huevo.

Con 200 gr de azúcar, un decilitro de agua y un poquito de crémor tártaro se prepara un jarabe igual al ya preparado previamente, se pasan las yemas por este jarabe de una a una, se sacan con ayuda de un tenedor y se colocan encima de un tamiz o parrilla que estará untado con aceite de almendras dulces, y, finalmente, se colocan en las cajitas de papel (*petits fours*).

Observación. Para toda la manipulación es conveniente tener los dedos ligeramente untados con el aceite de almendras dulces.

XUXOS DE GERONA

300 gr de harina, 4 huevos, 100 gr de mantequilla, un cuarto de litro de leche, 20 gr de levadura prensada, 100 gr de azúcar, un limón, vainilla, medio litro de aceite, 20 gr de maicena y 50 gr de azúcar de lustre.

Con 4 cucharadas de leche, se diluye la levadura, se mezclan dos cucharadas de harina, se deja reposar en sitio algo templado hasta que aumente el doble de su volumen. Póngase encima de un mármol 200 gr de harina formando un círculo, en el centro se echan dos huevos, la mantequilla derretida, un poco de corteza de limón rallado, una pizca de sal y la levadura, previamente preparada, se adiciona un poco de azúcar y se amasa obteniendo una pasta fina.

Con la leche, dos yemas de huevo, 75 gr de azúcar, la maicena y la vainilla, se prepara una crema espesa.

Con un rodillo se estira la pasta, se corta a tiras y en el centro se coloca una cucharada de crema, se enrolla, se sujetan los extremos mojándolos con agua mezclada con un poco de clara de huevo, se dejan reposar en sitio algo templado, luego se fríen en el aceite y se dejan escurrir. Finalmente se espolvorean con azúcar lustre.

CARLOTA DE MANZANAS

350 gr de harina, 100 gr de mantequilla, 2 huevos, 600 gr de manzanas, 20 gr de levadura prensada, un decilitro de leche, media lata de mermelada de albaricoque, 50 gr de azúcar y un limón.

Con cuatro cucharadas de leche y dos de harina, se prepara la levadura. Encima de un mármol, se ponen 50 gr de harina formando un círculo, en el centro se pone la mantequilla, los huevos, un poco de corteza de limón rallada, una pizca de sal y una pizca de azúcar, se agrega la levadura preparada de antemano, se mezcla todo bien, se amasa hasta obtener una pasta fina y compacta, se estira con un rodillo y se forra un molde de bizcocho.

Cortadas las manzanas a lonjas, se rellena el molde y se le incorpora la mermelada y el azúcar. Se cubre la otra mitad de pasta, se adorna la superficie con discos de la misma pasta. Se pinta con yema de huevo mezclada con un poco de agua y se deja en sitio algo templado hasta que aumente el doble de su volumen. Se mete al horno, dejándola cocer hasta que tome un bonito color dorado.

TRUFAS DE NATA

Un cuarto de litro de crema de leche, 2 kg de hielo, 250 gr de chocolate en polvo, 150 gr de chocolate cubertura granulado y 100 gr de azúcar de lustre.

Se rodea un recipiente de cristal con hielo picado y en el interior se echa la crema de leche y se bate con un batidor hasta obtener una nata espesa. Luego se le mezcla con una cuchara el chocolate rallado y el azúcar de lustre, se forman unas bolitas y se hacen rodar encima del chocolate granulado de modo que resulten bien cubiertas. A continuación se colocan en cajitas de papel y se dejan en una nevera durante dos horas.

TRUFA DE MANTECA Y AVELLANAS

100 gr de mantequilla, 150 gr de chocolate en polvo, 2 yemas de huevo, 100 gr de azúcar de lustre, 100 gr de avellanas ralladas finas, media copita de ron y 150 gr de chocolate granulado.

Se pone en una vasija la mantequilla, las yemas de huevo, el azúcar de lustre, pasado por un tamiz, las avellanas y el ron. Seguidamente se añade el chocolate rallado, se mezcla todo y se forman unas bolitas del tamaño de una nuez pequeña, que se pasan por el chocolate granulado de modo que queden bien cubiertas. Se meten luego en unas cajitas de papel (*petits fours*) y se introducen en una nevera para que queden bien frías.

TARTA DE FRESONES

150 gr de harina, un huevo, 50 gr de mantequilla, 100 gr de azúcar, 800 gr de fresones y un limón.

Con la harina se forma un círculo encima de un mármol y en el centro se pone un huevo, la mantequilla, 50 gr de azúcar y un poco de corteza de limón rallada. Se amasa primero con una cuchara y luego con las manos para que resulte una pasta fina y compacta, que se deja descansar unos diez minutos. Luego se espolvorea con harina, se estira con un rodillo, dándole el grueso de medio cm escaso, y se cubre con dicha pasta un molde de tarta bajo y desmontable. La pasta que queda se vuelve a estirar, se corta a tiras de 2 cm de ancho y se colocan por todo el alrededor del molde, mojando la pasta con un poco de agua para que resulte bien pegada. Con la punta de un cuchillo se marca un festón por todo el contorno, se pincha la pasta con un tenedor y se llena el molde con garbanzos o judías secas. A continuación se cuece al horno para que tome un color dorado, luego se deja enfriar, se sacan los garbanzos y se quita la pasta del molde, colocándola en una bandeja redonda cubierta de una blonda y poniendo en el interior los fresones más bonitos y bien limpios.

Los fresones restantes se pasan por un tamiz, se les mezclan 50 gr de azúcar y se cuece al fuego para obtener una mermelada espesa. Luego se rocían por todo el alrededor y en el centro se ponen unos puntitos de nata mezclada con el azúcar, sirviéndose de una manga con boquilla rizada.

TARTA A LA BOHEMIANA

150 gr de harina, 50 gr de mantequilla, 200 gr de azúcar, 600 gr de manzanas, un cuarto de litro de leche, 4 huevos, 100 gr de nueces, 20 gr de maicena, 5 gr de canela en polvo, media copita de Kumel y 25 gr de azúcar de lustre.

Pasta quebrada. Se forma con la harina un círculo encima de un mármol y en el centro se pone la mantequilla, una yema de huevo, 50 gr de azúcar y el Kumel. Se amasa primero con una cuchara y luego con las manos hasta obtener una pasta compacta.

Mondadas las manzanas y sacado el corazón, se cortan a lonjas delgaditas, se ponen en una cacerola con 100 gr de azúcar y se cuece a fuego lento, revolviéndolo con una espátula de madera hasta que resulte una mermelada fina.

Crema. Se ponen en una cacerola 3 yemas de huevo, el azúcar restante, la canela, la maicena y las nueces mondadas y molidas, se mezcla bien y se agrega la leche previamente hervida. Luego se arrima al fuego y revolviéndolo con viveza con un batidor se cuece lentamente por espacio de seis minutos. Seguidamente se añade la mermelada de manzanas y 2 claras de huevo batidas a punto de nieve, se estira con un rodillo la pasta preparada de antemano, dándole el grueso de medio cm, y se forra con ella un molde de tarta bajo y desmontable que se tendrá ligeramente untado con mantequilla, se llena con la crema y se cuece a horno suave unos veinticinco a treinta minutos.

Se sirve en un plato con servilleta, espolvoreándolo con azúcar de lustre.

TARTA DE CEREZAS

800 gr de cerezas gordas y maduras, 50 gr de mantequilla, 100 gr de harina, 125 gr de azúcar, una naranja, un huevo y 50 gr de mantequilla.

Con la harina se forma un círculo encima de un mármol y en el centro se echa un huevo, 50 gr de mantequilla, 50 gr de azúcar y un poco de corteza de naranja rallada. Se amasa con una cuchara y luego con las manos hasta obtener una pasta fina y compacta. Luego se espolvorea el mármol con harina, se estira la pasta con un rodillo, dándole el grueso a lo menos de medio cm, y se forra un molde de tarta bajo y desmontable que se tendrá untado con mantequilla. Seguidamente se moja todo el alrededor con agua, se coloca en toda la pared del molde una tira de pasta de 2 cm de ancho y con la punta de un cuchillo pequeño se forma un dibujo como un festón a su alrededor y a continuación se pincha la pasta, se colocan las cerezas desprovistas del hueso de modo que resulte el molde lleno, se espolvorea con azúcar, se cuece a horno suave durante veinticinco minutos y se saca del horno.

Se hierve el resto de las cerezas con un poco de agua, se pasan por un tamiz, se añade el azúcar restante, se arrima al fuego y se cuece, removiéndolo con una espátula de madera hasta obtener una mermelada algo espesa. Después se saca la tarta del molde, se coloca en una fuente cubierta con una blonda y se esparce la mermelada encima de las cerezas.

BIZCOCHO DE VIC

5 huevos, 100 gr de fécula de patata, 125 gr de azúcar de lustre, 5 gr de levadura en polvo Royal y un limón.

Se ponen las claras de los huevos en un perol, se baten a punto de nieve bien fuerte y luego se agrega poco a poco el azúcar de lustre pasado por un tamiz, las yemas de los huevos, un poco de corteza de limón rallada y la fécula de patata. Se mezcla ligeramente para que no se caigan las claras, se pone en unas cajitas de papel y se cuece a horno lento durante veinte minutos.

BIZCOCHO DE ALMENDRA

6 huevos, 150 gr de azúcar, 100 gr de fécula de patata, 100 gr de almendras tostadas molidas, 15 gr de harina, 10 gr de mantequilla y 6 gr de levadura en polvo Royal.

Se ponen en un perol las claras de los huevos y se baten a punto de nieve fuerte, se adicionan las yemas de los huevos, el azúcar, la fécula de patata, las almendras mondadas y molidas y la levadura. Se mezcla con una cuchara de madera sin remover mucho, se echa en un molde previamente untado con mantequilla y espolvoreado con harina, y se cuece a horno suave durante treinta a treinta y cinco minutos.

"PAIN D'ÉPICES"

500 gr de harina, 400 gr de miel, un huevo, 12 gr de bicarbonato, un cuarto de litro de leche y 10 gr de mantequilla.

Se pone al fuego la leche y la miel y pasados unos cinco minutos se saca y se remueve con una espátula de madera hasta que se enfría ligeramente. Seguidamente se le adiciona la harina, el huevo y el bicarbonato, se trabaja por espacio de veinte minutos y pasado este tiempo se echa en un molde de bizcocho que tendremos previamente untado con mantequilla y espolvoreado con harina, y se cuece a horno bien flojo por espacio de una hora.

PAN DE GÉNOVA

100 gr de almendras tostadas y mondadas, 100 gr de almendras tostadas y molidas, 200 gr de azúcar de lustre, 150 gr de mantequilla, 100 gr de harina, una copita de curaçao y 6 huevos.

En un perol se ponen las almendras molidas, el azúcar, 4 yemas de huevo y 2 huevos enteros. Se trabaja con una espátula de madera hasta que resulta una pasta esponjosa y seguidamente se le adiciona el curaçao, la harina, 4 claras de huevo batidas a punto de nieve, la mantequilla derretida y las almendras peladas. Luego se llena un molde acanalado que tendremos previamente untado con mantequilla y espolvoreado con harina, y se cuece a horno moderado por espacio de cuarenta minutos.

Se sirve en una bandeja cubierta con una blonda.

CENTRO DE NARANJA

6 huevos, 125 gr de harina, una lata de mermelada de naranjas, 2 azucarillos, una naranja, 200 gr de naranja y ensalada confitada, 200 gr de azúcar, 8 gr de levadura en polvo Royal, 25 gr de mantequilla y 50 gr de cerezas confitadas.

BIZCOCHO. Se ponen en un perol 4 huevos, 125 gr de azúcar y un poco de corteza de naranja rallada, y se bate con un batidor hasta obtener una pasta espesa y esponjosa. (Se conoce cuándo está en su punto si, al levantar el batidor, al caer dicha pasta hace relieve.) Entonces se adiciona la harina previamente pasada por un tamiz y la levadura, se mezcla ligeramente, luego se echa en un molde bizcocho que se tendrá untado con mantequilla y espolvoreado con harina, y se cuece a horno lento durante treinta a treinta y cinco minutos. A continuación se saca del molde y cuando queda frío se parte horizontalmente por la mitad y sobre uno de estos trozos se extiende una capa de mermelada y se espolvorea con el azucarillo picado.

YEMA. El azúcar restante se pone en una cacerola con 6 cucharadas de agua y se cuece hasta obtener un almíbar a punto de hilo. (Esto se conoce cogiendo un poquito de jarabe con una cuchara, mojando ligeramente con él la yema del dedo índice, juntándola con la del pulgar, y al separar ambos dedos debe formarse un hilillo.) Ya en este punto se aparta del fuego y pasados unos minutos se le agregan 12 yemas de huevo. Se mezcla bien y se vuelve al fuego, removiéndolo con viveza con un batidor hasta conseguir una yema clara.

Con la yema clara se cubre la superficie del bizcocho y cuando está fría se esparce encima una capa de mermelada pasada por un tamiz, adornándose con la trufa confitada y unas rodajas de naranjas, formando un bonito dibujo.

CENTRO A LA AURORA

7 huevos, 125 gr de harina, 300 gr de turrón de mazapán, 200 gr de azúcar fino, una naranja, 5 cucharadas de mermelada de fresa, una copita de curaçao, 25 gr de mantequilla y una cucharada de levadura en polvo Royal.

BIZCOCHO. Se ponen en una vasija 3 yemas de huevo, 125 gr de azúcar y un poco de corteza de naranja rallada, y se remueve con una cuchara de madera hasta obtener una pasta espesa y esponjosa. Luego se baten 4 claras de huevo a punto de nieve fuerte, se les mezcla poco a poco la pasta preparada de antemano, la harina pasada por un tamiz y la levadura y sin removerlo mucho, o sea que apenas esté unida la harina, se llena un molde de tortada desmontable que se tendrá untado con mantequilla y espolvoreado con harina. Después se cuece a horno lento por espacio de treinta a treinta y cinco minutos y se quita del molde.

YEMA CLARA. En un cazo al fuego se pone el resto del azúcar, 6 cucharadas de agua y unas gotas de zumo de naranja. Se hierve hasta obtener un almíbar a punto de hilo, se aparta del fuego y al cabo de cinco minutos se añaden 2 yemas de huevo. Se remueve con un batidor, se arrima al fuego lento, siguiendo el mismo movimiento con el batidor hasta conseguir una yema espesa como una crema, y se le adicionan, fuera del fuego, 2 cucharadas de mermelada pasada por un tamiz.

Se machaca en el mortero el mazapán, se le adiciona un huevo entero y una clara de huevo y se mezcla bien, obteniendo una pasta fina y espesa.

PRESENTACIÓN. Se parte el bizcocho horizontalmente por la mitad, se cubre una parte con la yema preparada de antemano, se junta, dándole su forma primitiva, se rocía la superficie con el curaçao y se coloca en una placa de pastelero espolvoreada con harina. Luego se adorna con la pasta de mazapán puesta en una manga con boquilla rizada, formando una franja en todo el alrededor y una cruz en la superficie. A continuación se mete en el horno unos cinco minutos para que tome un color dorado y una vez frío se coloca en una bandeja cubierta con servilleta, terminándose el adorno poniendo en los cuatro huecos que forma la cruz de la superficie la mermelada y 2 cucharadas de yema, intercalando los dos colores.

CENTRO AL MOKA

7 huevos, 175 gr de azúcar, un cuarto de litro de leche, un limón, 75 gr de mantequilla, una cucharada de Nescafé, 20 gr de maicena, 150 gr de harina, una cucharada de levadura en polvo Royal y 1 kg de hielo.

Póngase en un cazo cuatro yemas de huevo, 100 gr de azúcar y un poquito de limón rallado, se mueve con una cuchara de madera hasta obtener una pasta fina y blanquísima, seguidamente se baten cinco claras de huevo a punto de nieve fuerte, se le mezcla el preparado de las yemas, la harina, y sin removerlo mucho, se pone en un molde previamente untado con mantequilla y espolvoreado con harina. Se cuece al horno suave durante media hora.

Con la leche, tres yemas de huevo, el azúcar restante y la maicena, se prepara una crema, luego fuera del fuego se le adiciona la mantequilla y el Nescafé. Se pone encima del hielo y se trabaja hasta que resulta una crema fina. Se parte el bizcocho horizontalmente por la mitad, se cubre una parte con la crema, se junta dándole su forma primitiva y se cubre con la crema restante, sirviéndose para dicho fin, de una manga con boquilla rizada.

TARTA DE QUESO A LA ALEMANA

5 huevos, 200 gr de azúcar, 250 gr de harina, 400 gr de queso de Brie fresco, un limón, 75 gr de mantequilla, vainilla y 100 gr de pasas.

Póngase encima de un mármol 150 gr de harina, en el centro se echa la mantequilla y un huevo, 50 gr de azúcar y un poco de limón rallado, se amasa todo obteniendo una pasta fina. Se espolvorea con harina, se estira con un rodillo y se forra un molde de tarta.

Mézclase el queso, el azúcar restante, la vainilla, pasas, cuatro yemas de huevo, las claras batidas a punto de nieve fuerte. Se llena el molde de tarta y se cuece al horno a temperatura regular durante cuarenta minutos, se deja enfriar, se saca del molde y se espolvorea con azúcar glas.

PASTEL DE SAN HONORÉ

225 gr de harina, 125 gr de mantequilla, una copita de coñac, 6 huevos, medio litro de leche, 20 gr de maicena, 250 gr de azúcar, vainilla, un limón, 300 gr de nata, 50 gr de cerezas confitadas, 1 kg de hielo y 25 gr de almendras.

Póngase encima de un mármol 225 gr de harina formando un círculo, en el centro se ponen 50 gr de azúcar, zumo de limón, una yema de huevo y una cucharada de leche, un poco de corteza de limón rallada y una pizca de sal. Se mezcla todo bien y se trabaja obteniendo una pasta fina, luego se estira ésta con un rodillo. Se forman unos discos, se colocan encima de una placa de pastelero y se meten al horno, se cuecen hasta tomar color dorado.

PASTA PARA CHUCHUS. En un cazo al fuego, se ponen dos decilitros de leche, 50 gr de mantequilla, un poco de corteza de limón, una pizca de sal y media cucharadita de azúcar y el coñac. Cuando hierve, se aparta del fuego, se quita la corteza del limón, se adicionan 100 gr de harina, se vuelve al fuego y se va trabajando la pasta con una espátula de madera hasta dejar dicha pasta fina y muy espesa. Se deja enfriar ligeramente y se añaden los huevos, echándolos de uno en uno, se trabaja durante cinco minutos y luego se echan encima de una placa de pastelero, por medio de una manga con boquilla lisa y formando unas bolitas del tamaño de una nuez. Se espolvorea con azúcar y se cuecen al horno dándoles un color dorado.

CREMA PASTELERA. Póngase en un cazo tres yemas de huevo, 125 gr de azúcar, la maicena y la vainilla, se mezcla bien, se adiciona la leche previamente hervida. Se pone al fuego, se remueve con un batidor hasta obtener una crema espesa y se deja enfriar, luego se le mezcla a la nata (reservándose la mitad), se coloca el zócalo de pasta en una fuente redonda, alrededor del disco se colocan los chuchus pegándolos con caramelo. Se llena el hueco con la crema, adornándose con el resto de la nata, cerezas confitadas y almendras molidas.

CENTRO DE CUMPLEAÑOS

6 huevos, 125 gr de harina, 150 gr de mantequilla, media lata de mermelada, 175 gr de azúcar, vainilla, 50 gr de cerezas confitadas, una cucharadita de levadura en polvo Royal, 1 kg de hielo, un limón, 25 gr de chocolate en polvo, 100 gr de avellanas y 12 velitas.

Póngase en un cazo cuatro yemas de huevo, 125 gr de azucar y un poco de corteza de limón rallado, se trabaja con una espátula de madera hasta obtener una pasta espesa, seguidamente se adicionan cinco claras de huevo batidas a punto de nieve, la harina y la levadura, se mezcla con precaución y se llena un molde para bizcocho que tendremos ligeramente untado con mantequilla y espolvoreado con harina, se cuece al horno a temperatura suave durante treinta minutos.

Con 6 cucharadas de agua y unas gotas de zumo de limón, la vainilla y azúcar restante, se prepara un almíbar a punto de hilo. Cuando está algo frío, se adicionan 2 yemas de huevo, se vuelven al fuego y se remueve con un batidor hasta obtener una yema espesa.

Ya fuera del fuego se le adiciona la mantequilla, se remueve un poco y seguidamente se rodea con hielo picado y se deja cuajar, obteniendo una crema espesa.

Pártase el bizcocho horizontalmente por la mitad, se cubre con una capa de mermelada, se junta dándole su forma primitiva, se cubre con una capa de yema, sirviéndose de una manga con boquilla rizada, intercalando la yema de dos colores (chocolate y natural). Se adorna la superficie con cerezas confitadas y se intercalan las velitas formando un círculo en el centro del pastel.

SAN MARCO

8 huevos, 225 gr de azúcar, 125 gr de harina, un cuarto de litro de crema de leche (nata sin batir), 50 gr de azúcar de lustre, una naranja, media cucharadita de aromadina, 1 kg de hielo, una cucharadita de levadura en polvo Royal y 25 gr de mantequilla.

Se ponen en un cazo 4 yemas de huevo, 125 gr de azúcar y un poco de corteza de naranja rallada, y se remueve con una cuchara de madera hasta obtener una salsa espesa, blanquecina y esponjosa. Seguidamente se baten las 4 claras a punto de nieve fuerte y se le mezcla el preparado de las yemas, la harina y la levadura, y, sin removerlo mucho, se echa en un molde de tarta desmontable que tendremos previamente untado con mantequilla derretida y espolvoreado con harina. Después se cuece al horno a temperatura regular por espacio de treinta a treinta y cinco minutos, se saca luego del molde y se deja enfriar.

El resto del azúcar se pone en un cazo al fuego con 2 cucharadas de agua y unas gotas de zumo de limón, se le da un hervor y se deja enfriar. Seguidamente se agregan 4 yemas de huevo, se arrima al fuego, removiendo con viveza con un batidor hasta obtener una yema espesa y que se despegue del cazo, y ya en este punto se echa encima del bizcocho, cubriendo la superficie sin que caiga alrededor.

NATA. Se pone la crema de leche en un recipiente de cristal rodeado con hielo, se bate con un batidor hasta que resulta una nata consistente y seguidamente se le adiciona el azúcar de lustre pasado por un tamiz.

Se parte horizontalmente el bizcocho por la mitad, en medio se pone la nata de modo que resulte más alto de un lado, se afina con la hoja de una espátula y se coloca en una bandeja cubierta con una blonda o servilleta.

SARA SUIZA

7 huevos, 125 gr de harina, 225 gr de azúcar, una cucharada de levadura en polvo Royal, 150 gr de mantequilla, 75 gr de almendras crudas, 100 gr de azúcar de lustre, 100 gr de nata, una pizca de vainilla en polvo, 2 kg de hielo, 2 claras de huevo y un limón.

BIZCOCHO. En un perol se echan 4 huevos, 125 gr de azúcar y un poco de corteza de limón rallado. Se coloca el recipiente al lado del fuego en baño María y se bate con un batidor hasta que se obtenga una pasta muy espesa y esponjosa. (Esto se conoce si, al levantar el batidor, la referida pasta, al caer, hace relieve.) Esta operación tiene que durar de quince a veinte minutos. Seguidamente se le mezcla la levadura y la harina, haciéndolo con precaución y sin remover mucho, se vierte en un molde desmontable (que se tiene previamente untado con manteca y espolvoreado con harina), se cuece a horno suave durante quince o veinte minutos y luego se quita del molde y se deja enfriar.

CREMA DE MANTECA. En una cacerola se pone el resto del azúcar, cinco cucharadas de agua y unas gotas de zumo de limón, y se cuece a fuego lento hasta conseguir un jarabe a punto de bola floja. (Esto se conoce si al echar unas gotas del jarabe en agua fría aparece o se forma una bolita blanda, en cuyo caso se deja unos minutos fuera del fuego.) Luego se agregan 3 yemas de huevo, se remueve con viveza con un batidor y se pone a fuego lento, siguiendo el mismo movimiento con rapidez. A continuación se deja cocer hasta obtener una crema fina, se añade la mantequilla y la vainilla, se derrite la mantequilla, se coloca la cacerola encima del hielo picado y se mezcla con una cuchara de madera, agregándole la nata.

Se parte el bizcocho horizontalmente, haciendo tres capas, y entre una y otra se reparte la crema de manteca. Luego se vuelve a unir, dándole su forma primitiva, se baten las cinco claras de huevo, se le mezcla el azúcar de lustre, se ponen en una manga con boquilla rizada, se cubre el bizcocho formando unas tiras delgadas, se espolvorea con azúcar de lustre, se esparcen en toda la superficie las almendras mondadas y cortadas a tiras finas, se ponen unos segundos al horno dándole un color dorado y luego se pone en una fuente cubierta con servilleta.

SARA BERNHARDT

(Cantidades para ocho personas)

7 huevos, 125 gr de harina, 200 gr de almendras crudas, 200 gr de mantequilla, 200 gr de azúcar, un limón, vainilla, 8 gr de levadura Royal, 1 kg de hielo y 25 gr de azúcar de lustre.

Se ponen en un perol 4 huevos, 125 gr de azúcar y un poco de corteza de limón rallada, se deja el perol en un sitio tibio o en baño María y se bate con un batidor hasta obtener una pasta espesa y esponjosa, lo cual se conoce si, al levantar el batidor, dicha pasta, al caer, hace relieve. A continuación se agrega la levadura y la harina previamente pasada por un tamiz, mezclándose suavemente con una cuchara o espátula de madera sin revolverlo mucho hasta que apenas desaparezca la harina. Seguidamente se echa dicha pasta en un molde de tarta redondo untado previamente con mantequilla y espolvoreado con harina, cociéndose a horno suave por espacio de treinta y cinco minutos. (Para asegurarse de si está en su punto se introduce en el centro una aguja o la punta de un cuchillo pequeño, y si ésta sale seca, se retira el bizcocho, que debe colocarse encima de un mármol, dejándolo enfriar.)

A las almendras se les da un hervor y se mondan. Luego se cortan a tiras y se ponen en el horno para que tomen un color dorado.

YEMA DE MANTEQUILLA. Se pone al fuego el resto del azúcar con 6 cucharadas de agua, la vainilla y unas gotas de zumo de limón, cociéndose hasta obtener un azúcar a punto de bola flojo. (Este detalle se conoce si al echar unas gotas del jarabe en agua fría se forman con los dedos unas bolitas blandas, en cuyo caso debe dejarse dos o tres minutos fuera del fuego.) Luego se agregan 3 yemas de huevo, removiéndose con viveza con un batidor, y se arrima al fuego lento, siguiendo el movimiento con rapidez hasta conseguir una crema fina. A continuación se agrega, fuera del fuego, la mantequilla, y acto seguido se coloca la cacerola encima del hielo, removiéndose con una cuchara de madera.

Se parte el bizcocho horizontalmente por la mitad, haciendo tres capas, y entre una y otra se extiende la crema de mantequilla. Luego se vuelve a unir, dándole su forma primitiva, colocándolo encima de un plato vuelto al revés y cubriéndose con una capa de yema de mantequilla. Después se esparcen encima las almendras preparadas de antemano, teniendo la precaución de que estén bien frías, y, finalmente, se espolvorea con azúcar de lustre.

MANZANAS A LA PARISIÉN

6 bonitas manzanas, 200 gr de castañas, un cuarto de litro de leche, 100 gr de azúcar, un vaso de vino blanco, 35 gr de mantequilla, 50 gr de nata, y vainilla.

Se escaldan las castañas, se mondan y se cuecen con leche; luego se escurren, se pasan por un tamiz y se mezclan 25 gr de azúcar y la vainilla, obteniéndose un puré fino.

Se corta una circunferencia en la parte superior de las manzanas, en forma de tapadera, y se vacían, sacándoles el corazón. Luego se colocan en una tartera, se rellenan con el puré de castañas y encima de éstas se reparte la mantequilla restante y el azúcar. A continuación se rocían con el vino blanco y un decilitro de agua, y se cuecen lentamente por espacio de una hora, teniendo la precaución de que no tomen demasiado color.

Finalmente se colocan en una fuente y en la tartera se adiciona la nata, se mezcla bien y se echa el líquido encima de las manzanas, pasándolo por un colador.

Sírvese bien frío.

MANZANAS A LA MARI GERDEN

6 bonitas manzanas, medio litro de leche, 3 huevos, 100 gr de bizcochos, 300 gr de nata, 250 gr de azúcar, 50 gr de cerezas confitadas, 2 copitas de curaçao, 20 gr de maicena, 250 gr de fruta confitada, 50 gr de avellanas molidas, 2 copitas de jerez, 100 gr de mantequilla, 1 kg de hielo y 25 gr de chocolate en polvo.

Se mondan las manzanas, se vacían, sacándoles el corazón, y luego se rellenan con la fruta confitada trinchada fina, el chocolate rallado, todo mezclado con las avellanas, y 25 gr de mantequilla. Después se colocan en una cacerola, se rocían con el jerez y un decilitro de agua, se añaden 50 gr de azúcar y se cuecen, tapadas, hasta que resultan bien blandas y sin perder su forma. Seguidamente se sacan, se dejan enfriar y se colocan en una fuente.

Se parten los bizcochos por la mitad, se cortan de cada lado formando punta, luego se pegan con un poco de azúcar a punto de caramelo y se colocan alrededor de una fuente, formando valla en torno de las manzanas.

Se ponen en una cacerola las yemas de los huevos, 75 gr de azúcar, el resto de la mantequilla y la maicena, se mezcla bien y se agrega la leche previamente hervida. Luego se arrima al fuego y se remueve con un batidor hasta obtener una crema espesa, incorporándole, fuera del fuego, el curaçao; se rodea con hielo picado y una vez frío se añade la mitad de la nata, cubriéndose con dicha crema las manzanas.

Se mezclan con el resto de la nata 15 gr de azúcar y se adorna formando una pequeña espiral encima de cada manzana, donde se coloca una cereza confitada.

PERAS A LA FLORENTINA

6 bonitas peras, 100 gr de fruta confitada, 200 gr de arroz, 50 gr de cerezas confitadas, 50 gr de mantequilla, 275 gr de azúcar, 50 gr de azúcar de lustre, medio litro de crema de leche, 400 gr de castañas, un litro de leche, un limón, vainilla, un trocito de canela en rama y 2 kg de hielo.

Se eligen las peras de bonito tamaño, bien lisas, y después de peladas se restriegan con limón, se cuecen durante veinte a veinticinco minutos con medio litro de agua, vainilla y 100 gr de azúcar, y transcurrido dicho tiempo se dejan enfriar.

Mondadas las castañas se cuecen durante dos minutos para quitarles la segunda piel o membrana, se ponen en una cacerola con medio litro de leche y el resto de la vainilla, y a media cocción se añaden 75 gr de azúcar. Se cuecen a fuego lento por espacio de treinta a treinta y cinco minutos, luego se escurren, se pasan por un tamiz, se les incorpora la mantequilla y se trabaja hasta obtener un puré bien fino.

Se cuece el arroz con un cuarto de litro de agua durante cinco minutos, se escurre, se le adiciona la leche sobrante y la canela, y se deja en ebullición durante cinco minutos a fuego lento, mezclándole, al terminar la cocción, la fruta confitada, cortada a cuadritos, y el resto del azúcar. Una vez frío se coloca como pedestal o zócalo en el centro de una fuente redonda de porcelana, encima se ponen las peras en forma de corona y se cubre el borde del arroz, o sea del zócalo, con puré de castañas, sirviéndose de una manga con boquilla rizada.

Se pone la crema de leche en una ensaladera de cristal o porcelana y se rodea ésta con hielo picado. Luego se bate con un batidor hasta obtener una nata bien espesa y seguidamente se le mezcla el azúcar de lustre, pasado por un tamiz.

Se cubren las peras con la nata, sirviéndose igualmente de una manga con boquilla rizada, haciendo una pequeña pirámide, en cuya punta o extremo se coloca una cereza confitada. Con el resto de la nata se forma una espiral en el centro de la fuente.

NARANJAS SORPRESA

6 naranjas, 400 gr de azúcar, 4 claras de huevo, 100 gr de azúcar de lustre, un limón, 3 copitas de curaçao, unas gotas de carmín vegetal, 5 kg de hielo y 1 kg de sal gorda.

Se eligen unas bonitas naranjas, bien iguales en tamaño y con la piel bien resistente, en la parte superior se les hace una abertura de 3 a 4 cm de diámetro y con una cucharadita se vacían, echando el contenido en una vasija y mezclándose con el azúcar, el zumo de medio limón, el curaçao y medio litro de agua. Luego se remueve hasta que el azúcar se derrita, se pasa por un colador y se va echando en una heladora que se tendrá rodeada con hielo picado y la sal gorda, dando vueltas a la manivela hasta que el contenido quede bien fuerte.

Se baten las claras a punto de merengue y se les mezcla el azúcar de lustre, pasado por un tamiz.

Con el helado se rellenan las naranjas que tendremos rodeadas con hielo, se tapan sus orificios o aberturas con las claras de huevo, sirviéndose de una manga con boquilla rizada, y se les da la forma de pequeñas pirámides.

Se introducen en el horno y cuando el merengue toma un color dorado se sirven seguidamente, presentándolas en una fuente con servilleta.

MELOCOTÓN A LA DUBARRY

6 melocotones, 300 gr de azúcar fino, 50 gr de chocolate en polvo, 75 gr de harina, un limón, 6 gr de levadura en polvo Royal, unas gotas de carmín vegetal, 40 gr de mantequilla, 6 huevos, un cuarto de litro de leche, medio litro de crema de leche, 2 kg de hielo, 75 gr de azúcar de lustre, 25 gr de cerezas confitadas, 5 gr de pistachos rallados, media varita de vainilla, 25 gr de bombones encarnados, una copita de kirsch, 25 gr de maicena, y 4 cucharadas de mermelada de albaricoque.

Se mondan los melocotones, se ponen en una cacerola con un cuarto de litro de agua, 100 gr de azúcar fino y la vainilla, se cuecen hasta que están blandos, sin que pierdan su forma, y ya en este punto se ponen en un plato y se dejan enfriar bien, a ser posible puestos en una nevera.

BIZCOCHO. Se mezclan las yemas de 3 huevos con 100 gr de azúcar y un poco de corteza de limón rallada, y se remueve con una cuchara de madera hasta obtener una pasta espesa. Seguidamente se preparan las 3 claras batidas a punto de nieve, se les mezcla el preparado de las yemas, la harina pasada por un tamiz y la levadura, se remueve con una cuchara de madera y cuando se observa que está todo casi unido se echa en un molde de tarta desmontable que se tendrá untado con mantequilla y espolvoreado con harina. Luego se cuece a horno flojo durante veinticinco a treinta minutos y se deja enfriar.

NATA. En un recipiente de porcelana o cristal rodeado de hielo se echa la crema de leche (nata sin batir), se bate con un batidor hasta obtener una nata espesa y se le agrega el azúcar de lustre, pasado por un tamiz.

CREMA. Se ponen en un cazo 3 yemas de huevo, 100 gr de azúcar, la mantequilla y la maicena, se mezcla todo, se le adiciona la leche previamente hervida, se arrima al fuego lento y, removiéndolo con un batidor, se obtiene una crema espesa. Una vez fría se añaden 2 cucharadas de nata, la mermelada de albaricoque pasada por un tamiz y el carmín.

PRESENTACIÓN. Se coloca el bizcocho en el centro de una fuente redonda y encima se ponen los melocotones formando corona, los cuales se cubren luego con la crema y en el centro se hace una pequeña pirámide de nata, poniendo una tira de la misma para separar los melocotones. A continuación, sobre cada uno de éstos se coloca una cereza confitada y se espolvorea la nata con los pistachos.

Al resto de la nata se le adiciona el chocolate; se introduce luego en una manga con boquilla rizada, se forma una franja a todo el alrededor, tapando el bizcocho, y se termina de adornar con los bombones encarnados.

MELOCOTONES A LA KIRSCH

12 bonitos medios melocotones en almíbar, media lata de mermelada de fresa y 4 copitas de kirsch.

Se escurren los melocotones, se colocan en 6 cazuelitas de porcelana que resistan al fuego, se cubren con la mermelada pasada por un tamiz y se meten unos minutos en el horno. Luego se rocían con el kirsch, se encienden y se sirven inmediatamente las cazuelitas puestas en una fuente cubierta con servilleta.

MELOCOTONES A LA MARGARITA

4 huevos, un cuarto de litro de leche, 8 medios melocotones al jarabe, 50 gr de manteca de vaca, 100 gr de galletas de coco, 20 gr de maicena, 50 gr de azúcar de lustre, 100 gr de azúcar, 25 gr de almendras crudas y vainilla.

Se ponen en una cacerola las yemas de los huevos, la maicena y el azúcar, se mezcla bien, se añade la leche hervida con la vainilla, se arrima al fuego y se trabaja continuamente con un batidor hasta que resulte una crema espesa, adicionándosele luego la manteca.

En una fuente se colocan las galletas, encima se ponen los melocotones y se rellenan con la crema preparada de antemano. Luego se cubre todo con las claras de huevo batidas a punto de merengue mezclado con la mitad del azúcar de lustre y se hace sobre cada melocotón un bonito dibujo, sirviéndose de una manga con boquilla rizada. A continuación se espolvorea con las almendras, peladas y cortadas a tiras, y el sobrante del azúcar de lustre, y se meten en el horno para que tome un bonito color dorado.

MELOCOTONES A LA CELESTINA

6 bonitos melocotones, 250 gr de azúcar, 150 gr de galletas mitad de chocolate y mitad de coco, 3 huevos, un cuarto de litro de leche, 200 gr de nata, 15 gr de maicena, vainilla, una copita de kirsch, 15 gr de cola de pescado, 50 gr de naranjas confitadas, 25 gr de cerezas confitadas, 2 kg de hielo y 3 brioches.

Se mondan los melocotones, se ponen en una cacerola con un cuarto de litro de agua, 100 gr de azúcar y la vainilla, se cuecen durante media hora y se sacan, dejándolos enfriar en una nevera.

Se parten las galletas por la mitad y se cortan de un lado, formando punta; se prepara luego un almíbar a punto de caramelo con 50 gr de azúcar y un poco de agua, se moja la parte más gruesa de las galletas y se juntan, formando una valla por todo el alrededor de una fuente redonda.

Crema. En un cazo se ponen las yemas de los huevos, el resto del azúcar y la maicena, se mezcla bien y se le adiciona la leche hervida. Luego se arrima al fuego y se remueve con un batidor hasta obtener una crema fina, adicionándole la hoja de cola de pescado remojada con agua fría y diluida con una cucharada de agua caliente. A continuación se rodea dicha crema con hielo picado y una vez fría se le añade la nata, pasada por un colador.

En el interior de la valla formada por las galletas se ponen los brioches partidos por la mitad, encima de cada uno se coloca un melocotón, se cubren con la crema y se adornan con la naranja confitada y las cerezas.

MARRONS GLACÉ

3 kg de castañas, 3 kg de azúcar, 3 gr de crémor tártaro, 1 ½ litros de vino tinto, 3 varitas de vainilla y 2 ½ metros de gasa clara.

Se eligen las castañas de tamaño gordo (preferible las llamadas italianas o de Galicia) y una vez mondadas se les da un hervor, quitándoles su segunda piel, y se coloca cada una dentro de unos trozos de gasa, cuyas puntas se sujetan con hilo blanco. A continuación se ponen en remojo en agua durante dos horas, luego se escurren y se ponen en una cacerola grande para que no queden demasiado amontonadas. Después se añade el vino y un litro de agua, se cuecen a fuego lento hasta que estén bien blandas y luego se escurren y se vuelven a la misma cacerola. Seguidamente se añaden 3 litros de agua, el azúcar, la vainilla y el crémor tártaro, se cuecen durante diez minutos a fuego lento, se aparta la cacerola del fuego y se deja descansar durante veinticuatro horas. Transcurrido este tiempo se vuelve al fuego y se hierve cinco minutos, dejándolo descansar otras veinticuatro horas y repitiéndose esta última operación durante cuatro días, al cabo de los cuales se notará que el almíbar se va volviendo espeso. Una vez estén frías se escurren, se sacan de la gasa y se colocan cuidadosamente sobre un tamiz o rejilla.

El almíbar se pasa por un colador, se pone al fuego, reduciéndolo casi a la mitad, o sea hasta que empiece a acaramelarse, y se va echando con una cuchara sobre las castañas. Una vez frías se envuelven con papel de plata.

MARRONS MONTE NEVADO

800 gr de castañas, 100 gr de azúcar, 75 gr de azúcar de lustre, medio litro de leche, medio litro de crema de leche, 1 kg de hielo, vainilla y 50 gr de cerezas confitadas.

Mondadas las castañas se les da un hervor y se les quita la segunda piel.

Se ponen en una cazuela con la leche, la vainilla y un cuarto de litro de agua, se cuecen a fuego lento por espacio de una hora, y diez minutos antes de terminar la cocción se agrega el azúcar. Una vez en su punto se escurren y se dejan enfriar. A continuación se pasan por un tamiz, se recogen delicadamente sin chafarlas y se llena un molde corona, o sea savarina, apretándolas ligeramente con una cuchara a fin de que el contenido tome la forma del molde. Seguidamente se vierten en una fuente redonda.

NATA. En una vasija de porcelana o de cristal se pone la crema de leche y se coloca encima del hielo picado, se bate con un batidor hasta obtener una nata espesa y se le mezcla el azúcar de lustre, pasado por un tamiz. Con dicha nata se llena el centro del molde de castañas, sirviéndose de una manga con boquilla rizada y formando una pirámide, alrededor de la cual se hacen unos piquitos con nata que se adornan con una cereza confitada.

MANDARINAS A LA NORUEGA

6 mandarinas, un cuarto de litro de leche, 3 huevos, 200 gr de nata, 100 gr de azúcar fino, 2 kg de hielo, 30 gr de azúcar de lustre, unas gotas de carmín vegetal, una copita de curaçao, un poco de pistachos molidos y 15 gr de cola de pescado.

Se corta con la punta de un cuchillo pequeño una circunferencia de 2 cm de diámetro en la parte superior de las mandarinas y con una cucharita se vacían delicadamente, procurando no romper la piel, y se rodean con hielo picado.

En un cazo se ponen 3 yemas de huevo y el azúcar fino, se mezcla bien, se le adiciona la leche previamente hervida, se arrima al fuego y se remueve con una espátula de madera hasta obtener una crema algo espesa, sin que llegue a hervir. Seguidamente se agrega, fuera del fuego, la cola de pescado bien remojada con agua fría, y una vez diluida se pasa por un colador y se pone encima del hielo picado, adicionándole 5 cucharadas de zumo de mandarina, el carmín, la mermelada pasada por un tamiz y el curaçao, y al empezar a espesarse se añade la mitad de la nata, se llenan las mandarinas y después de cuajadas se colocan en una fuente cubierta con servilleta.

A la nata se le mezcla el azúcar de lustre, se introduce en una manga provista con boquilla rizada, se forma una pequeña pirámide sobre cada mandarina, tapando la abertura, y se espolvorea con los pistachos.

BAVARESA A LA MARLENA

Medio litro de leche, 5 huevos, 175 gr de azúcar, 200 gr de fresas, 300 gr de nata, 2 kg de hielo, 15 gr de cola de pescado, una copita de jarabe de grosella, una copita de curaçao y una lata de albaricoques al natural.

CREMA BAVARESA. Se ponen en un cazo las yemas de los huevos y 150 gr de azúcar, se mezcla bien, se le adiciona la leche previamente hervida y se arrima unos minutos al fuego lento, removiéndolo con un batidor hasta obtener una crema algo espesa, sin que llegue a hervir. Seguidamente se agregan, fuera del fuego, 10 gr de cola de pescado previamente bien remojada en agua fría y una vez que está diluida se pasa la crema por un colador y se pone encima del hielo.

571

Gelatina de fruta. En un cazo se ponen 6 cucharadas de jarabe de albaricoque, la grosella y una cucharadita de azúcar, se le da un hervor y se le agrega, fuera del fuego, una hoja de cola de pescado remojada con agua fría; se pasa por un colador, se agregan unas gotas de curaçao y se vierte la mitad en un molde corona que tendremos rodeado con hielo picado. Cuando la gelatina está cuajada se adorna el fondo con los albaricoques, colocándolos boca arriba, y se termina de poner la gelatina.

A la crema, que tendremos preparada encima del hielo, una vez empieza a cuajarse se le adiciona el resto del curaçao, 200 gr de nata y las fresas, guardando de éstas unas cuantas de las más bonitas. Se mezcla todo cuidadosamente y se llena el molde que tendremos rodeado con hielo picado. Transcurrida una hora se pasa ligeramente dicho molde por agua tibia, se vierte en una fuente redonda y se rodea con unos pequeños montículos de nata, adornándolos con las fresas espolvoreadas con azúcar.

BAVARESA DE ALBARICOQUE

800 gr de albaricoques bien maduros, 200 gr de fresas, un cuarto de litro de crema de leche, 2 kg de hielo, 100 gr de azúcar, 15 gr de cola de pescado, unas gotas de aceite de almendras dulces y media copita de curaçao.

Desprovistos los albaricoques de su hueso se pasan por un tamiz, se les mezclan 300 gr de azúcar y se hierven, durante veinte minutos, obteniendo una mermelada. Seguidamente se agrega el curaçao, la cola de pescado previamente remojada con agua fría, diluida con una cucharada de agua caliente y pasada por un colador, y se rodea con hielo picado.

En una ensaladera rodeada con hielo se pone la crema de leche y se bate para obtener una nata espesa. Cuando la mermelada de albaricoque empieza a cuajarse se mezcla cuidadosamente con la nata, sirviéndose de una cuchara, se echa en un molde que tendremos untado con aceite de almendras dulces y rodeado con hielo, y se deja durante dos horas.

Las fresas se pasan por un tamiz, se les añade el resto del azúcar, se cuecen al fuego para obtener una mermelada clara y se dejan enfriar.

Se vierte el molde en una fuente y se cubre con la mermelada de fresa.

BAVARESA A LA LORETINA

5 huevos, medio litro de leche, 200 gr de nata, 200 gr de uva (la mitad negra y el resto blanca), 2 kg de hielo, 175 gr de azúcar, 25 gr de cola de pescado, 50 gr de chocolate en polvo, un poco de vainilla y una copita de jarabe de grosella.

CREMA BAVARESA. Se ponen en un cazo 5 yemas de huevo y 150 gr de azúcar, se mezcla bien, se le adiciona la leche previamente hervida y la vainilla, se arrima al fuego y se remueve con una espátula de madera, obteniendo una crema espesa, sin que llegue a hervir. (Se conoce que está en su punto cuando al sacar la espátula ésta resulta ligeramente cubierta de una capa de crema.) Seguidamente se agregan 15 gr de cola de pescado bien remojada con agua fría y se revuelve con un batidor hasta disolverla, se pasa luego por un colador, separando la mitad de dicha crema, se le mezcla el chocolate diluido con 4 cucharadas de agua y se rodean los dos recipientes con hielo picado.

GELATINA. Se echan en un cazo 6 cucharadas de agua, el azúcar restante y el jarabe de grosella. Se pone al fuego y cuando está bien caliente se aparta, agregándole el resto de la cola de pescado previamente bien remojada con agua fría; se cuece lentamente hasta que esté diluida, se pasa por un colador, echándola en un molde que tendremos rodeado con hielo, y cuando está cuajado se colocan unos granos de uva, intercalando los dos colores y terminándose de poner la gelatina.

Una vez que las dos cremas que tenemos puestas encima del hielo empiezan a espesarse se les mezcla en partes iguales la nata y seguidamente se echa la crema de chocolate en el molde de gelatina. Cuando la crema está cuajada se le adiciona la otra crema, formando dos capas de diferentes colores, se deja unas dos horas, se pasa por agua tibia y se vierte en una fuente redonda, adornándola con granos de uva.

BAVARESA A LA IMPERIAL

4 huevos, tres cuartos de litro de leche, 175 gr de azúcar, 200 gr de chocolate en polvo, 300 gr de nata, 2 kg de hielo, 50 gr de cerezas confitadas, 20 gr de cola de pescado, un poco de vainilla y 75 gr de mantequilla.

Pónganse en un cazo las yemas de huevo, 125 gr de azúcar, la vainilla y la cola de pescado en polvo, se mezcla bien y se adiciona medio litro de leche previamente hervida, se arrima al fuego y se remueve con un batidor durante tres minutos, de modo que esté bien caliente y que no arranque el hervor, se pasa por un colador y se rodea con el hielo picado, cuando empieza a cuajar se adiciona una tercera parte de la nata y se echa en un molde corona que tendremos previa y ligeramente untado con mantequilla o aceite fino, se deja cuajar rodeándolo con hielo.

Se diluye el chocolate en un decilitro de leche, se adiciona la mantequilla y 25 gr de azúcar y se deja enfriar, agregando entonces una tercera parte de la nata se vierte el molde en una fuente, se llena el hueco central con el chocolate y se termina el adorno con la nata y las cerezas confitadas.

BAVARESA GRAN FLORIDA

5 huevos, 150 gr de azúcar, medio litro de leche, 2 kg de hielo, 50 gr de chocolate en polvo, 300 gr de nata, 25 gr de azúcar de lustre, 50 gr de cerezas confitadas, un plátano, vainilla, 15 gr de cola de pescado y unas gotas de aceite de almendras dulces.

Crema bavaresa. Se ponen en una cacerola las yemas de los huevos y el azúcar, se mezcla bien, se agrega la leche previamente hervida con la vainilla, se vuelve al fuego y se revuelve con una cuchara de madera hasta que la crema empieza a espesarse, sin que hierva. Seguidamente se aparta de la lumbre, se agrega la cola de pescado, que se tendrá remojada con agua fría y que una vez diluida se pasa por un colador, y se pone la mitad del líquido en una cacerola, agregándole el chocolate diluido al fuego con 2 cucharadas de agua. Se vuelve a pasar por un colador, se coloca esta crema de chocolate encima del hielo picado y al empezar a espesarse se le mezcla una cuarta parte de la nata. Luego se echa el contenido en un molde flanera que se tendrá ligeramente untado con aceite de almendras dulces dejándolo rodeado de hielo.

El resto de la crema se pone encima del hielo y cuando empieza a cuajarse ligeramente se le mezcla una tercera parte de la nata, se termina de llenar el molde, no echando la nata hasta que la crema que se tiene en la flanera se halle cuajada, y se deja rodeado con hielo por espacio de una hora. Transcurrido este tiempo se vierte el molde en una fuente redonda, se adorna con la nata mezclada con el azúcar de lustre, y la superficie con discos de plátanos y cerezas confitadas.

BAVARESA A LA QUIRINAL

Medio litro de leche, 15 gr de cola de pescado, 5 yemas de huevo, 300 gr de nata, media lata de mermelada de fresas, 150 gr de azúcar, unas gotas de aceite de almendras dulces, 100 gr de fruta confitada, una copita de curaçao y 2 kg de hielo.

CREMA BAVARESA. Se mezclan las yemas de huevo con el azúcar, luego se añade la leche, se revuelve con una espátula de madera, se pone al fuego y se sigue revolviendo hasta que empieza a espesarse. Después se agrega la cola de pescado, que se tendrá remojada con agua fría, y, una vez diluida, se pasa la crema por un colador.

Se rodea un recipiente con hielo picado y cuando empieza a espesarse se añade la nata, mezclándose con precaución. De esta crema se hacen dos partes; en una se pone la mermelada pasada por un tamiz y en la otra la fruta confitada con el curaçao.

La primera parte de la crema, o sea la de fresa, se echa en un molde que estará ligeramente untado con aceite de almendras dulces y rodeado exteriormente de hielo picado. Cuando esté cuajada se agrega la otra mitad de la crema, y si estuviese demasiado cuajada se pone unos momentos al calor. Entonces se termina de llenar el molde y se deja en esta situación durante una hora.

Al servirse se vierte en una fuente de porcelana.

CARLOTA A LA DOMINI

Un cuarto de litro de leche, 100 gr de galletas mitad de chocolate y mitad de coco, 400 gr de nata, 10 gr de cola de pescado, 100 gr de azúcar, 35 gr de azúcar de lustre, 2 kg de hielo, una copita de curaçao, 3 cucharadas de mermelada de fresa, 3 huevos, unas gotas de aceite de almendras dulces, 50 gr de bombones de chocolate y 100 gr de fruta confitada.

En un plato se ponen las yemas de los huevos y el azúcar, se mezcla bien, se le adiciona la leche hervida y la cola de pescado bien remojada con agua fría y escurrida, y se remueve con un batidor hasta que dicha cola está diluida. Seguidamente se pasa por un colador y se rodea con hielo picado.

Cuando empieza a cuajarse se le mezcla la mitad de la nata, la fruta confitada hecha a trocitos, el curaçao y la mermelada. Luego se echa en un molde flanera que tendremos ligeramente untado con el aceite y forrado todo el alrededor con las galletas, intercalando los dos colores, y se pone en el hielo durante una hora.

Pasado este tiempo se vierte el molde en una fuente, se adorna con el resto de la nata mezclada con el azúcar de lustre y puesto en una manga con boquilla rizada, formando un festón por todo el alrededor y encima del postre. Los bombones de chocolate se colocan bien distribuidos encima de la nata.

CARLOTA MARÍA LUISA

Un cuarto de litro de leche, 400 gr de nata, 3 cucharadas de mermelada de fresa, 100 gr de bizcochos, 75 gr de fruta confitada, 50 gr de cerezas confitadas, 12 gr de cola de pescado, una copita de kirsch, 100 gr de azúcar de lustre, unas gotas de carmín vegetal, vainilla, 100 gr de marrons glacé, 2 kg de hielo, 3 huevos y unas gotas de aceite de almendras dulces.

Se ponen en un cazo 3 yemas de huevo y se añade el azúcar y la vainilla. Seguidamente se agrega la leche previamente hervida, se pone al fuego y se remueve con una espátula de madera hasta obtener una crema algo espesa. A continuación se le adiciona la cola de pescado bien remojada con agua fría. Una vez está diluida se pasa por un colador fino y se rodea con hielo picado.

Se cortan ligeramente las puntas de los bizcochos y se forma la pared de un molde que tendremos untado con el aceite de almendras dulces.

Cuando la crema está ligeramente cuajada se le añade el kirsch, los bizcochos restantes y la fruta cortada a trocitos. Se adiciona una tercera parte de la nata y los marrons hechos a pedacitos, se mezcla delicadamente y se llena el molde preparado con los bizcochos. Se rodea éste con el hielo picado, se deja en sitio fresco durante dos horas y pasado este tiempo se vierte en una fuente. Se mezcla la nata restante, el azúcar de lustre pasado por un tamiz y las gotas de carmín, se echa en una manga con boquilla rizada y se forman unas rayas de abajo arriba por todo el alrededor del pudin, en la superficie se hacen cuatro o cinco rayas, intercalando entre éstas la mermelada por todo el alrededor, y encima de la nata se adorna con las cerezas confitadas.

CARLOTA A LA MIAMI

Medio litro de leche, 100 gr de bizcocho, 100 gr de fruta confitada, una lata de melocotón, 150 gr de fresas, 25 gr de pastilla de chocolate, 15 gr de cola de pescado, 300 gr de nata, media lata de mermelada de albaricoque, 35 gr de azúcar de lustre, 160 gr de azúcar, una copita de curaçao, 2 kg de hielo, 5 huevos y unas gotas de carmín.

CREMA BAVARESA. Se ponen en una cacerola las yemas de los huevos y el azúcar fino, se mezcla bien, se añade la leche previamente hervida, se arrima al fuego y, removiéndolo con una espátula de madera, se cuece hasta obtener una crema algo espesa, sin que llegue a hervir. Ya en este punto se le incorpora, fuera del fuego, la cola de pescado bien remojada con agua fría, se remueve y cuando está diluida se pasa por un colador y se rodea con el hielo picado.

Se parten los bizcochos por la mitad, se colocan en el interior de un molde flanera formando pared bien ajustada todo el alrededor y se cubre el fondo con unos bizcochos enteros

Cuando la crema que se tiene en el hielo empieza a espesarse se le adiciona la fruta confitada y el resto de los bizcochos, cortados a trocitos; luego se agrega la mitad de la nata, el curaçao y 7 cucharadas de mermelada de albaricoque, se mezcla con una cuchara de madera sin remover mucho y una vez que esté espeso se llena el molde que contiene los bizcochos, se rodea con hielo picado y se deja en esta situación unas dos horas. Después se vierte en una fuente redonda y se rodea con los melocotones rellenos con las fresas mezcladas con un poco de mermelada de albaricoque.

Se mezcla el azúcar de lustre alrededor de la nata, se introduce en una manga con boquilla rizada, se hace un dibujo en forma de reja y unos puntitos alrededor de ésta, se adorna con las pastillas de chocolate y en cada hueco formado por la reja se pone media cucharadita de mermelada mezclada con carmín, intercalándose con los melocotones un montoncito de nata, donde se pondrá una pastilla de chocolate.

MOUSSELINA A LA SEVIGNÉ

Medio litro de leche, 5 huevos, 150 gr de azúcar, 100 gr de chocolate en polvo, 200 gr de nata, 10 gr de cola de pescado, 2 kg de hielo, unas gotas de aceite de almendras dulces y 35 gr de mantequilla.

El chocolate después de rallado se pone, con la leche, al fuego y se le hace arrancar el hervor.

Se mezclan en una cacerola las yemas de los huevos y el azúcar, se añade la mantequilla y la leche con el chocolate, se vuelve al fuego y se remueve con una espátula de madera hasta que empieza a espesarse, sin que llegue a hervir. Ya en este punto se le incorpora la cola de pescado remojada con agua fría y se remueve para diluirla. Seguidamente se pasa por un colador, se rodea con hielo picado, se remueve de vez en cuando con la espátula de madera y cuando está ligeramente cuajado se le adiciona la nata; se mezcla y apenas esté unido se vierte en un molde con adorno ligeramente untado con el aceite de almendras dulces, se rodea con hielo picado y se deja en esta situación durante dos horas. Transcurrido este tiempo se vierte en una fuente.

MOSCOVITA A LA PALMIRA

Medio litro de leche, 75 gr de avellanas, 200 gr de azúcar, 300 gr de nata, 15 gr de cola de pescado, 2 kg de hielo, 50 gr de cerezas confitadas, unas gotas de aceite de almendras dulces, 5 huevos, 25 gr de azúcar de lustre y 50 gr de naranja confitada.

PRALINÉ. Se ponen en una cacerola al fuego las avellanas mondadas, 100 gr de azúcar y 3 cucharadas de agua, y se cuece hasta que el contenido tenga un color de caramelo bien dorado. Ya en este punto se echa encima de un mármol que tendremos untado con aceite de almendras dulces y una vez frío se pasa por una máquina de rallar, tamizándose luego.

En un cazo se echan las yemas de los huevos y el azúcar, se mezcla y se añade la leche previamente hervida; se arrima el cazo al fuego y se remueve con una espátula de madera hasta que resulta una crema algo espesa, sin que llegue a hervir. Ya en este punto se saca del fuego, se le mezcla la cola de pescado previamente remojada con agua fría y una vez diluida se pasa por un colador, se rodea con hielo picado y cuando empieza a cuajarse se agrega la praliné y 200 gr de nata. Seguidamente se llena un molde de carlota que tendremos previamente untado con aceite de almendras dulces y puesto en medio del hielo picado, se deja por espacio de dos horas y luego se vierte en una fuente redonda.

Se mezcla con la nata el azúcar de lustre, se echa en una manga con boquilla rizada y se forma una pirámide en el centro de la moscovita, adornándose con cerezas y unas tiras de naranja confitada.

MOSCOVITA DE CASTAÑAS

100 gr de fruta confitada, 200 gr de castañas, tres cuartos de litro de leche, 50 gr de cerezas confitadas, 5 yemas de huevo, 2 kg de hielo, 300 gr de nata, 150 gr de azúcar fino, 25 gr de azúcar de lustre, media varita de vainilla, unas gotas de aceite de almendras dulces y 15 gr de cola de pescado.

Después de escaldadas y mondadas se ponen las castañas en un cazo con un cuarto de litro de leche e igual cantidad de agua y se cuecen durante una hora a fuego lento. A continuación se escurren y se pasan por un tamiz. Se mezclan las yemas de los huevos con el azúcar fino, se añade la leche hervida con la vainilla, se arrima al fuego y se remueve con una espátula de madera hasta obtener una crema algo espesa, sin que llegue a hervir. Seguidamente se añade, fuera del fuego, la cola de pescado previamente remojada con agua fría y escurrida, se remueve con un batidor hasta diluirla y luego se pasa por un colador y se rodea con hielo picado. Cuando empieza a cuajarse se le adicionan las castañas, la fruta confitada hecha a trocitos y la mitad de la nata, y sin removerla mucho se llena un molde flanera que tendremos previamente untado ligeramente con aceite de almendras dulces y rodeado con hielo. Se deja en una nevera durante dos horas, luego se vierte en una fuente, se rodea con un cordón de nata mezclada con el azúcar de lustre y puesta en una manga con boquilla rizada, y encima de la nata se ponen las cerezas confitadas.

MARQUESA ALICIA

Medio litro de leche, 100 gr de bizcocho, 100 gr de fruta confitada, 400 gr de nata, 150 gr de azúcar fino, una copita de jarabe de grosella, una copita de curaçao, 20 gr de cola de pescado, 2 kg de hielo, 5 yemas de huevo y un plátano.

Gelatina de grosella. En un cazo se pone al fuego el jarabe de grosella y 5 cucharadas de agua. Cuando está caliente se añade la mitad del curaçao y una hoja de cola de pescado remojada en agua, y una vez diluida se pasa por un colador y se echa en un molde de los de forma corona, alto, que se tendrá rodeado con hielo picado.

Crema. Se ponen en una cacerola las yemas de los huevos y el azúcar fino, luego se añade la leche previamente hervida, se arrima al fuego, se remueve con una espátula de madera hasta obtener una crema espesa, sin que llegue a hervir, y ya en este punto se le adiciona el resto del curaçao y de la cola de pescado bien remojada en agua fría; se remueve para que se disuelva y se pasa luego por un colador. El recipiente en que se verterá la crema deberá estar colocado encima de hielo picado y cuando ésta está algo espesa se le añade la mitad de la nata, la fruta confitada cortada a cuadritos y los bizcochos también cortados a cuadritos. Se mezcla delicadamente con una cuchara de madera y sin remover mucho se llena el molde que, como se ha dicho antes, se tendrá preparado con la gelatina y encima de hielo.

Se deja en esta situación por espacio de una hora.

Para sacar la corona del molde se pasa éste ligeramente por agua tibia y se vierte en una fuente redonda. En el centro se pone el resto de la nata mezclada con el azúcar de lustre formando una pirámide, utilizando para ello una manga con boquilla rizada.

SALAMBÓ A LA POMPADOUR

200 gr de bizcochos, 400 gr de nata, 25 gr de bombones de chocolate y de color, un cuarto de litro de leche, 50 gr de chocolate en polvo, 175 gr de azucar, 25 gr de maicena, 75 gr de azúcar de lustre, 30 gr de mantequilla, 3 huevos, 2 kg de hielo, un limón y unas gotas de aceite de almendras dulces.

CREMA DE CHOCOLATE. En un cazo se ponen 3 yemas de huevo, 100 gr de azúcar, la maicena y el chocolate; se mezcla bien, se le adiciona la leche hervida y la mantequilla, se arrima la cacerola al fuego y se remueve con un batidor hasta obtener una crema de chocolate espesa, que se colocará sobre el hielo.

Se pone en una cacerola al fuego el resto del azúcar y unas gotas de zumo de limón, y se deja hervir para obtener un almíbar a punto de caramelo, sin que llegue a tomar color. Seguidamente se unta un mármol con el aceite, encima se colocan 4 bizcochos, mojándolos de un costado con el almíbar, se juntan y en una de las extremidades se pega otro bizcocho mojado también con almíbar. Luego, sirviéndose de un cuchillo, se cortan los ángulos, formando una plancha que tiene que servir para hacer el fondo del molde y alrededor de éste se van pegando los restantes bizcochos partidos por la mitad y mojados por la parte baja y de un lado con el mismo almíbar, formando de este modo una especie de molde. Se llena éste con la crema de chocolate mezclada con la mitad de la nata, encima, se pone el resto de la nata mezclada con el azúcar de lustre, pasado por un tamiz, sirviéndose de una manga con boquilla rizada, y se termina adornando la superficie con los bombones.

DELICIAS DE CHOCOLATE DENISE

50 gr de chocolate en polvo, 5 yemas de huevo, 400 gr de nata, 50 gr de azúcar de lustre, 15 gr de cola de pescado, 50 gr de cerezas confitadas, un plátano, 2 kg de hielo, 150 gr de azúcar, 3 naranjas y medio litro de leche.

Se pone en una cacerola la leche y el chocolate rallado fino y se vierte.

Se mezclan las yemas de huevo con el azúcar fino, luego se añade la leche hervida, se arrima la cacerola al fuego y se revuelve con una espátula de madera hasta que el contenido empieza a espesarse, sin que arranque el hervor. Seguidamente se le incorpora la cola de pescado previamente remojada con agua fría, se mezcla bien y se pasa por un colador fino; se coloca encima del hielo picado, se revuelve de vez en cuando con un batidor y al empezar a cuajarse ligeramente se le adiciona una tercera parte de la nata. Se vierte todo en un molde corona untado ligeramente con aceite de almendras dulces, se rodea con el hielo picado y se deja hasta que resulte cuajado. Ya en este punto se vierte en una fuente redonda, se llena el centro con el resto de nata mezclada con el azúcar de lustre, se forma una pirámide y se adorna con rajas de naranja, cerezas confitadas y plátano.

PUDIN A LA POMPADOUR

100 gr de arroz, medio litro de leche, vainilla, 50 gr de mantequilla, media lata de mermelada de fresa, 100 gr de fruta confitada, 4 huevos, 100 gr de azúcar, 50 gr de pasas de Corinto y 50 gr de almendras tostadas y molidas.

Se hierve el arroz con agua durante cinco minutos, se escurre, se pone en un cazo con la leche, la vainilla y una pizca de sal, se arrima al fuego y se cuece a fuego lento por espacio de veinte minutos. Seguidamente se aparta de la lumbre y se agrega el azúcar y la fruta confitada hecha a trocitos; se le adicionan las pasas, la mantequilla, las yemas de los huevos y las almendras, y se mezcla bien, adicionándole 3 claras de huevo batidas a punto de nieve. A continuación se vierte este preparado en un molde flanera que tendremos previamente untado con mantequilla y espolvoreado con azúcar, se cuece en baño María al horno por espacio de una hora y una vez frío se vierte en una fuente y se cubre con la mermelada, pasada por un tamiz.

PUDIN DE ARROZ A LA NAPOLITANA

Medio litro de leche, 100 gr de arroz, 200 gr de azúcar, vainilla, 7 huevos, 4 copitas de las de licor, de jerez, 100 gr de fruta confitada y 10 gr de mantequilla.

Se pone el arroz en una cacerola al fuego con agua que lo cubra, se hierve cinco minutos, luego se escurre, se añade la leche y se cuece por espacio de veinticinco minutos. A continuación se agrega, fuera del fuego, la fruta confitada cortada a trocitos, 4 yemas de huevo y 100 gr de azúcar. Luego se le adicionan 4 claras de huevo batidas a punto de nieve y la vainilla, se mezcla bien, se llena un molde flanera que se tendrá previamente untado con mantequilla y espolvoreado con azúcar, y se cuece en baño María durante cuarenta y cinco minutos.

ZAMBAGLIONE. En un cazo se echan las 3 yemas de huevo, el resto del azúcar y el jerez, se mezcla bien y se pone en baño María al fuego, removiéndolo con viveza con un batidor hasta obtener un zambaglione espeso como una crema.

Se vierte el molde en una fuente y se cubre con el zambaglione. Se sirve frío o caliente.

PLUM PUDIN

(Cantidades para doce personas)

150 gr de sebo de buey bien blanco, 150 gr de miga de pan rallada, 100 gr de harina, 100 gr de pasas de Málaga, 100 gr de pasas de Corinto, 150 gr de naranja confitada, 50 gr de almendras tostadas, 15 gr de canela en polvo, 100 gr de azúcar moreno, 50 gr de manteca, 250 gr de manzanas, 3 huevos, 2 copitas de coñac, 4 copitas de ron, una naranja, un limón y nuez moscada.

Se mondan las manzanas, se cortan a trocitos pequeños y se colocan en una vasija de porcelana. Luego se agrega el sebo picado fino, la naranja cortada a cuadritos, las almendras machacadas, la miga de pan, las pasas, la canela, el coñac, el azúcar moreno, un poco de corteza de limón picada y el zumo de media naranja sazonándose con un poco de nuez moscada rallada. Seguidamente mézclese bien, cúbrase con un paño y guárdese en sitio fresco durante cuarenta y ocho horas. Pasado este tiempo se le adiciona la harina, los huevos y la manteca derretida, llenándose un molde de pudin que tendremos previamente untado con manteca y espolvoreado con harina. Se cuece en baño María al horno por espacio de dos horas, se quita el molde, se corta a rajas y se coloca en una fuente, rociándolo con el ron.

Se sirve encendido.

PUDIN DOROTY

5 claras de huevo, 100 gr de azúcar de lustre, 250 gr de marrons glacés, 100 gr de chocolate en polvo, un decilitro de leche, 25 gr de mantequilla y 15 gr de azúcar fino.

Se baten las claras de huevo a punto de nieve fuerte y se agrega el azúcar de lustre y los marrons glacés, todo pasado por un tamiz. Seguidamente se llena un molde flanera que se tendrá untado con mantequilla y espolvoreado con azúcar fino, se cuece en baño María a horno flojo durante sesenta minutos y se retira del fuego. Luego se deja descansar unos minutos, se vierte en una fuente y se cubre con el chocolate rallado, preparado con la leche de modo que resulte algo espeso.

Se sirve frío o caliente.

PUDIN A LA CRIOLLA

75 gr de harina, 100 gr de azúcar, 75 gr de mantequilla, 4 decilitros de leche, 5 huevos, 100 gr de fruta confitada, una copita de coñac y 200 gr de chocolate en polvo.

Se pone en un cazo la mantequilla, el azúcar, la harina y el coñac, se mezcla bien y se le adiciona un cuarto de litro de leche previamente hervida. Se arrima al fuego, se remueve con un batidor y se cuece hasta obtener una pasta espesa. Luego se deja enfriar ligeramente y se añaden de una a una las 5 yemas de huevo, trabajando la pasta con un batidor a medida que se incorporan dichas yemas. Seguidamente se añade la fruta confitada, cortada a trocitos, y las 4 claras batidas a punto de nieve. A continuación se llena un molde de carlota que tendremos untado con mantequilla y espolvoreado con azúcar, y se cuece a baño María al horno por espacio de una hora y media, tapándolo con un papel para que no tome demasiado color. Terminada la cocción se vierte en una fuente y se cubre con el chocolate diluido con 6 cucharadas de leche, de modo que resulte espeso.

Se sirve caliente.

PUDIN DE SÉMOLA A LA SEVIGNÉ

Medio litro de leche, 100 gr de sémola, 50 gr de chocolate en polvo, 125 gr de azúcar, 50 gr de mantequilla, 4 huevos y vainilla.

Se pone la leche al fuego con la vainilla y el chocolate rallado y cuando arranca el hervor se adicionan 40 gr de mantequilla y la sémola, dejándola caer en forma de lluvia. Se cuece a fuego lento durante quince minutos y al terminar la cocción se añade fuera del fuego, el azúcar, las yemas de huevo y las claras batidas a punto de nieve. Luego se mezcla ligeramente y se llena un molde previamente untado con mantequilla y espolvoreado con azúcar, se mete en el horno en baño María durante una hora y media y antes de sacarlo del molde se deja reposar por espacio de diez minutos.

CRÊPES

100 gr de harina, 35 gr de azúcar fino, 2 huevos, una naranja, un cuarto de litro de leche y 35 gr de mantequilla. (La leche se puede sustituir por crema de leche.)

Póngase la harina en una vasija, añádase el azúcar, los huevos, 25 gr de mantequilla derretida y una pizca de sal. Incorpórese la leche, previamente hervida y fría, y un poco de corteza de naranja o limón rallada. (También se puede perfumar con vainilla o con licores.) Mézclese todo bien y pásese por un colador fino.

Con un pincel úntese ligeramente una sartén pequeña con mantequilla derretida, póngase al fuego y cuando esté caliente échense 2 cucharadas del líquido antedicho preparado de antemano y muévase rápidamente la sartén de modo que quede cubierto todo el fondo de la misma. Cuando esté cuajado y haya tomado un poco de color, désele la vuelta para que lo adquiera también del otro lado, quedando así hecha la crêpe. Se repite la operación hasta terminar el líquido.

Para la preparación de las crêpes se extienden encima del mármol.

CRÊPES SUZETTE

2 huevos, 50 gr de harina, una copita de curaçao, un cuarto de litro escaso de leche, 150 gr de mantequilla, una naranja o mandarina, 3 copitas de coñac, 50 gr de azúcar y 25 gr de azúcar de lustre.

Póngase en un cazo la harina, los huevos, media cucharadita de azúcar, un poco de corteza de naranja rallada, 25 gr de mantequilla derretida, una pizca de sal y unas gotas de curaçao y la leche; mézclese bien y pásese por un colador.

En una cacerolita se pone media copita de coñac y se enciende. Una vez frío se agrega el azúcar, 100 gr de mantequilla, una cucharadita de zumo de naranja y el curaçao. Se mezcla bien hasta obtener una pasta como una crema fina y espesa.

Con la mantequilla restante se unta ligeramente una sartén pequeña puesta al fuego; cuando está caliente se echan 2 cucharadas del preparado con la leche, harina y huevo; seguidamente se mueve la sartén para que resulte cubierta con el líquido y luego se le da la vuelta con ayuda de un tenedor, de modo que tenga un color ligeramente dorado de los dos costados.

Encima de cada una de dichas crêpes se extiende una capa de la mezcla de mantequilla, se doblan en forma de pañuelo de bolsillo y se colocan en una fuente.

Al momento de servirlas se espolvorean con azúcar de lustre, se pone por todo el alrededor el coñac, se calienta la fuente y se enciende. Se sirven inmediatamente. Si es de noche, se apagan las luces para dar mayor efecto.

CRÊPES A LA LORETINA

50 gr de harina, 15 gr de azúcar fino, 2 huevos, 5 cucharadas de leche, una naranja, una lata pequeña de mermelada de fresas, 25 gr de azúcar de lustre, 50 gr de mantequilla y 3 copitas de coñac.

CRÊPES. Póngase en una cacerola la harina, una pizca de sal, la leche, 25 gr de mantequilla derretida, 2 yemas de huevo y las claras algo batidas, el azúcar fino y un poco de corteza de naranja rallada. Mézclese todo y pásese por un colador.

Se derrite el resto de la mantequilla y con un pincel se unta ligeramente una sartén pequeña. Póngase al fuego y una vez caliente échense 2 cucharadas del líquido preparado, moviendo rápidamente la sartén de modo que quede cubierto todo el fondo de la misma. Cuando empieza a tomar color se le da la vuelta para que lo adquiera del otro lado. Repítase la operación hasta terminar el líquido.

PREPARACIÓN. Extiéndanse las crêpes encima del mármol. En el centro de cada una póngase una cucharada de la mermelada, esparciéndola un poco. Dóblense ligeramente los extremos de la crêpe para evitar que salga la mermelada y el cuadro que así se obtiene se dobla por la mitad. Colóquense en una fuente con servilleta y sírvanse.

SOUFFLÉS DE NARANJA

3 naranjas gordas y bonitas un cuarto de litro de leche, 30 gr de harina, 3 huevos, vainilla, 100 gr de azúcar fino, una cucharada de mermelada de naranjas, 100 gr de fruta confitada, 25 gr de azúcar de lustre y 25 gr de mantequilla.

Se mezclan las yemas de los huevos con el azúcar, la harina y la mantequilla; luego se añade la leche previamente hervida con la vainilla, se arrima al fuego, se remueve con un batidor hasta obtener una crema espesa, se le adicionan, fuera del fuego, 6 cucharaditas de zumo de naranja y la mermelada, una vez fría, y se le mezclan las claras de los huevos batidas a punto de nieve.

Se parten las naranjas por la mitad y se vacían con una cuchara; en el interior se pone la fruta confitada, cortada a cuadritos, se llenan con la crema, se meten en el horno y se dejan hasta que hayan aumentado el doble de su volumen y tengan un bonito color dorado. A continuación se espolvorean con el azúcar de lustre y se sirven inmediatamente, colocándolas en una fuente con servilleta.

SOUFFLÉ ROTHSCHILD

3 decilitros de leche, 100 gr de azúcar, 50 gr de maicena, 40 gr de mantequilla, 4 huevos, vainilla en polvo, 100 gr de fruta confitada, una copita de kirsch o curaçao, 25 gr de azúcar de lustre y 100 gr de fresas bonitas o cerezas confitadas.

En una cacerola al fuego se ponen 2 decilitros de leche con la vainilla y el azúcar y cuando arranca el hervor se agrega la maicena diluida en frío con el resto de la leche y se trabaja con un batidor hasta que se obtenga una pasta espesa. Entonces se aparta del fuego y se echan una a una las yemas de los huevos, la fruta confitada cortada a pedacitos y la mantequilla a trocitos, dejándolo enfriar algo. Luego se agregan las claras de huevo batidas a punto de nieve fuerte, se mezcla y se vierte en un plato o soufflé previamente untado de manteca y espolvoreado de azúcar y se cuece al horno con temperatura regular durante treinta minutos, volviéndolo a espolvorear de azúcar. Antes de ponerlo al horno se deja unos diez minutos en baño María encima de fuego lento.

Se recomienda sea servido inmediatamente, pues si no se hace así pierde de volumen y presentación.

SOUFFLÉ DE CHOCOLATE

100 gr de chocolate en polvo, un cuarto de litro de leche, 3 yemas de huevo, 5 claras de huevo, 30 gr de harina, 50 gr de mantequilla, un poco de vainilla y 25 gr de azúcar de lustre.

En una cacerola se echan 40 gr de mantequilla, la harina, el azúcar y la vainilla; se mezcla bien, se arrima al fuego, se remueve con un batidor, se cuece unos diez minutos y se deja enfriar ligeramente. Luego se le adiciona el chocolate en polvo, las yemas de los huevos y las claras batidas a punto de nieve, se coloca en una fuente que resista al fuego, se pone ésta en baño María y se cuece a horno suave durante treinta minutos, o sea hasta que haya aumentado el doble de su volumen. A continuación se espolvorea con el azúcar de lustre y se sirve inmediatamente.

PASTAS SUIZAS

200 gr de harina, un huevo, 100 gr de azúcar de lustre, 100 gr de mantequilla, un decilitro de leche, un limón, media cucharadita de levadura Royal y 25 gr de azúcar fino.

Encima de un mármol se echa la harina formando círculo; en el centro se pone la manteca, la leche, el huevo, la mitad de la corteza del limón rallada, el azúcar tamizado y la levadura Royal, amasándose hasta obtener una pasta compacta. Luego se espolvorea el mármol con harina y se estira la pasta con un rodillo, dándole el grueso de medio cm. Se corta con un cortapastas rizado, formando unos discos u óvalos, se colocan encima de una placa de pastelería previamente untada con manteca, se moja la superficie con agua, se espolvorea con azúcar y se cuece al horno, dándole un color dorado.

200 gr de harina, 100 gr de mantequilla, 35 gr de almendras crudas, una lata pequeña de mermelada, 50 gr de azúcar fino, 25 gr de azúcar de lustre, un limón y un huevo.

Con 150 gr de harina se forma un círculo encima de un mármol y en el centro se pone una yema de huevo, un poco de corteza de limón rallada y sal. Se prepara una pasta de hojaldre (ver fórmula más adelante). Hecha la preparación, se estira la pasta con un rodillo, dándole el grueso de medio cm, se cortan 18 discos del diámetro de algo más de un duro y se colocan sobre una placa de pastelería; encima de 6 de dichos discos se ponen las almendras mondadas y cortadas a tiras delgadas y se espolvorean con mucho azúcar de lustre, formando unos *petit conde*. En el centro de los 6 discos se pone un puntito de mermelada y se espolvorea con azúcar fino y los restantes se mojan con agua y se espolvorean también con azúcar.

La pasta restante se amasa; se estira, delgada, con el rodillo; se espolvorea bien con abundante azúcar fino, se enrolla por las dos extremidades hasta juntarse en el centro y se cortan de medio centímetro de gruesas, formando las *palmier* pequeñas; la pasta que queda se vuelve a amasar, se estira y se corta a tiras de 3 cm de ancho por 10 de largo, que se doblan haciendo unos lacitos, se mojan con agua, se salpican con azúcar, se mete la placa en el horno y se cuece por espacio de quince minutos, dándole un bonito color dorado. Se sirven bien colocadas en una bandeja cubierta con una blonda de papel.

PASTITAS DE CANELA

200 gr de harina, 100 gr de mantequilla, 75 gr de azúcar de lustre, 10 gr de canela en polvo, una clara de huevo y 35 gr de almendras crudas.

Encima de un mármol se echan 150 gr de harina formando círculo y en el centro se pone la mantequilla, el azúcar pasado por un tamiz y la canela, y se amasa con una cuchara y luego con las manos, obteniendo una pasta fina. Seguidamente se espolvorea el mármol con harina, se estira, dándole el grueso de 1 cm, se corta a trozos de 5 cm en cuadro, se ponen éstos encima de una placa untada con mantequilla, se moja la superficie con clara de huevo batida, se espolvorean con las almendras trinchadas y se meten en el horno para que tomen un color dorado.

PASTITAS DE QUESO

200 gr de harina, 25 gr de mantequilla, 75 gr de queso de Gruyère rallado y 2 huevos.

Se ponen encima de un mármol 150 gr de harina formando un círculo y en el centro se coloca la mantequilla, la sal, la pimienta, el queso, separado un poco, y una yema de huevo, y se amasa todo con una cuchara y luego con las manos hasta obtener una pasta fina, que se deja descansar durante media hora. Se espolvorea luego el mármol con harina, se estira la pasta con un rodillo, dándole el grueso de medio cm, y se corta en forma de discos, sirviéndose de un cortapastas; se colocan éstos sobre una placa untada con mantequilla, se moja la superficie con yema de huevo batida con agua, se espolvorean con queso y se meten en el horno para que tomen un color dorado.

GALLETAS A LA BRETONA (Pastas para té)

200 gr de fruta confitada, 250 gr de harina, 85 gr de azúcar, 75 gr de almendras crudas ralladas, 2 huevos, una pizca de vainilla en polvo y 25 gr de mantequilla.

Con la harina se forma un círculo encima de un mármol y en el centro de pone el azúcar, las almendras, la vainilla, la mantequilla, los huevos (guardando un poco de yema) y la fruta confitada trinchada fina, y se mezcla todo hasta obtener una pasta compacta. Luego se espolvorea el mármol con harina y se estira dicha pasta con un rodillo, dándole el grueso de 1 cm, se corta en forma de discos con cortapastas rizado, se ponen éstos encima de una hojalata y se meten en el horno, procurando que queden de un color dorado.

Se moja la superficie con un poco de yema de huevo mezclada con la harina.

ALMENDRADOS A LA MALLORQUINA

250 gr de almendras crudas, 200 gr de azúcar, 2 claras de huevo y 6 almendras amargas.

Escaldadas y mondadas las almendras se secan con un paño, se echan en una tartera, se meten unos minutos en el horno para que se sequen sin que tomen color y se pasan por una máquina de moler. Luego se les mezcla el azúcar y las claras batidas a punto de nieve fuerte, y se introducen en una manga con boquilla lisa que tenga un agujero del tamaño de un dedo. Entonces se forman unos pequeños montículos encima de una placa de horno untada con mantequilla, colocando media almendra en el centro de cada montículo, y se cuecen al horno por espacio de veinte a veinticinco minutos.

ALMENDRINA

10 gr de maicena, 100 gr de mantequilla, 100 gr de azúcar de lustre, 100 gr de almendras tostadas, 50 gr de harina y un huevo.

Con la maicena se forma un círculo encima de una mesa y en el centro se pone el azúcar, el huevo, la mantequilla y las almendras mondadas y ralladas, se mezcla todo y se añade la harina. Esta pasta se introduce en una manga con boquilla lisa grande y se forman encima de una hojalata untada ligeramente con mantequilla unas barritas de 6 a 7 cm de largo y del grueso de un macarrón grueso, las cuales se cuecen a horno vivo hasta que tengan un bonito color dorado.

Se sirve en bandeja con servilleta.

PASTITAS INGLESAS

200 gr de harina, 100 gr de azúcar fino, 100 gr de mantequilla, 50 gr de pasas de Corinto, 5 cucharadas de leche, una cucharadita rasa de levadura en polvo Royal, 25 gr de azúcar de lustre y 50 gr de chocolate en polvo.

Póngase al fuego en un perol la mantequilla y derrítase ligeramente. Fuera del fuego se añade el azúcar y la harina, se mezcla bien, luego se le adiciona la leche, la levadura y el chocolate, y se trabaja con una cuchara de madera, obteniendo una pasta espesa. Se forman unas bolitas del tamaño de una nuez pequeña y se colocan en una placa untada con mantequilla, se meten en el horno a temperatura moderada, se cuecen por espacio de diez a doce minutos y una vez frías se espolvorean con azúcar de lustre.

PALERMOS (Pastas para té)

4 huevos, 150 gr de azúcar fino, 100 gr de piel de naranja con-
fitada, 50 gr de harina de arroz, 75 gr de harina, 100 gr de man-
tequilla, 25 gr de almendras crudas y 5 gr de levadura Royal.

Se echan en un perol los huevos y el azúcar, se pone en baño
María que contenga agua tibia y se bate con un batidor hasta conseguir una pasta espesa y esponjosa, lo cual se conoce si al levantar el batidor y al caer dicha pasta hace relieve. Seguidamente se
agrega la harina de arroz y la harina; luego se le incorpora la naranja cortada a juliana fina, la mantequilla derretida y la levadura, y se
mezcla cuidadosamente con una cuchara de madera, sin remover
mucho, o sea que apenas todo quede unido. Entonces se llenan
unos moldes tartaletas o flanera pequeños que se tendrán untados
con mantequilla y espolvoreados con harina, se esparcen por la
superficie las almendras mondadas y cortadas a tiras finas, se cuecen a horno flojo durante veinte minutos y al sacarlos de los moldes
se espolvorean con harina de lustre, se colocan en una cajita de
papel (*petits-fours*) y se sirven en una bandeja recubierta con una
blonda de papel.

DELICIAS A LA DOROTINA

250 gr de cabello de ángel, un azucarillo, 4 huevos, 100 gr de
fécula de patata, un limón, 6 cucharadas de mermelada de albari-
coque, una hoja de papel de barba, 5 gr de levadura en polvo Royal
y 100 gr de azucar fino.

Plancha de bizcocho. Se ponen en una vasija las yemas de los
huevos, se añade el azúcar y un poco de corteza de limón rallada y
se remueve con una cuchara de madera hasta obtener una pasta
bien espesa y esponjosa. Seguidamente se baten las claras a punto
de nieve fuerte y se le mezcla la pasta obtenida con las yemas, se le
adiciona la levadura, el preparado de las yemas y la fécula, se mezcla juntamente hasta que apenas esté todo unido y se vierte encima
de una hojalata que se tendrá cubierta con el papel de barba. Se
extiende, formando una capa bien igual, se mete en el horno, se
cuece a temperatura regular por espacio de quince minutos, observando que la pasta haya tomado un color dorado de los dos costados, ya en este punto se deja sobre un mármol y se despega del
papel.

Dicha plancha se cubre con una capa de confitura de cabello de ángel, se enrolla, formando cilindro, se envuelve en el mismo papel, apretándolo ligeramente, y una vez frío se saca del papel, se moja toda la superficie con la mermelada y se espolvorea con el azucarillo trinchado fino. Luego se corta, haciendo 125 discos que se colocan en una bandeja cubierta con una blonda de papel.

PASTITAS DE NARANJA

200 gr de harina, 100 gr de mantequilla, 75 gr de azúcar, un huevo, una naranja, 100 gr de naranja confitada y 25 gr de azúcar granillo.

Sobre un mármol se echa la harina formando un círculo y en el centro se pone la mantequilla, el azúcar, una yema de huevo, la mitad de la corteza de naranja rallada y una cucharadita de zumo de la misma. Se mezcla con una cuchara y luego con las manos, formando una pasta fina, que se estira con un rodillo, dándole un espesor de 1 cm, y se corta a pequeños discos. Se colocan éstos encima de una placa untada con mantequilla, se moja la superficie con clara de huevo batido, en el centro de cada disco de pasta se pone un trocito de corteza de naranja confitada, se espolvorean con el azúcar de granillo y se meten en el horno durante siete u ocho minutos.

PASTITAS DE AMOR

125 gr de mantequilla, 100 gr de azúcar, 100 gr de sémola, 75 gr de maicena, 2 huevos, 25 gr de pasas de Corinto y un limón.

Se derrite la mantequilla en una cacerola y se le agrega el azúcar, la sémola, la maicena, un huevo y una yema de huevo. Se mezcla todo bien, se pone en una manga con boquilla lisa y se forman encima de una placa de pastelería unos montoncitos del grueso de una avellana gruesa, dejándolos bastante espaciados unos de otros. Se ponen sobre cada uno 4 o 5 pasas y se cuecen a horno vivo hasta que tengan un ligero color dorado.

Se sirven en bandeja con servilleta.

PASTITAS SALADAS

200 gr de harina, 75 gr de mantequilla, 4 cucharadas de leche, una cucharadita de levadura en polvo Royal y un huevo.

Encima de un mármol se pone la harina formando un círculo y en el centro se coloca la mantequilla y la levadura. Luego se añaden 4 gr de sal y una pizca de pimienta blanca, y se sigue amasando, obteniendo una pasta. Después se espolvorea el mármol con harina, se estira la pasta con un rodillo, dándole el grueso de 1 cm, y se corta en forma de discos del diámetro de una moneda antigua de 5 pesetas. Se colocan éstos encima de una placa untada con mantequilla, se moja la superficie con una yema de huevo mezclada con agua y se cuecen a horno fuerte hasta que tomen un bonito color dorado.

GLORIAS

75 gr de harina, 75 gr de avellanas molidas, 3 huevos, 100 gr de azúcar, media cucharadita de levadura en polvo Royal y una hoja de papel de barba.

Se mezclan en un cazo las yemas de los huevos y el azúcar, y se remueve con una cuchara de madera hasta que resulta una pasta esponjosa y blanquecina. Seguidamente se le adicionan las claras de los huevos a punto de nieve fuerte, se agregan las avellanas, la levadura y la harina, se llena una cajita de papel (*petits fours*) y se cuecen a horno moderado durante quince minutos.

VICTORIAS

100 gr de azúcar de lustre, 120 gr de mantequilla, un decilitro de leche, un limón, 2 huevos, 200 gr de harina, media cucharadita de bicarbonato, 1 gr de crémor tártaro y 2 hojas de papel de barba.

Se untan con mantequilla derretida 12 moldes pequeños flanera, se espolvorean con harina y se forran con una franja de papel de barba de modo que sobresalga 2 cm por encima de dichos moldes. Luego se pone la harina en un cazo y se le adicionan los huevos, la mantequilla derretida y un poco de corteza de limón rallada. A continuación se le incorpora el bicarbonato, el crémor tártaro, la leche y el azúcar pasado por un tamiz. Se mezcla bien, obteniendo una pasta fina que se reparte en los moldes de modo que no llegue nada más que a la mitad; se meten en el horno y se cuecen hasta que tengan un bonito color dorado. Se sacan de los moldes y se sirven en una bandejita cubierta con servilleta, dejando cada uno de éstos forrado con el mismo papel.

MANTECADOS A LA BARCINO

200 gr de harina, 125 gr de mantequilla, un huevo, 50 gr de azúcar fino, un limón, 25 gr de azúcar de lustre y 50 gr de almendras ralladas.

Encima de un mármol se ponen 175 gr de harina formando un círculo y en el centro se coloca la mantequilla, el azúcar, un huevo y un poco de corteza de limón rallada, y se mezcla con una cuchara. Luego se amasa con las manos hasta obtener una pasta compacta y fina, se espolvorea el mármol con la harina sobrante, se corta a discos dicha pasta con un cortapastas, se colocan éstos encima de una hojalata untada con mantequilla y se meten en el horno por espacio de ocho o diez minutos.

PETITS FOURS BELLA LILY

150 gr de azúcar, 75 gr de piñones, 100 gr de naranja confitada, 100 gr de almendras crudas, 3 huevos y 75 gr de azúcar de lustre.

En una vasija se echa el azúcar, la naranja cortada a trocitos pequeños, 3 yemas de huevo y las almendras previamente escaldadas, mondadas y ralladas. Luego se agregan las claras batidas a punto de nieve, se mezcla y se llenan los *petits fours* (cazuelitas de papel) encima de una hojalata y se cuecen a horno flojo de temperatura por espacio de diez a quince minutos, se espolvorean con azúcar de lustre y se sirven fríos.

BELGAS

200 gr de harina, 100 gr de mantequilla, 20 gr de levadura prensada, 125 gr de azúcar, 15 gr de manteca y un decilitro de leche.

Encima de un mármol formando un círculo se echan 150 gr de harina y en el centro se pone la levadura diluida con la leche tibia y un poco de sal, y se mezcla con una cuchara de madera hasta que resulte una pasta compacta. Luego se espolvorea con harina, se amasa con las manos, se le da forma de bola, se coloca en una cacerola, se tapa con un paño, se pone en un sitio algo templado y se deja unos veinte o veinticinco minutos. Transcurridos éstos, se le mezcla poco a poco la mantequilla derretida, se vuelve a trabajar para que quede otra vez una pasta fina y seguidamente se deja encima de un mármol espolvoreado con harina. Nuevamente se amasa con las manos, se forma un pequeño cilindro del grueso de un dedo, se echa el azúcar encima de un mármol, se pasa aquél por éste de modo que resulte bien cubierto, se cortan unas tiras de 7 a 8 cm de largas, se colocan en una hojalata (previamente untada con manteca) con espacios de 5 cm de una a otra y se deja reposar unos diez minutos. Seguidamente con un cuchillo se les marcan 3 o 4 rayas de extremo a extremo y se coloca la hojalata en sitio algo caliente unos diez minutos para que la pasta suba. Luego se introduce en el horno a media fuerza y cuando haya tomado color dorado se les da vuelta para que obtengan el mismo color del otro lado.

Se sirven en una fuente con servilleta.

PASTITAS A LA BRISTOL

150 gr de harina, 50 gr de azúcar fino, 50 gr de mantequilla, 50 gr de chocolate en polvo, 25 gr de azúcar de lustre, 50 gr de pasas, 6 cucharadas de leche, 8 gr de levadura en polvo Royal y un huevo.

Se junta la harina, el huevo, el azúcar, la mantequilla derretida, las pasas trinchadas, la leche, el chocolate y la levadura y se mezcla todo bien, obteniendo una pasta espesa que se introduce en una manga de boquilla gorda y lisa, y encima de una placa de pastelero ligeramente untada con mantequilla se forman unos montoncitos del tamaño de una nuez. Se espolvorean éstos con azúcar de lustre y se cuecen al horno con temperatura regular por espacio de diez a doce minutos. Al sacarlos del horno se presentan en una bandejita y se espolvorean con azúcar de lustre.

PARISINOS DE ALMENDRAS

100 gr de azúcar fino, 3 huevos, 75 gr de almendras tostadas, mondadas y molidas, 30 gr de mantequilla, 50 gr de harina, 20 gr de fécula de patata, media lata de mermelada de albaricoque y un azucarillo.

Se mezclan en una vasija el azúcar, las yemas y las almendras molidas, se remueve con un batidor durante veinte minutos para obtener una pasta espesa y esponjosa y ya en este punto se añade la mantequilla derretida y 3 claras de huevo batidas a punto de nieve fuerte. Seguidamente se le adiciona la harina tamizada y la fécula de patata, se mezcla cuidadosamente con una cuchara de madera sin removerlo mucho, o sea que apenas esté unido, se llenan unos moldes pequeños de magdalenas o tartaletas que se tendrán previamente untados con mantequilla y espolvoreados con harina, se cuecen a horno suave durante veinte a veinticinco minutos y al sacarlos del molde se ponen encima de una reja de alambre y se cubren con una capa de mermelada, espolvoreándolos con azucarillo.

Se sirven en una bandeja recubierta con una blonda de papel.

PEQUEÑOS BABY

125 gr de azúcar fino, 125 gr de mantequilla, 3 huevos, 50 gr de fécula de patata, 75 gr de harina, 50 gr de almendras tostadas, una cucharadita rasa de aromadina de vainilla, media lata de mermelada de albaricoques, 50 gr de cerezas confitadas, 35 gr de azúcar de lustre y 5 gr de levadura Royal.

En una vasija se mezcla el azúcar fino, la mantequilla derretida, las yemas de los huevos y las almendras molidas, se revuelve con una cuchara de madera hasta obtener una pasta homogénea y fina y ya en este punto se le mezclan las 3 claras batidas a punto de nieve. Se llenan unos moldecitos espolvoreados con harina, se cuecen a horno lento durante veinticinco minutos y cuando están algo fríos se sacan de los moldes, se colocan encima de una parrilla o reja, se cubren con una capa de mermelada pasada por un tamiz, se espolvorean con azúcar de lustre, se meten un minuto en el horno, se coloca en el centro de cada uno media cereza confitada y se sirven en una fuente o bandeja recubierta con una blonda de papel o servilleta.

MAGDALENA MERENGADA

3 huevos, 150 gr de azúcar, 125 gr de harina, 175 gr de mantequilla, una cucharadita de levadura en polvo Royal, una naran-

ja, 2 claras de huevo, 50 gr de azúcar de lustre, 50 gr de nueces ralladas y 25 gr de cerezas confitadas.

En un cazo se ponen 100 gr de mantequilla derretida y se adicionan 100 gr de azúcar y 3 yemas de huevo. Se añade la harina, se mezcla bien y seguidamente se agrega la levadura, 3 claras de huevo batidas a punto de nieve y un poco de corteza de naranja rallada. A continuación se llenan las dos terceras partes de unos moldes magdalenas o tartaletas que tendremos ligeramente untados con mantequilla y espolvoreados con harina, se cuecen a horno suave durante veinte a veinticinco minutos y luego se sacan del molde y se vacían.

Se mezclan las nueces con la mantequilla restante y la mitad de la pasta sacada de las magdalenas y trinchada y con este preparado se rellenan éstas, se cubre la superficie con las claras de huevo batidas a punto de nieve, a las que también habremos mezclado el azúcar de lustre, y se meten unos minutos en el horno para que tomen color.

Se sirven en una bandeja cubierta con una blonda, colocando en cada una una cereza confitada.

MANTECADAS DE ASTORGA

150 gr de mantequilla, 150 gr de azúcar, 225 gr de harina, 10 gr de canela en polvo, 6 yemas de huevo, 4 claras de huevo y 5 gr de levadura en polvo Royal.

En una vasija se mezcla la mantequilla y el azúcar, se remueve con una cuchara de madera hasta obtener una pasta espumosa y se añaden las yemas de los huevos, removiéndolo sin parar. Luego se agrega la harina, la canela y la levadura, y seguidamente se le incorporan las claras batidas a punto de nieve fuerte.

Se llenan unas cajitas de papel y se cuecen a horno moderado por espacio de quince minutos.

TEJAS DE SAN ISIDRO

150 gr de azúcar fino, 150 gr de almendras crudas mondadas, 3 claras de huevo, 20 gr de harina, 35 gr de chocolate en polvo y 25 gr de mantequilla.

Mondadas las almendras se meten unos minutos en el horno para que se sequen, sin que tomen color. A continuación se pasan por una máquina de moler y se ponen en una vasija, se añade el chocolate, el azúcar, la harina, la mantequilla derretida y las tres claras de huevo batidas a punto de nieve. Se une todo sin removerlo mucho y se introduce el preparado en una manga con boquilla redonda. Después se forman unos pequeños montoncitos del grueso de una avellana encima de una hojalata untada con mantequilla y espolvoreada con harina, dejando 8 cm de separación de un montoncito a otro, y se cuece a horno fuerte por espacio de cinco minutos.

Para darle la forma de tejas, al retirarlo del fuego, y con la ayuda de la hoja de una espátula, se colocan los discos encima de un palo o bien se pegan al rollo de pastelería, apoyándolos con las manos y haciéndolo deprisa, pues de lo contrario, una vez frías, se rompen.

LENGUAS DE GATO

150 gr de harina, 150 gr de azúcar de lustre, 150 gr de mantequilla, 3 claras de huevo y una pizca de vainilla en polvo.

Se echa la harina y el azúcar en una vasija, se le incorpora la vainilla y la mantequilla derretida, a continuación se le adicionan las claras de los huevos batidas a punto de nieve fuerte y cuando todo está bien unido sin removerlo mucho se mete en una manga con boquilla lisa, no muy ancha, y en una placa de pastelero ligeramente untada con mantequilla se marcan las lenguas de gato, o sea formando una tira del tamaño de la boquilla y de 6 a 7 cm de largo, y colocándolas a 5 cm de distancia una de la otra. Seguidamente se cuecen a horno fuerte para que se ensanchen lo menos posible y apenas empiezan a colorearse se sacan del horno, se quitan inmediatamente de la placa y se dejan enfriar. Al sacarlas de la placa se rompen.

POLVORONES A LA ANDALUZA

300 gr de harina, 150 gr de azúcar fino, 150 gr de manteca de cerdo fina, media cucharadita de canela en polvo, 100 gr de almendras tostadas y molidas, y 25 gr de azúcar de lustre.

En una tartera al horno se pone la harina, para que tome un color tostado, y se deja enfriar. Luego se coloca encima de un mármol formando un círculo y en el centro se ponen las almendras, la manteca, el azúcar y la canela; se amasa, obteniendo una pasta fina y compacta, se estira con un rodillo, dándole el grueso de 1 cm, y se corta en forma ovalada. A continuación se colocan encima de una hojalata ligeramente untada con manteca, se cuecen a horno suave durante quince minutos y una vez fríos se espolvorean con azúcar de lustre y se sirven en una bandeja.

PEQUEÑOS ALMENDRADOS

125 gr de almendras, 75 gr de azúcar, un huevo, 35 gr de mantequilla y 25 gr de azúcar de lustre.

En una vasija se mezclan 100 gr de almendras mondadas y ralladas y se agrega el azúcar, la yema de huevo y la mantequilla derretida. Luego se adiciona la clara de huevo batida y a punto de nieve, se mezcla y se llenan unos *petits fours* (cajitas de papel ex profeso), se esparce por la superficie el resto de las almendras cortadas a trocitos, se meten en el horno por espacio de diez minutos, se espolvorean con azúcar de lustre y se sirven en una bandeja.

TURRÓN DE MAZAPÁN
(Cantidades para diez personas)

800 gr de almendras, 300 gr de azúcar, 2 gr de crémor tártaro, un limón y 2 hojas de papel de barba.

Escaldadas y mondadas las almendras se colocan por espacio de dos horas en un sitio que les toque el aire. Luego se pasan por una máquina de moler, de modo que resulte una harina fina.

En un perol al fuego se echa el azúcar y el crémor, y se cuece hasta obtener un jarabe a punto, lo que se conoce si al echar unas gotas de almíbar en agua fría pueden cogerse con los dedos, formando una bola dura. Seguidamente se agregan las almendras y un poco de corteza de limón rallada, se mezcla bien y se cuece hasta que se despegue del perol. Luego se llenan los moldes, que se tendrán ligeramente untados con aceite de almendras dulces y forrados con papel de barba, se prensa con una madera que encaje en el molde y una vez frío se desmolda y se sirve en una fuente con servilleta.

TURRÓN DE JIJONA

(Cantidades para quince personas)

1 kg de miel fina, 700 gr de almendras tostadas, 200 gr de piño-
nes, 300 gr de azúcar en terrones, 10 gr de cilantro en polvo, 600 gr
de azúcar fino, 200 gr de nueces, 5 gr de canela y 500 gr de ave-
llanas tostadas.

En un perol al fuego se pone la miel y cuando empieza a hervir se espuma. Luego se agrega el azúcar fino y se sigue revolviendo con una espátula de madera hasta que resulte un jarabe a punto
de bola flojo, lo que se conoce si al dejar caer unas gotas en agua
fría al cogerlas con los dedos se forman unas bolitas flojas. Después
se retira del fuego, se agregan las almendras, avellanas, nueces y
piñones, todo mondado y picado, el azúcar en terrones y el cilantro en polvo.

Cuando todo está bien mezclado se echa encima de un mármol
espolvoreado con harina y pasadas unas ocho o diez horas se
machaca en el mortero y se pasa por una máquina de moler, echán-
dole al mismo tiempo los terrones de azúcar y obteniendo de este
modo una harina fina. Seguidamente se llenan con dicha harina
unos moldes o cajitas forradas de papel blanco y fino, se espolvorea la superficie con canela en polvo, se cubre con una madera que
encaje en el molde y se pone un peso encima para que sirva de
prensa.

Guárdese en sitio fresco por espacio de ocho o diez días.

TURRÓN DE YEMA

(Cantidades para diez personas)

600 gr de almendras crudas, 800 gr de azúcar, 2 gr de crémor
tártaro, un limón, 6 yemas de huevo, 25 gr de almendras amargas
y unas gotas de aceite de almendras dulces.

Escaldadas y mondadas las almendras se dejan al aire por espacio de dos horas y se pasan por una máquina de rallar, de modo
que se obtenga una pasta fina. Durante esta operación se rocían con
unas gotas de agua fría para evitar que la pasta salga aceitosa.

Se ponen en un perol 750 gr de azúcar, un cuarto de litro de
agua y el crémor tártaro, y se cuece hasta obtener un almíbar a
punto de bola fuerte, lo que se conoce si al poner unas gotas de
dicho almíbar en agua fría al cogerlas con los dedos se forma una

bola dura. Entonces se añaden las almendras molidas, que se mezclarán con una espátula de madera, dejándolo cocer a fuego lento hasta que la pasta se despegue del fondo del perol. Seguidamente se aparta del fuego y pasados unos cinco minutos se le incorporan las yemas de huevo, se unen bien a todo lo anterior, se vuelve a colocar el perol a fuego lento y se sigue revolviendo hasta conseguir una pasta consistente, la cual se echará en un molde forrado con papel blanco y untado de aceite de almendras dulces. Luego se cubre con una madera que ajuste al molde, se prensa, colocando encima un peso de 3 kg aproximadamente, y cuando está bien frío se desmolda, se espolvorea con el azúcar y se quema con una pala de hierro candente.

TURRÓN DE YEMA FINO

Se prepara la misma fórmula que el turrón de mazapán (véase receta), se agregan 6 yemas de huevo, se deja cocer hasta que vuelva a estar consistente, se echa en los moldes forrados con papel de barba y untados con aceite y se sigue el orden del turrón antes citado.

TURRÓN DE CÁDIZ

Se siguen las mismas indicaciones que para la preparación del turrón de mazapán, y, una vez en su punto, en lugar de ponerlo en los moldes se echa sobre un mármol untado con aceite de almendras dulces, se estira con un rodillo formando una plancha de 2 cm de espesor, encima se esparcen 500 gr de fruta confitada cortada a trocitos, se enrolla, dándole la forma cilíndrica o de bola, alisándola bien, se pinta la superficie con un poco de yema de huevo batido y se cuece unos segundos a horno fuerte para que tome un color dorado.

PANELLETS

Fórmula de mazapán para la confección de los panellets

1 kg de azúcar, 1 kg de almendras crudas, 2 gr de crémor tártaro, 400 gr de boniatos y 2 huevos.

Escaldadas y mondadas las almendras se dejan durante dos horas con agua, se escurren, se mondan, se lavan y una vez bien secas se pasan por una máquina de rallar fina y se echan en una vasija.

En una cacerola se pone el azúcar con un cuarto de litro de agua y el crémor, se arrima a fuego vivo y se cuece hasta obtener un almíbar a punto de bola fuerte, espumándolo de cuando en cuando. (Se conoce si está en su punto si en la superficie del líquido se forman unas burbujas del grueso de una avellana, y echando unas gotas de dicho almíbar en un recipiente con agua fría se observa que al cogerlas con los dedos aparecen unas bolas de cristal.) Seguidamente se vierte poco a poco en la vasija donde se tienen las almendras ralladas y los boniatos mondados, hervidos, escurridos y pasados por un tamiz. A continuación se mezcla bien, se agregan 2 huevos sin batir y se sigue trabajando hasta obtener una pasta fina. Después se echa encima de un mármol y al quedarse frío se trabajan los panellets con las manos y se forman bien.

PANELLETS DE LIMÓN

Con el mazapán se hacen 6 partes. A una de éstas se le mezcla un poco de corteza de limón rallada o unas gotas de esencia de limón, se forman unas bolas del grueso de algo más de una nuez, se pasan por el azúcar de granillo, se colocan en una hojalata untada de mantequilla y espolvoreada con harina y se cuecen a fuego regular por espacio de ocho a diez minutos.

PANELLETS DE VAINILLA

A otra de las partes de mazapán se le añade una pizca de vainilla en polvo y se le da la misma forma y cocción que para los panellets de limón.

PANELLETS DE PIÑONES

Con otra de las partes de dicha pasta se forman unas bolas, se rebozan con clara de huevo ligeramente batida y luego con los piñones de modo que resulten cubiertas de una capa de éstos, y se cuecen lo mismo que los de limón.

PANELLETS DE CASTAÑAS

Escaldadas y mondadas las castañas (200 gr) se les saca la segunda piel y se cuecen con 1 ¼ litros de leche, conservando la cacerola tapada durante treinta y cinco minutos. A continuación se escurren, se pasan por un tamiz, se mezclan con una de las partes del mazapán, se forman los panellets del tamaño de una nuez, se rebozan con azucarillo molido y se cuecen igual que los demás.

PANELLETS DE FRESA

Se mezcla una parte del mazapán con unas gotas de esencia y otras gotas de carmín vegetal Bretón, se forman unas bolas redondas, se rebozan con azúcar de granillo y se cuecen como los anteriores.

PANELLETS DE YEMA

Con 200 gr de azúcar, un decilitro de agua y una pizca de crémor tártaro se prepara un almíbar a punto de bola. Seguidamente se echa en una cacerola donde se tienen 4 yemas de huevo, se revuelve con una espátula de madera, se arrima al fuego y se sigue revolviendo con viveza hasta obtener una pasta de mazapán espesa. Luego se le mezclan 300 gr de mazapán y cuando haya quedado frío se forman los panellets ovalados, se espolvorean con azúcar de lustre y se cuecen al horno al igual que los demás.

PANELLETS (Fórmula núm. 2)

400 gr de almendras crudas y molidas, 450 gr de azúcar, 300 gr de boniatos blancos, 100 gr de piñones, 100 gr de avellanas, media copita de jarabe de grosella, 25 gr de cerezas confitadas, 2 huevos, un limón, 25 gr de coco rallado, 25 gr de chocolate en polvo, 100 gr de harina, unas gotas de carmín vegetal, 50 gr de azúcar glas y 20 gr de mantequilla.

Mondados los boniatos se cortan a trozos, se cuecen con agua, se escurren y se pasan por un tamiz.

MAZAPÁN. Se ponen en una vasija las almendras, se les adicionan los boniatos, 400 gr de azúcar, 2 yemas de huevo y un poco de corteza de limón rallada; se mezcla bien y se echa encima de un mármol espolvoreado con harina, se amasa y se forma un cilindro, se corta éste en cinco partes. A una de éstas se le mezcla el chocolate, a otra se le adiciona la grosella y el carmín, a la tercera el coco. Luego se forman unas bolitas, se pasan por azúcar y se colocan encima de una plata de pastelería, previamente untada con mantequilla y espolvoreada con harina; se espolvorean con azúcar glas y en el centro de las bolitas de grosella, se pone media cereza confitada.

Con el resto del mazapán se forman, con una parte unas bolitas y a la otra se le da la forma de unas croquetas. Éstas se pasan por clara de huevo batida con un poco de agua, y se cubren con avellanas picadas finas y las bolitas restantes, se pasan por clara de huevo y se cubren con piñones, sujetándolos con las manos; se colocan encima de la placa y se cuecen al horno a temperatura regular durante diez minutos.

PASTA DE HOJALDRE

(Cantidades para diez personas)

Para la preparación de esta pasta se debe poner mucho cuidado en su ejecución, pues la persona que la prepara irá descubriendo, en diferentes ocasiones, cosas extrañas aun pareciéndole haberla hecho igual. Como esto puede derivar tanto del horno como de la atmósfera o ambiente cálido donde se ejecuta, para su confección es necesario tenerlo todo previsto, al objeto de conseguir un hojaldre que en su cocción tome un incremento extraordinario, pues una pasta cuyo espesor es de 2 cm aproximadamente, con la acción del horno debe elevarse de unos 12 a 14 cm.

Vamos a dar a conocer al lector las características de la verdadera pasta de hojaldre.

Cantidades para preparar, vol-au-vent, pastelillos o pastas para té para diez personas:

350 gr de harina de la mejor calidad, 250 gr de manteca de cerdo fuerte, o sea mallorquina, o la misma cantidad de mantequilla, 5 gr de sal, una yema de huevo, el zumo de medio limón y un decilitro de agua fría.

Advertencia. Para la ejecución es necesario ponerse en sitio fresco, principalmente si fuese en la época del calor.

EjEcución. Con 250 gr de harina se forma un círculo encima de un mármol y en su centro se ponen 25 gr de manteca, la yema de huevo, zumo de limón, sal y agua; se remueve esta mezcla con una cuchara de madera, incorporándole poco a poco la harina sin que salga el agua fuera y procurando que la pasta resulte algo compacta. Entonces se retira la cuchara y se amasa con las manos hasta conseguir una pasta fina y suavísima al tacto, para lo cual se tiene que trabajar unos diez minutos, espolvoreando el mármol con harina. A continuación se forma una bola, dejándolo reposar unos diez minutos aproximadamente.

La manteca se sumerge en una cacerola con agua y hielo y transcurridos diez minutos se trabaja con las manos hasta que se vea que está fuerte y suave. Se hace una bola y se deja en la misma agua dos o tres minutos. Seguidamente se estira la pasta sobre el mármol, espolvoreándolo con harina para adquirir una plancha que tenga 1 cm de grueso y en una de sus puntas se pone la manteca. Se enrolla, formando un cilindro y con el rodillo se estiran las dos extremidades, haciéndolas caer sobre la pasta, tapando la juntura del cilindro; se enrolla con las manos, dándole algo de forma de bola, se aplana ligeramente con el mismo rodillo, se cubre con un paño, se deja reposar cinco minutos, se vuelve a espolvorear ligeramente el mármol con harina, se estira otra vez la pasta, convirtiendo ésta en una capa aproximadamente de 80 cm de largo por 40 o 50 de ancho, teniendo la precaución de no dejar caer el rodillo en los dos extremos, pues si se llegase a esto es peligroso, porque se cortaría la pasta y se saldría la manteca. En este punto se pliega la pasta en tres pliegues, se deja reposar cinco minutos y se repite la misma operación, estirándola y doblándola tres veces, se vuelve a dejar descansar y si es en la época del calor se introduce en una nevera o bien sobre hielo y encima otro plato con hielo picado, y después se vuelve a estirar y se dobla en tres pliegues. Una vez reposada, se repite la operación otras dos veces, plegándola tres veces; luego se deja reposar dos horas.

Ya preparada la pasta de hojaldre con las explicaciones precedentes, se puede llevar a la práctica la confección de las pastas siguientes.

Vol au vent. Se estira la pasta con el rodillo, dándole el grueso de 1 cm, se cortan dos discos del tamaño de 18 a 20 cm de diámetro, se coloca uno de éstos encima de una placa y se moja con un poco de agua mezclada con yema de huevo para sacar la harina; al segundo disco se le corta un círculo en el centro de unos 10 cm de diámetro y se coloca encima del disco que tendremos en la placa, se moja la superficie con la yema mezclada con agua y se cuece al horno a temperatura regular por espacio de veinticinco minutos, tapándolo con papel para que no tome demasiado color.

Al sacarlo del horno se quita la tapadera, se vacía, sacando la pasta cruda, y se rellena con lo que tendremos destinado.

CHANTILLY

200 gr de nata, 35 gr de azúcar de lustre y 25 gr de azúcar fino.

Se preparan 12 pequeños discos de pasta de hojaldre del tamaño de una moneda vieja de cinco pesetas, se colocan en una placa, se moja la superficie con un poco de agua, sirviéndose de un pincel, se espolvorean con azúcar fino y se meten en el horno hasta que tengan un color dorado. Una vez fríos se abren horizontalmente por la mitad y se coloca en la parte inferior una cucharadita de nata mezclada con el azúcar de lustre, se vuelve a colocar en su sitio la otra mitad, formando como si fueran unos emparedados, y se espolvorean con el azúcar de lustre.

ABANICOS. Se cortan 12 triángulos de pasta de hojaldre, dejándoles la parte más ancha en forma ovalada, chafando con los dedos una de las puntas y formando como si fuera un abanico. Se le hacen unos pequeños cortes en la parte ovalada y se colocan en una placa, se mojan con un poco de agua, se espolvorean con azúcar en polvo y se meten en el horno para que se doren.

PARMIER. Se estira la pasta de hojaldre restante, dándole el grueso de medio cm, se espolvorea con azúcar fino y se enrolla de ambos lados o puntas hasta juntarse éstas en el centro, quedando las dos partes bien iguales; se vuelve la pasta y se corta con un cuchillo, formando unas rajas de 1 cm de espesor, se espolvorean de cada lado con azúcar, se colocan en una placa y se cuecen al horno hasta que tengan un color dorado de los dos lados.

Se sirve todo en bandeja cubierta con una blonda.

PARISINOS

35 gr de avellanas ralladas, 3 cucharadas de mermelada de albaricoque y 25 gr de azúcar de lustre.

Se cortan 12 trozos de pasta de hojaldre de 6 cm de largo por 4 de ancho, se colocan en una placa de pastelero y en el centro de cada uno se pone media cucharada de mermelada; se agregan las avellanas, se espolvorea con azúcar de lustre y se mete en el horno por espacio de doce a catorce minutos.

PEQUEÑOS CONDES

100 gr de azúcar de lustre, unas gotas de zumo de limón, 50 gr de almendras crudas peladas y cortadas a tiras y media clara de huevo.

Se cortan 12 discos de pasta de hojaldre de 6 cm de diámetro y se colocan en una placa de pastelero.

GLASA BLANCA. En una taza se pone el azúcar de lustre, unas gotas de zumo de limón y la media clara de huevo, y se mezcla bien con una cuchara de madera hasta obtener una pasta fina y blanca. Luego se cubren los discos de pasta con dicha glasa, se esparcen en la superficie las almendras, se cuecen a horno regular durante doce o catorce minutos de modo que tengan un color dorado y se espolvorean con azúcar de lustre.

PASTAS DE HOJALDRE (Pastas saladas)

250 gr de harina, 175 gr de manteca fuerte, un huevo, un limón, 2 anchoas, 25 gr de queso rallado, 25 gr de almendras crudas y 50 gr de sobrasada.

Póngase encima de un mármol 200 gr de harina formando un círculo, en el interior se pone un huevo guardando un poco de yema, se adiciona lentamente sal, 10 gr de manteca, siete cucharadas de agua y un poco de zumo de limón y se mezcla bien para obtener una masa fina, se deja descansar unos veinte minutos, luego se estira dándole el grueso de medio centímetro, en el centro se pone la manteca en forma de bola, se cubre con la pasta, se estira dándole tres pliegos, se deja descansar unos minutos, se vuelve a estirar, se repite la misma operación, se deja descansar, se estira, se le dan cuatro pliegos y se termina dándole tres pliegos más, se deja descansar, se estira muy delgadito, se cortan unos pequeños discos, en el centro se coloca una almendra, en otros se ponen unos trozos de filetes de anchoas, en otros se pone un trozo de sobrasada y las restantes se preparan con queso y se cuecen al horno dándoles un color dorado.

PASTAS DE HOJALDRE

(Tarta de manzanas)

300 gr de harina, 200 gr de manteca de cerdo, 600 gr de manzanas reinetas, media lata de mermelada de albaricoque, un huevo, 75 gr de azúcar y un limón.

Póngase encima del mármol 200 gr de harina formando un círculo, en el centro se echa un huevo, reservando un poco de yema, media cucharadita de zumo de limón, 10 gr de manteca, siete cucharadas de agua y una pizca de sal. Se mezcla todo bien con una cuchara de madera y luego con las manos, hasta obtener una pasta fina y flexible, se deja reposar unos minutos y luego se estira con un rodillo y en el centro se pone la manteca preparada en forma de bola, se cubre con la pasta y se deja reposar durante cinco minutos en sitio algo fresco, se estira con un rodillo dándole tres pliegues, se repite la misma operación, luego se vuelve a estirar, dándole cuatro pliegues y por último uno de tres. Seguidamente se estira la pasta, se cortan dos tiras de ocho a diez centímetros de ancho, se colocan encima de una placa de pastelero, en el centro y en todo lo largo, se colocan las manzanas mondadas y partidas por la mitad, desprovistas del corazón y cortadas a lonjas delgadas, se pintan con la yema de huevo mezclada con un poco de agua, se espolvorean con azúcar y se cuecen al horno hasta que tomen color dorado, luego se cubre con la mermelada.

BIZCOCHO BELLA ELENA

300 gr de harina, 150 gr de azúcar, 4 huevos, 50 gr de chocolate en polvo, 150 gr de mantequilla, 15 gr de levadura, 2 decilitros de leche, 25 gr de azúcar lustre, y un poco de vainilla.

Póngase en un cazo la mantequilla a derretir, se trabaja un poco formando pomada, se aparta del fuego y se adiciona el azúcar, se trabaja durante 5 minutos, a continuación se agregan los huevos, y se sigue trabajando, luego se incorpora la harina, la vainilla, la levadura y la leche tibia, y una pizca de sal. Se mezcla todo obteniendo una pasta fina. De ésta se hacen tres partes; en una, se incorpora el chocolate en polvo. Otra parte de pasta se pone en un molde untado con mantequilla y espolvoreado con harina, se mete al horno, y cuando está ligeramente cuajada la pasta, se saca y se le incorpora la de chocolate, se vuelve a meter al horno, y cuando está un poco consistente se saca y se le incorpora la tercera parte de la pasta. Se deja cocer a temperatura regular durante media hora. Al sacarla del horno, se pone en un plato o bandejita redonda y se espolvorea con el azúcar lustre.

HELADOS

MOLDE DE HELADO A LA MÓNACO

*Tres cuartos de litro de leche, 225 gr de azúcar, 7 yemas de huevo,
100 gr de chocolate, un cuarto de litro de crema de leche, 12 kg de hielo,
2 kg de sal gorda, media hoja de papel blanco, 100 gr de fruta confitada, una copita de kirsch, 50 gr de azúcar de lustre, 50 gr de cerezas confitadas y 25 gr de manteca de cerdo.*

Se pone en un papel el azúcar, las yemas de huevo y el chocolate rallado; se mezcla bien, adicionándole a continuación la leche
hervida; se arrima al fuego y se remueve con una espátula de madera hasta obtener una crema espesa, sin que llegue a hervir, lo que
se conoce si al sacar la espátula ésta resulta cubierta de una capa de
dicha crema. Una vez fría se echa en una heladora, pasándola por
un colador, se rodea con hielo picado y sal y se trabaja hasta obtener un helado consistente.

NATA. En una vasija de cristal se pone la crema de leche, se
rodea con hielo picado y se bate con un batidor, resultando de este
modo una nata espesa. Luego se le mezcla el azúcar de lustre pasado por un tamiz, la fruta confitada y las cerezas, todo cortado a trocitos y mezclado con el kirsch.

En un cubo se coloca un molde de los de biscuit-glacé y se
rodea con hielo y sal; luego se quita la tapadera, se echan las dos
terceras partes del helado de chocolate y, sirviéndose de una cuchara mojada con agua tibia, se va cubriendo toda la parte del molde,
dejando un hueco en el centro, donde se pone la nata y se termina
de llenar con el resto del helado. Luego se tapa con el papel y después con la tapadera, y con la manteca se tapan las junturas. Se
cubre todo con hielo y sal y con un paño gordo o un saco, dejándolo de este modo durante dos horas y media y agregándole sal y
hielo si éste se derrite.

Para servirlo se saca del cubo, se pasa el molde por agua tibia,
se seca y luego se vierte en una fuente cubierta con servilleta.

MOLDE DE HELADO A LA METROPOL

Tres cuartos de litro de leche, 7 huevos, 275 gr de azúcar, una lata pequeña de piña, 50 gr de cacao en polvo, 300 gr de nata, 50 gr de azúcar de lustre, una copita de curaçao, una hoja de papel de barba, 50 gr de manteca de cerdo, 16 kg de hielo y 3 kg de sal gruesa.

HELADO. Se ponen en un cazo las yemas de los huevos y 200 gr de azúcar, se mezcla bien y se adiciona la leche previamente hervida; se arrima al fuego y se remueve con una espátula de madera hasta obtener una crema algo espesa. Seguidamente se pasa por un colador y se deja enfriar, luego se echa en una heladora rodeada con hielo y sal gruesa y se trabaja hasta obtener un helado consistente, agregándole la nata mezclada con el azúcar de lustre.

Con la mitad del papel de barba se forra el interior de una tapa de un molde de barra de los que sirven para el turrón, se quita todo el papel sobrante y se tapan las rendijas con manteca; se rodea dicho molde con hielo picado y mezclado con sal, se llena la mitad del molde con la mitad del helado, agregándole la piña hecha a trocitos y macerada con el curaçao, al resto del helado se le mezcla el cacao y seguidamente se termina de llenar el molde. Se tapa primero con el papel y luego con la tapadera; se saca el papel restante, se tapa la juntura con la manteca, se cubre con hielo y sal y se deja durante dos horas, tapándolo con una manta o un saco para la conservación del hielo.

Para servirlo se pasa el molde por agua tibia, se le quitan las tapas y el papel y se vierte en una fuente cubierta con una blonda o servilleta.

Nota. La manipulación de llenar el molde se tiene que hacer con mucha rapidez para evitar que el helado se ablande, y al sacarlo del molde se tiene que servir inmediatamente.

MOLDE DE HELADO A LA DUQUESA

Tres cuartos de litro de leche, 6 huevos, 200 gr de azúcar fino, 100 gr de chocolate en polvo, una lata de piña, un cuarto de litro de crema de leche, 14 kg de hielo, 2 kg de sal gruesa, 50 gr de manteca de cerdo, una hoja de papel de barba, 50 gr de azúcar de lustre y 100 gr de fruta confitada.

Se ponen en un cazo las yemas de los huevos y el azúcar fino, se mezcla bien y se adiciona la leche previamente hervida con el chocolate rallado; se arrima al fuego y se remueve con una espátula de madera hasta obtener una crema espesa, sin que llegue a hervir; se pasa por un colador, se deja enfriar, se echa en una heladora, se rodea con hielo picado y sal, se trabaja hasta obtener un helado consistente y se le mezcla la piña y la fruta confitada, todo hecho a trocitos. Se forra la mitad de un molde de hacer helado con papel de barba, se saca el papel sobrante y se tapa la juntura de manteca de cerdo. Se rodea con hielo picado, poniéndolo debajo unas maderas, se llena con el helado, se cubre con papel, se tapa con su tapadera, se cubre bien con hielo y sal, se tapa con un paño de saco y se deja durante tres horas.

Se pone la crema de leche en una ensaladera rodeada con hielo picado, se bate con un batidor para obtener una nata espesa y se le mezcla el azúcar de lustre.

Se pasa el molde por agua tibia, se saca, se destapa, se vierte encima de una fuente cubierta con una blonda y se cubre la superficie con la nata, sirviéndose de una manga.

MOLDE DE HELADO PALMIRA

Medio litro de leche, 25 gr de mantequilla, 5 huevos, media lata de mermelada de fresas, 200 gr de chocolate en polvo, unas gotas de carmín vegetal, 125 gr de azúcar, 200 gr de nata, 50 gr de azúcar de lustre, una copita de kirsch, 200 gr de piña, 200 gr de peras confitadas y media hoja de papel de barba.

Se ponen en una cacerola las yemas de los huevos y el azúcar, se añade la leche previamente hervida, se vuelve al fuego hasta que la crema empiece a espesarse y luego se deja enfriar. A continuación se le mezcla la mermelada y el carmín, se pasa por un colador y en una heladora se hiela bien fuerte.

La piña y las peras se cortan a cuadritos pequeños y se dejan en maceración con el kirsch.

El molde se rodea con hielo y sal, se pone una capa de helado. por todo el alrededor y en el fondo, en el centro, se coloca la nata mezclada con el azúcar de lustre y la fruta macerada con el kirsch terminándose de llenar con el helado. Se tapa con el papel de barba y luego con la tapadera, se cubre de hielo y sal y se deja en esta situación durante dos horas, añadiendo hielo y sal si éste se derrite.

Se diluye el chocolate con un poco de leche, se hierve cinco minutos, se le mezcla la mantequilla y se sirve frío en salsera, acompañando el helado.

MOLDE DE HELADO A LA GRAN FLORIDA

*Medio litro de leche, 150 gr de azúcar, 5 huevos, una lata de
piña en rodajas, una copita de curaçao, 100 gr de fruta confitada,
500 gr de nata, 100 gr de azúcar de lustre pasado por un tamiz, 15
gr de hielo y 3 kg de sal gorda.*

Se ponen en un cazo las yemas de los huevos y el azúcar, se
mezcla bien y se agrega la leche previamente hervida; se arrima el
cazo al fuego y se remueve con una espátula de madera hasta obtener una crema algo espesa, sin que llegue a hervir, conociéndose
que está en este punto cuando al sacar la espátula ésta resulta
cubierta de una capa de dicha crema. Entonces se pasa por un colador y se deja enfriar, luego se le añade el curaçao y 6 cucharadas de
jugo de piña, se echa en una heladora que se tendrá preparada con
hielo picado y sal y se da vueltas a la manivela para que resulte un
helado bien fuerte. A continuación se añade la nata mezclada con el
azúcar de lustre y la fruta confitada cortada a trocitos. Seguidamente
se llena un molde de los llamados de biscuit que estará puesto en
un cubo, rodeado con hielo y sal se tapa con el papel, luego con su
tapadera, se cubre de hielo y sal y se deja en esta situación durante tres horas, procurando quitarle el agua y agregarle sal y hielo si
éste se derrite.

Para servirlo se pasa el molde por agua tibia, se presenta en una
fuente y se rodea con rodajas de piña.

MOLDE DE HELADO A LA VENECIANA

*Medio litro de leche, 5 huevos, 300 gr de nata, 150 gr de azúcar
fino, 200 gr de fruta confitada, una copita de kirsch, 2 hojas de
papel de barba, 2 kg de sal gruesa, 12 kg de hielo, 50 gr de azúcar
de lustre, unas gotas de carmín, 50 gr de manteca de cerdo y 100 gr
de cerezas confitadas.*

Se ponen en un cazo las yemas de los huevos, se mezclan con
el azúcar fino, se añade la leche previamente hervida, se arrima al
fuego y se remueve con una espátula de madera hasta obtener una
crema algo espesa, lo cual se conoce si al sacar la espátula ésta
resulta ligeramente cubierta de una capa de líquido. Seguidamente
se retira del fuego y se le mezclan las fresas pasadas por un tamiz,
y unas gotas de carmín vegetal, de modo que resulte de un color
rosa. A continuación se pasa por un colador y se echa en una hela-

dora que se tendrá preparada con hielo y sal, y se trabaja hasta que resulte un helado bien sólido.

Las frutas confitadas se cortan a trocitos y se mezclan con el kirsch.

El azúcar de lustre se mezcla con la nata, guardando ésta en una nevera hasta el momento de servirse.

Se forra de un lado un molde barra con papel, se pone una tapadera, se quita el papel que sobresale y se tapa la juntura con manteca. Se coloca en un molde o en un recipiente hondo y ancho con la parte donde hay el papel hacia abajo y que descanse encima de dos pequeños listones, luego se rodea con hielo picado mezclado con sal, se quita la tapa superior del molde y se pone una capa de helado. Sobre éste se extiende la nata mezclada con la fruta confitada y encima otra capa de helado, se cubre con papel, se pone la tapa, se saca el sobrante del papel, se tapa la juntura con manteca, se cubre con hielo picado y sal, se tapa con un paño gordo y se deja por espacio de dos horas, quitándole una o dos veces el agua y agregándole sal y hielo si éste se derrite.

Al momento de servirlo se retira del hielo, se pasa por agua, se seca con un paño, se quita la tapa y el papel, se vierte encima de una fuente recubierta con servilleta, se saca la otra tapa y se levanta el molde para que caiga el helado.

Se sirve seguidamente.

PIRÁMIDE DE HELADO A LA NAPOLITANA

8 decilitros de leche, 8 huevos, 300 gr de azúcar, 100 gr de fruta confitada, 50 gr de cerezas confitadas, una copita de marrasquino, 6 peras de tamaño algo mayor que un huevo, un limón, 3 brioches, 100 gr de chocolate en polvo, 12 kg de hielo, 2 kg de sal gorda, 150 gr de piña en almíbar y 50 gr de mantequilla.

CREMA PARA EL HELADO. Se ponen en una cacerola 7 yemas de huevo y 100 gr de azúcar, se mezcla bien y se agrega la leche previamente hervida, dejando de ésta un decilitro aparte, que servirá para otro uso. Luego se arrima la cacerola al fuego, revolviendo con una espátula de madera hasta que la crema empiece a espesarse. Después se deja enfriar, se coloca en una heladora rodeado con hielo machacado y sal y se trabaja hasta obtener un helado muy consistente. A continuación se le mezcla la fruta, las cerezas y la piña, todo cortado a trocitos; se añade el marrasquino, se pone el helado en un molde de forma piramidal, o sea los discos de biscuit-glacé, y se rodea esto de hielo machacado y sal, dejándolo por espacio de tres horas y añadiendo sal y hielo si éste se derrite.

PERAS EN ALMÍBAR Se mondan las peras, se frotan con limón, se ponen en una cacerola con un cuarto de litro de agua y el resto del azúcar, se cuecen durante media hora y luego se escurren y se ponen en una nevera para que estén bien frías.

CREMA DE CHOCOLATE. Se pone el chocolate en una cacerola con la leche, se revuelve con un batidor, se cuece hasta que esté bien diluido y algo espeso, se agrega, fuera del fuego, la mantequilla con una yema de huevo, y se pone a enfriar.

Los brioches se cortan en forma de discos de 1 cm de grueso por 5 de diámetro.

A la hora de servirse se saca el molde del hielo, se pasa por agua tibia, se seca con un paño, se vierte en una fuente redonda, alrededor se colocan los discos de brioches, encima de éstos se ponen las peras y se cubren con la crema de chocolate.

Se sirve inmediatamente.

BIZCOCHO HELADO A LA VAINILLA

125 gr de azúcar, 300 gr de nata, 10 kg de hielo, 2 kg de sal gorda, 6 yemas de huevo, vainilla y media hoja de papel de barba.

Se pone en una cacerola el azúcar, la vainilla y un cuarto de litro de agua y se deja hervir cinco o seis minutos para obtener de este modo un jarabe de 18 a 20 grados, que a continuación se pasa por un colador.

En un perol que no sea de aluminio se echan las yemas de los huevos, se añade poco a poco el jarabe y una vez bien batido con un batidor se pone a fuego lento y se sigue la misma operación hasta que el contenido esté a punto de hervir. Se coloca luego el recipiente encima del hielo picado y síguese batiendo hasta que esté frío. Seguidamente se le mezcla la nata, sin remover mucho, y se llena el molde, que estará rodeado de hielo y sal. Se tapa con el papel, luego con la tapadera, y se cubre todo con hielo y sal, teniendo que estar en esta forma a lo menos tres horas y media. Después se añade hielo si éste se derrite y transcurrido dicho tiempo se pasa el molde por agua tibia y se vierte en una fuente con servilleta.

ESPUMOSO A LA SEVIGNÉ

(Cantidades para ocho personas)

Un litro de crema de leche, 300 gr de chocolate en polvo, 250 gr de azúcar fino, 10 kg de hielo, 2 kg de sal gruesa y media hoja de papel de barba.

En una cacerola se echa el chocolate con el azúcar y un decilitro de agua, se pone a fuego lento, se diluye con una espátula de madera y se deja enfriar bien.

Se rodea con hielo picado un recipiente de cristal o porcelana, en el interior se echa la crema de leche y se bate con un batidor para que resulte una nata espesa. Luego se adiciona poco a poco el chocolate y se echa en un molde de biscuit-glacé que tendremos previamente rodeado con hielo picado y sal. A continuación se cubre con el papel de barba, se tapa con una tapadera, se cubre todo con hielo picado y sal y se deja durante dos horas, agregándole hielo y sal y tapándolo con un trapo.

Para servirlo se saca del hielo, se pasa éste por agua tibia, se seca, se le quita la tapadera y el papel, se pone una mano en la boca del molde y se da un golpe en el ángulo de una mesa, pegando en el canto del molde. El contenido, al caer, se coloca en el centro de una fuente cubierta con una blonda o servilleta.

FRESAS MELBA

Medio litro de leche, 150 gr de azúcar, vainilla, 5 huevos, medio pote de mermelada de fresas, 6 kg de hielo, 1 kg de sal gruesa, 600 gr de fresas, 50 gr de azúcar de lustre, unas gotas de carmín y 300 gr de nata.

En una cacerola se ponen las yemas de los huevos y el azúcar, se mezcla bien, se adiciona la leche previamente hervida con la vainilla, se arrima la cacerola al fuego y se remueve con una espátula de madera hasta obtener una crema algo espesa, la cual se conoce cuando está en su punto si al sacar la espátula ésta resulta ligeramente cubierta de una capa de crema. Seguidamente se pasa por un colador y se deja enfriar, luego se echa en una heladora que se tendrá preparada con hielo y sal, y se trabaja hasta obtener un helado bien consistente.

Se limpian las fresas y se ponen en una escurridera.

Se pone en una ensaladera de cristal o porcelana en el centro de una fuente redonda, se rodea con hielo picado mezclado con un poco de sal fina, en el interior de la ensaladera se pone el helado, encima se colocan las fresas, se cubren con la mermelada pasada por un tamiz, mezclada con el carmín y guardada en sitio fresco, y se rodean con un cordón de nata mezclado con el azúcar de lustre, sirviéndose para dicho fin de una manga con boquilla rizada.

Sírvase inmediatamente.

HELADO DE TURRÓN

Medio litro de leche, 5 huevos, 300 gr de turrón de jijona, 50 gr de azúcar, 6 kg de hielo y 1 kg de sal gruesa.

Se ponen en un cazo las yemas de los huevos, el turrón rallado y el azúcar; se mezcla, se le adiciona le leche hervida, se pone al fuego unos minutos y se deja enfriar. Seguidamente se echa en una heladora que tendremos preparada con hielo picado y sal, y se trabaja para obtener un helado consistente.

MANTECADO

5 yemas de huevo, 150 gr de azúcar, un limón, un ramito de canela, medio litro de leche, 5 kg de hielo y 1 kg de sal gorda.

En un cazo se echan las yemas de los huevos y el azúcar, se le adiciona la leche previamente hervida con la corteza de limón y la canela, se arrima la cacerola al fuego y se remueve con una espátula de madera hasta que resulte una crema espesa, la cual se vierte en una heladora, pasando el líquido por un colador y previamente rodeada con hielo y sal, y se trabaja hasta obtener un helado consistente.

HELADO CREMA DE COCO

Medio litro de leche, 100 gr de coco rallado, 150 gr de azúcar, 5 huevos, 6 kg de hielo y 1 kg de sal gruesa.

Se echan en un cazo las yemas de los huevos y el azúcar, se mezcla bien y se le adiciona la leche hervida con el coco. Luego se arrima al fuego y se remueve con un batidor para que resulte una crema algo espesa, sin que hierva. Se deja enfriar y se pasa la crema por un colador, exprimiendo bien para extraer todo el líquido. A continuación se echa en una heladora preparada con hielo picado y sal, se trabaja y se obtiene un helado consistente.

HELADO CREMA DE CHOCOLATE

Medio litro de leche, 5 yemas de huevo, 100 gr de chocolate en polvo, 150 gr de azúcar, 5 kg de hielo y 1 kg de sal gorda.

Se echan en un perol las yemas de huevo, el azúcar y el chocolate en polvo; se mezcla, se añade la leche previamente hervida, se arrima al fuego y se remueve con una espátula de madera hasta que empiece a espesarse. Una vez frío se pone en una heladora, pasándolo por un colador, se rodea con hielo y sal, y se hiela.

HELADO CREMA DE CAFÉ

Medio litro de leche, 5 yemas de huevo, 50 gr de café en grano, 150 gr de azúcar, 5 kg de hielo y 1 kg de sal gorda.

Se pone a cocer la leche con el café ligeramente machacado en el mortero y cuando arranca el hervor se aparta del fuego.

CREMA DE CAFÉ. Se mezcla el azúcar y las yemas de huevo, se agrega la leche y se arrima la cacerola al fuego, removiéndolo con una espátula de madera hasta que el líquido resulte algo espeso, pero sin que hierva, lo cual se conoce si al sacar la espátula ésta resulta cubierta de una ligera capa de dicha crema. Ya en este punto se deja enfriar y se echa en una heladora, pasándolo por un colador, se rodea con hielo picado y sal, y se da vueltas a la manivela hasta que se consiga un helado fuerte.

CARLOTA CRIOLLA

6 decilitros de leche, 5 huevos, 200 gr de azúcar, 200 gr de chocolate en polvo, 8 kg de hielo, 150 gr de bizcochos, vainilla y 1 kg de sal.

HELADO DE CREMA A LA VAINILLA. Póngase en un cazo cinco yemas de huevo, 150 gr de azúcar y la vainilla, se mezcla todo bien, adicionando medio litro de leche previamente hervida. Se arrima al fuego y se remueve con un batidor o espátula de madera, obteniendo una crema algo espesa pero sin que llegue a hervir. Se deja enfriar, se pone en una heladora preparada con hielo y sal y se trabaja hasta que resulte un helado consistente. Dilúyase el chocolate en la leche.

Con los bizcochos se forra un molde flanera, y se guarda en una nevera hasta el momento de servirlo. Se llena dicho molde con el helado, apretado, se vierte en una fuente, se cubre con el chocolate diluido, las claras de huevo batidas a punto de nieve fuerte y mezcladas con el resto del azúcar. Se mete unos segundos en el horno, y se sirve inmediatamente.

AMOLETTE SOUFFLÉS SOURPRISE

7 huevos, medio litro de leche, 150 gr de bizcochos, 300 gr de azúcar, 6 kg de hielo, 1 kg de sal gruesa, 50 gr de cerezas confitadas y un poco de aceite fino.

Póngase en un cazo 5 yemas de huevo, 150 gr de azúcar y un poco de vainilla en polvo. Se mezcla y se le adiciona la leche previamente hervida, se arrima al fuego, se remueve con una espátula de madera hasta obtener una crema algo espesa sin que llegue a hervir, se pasa por un colador, se pone en una heladora y se rodea con hielo y sal, se trabaja hasta obtener un helado bien consistente.

Con el bizcocho y 30 gr de azúcar acaramelado, se preparan unas cajitas de forma cuadrilonga y se llenan con el helado. En un perol, se ponen siete claras de huevo y se baten a punto de nieve fuerte, se les mezclan dos yemas de huevo y un poco de vainilla, y el restante del azúcar. Se pone en una manga con boquilla rizada, se cubre el helado formando un bonito dibujo, se adorna con las cerezas confitadas, se meten unos segundos al horno para que tomen un color dorado y se sirven enseguida a la mesa.

HELADO CREMA PRALINÉ

Medio litro de leche, 5 yemas de huevo, 75 gr de avellanas tostadas, 200 gr de azúcar, unas gotas de aceite de almendras dulces, 5 kg de hielo y 1 kg de sal gorda.

PRALINÉ. En una cacerola se ponen las avellanas mondadas, 50 gr de azúcar y 3 cucharadas de agua. Luego se arrima al fuego vivo, removiéndolo con una cuchara de madera hasta que el contenido adquiera un fuerte color dorado. Seguidamente se echa encima de un mármol o plato que se tendrá untado con aceite de almendras y una vez frío se pasa por una máquina de rallar hasta que resulte fino.

Se mezcla el azúcar con las yemas de huevo, se adiciona la leche hervida y se pone al fuego, removiéndolo con una espátula de madera hasta que empiece a espesarse. A continuación se deja enfriar, luego se añade el praliné, se echa en una heladora y se trabaja hasta obtener un helado consistente.

SORBETE A LA FLORENTINA

Una lata pequeña de piña, 400 gr de azúcar, un limón, 2 copitas de kirsch, medio litro de vino blanco, 400 gr de melocotón, 400 gr de albaricoques, 3 claras de huevo, 4 kg de hielo y 1 kg de sal.

Se mondan los albaricoques y melocotones, se cortan a trocitos, se cuecen con un cuarto de litro de agua, se pasan por un tamiz y el líquido que resulte se echa en una vasija, mezclando el kirsch, el azúcar, el zumo del limón, el vino, el jarabe de la piña y la piña cortada a trocitos. Luego se vierte en una heladora rodeada con hielo y sal, se trabaja hasta que esté helado y antes de servirlo se le mezclan las claras de huevo batidas a punto de nieve.

SPOOMS A LA MIAMI

Un melón de tamaño mediano y bien maduro, 800 gr de uva moscatel, una lata pequeña de piña, una botella de cava, 400 gr de azúcar, 5 kg de hielo, 3 claras de huevo, 1 kg de sal gruesa y 2 copitas de jarabe de granadina.

Partido el melón por la mitad se le quitan las pepitas y con una cuchara se saca toda la pulpa, que se pasará por un tamiz. Igualmente se pasará el moscatel al líquido obtenido. Luego se le adiciona el jarabe de la piña, el cava, el jarabe de granadina y el azúcar, y se mezcla bien. A continuación se echa en una heladora preparada con hielo y sal, y se trabaja hasta obtener un helado esponjoso, al que se mezclarán la piña hecha a trocitos y las claras batidas a punto de nieve.

GRANIZADO DE ALBARICOQUE

600 gr de albaricoques, 300 gr de azúcar, un limón, 4 kg de hielo, 1 kg de sal gorda y medio litro de agua.

Se sacan los huesos de los albaricoques, se cuecen con un poco de agua, se les mezcla el azúcar, se pasan por un tamiz o colador, se añade el zumo de medio limón, se echa en una sorbetera que se tendrá preparada con hielo y sal, y se trabaja hasta que esté bien fuerte. Se sirve en copa de mantecado o de vino.

GRANIZADO DE PIÑA Y CAVA

Móndese una piña de tamaño regular, pásese por una máquina de trinchar y se obtendrá una pasta fina. Se pone ésta en una vasija, agregándole una botella de cava y 400 gr de azúcar, se le echa una copita de kirsch, se mezcla bien, se pone en una heladora que tendremos preparada con hielo picado y sal, y se trabaja para obtener un granizado muy delicioso.

GRANIZADO DE NARANJA

6 naranjas, 300 gr de azúcar, 2 copitas de curaçao, 4 kg de hielo, 1 kg de sal gorda, un limón y unas gotas de carmín vegetal.

Se parten las naranjas por la mitad, se exprimen para extraer el zumo y se les adiciona el azúcar, medio litro de agua, el curaçao y el carmín vegetal. Luego se mezcla para derretir el azúcar, se echa en una heladora rodeada de hielo y sal, y se trabaja hasta que esté bien helado.

GRANIZADO DE FRESA

500 gr de fresas, 300 gr de azúcar, un limón, unas gotas de carmín, 4 kg de hielo, 1 kg de sal gorda y medio litro de agua.

Se derrite el azúcar con el agua hirviendo y cuando está frío se añaden las fresas pasadas por un tamiz fino; el zumo de medio limón y el carmín se pasan por un colador. Se vierte todo en una sorbetera que estará rodeada de hielo y sal, y se da vueltas a la manivela hasta que el contenido esté bien fuerte. Sírvese en copas de mantecado.

GRANIZADO A LA FLORENTINA

3 limones jugosos, un litro de agua, 3 naranjas, 3 claras de huevo, 150 gr de azúcar, media botella de champán Codorniu espumoso, una copita de marrasquino, una copita de jerez, 4 kg de hielo y 1 kg de sal.

Se exprimen los limones y la naranja en una vasija, se agrega el agua, el azúcar y el champán, se remueve y cuando el azúcar está diluido se pasa por un colador, echando el líquido en una sorbetera que se tendrá rodeada con hielo y sal, y se trabaja hasta obtener un helado consistente. Luego se destapa la heladora, se añaden las claras de huevo batidas a punto de nieve, el marrasquino y el jerez, se mezcla bien y se sirve en copas.

PONCHE DUQUESA

100 gr de té Lipton, 4 copitas de ron, 300 gr de azúcar, 2 limones, 3 naranjas, una lata pequeña de piña, 4 kg de hielo y 1 kg de sal.

Se pone en una tetera el té, se escalda con un litro de agua, se le adiciona la piña cortada a trocitos y 3 claras de huevo batidas de las naranjas y el limón. Luego se añade el ron, se pone en una sorbetera, pasándolo por un colador, y se hiela. Antes de servirlo se le adiciona la piña cortada a trocitos y 3 claras de huevo batidas a punto de nieve.

Se sirve en copa de jerez.

SORBETE BRISA DE PRIMAVERA

3 limones, 3 naranjas, media botella de cava, 400 gr de cerezas, 400 gr de azúcar, unas gotas de carmín vegetal, 2 copitas de kirsch, 4 kg de hielo y 1 kg de sal.

Se exprime el jugo de las naranjas y limones, se echa en una vasija y se le mezcla el azúcar, el cava, el kirsch, el carmín, y las cerezas hervidas con un cuarto de litro de agua y pasadas por un tamiz, agregando también el agua. Se mezcla todo hasta diluir el azúcar, se pasa el líquido por un colador, se vierte en una heladora rodeada de hielo y sal, y se da vueltas a la manivela hasta que esté bien helado.

LECHE MERENGADA

300 gr de azúcar, un litro de leche, 4 claras de huevo, un limón, un trozo de canela en rama, 4 kg de hielo, 1 kg de sal, y 20 gr de canela en polvo.

Se pone en un cazo al fuego la leche, el azúcar, la corteza de limón y la canela en rama, y cuando empieza a hervir se separa de la lumbre, se deja enfriar, se pasa por un colador, se vierte en una heladora rodeada de hielo y sal, y se trabaja hasta que está helada. Entonces se le incorporan las claras de huevo batidas a punto de merengue y se mezcla bien.

Sírvase en copa, espolvoreándolo con la canela en polvo.

COPAS BELLA SUZETTE

Tres cuartos de litro de leche, 300 gr de nata, 50 gr de azúcar de lustre, 400 gr de marrón glacés, 300 gr de azúcar, 6 huevos, 6 kg de hielo, 1 kg de sal, un limón y 100 gr de avellanas.

Se ponen en un perol las yemas de los huevos, las avellanas molidas y 200 gr de azúcar; se mezcla todo, se agrega la leche previamente hervida, se arrima al fuego, revolviéndolo con una espátula de madera hasta que resulte una crema espesa, sin que arranque el hervor, y una vez fría se pone en una heladora, pasándola por un colador. Luego se rodea con hielo picado y sal, se trabaja hasta que resulte un helado bien fuerte y se le mezclan los marrón glacés cortados a trocitos.

AZÚCAR HILADO. En una cacerola al fuego se pone el resto del azúcar, 4 cucharadas de agua y unas gotas de zumo de limón; se arrima al fuego y se hierve hasta obtener un jarabe a punto de caramelo claro, o sea que tenga un ligero color dorado, y seguidamente se aparta la cacerola del fuego.

Se colocan sujetados en una mesa 3 o 4 palillos de modo que sobresalgan unos 30 cm.

Después de reposado tres o cuatro minutos el azúcar se cogen dos tenedores, se mojan las puntas con él y haciendo un zigzag se esparce el jarabe encima de los palillos, obteniendo de esta forma una especie de cabellera o velo de azúcar.

Se llenan de helado 6 copas de champán, en el centro se pone la nata formando pirámide, sirviéndose para dicho fin de una manga con boquilla rizada, y se cubre con el azúcar hilado.

Sírvase inmediatamente.

COPAS BELLA AURORA

Medio litro de leche, 5 huevos, 125 gr de azúcar fino, un cuar-
to de litro de crema de leche, 6 kg de hielo, sal gorda, una lata
pequeña de piña, medio pote pequeño de mermelada de fresas, unas
gotas de carmín vegetal, 50 gr de azúcar de lustre y 50 gr de pasti-
llas de chocolate.

Se mezcla el azúcar con las yemas de los huevos, se agrega la
leche previamente hervida, se arrima al fuego y se revuelve con una
espátula de madera hasta que empieza a espesarse, pero sin que
hierva. Entonces se agregan la mermelada y el carmín, se pasa por
un colador, se echa en una heladora rodeada con hielo y sal, y se
trabaja para que resulte bien helado.

Se pone la crema de leche en un recipiente de cristal o porcelana, se coloca encima de hielo picado, se bate con un batidor para
obtener una nata espesa y seguidamente se agrega el azúcar de lustre, que se habrá pasado por un tamiz.

En el momento de servirlo se presenta en copas de champán la
piña cortada a trocitos, se llena con helado, en el centro de cada
copa se forma una pequeña pirámide de nata, sirviéndose de una
manga con boquilla rizada, y alrededor se colocan verticalmente las
pastillas de chocolate.

COPAS A LA GRAN FLORIDA

Tres cuartos de litro de leche, media lata de mermelada de piña,
200 gr de azúcar, 6 peras pequeñas confitadas, 100 gr de cerezas
confitadas, 7 huevos, 5 kg de hielo, 1 kg de sal y una copa de cava.

En una cacerola se ponen las yemas de los huevos y el azúcar,
se mezcla y se añade la leche previamente hervida; se vuelve al
fuego y se revuelve con una espátula de madera hasta que la crema
empiece a espesarse, se agrega la mermelada de piña y el cava, y
una vez frío se pone en una heladora rodeada con hielo y sal y se
trabaja hasta obtener un helado bien fuerte.

Llénense 6 copas de las de cava, en el centro se coloca una pera
confitada y alrededor de ésta unas cerezas formando cordón.

Se sirve inmediatamente.

COPAS A LA DAMITA

Medio litro de leche, 100 gr de fresas, 5 huevos, 150 gr de azúcar, 6 melocotones, 100 gr de pistachos pulidos, 2 cucharadas de mermelada, 200 gr de nata, 25 gr de azúcar de lustre, 6 kg de hielo, 1 kg de sal gruesa, y vainilla.

Crema de pistachos. Pónganse en un cazo las yemas de los huevos, 200 gr de azúcar y los pistachos molidos, mézclese bien y agréguese la leche previamente hervida. Luega se arrima al fuego, removiendo con una espátula de madera hasta que resulta una crema algo espesa. (Se conoce cuándo está en su punto si al sacar la espátula ésta resulta cubierta de una capa de dicha crema.) A continuación se deja enfriar y se echa en una heladora preparada de antemano con hielo y sal, y se trabaja para que resulte un helado consistente.

Presentación. Con el helado se llenan 6 copas de las de champán, en el centro se coloca medio melocotón, poniendo el hueco hacia arriba, se llenan con las fresas mezcladas con la mermelada y se rodean los melocotones con un cordón de nata mezclada con el azúcar de lustre, sirviéndose de una manga con boquilla rizada.

Nota. Las copas se guardan en nevera o se pone un trozo de hielo en el interior hasta el momento de servirlas.

COPAS LILY PEARSON

Medio litro de leche, 5 yemas de huevo, 50 gr de avellanas, 250 gr de azúcar, 7 kg de hielo, 50 gr de chocolate, 200 gr de nata, 25 gr de azúcar de lustre, 3 albaricoques grandes y 1 kg de sal gruesa.

Crema. Se echan en un perol 5 yemas de huevo y 150 gr de azúcar, se agrega la leche previamente hervida, se pone al fuego y se revuelve con una espátula de madera hasta que el líquido empieza a espesarse, lo cual se conoce si al levantar la espátula aparece ligeramente cubierta de una capa de crema. Entonces se deja enfriar.

Praliné. En una cacerola se ponen al fuego las avellanas peladas, 75 gr de azúcar y 2 cucharadas de agua, y se revuelve con una cuchara de madera hasta que haya tomado un color de caramelo. Seguidamente se vierte encima de un mármol untado ligeramente con aceite y una vez frío se pasa por una máquina de rallar, se machaca en el mortero, se agrega la crema, se mete en una heladora rodeada de hielo y sal, y se trabaja hasta que resulta un helado bien fuerte.

Se quitan los huesos de los albaricoques, se mondan éstos, se echan en una cacerolita con 25 gr de azúcar y un decilitro de agua o leche, se agregan 25 gr de azúcar, se deja enfriar y se mezcla el azúcar de lustre con la nata.

En el momento de servirlo se llenan las copas de cava con el helado, en el centro se coloca medio albaricoque frío boca abajo, se rodea con un cordón de nata, sirviéndose de una boquilla rizada, y se cubren los albaricoques con una cucharada de chocolate.

COPAS DE HELADO A LA MARQUESITA

Medio litro de leche, 5 yemas de huevo, 150 gr de azúcar, 200 gr de nata, 50 gr de azúcar de lustre, 100 gr de cerezas confitadas, una lata pequeña de piña en conserva, 6 medios melocotones en almíbar, una copita de jarabe de grosella, y vainilla en polvo.

CREMA DE VAINILLA. Se mezclan en una cacerola las yemas de huevo con el azúcar, se agrega la leche, previamente hervida con la vainilla, se pone al fuego y se revuelve con una espátula de madera hasta que la crema empieza a espesarse, sin dejar de hervir. (Se conoce cuándo está en su punto si al sacar la espátula queda ésta ligeramente cubierta de una capa o velo de crema.) Entonces se añade el jarabe de grosella. Seguidamente se deja enfriar y se pasa por un colador, vertiéndose en una heladora que se tendrá preparada de antemano, rodeada con hielo picado y sal, y se comienza a dar vueltas a la manivela hasta que el contenido esté bien consistente.

Se corta la piña a trocitos, se escurre y se reparte en 6 copas de las de champán, previamente bien frías, se llenan con helado, alisando la superficie con un cuchillo, y encima se ponen los melocotones con la parte vacía hacia arriba.

Se mezcla el azúcar de lustre con la nata, se introduce en una manga con boquilla rizada y se forma una pequeña pirámide dentro de los melocotones.

COPAS JACQUES

3 mandarinas, 100 gr de fruta confitada, 2 plátanos, una copita de kirsch, 6 bonitos fresones, 200 gr de peras, medio litro de leche,

200 gr de azúcar, 5 huevos, 2 melocotones en almíbar, vainilla en polvo, 7 kg de hielo y 1 kg de sal.

CREMA VAINILLA. En un perol se mezclan las yemas de los huevos y 150 gr de azúcar, se agrega la leche, previamente hervida con la vainilla, se coloca al fuego, se revuelve sin parar con una espátula de madera hasta que el líquido empiece a espesarse (lo cual se conoce si la espátula queda ligeramente cubierta de una pequeña capa de crema), sin que arranque el hervor, y se deja enfriar seguidamente.

Se pasa por un colador, se echa en la heladora, que estará rodeada con hielo picado y sal, y se trabaja hasta que quede bien helado.

La fruta confitada (plátanos, peras, mandarinas y melocotones) se corta a cuadritos pequeños, se deja en maceración durante media hora con el kirsch y el resto del azúcar y a continuación se reparte en 6 copas de las de champán, terminándolas de llenar con el helado.

Se pasa por encima de cada copa la hoja de un cuchillo para rasarlas y en el centro se coloca un fresón o una cereza confitada.

COPAS A LA SEVIGNÉ

Medio litro de leche, 100 gr de chocolate en polvo, 100 gr de mantequilla, un cuarto de litro de crema de leche, 300 gr de azúcar, vainilla en polvo, 1 kg de hielo, 1 kg de sal gorda, 5 huevos, un limón y 35 gr de azúcar de lustre.

HELADO CREMA DE VAINILLA. Mézclense en una cacerola las yemas de los huevos y 150 gr de azúcar y añádase la leche previamente hervida con la vainilla. Se arrima la cacerola al fuego y se remueve con una espátula de madera, teniendo cuidado que no hierva. Se sigue el movimiento hasta que dicha espátula quede ligeramente cubierta de una capa de crema, luego se deja enfriar y a continuación se echa en una heladora, pasándola por un colador.

Se prepara dicho helado con hielo y sal picada, y se hiela.

CHOCOLATE. Se diluye el chocolate al fuego con 4 cucharadas de leche, luego se le añade la mantequilla y 25 gr de azúcar, se coloca encima del hielo y se revuelve con una cuchara de madera para obtener un chocolate espeso.

NATA. Se echa la crema de leche en una ensaladera de cristal o porcelana, colocando el recipiente encima del hielo picado, y se bate con un batidor hasta que resulte una nata espesa. Luego se le agrega el azúcar de lustre, pasado por un tamiz.

AZÚCAR HILADO. En una cacerola se pone el azúcar restante, 6 cucharadas de agua y 5 gotas de zumo de limón, se hierve hasta que empieza a tomar un color ligeramente dorado y seguidamente se aparta la cacerola del fuego.

Colóquense sujetados en una mesa 3 o 4 palillos y espátulas de madera de modo que sobresalgan unos 30 cm.

Después de reposado el azúcar unos tres o cuatro minutos se cogen con una mano dos tenedores, se mojan las puntas con él y haciendo un zigzag se esparce el jarabe encima de los palillos, haciéndolo con rapidez y obteniendo de esta forma una especie de cabellera o velo de azúcar.

Se reparte la crema de vainilla en 6 copas para champán, que se terminan de llenar con el chocolate; en el centro se pone la nata formando una pequeña pirámide, sirviéndose para dicho fin de una manga con boquilla rizada, y se cubre con el azúcar hilado.

COPAS BELLA AURORA CON FRESAS

Medio litro de leche, 5 huevos, 200 gr de azúcar, 200 gr de fresas, 250 gr de nata, 3 cucharadas de mermelada de albaricoque, 1 kg de hielo, 1 kg de sal gruesa y 3 plátanos.

CREMA PARA EL HELADO. En un cazo se ponen las yemas de los huevos y 150 gr de azúcar, se mezcla bien y se le adiciona la leche previamente hervida. Luego se arrima al fuego y se remueve con una espátula de madera para obtener una crema algo espesa, sin que llegue a hervir. (Se conoce cuando al levantar la espátula ésta resulta ligeramente cubierta de una capa de crema.) Ya en este punto se pasa por un colador y se deja enfriar. A continuación se echa en la heladora que tendremos preparada con hielo y sal y se trabaja hasta obtener un helado consistente.

Para servirlo a la mesa de llenan 6 copas de las de champán, en el centro se pone una cucharada de fresas y se rodean éstas con un cordón de nata mezclada con el azúcar restante, sirviéndose para dicho fin de una manga con boquilla rizada.

Encima de las fresas se echa mermelada.

Se sirve inmediatamente.

COPAS PALMIRA

5 huevos, 400 gr de azúcar fino, medio litro de leche, 200 gr de fresas, 6 bonitos albaricoques no muy maduros, 200 gr de peras, una copita de curaçao, 200 gr de nata, 50 gr de azúcar de lustre, 3 plátanos, vainilla en polvo, 7 kg de hielo y 1 kg de sal gruesa.

CREMA DE VAINILLA. Se mezclan las yemas de los huevos con 150 gr de azúcar fino, se añade la leche previamente hervida, se arrima al fuego y se remueve con una espátula de madera hasta que empiece a espesarse. (Se conoce cuándo está en su punto si al sacar la espátula del líquido ésta resulta cubierta de una ligera capa de crema.) Entonces se deja enfriar, luego se pone en una heladora rodeada con hielo y sal gruesa y se le da vueltas hasta que el contenido resulte consistente.

Mondados los plátanos y las peras, se cortan a trocitos, se añade el kirsch, 25 gr de azúcar y las fresas, y se deja en maceración durante media hora.

AZÚCAR HILADO. Se ponen al fuego 150 gr de azúcar en una cacerola con 6 cucharadas de agua y un poco de zumo de limón y se cuece hasta obtener un almíbar a punto de caramelo, o sea, que tenga un color ligeramente dorado. Se colocan encima de una mesa 5 o 6 palitos con una distancia entre sí de 30 cm y que sobresalgan unos 25 cm. Luego se cogen los tenedores, se mojan ligeramente las puntas en el azúcar y haciendo vivamente un zigzag por encima de dichos palitos se forma una especie de velo. Y si el caramelo resultare demasiado espeso, se calienta un poco y se sigue la misma operación.

En una cacerola al fuego se pone el resto del azúcar, la vainilla y un decilitro de agua, se hierve durante cinco minutos y al retirarlo del fuego se le adicionan los albaricoques partidos por la mitad, mondados y quitado el hueso. Luego se tapa la cacerola y se deja enfriar.

PRESENTACIÓN. Se reparte la fruta que se tiene en maceración con el kirsch en 6 copas de las de champán, se llenan con el helado, en el centro de la copa se ponen los albaricoques y alrededor se hace un cordón de nata mezclada con el azúcar de lustre, sirviéndose para dicho fin de una manga con boquilla rizada; sobre la nata se colocan 4 bonitas fresas y se cubre cada una con el azúcar hilado.

Se sirve en seguida.

Nota. Antes de servirse las copas es conveniente introducirlas en una nevera por espacio de diez minutos o bien colocar en cada una un trozo de hielo, sacándolas antes de llenarlas.

MACEDONIA DE FRUTA BELLA VISTA

Una mandarina, 300 gr de fresones, 2 plátanos, una lata peque-
ña de melocotones, 250 gr de cerezas, 100 gr de azúcar, 15 gr de
cola de pescado, 2 kg de hielo, una copita de curaçao y unas gotas
de carmín vegetal.

Se sacan los huesos de las cerezas, se ponen éstas en un cazo con un cuarto de litro de agua y el azúcar, y se cuecen unos cinco minutos. Luego con una espumadera se sacan las cerezas y al líquido se le agrega el curaçao y la cola de pescado bien remojada con agua fría y cuando está diluida se le adicionan unas gotas de carmín vegetal para que la gelatina resulte de un color rosado; se pasa luego por un colador fino, echando 6 cucharadas de ésta en un molde corona que tendremos rodeado con hielo picado y cuando la gelatina está cuajada se colocan los fresones intercalados con discos de plátano o trozos de melocotón. Se echa un poco de gelatina y al cabo de cinco minutos se vuelve a poner otra capa de fruta, siempre intercalando los colores. Por último, se ponen las cerezas y los gajos de mandarinas, se llena el molde con la gelatina restante y se deja una hora para que se cuaje.

Para sacarlo se pasa ligeramente por agua tibia y se vierte en una fuente redonda.

MACEDONIA DE FRUTA AL KIRSCH

6 plátanos, 400 gr de fresones, 100 gr de azúcar, una lata de
medio kg de melocotones en almíbar, 4 copitas de kirsch, 400 gr de
peras y 3 naranjas.

Se monda la fruta, se corta a trozos y se pone en una ponchera; se añade el azúcar, el kirsch, los fresones y los melocotones, y se pone en una nevera por espacio de dos horas.

Nota. Pueden sustituirse los fresones con cerezas confitadas.

PIÑA AL KIRSCH

(Cantidades para ocho personas)

Una piña al natural, 5 copitas de kirsch y 150 gr de azúcar.

Mondada la piña se corta en rodajas de medio cm de gruesas que se ponen en una ponchera de cristal, se cubren con una capa de azúcar, se rocían con el kirsch y se dejan en una nevera durante cuatro horas.

MELÓN A LA DENISE

(Cantidades para ocho personas)

Un melón gordo y en punto de maduración, media botella de cava semi seco, 100 gr de azúcar, una copita de curaçao, 200 gr de melocotones, 200 gr de peras y 2 plátanos.

Mondados los plátanos, las peras y los melocotones, se cortan a trozos y se les quita el corazón y huesos. Luego se ponen en una vasija, se rocían con el curaçao y se añade el azúcar y las fresas.

En la parte más ancha del melón se hace un pequeño corte, quitando una raja delgada de corteza para que pueda sostenerse derecho. Luego en la parte superior se le corta una circunferencia de 10 cm y, sirviéndose de una cuchara, se le quita la semilla. A continuación se va sacando la pulpa, dejándolo bien vaciado, y se corta a trozos, mezclándola con las demás frutas. Seguidamente se llena el melón, se tapa, se coloca en una nevera o se rodea con hielo picado, dejándolo en esta situación por espacio de tres horas.

Al servirlo se coloca en una ponchera, se rodea con hielo picado y se termina de llenar el melón con el cava, que se tendrá previamente bien frío (*frappé*). Luego se tapa y se sirve principalmente en *lunchs*.

MERMELADAS Y CONFITURAS

DIFERENTES MÉTODOS PARA LA PREPARACIÓN Y CONSERVACIÓN DE FRUTAS CONFITADAS

Se conocen con el nombre de frutas confitadas todas aquellas que están impregnadas de azúcar y que su conservación es por tiempo indefinido sin necesidad de tomar ninguna precaución y sin peligro de que se echen a perder. Dichas frutas se impregnan de tal manera de azúcar, que puede decirse que el zumo natural queda sustituido por aquél.

Para que la fruta esté bien confitada y no pierda su sabor natural, únicamente desfigurado por el que presta el azúcar, es necesario seguir todos los detalles de su preparación tal como indican las recetas.

ALBARICOQUES CONFITADOS

Se elige la fruta que no sea muy madura y sin pelarla se somete cuatro o cinco horas al humo de azufre. Luego se pincha en todos sentidos con un alfiler, se echa en agua fría durante ocho minutos, se escurre, se coloca en un barreño, agregando, por cada kilogramo de fruta 30 gr de cal viva diluida en un litro de agua, y se deja de este modo unas cuatro horas. Se echa en agua fría por espacio de tres horas, cambiándole el agua dos o tres veces, luego se hierve hasta que esté blanda y entonces se sigue la misma operación que con las naranjas confitadas.

Nota. El poner en remojo los albaricoques con el agua mezclada con la cal tiene por objeto endurecer la piel.

CEREZAS CONFITADAS
(Cantidades para 2 kg de fruta)

Día 1º. Desprovistas las cerezas del rabo se colocan encima de un tamiz de tela de crin o una parrilla de madera hecha ex profeso y se deja en un armario o habitación que no sirva aquel día para otro uso, colocando en el centro una vasija que contenga 200 gr de flor de azufre. Se enciende, se cierran bien las puertas y ventanas de modo que no salga el humo y se deja la fruta de este modo por espacio de ocho a nueve horas. Luego se echa en agua fría, lavándola bien; se escurre, se le quita el hueso, se pone en una cacerola con agua que la cubra, se cuece durante veinticinco minutos, o sea hasta que esté blanda, se echa en agua fría, cambiándole ésta dos o tres veces, y se escurre.

En una cacerola se pone un litro de agua y 600 gr de azúcar, se hierve cinco minutos, se le incorporan las cerezas, 400 gr de azúcar y unas gotas de carmín vegetal, y apenas empieza a hervir se retira de la lumbre y se deja reposar durante veinticuatro horas, no tapándolo hasta que quede frío.

Día 2º. Se añaden 100 gr de azúcar, se arrima al fuego hasta que arranque el hervor y se deja descansar veinticuatro horas.

El *3º, 4º, 5º* y *6º* días se repite la operación del segundo día. De este modo se obtendrá un almíbar de 36 a 37 grados, que una vez frío se echa en un tarro de cristal o porcelana y se tapa con papel de barba mojado con alcohol, sujetándolo con hilo o bramante.

NARANJAS CONFITADAS

(Cantidades para 8 personas)

Se eligen las naranjas de bonito tamaño, con la corteza gruesa, y con una aguja se pinchan en todas direcciones. Luego se rasca ligeramente la superficie de la piel, sirviéndose de un rallador, y con un cuchillo pequeño se hace un agujero en cada punto para facilitar que el líquido penetre en el interior. A continuación se ponen en agua fría por espacio de seis a siete días, cambiándoles el agua dos o tres veces diariamente y procurando poner siempre un plato encima para que estén bien sumergidas.

Día 1º. Transcurrido el tiempo indicado se ponen las naranjas al fuego con agua fría y se cuecen hasta que al pincharlas con un tenedor se desprenden fácilmente. Luego se pasan por agua fría y se escurren.

Se pone al fuego en un perol un litro de agua y 700 gr de azúcar y al arrancar el hervor se espuma y se añaden las naranjas. Al empezar a hervir se retira del fuego y se deja descansar veinticuatro horas.

Día 2º. Se aumenta el grado del jarabe agregando 300 gr de azúcar, se pone a cocer y cuando arranca el hervor se aparta y se deja descansar veinticuatro horas.

Día 3º. Se repite la operación del segundo día.

Día 4º. Se deja descansar.

Días 5º, 6º y 7º. Se aumenta el grado del jarabe con 200 gr de azúcar cada día y haciendo arrancar el hervor solamente. Al terminar esta operación, el jarabe debe tener un punto espeso, o sea de 35 a 36 grados.

En los días *8º* y *9º* se deja descansar.

Día 10º. Se hace arrancar el hervor y cuando está frío se colocan las naranjas en tarros o frascos de cristal y se echa el jarabe de modo que queden cubiertas. Pasadas veinticuatro horas se tapan con una hoja de papel de barba mojada con alcohol de 90 grados y se sujetan con un bramante o bien tapándolas herméticamente con su tapa. Pueden conservarse enteras o a trozos.

Para conservar las naranjas confitadas en seco. En cuanto a la preparación, lleva las mismas operaciones que las confitadas en almíbar hasta llegar al día 9º, en que se pondrán a escurrir encima de un tamiz por espacio de dos horas.

En un cazo se echan 400 gr de azúcar y un cuarto de litro de agua, y se hierve vivamente hasta conseguir un almíbar a punto de hilo, lo cual se conoce si al sumergir ligeramente una cuchara en dicho almíbar y luego mojándose la punta de los dedos, al separarlos se forma un hilo pegajoso. Seguidamente se añaden las naranjas y fuera del fuego se remueve hasta que el almíbar haya tomado un color algo blanco y espeso. A continuación se sacan las naranjas y se colocan sobre una rejilla; el almíbar se pone al fuego y cuando está líquido se echa encima de la fruta, dejándola de este modo unas veinticuatro horas. Se pueden guardar en una caja de hojalata forrada de papel de barba, quedando algo destapada para que les toque el aire.

Nota. Se pueden preparar las naranjas confitadas en seco, enteras, partidas por la mitad o en cuatro trozos.

CONFITURA DE CIDRA

Se corta la cidra a rajas igual como se corta un melón; luego se ponen éstas en un barreño con agua que las cubra, dejándolas en remojo durante siete días y cambiándoles el agua dos o tres veces cada día. A continuación se hierven hasta que estén bien blandas. Seguidamente se pasan por agua fría y se les quita toda la semilla y el interior.

Se pone al fuego en un perol un litro de agua y 700 gr de azúcar. Al arrancar el hervor se espuma y se añaden las cidras y al empezar nuevamente el hervor se retira del fuego y se deja descansar veinticuatro horas.

Día 2º. Se aumenta el grado del jarabe agregando 300 gr de azúcar a las cidras, se pone a cocer y cuando arranca el hervor se aparta y se deja descansar veinticuatro horas.

Día 3º. Se repite la operación del segundo día.

Día 4º. Se deja descansar.

Días 5º, 6º y 7º. Se aumenta el grado del jarabe con 200 gr de azúcar cada día y haciendo arrancar el hervor solamente. Al terminar esta preparación, el jarabe debe tener un punto espeso, o sea de 35 a 36 grados.

En los días *8º* y *9º* se deja descansar.

Día 10º. Se hace arrancar el hervor y cuando está frío se colocan las cidras en tarros o frascos de cristal y se echa el jarabe de modo que queden cubiertas. Pasadas veinticuatro horas se tapan con una hoja de papel de barba mojada con alcohol de 90° y se sujeta con un bramante o bien tapándolo herméticamente con su tapa. Pueden conservarse enteras o a trozos.

PARA CONSERVAR LAS CIDRAS CONFITADAS EN SECO. En cuanto a la preparación, lleva las mismas operaciones que las confitadas en almíbar hasta llegar al día 9º, en que se pondrán a escurrir encima de un tamiz por espacio de dos horas.

En un cazo se echan 400 gr de azúcar y un cuarto de litro de agua y se hierve vivamente hasta conseguir un almíbar a punto de hilo, lo cual se conoce si al sumergir ligeramente una cuchara en dicho almíbar, luego, mojándose la punta de dos dedos, al separarlos se forma un hilo pegajoso. Seguidamente se añaden las cidras y se colocan sobre una rejilla; el almíbar se pone al fuego y cuando está líquido se echa encima de la fruta, dejándola de este modo unas veinticuatro horas. Se pueden guardar en una caja de hojalata forrada de papel de barba, quedando algo destapadas para que les toque el aire.

CONFITURA DE CABELLO DE ÁNGEL

Una calabaza de tamaño mediano, 800 gr de azúcar, un limón y un ramito de canela.

Se parte la calabaza, se pone en una olla bien cubierta de agua, se cuece durante una hora, se refresca y se desprende el cabello de la cáscara (sirviéndose para ello de una cuchara), el cual se echa en agua fría por espacio de ocho a diez horas, cambiándole el agua dos veces.

Se desprende la semilla del cabello, se escurre, apretándolo entre las manos, y se espesa. Se coloca en un perol, con la misma cantidad de azúcar, se añade la canela y la piel del limón cortada a trocitos muy delgados y se remueve hasta que tome un punto ligeramente acaramelado.

MELÓN CONFITADO

Elíjase un melón mediano y algo verde, córtese a rajas y móndense éstas, quitando la semilla; colóquense las rajas en un barreño, añádanse 2 litros de agua y 400 gr de sal y déjese durante cuarenta y ocho horas, transcurridas las cuales se escurren, dejándolas en agua fría durante cinco o seis horas y cambiando el agua cuatro o cinco veces para quitarles toda la sal. A continuación se hierven dichas rajas hasta que estén reblandecidas, lo cual se conocerá pinchándolas con una aguja o tenedor, pues se desprenderán de él fácilmente. Seguidamente se pasan por agua fría.

En una cacerola se pone un litro de agua con 700 gr de azúcar, dejándolo hervir durante cinco minutos para obtener un jarabe a 30 grados. Se mezcla dicho jarabe con la fruta, poniéndolo al fuego hasta que empiece a hervir. Luego se deja descansar durante veinticuatro horas y al segundo día se vuelve nuevamente al fuego, añadiéndole 300 gr de azúcar, y tan pronto arranca el hervor se retira, dejándolo descansar durante veinticuatro horas. Llegado este tercer día se repite la misma operación que el segundo día. Los días cuarto y quinto se pone al fuego sin añadirle azúcar, pero al sexto día se le añaden 200 gr de azúcar, poniéndolo otra vez al fuego. Finalmente, los días séptimo y octavo se deja hervir sin añadirle azúcar.

De este modo llega a su punto de conservación, ya sea con almíbar o sin él.

MELOCOTONES CONFITADOS AL NATURAL

4 kg de melocotones de tamaño mediano y poco maduros, 85 gr de sosa y 1 kg de azucar.

Se ponen al fuego 4 litros de agua y cuando hierve se agrega la sosa. Luego se echan los melocotones, observando cuándo adquieren un color oscuro. Seguidamente se sacan y se sumergen en agua fría; se pelan frotándolos con las manos, y se vuelven a echar en un recipiente con abundante agua fría. A continuación se hierven durante cinco minutos con agua que los cubra, se escurren y una vez fríos se colocan en los botes de vidrio.

Con el azúcar y un litro de agua se prepara un jarabe de 32 grados y se sigue la misma operación que para las peras confitadas, dejándolos hervir en baño María unos treinta minutos.

MERMELADA DE CIRUELAS

1 kg de ciruelas sin hueso y 1 kg de azúcar.

Se ponen las ciruelas en una cacerola al fuego con un cuarto de litro de agua, se dejan cocer por espacio de veinte minutos, se pasan por un tamiz, se echan en un perol, se añade el azúcar y se cuece hasta obtener una mermelada espesa, sin dejar de removerla con una espátula de madera. Se conoce cuándo está en su punto si al verter unas gotas de dicha mermelada en un plato, una vez algo fría queda cuajada. Entonces se retira del fuego y se mete en tarros de porcelana o de cristal. Si los tarros son de cristal es necesario hacerlos calentar antes de llenarlos y cuando quede bien frío se tapan con papel de barba mojado con alcohol de 96 grados, sujetándolo con hilo.

MERMELADA DE ALBARICOQUE

Se prepara igualmente que la mermelada de ciruelas.

MERMELADA DE MELOCOTÓN

1 ½ kg de melocotones bien maduros y 1 kg de azúcar.

Mondados los melocotones se cortan a trocitos, quitándoles el hueso. Se pone la pulpa en un perol, se añade el azúcar y se deja en reposo durante diez horas. Se cuece igual que la mermelada de ciruelas, pero sin pasarlo por el tamiz.

MERMELADA DE TOMATE

(Cantidades para 8 personas)

2 kg de tomates y un limón.

Elíjanse los tomates bien maduros con mucha pulpa y de clase que no sea ácida. Luego se sumergen en agua hirviendo, se pelan y se exprimen, quitándoles la semilla; se pesan, se trinchan muy finos y se echan en una cacerola, agregándoles la misma cantidad de azúcar, el zumo de limón y un poco de corteza rallada del mismo. Después se cuece a fuego lento durante treinta y cinco minutos, removiéndolo con una espátula de madera. Se prueba para ver si está bastante espeso, haciéndolo de igual forma que con las demás mermeladas. Se vierte en un tarro y se tapa con papel.

MERMELADA DE CALABACINES Y MANZANAS

1 kg de manzanas, 1 kg de calabacines pequeños, un limón y un cuarto de litro de vino blanco.

Mondadas las manzanas y los calabacines se les quita el corazón y se cortan a trocitos. Luego se pelan ambos ingredientes y se adiciona la misma cantidad de azúcar, el zumo del limón, un poco de corteza de éste rallada y el vino blanco, y se deja en maceración durante veinticuatro horas. Entonces se pone en una cacerola al fuego siguiendo la misma operación que con las demás mermeladas.

MERMELADA DE NARANJA

Con un rallador fino se rallan las naranjas y se sumergen bien en agua durante seis días, procurando cambiarla diariamente dos o tres veces. Luego se hierven por espacio de unos veinte minutos, se escurren, se cortan a trozos y se les quitan las pepitas. A continuación se pesan y se prepara la misma cantidad de azúcar. Se pasan por una máquina de trinchar, se les mezcla el azúcar y una cucharadita de crémor tártaro, se pone al fuego, se cuece unos diez minutos, revolviéndolo con una espátula o cuchara de madera, y se deja descansar veinticuatro horas.

Transcurrido dicho tiempo se agregan 200 gr de azúcar y se hace hervir hasta que queda una mermelada espesa, sin dejar de revolverla para evitar que se pegue al fondo de la cacerola.

Una vez fría la mermelada se echa en los potes o tarros destinados a este objeto, se tapan con una hoja de papel de barba mojado en alcohol de 90 grados y se sujetan bien con un bramante.

MERMELADA DE CEREZAS

2 kg de cerezas, después de sacarles los huesos y rabos, se pasan por una maquina de picar y se ponen en una cacerola, reco-

giendo bien el zumo. Luego se añaden 2 kg de azúcar y se cuece a fuego vivo, revolviéndolo con una espátula de madera hasta obtener una mermelada espesa, lo que se conoce si al echar una cucharada en un plato, cuando se haya quedado fría resulta casi cuajada. Seguidamente se deja enfriar, se mete en un tarro bien seco de cristal, barro o porcelana, y transcurridas veinticuatro horas se cubre con papel de barba mojado en alcohol, sujetándolo con bramante.

Observación. Si pasados unos días se viese sobre la superficie de la mermelada una capa blanca, se quita con una cuchara de madera, se hace hervir nuevamente y cuando haya quedado fría se vuelve a colocar en el tarro, sujetándolo en igual forma que la primera vez.

ARROPE

2½ litros de zumo de uva negra, 1 ½ kg de azúcar, 3 kg de melocotones, 2 kg de peras, 8 rajas de melón verde y 8 rajas de sandía.

Se pasa la uva por un tamiz, luego se pone en una cacerola al fuego y se hierve hasta reducir el líquido a la mitad. Se le adiciona el azúcar y se hierve unos cinco minutos, espumándolo bien y obteniendo un almíbar.

A la sandía y al melón se les quita la parte más madura del interior y se saca la superficie verde de la piel. Luego se corta a trozos, se hierve hasta que resulta bien blanda, se pasa por agua fría y se escurre.

Las peras unas vez mondadas se parten en 4 o 6 trozos, se les quita el corazón, se hierven con agua y se escurren.

Se pelan los melocotones, se cortan a trozos, se juntan con el almíbar, adicionándoles los demás ingredientes restantes, y se hierve a fuego lento durante hora y media. Después se deja enfriar, se pone en un tarro y se tapa con papel de barba mojado con ron o coñac.

COMPOTA DE MEMBRILLO

1 kg de membrillos, 1 kg de azúcar, media cucharadita de vainilla y un limón.

Se mondan los membrillos, se cortan en 8 trozos y se les quita el corazón. Luego se ponen en una cacerola con medio litro de agua, unas gotas de zumo de limón y la vainilla, y se cuece a fuego regular durante cincuenta minutos.

MERMELADA DE PERAS Y MELOCOTONES

1 kg de peras y 1 kg de melocotones.

Mondadas ambas frutas se cortan a trocitos, separando de unas el hueso y de las otras el corazón. Se pesa la pulpa, se le mezcla la misma cantidad de azúcar y se deja en maceración durante cinco horas. Luego se pone en un perol y se arrima al fuego, sin dejar de removerlo con una espátula de madera hasta obtener una mermelada espesa. Si resultare algo clara se cuece más. A continuación se echa en un tarro de cristal o porcelana que se tendrá puesto en baño María o al lado del fuego para que se caliente, y una vez la mermelada quede fría se tapa con papel de barba mojado con alcohol.

CONSERVAS

PREPARACIÓN DE LAS SETAS PARA SU CONSERVACIÓN

Se quita la parte arenosa del tronco de las setas, el cual se separa del sombrero, dejándolo, y se corta al sesgo en dos partes.

En cuanto al sombrero, se pela la capa verdosa de la parte baja, se quita la piel de encima y se corta en dos o tres trozos.

Cuando todas las setas están limpias se meten en agua fría, en la que se habrá vertido un poco de vinagre o el zumo de un limón para que queden blandas. Después de lavadas y escurridas se vierten en un puchero, en el cual habrá sobre un dedo de agua y un poco de vinagre o el zumo de un limón, y se les deja arrancar el hervor.

Seguidamente se sacan, colocándolas sobre una fuente, y cuando se han enfriado se meten en los botes, separando las setas pequeñas de las grandes. Finalmente, se vierte encima el jugo en que se han cocido, añadiendo si no basta éste una solución de agua y sal, y se esterilizan a 100 grados. Las pequeñas durante sesenta minutos y las grandes por espacio de setenta.

SETAS EN SALMUERA

Limpias las setas se ponen al sol durante dos horas, colocándose en tarros de cristal o porcelana. También puede emplearse un barril de madera.

Salmuera. Se pone al fuego agua y por cada litro de ésta se añaden 100 gr de sal, hirviéndose unos dos minutos y dejándose enfriar. Luego se cubren con dicha salmuera las setas y se pone una tapa encima de éstas de modo que queden sumergidas en el líquido.

SETAS CONFITADAS

SETAS AL NATURAL. Se escogerán setas más bien pequeñas que grandes, regulares de forma y sanas.

Se lavan con agua ordinaria y con la ayuda de un cepillo si es necesario. Luego con un cuchillo fino se cortan los pies o tallos de los hongos.

A medida que van preparándose se sumergen en un baño de agua acidulada con jugo de limón para evitar que se ennegrezcan las partes cortadas. Las copas y tallos de los hongos son blanqueados durante cinco minutos en agua hirviendo; después, un baño frío como de costumbre. Se envasan, procurando colocar en la parte exterior del recipiente las copas mejor formadas y en el interior las copas restantes, y los pies de los hongos. Se añade el líquido vehículo formado a razón de 20 gr de sal por litro de agua. Cerrar los envases. Preparar el baño María. Esterilizar durante noventa minutos en agua botes de medio kg.

SETAS AL ACEITE

Las setas, preparadas y escaldadas como en el caso de la preparación al natural, son envasadas, adicionándoles aceite fino hasta cubrirlas. A continuación se tapa bien el frasco y queda lista la operación.

CONSERVA DE GUISANTES

Se separan las vainas de 5 kg de guisantes finos.

Se pone al fuego una olla o cacerola con 5 litros de agua y 75 gr de sal y cuando hierve a borbotones se echan los guisantes y se dejan cocer hasta que estén en su punto. Entonces se pasan por agua fría.

En una olla al fuego se echan 2 litros de agua con 20 gr de sal, se hierve durante cinco minutos y se deja enfriar.

Se meten los guisantes en un tarro, se les cubre bien con el agua hervida con sal, se tapan herméticamente y se cuecen en baño María por espacio de cuarenta minutos.

DIFERENTES PROCEDIMIENTOS
PARA CONSERVAR LOS TOMATES

TOMATE AL NATURAL, PICADO. Se eligen los tomates bien maduros, se sumergen en agua hirviendo, se mondan y se exprimen, quitándoles las semillas, y se pasan por una máquina de trinchar o se pican con un cuchillo. A continuación se sazonan con sal y se llenan unos botes, latas o botellas de las que se emplean para el champán, se echa encima un poco de aceite fino y se tapan herméticamente.

Se cubre el fondo de una olla con una capa de paja o virutas de madera y sobre ella se colocan los recipientes (si son botellas o tarros de cristal han de forrarse con fundas de paja), se echa agua hasta llegar a la mitad de la olla, se tapa ésta con un paño, se deja cocer a fuego lento durante cuarenta minutos y se saca de la olla cuando haya quedado frío.

TOMATE ENTERO. Se escogen unos tomates no muy maduros y de tamaño mediano, se frotan con un paño, se colocan en un tarro o lata, se añade agua salada que los cubra (50 gr de sal por litro) y unas gotas de aceite, se tapan herméticamente y se cuecen en baño María durante ocho minutos.

TOMATE FRESCO. Se eligen unos tomates maduros y sanos, se secan con un paño y se meten en un frasco o tarro.

Se pone en una vasija un litro de agua, un cuarto de litro de buen vinagre y 150 gr de sal, se mezcla bien, se llenan los recipientes, se cubre la superficie con una capa de aceite, se tapan y se guardan en sitio fresco.

PURÉ DE TOMATE. Se parten los tomates a trozos, se echan en una olla, se añade un manojito atado compuesto de laurel, tomillo y perejil, se agregan unos dientes de ajo y una cebolla y se cuece por espacio de cuarenta minutos, removiéndolo con una espátula de madera. Luego se pasa por un tamiz, se llenan unos botes o botellas y se cuecen en baño María, siguiendo las mismas instrucciones que para el tomate al natural.

TOMATE CONSERVADO EN SECO. Se parten los tomates horizontalmente por la mitad, se espolvorean con sal, se colocan encima de una estera de caña o en cedazos de tela de crin, se ponen al sol durante doce días, retirándolos por la noche para que no les toque la humedad, y se guardan en sitio seco y metidos en cajas forradas de papel blanco.

Tomate al natural. Se eligen unos tomates pequeños y bien sanos, se secan con un paño y se colocan en un tarro de cristal o porcelana.

Se pone en una cacerola agua (por cada litro de ésta se agregan 50 gr de sal), se deja hervir tres minutos y una vez fría se echa encima de los tomates, de modo que resulten apenas cubiertos. Luego se añade aceite fino, cuya cantidad será de una capa de 2 cm de espesor.

COMBINADOS, TISANAS, CUPS Y REFRESCOS

HORCHATA DE CHUFAS

1kg de chufas, 800 gr de azúcar, 5 litros de agua, un limón y un trozo de canela en rama.

En un recipiente con abundante agua se ponen las chufas y se dejan en remojo por espacio de doce horas. Luego se lavan bien, cambiándoles dos o tres veces el agua, se escurren y se pasan por una máquina de moler o rallar hasta obtener una pasta fina. Ya en este punto se les mezcla la canela machacada en el mortero y la corteza del limón rallada. Después se le adicionan los 5 litros de agua, se revuelve bien y se deja por espacio de cinco a seis horas. Transcurrido este tiempo se pasa todo por un paño, exprimiéndolo lo más posible para extraer el líquido. A continuación se pone en botellas y se guarda en una nevera o en sitio frío, para evitar su fermentación.

CODORNIU CUP
(Cantidades para veinte personas)

4 botellas de cava Codorniu extra seco, 3 copitas de kirsch, 2 botellas de vino blanco Souterne, un ramito de menta, un sifón de Seltz, 6 copitas de curaçao, 300 gr de fresas, 400 gr de fresones, 4 naranjas, 4 plátanos, 4 kg de hielo y 3 copitas de jarabe de grosella.

Limpia la fruta se corta a trocitos y se echa en una heladora, rodeándola con hielo picado. Luego se agrega el sifón, el vino blanco, el cava, el curaçao, la menta y el jarabe; se deja unas dos horas y se sirve en jarra ex profeso, agregando en cada copa 6 fresas bien bonitas, que tendremos maceradas previamente con el kirsch.

Esta exquisita bebida sirve para *lunch* o merienda, y puede atemperarse a gusto de cada casa poniendo más o menos cava y cambiando el agua de Seltz por agua mineral picante.

PONCHE FLOREAL

100 gr de té, 6 copitas de ron, 300 gr de azúcar, 3 limones, 3 naranjas y 4 copas de triple seco.

Se pone el té en una tetera y se escalda con un litro de agua hirviendo. Luego se pone en una sorbetera, pasándolo por un colador, se le adiciona el zumo de naranja, el zumo de limón, el azúcar y todos los licores, se rodea con hielo y sal, se hiela y antes de servirlo se agregan 4 claras de huevo batidas a punto de nieve.

PONCHE CUBANO

2 cucharadas de crema de vainilla, una copita de ron, una cucharada de hielo picado, una cucharada de azúcar, un huevo y 2 copitas de leche.

Se bate bien y se sirve con paja.

PONCHE MIAMI

Póngase en coctelera: *una cucharada de hielo picado, una cucharada de azúcar, una copita de ron, una copita de whisky y una copita de coñac.*

Se agita bien y se sirve en vaso, terminándose de llenar éste con agua de Seltz. Se sirve con paja.

LIMONADA DE CHAMPAÑA

2 botellas de champaña dulce, una botella de agua de Vichy, una botella de vino blanco, 6 limones, 6 copitas de curaçao y medio litro de jarabe de grosella.

Se exprimen los limones en una sorbetera, se adiciona el líquido restante, se rodea con hielo picado y se sirve en copa de champaña.

AMERICAN CUPS

2 botellas de cava seco, 4 copas de kirsch, un cuarto de litro de jarabe de limón, un cuarto de litro de coñac, 2 limones, una lata de piña, un litro de seltz y un lata de melocotón en almíbar.

Se pone en una sorbetera rodeada con hielo y se le adiciona la fruta cortada a trocitos.

LIMONADA A LA AMERICANA

Póngase en un vaso grande:

Una cucharada de curaçao, una cucharada de jarabe de piña, una cucharada de jarabe de granadino, 4 cucharadas de zumo de limón, una cucharada de azúcar y una cucharada de hielo picado.

Se termina de llenar el vaso con sifón y se sirve con paja.

CINCO MINUTOS NADA MENOS. CÓCTEL

Una yema de huevo, media copita de jerez seco, media copita de curaçao dulce y media copita de Ponche Soto.

Agítese en coctelera con un poco de hielo y sírvase en copa de cóctel.

SUSPIRO DE AMOR. CÓCTEL

Media copita de ron, media copita de crema de cacao, media copita de vermut seco y unas gotas de Pipermint.

Agítese la coctelera con un poco de hielo y sírvase en una copa de cóctel, adicionándole una guinda.

TISANA PRIMAVERAL

(Cantidades para doce personas)

2 botellas de champaña Codorniu extra semi seco, una botella de vino blanco seco, 400 gr de fresones, 6 plátanos, 3 naranjas, 2 copitas de kirsch, 4 kg de hielo, 2 copitas de coñac, 200 gr de azúcar y media botella de agua de Vichy.

En una ponchera se ponen los fresones previamente bien limpios, los plátanos hechos a trozos y las naranjas desprovistas de piel y pepitas y hechas a trocitos. Luego se le adiciona el vino, el agua de Vichy, el azúcar, el coñac y el champaña, se rodea con hielo picado y se deja durante dos horas, sirviéndolo en jarra ex profeso.

TISANA PARA BANQUETES

2 botellas de cava seco, una botella de vino blanco Souternes, una botella de agua de Vichy, 4 copitas de coñac y media botella de jerez seco.

Pónganse las botellas en nevera y al momento de servirlas se pone en jarra, agregándole los licores.

TISANA PARA MERIENDAS

2 botellas de cava seco, una botella de agua de Vichy, una botella de vino blanco, media botella de jerez dulce, 4 copitas de curaçao, 2 copitas de Pipermint, medio kg de peras, medio kg de manzanas y una lata de 1 kg de melocotón.

Se pone el líquido en una sorbetera, se rodea con hielo y se le adiciona la fruta mondada y cortada a trocitos.

TISANA PARA COMIDAS

2 botellas de cava semi seco, una botella de vino Souternes, una botella de agua de Vichy y media botella de jerez seco.

Mézclese media hora antes de servirlo y rodéese con hielo picado. Se sirve en jarra.

NARANJADA

12 naranjas, 1 kg de azúcar, medio litro de jarabe de grosella, 4 limones y 4 copas de curaçao.

Se exprimen bien las naranjas y los limones, se pone el zumo en una sorbetera, se le adicionan los demás ingredientes y 5 litros de agua y se sirve en vasos, poniendo en cada uno de éstos una lonja de naranja.

CHAMPAÑA CUPS

2 botellas de champaña medio dulce, una botella de vino Souternes, una botella de Seltz, un cuarto de litro de jarabe de grosella, 4 copitas de coñac, 4 copitas de kirsch, un cuarto de litro de jarabe de limón y 1 kg de fruta fresca.

Treinta minutos antes de servirlo se pone en una sorbetera todo el líquido, adicionándole la fruta mondada y cortada a trocitos. Se sirve en jarra.

LIMONADA PARISIÉN

Un limón, 2 cucharadas de azúcar, 2 cucharadas de hielo picado y unas gotas de kirsch.

Se exprime el jugo de la mitad del limón en un vaso, se añade el azúcar, el hielo y el kirsch y se termina de llenar el vaso con agua de Seltz. Se pone en la superficie una rodaja de limón y se toma con paja, pasándola por el centro de la rodaja.

CÓCTEL VIRGINIA

Un cuarto de copita de crema de cacao, un cuarto de copita de Gran Marnier, media copita de Benedictine y una copita de coñac.

Póngase en coctelera con una cucharada de hielo picado, agítese bien y sírvase en copa de cóctel.

CÓCTEL DE AMOR

Un cuarto de copita de Chartreuse verde, media copita de triple seco Larios, media copita de manzanilla Osborne y media copita de jarabe de grosella.

Prepárese en coctelera con una cucharada de hielo picado y sírvase en copa, agregándole una guinda.

CÓCTEL OPEL

Media copita de crema de leche, media copita de crema de cacao, media copita de ginebra y media copita de coñac.

Agítese con hielo picado y sírvase en copita de cóctel con una guinda.

CÓCTEL POMES

Un cuarto de copita de triple seco, un cuarto de copita de kirsch, media copita de coñac y media copita de soda Seltz.

Agítese la coctelera con un poco de hielo picado y sírvase en copa de cóctel, agregándole unos trocitos de plátano.

CÓCTEL TRIANÓN

Media copita de crema de vainilla, un cuarto de copita de curaçao, media copita de vermut Cinzano y un cuarto de copita de ginebra.

Póngase en coctelera con un poco de hielo picado, agítese bien y sírvase en copa de cóctel, adicionándole un trozo de corteza de naranja.

CÓCTEL GÓTICO

Media copita de ginebra, media copita de Cinzano seco, media copita de jarabe de piña y media copita de coñac.

Agítese en coctelera con una cucharada de hielo picado y sírvase en copa con unos trocitos de piña.

CÓCTEL MADRID

Media copita de ginebra, media copita de curaçao, un cuarto de copita de grosella y media copita de coñac.

Agítese en coctelera con una cucharada de hielo picado y sírvase en copa de cóctel, adicionándole una pequeña raja de limón.

CÓCTEL MARTINI

Un cuarto de copita de ginebra, media copita de curaçao, media copita de Martini dulce y media copita de coñac.

Se agita en coctelera con un poco de hielo y se sirve en copa cóctel con unos trocitos de corteza de limón.

CÓCTEL RONDISSONI

Una cucharada de nata, media copita de ginebra, media copita de coñac y media copita de curaçao.

Agítese en coctelera con un poco de hielo picado y sírvase en copa de champaña, adicionándole unas gotas de Pipermint.

CÓCTEL ORIENTAL

Media copita de zumo de mandarina, media copita de ron Bacardi, media copita de vermut blanco y un cuarto de copita de marrasquino.

Agítese en coctelera, agregándole un poco de hielo, y sírvase en copa de champaña, adicionándole un poco de agua de Seltz.

ÍNDICE ALFABÉTICO

V

X

Y

Z